A COMUNIDADE CRISTÃ
NA HISTÓRIA

Coleção Ecclesia XXI

A comunidade cristã na história: ecclesiologia histórica (v. 1) – Roger Haight

A comunidade cristã na história: ecclesiologia comparada (v. 2) – Roger Haight

A igreja que somos nós – Mario de França Miranda

A missão em debate: provocações à luz de Aparecida – Ameríndia

Amor e discernimento: experiência e razão no horizonte pneumatológico das Igrejas – Ana Maria Tepedino

Movimentos do espírito – João Décio Passos (org.)

O ancião e sua senhora eleita: reflexões teológicas, eclesiais e pastorais sobre a condição do bispo emérito – José Lisboa Moreira de Oliveira

Os ortodoxos – Enrico Morini

Para compreender como surgiu a Igreja – Juan Antonio Estrada

Paróquia, comunidades e pastoral urbana – Antonio José de Almeida

Roger Haight

A COMUNIDADE CRISTÃ NA HISTÓRIA
Eclesiologia comparada

Vol. 2

Dados Internacionais de Catalogação na Publicação (CIP)
(Câmara Brasileira do Livro, SP, Brasil)

Haight, Roger
  A comunidade cristã na história : eclesiologia comparada, vol. 2 / Roger Haight ; [tradução Jonas Pereira dos Santos]. – São Paulo : Paulinas, 2012. – (Coleção Ecclesia ; 21)

  Título original: Christian community in history : comparative ecclesiology.
  ISBN 978-85-356-2702-2
  ISBN 0-8264-1630-6 (ed. original)

  1. Comunidades cristãs   2. Igreja   3. Igreja - História   4. Missão da Igreja   I. Título.   II. Série.

  10-08550   CDD-262.009

Índices para catálogo sistemático:

1. Igreja : História : Cristianismo   262.009
2. Comunidade cristã : História : Cristianismo 262.009

1ª edição – 2012
1ª reimpressão – 2015

Título original da obra: Christian Community in History - Vol 2 – Comparative Ecclesiology
© 2005 by Roger Haight
Por acordo com Bloomsbury Publishing plc

Direção-geral: Bernadete Boff
Conselho Editorial: Dr. Afonso M. L. Soares
Dr. Antonio Francisco Lelo
Me. Luzia M. de Oliveira Sena
Dra. Maria Alexandre de Oliveira
Dr. Matthias Grenzer
Dra. Vera Ivanise Bombonatto
Editores responsáveis: Vera Ivanise Bombonatto
Afonso M. L. Soares
Tradução: Jonas Pereira dos Santos
Copidesque: Anoar Jarbas Provenzi
Coordenação de revisão: Marina Mendonça
Revisão: Sandra Sinzato
Assistente de arte: Ana Karina Rodrigues Caetano
Gerente de produção: Felício Calegaro Neto
Capa e diagramação: Manuel Rebelato Miramontes

Nenhuma parte desta obra poderá ser reproduzida ou transmitida por qualquer forma e/ou quaisquer meios (eletrônico ou mecânico, incluindo fotocópia e gravação) ou arquivada em qualquer sistema ou banco de dados sem permissão escrita da Editora. Direitos reservados.

Paulinas
Rua Dona Inácia Uchoa, 62
04110-020 – São Paulo – SP (Brasil)
Tel.: (11) 2125-3500
http://www.paulinas.org.br – editora@paulinas.com.br
Telemarketing e SAC: 0800-7010081
© Pia Sociedade Filhas de São Paulo – São Paulo, 2012

A Edward Schillebeeckx, op

Apresentação

A Igreja chega ao século XXI ainda sob o influxo de um período de transição, intensificado a partir dos anos 60, com o Concílio Vaticano II. Desde então, uma eclesiologia renovadora tem deixado marcas na própria vida eclesial, mas ainda há muito a ser feito.

O período que antecedeu o Concílio foi de grande crise. Havia medo de assumir descontinuidades, rupturas, inovações, conflitos, emergência de novas teologias e superação de velhas tradições. Na aurora deste século, multiplicaram-se os desafios, mas também os temores.

Ecclesia XXI oferece-se como tribuna para os ensaios a que a reflexão eclesiológica não se pode furtar, caso pretenda ser farol e companhia de viagem no caminho que as novas gerações de discípulos do Nazareno deverão seguir e nos novos areópagos que cruzarão. Para tanto, esta nova coleção pretende considerar a realidade e a missão da Igreja de vários ângulos, a saber, espiritual, bíblico, dogmático, histórico, ético e pastoral.

Os olhares multifacetados impõem-se, pois a nova realidade não mais comporta uniformismos. De modo especial, temos verificado no Brasil uma notável reapropriação das camadas populares de elementos subjacentes à sua cultura. Os portões foram escancarados após a perda da estrutura rural que sustentava a religiosidade popular católica. Contemporaneamente, foi intensificado o processo de "descriminalização" de muitas expressões culturais populares.

A repercussão que têm hoje religiões e espiritualidades palatáveis à "new age", bem como o crescente sucesso do neopentecostalismo (evangélico e católico) sugerem seu forte apelo à necessidade popular do maravilhoso. Órfão dessa qualidade, outrora tão comum ao catolicismo rural – rico em elementos de origem africana, indígena e também lusitana – o povo cristão vai a seu encalço para além dos limites da paróquia tradicional – aí incluídas também as CEBs.

Alguns autores pretendem explicar o quadro alegando que tais tendências religiosas não têm uma grande bagagem de conteúdos mentais que promovam a pessoa mediante novos conhecimentos – como, por exemplo, faz a Bíblia. Apenas oferecem, com oportunismo, um novo espaço à sensibilidade e à afetividade que supre a dimensão lúdica do catolicismo festivo. Mas não se trata apenas disso, a saber: Bíblia = conteúdos mentais = conhecimento. O simbólico, a comunidade e o processo de iniciação devem ser considerados como parte integrante do processo do conhecimento. Mas, o fato é que nem todos os sedentos por essa espiritualidade do maravilhoso estão dispostos a enfrentar um longo e exigente caminho iniciático.

Por fim, essa autêntica "feira mística" representa uma notável ruptura de dois elementos decididamente caros à Igreja: a palavra (Bíblia) e os sacramentos. Todavia, isso não requer – como fazem, em geral, os movimentos religiosos pentecostais – um distanciamento institucional. O católico que busca tais espiritualidades não se sente no dever de abandonar a Igreja, e procura manter as duas pertenças, vendo-as como complementares na resposta a suas necessidades religiosas.

Alternativas de sabor espiritualista e/ou "new age" atraem sempre mais o apelo religioso das pessoas. Os ritos católicos de integração da biografia individual já vêm sendo repetidos sem muita clareza e convicção, deixando progressivamente o espaço a outras ofertas religiosas. Para alguns, tal tendência poderá reduzir ou eliminar a ambiguidade da prática religiosa das pessoas.

De outra parte, não se deve esquecer de que, tanto as Igrejas pentecostais quanto a "new age", levam vantagem nas estruturas acentuadamente aliviadas do peso hierárquico-piramidal, com a consequente homogeneização das classes. Daí resulta a crescente aproximação entre membros e lideranças. Some-se a isso a efetiva rede assistencial que tais organizações têm em mãos, e que fazem estrepitoso sucesso em meio aos milhões de doentes, abandonados pelos órgãos públicos (ir-)responsáveis.

O final do século XX também viu a vitória – pírrica, segundo alguns críticos – da secularização e da modernidade, sempre mais sentidas em ambientes outrora hermeticamente católicos. Os grandes fluxos migratórios em direção aos polos industriais do sul e a recrudescente penetração do paradigma burguês nos sertões e florestas tiraram da Igreja Católica seu secular berço-reservatório de cristãos. A sociedade patriarcal a poupou, durante um longo período, da preocupação de obter dos fiéis uma resposta cristã adulta, fruto de convicção pessoal e independente do ambiente. Mas esse tempo acabou.

Nesse inédito contexto de pluralismo religioso em que vivemos hoje, com a consequente necessidade de ampliar o diálogo entre as religiões, há várias perguntas incontornáveis. E esta coleção de *Paulinas Editora* pretende encará-las. Por exemplo, como deverá ser enfocada hoje a convicção católica, reafirmada no II Concílio Ecumênico do Vaticano, da "necessária função salvífica da Igreja" (*Lumen Gentium* 14)? Uma maior atenção teológica à maneira como Deus quis revelar-se a todos, somada à devida deferência pelas culturas autóctones, não deveria levar a Igreja Católica a repensar alguns modelos eclesiológicos seculares? O que significa, na prática, respeitar o ritmo e os tempos de nossos povos? Não é concebível que haja maneiras distintas, ao longo da história, de acolher a oferta gratuita de Deus? Quem, como e a qual preço deve assumir *hic et nunc* a tarefa da (nova) evangelização?

O âmago dessa discussão encontra-se nos fundamentos da identidade cristã e na possibilidade mesma de aceder a tal fé. Já se vislumbram as primícias de uma nova teologia da revelação, mais apta a incluir em seus circuitos outros trajetos possíveis da autocomunicação divina na história. Com isso, os teólogos já ousam inferir possíveis consequências de tal perspectiva em vista da possibilidade da inculturação da fé cristã nas realidades locais. *Ecclesia XXI* quer acompanhar as reflexões mais sugestivas a propósito.

Um desafio prometeico, pois, como diz o teólogo José Comblin,[1] o discurso sobre a inculturação é "o ponto de encontro de todas as ambiguidades". Alguns imaginam uma situação em que a Igreja – à maneira

---
[1] Cf. COMBLIN, J. As aporias da inculturação (I). *REB*, 223, pp. 664-684.

dos Ss. Cirilo e Metódio, fundadores da Igreja entre os povos eslavos – entregaria aos povos uma cultura já pronta. Outros, mais progressistas, veem a inculturação como promotora da diversidade cultural.

Seja como for, qual seria a verdadeira função da Igreja nessas situações de pluralismo de ofertas religiosas? Quais atitudes esperam-se dos cristãos em tais contextos? Fazer o bem ao povo equivale a convertê-lo (em sua totalidade) a um cristianismo mais ortodoxo? Em suma, salvação--libertação do povo de Deus é sinônimo de madura adesão das pessoas a esta comunidade chamada Igreja?

Ao longo da história, a concepção da Igreja sobre si mesma sofreu, de modo talvez imperceptível em boa parte do tempo, uma determinante mudança de paradigma. De um grupo social constituído em função de uma tarefa – pregar o Evangelho, sendo dele um sinal – esta se rendeu, mais tarde, à ideia de constituir uma comunidade fundada na participação de um privilégio.

Daqui ao casamento com o conceito de religião universal foi apenas um passo que, consequentemente, fez a Igreja estruturar-se como distribuidora de um privilégio essencial: os meios especiais para alguém entrar em relação com Deus e obter dele especiais prerrogativas. Um privilégio que, a todo custo, se devia estender ao maior número possível de seres humanos. O esforço para atingir tal meta fez dessa instituição religiosa, nas palavras de E. Hoornaert, "mestra imbatível em lidar com a religião do povo". E isso apesar da "exagerada eclesialização da ideia cristã", levada adiante no pós-Trento.

Em meio à atual e dramática realidade latino-americana, e diante da inevitável opção, profética e exclusiva, pelos pobres e oprimidos, o problema volta à tona, embora em outra perspectiva. A Conferência Episcopal de Medellín, que procura traduzir na América Latina os novos ventos soprados pelo II Concílio Ecumênico do Vaticano, tornou tal escolha improcrastinável, colocando a hierarquia e os agentes de pastoral numa encruzilhada. Que fazer: radicalizar a nova (teologia) pastoral da missão ou permanecer fiéis àquela, já clássica, do privilégio (embora meio desnorteada pelo tornado conciliar)?

Não obstante a alvorada conciliar, a fundamental preocupação missionária da Igreja continua sendo, conforme a *Evangelium Nuntiandi*, "como levar ao homem moderno [e ao não moderno] a mensagem cristã" (EN 3). Todavia, quanto tempo e quais atitudes são desejáveis para que tal evangelização não se processe "de maneira decorativa, como um verniz superficial, mas de modo vital, em profundidade e até as raízes" (EN 20)?

Quantos séculos serão necessários? Quais as *conditiones sine quibus non* para que as pessoas apreendam, se assim o desejarem, a real novidade cristã? E que fazer enquanto isso? Dar um voto de confiança a suas intenções mais genuínas e pressupor que sua prática habitual já seja de fato cristã e eclesial, embora à maneira popular? Ou não seria mais ortodoxo aliviar as Igrejas cristãs de todas as opções vitais e práticas rituais (tidas como) ambíguas? Contudo, uma vez escolhida a segunda opção, quem estaria habilitado a (e teria legitimidade para) separar o ambíguo do autêntico?

Como vemos, não são poucos os problemas que se descortinam para uma Igreja que pretenda adentrar o novo século fiel ao espírito de Jesus, aberta ao diálogo, coerente em seu testemunho do Reino e solícita na comunhão com Deus e com o próximo. Em 21 textos, cuidadosamente selecionados dentre as mais diversas perspectivas, *Ecclesia XXI* oferece seu espaço como pequena contribuição aos enormes desafios a que nenhum cristão poderá se omitir nas próximas décadas.

Afonso Maria Ligorio Soares[*]

---

[*] Livre-docente em Teologia pela PUC-SP, onde leciona e pesquisa como professor associado do Programa de Estudos Pós-graduados em Ciências da Religião.

Prefácio

No século XVI, a unidade da Igreja se rompeu como nunca houvera sido antes. Decerto, as igrejas do Oriente e do Ocidente não estiveram em comunhão por algum tempo, mas cada qual existira em sua própria esfera isolada uma da outra, pacificamente, como haviam permanecido durante muitos séculos antes. No século XVI, entretanto, as igrejas que compartilhavam o mesmo continente e a mesma economia política estavam tão divididas que foram à guerra.

Hoje, na esteira do movimento ecumênico e de seu inacabado projeto, e dada a consciência cristã comum de compartilhar o mundo religioso com outras tradições de crença vitais, o pluralismo eclesial e eclesiológico que teve início com a Reforma afigura-se muito mais benigno. Com efeito, muitos sustentariam atualmente que o pluralismo de igrejas instituído no século XVI foi um desenvolvimento espontâneo que correspondeu à maneira como as coisas deveriam ser. O principal objetivo desta eclesiologia comparada não é simplesmente dispor sucessivamente as diferentes eclesiologias que surgiram no decorrer dos últimos cinco séculos, muito embora esse procedimento descreva este compêndio com exatidão empírica. Sua intenção maior é revelar a pujança, a vitalidade e a criatividade da igreja como um todo à medida que a instituição se desenvolve no curso da história, adaptando-se a novos tempos, lugares e culturas. Em outras palavras, o objeto de estudo continua sendo a totalidade da igreja, mas, a partir do século XVI em diante, a igreja será sempre constituída pelas igrejas. O texto não acompanha a totalidade da igreja em bases uniformes, como ocorre em uma história geral século após século, delineando o desenvolvimento das igrejas. Em vez dessa abordagem, o trabalho recorre a textos e autores seletos que representam as novidades que estavam ou estão acontecendo. Essa estratégia permite que se tenha certo controle sobre um extenso acervo de dados e possibilita que se enfoque algum pormenor eclesiológico que esteja representando ao mesmo tempo grandes tendências.

O método desta eclesiologia de baixo é direcionado para a história; parte da igreja concreta da história para chegar à eclesiologia ou à compreensão da igreja quer como ela é, quer como ela deveria ser. No primeiro volume de *A comunidade cristã na história*, essa transição ficou bem explícita porque as eclesiologias compreensivas em nossa acepção não existiam. Nos capítulos que se seguem, a própria eclesiologia torna-se muito mais diretamente o objeto de estudo do trabalho. Espero, contudo, jamais perder de vista a história concreta e o grau de condicionamento histórico dessas eclesiologias.

Para tanto, procurei adentrar o espírito de cada uma das igrejas e eclesiologias aqui abordadas, com vistas a apreciar o que está sendo dito a partir da perspectiva do respectivo autor, nos termos positivos em que foi originalmente concebido. A ideia é que as exposições sejam historicamente corretas e não polêmicas. Isso, no entanto, é mais difícil do que pode parecer, porque o observador externo inevitavelmente deixa de captar detalhes, nuances que podem alterar o foco e, com isso, um mundo de significados. Por exemplo, quantas pessoas percebem que Calvino não fala geralmente da "real" presença na eucaristia, mas da "verdadeira" presença? Por essa razão, recorro mais às citações do que deveria em outro caso.[1] E sou grato por toda ajuda recebida nesse esforço de ser fiel ao espírito das diversas tradições que são revistas aqui.

A ajuda e o apoio que recebi durante a elaboração desses dois volumes me chegaram de várias formas, de muitas direções, por intermédio de uma pletora de pessoas, em diferentes contextos. Devo, contudo, destacar aquelas que efetivamente despenderam tempo, debruçando-se sobre

---

[1] Isso será detidamente observado no capítulo III, sobre a apologia hookeriana da eclesiologia da Igreja da Inglaterra, em que utilizei a edição crítica mais recente de *Leis*, que preserva o inglês elisabetano de Hooker. Isso imediatamente data Hooker e ajuda a assegurar autenticidade histórica na leitura do texto. A linguagem parece curiosa, razão pela qual muitos a associam à imaginação poética de Shakespeare. Embora por vezes difícil, força a atenção ao texto, o que estimula a avaliação da profundidade clássica e da percuciente nuance, bem como da força suasória do pensamento desse homem. O que aqui se diz acerca de Hooker tem aplicação geral.

capítulos específicos ou sobre o conjunto dos textos que compõem o segundo volume deste trabalho. Todas essas pessoas são especialistas nas respectivas áreas, cujo dom da própria *expertise* é inestimável. São elas: Dale M. Coulter, Paul Fitzgerald, sj, Michael Himes, Bradford Hinze, Ghislain Lafont, osb, Frank D. Macchia, Ted Peters, Peter Phan, Jill Raitt, T. Howland Sanks, sj, e Fredrica H. Thompsett. Sou igualmente grato à Província de Nova York da Companhia de Jesus por haver me ajudado durante o ano sabático de 2003-2004, de modo que pudesse concluir este projeto. Desejo agradecer também a Gasper F. Lo Biondo, sj, diretor do Centro Teológico Woodstock da Universidade de Georgetown, por haver me aceitado como visitante e colocado os recursos do Centro à minha disposição. Agradeço ainda a Leon Hooper, sj, diretor da biblioteca do Woodstock, e a sua equipe, sempre muito corteses e prestativos. Por último, agradeço a Frank Oveis, editor deste projeto, que o apoiou até o fim, com solicitude e indefectível atenção, bem como a Gerard Jacobitz, que uma vez mais fez um soberbo trabalho de leitura das provas e especialmente de indexação do livro.

Introdução

O primeiro volume de *A comunidade cristã na história*, subtitulado *eclesiologia histórica*, delineou a história da eclesiologia de Jesus às vésperas da Reforma Protestante. O texto que ora se apresenta prolonga aquela história, mas possui uma integridade própria, de modo que pode ser compreendido em seus próprios termos. Ao mesmo tempo, os leitores do primeiro volume perceberão que uma mudança na estratégia de narrar a história da eclesiologia no período moderno foi introduzida neste trabalho. Isso se reflete no subtítulo, *eclesiologia comparada*. Uma boa maneira de introduzir este trabalho consiste em explicar como o que se expõe aqui continua sendo a eclesiologia histórica iniciada no primeiro volume, mas sob novas circunstâncias que exigirão a nova estratégia. Esta introdução descreverá também em que consiste a nova estratégia e como será desenvolvida nos capítulos que se seguem.

Eclesiologia histórica

O primeiro volume deste trabalho principiou com considerações acerca do método para examinar a igreja. A expressão "eclesiologia histórica" foi introduzida como algo que comporta o paradoxo intrínseco de tentar encontrar o normativo no histórico. Eclesiologia histórica não se refere simplesmente ao estudo das eclesiologias do passado, mas à recuperação da verdade interna a elas que interpela a consciência cristã. A igreja do passado é sempre apreendida simultaneamente em duas linguagens: uma, a da historicidade, e a outra, a da teologia que medeia uma verdade perene porque transcendente. Esse conceito teórico incorpora-se em um processo ou método de pesquisa, interpretação e escrita. Utiliza a história para recuperar e ressaltar a particularidade da igreja em cada período. Lança mão de uma imaginação sociológica e de um modelo sociológico de organizações para ajudar a apreciar os elementos e a dinâmica da igreja organizada. Integra cuidadosamente a autocompreensão teológica que constitui a comunidade no interior da realidade histórica, de modo que as duas dimensões interpretam-se mutuamente: o histórico atualiza imperfeitamente o ideal teológico, e o teológico continua a exigir adaptações na igreja real.

Em termos concretos, cada capítulo foi desenvolvido de maneira a garantir que os três níveis de análise estejam sempre implicitamente em diálogo e sejam mutuamente críticos. Um determinado capítulo começou revelando um senso do período histórico em que a igreja existiu. Foi seguido pela análise de uma série de textos que representaram tanto a organização social da igreja como sua autocompreensão teológica. Uma terceira seção de cada capítulo consistiu na elaboração de um quadro da igreja em determinado período, processo que também poderia ser considerado como construção de uma eclesiologia mais ou menos explícita a partir da vida da igreja e testemunho da igreja em dada época. Isso resultou na construção de eclesiologias nas diferentes épocas por meio de sínteses, a começar com os primeiros cento e cinquenta anos, passando pelo período da igreja primitiva e dos padres, até o período medieval, quando a estrutura básica da Igreja Romana foi formada.

Uma mudança na estratégica

Tudo mudou com a Reforma Protestante, no século XVI. A unidade institucional da igreja europeia esboroou-se, e uma nova era da história da igreja no Ocidente começou. Após o século XVI, a unidade da igreja consistirá sempre em uma pluralidade de igrejas, formalmente assim denominadas e institucionalmente independentes. Além disso, a pluralidade das igrejas gerou uma multiplicidade de diferentes eclesiologias como nunca se vira antes na igreja em termos formais e explícitos. Isso também representou um momento decisivo e o alvorecer de uma nova era da igreja.

A eclesiologia começou a desenvolver-se em uma disciplina formal, autoconsciente, no decorrer da Baixa Idade Média. Evidentemente, a igreja fora objeto de séria reflexão por parte de organizadores, administradores, bispos, teólogos e o equivalente de canonistas desde o início. A eclesiologia, no entanto, tornou-se mais uma área formal de reflexão e uma subdisciplina da teologia cristã no curso das controvérsias entre imperadores e papas, mormente durante a crise conciliarista. Obviamente, houve diferenças na compreensão da igreja, mas o pluralismo implicitamente refletido na eclesiologia papista de Torquemada contra um espírito conciliarista representa diferenças dentro de um paradigma institucional relativamente amplo em torno do qual havia consenso. No século XVI, a eclesiologia rompeu os limites desse paradigma e se desenvolveu rapidamente: tornou-se radical e compreensiva nas diferenças em termos de autoconcepção e de organização, e, porque a eclesiologia tornou-se mais polêmica e apologética, as fundamentações críticas da igreja resultaram mais claras e mais acuradas. Contra a eclesiologia romana que estivera em vigor até então, a Reforma ofereceu várias alternativas distintas e teologicamente bem fundamentadas.

Uma das razões para a mudança na estratégia de uma eclesiologia histórica encontra-se no fato de a eclesiologia haver se tornado uma preocupação central da teologia no século XVI e daí por diante. Não é preciso elaborar as eclesiologias do século XVI porque a eclesiologia havia se tornado uma disciplina formal, e as igrejas estavam sistematicamente retratando sua natureza, estrutura organizacional e missão. Uma etapa da estratégia construtiva utilizada no primeiro volume deste trabalho torna-se, portanto, desnecessária. Não precisamos elaborar amplas eclesiologias das igrejas porque elas nos são fornecidas pelos diversos autores do período. Tal elaboração também se torna menos factível. Em razão do maciço acervo de dados concernentes à Europa, ao movimento da Reforma e ao desenvolvimento de cada igreja, revela-se impossível controlar os desenvolvimentos a partir de um único trabalho.[1] Mas essa

---

[1] George Huntson Williams. *The Radical Reformation*. 3. ed. Kirksville, Mo., Sixteenth Century Journal Publishers, 1992, oferece um bom exemplo de alentada pesquisa histórica sobre a dinâmica do movimento da ala esquerda da Reforma. Conquanto os historiadores falem "da Reforma", deve-se reconhecer que ela consistiu em uma série de movimentos distintos, em Wittenberg, na Saxônia, em Genebra, daí se estendendo, ulteriormente, para a Inglaterra

é uma preocupação meramente programática, enquanto o princípio é decisivo: a única maneira de entender a igreja como um todo quando ela se encontra pulverizada em uma pluralidade de igrejas é mediante uma eclesiologia comparada.

Em suma, este volume continua a utilizar o mesmo método empregado no primeiro compêndio do presente trabalho, mas comporta uma mudança de estratégia que é significativa. O objetivo de uma eclesiologia histórica de baixo é partir da história, perpassar a igreja concretamente existente da história, para chegar a uma eclesiologia ou a uma compreensão dessa igreja concreta. Nos capítulos que se seguem, o foco se altera, de modo que a própria eclesiologia torna-se, bem mais do que antes, o objeto de estudo que exige atenção. Essa estratégia, contudo, não negligencia a história concreta nem o fato de que essas eclesiologias surgiram a partir da história. A estratégia metodológica que será utilizada continua sendo, portanto, um subconjunto da eclesiologia histórica e é especificada pelo rótulo "eclesiologia comparada".

Eclesiologia comparada

A eclesiologia comparada deve ser entendida no contexto das coordenadas mais amplas da eclesiologia histórica desenvolvida no início do primeiro volume deste trabalho e referida no começo desta introdução. A eclesiologia comparada consiste em analisar e descrever, de maneira organizada ou sistemática, duas ou mais diferentes eclesiologias a fim de que possam ser comparadas. Isso é menos uma definição formal de um método estabelecido em eclesiologia e mais uma descrição da estratégia empregada neste segundo volume de uma eclesiologia histórica. Uma sucinta exposição de três características do método dará uma clara ideia de seu teor.[2]

---

e outras regiões. Cada qual comportava questões específicas que conformavam um centro de gravidade e um diferente tom teológico, moral e político.

[2] O livro de Dennis M. Doiyle. *Communion Ecclesiology: Visions and Versions*. Maryknoll, N. Y., Orbis Books, 2000, pode ser considerado uma obra de eclesiologia comparada.

Em primeiro lugar, a história e outras ciências sociais integram o processo da eclesiologia comparada. As diferenças entre as igrejas e suas eclesiologias são em larga medida um produto da história. Isso significa que o próprio processo de descrição de uma eclesiologia específica requer atenção ao campo histórico das forças sociais que contribuíram para sua conformação. Nos capítulos que se seguem, em virtude da restrição de espaço, a atenção ao pano de fundo e às particularidades de caráter histórico haveria de reproduzir um pouco da complexidade e da matização que resultaram na própria eclesiologia tal como se desenvolveu no curso do século XVI, mas ela não é negligenciada.

Em segundo lugar, uma etapa crucial na elaboração escrita da eclesiologia de uma dada igreja consiste na seleção de suas fontes. Todo este trabalho baseou-se sobretudo em fontes escritas, especialmente na análise de autores fundamentais. Neste segundo volume, a fim de poder lidar com a simples massa de dados, a análise se volta para autores específicos que desenvolveram eles próprios extensas eclesiologias. Os principais critérios para a escolha dessas figuras são o grau de representatividade de determinado autor no contexto de uma tradição eclesial específica, o que, portanto, lhe confere alguma autoridade intrínseca, bem como os efeitos concretos dessa autoridade, ou seja, em que medida a eclesiologia ajuda a determinar a tradição através de seu estudo ou de sua materialização. Como observamos previamente, o fato de autores específicos terem escrito eclesiologias compreensivas poupa-nos o trabalho de interpretar os desenvolvimentos eclesiais, pois tais figuras representativas se incumbiram dessa tarefa.

Seria de certa forma interessante avaliar a relativa autoridade das figuras selecionadas e a função que suas eclesiologias desempenham nas respectivas tradições. Lutero e Calvino, por exemplo, tornaram-se o equivalente dos fundadores de igrejas particulares ou de estilos de ser igreja; outros são figuras influentes que gozam de vários graus de autoridade. Em todos os casos em que os textos representativos são de autores específicos, a autoridade deles não é normativa em última instância, mas sim representativa de uma tradição como fonte e inspiração. Talvez um autor ou texto possa ter a autoridade de um clássico. Por exemplo, a eclesiologia de Lutero não é o equivalente da eclesiologia luterana, mas possui autoridade, continua a inspirar e pode funcionar como testemunho criteriológico em certos casos. Entretanto, sempre que os textos ou as visões que eles contêm tornam-se clássicos, permanecem históricos; transcendem a particularidade histórica por sua particularidade e especificidade. Por conseguinte, a biografia de agentes e autores fundamentais que se encontram por trás dos textos não é desprovida de importância, e os capítulos que se seguem têm em vista o pano de fundo histórico e a biografia de cada autor. Este volume continua sendo eclesiologia histórica. Entretanto, na medida em que os autores assumem valor representativo, eles começam a funcionar como tipos. Por conseguinte, a eclesiologia comparada que a seguir se apresenta é intrinsecamente tensiva: combina a particularidade histórica das eclesiologias de autores específicos com uma função representativa que se assemelha, em certos aspectos, à pura idealidade dos tipos.

Uma terceira característica da eclesiologia comparada consiste na estratégia de organizar e apresentar o pensamento de diferentes teólogos, segundo um padrão ou modelo comum. Assim, por exemplo, o padrão comum utilizado no primeiro volume deste trabalho, extraído da sociologia das organizações, é empregado como uma grade comum para a apresentação de cada uma dessas eclesiologias. Esse dispositivo hermenêutico não é redutor, contudo atribui um lugar explícito à autocompreensão e interpretação teológicas. Esse padrão serve como uma ponte para comparação e contraste, mesmo quando essa tarefa não é realizada formal e metodicamente. Não obstante, essa superestrutura interpretativa efetivamente corre o risco de distorcer um autor particular, visto que pode impedir a visão da gênese do pensamento, uma perspectiva ou abordagem que pode ser crucial para compreender o gênio particular de uma dada eclesiologia. No intuito de contrabalançar essa possibilidade, tanto quanto possível, a disposição sistemática de uma dada eclesiologia é introduzida por uma descrição do pano de fundo histórico e por uma exposição analítica, narrativa, da gênese dos textos em questão.

As comparações implícitas entre as eclesiologias desenvolvidas neste volume não são estabelecidas explicitamente por diversas razões. A primeira delas decorre do objetivo teórico deste trabalho, que não é ressaltar as diferenças entre eclesiologias, e sim, após apresentá-las em sua diferença, encarar cada uma delas como parte da tradição única da igreja como um todo. A ênfase na apresentação das eclesiologias que se desenvolveram durante e após a Reforma incide na lógica interna de cada eclesiologia sucessivamente apresentada e em sua coerência, no modo como ela é consistente com a tradição amplamente concebida. As diferenças são o primeiro acento, mas não podem ser a palavra final. Uma razão mais prática pela qual não se realiza a efetiva comparação é que ela não poderia ser feita em um volume, ou poderia ser realizada apenas superficialmente com abstrações mais amplas. Isso, no entanto, extrapolaria o escopo deste segundo volume, que consiste em dispor sucessivamente as eclesiologias, deixando implícita a discussão sobre suas diferenças, mas construindo um amplo horizonte para compreender a profundidade de uma tradição que pode estribar diferentes arranjos no seio da igreja.[3] A igreja tornou-se uma tapeçaria multicolorida de eclesiologias ou um grande rio que se ramifica no delta do século XVI, de modo que simplesmente já não é possível pensar que uma única igreja possa carrear todo o fluxo da vida cristã em uma única forma organizacional.

Divisão e esboço do trabalho

Este volume assume uma forma que reflete o desenvolvimento histórico da igreja no decorrer do período moderno. Os primeiros quatro capítulos são dedicados às quatro igrejas e eclesiologias tipicamente diferentes que foram geradas no século XVI junto com a Igreja Romana. A eclesiologia de Lutero como um todo difunde-se por muitos escritos e em certa medida deve ser construída a partir da seleção de suas obras. Alguns de seus princípios básicos exerceram enorme influência ao longo de todas

---

[3] Por via de exceção, o capítulo IV contém uma explícita comparação entre duas eclesiologias históricas e particulares, representadas, porém, como tipos, através de uma criativa adaptação e aplicação dos dois tipos de Troeltsch, "seita" e "igreja", para gerar princípios eclesiológicos.

as eclesiologias da Reforma. A eclesiologia de Calvino é particularmente compreensiva e bem desenvolvida, e seus princípios eclesiológicos surtiram efeitos para além do que veio a ser conhecido como igrejas na tradição reformada. A Igreja da Inglaterra gradativamente desenvolveu uma eclesiologia específica que recebeu sua primeira formulação compreensiva de Richard Hooker nas últimas décadas do século XVI. O rótulo "igreja livre" é pespegado a duas eclesiologias distintas que mantêm as semelhanças familiares da reforma radical: as igrejas menonita e batista, tal como se refletiram nos escritos eclesiológicos de Meno Simons e de John Smyth, respectivamente. Completando o século XVI, o capítulo 4 também considera a eclesiologia da Igreja Romana imediatamente posterior ao Concílio de Trento, tal como retratada no texto conciso, mas importante, semioficial e influente do catecismo tridentino. A consideração do século XVI conclui-se com uma tipologia que representa os dois extremos do espectro de eclesiologias que emoldurou o horizonte eclesiológico no final do século XVI. Em vez de sintetizar a eclesiologia, eles revelam o vasto território situado entre os dois polos. A eclesiologia histórica sempre desafia a descrição acurada por tipos.

Boa parte deste volume aborda o século XVI. A reflexão sobre algumas coisas frequentemente dadas por assentes justifica essa ênfase. O pluralismo na eclesiologia com que os cristãos estão habituados no século XXI realmente só começou no século XVI. É crucial analisar como isso aconteceu, mesmo que não se indague formalmente por que aconteceu. Hoje em dia, pode-se conceber o pluralismo em termos positivos e sem envenenamentos. Se concebido e implementado de determinada forma, o pluralismo representa o modo como a igreja deveria ser na atualidade. Essa, contudo, não era a compreensão geral no século XVI, e só poucas pessoas, como Hooker, poderiam encarar o pluralismo em termos positivos, e naquela época só em diferentes lugares, não em uma cidade ou nação específica. A disposição de cinco eclesiologias específicas, cada qual com uma fundamentação positiva e uma coerência interna, demonstra como operam as forças da história, expõe as diferenças dessas diversas autocompreensões da igreja e também revela aos olhos de um século

XXI cristão quantas coisas essas igrejas tinham em comum, apesar da intolerância do século em questão.

O capítulo 5 aborda o século XIX, a eclesiologia europeia pós-Iluminismo nas pessoas de Friedrich Schleiermacher e de Johann Adam Möhler, representando as formas protestante e católico-romana da igreja. Historicamente, o movimento missionário protestante e o papado de Pio IX podem ter tido impacto mais concreto sobre essas igrejas do que esses dois pensadores. Mas essas duas eclesiologias são eclesiologias classicamente modernas e, como tais, possuem contínua relevância. Formularam pela primeira vez temas que viriam a dominar o desenvolvimento da igreja no século XX.

Por fim, os capítulos 6 e 7 discorrem sobre os desenvolvimentos eclesiológicos no século XX. De certa maneira, os desenvolvimentos ocorridos na igreja durante o século XX têm uma dimensão impressionante que rivaliza com o século XVI. O movimento ecumênico em alguma medida no mínimo transformou as forças vetoriais de fissão em forças de fusão. A Igreja Católica Romana repentinamente se abriu para o diálogo com as outras igrejas e com o mundo. As teologias da libertação abordaram as dimensões históricas da salvação e promoveram novas formas eclesiásticas. A Igreja Ortodoxa, muitas de cujas igrejas sofreram perseguição e repressão durante o século XX, ajudou a deflagrar o movimento ecumênico e começou a florescer após sua própria libertação, no final do século passado. E à medida que a igreja experimentou uma nova onda de crescimento nos continentes do mundo em desenvolvimento, o pentecostalismo assumiu a liderança e criou outra nova forma de igreja.

Alguns podem achar que a Igreja não está suficientemente representada neste segundo volume. É possível que essa impressão seja causada em parte pelo ponto em que o último volume parou e este volume começa. Os últimos dois capítulos do primeiro volume fornecem uma exposição substancial da igreja medieval que foi consagrada com as configurações da reforma gregoriana. Mostrar-se-á no capítulo 4 deste volume que, a despeito de o Concílio de Trento haver sido um divisor de águas que definiu a primeira Igreja Católica Romana moderna, existe, no entanto, considerável continuidade entre ela e a igreja da Baixa Idade Média. Decerto, essa igreja experimentou importantes desenvolvimentos no período moderno, e a igreja gregoriana foi profundamente modificada pelo Vaticano II. Mas a consideração desses desenvolvimentos ajuda a sublinhar a temática e a estrutura deste trabalho, porque esses desenvolvimentos não alteraram substancialmente a forma gregoriana da Igreja Romana. Com efeito, pode-se defender que sua "forma" gregoriana em muitos aspectos ainda continua sendo a força definidora na atual Igreja Católica Romana.[4] Enquanto a forma básica da Igreja Romana permaneceu relativamente constante, certamente não sem importantes desenvolvimentos, mas estável em sua estrutura e autocompreensão organizacional, surgiu todo um mundo pluralista de eclesiologias estruturalmente diferentes. Os dois capítulos finais mostrarão que, à medida que a Igreja Católica começa a adaptar-se ao moderno mundo do pluralismo cristão, o contexto está em vias de mudar de novo, de maneira igualmente radical, na direção de um pós-moderno mundo globalizado do multicultural, com eclesiologias que perpassam as tradições cristãs e com novas eclesiologias que refletem essa diversidade. Em suma, a eclesiologia comparada não suplanta o impulso básico da eclesiologia histórica, mas modela suas tensões e a torna consideravelmente mais interessante.

---

[4] Ghislain Lafont. *Imagining the Catholic Church: Structured Communion in the Spirit*. Collegeville, Minn., Liturgical Press, 2000, pp. 37-64, 213.

Parte I

A igreja no século XVI

1. A ECLESIOLOGIA DE LUTERO

"Revolução" é o termo apropriado para caracterizar o desenvolvimento da igreja ocidental no decurso do século XVI e no começo do século XVII. Em nenhum outro período de sua história a igreja passou por transformação tão cabal; nenhum outro período sequer se aproximou da radicalidade da mudança que se forjou durante o extenso período da Reforma. Antes da Reforma do século XVI, a igreja ocidental desfrutava de unidade institucional. Na melhor das hipóteses, o termo "pluralismo", caso seja adequado, pode aludir à divisão entre as igrejas do Oriente e do Ocidente, mas elas ocupavam territórios separados. No âmbito da igreja ocidental, o termo pode ser utilizado para indicar diferenças de culturas, de caráter regional, de estilo e de etos, entre escolas de opinião teológica, ou grupos dissidentes rotulados de heréticos. Mas a igreja institucional no Ocidente não era pluralista. Por volta do final do período em questão, o termo "pluralismo" refere-se a uma igreja ocidental dividida, a igrejas separadas umas das outras dentro de uma esfera política e cultural compartilhada, incapazes, porém, de compartilhar espaços locais e dissidentes a ponto de irem à guerra. O cristianismo ocidental tornou-se designativo de uma pletora de diferentes igrejas.

Este capítulo delineia a emergência da eclesiologia de Martinho Lutero, o homem que liderou o movimento evangélico em seus primeiros anos. Antes de nos voltar para a Saxônia, para a cidade e a universidade de Wittenberg, bem como para o homem considerado como o iniciador da Reforma, convém estabelecer o cenário com alguma consideração acerca do contexto histórico no qual o movimento se desenvolveu. O capítulo se volta então para Lutero e começa por delinear o desenvolvimento de sua eclesiologia em estilo narrativo, biográfico e bibliográfico. Com isso pretende-se dar uma ideia do desenvolvimento da reconcepção luterana da igreja, ligá-la diretamente a sua situação histórica e introduzir os textos selecionados para representá-la. Dado esse substrato, a terceira parte do capítulo consiste em uma representação esquemática e analítica da eclesiologia de Lutero. O capítulo encerra-se com algumas reflexões de caráter geral acerca da visão que Lutero tinha da igreja e com alguns princípios que serão importantes para a compreensão da igreja em qualquer período considerado.

A Europa e a igreja ocidental no começo do século XVI

Essa breve introdução à Europa e à igreja do Ocidente no final da Idade Média tem por objetivo despertar a memória do leitor. A descrição da igreja da Baixa Idade Média que concluiu o primeiro volume deste trabalho também pode servir como introdução à igreja no século XVI. Esse panorama não propõe nenhuma teoria sobre a causa da Reforma, mas uma descrição da situação em uma série de dados suscita alguns elementos do período que possibilitaram sua ocorrência.[1] A questão de como essa densa mudança na situação religiosa da Europa pode ter ocorrido em tão compacto período de tempo pode encontrar uma resposta não em uma simples proposição, e sim, nos mais amplos termos possíveis, em três condições fundamentais. A primeira foi o desejo praticamente universal de reforma "na cabeça e nos membros" que se registrou no curso da caracterização da eclesiologia da Baixa Idade Média. A segunda foi a desabsolutização do controle que a Igreja Romana tinha sobre a imaginação teológica e sobre a espiritualidade de bom número de europeus. A terceira foi o extenso processo da formação de novas igrejas que se registra no intervalo deste e dos próximos três capítulos. O tema, que percorre esta introdução ao desenvolvimento da eclesiologia no século

---

[1] Uma série de trabalhos revelou-se útil nessa caracterização da Europa às vésperas da Reforma. Euan Cameron. *The European Reformation*. Oxford, Clarendon Press, 1991; Owen Chadwick. *The Early Reformation on the Continent*. Oxford, Blackwell, 2002; Alister E. McGrath. *Reformation Thought: An Introduction*. Oxford, Basil, Blackwell, 1988. Essas quatro obras são referenciadas no texto pelas iniciais dos autores: EC, OC, SD e AM, respectivamente, e pelo número da página de seus livros.

XVI, ressalta fatores que tenderam a relativizar a igreja institucional vigente. Esses fatores podem ser divididos em duas fontes: uma, externa à igreja, a partir da esfera secular da Europa; a outra, oriunda de fatores internos à vida da igreja.

A Europa

Pode ser útil distinguir as estruturas políticas que caracterizaram a Europa a partir de questões sociais e culturais. As análises dessas dimensões da existência social revelam diferentes aspectos que afetaram a mudança ocorrida na igreja.

Estrutura política. No que tange à população, os historiadores reconhecem que aproximadamente oitenta milhões de pessoas viviam na Europa no limiar do século XVI. Noventa por cento delas "viviam em pequenas aldeias ou esparsas fazendas, cujas vidas eram moldadas pelo ciclo agrário. Do restante, menos da metade vivia em uma das aproximadamente cem cidades que, por volta do ano 1600, excediam vinte mil habitantes" (EC, 4). Esses dados demográficos simples mas extensos indicam que, para 90% dos cristãos, a oferta de serviços religiosos nas igrejas rurais era praticamente a mesma que havia na Idade Média.

A Europa, contudo, não era nenhum monólito político, e Roma não constituía um centro político. A expressão "equilíbrio de poderes" pode descrever melhor as interações no continente. Espanha, França e Inglaterra haviam se desenvolvido como Estados-nações monárquicos relativamente estáveis. "Itália Setentrional" e "Germânia" designavam uma pletora de entidades políticas que interagem sob a égide do Sacro Império Romano. Em 28 de junho de 1519, Carlos, duque de Burgundy e rei da Espanha, foi eleito imperador do Sacro Império Romano; ele presidiria os estágios formadores da Reforma (SD, 1-3). "Em 1521, havia oitenta e cinco cidades livres do império" (OC, 83).[2] Basicamente, a Reforma se desenvolveu nas cidades ou nos grandes burgos; em larga medida, o

---

[2] Chadwick descreve a cidade como um quadro de referência para a compreensão do desdobramento da Reforma em OC, pp. 82-113.

movimento teve como precursoras pessoas instruídas; o papel da universidade foi importante; e houve exceções a todos esses princípios gerais. Em última análise, portanto, o marco político e social da Reforma há de ser pensado em termos de diferença: regiões, nações, império, principados, movimentos locais; cidades, burgos, universidades, vilarejos; até os camponeses queriam mudança. Os sistemas igreja e sociedade eram completamente imbricados. Após a reforma gregoriana, a igreja tornou-se uma organização muito mais sólida e autônoma, o que, no entanto, não reduziu a interpenetração de jurisdições. Além de mediar a graça e as normas de moralidade, a igreja controlava diversos âmbitos da vida secular, como a educação e a saúde. Reciprocamente, muitas decisões eclesiásticas que afetavam a vida no campo e na cidade envolviam o rei, o príncipe ou magistrados da cidade. Uma comparação do poder papal em relação ao governo secular, no século XIII e no começo do século XVI, revelaria que a autoridade papal declinara e que os governantes seculares sentiam-se menos vinculados a ela (AM, 24-25). O papa supervisionava a totalidade da igreja, mas podia conduzir suas intervenções a distância trabalhando apenas com os governantes seculares. "As relações entre a igreja e o Estado no século anterior à Reforma se desenrolaram em uma atmosfera não de contínua hostilidade, mas muito mais de barganha e de negociação [...]. O *status* especial dos clérigos sobreviveu exatamente enquanto os governantes leigos estiveram dispostos a aceitá-lo e defendê-lo, e não mais depois disso" (EC, 29). Se o poder dos governantes seculares estava resguardado, eles "podiam revogar os poderes dos pontífices sempre que desejassem" (EC, 55).

A relativa autonomia e poder das nações, principados ou cidades livres significavam que o processo pelo qual a Reforma se desenrolou envolveu tanto governantes seculares como pensadores religiosos e autoridades eclesiais. Da perspectiva dos reformadores, eles precisavam da ajuda dos governantes seculares; de maneira geral, eles "aliaram-se aos poderes regionais ou cívicos para levar a efeito seu programa de reforma" (AM, 5). Em muitas instâncias, a reforma radical provou ser uma exceção a esse poder geral quando alguns grupos se definiam em contraposição à sociedade. Entretanto, o padrão geral segundo o qual a Reforma se desenvolveu revela que ela dependia da enfraquecida autoridade do papado e da relativa proteção proporcionada aos pensadores religiosos pelos governantes seculares.

Um padrão típico segundo o qual a Reforma se disseminou revela o papel desempenhado pela população urbana e pelos magistrados. Inicialmente, um pregador passa a expor as novas ideias; as pessoas se revelam simpáticas; multidões se manifestam a respeito de certas questões específicas; os magistrados ou um príncipe decidem a política da igreja para a cidade ou para a região, se um bispo ausente podia ou não continuar exercendo seu ofício (OC, 94-96).

Sociedade e cultura. Outra faceta do processo geral pelo qual a igreja perdeu seu "absoluto" controle sobre a lealdade do povo pode ser atribuída ao sólido crescimento da educação. A educação correlaciona-se com a capacidade crítica. Escolas e universidades produziam cidadãos letrados e contribuíam para o crescimento de uma classe gerencial de comerciantes e de magistrados instruídos. "O crescimento de um laicato instruído – um dos elementos mais significativos na história intelectual da Europa da Baixa Idade Média – levou à crescente crítica da igreja por conta da evidente disparidade entre o que a igreja *era* e o que *deveria ser*" (AM, 4-5).

O renascimento nas letras e nas artes deve ser contado como importante fator que alimentou a possibilidade e o efetivo desenrolar da Reforma. Esse tema é tão bem conhecido quanto denso de desenvolver, mas também importante demais para ser negligenciado. Será proveitoso pelo menos listar as diversas formas pelas quais essa influência se fez sentir. Dentre as mais importantes dessas está a estrutura da imaginação que estimulou o Renascimento: o retorno às fontes da sabedoria ocidental. Esse padrão de aprendizagem e a convicção íntima que a embasa têm enorme significado para a própria lógica e possibilidade da Reforma. As fontes da cultura ocidental são os clássicos, e os clássicos da igreja são as Escrituras e os padres primitivos. À medida que essas fontes se tornaram conhecidas em nova edição e tradução, elas inspiraram com seu conteúdo e proporcionaram distanciamento crítico com sua diferença. A internalização desse padrão hermenêutico de aprendizagem e convicção gerou, simultaneamente, uma postura crítica e reformadora à medida que as normas passadas revelaram distorção por sedimentação histórica e urgiram o retorno àquilo que era prístino e genuíno. "A crença fundamental que motivou os reformadores magisteriais foi que o cristianismo poderia ser mais bem reformado e renovado pelo retorno às crenças e práticas da igreja primitiva" (AM, 15).

Essa descrição abstrata de uma consciência diferenciada culmina na explosão das edições impressas da Bíblia após a invenção da imprensa escrita em meados do século XV. No começo do século XVI, uma edição impressa das obras de Agostinho tornou seu pensamento mais acessível e sua influência mais direta. De fato, os textos da Bíblia e de Agostinho minaram ou não foram capazes de embasar alguns ensinamentos então vigentes. A Bíblia funcionou, portanto, como uma cunha de relativização (OC, cap. 2): em diversas passagens específicas, o Novo Testamento parecia contraditar diretamente uma doutrina corrente ensinada pela igreja (AM, 39-40). Isso contribuiu para o enfraquecimento de um controle absoluto que o ensinamento de então possa ter tido.

As formas literárias do novo estilo de aprendizado eram mais concretas, compreensíveis, atraentes e aplicáveis. Prescindindo momentaneamente do conteúdo, o meio historicista de argumentação apresentava um significativo contraste com o estilo abstrato, dedutivo e lógico do escolasticismo em suas diversas escolas. Em outras palavras, o próprio escolasticismo, que era o meio intelectual de ensino da igreja, tinha uma fonte e uma lógica rival para o estabelecimento da verdade.

Erasmo continua sendo a figura mais significativa que simboliza em sua pessoa e em sua obra essas tensivas alternativas.[3] O verdadeiro cerne de sua primeira obra, *Elogio da loucura*, consistiu em uma irônica inversão alimentada pela sátira, e a igreja figurou proeminentemente entre seus alvos. Seu *Enchiridion* oferecia uma espiritualidade objetiva,

---

[3] Chadwick sumariza a trajetória de Erasmo e sua influência direta sobre os eventos e o movimento que veio a ser a Reforma em OC, pp. 37-68.

cristocêntrica e moralmente fundada aos cristãos engajados. O verdadeiro impacto dessa última obra começou em 1515, quando "se tornou uma obra *cult* e aparentemente chegaria a vinte e três edições nos seis anos seguintes. Ela apelava a homens e mulheres leigos instruídos, os quais Erasmo considerava como o verdadeiro tesouro da igreja" (AM, 37). Erasmo permaneceu fiel à igreja vigente, mas sua consciência historicista e religiosa possibilitou-lhe relativizar suas instituições.

Os historiadores destacam a invenção da imprensa escrita como fator *sine qua non* da Reforma. A imprensa escrita "mudou a história religiosa e intelectual da cristandade" (OC, 1). Isso "significava que a propaganda da Reforma podia ser produzida de maneira rápida e barata" (AM, 12). A imprensa escrita também possibilitou ampla difusão e ajudou a colocar nas mãos de muitas pessoas o texto da Bíblia e de importantes teólogos primitivos, como Agostinho. Em outras palavras, sem a imprensa escrita essas fontes não teriam dado sua tão vasta contribuição ao importante conteúdo teológico da Reforma.[4]

Por fim, há que se recordar a descoberta de um novo mundo para os europeus por Colombo, bem como a forma como esse acontecimento introduziu um novo horizonte de pensamento. O mundo era maior do que se pensara anteriormente. Com essa descoberta deflagrou-se um novo movimento missionário que deve ter modificado o pensamento acerca da igreja mais do que efetivamente o fez. Com efeito, o novo movimento missionário teve ínfimo impacto, se é que teve algum, sobre a eclesiologia, muito embora a vitalidade da fé cristã tenha se consubstanciado em missões de longo alcance ao Ocidente e ao Oriente. Os conflitos intereclesiais na Europa ocuparam tanto as igrejas no século XVI que as eclesiologias se acirraram, o que em última análise impediu um desenvolvimento qualitativo que se poderia esperar da exposição do movimento missionário a novas culturas.

---

[4] Desde o início da imprensa e a primeira edição impressa da Bíblia, em 1456, o livro que mais ocupou a atenção dos impressores foi a Bíblia (OC, p. 1).

A igreja

Euan Cameron atenua a tendência espontânea a exagerar os problemas da igreja para explicar a Reforma. Essa abordagem frequentemente leva a interpretar o oposto do que veio a ocorrer na Reforma da igreja às vésperas da Reforma (EC, 9). Cameron, contudo, teoriza que a igreja houve-se suficientemente bem quanto à provisão dos meios e do ambiente dos serviços religiosos, mas tornou-se vulnerável nas características secundárias de sua existência enquanto instituição (EC, 20). Algumas áreas eram o resquício do envolvimento da igreja em todos os setores da vida social. À medida que a igreja e sociedade tornavam-se mais diferenciadas, a presença de clérigos em posições de poder secular passou a ser alvo de ressentimento e de resistência (EC, 21-24). "Questões relativas ao dinheiro, sua coleta, distribuição e dispêndio, provocaram grande parte da 'vulnerabilidade' da igreja nesse período" (EC, 24). O dinheiro que se destinava a apoiar o ministério da igreja era desviado dessa finalidade: para casas de amparo a homens e mulheres que viviam em comunidade, para instituições que se apropriavam das rendas das paróquias, para sustentar ministros ou clérigos ausentes não ordenados ao sacerdócio (EC, 24-27). "Essa confusão financeira prejudicou a imagem da igreja junto aos leigos: um empobrecido sacerdócio local parecia oferecer pífio serviço pelo dinheiro que exigia; boa parte do que era arrecadado efetivamente 'desaparecia' em mosteiros fechados ou em arcanas áreas da educação ou da administração superior" (EC, 26-27). Os abusos do privilégio clerical provocavam irritação (OE, 27-29). Uma burocracia eclesial inflada, a troca de favores e um complexo sistema legal devoravam os recursos. As generalizações, contudo, devem ser feitas com cautela. Partindo da premissa de que o termo "igreja" referia-se à instituição que se concretizava na hierarquia e no clero, como ela se afigurava? "O clero secular era um vasto corpo heterogêneo que continha, em um extremo, o opulento vigário-geral, com um punhado de benefícios à margem da designação de um bispado, e, no outro, o empobrecido cura ou capelão, que desempenhava serviços sacerdotais básicos por um precário estipêndio um pouco acima da média de um trabalhador rural" (OE, 35). Essa é a mesma igreja da Baixa Idade

Média. Mas houve mudanças em graus e níveis de tolerância. Podemos dividir a discussão de certa relativização ao longo das linhas do papado, do clero e do laicato.

Papado. O volume 1 mostrou que, no decorrer da Baixa Idade Média, o papa perdeu considerável capacidade de controlar monocraticamente as igrejas em regimes a distância. De par com essa perda de poder político, o papado do Renascimento suscitou reclamações quanto à sua secularidade e perda de integridade moral. Não há nenhuma razão para pensar que o escândalo no interior da igreja teria sido menor no início do século XVI do que seria hoje se os fatos fossem conhecidos. Mas eles eram conhecidos por alguns, quer pelo sofisticado Erasmo, quer pelo jovem frade Martinho Lutero.

Sacerdócio e status clerical. O sistema clerical, governado por lei, permitia a um amplo grupo de homens viver dos fundos gerados pela disposição das rendas das paróquias e de uma miríade de taxas e de emolumentos. Que o sistema careça de reforma é algo que se evidencia pela legislação conciliar dos séculos XIV e XV e pela de Trento. O clero enquanto classe ou grupo era alvo de críticas generalizadas. Críticas quanto à inobservância do celibato clerical, à falta de instrução ou aos privilégios clericais eram condicionadas pela circunstância; outras eram mais sistemáticas. Muitas pessoas alheias ao ministério pastoral eram sustentadas pelo sistema de rendas que drenava recursos das congregações. Muitas terras eram controladas pela igreja. "A mais urgente preocupação da sociedade secular era a forma firme e implacável com que a igreja conquistava mais e mais propriedades, especialmente propriedades fundiárias, que permaneciam então sob 'mão-morta' do patrimônio da igreja e não podiam ser mais tributadas" (EC, 59).

Piedade laica. Uma descrição da religiosidade do período requer especial delicadeza envolvendo distinções entre cidade, burgo e povoado, atenção à cultura da época e sensibilidade à teologia do período. Por certas dimensões, a religiosidade era pujante e vital. A tradição da *devotio moderna*, tal como representada na *Imitatio Christi*, e a espiritualidade da participação social do *Enchiridion* de Erasmo revelam vigor espiritual;

as confrarias organizaram essa energia espiritual em ação social. Por trás dessa vitalidade espiritual, contudo, três correntes convergiam em uma mescla nada saudável.

A primeira delas era uma teologia que propendia ao pelagianismo, como se vê na bem conhecida máxima: "Aos que fazem o que está neles Deus não negará sua graça" (EC, 85). Quando entendida no marco teleológico do escolasticismo, tal afirmação presta-se a uma espiritualidade de empenho moral. Um segundo tema a exigir igualmente refinadas distinções dizia respeito à superstição e ao que era considerado como tal. A superstição de um grupo é parte integrante da coerente cosmovisão de um outro grupo. "Todos os estratos da sociedade acreditavam de bom grado em vários tipos de superstição, magia, profecia e outras interferências sobrenaturais na ordem da criação. Essas não eram 'formas desviantes', pervertidas ou 'aberrantes' de pensamento; eram parte integrante do quadro geral" (EC, 17).[5] A terceira corrente de compreensão pode ser chamada de "objetificação". Isso se refere a certa quantificação da prática religiosa enquanto medida da graça de Deus. A teoria e a prática das indulgências são importantes como questão contra a qual Lutero se insurgiu e que chamou a atenção das pessoas. Ela é mais significativa como representativa da objetificação no estilo de espiritualidade.

O sistema de indulgências pode ser explicado telescopicamente como algo que se desenvolveu em estágios de prática e de racionalização teológica. O sistema penitencial a que se chegou na Idade Média consistia na confissão de pecados a um sacerdote, na absolvição pelo sacerdote e na realização de atos tendentes a demonstrar arrependimento e a servir de punição ao pecado cometido contra Deus. Cumpria-se uma etapa no processo de objetificação quando se concordava que, "se o penitente não pudesse fazê-lo, um amigo poderia fazer em seu lugar" (OC, 74). Por um lado, meros atos de penitência não podem operar a remissão do pecado

---

[5] Cameron descreve a religião dos povos da Europa no começo do século XVI em EC, pp. 9-19. Sua reflexão geral é que a linguagem da queda e da corrupção é um tanto anacrônica. "Deve-se parar de falar de 'queda' e de 'imperfeição', *exceto* na medida em que foram deploradas (e não apenas por uma orgulhosa facção dos reformadores da Baixa Idade Média) à época". EC, p. 18.

sem o arrependimento interior; por outro lado, a igreja tinha o poder de perdoar pecado conferido por Cristo. Com efeito, a aplicação do fruto dos atos penitenciais podia ser dispensada pela igreja quer aos vivos, quer aos mortos. A dispensação de remitir uma pessoa da punição decorrente do pecado com base na realização de atos penitenciais conjugava-se com a doutrina do purgatório. Isso produziu um sistema em que, mediante ações virtuosas, podia-se estabelecer um montante de remissões por punição decorrente de pecado em favor do próprio interessado e de outras pessoas já falecidas. Uma indulgência era a concessão ou a administração, por parte da igreja, de remissão de punição decorrente de pecado em razão da prática de atos virtuosos. As indulgências eram tão críveis quanto a crença de que entes queridos padeciam duras penas de purificação no purgatório. A questão das indulgências adquiria maiores proporções quando eram objeto de venda, constituindo, assim, uma fonte regular ou irregular de renda para a igreja. As indulgências gradativamente tornaram-se "uma grande fonte de renda extra na igreja" da qual a igreja dependia (OC, 75). Esse talvez seja o mais conspícuo exemplo de uma objetificação extrema do princípio sacramental que se descarrilou. O mérito se destacou da explícita intenção humana, tornando-se aplicável a outro fim.

Por um lado, o expediente das indulgências especiais concedidas por Roma era compatível com uma antiga prática e com a espiritualidade do povo; por outro lado, existem evidências de que no início do século XVI certas pessoas haviam se conscientizado ou pelo menos começavam a perceber que "as indulgências, tal como vendidas na Alemanha, eram uma fraude" (OC, 94).

Genericamente falando, a estrutura da espiritualidade cristã no Ocidente, no limiar do século XVI, pode ser retratada em termos de um ciclo de pecado, absolvição, realização de penitência e obtenção da graça. Esse ciclo anual, tal como marcado pela confissão e pela comunhão anuais, era reforçado pelo sacrifício da missa, que permanecia no centro da piedade sacramental. A igreja provou-se "na 'comunicação da graça': os sacramentos em geral e o 'sacrifício' da missa, com seus benefícios para as almas dos vivos e dos mortos, em particular" (EC, 90). Esse ciclo anual envolvia uma visão mais ampla de mundo, na qual os seres humanos nasciam em pecado, eram batizados na graça e morriam em punição no purgatório antes da salvação definitiva no céu.[6] Para que a Reforma se implantasse, essa visão de mundo e o papel que a igreja desempenhava em seu bojo tinham de ser relativizados, e isso só podia ser feito se fosse substituída por uma alternativa.

A Reforma como complexo de diferentes movimentos com diferentes temáticas.[7] Em vez de conceber a Reforma como o fenômeno unificado que a simples palavra sugere, pode ser mais útil sublinhar as diferenças que caracterizaram o movimento. Como palavra-ônibus, ela recobre um grupo de diferentes movimentos, interconectados em vários graus por atração e repulsão, que deixaram a Europa, ao final do século XVI, fragmentada em uma série de igrejas diferentes, dotadas de diferentes eclesiologias. Uma espécie de retrojeção teleológica impulsiona a ideia de que Lutero pretendia o tipo de Reforma que ocorreu, enquanto outros simplesmente aderiram a seu movimento. Com efeito, é realmente bastante difícil determinar em que momento as divisões radicais ocorridas efetivamente se estabeleceram. Os quatros capítulos que se seguem focalizarão diferentes movimentos que levaram à formação de igrejas específicas, dotadas de eclesiologias diferenciadas. Cada qual possuía temáticas próprias, cada qual adotou caracteristicamente rumo diverso. As fontes da eclesiologia de Lutero são a cidade saxônica de Wittenberg, a universidade, o estudo da teologia e a Bíblia, bem como uma preocupação com a espiritualidade vivida. Calvino era advogado e humanista emergente, autodidata em teologia e Escritura, cujos talentos combinavam conhecimento livresco e organização social. A Igreja da Inglaterra foi criada como igreja nacional por lei aprovada pelo Parlamento. As eclesiologias engendradas sob a liderança de Menno Simons e de John Smyth, em diferentes situações, compartilhavam o suficiente para que algumas das igrejas deles oriundas cogitassem unir-se. A eclesiologia católica romana do século XVI não era muito diferente da esboçada por João de Torquemada no século

---

[6] Esse ciclo é mapeado por Cameron em *European Reformation*, pp. 79-93.
[7] Essa ideia é sucintamente desenvolvida por McGrath, *Reformation Thought*, pp. 6-11.

precedente, muito embora a igreja haja passado por considerável reforma em muitas de suas instituições durante e após o Concílio de Trento. Essas diferenças caracterizam apenas os extraordinários desenvolvimentos eclesiológicos da igreja ocidental do século XVI.

O desenvolvimento histórico da eclesiologia de Lutero

Lutero nasceu em 1483, na igreja da Baixa Idade Média, quando o papado do Renascimento florescia. Morreu em 1546, às vésperas do Concílio de Trento, convocado, em grande medida, em virtude da revolução religiosa da qual Lutero foi o profeta ou líder carismático. Como qualquer vida humana, as experiências, os acontecimentos e as ações de Lutero configuraram uma elaborada rede de contingências e de particularidades. Altere-se um par de detalhes e a moderna Europa poderia ter sido diferente. Não obstante, a teologia e a eclesiologia de Lutero também têm uma consistência histórica e uma coerência religiosa que se provaram clássicas. A primeira seção mostra o nexo histórico da eclesiologia de Lutero com a Baixa Idade Média e com o mundo europeu da primeira metade do século XVI. A exposição revela o caráter polêmico de sua gênese: a eclesiologia de Lutero surge de uma reação contra os abusos que ele percebera no sistema estabelecido. A parte analítica do capítulo enfocará a eclesiologia de Lutero em termos positivos e construtivos. As duas questões abordadas aqui são fundamentais e de grande alcance e devem ser discutidas, mesmo que umas poucas páginas não lhes façam justiça: de onde provém a eclesiologia de Lutero? Como ela se desenvolve historicamente?

Formação dos substratos teológicos

A história dos primeiros anos de vida de Lutero é bem conhecida. Ele ingressou no mosteiro religioso dos agostinianos em Erfurt, em 1505, aos vinte e dois anos de idade. Ordenou-se dois anos mais tarde e se preparou para tornar-se professor universitário. Os agostinianos de Erfurt militavam na atividade universitária, mas o superior de Lutero providenciou-lhe um posto na Universidade de Wittenberg, recentemente fundada pelo eleitor imperial Frederico, o Sábio, da Saxônia. Lutero recebera sólida formação em filosofia e teologia escolástica e haurira da tradição nominalista de Gabriel Biel. Lecionou filosofia em Wittenberg, como visitante, durante certo período, mas não desenvolveu estima por ela. Quando se instalou definitivamente em Wittenberg, em 1512, Lutero obteve o doutorado, assumiu o cargo de professor de Escritura e passou a proferir conferências sobre as Escrituras. No começo de 1517, já líder de uma reforma no método teológico baseado na Escritura, Lutero propôs uma série de teses contra a teologia escolástica. Posteriormente, naquele ano, formulou suas famosas noventa e cinco teses contra as indulgências. Essas teses disseminaram-se no exterior sob forma escrita, e Lutero foi chamado a se pronunciar a respeito. Manteve um dramático encontro com o legado papal, Cajetan,[8] em Augsburg, em meados de outubro de 1518. Polemizou publicamente com John Eck em Leipzig no começo de julho de 1519. Lutero não esteve inativo antes desses acontecimentos, mas desenvolveu uma intensa programação de ensino, pregação e prolífica escrita. Essas, no entanto, são as atividades do homem público; havia muitas outras coisas se desenvolvendo na esfera privada.

Os intérpretes de Lutero costumam atribuir muito peso a algumas de suas experiências mais íntimas como fatores cruciais para a compreensão de seu pensamento. Lutero tinha um profundo senso do pecado, sobretudo do próprio pecado, e da indignidade do homem perante Deus. A prática regular da confissão, os meios comuns de alcançar o perdão de Deus, não funcionava para Lutero. Nesse contexto, Deus era percebido como juiz, transcendente e justo, de várias maneiras complexas, um objeto de temor. Muito mais se deveria dizer para circunscrever mais acuradamente as várias manifestações dessa constelação de experiências e os esforços baldados de Lutero para atingir quer a perfeição, quer a paz, quer um senso

---

[8] Tommaso de Vio Cajetan (1469-1534): teólogo tomista, dominicano e cardeal.

da plena aceitação por parte de Deus. Mais importante, contudo, talvez seja simplesmente observar o caráter engajado, se não existencialmente intenso, da espiritualidade de Lutero. Sua piedade envolvia holisticamente sua pessoa, suas atitudes básicas, sua vida.

Uma interpretação biográfica ou psicológica de Lutero perde por completo o foco da verdade religiosa daquilo que ele representa. Para contrapor-se a esse reducionismo, podem-se assinalar diversos outros níveis de experiência e de convicção em cujo âmbito Lutero experienciou uma transição no decurso dos primeiros anos de magistério em Wittenberg. Essas transições ajudam a entender o que se passou na vida de Lutero a partir do momento em que ele começou a lecionar Escritura em Wittenberg, ao longo de 1519, e contribuem para estabelecer os fundamentos de sua eclesiologia.

Uma primeira transição consistiu em uma transformação teológica de sua experiência que a guindou a um novo patamar pela mediação da Escritura. Essa transição pode ser interpretada de diferentes maneiras. Mas, de fato, Lutero teve amor à Escritura desde o início, talvez antes de tornar-se agostiniano, e à medida que se especializava mais na Bíblia e dela recebia maior consolação, a palavra escriturística de Deus passou a ser cada vez mais a intérprete de sua experiência. É impossível ressaltar mais o papel crucial da Escritura para a compreensão de Lutero: seus estudos, seu magistério, sua pregação, sua reforma da teologia na universidade, sua maneira de pensar teologicamente e as posições que defendeu. Descritiva e teologicamente falando, as experiências de Lutero foram transformadas pela palavra de Deus contida na Escritura. Em termos de consciência diferenciada e de mentalidade acadêmica, Lutero talvez tenha mais afinidade com o universo intelectual do Renascimento do que com a metafísica escolástica, o mundo teológico da revelação e da fé mediado pelos textos e estudado pela pesquisa histórica e pela exegese.

Lutero tornou-se doutor de História Sagrada em 1512 e provavelmente tenha começado a lecionar no semestre de inverno de 1513-1514. No decorrer dos anos seguintes, proferiu conferências a respeito dos Salmos e posteriormente, em 1515 e/ou 1516, a respeito da Carta aos Romanos.

Fez preleções então em torno dos Gálatas, e essas conferências foram seguidas por um curso acerca da Epístola aos Hebreus, em 1517 e/ou 1518. No transcorrer do estudo e do ensino da Escritura, esses textos "tornaram-se para ele *a* forma teológica de falar, isto é, a norma crítica contra a qual aferir a teologia de sua época".[9] Encontram-se, portanto, nas preleções de Lutero formulações sobre a justiça de Deus, o pecado humano e a correção do pecador que reconhece e admite sua condição pecadora.[10]

Uma segunda transformação pode ser percebida na gradativa formação do que Brecht chama de "a descoberta reformadora".[11] Por tal ele entende o cerne ou núcleo da teologia de Lutero, o princípio da justificação pela graça mediante a fé. De um ponto de vista, isso pode ser considerado como uma simples experiência, revelação, ou princípio concernente à misericórdia, à graça e ao perdão de Deus, a efetiva aceitação da pessoa humana recebida na fé pela mediação do Espírito de Deus. Trata-se, no entanto, de algo tão denso e existencialmente explosivo em sentido religioso que se deve imaginar que Lutero não o recebeu de uma vez por todas, mas chegou a isso após longo período. Com efeito, os intérpretes não sabem exatamente quando ou exatamente como ou em que medida Lutero chegou a essa plena convicção espiritual e teológica, a essa revelação. Dificilmente, porém, seria equivocado pensar que ela adquiriu clareza e importância durante o período em que Lutero proferiu conferências sobre as Escrituras, atacou a teologia escolástica nominalista por seu pelagianismo, em 1517, reagiu contra a teologia e a espiritualidade envolvida no que efetivamente constituía a venda de indulgências e assumiu a defesa de suas teses, tendo a Escritura como sua principal arma ou recurso teológico.

---

[9] Martin Brecht. *Martin Luther*, I-III. Philadelphia, Fortress Press, 1985-1993, v. 1, p. 131. Citado doravante por volume e número de página.
[10] "Entre 1513 e 1516, certamente ocorreu uma clara mudança da imagem que Lutero tinha de Deus. Ele já não se via em contínuo confronto com o julgamento de Deus. Sabia que Deus não levava em conta os pecados do fiel que os confessava, e nessa medida experienciava o perdão." Brecht, *Luther*, v. 1, p. 136.
[11] Brecht, *Luther*, v. 1, pp. 221-237.

Brecht defende a visão de que Lutero chegou à plena posse de sua "descoberta do reformatório" ou à compreensão da justificação pela graça mediante a fé em 1518, ou seja, posteriormente à formulação original de sua hipótese. A premissa em todo esse processo é o cristocentrismo e a maneira pela qual a relação de Deus com a existência humana é constituída por Cristo. "O evangelho agora diz que o Deus da justiça é o Deus da misericórdia. Ele não pune, dá, e justifica precisamente pela fé no evangelho. Lutero atinara com uma nova compreensão do evangelho e ao mesmo tempo com uma nova imagem de Deus. Consequentemente, a situação do pecador se modificara por completo. Um enorme fardo fora removido".[12] Diversos textos de 1518 assinalam uma decisiva formulação dessa convicção. Por exemplo, o sermão de fevereiro de 1518 intitulado "Duas espécies de justiça" faz de Cristo a comunicação da justiça de Deus a nós, de sorte que a justiça de Deus já não se contrapõe à humana, mas é uma justiça que salva, o amor de Deus concedido aos seres humanos em gratuita misericórdia.[13] A compreensão de Cristo como palavra divina de perdão, oferecida em pura graça e internalizada por pura fé, tornou-se, de certa maneira, o fulcro de toda a teologia de Lutero. Ela passou a ser o núcleo condensado da própria mensagem cristã, de sorte a constituir a fonte libertadora de suas outras iniciativas teológicas.

Muito embora esse aspecto seja desenvolvido no decorrer do capítulo, pode ser útil especificar nesse ínterim como semelhante princípio fundamental pode ser tão operativo. A igreja é frequentemente definida por Lutero como a comunidade daqueles que ouvem a palavra de Deus e a aceitam pela fé, de modo que a justificação pela fé encontra-se na base da eclesiologia de Lutero.[14] Mas essa apropriação de Cristo pela fé implicava, para Lutero, uma presença realista de Cristo no âmago daquele que crê.

---

[12] Brecht, *Luther*, v. 1, p. 226. A conclusão é baseada no comentário de Lutero sobre suas teses acerca das indulgências (1517), que adquiriu forma definitiva entre fevereiro e maio de 1518.

[13] Martinho Lutero. "Two Kinds of Righteousness", *Luther's Works*, 31. Philadelphia, Muhlenberg Press, 1960, pp. 297-306. Ver a análise de Brecht sobre esse sermão, bem como sobre as cinquenta teses de Lutero sobre *The Investigation of Truth and Comfort for Anxious Consciences* (1518), Brecht, *Luther*, 1, pp. 229-230, 235-236.

[14] Bernhard Lohse. *Martin Luther's Theology: Its Historical and Systematic Development*. Minneapolis, Fortress Press, 1999, p. 278.

Lutero caracterizou essa presença em seu livro *Da liberdade de um cristão* (1520) por meio da analogia do ferro em fogo, em que o fogo torna-se intrínseco ao ferro, e da união conjugal, em que o amor dos esposos opera um intercâmbio de posição em termos de identidade e de poder.[15] A presença de Cristo ao cristão enseja, portanto, uma profunda analogia estrutural ao fato de Deus se fazer presente à comunidade, objetivamente, por meio da apropriada palavra da Escritura e dos sacramentos.

Uma terceira transição se deu na avaliação que Lutero fez da igreja durante esse período inicial de sua teologia. A doutrina da justificação pela fé, a base positiva de toda a sua teologia, proporcionou-lhe um critério para julgar vários outros sistemas estabelecidos à época. Ela lhe ofereceu uma perspectiva para observar e avaliar a teologia escolástica de seu tempo, as práticas devocionais da igreja e, por fim, a igreja mesma. Propiciou-lhe ainda uma alavanca para criticá-las. Em termos mais técnicos, gradualmente ela o dotou de uma base para reflexão e de um conjunto de axiomas teológicos para aferir as doutrinas estabelecidas, reformular os fundamentos da espiritualidade e da prática cristãs e repensar a concepção teológica da natureza da igreja. É preciso entender a eclesiologia de Lutero no contexto de sua ruptura mais geral com a concepção da mensagem cristã basilar.

Um lugar em que se pode perceber essa lógica em funcionamento é o sermão proferido por Lutero em 29 de junho de 1519, por ocasião da festa de São Pedro e São Paulo, na cidade de Leipzig, imediatamente antes do debate que ele travaria com John Eck. O sermão trata da relação entre a doutrina da justificação e a doutrina da igreja. O contexto é dado pela questão do papel do papado na igreja, que Eck estava alegando contra Lutero.[16] Lutero levara algum tempo estudando essa questão na primavera

---

[15] Martinho Lutero. *The Freedom of a Christian* (1520), *Luther's Works*, 31, pp. 333-377. Citado no texto como *Freedom*. O lugar dessas metáforas ou analogias na antropologia de Lutero é analisado em R. Haight. *The Experience and Language of Grace*. New York, Paulist Press, 1979, pp. 79-104.

[16] Quanto ao sermão, ver Martinho Lutero. "Sermon Preached in the Castle at Leipzig on the Day of St. Peter and St. Paul, Matt. 16: 13-19, June 29, 1519", *Luther's Works*, 51. Philadelphia, Muhlenberg Press, 1950, pp. 53-60.

que antecedeu o debate. O resultado consistiu no posicionamento de diversos aspectos da doutrina da igreja em relação ao centro, a justificação pela graça mediante a fé. Na avaliação de Brecht, o sermão permitiu a Lutero "expressar em poucas sentenças que o essencial era a justificação, e que o ofício eclesiástico, em contrapartida, tinha apenas relevância funcional".[17] Essa concisa afirmação, contudo, comporta um significado de largo alcance, aplicando-se não apenas à estrutura institucional, no sentido de organização, mas também à dinâmica dos sacramentos. O poder e o ofício das chaves não eram atribuídos a uma pessoa ou a um órgão específico, mas são um dom conferido a toda a comunidade de fé. Os sacramentos não operam independentemente da fé daquele que os recebe, mas são mediados precisamente pela fé vivida e comprometida. Esses pontos fundamentais indicam que uma lógica realmente fundacional está sendo anunciada aqui; a instituição igreja está sendo subvertida, considerando-se que a essência da igreja encontra-se não nas estruturas organizacionais, e sim em uma comunidade constituída por Cristo na fé dos membros que a compõem. Veremos que Lutero faz essa postulação ao mesmo tempo em que preserva a estrutura institucional, reduzindo, no entanto, sua importância em comparação com a Igreja de Roma.

Houve uma quarta transição. Após o debate ocorrido em Leipzig, Lutero redigiu dois textos que sintetizavam sua posição concernente à igreja e à sua estrutura hierárquica e indicavam que ele se mantinha justamente dentro da única igreja que conhecia.[18] Algum tempo depois, talvez em 1520, Lutero começou a se deslocar da crítica à igreja a partir de seu interior, como alguém que critica a própria família, para uma posição que transcendia a instituição, como alguém que critica uma organização a partir de fora. A referência que se faz aqui é à igreja institucional, que hierarquicamente dependia de Roma. Nos marcos de uma distinção que utilizaria posteriormente, Lutero começou a pensar em termos de uma

---

[17] Brecht, *Luther*, v. 1, p. 319. Evidenciar-se-á mais adiante que o "apenas" nessa frase é injustificado; é um exemplo de como um contexto polêmico pode suscitar uma linguagem ambígua. Lutero atribui considerável importância à mediação funcional da igreja.

[18] Ver Brecht, *Luther*, v. 1, p. 325, para uma exposição sucinta da posição de Lutero nesses textos.

igreja "espiritual", o que lhe permitiu situar-se fora da Igreja Romana ou papal. Não é necessário tentar definir em que momento se deu essa transição; sobre esse aspecto há diferentes visões.[19] Também não é preciso determinar se Lutero tinha consciência de uma transição descrita em termos tão simples. Essa transição, no entanto, ocorreu em algum momento, e é provável que seu livro *Do cativeiro babilônico da Igreja* reflita a conclusão desse processo.

Em síntese, a eclesiologia de Lutero evoluiu a partir de sua vida religiosa, acadêmica e ministerial. Eventos externos conduziram esse desenvolvimento a partir de fora, mas a experiência espiritual e o estudo acadêmico da palavra de Deus contida na Escritura determinaram seu resultado. O cerne da eclesiologia de Lutero, quando objetivamente formulado, é a doutrina da justificação pela graça mediante a fé, uma convicção internalizada que se tornou um princípio de crítica da prática e da doutrina da igreja, bem como a fonte da teologia de Lutero. Em algum momento do ano de 1521, a eclesiologia de Lutero estava sendo formulada a partir de um ponto de vista que transcendia os limites institucionais da Igreja Romana, de sorte que a eclesiologia que vinha sendo desenvolvida tornou-se uma alternativa à eclesiologia estabelecida. Da mesma forma, exatamente nesse período inicial, algumas de suas mais construtivas reflexões acerca da igreja enfatizam o papel do Espírito em uma perspectiva trinitária da igreja.

Desenvolvimentos eclesiológicos de 1520 a 1530

A seção anterior respondeu à indagação atinente à origem da eclesiologia de Lutero; a questão agora diz respeito à forma como ela se desenvolveu. Temas que se provariam fundacionais para a eclesiologia de Lutero surgiram inicialmente durante esses anos de formação. Não obstante, se o desenvolvimento da igreja e o da eclesiologia de Lutero que se seguiu foram orgânicos àquelas origens, dificilmente foram necessários: outros desenvolvimentos a partir daquelas premissas foram e são possíveis.[20] O

---

[19] Brecht, *Luther*, v. 1, p. 322.
[20] Jared Wicks. "Holy Spirit-Church-Sanctification: Insights from Luther's Instructions on the

mapeamento da evolução verificada durante esse período seguinte tem por objetivo identificar algumas das mais importantes decisões e alguns dos mais importantes escritos eclesiológicos de Lutero, dotando-os de uma conexão com sua trajetória enquanto reformador e estabelecendo um contexto histórico para seu conteúdo. Alguns dos marcos na vida de Lutero ao longo da década seguinte constituem um bom ponto de partida.[21]

O ano de 1520 foi repleto para Lutero. Ele foi atacado por teólogos adversários, ameaçado de excomunhão por Roma, mas foi apoiado por alguns humanistas, defendido em sua própria cidade, em Wittenberg, e recebeu proteção política de Frederico, o Sábio, eleitor da Saxônia, seu príncipe regente. Durante aquele ano Lutero deu prosseguimento a sua atividade de professor universitário e de pregador, tendo escrito alguns de seus mais importantes e conhecidos ensaios. Lutero foi finalmente excomungado no início de 1521 e posteriormente obteve salvo-conduto para comparecer diante do imperador Carlos V, na Dieta de Worms. Ali, no dia 18 de abril de 1521, Lutero pronunciou diante de todos os cristãos suas célebres palavras: "Não posso nem vou me retratar de coisa alguma, pois não é certo nem justo agir contra a consciência. Que Deus me ajude. Amém".[22]

Em vez de retornar imediatamente a Wittenberg, pensou-se que, por questão de segurança, Lutero fosse se esconder por algum tempo, e foi exatamente o que ele fez durante dez meses no castelo de Wartburg, onde de forma alguma ficou ocioso. Uma vez de volta a Wittenberg, em 1522, Lutero prosseguiu em sua atividade de professor, pastor, escritor e principal catalisador do movimento. Escreveu para mobilizar os príncipes e as comunidades em favor da Reforma e em reação contra o extremismo espiritual e a revolução dos camponeses; viveu, de início, nas adjacências

---

Faith", *Luther's Reform: Studies on Conversion and the Church*. Mainz, Verlag Philipp von Zabern, 1992, pp. 197-220, revela a consistência do desenvolvimento da eclesiologia de Lutero desde o período inicial até os anos 1520.

[21] Roland Bainton faz uma breve exposição dos dez anos críticos entre 1520 e 1530, nos quais o movimento da Reforma se estabeleceu, incluindo os eventos e as negociações que conduziram à Confissão de Augsburgo. Roland H. Bainton. *Here I Stand: A Life of Martin Luther*. New York, Abingdon-Cokesbury Press, 1950, pp. 305-325. Citado no texto como HIS.

[22] Brecht, *Luther*, v. 1, p. 460.

bem conhecidas do mosteiro agostiniano; em seguida, casou-se e formou sua própria família; visitou as igrejas da região e escreveu catecismos; e abordou uma série de tópicos em seus escritos, construindo assim uma coerente eclesiologia. Um catálogo de alguns desses importantes textos segundo as áreas ou tópicos contemplados revela de que maneira as intuições primeiras gradativamente tomaram corpo no confronto com as contingências e os problemas que surgiram, tendo sido retomadas para ulterior aprimoramento.[23]

Uma das primeiras providências do movimento de reforma foi manter-se atuante, e Lutero cumpriu essa exigência em diversas instâncias. Redigiu um apelo público aos governantes seculares da Alemanha para que procedessem a reformas na igreja e na sociedade em 1520. Por um lado, Lutero solapou os fundamentos da autoridade romana e, por outro, invocou tanto a fé cristã como o nacionalismo para a causa.[24] Ao mesmo tempo, em Wartburg, no ano de 1521, escreveu aos agostinianos de Wittenberg urgindo-os a tomar medidas concretas em prol da reforma da liturgia.[25] Em resposta às dificuldades que uma comunidade específica, embora típica, estava enfrentando para estabelecer a ordem e o ministério de uma igreja evangélica, Lutero redigiu uma declaração seminal sobre a autonomia da comunidade e sobre o direito que lhe assistia de designar o próprio pastor e autorizar seu ministério.[26] De maneira análoga, mas em circunstâncias bem diferentes, Lutero escreveu à igreja boêmia em Praga encorajando-a a superar o conceito da ordenação sacramental dos

---

[23] Se encarado estruturalmente, em termos de processo social, o desenvolvimento das estruturas da igreja na igreja evangélica luterana parece análogo ao desenvolvimento das estruturas na igreja primitiva.

[24] Martinho Lutero. *To the Christian Nobility of the German Nation concerning the Reform of the Christian Estate* (1520), *Luther's Works*, 44. Philadelphia, Fortress Press, 1966, pp. 123-217. Citado no texto como *Nobility*.

[25] Martinho Lutero. *The Misuse of the Mass* (1521), *Luther's Works*, 36. Philadelphia, Muhlenberg Press, 1959, pp. 133-230. Citado no texto como *Misuse*.

[26] Martinho Lutero. *That a Christian Assembly or Congregation has the Right and Power to Judge All Teaching and To Call, Appoint, and Dismiss Teachers, Established and Proven by Scripture* (523), *Luther's Works*, 39. Philadelphia, Fortress Press, 1970, pp. 305-314. Citado no texto como *Right*.

sacerdotes e a aceitar a responsabilidade comunitária de designar e de autorizar as atividades do ministério.[27]

Lutero precisou estabelecer a natureza da igreja a contrapelo da instituição universal, que fazia pressões contra o impulso reformador. Ele fez isso desde o primeiro momento, e podem-se perceber em sua obra concepções análogas àquelas utilizadas na controvérsia conciliarista ocorrida no século anterior: Lutero conhecia a obra de Jean de Gerson. O apelo de Lutero destinava-se à base da igreja na fé. A igreja era uma comunidade e comunhão "espiritual" ou baseada na fé, e não idêntica à instituição universal, a Igreja Romana ou papal.[28] Ele retomou o tema no ano seguinte, mas dessa vez enfatizou a doutrina do sacerdócio de todos os fiéis.[29]

Outro tópico importante que Lutero teve de abordar dizia respeito à questão dos sacramentos, quer a de cada sacramento isoladamente tomado, quer a do que se poderia chamar de sistema sacramental. A consideração da igreja medieval indica quão intimamente a igreja institucional (clero, sacerdócio, ofício) se imbricava com os sacramentos. Os sacramentos, por seu turno, eram a energia vital da piedade pessoal e congregacional. Lutero tratou dos sacramentos do batismo, da eucaristia e da penitência nos sermões proferidos em 1519.[30] Em 1520, no entanto, alargou bastante suas concepções primevas em um ensaio programático sobre teologia sacramental que reduziu o número de sacramentos de sete para dois ou três.[31] Observou-se anteriormente que muitos sentiram que, com esse ensaio, Lutero havia transposto um limiar.

---

[27] Martinho Lutero. *Concerning the Ministry* (1523), *Luther's Works*, 40. Philadelphia, Muhlenberg Press, 1958, pp. 7-44. Citado no texto como *Ministry*.

[28] Martinho Lutero. *On the Papacy in Rome against the Most Celebrated Romanist in Leipzig* (1520), *Luther's Works*, 39, pp. 55-104. Citado no texto como *Papacy*.

[29] Martinho Lutero. *Answer to the Hyperchristian, Hyperspiritual, and Hyperlearned Book by Goat Emser in Leipzig – Including Some Thoughts Regarding His Companion, the Fool Murner* (1521), *Luther's Works*, 39, pp. 143-224. Citado no texto como *Emser*.

[30] Martinho Lutero. *The Sacrament of Penance* (1519), *Luther's Works*, 35. Philadelphia, Muhlenberg Press, 1960, pp. 9-22; *The Holy and Blessed Sacrament of Baptism* (1519); LW, 35, pp. 29-43; *The Blessed Sacrament of the Holy and Body of Christ, and the Brotherhoods* (1519), LW, 35, pp. 49-73. Referenciado no texto como *Penance*, *Baptism* e *Eucharist*, respectivamente.

[31] Martinho Lutero. *The Babylonian Captivity of the Church* (1520). *Luther's Works* (1520), 36, pp. 11-126. Referenciado no texto como *Babylonian*.

Lutero abordou, em diversas conjunturas durante esse período, a problemática central da estrutura sacerdotal ou clerical da igreja. O *status* dos sacerdotes e o significado do sacerdócio aparecem incorporados em questões já mencionadas: os sacramentos, o ofício, a hierarquia, a estrutura institucional da igreja. Em resposta a esse cipoal de questões, Lutero proclama vigorosamente o sacerdócio de todos os fiéis. A doutrina, para Lutero, encontrava seu mais explícito fundamento na Escritura e tinha implicações significativas para a concepção da igreja.[32]

Outra premissa fundacional da eclesiologia de Lutero consistia no fato de que o centro de gravidade de sua eclesiologia incidia sobre a comunidade, a comunidade local no sentido de uma paróquia ou complexo de paróquias situadas no perímetro maior do burgo ou da cidade. De certa maneira, o movimento de reforma consistiu inicialmente na conquista de sucessivas comunidades. Isso certamente não quer dizer que Lutero não tenha sido capaz de considerar a igreja regional em termos mais amplos ou a igreja universal, no sentido de uma sé episcopal ou de cristandade. Entretanto, desde o início, por exemplo, em sua discussão acerca da excomunhão, em sermão proferido em 1519 ou 1520, o marco de referência foi a comunidade paroquial, e ele apoiou a excomunhão para o bem dos pecadores.[33] Outras obras já mencionadas instituem a comunidade autônoma como fundamento de toda a igreja.[34]

Ainda bem no início, em 1520, Lutero forneceu uma cuidadosa formulação dos fundamentos cristãos da espiritualidade ou da vida e da ética cristã em seu clássico ensaio *A liberdade de um cristão*. Pelo fato de a espiritualidade encontrar-se tão intimamente implicada em sua teologia da graça, da salvação e da justificação pela fé, esse ensaio confere um caráter distintivo à eclesiologia de Lutero. Em 1524, Lutero, manteve um significativo intercâmbio com Erasmo acerca da natureza do livre-arbítrio

---

[32] O sacerdócio de todos os fiéis é discutido em *Babylonian, Misuse, Right* e *Ministry, passim*.
[33] Martinho Lutero. "Sermon on the Ban" (1520), *Luther's Works*, 39, pp. 7-22. Citado no texto como *Ban*.
[34] A autonomia da comunidade e a estruturação congregacional são discutidas por Lutero em *Right* e *Ministry*.

na concepção cristã da existência humana, e esse intercâmbio estabeleceu as bases de uma nítida distinção de concepções acerca da dinâmica da vida cristã.[35]

Entre outubro de 1528 e janeiro de 1529, Lutero realizou uma série de visitas a várias cidades e comunidades. Ele ficou um tanto confuso em relação à concepção da fé cristã que encontrou ali: "Bom Deus, quão desolado estou", escreveu ele no prefácio do *Pequeno catecismo* que redigiu para equacionar o problema.[36] Os dois catecismos, o pequeno e o grande, indicam o que Lutero acreditava serem os fundamentos da fé cristã, expressos de maneira objetiva para ser utilizados em famílias e seminários, respectivamente.

Por fim, os documentos relacionados com a Dieta de Augsburgo, convocada por Carlos V em um esforço para sanar as divisões na cristandade, podem servir como meio de sintetizar essa década de desenvolvimento da eclesiologia de Lutero. A Dieta foi instalada no dia 20 de junho de 1530 e, muito embora não tenha comparecido, Lutero participou de uma cidade próxima. Antes de sua instalação, Lutero compôs um trabalho que catalogava aberrações na vida da igreja que ele enfrentara em espírito reformista e que iam de questões teológicas a práticas na vida da paróquia. O trabalho representava praticamente um discurso sobre "o estado da igreja", em que Lutero ressaltava as reformas que se faziam necessárias.[37] Um documento mais construtivo foi *A Confissão de Augsburgo*, submetido à Dieta pelos evangélicos luteranos. Conquanto não seja um documento escrito pelo próprio Lutero, teve seu toque. O texto fornece um compacto sumário das posições evangélicas estabelecidas e uma segunda série de matérias controversas.[38]

---

[35] Desidério Erasmo. *On the Free Will* (1524) e Martinho Lutero. *The Bondage of the Will* (1524) em *Luther and Erasmus: Free Will and Salvation*. Philadelphia, Westminster Press, 1969.

[36] Martinho Lutero. *The Small Catechism* (1529), *The Book of Concord: The Confessions of the Evangelical Lutheran Church*, ed. Theodore G. Tappert. Philadelphia, Fortress Press, 1959, pp. 337-356; *The Large Catechism* (1529), in ibid, pp. 357-461. Citado no texto como *Small Cat.* e *Large Cat.*, respectivamente.

[37] Martinho Lutero. *Exhortation to All Clergy Assembled at Augsburg* (1530), *Luther's Works*, 34. Philadelphia, Muhlenberg Press, 1960, pp. 9-61. Citado no texto como *Exhortation*.

[38] *The Augsburg Confession*, in *The Book of Concord*, pp. 23-96. Citado no texto como *Augsburg*.

Desenvolvimentos de 1530 até a morte de Lutero, em 1546

Logo após a Dieta de Augsburgo, durante os meses de julho e de agosto, Lutero compôs um veemente ensaio polêmico sobre o uso da autoridade na igreja.[39] Tinha por objetivo descartar qualquer possibilidade de contemporização com uma concepção romana do ligar e desligar em se tratando da lei da igreja. "O poder das chaves não conferia autoridade ao papa; foi concedido para conforto e admoestação dos pecadores."[40] Uma vez mais, percebe-se a premissa congregacional operando nessa perspectiva sobre a autoridade da igreja.

No início de 1532, Lutero escreveu a autoridades do governo, das cidades e aos membros da nobreza instando-as a conter a entrada de pregadores anabatistas no território das igrejas sob sua jurisdição.[41] A carta deve ser compreendida em seu contexto: determinada região sujeitava-se à jurisdição exclusiva de uma autoridade religiosa; um pluralismo de diferentes igrejas, em uma área específica, não era possível. Da mesma maneira, a fusão "Igreja/Estado", amálgama oriundo do período medieval, era dada por assente. No texto de sua missiva, Lutero revelava uma preocupação com a unidade e com a ordem da igreja: os pregadores estavam subvertendo a ordem das igrejas. Os pontos sobre os quais fundava sua argumentação eclesiológica eram a necessidade do chamado e o comprometimento da comunidade com o anúncio do evangelho. Lutero tinha consciência de que esses mesmos argumentos poderiam ser arguidos contra seu próprio movimento de reforma, e respondeu que sempre agira abertamente e mediante chamado e encargo de uma comunidade enquanto acadêmico e líder eclesial. Defendeu ainda o sacerdócio de todos

---

[39] Martinho Lutero. *The Keys* (1530), *Luther's Works*, 40, pp. 325-377. Citado doravante no texto como *Keys*.
[40] Brecht, *Luther*, v. 2, p. 401.
[41] Martinho Lutero. *Infiltrating and Clandestine Preachers* (1532), *Luther's Works*, 40, pp. 383-394. Citado no texto como *Infiltrating*.

os fiéis, "mas doravante sua concepção inicial do ministério de todos os que foram batizados refluiu por completo".[42]

Muito embora tenha havido considerável discussão no começo dos anos 1530 entre as igrejas, no bojo do movimento evangélico, acerca da eucaristia e da real presença de Cristo no sacramento, não se sabe ao certo o que ocasionou o ensaio de Lutero de 1533, *A ceia privada e a consagração dos sacerdotes*.[43] Trata-se de um polêmico trabalho contra a Igreja Romana em que Lutero simplesmente estabelece a sistemática conexão entre ordenação absoluta, ordenação como poder de consagrar, a missa enquanto sacrifício, uma obra e missas privadas, dissociadas dos fiéis. Em contraste, Lutero retorna à sua teologia sacramental, explica a ordenação como chamado ao ministério e descreve o funcionamento da eucaristia na igreja evangélica.

No dia 2 de junho de 1536, o Papa Paulo III convocou concílio a celebrar-se em maio de 1537 em Mântua, em que dignitários da igreja e governantes seculares poderiam participar igualmente, tanto quanto os representantes da Liga de Smalcald e das igrejas da Saxônia.[44] Em preparação para esse concílio, o eleitor da Saxônia quis "uma declaração teológica final e definitiva de Lutero".[45] Cauteloso em razão do que sucedera a Hus, Lutero estudou o Concílio de Constança. Compôs então uma série de artigos calcados na doutrina da justificação que distinguiam pontos sobre os quais não poderia transigir e pontos em relação aos quais admitiria discussão.[46] O resultado é uma espécie de testamento teológico de Lutero e um esboço esquemático bastante extenso dos elementos

---

[42] Brecht, *Luther*, v. 2, p. 447. "Em sua tentativa de apoiar os ministros contra os sectários, Lutero recuou consideravelmente de suas concepções iniciais acerca da maturidade da comunidade." Ibid.
[43] Martinho Lutero. *Luther's Works*, 38. Philadelphia, Fortress Press, 1971, pp. 147-214. Citado doravante no texto como *Priv. Mass*.
[44] A Liga de Smalcald foi uma aliança de igrejas evangélicas, que não incluía a igreja de Lutero em Wittenberg, formada no final de 1530.
[45] Brecht, *Luther*, v. 3, p. 178.
[46] Martinho Lutero. *The Smalcald Articles* (1537), *The Book of Concord*, pp. 287-318. Citado doravante no texto como *Smalcald*.

fulcrais de sua eclesiologia, em contraste com a visão que ele tinha desses elementos na Igreja Romana.

O concílio em Mântua foi adiado e Lutero se convenceu de que um concílio jamais seria convocado. Mas continuou interessado na questão e estudou os primeiros quatro concílios ecumênicos da igreja, do ponto de vista do que exatamente fizeram esses concílios, ou seja, sua função e propósito. O resultado foi um significativo trabalho publicado em 1539, intitulado *Sobre os concílios e a igreja*.[47] Nele, Lutero completou sua eclesiologia com uma exposição sobre a natureza da igreja, um posicionamento sobre os poderes e a utilidade dos concílios, e uma outra lista de características ou critérios da verdadeira igreja. Apresentou também um esquemático bosquejo das três esferas ou ordens da vida social: a família, o Estado e a igreja. Essas ordens pareciam moldar a vida do burgo ou da cidade; não continham nenhuma necessidade para uma igreja hierárquica universal. A igreja local, a igreja regional e a cristandade coexistiam em certa tensão incômoda na imaginação de Lutero.

Finalmente, em 1541, Lutero foi instado a responder a certo Henry de Braunscheig/Wolfenbüttel.[48] O termo *Hanswurst* do título refere-se a "uma figura do carnaval alemão que tem uma longa salsicha de couro em volta do pescoço e veste uma colorida fantasia de palhaço".[49] O trabalho era um ataque pessoal particularmente contundente, mas nele Lutero defendia o movimento luterano como representando a verdadeira igreja definida pelos critérios; respondia também à questão de se os luteranos haviam deixado a igreja ou dividido a igreja. Eram questões basilares que conduziam à concepção fundamental que Lutero tinha da igreja. O texto mostra que ele concebia a igreja evangélica como idêntica à verdadeira e primitiva igreja, ao passo que a Igreja Romana era uma

---

[47] Martinho Lutero. *Luther's Works*, 41. Philadelphia, Fortress Press, 1966, pp. 3-178. Citado doravante no texto como *Councils*.

[48] Martinho Lutero. *Against Hanswurst* (1541). *Luther's Works*, 41, pp. 185-256. Citado doravante no texto como *Hanswurst*.

[49] Eric W. Gritsch, "Introduction", in ibid., p. 182.

falsa igreja por causa da corrupção introduzida pelas inovações e pelas novidades humanas.

Em suma, essa série de textos revela que a concepção que Lutero tinha da igreja desenvolveu-se continuamente ao longo de quase três décadas em que exerceu a liderança do movimento da Reforma, ao mesmo tempo em que permaneceu constante em alguns dos princípios fundamentais básicos. A seção seguinte oferece uma exposição sistemática mais abrangente da eclesiologia de Lutero.

Uma exposição analítica da eclesiologia de Lutero

A discussão que se inicia nesta seção tem por objetivo representar a eclesiologia de Lutero em termos holísticos e analíticos. A seção anterior mostrou como a eclesiologia de Lutero se desenvolveu mediante uma interação com as práticas eclesiais de sua época. Com base nesse relato, pode-se perceber como a eclesiologia de Lutero se desenvolveu a partir de suas interações iniciais com a igreja estabelecida e da contínua reação do movimento à resistência da Igreja Romana a suas propostas. Em virtude do permanente desenvolvimento de Lutero e do movimento evangélico luterano durante esse período, a descrição analítica que se segue não deve ser tomada como um sistema fixo e estático. É tudo, menos isso.[50] Da mesma maneira, essa exposição sintética passa ao largo de interpretações polêmicas e se recusa a abordar o que alguns podem considerar como importantes detalhes sobre diversos tópicos. Portanto, a esquematização

---

[50] A interpretação de Lutero sobre pontos importantes requer que seja situado dentro de várias matrizes ou campos de tensão. Por exemplo, pode-se enfatizar que as mudanças que Lutero introduziu ou as coisas que pressupôs continuam vigentes? Devem-se considerar mais suas posições polêmicas articuladas em controvérsia ou suas exposições construtivas, como nos catecismos? Como se poderia avaliar a importância do que Lutero tolerou ou aprovou em uma situação de emergência contra aquilo que esperava em circunstâncias normais e tranquilas? Como atribuir peso relativo a suas posições formuladas em diferentes etapas de sua trajetória, ou em resposta a diferentes problemas com que se defrontou? Por fim, deve-se retratar Lutero como um radical para revelar sua especificidade, ou trazê-lo para o centro da atmosfera mais ecumênica dos dias de hoje? A interpretação que se segue procede a partir de uma sensibilidade a essas tensões e da incapacidade de fazer face adequadamente a seu desafio em um pequeno espaço.

que a seguir se apresenta tenciona simplesmente propor uma eclesiologia alternativa àquela desenvolvida na Idade Média. Para facilitar o contraste, o esboço dessa análise não se cinge organicamente à lógica interna da teologia de Lutero. Em vez disso, de acordo com um padrão da teoria organizacional, considera sucessivamente a natureza e o propósito da igreja, sua organização, os membros que a compõem, suas atividades e a relação que estabelece com seu ambiente. Esse modelo é utilizado na expectativa de que a adaptação das concepções de Lutero ao esquema heurístico empregado no decorrer de ambos os volumes deste trabalho não distorça substancialmente a visão que ele tinha da Igreja.

A natureza e a missão da Igreja

Principiamos pela concepção que Lutero tinha da natureza e da missão da igreja. Essa concepção geral permeia toda a apresentação que a seguir se faz e ao mesmo tempo será mais especificada e ilustrada pelos tópicos subsequentes.

A natureza da Igreja. Lutero define a igreja em termos simples e diretos, não obstante a resposta à questão acerca da natureza da igreja continue sendo sutil e nuançada. Uma razão para a sutileza encontra-se no fato de que a mesma palavra "igreja" refere-se a uma realidade corporativa que existe em uma variedade de níveis sociais e teológicos. Em outras palavras, a igreja encerra várias dimensões distintas. A designação mais comum da igreja é a assembleia de cristãos, a "comunhão dos santos", a comunidade ou associação daqueles que creem em Cristo e possuem o Espírito Santo (Councils, LW 41, 143-144). A igreja "deve ser chamada de 'comunidade ou assembleia cristã' ou melhor e mais claramente de 'sagrado povo cristão'". No entanto, a igreja é menos uma comunhão e mais uma comunidade. É uma comunidade de santos, "ou seja, uma comunidade composta apenas de santos ou, ainda mais claramente, ' uma comunidade sagrada'" (Large Cat 2.3, 417).

Essa comunhão de santos tem diversas fronteiras, mas duas perspectivas desempenham papel importante na eclesiologia de Lutero: uma é a comunidade local; a outra, a totalidade do movimento cristão. Das duas, o referente primário para a igreja na eclesiologia de Lutero é a comunidade. Teologicamente, a igreja é constituída por Cristo e pelo Espírito Santo, e sociologicamente se constitui, em termos mais fundamentais, em uma dimensão congregacional ou paroquial. Isso aparece mais claramente nos textos em que Lutero mobiliza a formação das igrejas evangélicas (Right, LW 39, 305; Ministry, LW 40, 10-11). Também se manifesta quando Lutero descreve o que se supõe ocorrer existencialmente na comunidade sagrada como resultado da operação do Espírito e da fé em Cristo (Large Cat 2.3, 418; Councils, LW 41, 145-146). Esse tópico será retomado na discussão acerca da organização igreja. Por ora, no entanto, deve ser observado que Lutero também designa todo o movimento cristão como igreja. A igreja universal é a comunhão daqueles que confessam Jesus Cristo. A essência dessa totalidade igreja é constituída pela fé, e não pela proximidade física, como na comunidade, ou pela vinculação institucional ou jurídica, como na Igreja Romana. Ela é, em vez disso, uma comunidade espiritual, a comunhão dos santos (Papacy, LW 39, 65-69).

A definição básica da igreja e os dois referentes sociais específicos do termo acarretam ulteriores questões e complicações, de sorte que a ambiguidade do termo "igreja" por vezes levou Lutero a preferir a expressão "povo de Deus". Por exemplo, quando se referia à igreja como realidade espiritual ou invisível, Lutero não pretendia solapar sua atualidade histórica e social, mas frisar, sobretudo mas não exclusivamente no âmbito universal, que aquilo que assegura a coesão dos cristãos é a fé e a ação do Espírito de Deus, que não poderia se reduzir a liames institucionais externos (Papacy, LW 39, 65-71).[51] Em segundo lugar, no seio da igreja global ou universal, Lutero distinguia igrejas verdadeiras de falsas igrejas. Ele utilizava vários feixes de critérios para aferir a diferença. Inicialmente, Lutero apelou em termos mais genéricos ao evangelho ou palavra de

---

[51] Em última análise, perceber a igreja enquanto igreja requer fé porque a realidade transcende a existência histórica empírica. "A igreja é algo elevado, profundo, oculto, que não se pode perceber nem ver, mas que se deve apreender apenas pela fé, por intermédio do batismo, do sacramento e da palavra." Hanswurst, LW 41, p. 211.

Deus e aos sacramentos: o batismo, a eucaristia e o evangelho são os três sinais externos da igreja. "Onde quer que haja batismo e evangelho, não se pode duvidar da presença dos santos" (Papacy, LW 39, 75). Posteriormente ele desenvolveu listas de sete (Councils, LW 41, 148-165) e depois de dez critérios.[52] Um terceiro atributo importante tem a ver com a pertença à igreja, que será retomada mais adiante. Mas simplesmente, no nível de uma definição geral da natureza da verdadeira igreja, Lutero fazia distinções entre membros. "Há muitos cristãos que se encontram na assembleia física e na unidade, mas, em razão de seus pecados, excluem-se da unidade espiritual interior" (Papacy, LW 39, 66). Trata-se aqui de um resquício da distinção agostiniana entre igreja interior santificada, a verdadeira igreja no seio da igreja empírica, a Pomba.[53]

Sintetizando, pode-se dizer que a concepção mais básica e simples de Lutero acerca da igreja comporta todas as nuances que se encontram em Agostinho e nos canonistas da Idade Média. Sua peculiaridade está em definir a igreja, em bases primárias e em termos teológicos, como realidade apreendida existencialmente pela fé cristã e em rejeitar toda redução sociológica da igreja à organização externa. A verdadeira igreja pode ser encontrada dentro da Igreja Romana; a verdadeira igreja tem existência, ordem e organização históricas, mas não pode ser reduzida a isso.

Concepção teológica da igreja e de sua missão. A atenção à descrição construtiva que Lutero faz da igreja nas obras catequéticas fornece uma visão equilibrada da concepção teológica basilar de Lutero acerca da natureza e da missão da igreja e tende a deslocar a interpretação de uma perspectiva cristocêntrica para uma visada trinitária. Isso não invalida a importância da justificação pela adesão da fé a Cristo para a compreensão da igreja; pelo contrário, o papel de Cristo é expandido para incluir a atuação do Espírito na igreja, o que se situa no contexto mais amplo

---

[52] Os dez critérios, que incluem os sete, eram: o batismo, a eucaristia, as verdadeiras chaves, o ofício de pregar e a palavra de Deus, o antigo credo, a oração do Senhor, a obediência à autoridade temporal, o respeito pela divina instituição do matrimônio, a cruz ou perseguição e a não violência contra e a oração pelos outros. Hanswurst, LW, 41, pp. 194-199.

[53] *A comunidade cristã na história*, v. 1, p. 227.

da narrativa trinitária da doutrina da economia da salvação. "A base do ensinamento de Lutero sobre a igreja é, portanto, a Trindade, que opera nossa salvação pelas missões terrenas do Filho e do Espírito Santo."[54]

Lutero explica o caráter teológico da igreja no tratamento que dispensa ao terceiro artigo do credo sobre o Espírito Santo. A ação própria do Espírito é a santificação; essa santificação ocorre no interior da igreja; a obra do Espírito Santo, portanto, consiste em realizar a igreja, conceder-lhe os dons de que necessita para levar a cabo sua missão na história, bem como utilizá-la como meio ou instrumento de sua própria obra de santificação. O essencial é que a concepção se desenvolve nos termos da história da salvação. "Da mesma maneira como o Filho se torna soberano ao nos adquirir por seu nascimento, morte e ressurreição, assim também o Espírito Santo opera nossa santificação pela comunhão dos santos ou igreja cristã, pelo perdão dos pecados, pela ressurreição do corpo e pela vida eterna. Em outras palavras, ele nos encaminha primeiramente a sua comunidade sagrada, introduzindo-nos no seio da igreja, onde nos prega e nos conduz a Cristo" (Large Cat 2.3, 415).[55] Existe uma ordem definida para as doutrinas; elas constituem uma sequência narrativa que representa mais que uma sucessão cronológica. Os dois primeiros artigos dos credos sobre a criação e a obra salvífica de Cristo são seguidos pelo Espírito, pela igreja, pelo perdão do pecado, pela ressurreição e pela glória. "Lutero frisou a relevância do terceiro artigo contrastando-o

---

[54] Jared Wicks, "Holy Spirit-Church-Santification", p. 201. A exposição da concepção teológica que Lutero tinha da igreja que se oferece aqui está em consonância com a proposta por Wicks. Lohse atribui alguma proeminência ao "corpo de Cristo" como doutrina básica de Lutero, decorrente de sua visão de que Cristo é a cabeça da igreja. Cristo enquanto cabeça afigura-se polêmico contra o papado, mas, construtivamente, implica a igreja como o corpo de Cristo. Ao mesmo tempo, no entanto, "como Lutero entendia a igreja como o corpo de Cristo, assim também ele a concebia como a obra especial do Espírito" (Lohse, *Martin Luther's Theology*, p. 280). Lohse reconhece, portanto, a visão trinitária de Lutero acerca da igreja, no padrão da economia da salvação.

[55] Isso expressa a economia básica da salvação. Cristo operou a salvação humana por meio das ações que Lutero compreende em sua teoria da redenção; o Espírito traz o fiel para Cristo por intermédio da igreja e na igreja. O Pai é criador, o Filho é Redentor, o Espírito é Santificador, e a santificação é um processo contínuo, histórico, evolutivo: mas sempre com a estrutura dialética que está contida na justificação pela graça mediante a fé, a dialética do pecado e do perdão.

com as obras da criação e da redenção já realizadas do Pai e do Filho. A santificação pelo Espírito Santo é a obra que ora se leva a cabo, contínua e permanentemente."[56] O Espírito realiza o que Cristo operou, e o Espírito assim o faz por intermédio da igreja: "O que Cristo mereceu por sua paixão o Espírito realiza por meio de sua igreja. Consequentemente, a obra da igreja é o perdão dos pecados. Pois ela anuncia o evangelho, batiza e oferece o perdão dos pecados".[57]

A questão concernente ao propósito ou à missão da igreja nos introduz mais profundamente no contexto maior da economia da salvação. A concepção de Lutero acerca da missão da igreja segue par a par sua teoria da redenção, aquilo que Cristo realizou em prol de nossa salvação, e o papel do Espírito Santo na economia da apropriação humana dessa salvação. A igreja cristã funciona como a mediadora histórica da salvação em Cristo. A economia da salvação refere-se tanto ao projeto macro-histórico de Deus para a humanidade quanto ao de Deus para os indivíduos no seio da comunidade cristã. No cenário histórico mais abrangente, não existe salvação fora de Cristo e, portanto, fora da igreja. "Pois onde Cristo não é pregado, não existe Espírito Santo para criar, chamar e reunir a igreja cristã, e fora dela ninguém pode ter acesso a Cristo Senhor" (Large Cat 2.3, 416).[58] Da mesma forma, no interior da igreja, a salvação consiste em um processo ou economia de Deus que tem por objeto os seres humanos. "O Espírito Santo deve continuar a agir em nós por meio do Verbo, concedendo-nos perdão diariamente até que alcancemos aquela vida na qual não haverá mais nenhum perdão. Naquela vida se encontram apenas as pessoas perfeitamente puras e santas, plenas de bondade e de justiça, inteiramente livres do pecado, da morte e de todo mal, vivendo em corpos novos, imortais e glorificados" (Large Cat 2.3, 418). Em seus

---

[56] Wicks, "Holy Spirit-Church-Sanctification", p. 206.
[57] Lutero, citado por Wicks, ibid., p. 209, dos sermões catequéticos de Lutero de 1528.
[58] "Mas fora da igreja cristã (ou seja, onde não se encontra o Evangelho) não existe perdão, e portanto não há santidade. Por conseguinte, todos os que buscam merecer santidade por meio de suas obras, e não por meio do Evangelho e do perdão dos pecados, afastaram-se e separaram--se da igreja" (Large Cat 2.3, p. 418). Note-se, contudo, que Lutero encontrou Cristo em ação no Antigo Testamento, e dessa forma não se pode afirmar que a igreja cristã histórica limita a atividade de Cristo.

primeiros escritos, o tema da justificação domina a imaginação de Lutero, e isso continua sendo uma estrutura permanente de seu pensamento: *simul justus et peccator*. Mas não se é pecador no mesmo sentido antes e depois do batismo, e em seus últimos escritos Lutero fala a respeito de uma igreja santa. O Espírito Santo age no íntimo das pessoas, vivificando, santificando, renovando a vida, não as deixando inertes no pecado, mas urgindo uma nova vida pelo abandono da pregressa e pela superabundância de boas obras. Objetivamente, a santidade aplica-se a Deus apenas, mas pelo Espírito a missão da igreja é tornar-se uma comunidade santa (Councils, LW 41, 143-144).[59]

A organização da igreja

Lutero não focou sua atenção na organização da igreja. Para começar, já existia uma ordem eclesial universal, e ele não tencionava criar uma nova instituição em uma região a um só tempo. Acreditava, pelo contrário, que as paróquias e os sacerdotes pouco a pouco abraçariam a Reforma: "Entretanto, se cada cidade adotar por conta própria o exemplo de uma, logo será seguida por outra" (Ministry, LW 40, 40). Além disso, ele distinguia, teologicamente, a chamada igreja espiritual de sua forma institucionalizada objetiva; Lutero sempre foi cauteloso com relação a uma instituição humana objetiva que usurpasse o poder de Cristo e do Espírito Santo sobre a consciência cristã (Emser, LW 39, 119-120). Apesar disso, a organização tornou-se mais importante à medida que o movimento começou a se separar da Igreja Romana e amadureceu como igreja alternativa. O centro de gravidade da organização continuou sendo a comunidade ou a paróquia.

---

[59] O que é a santidade operada pelo Espírito por intermédio da igreja? Fundamentalmente, o Espírito santifica levando os fiéis a Cristo, de maneira que, ligados ao Espírito, eles alcançam vida nova. Wicks enumera quatro dimensões da santidade que dessa forma é mediada pela igreja. "Ela é, em primeiro lugar, o perdão dos pecados, por meio da palavra de graça de Deus; em segundo lugar, a personalização da própria relação com Deus, pela impressão do Santo Espírito do amor de Deus sobre o coração que crê; em terceiro lugar, a vida penitencial, expelindo o pecado e renovando o comportamento diário de acordo com os mandamentos de Deus; e, em quarto lugar, a expectativa de plena santificação na ressurreição para a vida eterna". Wicks, "Holy Spirit-Church-Sanctification", p. 212.

A igreja local. Já indicamos anteriormente como a igreja local, no sentido da comunidade, propiciou o fundamento da eclesiologia de Lutero. A organização da paróquia relaciona-se organicamente com sua teologia engajada do Verbo, em que "Verbo" refere-se igualmente a Cristo, às Escrituras e, por extensão, à palavra pregada, todos eles expressos e mediados pela comunicação de Deus à existência humana. Subjacente à visão que Lutero tinha da estrutura da igreja, portanto, encontra-se a concepção luterana de Cristo como salvador e da salvação mediada à humanidade pela palavra da Escritura. Isso ocorre concretamente na comunidade igreja, mas só porque a palavra do próprio Deus cria a comunidade. "Não é palavra de Deus só porque a igreja a pronuncia; pelo contrário, a igreja passa a existir porque a palavra de Deus é pronunciada" (Misuse, LW 36, 144-145). Fundamentalmente, Cristo e a palavra da Escritura regem e dirigem diretamente a igreja. A Escritura e a palavra de Deus são vistas em contraposição às palavras e às tradições humanas (Right, LW 39, 306-307). Esse é o princípio evangélico básico relativo à igreja. Todavia, em termos organizacionais, a instituição fundacional não consiste em um grupo de dignitários ou de clérigos, mas na palavra da Escritura, a qual, então, deve ser pregada.

Outra via de acesso aos fundamentos da organização da comunidade encontra-se na doutrina luterana do sacerdócio de todos os fiéis, da vocação ao ministério e da ordenação (Emser, LW 39, 151-174). Negativamente, o sacerdócio de todos os fiéis contrapõe-se à divisão entre clero e laicato que se fixaria após a reforma gregoriana.[60] Veremos mais adiante como

---

[60] Lutero defendia que "todos os cristãos são verdadeiramente do estado espiritual, e não existe nenhuma diferença entre eles, exceto a de ofício". Essa convicção de Lutero é fundada no sacerdócio de todos os crentes: "Somos todos sacerdotes consagrados mediante o batismo". Nenhum fato externo ou ofício pode transformar uma pessoa em ser espiritual; isso se dá com o batismo e com a fé. "Depreende-se desse argumento que não existe nenhum diferença efetiva, básica, entre leigos e sacerdotes, príncipes e bispos, entre religiosos e seculares, exceto em razão do ofício e da atividade, mas não do *status*. Eles são todos do estado espiritual, todos são verdadeiramente sacerdotes, bispos e papas" (Nobility, LW, 44, pp. 127-129). O contexto dessas afirmações foi o fortalecimento de príncipes leigos com autoridade espiritual. Ver Paul Althaus. *The Theology of Martin Luther*. Philadelphia, Fortress Press, 1966, pp. 313-318, para a articulação entre batismo, sacerdócio de todos os crentes, pertença à igreja e responsabilidade coletiva.

Lutero percebia essa distinção em termos profundamente sistêmicos. Com a doutrina do sacerdócio de todos os fiéis, Lutero suplantou o sistema clerical tal como era entendido na Igreja Romana.[61] Positivamente, a doutrina do sacerdócio de todos os fiéis institui a base da autonomia de cada comunidade cristã. A comunidade enquanto "uma assembleia ou comunidade cristã tem o direito e o poder de julgar todo ensinamento e de convocar, designar e destituir mestres, [e isso é] estabelecido e provado pela Escritura" (LW 39, 305-314). Essa autonomia congregacional do sacerdócio de todos os fiéis que decorre da escuta da palavra na fé constitui uma distinta alternativa à eclesiologia então vigente porque suplanta a posição do clero quer teológica, quer organizacionalmente.[62]

O primado da palavra estriba o ofício de pregar, e o sacerdócio de todos os fiéis e a autonomia da comunidade implicam que o ofício de ministro é provido pelo chamado ou seleção e designação pela comunidade. Todos são capacitados e têm o direito e o dever de pregar, de ensinar e de orar em nome da comunidade, mas só aqueles que são chamados e designados a fazê-lo são legitimados pela comunidade a exercer esse direito. A autonomia da comunidade inclui a seleção interna de seus ministros (Right, LW 39, 309-314). A comunidade "dispõe de plena liberdade e de meios para afastar ministros indignos e para convocar e designar apenas os que sejam homens dignos e devotos" (Ministry, LW 40, 10).

---

[61] Lutero é explícito acerca desses fundamentos exegéticos: "No Novo Testamento não existe sacerdote externo, visível [...]. Temos apenas um único sacerdote, Cristo, que sacrificou a si mesmo por nós e todos nós com ele". Segundo a Epístola aos Hebreus, "'todo sacerdote é constituído para rezar pelo povo e para pregar' (Hb 5,1). Dessa forma, todo cristão, por si próprio, pode rezar em Cristo e ter acesso a Deus". "Com efeito, só Cristo, e nenhum outro, é o mediador e o mestre de todos os homens." "Segue-se, portanto, que o sacerdócio no Novo Testamento está igualmente em todos os cristãos". Lutero, portanto, revisa as referências ao termo "sacerdote" e mostra que não existe sacerdócio ordenado no Novo Testamento. Misuse, LW, 36, pp. 138-141.

[62] "Aqui assumimos nossa posição: Não existe nenhuma outra Palavra de Deus além da que é dada a todos os cristãos para proclamar. Não existe nenhum outro batismo além daquele que todo cristão pode conferir. Não existe nenhuma outra rememoração da Ceia do Senhor além daquela que qualquer cristão pode observar e que foi instituída por Cristo. Não existe nenhuma outra espécie de pecado além daquele que qualquer cristão pode ligar ou desligar. Não existe nenhum outro sacrifício além do corpo de todo cristão. Ninguém, exceto um cristão, pode rezar. Ninguém, exceto um cristão, pode julgar a doutrina. Isso constitui o sacerdócio e o ofício régio". Ministry, LW, 40, pp. 34-35; também Babylonian, LW 36, p. 116.

A origem e a autoridade do ministério. Até aqui a análise respaldou-se nos primeiros escritos de Lutero, em que o sacerdócio de todos os fiéis é proeminente. Existe, no entanto, uma tensão na teologia de Lutero no tocante à fonte e à autoridade do ministério na igreja, e os estudiosos dissentem sobre a forma de resolvê-la. Às vezes Lutero funda o ministério "a partir de baixo", na comunidade, que o confere ao ministro por delegação.[63] Outras vezes ele ressalta que o ofício de ministro da palavra foi instituído por Cristo e que os ministros servem com base em um chamado que distingue seu ministério e o estabelece no contexto de uma sucessão ministerial que se desenvolve a partir dos apóstolos.[64] Gerrish "resolve" essa tensão admitindo e explicando sua existência, introduzindo algumas distinções que mitigam a aparente contradição e subordinando então um elemento da tensão ao outro.

Em primeiro lugar, como a posição de Lutero se desenvolveu ao longo de um período no qual ele argumentou polemicamente contra duas posições extremas, deve-se esperar certa tensão em seu pensamento. Ele apropria a visão de que talvez a bipolaridade dessa posição seja "uma salvaguarda contra as tendências opostas de Roma e o congregacionalismo, cada uma das quais [...] isola uma das duas linhas distintas de pensamento" (Gerrish, PM, 101). Em segundo lugar, porém, algumas distinções ajudam a compreender a tensão. Lutero parece ter estabelecido uma pronunciada distinção entre "poder" e "uso de um poder". Todos têm poder de sacerdócio, mas esse poder se mantém como potência a menos que certas condições sejam satisfeitas, como, por exemplo, um estado de emergência ou outras circunstâncias especiais. Outra distinção tem a ver com o fato de o poder do sacerdócio ser exercido privativamente, ou seja, no seio da comunidade, de maneira não oficial e não pública, ou por um

---

[63] "A autoridade que a comunidade inteira, e cada indivíduo em seu âmbito, possui é por isso delegada àquele que eles escolhem a partir de seu meio ou que é chamado por um superior [...]. Por conseguinte, ele administra seu ofício em lugar de todos e na condição de representante de toda a comunidade". Althaus, *Theology of Martin Luther*, p. 325.

[64] Para um delineamento do problema, ver Lohse, *Martin Luther's Theology*, pp. 286-297. Brian A. Gerrish. "Priesthood and Ministry: Luther's Fifth Means of Grace", *The Old Protestantism and the New: Essays on the Reformation Heritage*. Chicago, University of Chicago Press, 1982, p. 94 e *passim*, define o problema e analisa-o extensamente. Citado no texto como PM.

agente em ofício público. Uma coisa é ser sacerdote; outra bem diferente é exercer o ofício de pastor na paróquia (Gerrish, PM, 98-99, 102).

Em terceiro lugar, à luz dessas circunstâncias e distinções, Gerrish vê um polo como função da contingência histórica e o outro como a norma teológica, mas ao mesmo tempo reconhece a tensão no pensamento de Lutero. Em sua visada, "o conceito de delegação é qualificado pela compreensão que Lutero tem da igreja como a comunhão dos santos, atuando sob delegação de Cristo, bem como pela outra noção mais proeminente do ministério enquanto instituição divina" (Gerrish, PM, 101). Isso se aplica igualmente à noção que Lutero tem de chamado, ordenação e instalação no ofício ministerial. As passagens que afirmam a delegação em situações de emergência não representam o que Lutero preferia em uma situação normal (Gerrish, PM, 102). A tensão, contudo, ainda deve ser mantida. "Na visão de Lutero, a ordenação é apenas uma confirmação pública do chamado, e o que é recebido no chamado não é algum dom especial de graça ou poder, mas um encargo" (Gerrish, PM, 104). A ordenação ratifica ou reconhece o chamado, mas o chamado ocorre no seio da comunidade. Por um lado, o ministro não se contrapõe à comunidade, de maneira que seus membros não possam destituí-lo caso não seja capaz de pregar a palavra de Deus. A sucessão não garante a pura e simples pregação da palavra. Por outro lado, Lutero via o ofício público do ministro como um ofício estabelecido por Deus, e os ministros se encontravam em uma sucessão apostólica. "Um chamado feito por intermédio da igreja [...] é um chamado do próprio Cristo."[65]

A teologia do ministério segundo Lutero deve ser entendida à luz dessas tensões. Sua teologia do ministério poderia ser chamada de funcional, mas não "meramente" funcional. O ministério do líder da comunidade

---

[65] Althaus, *Theology of Martin Luther*, p. 332. Lohse sumariza o *status* do ministro ordenado nos seguintes termos: o ofício é um ofício de ministério; seu critério é funcional; se uma comunidade julga o ministro indigno, pode destituir o ministro ou pastor (294). "Para Lutero, a ordenação denotava uma atualização da escolha e um chamado ao ofício ministerial. Ela confirmava a legitimidade do chamado; era uma atribuição ao ofício na igreja, não apenas na comunidade, tanto quanto uma bênção sobre o ofício". Muito embora a ordenação não conferisse caráter indelével, não devia ser repetida. Lohse, *Martin Luther's Theology*, pp. 294-295, citado à p. 295.

é funcional porque ele é escolhido pela comunidade precisamente para exercer um poder que toda a comunidade detém. Essa funcionalidade manifesta-se mais vividamente em contraposição ao sistema clerical de ordenação absoluta e designação de um sacerdote a uma comunidade a partir de fora. De acordo com Lutero, "os sacerdotes, como os chamamos, são ministros escolhidos entre nós. Tudo o que eles fazem é feito em nosso nome; o sacerdócio não é senão um ministério" (Babylonian, LW 36, 113). "O dever do sacerdote é pregar; se ele não prega, é tão sacerdote quanto um retrato de um homem é um homem [...]. É o ministério da Palavra que faz o sacerdote e o bispo" (Babylonian, LW 36, 115). Lutero entendia que, "quando um bispo consagra, não o faz senão em lugar e em proveito de todos os membros da comunidade, que detêm igual poder; ele toma alguém e o encarrega de exercer esse poder em benefício dos outros" (Nobility, LW 44, 128).[66] Em princípio, portanto, o sacerdócio de todos os fiéis implica que "o sacerdote, no cristianismo, não é senão o detentor de um ofício. Na medida em que exerce um ofício, assume precedência; onde é deposto, ele é um camponês ou um cidadão como qualquer outro. Com efeito, o sacerdote nunca é um sacerdote quando deposto" (Nobility, LW 44, 129).[67]

Mas o ministério e a estrutura organizacional não podem ser chamados "meramente" funcionais porque a comunidade é constituída pela palavra de Deus, e a palavra de Deus deve ser pregada. O ministério é "o ofício da palavra e seu chamado, ou o chamado ao ofício pastoral ou solicitude das almas" (Priv Mass, LW 38, 192). E a ordenação "deve consistir

---

[66] Para ilustrar isso, Lutero propõe que a comunidade tem o poder e o direito de ordenar para si mesma tanto o bispo como o sacerdote. O poder de ordenar deriva do espírito e da vontade comum da própria comunidade e da eleição e encargo pela comunidade para pregar e administrar os sacramentos. Ele demonstra isso indicando a primitiva prática de eleger um bispo (como nos casos de Agostinho, Ambrósio e Cipriano) e o exemplo da competência de um leigo para batizar como ilustração do princípio. Nobility, LW 44, p. 128.

[67] A funcionalidade do ministro torna-se evidente na descrição que Lutero faz do processo prático de escolha de um pastor. Toda cidade ou comunidade cristã devia escolher um de seus sacerdotes igualmente espirituais, "o mais velho ou então o mais sábio e virtuoso", para ser seu servo, oficial, zelador e guardião em relação ao evangelho e aos sacramentos, da mesma maneira como o prefeito em uma cidade é eleito dentre a massa comum de todos os cidadãos". Emser, LW, 39, pp. 155, 157.

em e ser entendida como chamado e incumbência do ofício ministerial; Cristo e sua igreja, onde quer que se encontre no mundo, têm e devem ter esse poder, sem crisma nem tonsura, da mesma forma como devem ter a palavra, o batismo, o sacramento [da Ceia do Senhor], o Espírito e a fé" (Priv Mass, LW 38, 197). Lutero sustentava que o ministério público da palavra, instituído pela ordenação, era "a mais elevada e a maior das funções da igreja, da qual depende todo o poder da igreja, visto que a igreja nada é sem a Palavra e tudo nela existe em virtude unicamente da Palavra" (Ministry, LW 40, 11). O pastor da comunidade, portanto, exerce ou medeia o poder constitutivo da palavra de Deus. Esse caráter constitutivo do ministério destaca-se contra o pano de fundo das forças desintegradoras que ameaçavam a unidade e a integridade da própria comunidade. "Se não assegurássemos nem enfatizássemos o chamado e o encargo, em última instância não haveria igreja. Pois da mesma forma como os infiltrados se insinuam entre nós, pretendendo dividir e devastar nossas igrejas, assim também, posteriormente, outros intrusos invadiriam suas igrejas e as dividiriam e devastariam. Não haveria fim no processo de intrusão e divisão, até que em pouco tempo nada restaria da igreja na face da terra" (Infiltrating, LW 40, 386). O pastor, chamado e instituído pela comunidade para pregar a palavra de Deus, é a pedra de toque da comunidade. Dessa forma, o segundo Lutero, com sua ênfase na objetividade do ofício ministerial, transcendeu, sem abandonar seu enfoque inicial sobre a comunidade, e o ressituou no contexto mais abrangente de uma igreja regional ou universal.

Lutero elencou os vários deveres do ministério. O ministério primordial é pregar e ensinar a Palavra, e a esse ministério "confia-se tudo o que se realiza pela Palavra na igreja […]. Na medida em que o ofício de pregar o evangelho é o maior de todos e certamente é apostólico, torna-se o fundamento de todas as demais funções, que sobre ele se erigem" (Ministry, LW 40, 36).[68] Obviamente, o dever e as responsabilidades de

---

[68] Uma das listas de ministros de Lutero é a seguinte: "As principais funções de um sacerdote são as seguintes: ensinar, pregar e proclamar a Palavra de Deus, batizar, consagrar ou administrar a eucaristia, ligar e desligar pecados, orar pelos outros, sacrificar e julgar acerca de toda

um pastor não eram insignificantes, e Lutero queria os melhores homens da comunidade no ofício. Queria ministros para ser formados e treinados (Councils, WP 41, 176). Queria um clero casado porque o celibato nem respeita o ensinamento da Escritura sobre a instituição do matrimônio nem respeita as mulheres, mas encoraja o adultério e a fornicação (Misuse, WP 36, 206); (Exortation, LW 34, 40-44). Lutero conferiu bastante amplitude ao pastor de uma comunidade em matéria de detalhe na ordem do culto e da disciplina.[69] Não favoreceu as mulheres no ministério com base na natureza e na divina dispensação (Councils, LW 41, 154-155). E, em que pese a igualdade espiritual dos ministros com todos no sacerdócio comum, a expectativa de Lutero é que houvesse ministros para ocupar e honrar posições na comunidade, e ele aludia ao dever de respeitar o ministro sob a égide do quarto mandamento (Large Cat 1.4, 387).

A igreja mais ampla. Em que medida Lutero entendia a igreja mais ampla, a igreja que se estendia para além da comunidade, compreendendo todo o movimento cristão, como uma realidade estruturada ou organizada? Ou, mais concretamente, como ele via os bispos, o papado e os concílios? Em vários momentos e contextos, a linguagem de Lutero pode ser mais ou menos acolhedora dos vários aspectos dessas instituições. A descrição que se segue manter-se-á caracteristicamente no plano genérico.

Bispos. De acordo com Lutero, os bispos no Novo Testamento "são homens honrados, casados, maduros, de bem, versados na palavra da verdade, numerosos em cada cidade, escolhidos pelos bispos da vizinhança ou por seu próprio povo. Devem ser propriamente aqueles a quem hoje chamamos de sacerdotes paroquiais, e seus capelães e diáconos" (Misuse,

---

doutrina e espíritos. Decerto essas são atribuições esplêndidas e régias. Mas a primeira e mais importante de todas, da qual dependem todas as demais, é a pregação da Palavra de Deus. Pois ensinamos com a Palavra, consagramos com a Palavra, ligamos e desligamos pecados pela Palavra, batizamos com a Palavra, sacrificamos com a Palavra, julgamos todas as coisas pela Palavra. Por conseguinte, quando transmitimos a Palavra a alguém, não lhe podemos negar nenhuma coisa pertinente ao exercício de seu sacerdócio". Ministry, LW 40, p. 21.

[69] "Um indivíduo que tem a incumbência de ministro do evangelho deve, contudo, ser capaz de portar-se bem nessas questões, se seguir o ensinamento dele, pelo qual essa pessoa foi ungida. Agora é suficiente se, pela oração e pela devoção, conseguimos de Deus tal ministério e se somos dignos, quando o conseguimos, de mantê-lo e de nele nos regozijar." Ministry, LW, 40, p. 44.

LW 36, 158). São presbíteros escolhidos não para governar, mas para servir ao rebanho. Lutero tentou introduzir um ofício evangélico de bispo, mas, por diversas razões, não o conseguiu, de sorte que "as funções episcopais como um todo couberam aos príncipes".[70] Mas ele não via nenhum sentido religioso nos atavios exteriores dos bispos contemporâneos: suas vestimentas e as formalidades de que se cercam, seus séquitos, sua opulência, em suma, todo o aparato externo do episcopado. À medida que as pessoas atribuem valor religioso a esses elementos externos, o episcopado torna-se "não apenas dissociado da vontade de Deus, mas contrário a seu divino mandamento e instituição" (Misuse, WP 36, 157). Lutero, contudo, estava disposto a aceitar um papel administrativo para os bispos, um poder que não interferisse religiosamente no ministério do evangelho no seio da comunidade. A jurisdição episcopal seria administrativa, mas não religiosa, ou seja, sem sujeição de consciências perante Deus. Por conseguinte, ele podia aceitar os bispos estabelecidos, desde que permitissem liberdade evangélica nas paróquias. Lutero dizia explicitamente que "não queremos nos arrogar seus [do papa e dos bispos] direitos e sua autoridade eclesiástica; pelo contrário, se eles não nos compelissem a aceitar artigos de fé não cristãos, seríamos prontamente consagrados e governados por eles e também colaboraríamos na preservação de seus direitos e de sua autoridade" (Priv Mass, LW 38, 147; também Exhortation, WP 34, 52).[71]

Papado. Lutero teve muito a dizer acerca do papado no interregno de sua trajetória. Por vezes discorreu a respeito do papa, outras vezes, sobre o ofício do papado; às vezes tinha em mente o próprio ofício, outras vezes o papado simbolizava a totalidade do sistema romano. Inicialmente, ele chegou à conclusão de que Deus não estabelecera ou não prescrevera o papado. Lutero desabsolutizou o ofício do papa em *Nobility* (Nobreza),

---

[70] Lohse, *Martin Luther's Theology*, p. 278.
[71] A Confissão de Augsburgo propõe estas máximas luteranas fundamentais, concernentes aos bispos: (1) eles não podem legislar contra o evangelho; (2) eles não podem promulgar leis que representem um fardo de pecado, nem leis que estimulem o mérito da graça mediante obras; (3) eles devem instituir normas que promovam a ordem, a unidade e o amor da igreja; (4) em hipótese alguma, podem submeter ou coagir as igrejas no sentido de congregações. Augsburg, pp. 86-94.

em 1520 (LW 44, 126-139); interpretou os textos petrinos no Novo Testamento no sentido de que o poder conferido a Pedro fora transmitido por seu intermédio à totalidade da igreja, e a pedra sobre a qual se edificou a igreja era o próprio Cristo. Pedro não fora investido de autoridade jurisdicional sobre os outros apóstolos (Papacy, LW 39, 86-103).

Lutero forneceu um conciso enunciado de sua posição acerca do papado em 1537 (Smalcad, 2.3, 298-301). "O papa não é a cabeça de toda a cristandade por direito divino ou em consonância com a Palavra de Deus, pois essa posição é exclusiva de uma única pessoa, Jesus Cristo. O papa é tão somente o bispo e o pastor das igrejas em Roma e das outras igrejas na medida em que tais igrejas se vinculam voluntariamente a ele ou mediante uma instituição humana (ou seja, um governo secular [o poder temporal do papa])" (298). Por conseguinte, o papa usurpou autoridade, e tudo quanto tem feito com base nisso é prejudicial à igreja e está em conflito com o preceito básico sobre a redenção de Jesus Cristo. Tal como concebido por Lutero, a cristandade não necessita de um papado: "O papado é uma invenção humana, e não uma exigência; é algo desnecessário e inútil. A sagrada igreja cristã pode existir muito bem sem tal cabeça [...]. O papado é absolutamente inútil para a igreja porque não exerce nenhuma função cristã. Consequentemente, a igreja deve continuar a existir sem o papa" (299). Com efeito, a igreja "não pode ser mais bem governada e mantida senão quando todos nós vivemos sob uma única cabeça, Cristo, e todos os bispos se encontram em igualdade de ofício (conquanto possam diferir nos dons) e diligentemente reunidos em unidade de doutrina, de fé, de sacramentos, de oração, de obras de caridade etc." (300). Essa concepção descreve a forma como a igreja primitiva e os apóstolos procederam. De fato, Lutero recomenda então o pluralismo na organização institucional da cristandade.[72]

---

[72] A hostilidade de Lutero contra o papado jamais arrefeceu. O papado continuou sendo uma barreira significativa, de par com o celibato clerical, a comunhão sob ambas as espécies e a forma objetificada da missa, a qualquer possibilidade de reconciliação eclesial entre as igrejas evangélicas e a Igreja de Roma. Coerentemente, ele considerava o papado como o "anticristo" e como uma instituição utilizada por Satã. Nessas concepções e na contundente forma de expressá-las, a principal motivação de Lutero era pastoral, a proteção das almas contra

Concílios. A atitude e o posicionamento de Lutero com relação ao *status* e ao poder dos concílios na igreja universal também variaram no decorrer de sua trajetória. Em 1520, ele tentou mobilizar os governantes seculares para convocar um concílio. O argumento de que lançou mão possuía então um tom conciliarista; Lutero invocava o bem comum de toda a igreja ocidental enquanto unidade (Nobility, LW 44, 136-139). A posição que assumiu em 1539 era mais nuançada e refletia um julgamento amadurecido (Councils, LW 41, 123-142). Lutero reconhecia a instituição de um concílio e arrolava o que considerava seus poderes: um concílio não pode definir novos artigos de fé, mas pode condená-los se se apresentarem; não pode impor nada à consciência, mas pode condenar as más obras; não tem poder para impor novas cerimônias, mas pode condená-las; não dispõe de nenhum poder sobre a lei e o governo seculares, mas pode condenar leis da igreja com fundamento na Escritura; não tem poder de sujeitar as consciências mediante leis, mas pode criar cerimônias e procedimentos que promovam o ordenamento do bem comum.

Em suma, um concílio assemelha-se a um consistório que profere julgamentos em conformidade com a Escritura. Às vezes um problema adquire grandes proporções, tornando necessária a convocação de um concílio de amplitude universal, como ocorreu no caso de Ário. Também estabelece disposições disciplinares transitórias para questões conjunturais, mas sempre com observância da fé primitiva normatizada pela Escritura. Instituições permanentes e comumente compartilhadas como a Escritura e o catecismo são de maior valor que todos os concílios e Padres. Um concílio pode condenar em questões de fé, mas não em questões disciplinares externas de caráter transitório. Dessarte, a natureza e a função de um concílio se coadunam coerentemente com a eclesiologia de Lutero.

---

uma espiritualidade destrutiva promovida pelo sistema papal. Ele também estava convencido de que a igreja não carecia do ofício. Scott H. Hendrix. *Luther and the Papacy: Stages in a Reformation Conflict*. Philadelphia, Fortress Press, 1981, pp. 144-159.

Os membros da igreja

A exemplo do que ocorria no período medieval, "todo mundo" na Europa, com a exceção dos judeus e dos invasores turcos, era membro da igreja. A filiação vinha com o nascimento em sociedade. Entretanto, à medida que o movimento da Reforma se instaurou e surgiram as igrejas alternativas, a filiação à verdadeira igreja tornou-se uma questão, e para alguns exigia uma decisão. A eclesiologia de Lutero demandou uma específica teologia da filiação. Esse aspecto se encontra nos tópicos a respeito do batismo e da excomunhão.

Lutero discute o batismo em *Do cativeiro babilônico da Igreja*, de 1520 (Babylonian, 57-81).[73] O fundamento da teologia luterana do batismo assenta na Escritura e na concepção de Lutero acerca da justificação pela fé em contraposição às obras. O batismo é o sacramento fundacional porque se constitui no sacramento da fé basilar dos cristãos. Lutero recorre a Mc 16,16: "Aquele que crer e for batizado será salvo". Esse texto encerra o núcleo e a substância da vida cristã: a divina promessa da salvação cuja resposta é a fé. Nele está contido o centro da existência cristã e seu inteiro teor, porque o batismo é precisamente o sacramento da fé. Lutero rejeita categoricamente a tendência de superar o batismo ao longo da vida à medida que se comete pecado. A guinada em direção a toda sorte de obras, incluindo missas e ações penitenciais, para extirpar o pecado de si leva a esquecer que o batismo estabelece uma estrutura permanente que é sempre operativa. Não estática, essa estrutura consiste na relação interativa entre o pecador que crê e o perdão gratuito de Deus. O cristão "não perderia a salvação por mais que tivesse pecado, a menos que se recusasse a crer. Pois nenhum pecado pode condená-lo, exceto unicamente a incredulidade" (60): Ser batizado nessa estrutura é algo que transcende todos os marcos organizacionais ou institucionais da igreja.[74]

---

[73] Isso se seguiu a seu sermão acerca do batismo de 1519. Um bom sumário da doutrina de Lutero sobre o batismo encontra-se em Large Cat. 4, pp. 436-446.

[74] O batismo transmite toda a graça de Deus, não parte dela, e sim ela por inteiro. Esse dom é significativo e operativo em toda a plenitude de uma vida cristã, e não meramente no momento do sacramento. Ele é a verdadeira estrutura da vida cristã na condição de perdoada por Deus

Lutero destaca a metáfora paulina da morte-ressurreição, do batismo enquanto sepultamento na morte de Cristo, de maneira que nele somos ressuscitados, para explicar o batismo. Ele prefere essa imagem à de "lavar" ou "limpar". Pois a dialética da morte e ressurreição não é apenas um padrão temporalmente sequencial, e sim a estrutura intrínseca da vida cristã, que se correlaciona analogamente com as concepções de Lutero acerca da lei e do evangelho, do pecado e da graça, como padrões de vida. "Dessa forma, conquanto tenha sido batizado uma vez no sacramento, o fiel precisa ser continuamente batizado pela fé, precisa morrer continuamente e continuamente viver" (69). Muito embora o batismo infantil não seja prescrito no Novo Testamento, Lutero não tem dúvida a respeito de sua adequação. O caráter fundamental do batismo também o relaciona com a característica elementar da vida cristã, qual seja, a liberdade. E, à luz dessa consideração, Lutero recomenda a abolição de todos os votos que parecem aprisionar o cristão, ou seja, os votos públicos que vinculam a vida cristã a obras que devem ser realizadas. Essa espiritualidade batismal será recorrente depois no contexto da ética cristã fundamental.

No tocante à excomunhão ou anátema, esses termos geralmente sinônimos referem-se à exclusão da confraternidade da igreja, privando ou excluindo o indivíduo da eucaristia (Ban, LW 39, 7). Como existem dois níveis de confraternidade, Lutero chega a duas diferentes espécies de excomunhão. "A primeira espécie de confraternidade é interior, espiritual e invisível, pois se acha no coração. Significa que pela fé, pela esperança e pela caridade o homem é incorporado à confraternidade de Cristo e de todos os santos – tal como expressa e dada no sacramento [...]. Nenhum homem, seja papa, seja bispo, nem qualquer outra criatura ou mesmo anjo pode conceder ou revogar essa confraternidade" (Ban, LW 39,7). A excomunhão nesse nível, se tiver de ser aplicada, só pode ser autoimposta, na medida em que os indivíduos excluem a si mesmos da unidade espiritual íntima da fé (Papacy, LW 39, 66).

---

em Cristo. A doutrina luterana do batismo "mais não é que sua doutrina da justificação em forma concreta". Althaus, *Theology of Martin Luther*, pp. 353-356, citação à p. 356.

"A segunda espécie de confraternidade é exterior, física e visível. Significa que um homem é admitido a participar do sagrado sacramento, a recebê-lo e a partilhá-lo com os outros" (Ban, LW 39, 8). A excomunhão externa não tem nenhuma influência *per se* sobre a relação íntima do cristão diante de Deus. Em 1520, Lutero defendia que um bispo ou papa podia excluir alguém dessa confraternidade em razão de seus pecados. Posteriormente, ele aprovou a excomunhão no contexto da comunidade e na pressuposição de grave pecado público que ensejasse escândalo. Ele encontrara justificação para a prática no Novo Testamento (Ban, LW 39, 8-9) e entendeu que seu propósito era positivo, em benefício do pecador e para a proteção da comunidade.

Lutero discorreu sobre o julgamento do pecado e sobre o perdão nos termos do poder das chaves, do ligar e desligar, conferido por Cristo à igreja. Esse tópico encerra também diversos níveis e nuanças que têm sobreposição com a excomunhão. Em primeiro lugar, o desligar concerne ao perdão dos pecados como na prática da confissão. Lutero endossava a prática da confissão privada, mas criticava o fato de que o ministério do perdão houvesse se tornado um poder outorgado ao clero. Para Lutero, qualquer cristão podia ser confessor; todos os cristãos poderiam ouvir confissões de outros cristãos e buscar o perdão de Cristo pela boca dos outros (Babylon, LW 36, 81-91).

O poder das chaves também se refere ao poder da comunidade de excomungar e de readmitir à comunidade. "Significa banir e absolver do mesmo, excomungar e libertar da excomunhão" (Keys, LW 40, 359). O significado de ligar é julgamento público da comunidade a respeito do pecado público, e exclusão de uma pessoa, até certo ponto, da comunidade. Desligar significa absolver o pecador arrependido e recebê-lo de volta na comunidade.[75] Em síntese, a filiação na igreja tem dois níveis,

---

[75] Lutero sintetiza esse ensinamento sobre as chaves nos seguintes termos: "Concluindo, nós possuímos essas duas chaves por intermédio do mandamento de Cristo. A chave que liga é o poder ou ofício de punir o pecador que se recusa a se arrepender mediante pública condenação à morte eterna e à separação do restante da cristandade. E, quando tal julgamento é prolatado, é como se fosse um julgamento do próprio Cristo. E se o pecador persistir em seu pecado, danar--se-á com certeza por toda a eternidade. A chave de desligar é o poder ou ofício de absolver

interna e externamente definidos, que são inter-relacionados, mas se mantém distintos.

As atividades da igreja

Entendemos as organizações em sentido amplo a partir das atividades de que elas participam. A atividade central da igreja é o culto; a igreja teve início quando os cristãos se congregaram, se reuniram em assembleia para cultuar e rezar. Esta seção faz uma breve exposição do caráter peculiar da teologia sacramental de Lutero subjacente à sua teologia do culto. As organizações religiosas, contudo, também existem para preservar e mediar normas e valores fundamentais para a existência humana, os quais se traduzem na ética e nos padrões da vida espiritual. A estrutura da espiritualidade e da ética de Lutero também é diferente do marco teleológico utilizado por Tomás de Aquino. Isso também está incluído nas atividades da igreja.

Assembleia em vista da palavra e do sacramento. A principal atividade da igreja cristã é reunir-se em assembleia para o culto. Isso, mais do qualquer outra coisa, preserva a coesão da comunidade cristã. Lutero situou a palavra e o ofício da pregação no centro quer da autocompreensão da igreja, quer de sua organização. Pregar a palavra de Deus, mediar o conteúdo da Escritura à comunidade, eis a atividade ministerial basilar da igreja. Isso se correlaciona com o lugar que a Escritura ocupa na teologia de Lutero e com a alavancagem que ela lhe proporciona na deflagração do movimento da Reforma. Muito embora essa ênfase na pregação e no ensinamento não haja suplantado nem reduzido a importância da eucaristia, uma significativa mudança de ênfase estava se operando. Comparada

---

o pecador que faz confissão e se converte dos pecados, prometendo novamente vida eterna. E ela tem o mesmo significado que teria se o próprio Cristo houvesse proferido o julgamento. E se o pecador crer e persistir nessa fé, certamente será salvo para todo o sempre. Pois a chave que liga mobiliza o trabalho da lei. É proveitosa ao pecador na medida em que lhe revela seus pecados, adverte-o do temor a Deus, suscita-lhe o tremor e o conduz ao arrependimento, e não à destruição. A chave de desligar mobiliza o trabalho do evangelho. Ela convida à graça e à misericórdia. Conforta e promete vida e salvação mediante o perdão dos pecados. Em suma, as duas chaves mobilizam e promovem o evangelho simplesmente por proclamar estas duas coisas: arrependimento e perdão dos pecados (Lc 24,47)". Keys, LW 40, pp. 372-373.

com a teologia e especialmente com a prática da igreja medieval, a relativa importância entre pregação e sacramento eucarístico, os dois componentes do serviço cúltico da igreja, se alterou. A mediação da palavra de Deus tornou-se o centro organizador do culto. Esse desenvolvimento prático coaduna-se coerentemente com a teologia sacramental e a ética de Lutero.

Ensinamento e pregação. Bainton esquematiza os diversos meios pelos quais Lutero fez da igreja um veículo de instrução do povo na fé. Em primeiro lugar, traduziu a Bíblia para um esplêndido alemão e continuou a revisá-la. Como Bíblia do povo, era ricamente ilustrada com xilogravura. Em segundo lugar, encarregou-se dos catecismos e depois ele mesmo escreveu dois. As famílias eram fortemente encorajadas a catequizar seus filhos. Lutero participou diretamente da revisão da liturgia. Ele adorava música sacra; compôs e publicou um hinário (HIS, 326-347). O centro do espírito reformador, contudo, estava no sermão, na pregação. "Todos os dispositivos educacionais [...] encontram sua máxima utilização no púlpito. Os reformadores em Wittenberg levaram a cabo uma extensa campanha de instrução religiosa por meio do sermão" (HIS, 348). Havia toda uma equipe de clérigos ou instrutores envolvida nessa tarefa; proferiam-se múltiplos sermões e instruções sobre o catecismo, mesmo durante a semana, e o próprio Lutero pregava constantemente.[76]

Teologia sacramental. Pode ser interessante principiar com um elaborado esboço da teologia sacramental de Lutero antes de considerar sua teologia da eucaristia.[77] Lutero define a estrutura de um sacramento no contexto de uma discussão sobre a eucaristia como algo dotado de três

---

[76] Bainton fornece excertos dos sermões de Lutero (HIS, pp. 350-357). Eles mesclam o doutrinal e o prático. Em um exemplo que conduz a imaginação à igreja onde Lutero estava pregando, ouvimo-lo instando a audiência a contribuir para a igreja, em apoio aos ministros: "Até aqui, a caixa comum tem sido utilizada para estes, e agora que sois solicitados a entregar quatro míseras moedinhas, entrais em polvorosa. Que significa isso senão que vós não quereis que o evangelho seja pregado, que as crianças sejam instruídas e os pobres ajudados? Não estou dizendo isso por mim mesmo. Nada recebo de vós. Sou mendigo do príncipe. Lamento, contudo, ter-vos libertado para sempre dos tiranos e dos papistas. Vós, criaturas mal-agradecidas, vós não sois dignos do tesouro do evangelho. Se não ajudardes, cessarei de pregar em vez de atirar pérolas aos porcos" (HIS, p. 352).

[77] Althaus, *Theology of Martin Luther*, pp. 345-352, fornece uma visão panorâmica dos princípios gerais da teologia sacramental de Lutero.

dimensões. "A primeira é o sacramento ou sinal. A segunda é o significado desse sacramento. E a terceira é a fé exigida pelas duas primeiras. Essas três partes devem ser encontradas em todo sacramento. O sacramento deve ser externo e visível, dotado de alguma forma material ou aparência. O significado deve ser interno e espiritual, no íntimo do espírito da pessoa. A fé deve tornar ambas essas partes operativas e úteis" (Eucharist, LW 35, 49). Essa compreensão do sacramento segue a clássica concepção agostiniana da objetividade do sacramento; Lutero, contudo, sublinha a importância do papel da fé na apropriação proveitosa do sacramento.

Lutero preserva a "objetividade" do sacramento, ou seja, sua sacralidade e efetividade pelo poder de Deus, e não em virtude do poder do ministro. Ele reitera a ação de Deus no sacramento como algo distinto do sacramento enquanto ação humana do ministro. "Nossa ação simplesmente oferece e confere tal batismo, ordenado e constituído por mandamento e instituição de Cristo. Por essa razão, só ele é e continua sendo o único verdadeiro e eterno batizador, que administra seu batismo diariamente por meio de nossa ação ou serviço até o dia do julgamento. Por isso, nosso batizado deve ser propriamente chamado de apresentação ou concessão do batismo de Cristo, da mesma maneira como nosso sermão é uma apresentação da palavra de Deus" (Priv Mass, LW 38, 199).[78] A objetividade do sacramento se funda no fato de haver sido instituído por Cristo, com a promessa de que Deus atua por intermédio dele. Essa estrutura fundamental também se aplica ao ministério da palavra e da pregação.[79]

No entanto, a objetividade da ação e da promessa de Deus deve se operar pela fé, e essa ênfase na fé é uma ênfase característica da teologia

---

[78] "Pois nossa fé e o sacramento não devem basear-se na pessoa, quer boa, quer má, consagrada ou não consagrada, vocacionada ou impostora, seja o demônio, seja sua mãe, e sim em Cristo, em sua palavra, em seu ofício, em seu mandamento e ordenança; onde esses elementos vigoram, tudo aí se executa de maneira adequada, independentemente de quem ou do que essa pessoa possa ser." Priv. Mass., LW 38, pp. 200-201.

[79] É interessante observar que Lutero também aplica essa objetividade ao ofício de ministério e autoridade no âmbito da igreja, especialmente o do pastor. "Os ofícios e os sacramentos sempre permanecem na igreja; as pessoas estão diariamente sujeitas a mudança. Enquanto chamarmos e instituímos nos ofícios pessoas que possam administrá-los, então os ofícios certamente continuarão a ser exercidos." Priv. Mass., LW 38, p. 201.

sacramental de Lutero, embora de forma alguma ela contradiga uma tradição anterior. "Mas nossos sinais ou sacramentos [...] trazem atrelada a si uma palavra de promessa que exige fé, e eles não podem ser realizados por nenhuma outra obra. Por isso são sinais ou sacramentos de justificação, pois são sacramentos de justificação da fé e não das obras. Toda a sua eficácia, portanto, consiste na própria fé, e não na realização de uma obra" (Babylonian LW 36, 65-66). Explicando posteriormente esse tópico, Lutero deu cabal ênfase à fé como a mediação da eficácia ou daquilo que Agostinho e Aquino entendiam como frutuosidade: "Portanto, não é o batismo que justifica nem beneficia seja quem for, e sim a fé naquela palavra da promessa a que se agrega o batismo" (66). Lutero opõe-se a todas as interpretações teológicas que postulam uma eficácia objetiva do sacramento independentemente da mediação da fé, aquilo que a teologia medieval caracterizou como algo que ocorria *ex opere operato*. Lutero combinou a objetividade da presença e da ação de Deus com o caráter pessoal do engajamento entre Deus e os seres humanos. A doutrina do *ex opere operato* representaria uma adesão apenas ao sinal e não à promessa, um movimento dissociado da fé e voltado à transformação dos sacramentos em obras.

Teologia eucarística. Lutero deixou intacta a estrutura básica da missa, com a exceção do cânon que continha referências à celebração como sacrifício. Muitos dos aparatos externos continuaram os mesmos, das vestimentas aos arranjos do santuário. "Mesmo a elevação dos elementos foi mantida até 1542" (Bainton, HIS, 340). Em lugar do cânon, Lutero inseriu uma exortação para receber comunhão. Entretanto, no bojo da estrutura básica, ocorreu uma mudança de ênfase. A missa era em alemão; as leituras da Escritura adquiriram papel mais central no serviço do culto; a homilia tornou-se mais longa; todo o conteúdo do serviço do culto alterou-se no sentido da instrução, do ensinamento e da didática (HIS, 340).

Em virtude da reação de Lutero contra a prática romana e dos debates sobre a eucaristia no interior do próprio movimento da Reforma, pode parecer risível atacar a teologia eucarística de Lutero em poucas palavras. O essencial aqui, no entanto, é a igreja e a maneira como a eucaristia constitui parte integrante da eclesiologia de Lutero.[80] Sua teologia diferia da teologia e da prática romanas em diversos pontos. Em primeiro lugar, Lutero promoveu a comunhão sob ambas as espécies. Em segundo, ele discordava do conceito de transubstanciação e preferia falar daquilo que pode ser chamado de consubstanciação.[81] Em terceiro lugar e com maior veemência, ele objetava que a missa fosse considerada como sacrifício e funcionasse como obra mediante a qual se pudesse alcançar a graça e a satisfação.[82] Isso é consentâneo com o modo como Lutero analisou perspicazmente a conexão sistêmica entre ordenação sacerdotal, missas privadas e obras de satisfação em 1533.[83]

Lutero (em Babylonian, LW 36, 37-57) resume sua teologia eucarística em termos de promessa, sinal e fé. A missa "é uma promessa do perdão dos pecados que Deus nos fez, promessa que foi confirmada pela morte do Filho de Deus". A Palavra de Deus é uma promessa; ela é recebida e torna-se eficaz mediante a fé (39). O pão e o vinho são o corpo e o sangue de Cristo; são o sinal que contém e confirma a promessa do perdão dos pecados. "Sempre que os tomares, lembra-te de mim, proclama e louva

---

[80] Três concisos tratamentos construtivos da eucaristia por parte de Lutero são Eucharist, LW 35, pp. 49-73; Babylonian, LW 36, pp. 19-57; e Large Cat., 5, pp. 447-457. O desenvolvimento histórico de Lutero é especialmente relevante para sua teologia da Ceia do Senhor. Ver Althaus, *Theology of Martin Luther*, pp. 375-405, em que ele distingue estágios em seu desenvolvimento.

[81] Lutero (em Babylonian, LW 36, pp. 29-35) defende a mesma presença real, substancial, como na doutrina da transubstanciação (29), mas também admite que um cristão é livre para advogar qualquer posição (30). Apoiado por Pierre d'Ailly, argumenta que a real presença é protegida na mesma medida. Ele também fornece uma imagem: "No ferro em brasa, por exemplo, as duas substâncias, o fogo e o ferro, se fundem de tal maneira que qualquer parte é tanto ferro como fogo. Por que não é ainda mais possível que o corpo de Cristo esteja contido em qualquer parte da substância do pão?" (32). A Escritura não dá nenhuma garantia para acidentes sem a substância, e isso é difícil de explicar em termos metafísicos (34). Ele também recorre à união hipostática como uma analogia: da mesma forma como há duas naturezas em uma só pessoa, de sorte que a natureza humana não é absorvida pela divina, mas unida a ela como natureza inteiramente integrante, assim também duas substâncias coexistem na eucaristia.

[82] Todos são sacerdotes; todos oferecem sacrifício, porque sacrifício é oferecer-se a Deus, como diz Paulo (Rm 12,1). Existe um único sumo sacerdote, Cristo. Cristo sacrificou-se a si próprio de uma vez por todas. Esse sacrifício é rememorado na eucaristia, e não repetido. E cada qual, assumindo a vida de Cristo, se oferece como sacrifício vivo a Deus. Não há fundamento na Escritura para que a missa atual seja um sacrifício (Misuse, LW 36, pp. 145-148). Em *Smalcald Articles* Lutero argumentou enfaticamente contra o uso corrente da missa como contraditório ao ofício e à obra de Cristo e como uma diferença essencial entre os evangélicos e Roma. Smalcald 2.2, pp. 293-297.

[83] Priv. Mass., LW 38, pp. 147-214.

meu amor e minha generosidade para contigo e dá graças" (40). Quanto a Lutero, "todo o poder da missa consiste nas palavras de Cristo, em que ele confirma que o perdão dos pecados é concedido a todos aqueles que creem que seu corpo é dado e seu sangue vertido por eles" (43). "Assim como na missa a palavra de Cristo [ou seja, nas leituras da Escritura e na pregação] é testamento, o pão e o vinho são sacramentos. E como reside mais poder na palavra do que no sinal, assim também é maior no testamento do que no sacramento. Por isso o homem pode ter a palavra ou testamento e fazer uso dele sem sinal ou sacramento" (44). Portanto, a teologia da eucaristia segundo Lutero articula palavra e sacramento (sinal), mas confere primazia à palavra. Ao mesmo tempo, ele se manteve absolutamente firme no tocante à real presença de Cristo no sacramento.

Relativamente à prática eucarística, Lutero recomendava comunhão frequente: "É vontade de Cristo, portanto, que dela participemos frequentemente, a fim de que possamos recordá-lo e nos exercitar nessa confraternidade, de acordo com seu exemplo" (Eucharist, LW 35, 56; Babylonian, WP 36, 46). Ele esperava que os efeitos da comunhão com Cristo se fizessem sentir na comunidade. Antes de mais nada, a comunhão criava confraternidade entre os cristãos e Cristo, em que se efetuava aquele maravilhoso intercâmbio com Cristo. "Essa confraternidade consiste nisso, que todos os bens espirituais de Cristo e de seus santos são partilhados e tornam-se bem comum de quem recebe o sacramento" (Eucharist, WP 35, 51).[84] Ela funda a comunidade em uma comunidade de amor. Nutre assim a vida cristã ao alentar os cristãos a amar o próximo, mormente os necessitados. "À medida que se recebe amor e apoio, deve-se, em contrapartida, dispensar amor e apoio a Cristo em seus necessitados" (Eucharist, WP 35, 54). Isso nos leva à consideração da concepção da vida e da ética cristãs segundo Lutero.

---

[84] A Ceia do Senhor tinha importância central para Lutero, tanto em sua espiritualidade como em sua teologia. A lógica dessa centralidade deriva da formulação da instituição, que incluía as palavras "dado por ti". Na recepção da Ceia do Senhor, ocorria o "feliz intercâmbio" de redenção e salvação: "Cristo se faz nosso, e o pecado já não nos é levado em conta. Lohse, *Martin Luther's Theology*, pp. 312-313, citado à p. 313.

Ética. O interesse aqui não recai em nenhuma das posições específicas de Lutero acerca dos dilemas morais, e sim no marco evangélico que ele delineou a partir do desenvolvimento da espiritualidade e da vida cristãs. A vigorosa e coerente concepção da vida cristã que prevaleceu no norte da Europa durante o século XV, a *devotio moderna*, conjugou uma profunda estrutura moral com a ética teleológica desenvolvida no escolasticismo. O caráter evangélico da espiritualidade luterana destaca-se por contraste.

O pano de fundo reside na crítica de Lutero à teologia escolástica nominalista por seu pelagianismo implícito. Lutero recorda a máxima citada anteriormente: "Um homem é capaz de observar e de cumprir os mandamentos de Deus por suas próprias faculdades naturais, contanto que faça tudo quanto nele se encontra" (Misuse, LW 36, 214). Essa doutrina nega a necessidade da graça e torna a redenção de Cristo desnecessária. Os escolásticos também dizem: "O homem (contanto que faça tudo quanto nele se encontra) certamente é capaz de merecer a graça de Deus, não que a mereça, mas porque é apropriada" (Misuse, LW 36, 215-216). Uma vez mais, não temos necessidade do mediador. Em contrapartida, Lutero resume sua antropologia em poucas palavras: "Por ser concebido e nascido no pecado e por ser filho da ira, o homem não pode fazer senão pecar e dia após dia sucumbir mais e mais na ira de Deus, até que por fim ouve e crê que Cristo é seu Salvador e morreu por ele para redimi-lo de seus pecados. Mediante essa escuta, o Espírito de Deus chega a seu coração e ele é tomado pela graça e pela vida de Deus, de sorte que esse homem ama a Deus, santifica seu nome, encontra repouso e se tranquiliza, deixando que Deus realize nele sua própria obra. Eis por que ninguém pode cumprir esses três mandamentos [cultuar a Deus, santificar seu nome, observar o Sabá] sem Cristo" (Misuse, LW 36, 217). Nenhum mérito, nenhum cumprimento da lei sem a graça, nenhuma boa obra conduz à fé ou à salvação, e sim a sujeição da liberdade da vontade à ação salvífica. No lugar da conversão da liberdade humana a Deus, Lutero assenta a fé no evangelho, aceitando a palavra divina de perdão em Cristo; e a partir dessa fé, mediante a gratidão, o cristão serve a Deus e ao próximo no amor.[85]

---

[85] A clássica exposição de Lutero acerca da distinção entre fé e obras, e da prioridade da justificação pela graça mediante apenas a fé sobre todas as boas obras, encontra-se em Freedom, LW 31, *passim*.

À vista desse marco, Lutero criticou o que encarava como uma espiritualidade de obras em incontáveis formas e práticas da igreja da Baixa Idade Média. Criticou as indulgências, diversas penitências utilizadas em vista da reparação dos pecados, devoções a todo e qualquer santo imaginável, peregrinações, relíquias, devoções marianas em detrimento de Cristo, as "irmandades [confraternidades] em que se compartilham indulgências, missas e boas obras" (Nobility, LW 44, 193).[86] No entanto, uma de suas mais importantes críticas teve por alvo o monasticismo, por causa da longa história dessa instituição e dos ideais dos votos que cultuava. A vida monástica, segundo Lutero, não era um autêntico serviço a Deus; se fosse, todos teriam de se tornar monges, já que todos os homens têm o mesmo mandamento de servir a Deus. O monasticismo não é um estado de perfeição; os votos constrangem a liberdade cristã e amiúde encobrem a espiritualidade das obras e do mérito.[87] Não existe nenhuma diferença entre as pessoas no que tange ao verdadeiro serviço de Deus, já que ele é avaliado pelos mandamentos de Deus, que se aplicam a todos os homens.

Em contraste com o monasticismo, Lutero apela a uma vida cristã comum de virtude no mundo, em oposição ao isolamento, e a uma vida regrada pelos mandamentos, em vez dos chamados conselhos ou votos (Councils, LW 41, 124-130). Embora respeitasse os monges verdadeiramente abençoados com o dom do celibato, os padrões para a vida cristã são os dez mandamentos. Eles foram incluídos no *Pequeno catecismo*, e Lutero pretendia que fossem aprendidos por qualquer pessoa como crianças; eles foram comentados para o clero no *Grande catecismo*.[88] No início da carreira do reformador, a justificação pela fé determinou de tal maneira sua atenção que quase não se encontra descrição da vida virtuosa naqueles escritos. Posteriormente, como vimos com relação ao papel do

---

[86] Grande parte de *Exhortation to All Clergy Assembled at Augsburg* (1530) é um catálogo dos problemas que Lutero percebia na vida cristã de então. LW 34, pp. 9-61.
[87] Uma boa demonstração da posição luterana contra o monasticismo encontra-se em *The Augsburg Confession*, a. 27, pp. 70-80.
[88] Até certo ponto, isso está em perfeita continuidade com os catecismos da igreja medieval tardia; em outro nível, o contexto holístico para compreensão do lugar dos mandamentos na vida cristã foi modificado.

Espírito Santo na igreja, Lutero discorre livremente acerca da santificação pela própria vida no mundo. O Espírito santifica a vida cotidiana segundo a primeira e a segunda tábua da lei. Um sinal da igreja é que nela o Espírito santifica, e os fiéis crescem em "santidade" até o fim, quando o perdão então deixa de ser necessário. Os mandamentos ou lei se fazem necessários para estipular as legítimas obrigações e até o ponto em que o Espírito chega na santificação. Em tudo isso, no entanto, mantém-se a estrutura do pecado e da graça, a justificação pela fé e a ação decorrente da fé (Councils, LW 41, 166-167). Em suma, externamente, a ética dos cristãos na comunidade de Lutero pode ter sido semelhante à dos cristãos na paróquia da Baixa Idade Média, mas a compreensão teológica do que estava ocorrendo era consideravelmente diferente.

Igreja e sociedade

A teoria organizacional estuda de que maneira uma instituição se relaciona com seu ambiente. De que forma a igreja, na eclesiologia de Lutero, se relaciona com a sociedade? A questão compreende aspectos como a relação da igreja luterana com a cristandade, sua concepção de sociedade e o lugar da igreja entre as demais instituições sociais e políticas. Lutero não pretendeu realizar grandes mudanças nessas matérias, muito embora elas tenham efetivamente ocorrido.

Cristandade, não mais que com pluralismo de igrejas. O congregacionalismo de Lutero não significa que ele renuncia à ideia de igreja universal. A exemplo do que ocorrera na Idade Média, e juntamente com a Igreja Romana, Lutero aceita a cristandade, o fato e a ideia de que toda a sociedade fosse cristã. Entretanto, no período medieval a igreja compreendia uma vasta e única estrutura institucional que tinha profunda influência jurisdicional sobre o conjunto da vida social. Para Lutero, a igreja universal é uma *communio sanctorum*, vinculada por uma fé comum interior e por sinais externos similares, e não uma instituição universal. Ele repensa a igreja dentro de um quadro imaginativo que se estriba na comunidade como a base, e na região, diocese ou esfera de poder de um príncipe como a efetiva unidade administrativa. Lutero recorre aos nobres, príncipes ou magistrados para deflagrar, obter autorização ou organizar o movimento de reforma.[89] Por vezes apela abertamente às lealdades nacionalistas. Os tempos não permitiam a existência de diferentes igrejas em um único burgo, cidade ou região politicamente unida. Não obstante, a eclesiologia de Lutero possibilitou e produziu um pluralismo de igrejas no seio da cristandade ocidental.

Segundo Troeltsch, a influência da igreja sobre a sociedade é espiritualizada.[90] Esse certamente é o caso no que tange ao conjunto da cristandade, já que a igreja submete sua estrutura institucional "universal" ou "internacional". Mas isso é verdade mesmo no nível regional. A igreja não influencia nem interage com a sociedade por meio do poder ou da pressão institucional. Com efeito, a organização da igreja situa-se acima dos príncipes ou da autoridade secular de cada localidade. Isso ocorreu em virtude do vazio de poder que se criou quando as igrejas luteranas abriram mão de sua autoridade institucional eclesiástica que transcendia igrejas e regiões locais. Por tal razão, a igreja, nessa eclesiologia, torna-se uma igreja territorial, similar à que existia nos primórdios da Idade Média, em que a vida organizacional era controlada por um poder secular unificado e unificador. Como observa Troeltsch, "teoricamente, a igreja era governada por Cristo e pela Palavra; na prática, porém, ela era governada pelos príncipes regentes e pelos pastores".[91] Esse tópico será retomado mais adiante a partir de outra perspectiva.

Três ordens de sociedade. Lutero percebe a igreja analiticamente como parte da ordem universal das coisas. Ele concebe a sociedade conformada por três diferentes ordens, que também poderiam ser chamadas de elementos da sociedade, estruturas da vida social, governos, esferas da vida, complexo de regras, obrigações ou leis. Essas três ordens foram constituídas por Deus. A primeira é o lar, a família ou o poder pessoal da vida. A função da família é produzir membros para a sociedade; é nessa

---

[89] Por exemplo, "Nobility", "Ministry" e "Infiltrating" são todos dirigidos a pessoas em posição de autoridade secular.
[90] Ernst Troeltsch. *The Social Teaching of the Christian Churches*. New York, Harper Torchbooks, 1960, p. 512.
[91] Troeltsch, *The Social Teaching*, p. 520.

instância que a vida é criada e alimentada em seu nível mais elementar. A segunda ordem é o Estado ou o poder secular. Sua função é governar a sociedade, promover e proteger o território e a vida das pessoas. A terceira ordem é a igreja, governada por Cristo e pelo Espírito. Presumivelmente, muito embora Lutero não o diga nesse contexto, sua função é santificar; ela é o instrumento da salvação. "Essas são as três hierarquias ordenadas por Deus, e não precisamos de nenhuma mais" (Councils, LW 41, 177).[92] "O lar deve produzir, enquanto a cidade deve guardar, proteger e defender. Segue-se a terceira, a própria casa e cidade de Deus, ou seja, a igreja, que deve obter pessoas do lar e proteção e defesa da cidade" (Councils, LW 41, 177).

As três ordens, teoricamente, são distintas, mas funcionam harmonicamente. Lutero recolhe distinções medievais de espécies de lei, cada qual fundada em Deus, e as relaciona a essas três esferas de sociedade. A lei divina é exercida pela igreja; a lei natural governa o lar e a família, e a leis temporais são elaboradas por governo divinamente autorizado. O marco imaginativo de Lutero nesse constructo é extraído e corresponde à cidade ou burgo da época em termos bastante concretos. No centro se encontra a igreja, juntamente com sua escola. Existe a casa do cidadão ou burguês, a prefeitura ou o castelo do príncipe. E Deus está acima de tudo. Pela palavra de Deus e por intermédio da escola, a igreja influencia a sociedade cristã (Councils, LW 41, 176-177).

Os dois reinos. A célebre doutrina luterana dos dois reinos certamente tem influência sobre a igreja, menor, contudo, do que se poderia pensar, e deve ser entendida em termos bastante matizados. "A intenção por trás da diferenciação entre os dois reinos ou dois governos, ambos os quais existem lado a lado em Lutero, é distinguir a existência humana 'perante Deus' e 'perante o mundo', e nessa medida apreender com exatidão o espiritual e o temporal em sua relação, tanto quanto em sua diferença recíproca."[93] A distinção funciona em diferentes níveis. No tocante à

---

[92] Não precisamos de mais referências à lei e ao governo do papa, que é superfluamente sobreposto a essas três ordens.
[93] Lohse, *Martin Luther's Theology*, p. 115. A intenção da distinção é, portanto, bem próxima do objetivo da distinção luterana entre lei e evangelho e a esfera de relações dentro da sociedade e com Deus. Ibid., p. 315.

pessoa, ela distingue a atividade concernente ao próprio indivíduo em relação a Deus e em relação aos outros na sociedade. Distingue atividade espiritual ou religiosa de atividade temporal. Em termos mais gerais ainda, portanto, aplica-se à relação entre a igreja e o Estado. Nessa última aplicação, suas raízes remontam às concepções de Agostinho acerca da igreja e do império e à história medieval de competição entre *sacerdotium* e *imperium*. No que diz respeito à vida cristã, contudo, o cristão vive em duas esferas: elas são autônomas e distintas, e o cristão é responsável por ambas. Contra os "fanáticos", Lutero defendia que o mundo precisava do poder secular e não podia ser governado pelo evangelho.[94] A igreja e a esfera secular constituem dois diferentes reinos: um concerne a nossa relação com Deus, o outro é configurado por relações humanas autônomas governadas pela autoridade civil e pelas relações temporais; um reino, em última instância, constituindo uma esfera ou responsabilidade interior, o outro representando uma responsabilidade externa.[95] A igreja relaciona-se com a sociedade de uma nova maneira, comparativamente à igreja medieval. A igreja exerce sua influência por meio da palavra de Deus, que impactava e animava as pessoas e fluía, através de suas vidas, para o mundo e para a sociedade.[96]

A igreja contra a sociedade. Teoricamente, as ordens bem diferentes da igreja e do Estado se relacionam de forma harmoniosa. Ambas são ordenadas por Deus. Mas na prática elas não se relacionam tão harmonicamente. A sétima marca da autêntica igreja é a perseguição, o sofrimento, a cruz.[97] A perseguição e o sofrimento partem das mãos "do

---

[94] Ibid., 320.
[95] *The Augsburg Confession* formula-o nos seguintes termos: "Efetivamente, a verdadeira perfeição consiste apenas no devido temor de Deus e na autêntica fé em Deus, pois o evangelho não ensina um modo externo e temporário, mas sim um modo interior e eterno de existência e de retidão de coração". Augsburg 16, pp. 37-38.
[96] Wilhelm Pauck. *The Heritage of the Reformation*. Glencoe, III, Free Press of Glencoe, 1961, p. 53.
[97] Os cristãos "devem perseverar em todo infortúnio e perseguição, em toda sorte de provação e de males oriundos do demônio, do mundo e da carne [...] para que possam tornar-se como sua cabeça, Cristo" (Councils, LW 41, p. 164). Lutero também aponta a continuidade com a perseguição da igreja primitiva. Hanswurst, LW 41, p. 197.

mundo", "do mal" e "da carne" ou da esfera temporal. Isso ocorre não em uma igreja minoritária, como em Tertuliano, mas na cristandade. Por essa razão, de fato, a esfera secular ou temporal é, em alguma medida, estranha à esfera espiritual; é uma esfera de competição, de coerção, de força, em geral guiada por motivações terrenas, quando não pecaminosas. Concebida para proteger a igreja, a autoridade temporal amiúde contrapõe-se à igreja (Councils, LW 41, 164-165). A igreja, por sua vez, contrapõe-se à sociedade porque representa a esfera dos valores de Cristo e é perseguida pelos maus elementos do mundo. Não obstante, a igreja, ou mais precisamente os cristãos na igreja, deve santificar a vida pública da cidade e do burgo por intermédio de seus membros, que vivem a vida cristã no mundo. Na prática, contudo, isso se revela difícil ou impossível. Os cristãos, portanto, têm de resistir ao mundo. Prevalece, então, certa cisão ou dicotomia entre o ideal e o estilo de vida cristão, de um lado, e a esfera temporal, de outro. A igreja em Lutero, a exemplo da igreja primitiva, não é um veículo de transformação da sociedade, e sim a vítima perseguida na sociedade ou da sociedade. Se a igreja fosse vista como o reino de Deus, na eclesiologia de Lutero isso teria perdido seu triunfalismo em relação à sociedade civil ou ao poder temporal, caracterizando-se por uma teologia da cruz.

Mas não contra os príncipes. O fato de a igreja contrapor-se à sociedade, portanto, não deve ser interpretado em sentido ativo ou agressivo. A esfera do governo e da autoridade secular goza de autonomia conferida por Deus, e Lutero, coerentemente, ensinava a obediência em tudo o que não seja pecado. A autoridade de que desfruta o governo estende-se a todos os que vivem na esfera temporal ou estatal, incluindo os líderes espirituais. Lutero acreditava que, "como o poder temporal é ordenado por Deus para punir os maus e proteger os bons, deve ser deixado livre para desempenhar sua função em todo o âmbito da cristandade, sem restrição nem consideração de caráter pessoal, trate-se do papa, dos bispos, dos sacerdotes, dos monges, das freiras ou de quem quer que seja" (Nobility, LW 44, 130; Augsburg, 16, 37-38). Para fundamentar sua posição, Lutero citava o apóstolo Paulo sobre a autoridade temporal, em Rm 13 (Nobility,

LW 44, 131). A atividade dos governantes seculares "deve se estender sem óbice ao conjunto dos membros de todo o corpo para punir e empregar a força sempre que o culpado merecer ou a necessidade exigir, sem consideração ao fato de o acusado ser papa, bispo ou sacerdote" (131). Em termos de estrutura, pois os contextos históricos são completamente diferentes, a posição de Lutero afigura-se análoga à situação que se verificou sob Constantino, Justiniano e Carlos Magno, onde era de esperar. Ele também compartilha algumas ideias, analogamente, com Marsílio de Pádua, que propusera suas concepções polemicamente contra o sistema vigente.

Comunidade santa? Pode-se indagar se na eclesiologia de Lutero a igreja deve ser considerada como uma comunidade santa. Ou melhor, o que quer dizer a confissão do credo ao chamar a igreja de santa? O atributo da santidade em Lutero refere-se sempre a Deus, de modo que o Espírito que santifica a igreja é santo, e a doutrina e o sacramento são santos porque são criados por Deus e Deus neles age. Entretanto, a santidade da igreja alude ainda, por derivação, ao caráter moral de sua vida corporativa, como ocorreu no período primitivo, quando a igreja se contrapunha à sociedade, e no ideal que se reflete de diferentes maneiras na igreja donatista e nas comunidades monásticas. A seção em que discorremos acerca da ética fez referência a essa questão quando sugeriu que os cristãos de Lutero talvez não parecessem diferentes dos membros da Igreja Romana. Será que o poder de santificação do Espírito na comunidade produziu um povo peculiarmente "santo" ou "moral"? Lutero defendia a disciplina da excomunhão; também era realista na avaliação que fazia da natureza humana. A santidade da palavra e a pureza da doutrina transcendem seus ministros e são efetivas, apesar deles (Hanswurst, WP 41, 218). Ao mesmo tempo, porém, aqueles que ensinam e pregam doutrina falsa ou impura não permanecem ou não podem permanecer na igreja; ou estão na igreja, mas não são da igreja. "Consequentemente, chegamos à seguinte distinção: nem todos são cristãos que simulam ser cristãos" (219). Em última análise, portanto, Lutero adota a distinção entre a igreja empírica e a verdadeira igreja interior, distinção que deixa a igreja histórica existindo na sociedade de uma maneira não muito diferente do que não é a igreja em seu comportamento social.

Reflexões sobre a eclesiologia de Lutero

O movimento de reforma de Lutero tornou-se o acontecimento mais importante da história da igreja ocidental desde a legitimação da cristandade por Constantino. Antes de Lutero, a igreja ocidental existia como uma instituição unida que abrangia a Europa ocidental, não sem alguns grupos dissidentes. Depois de Lutero, a igreja ocidental foi dividida em diferentes igrejas, e o pluralismo seria sempre uma característica de sua existência daí por diante. Seguindo a exposição do desenvolvimento da eclesiologia de Lutero e a análise de seu conteúdo, essas reflexões tecem considerações sobre aspectos que se destacam de uma comparação com a história anterior.[98] Essas reflexões não são oferecidas como argumento nem representam uma tese. Todavia, como uma série de observações, servirão como sumário e contribuirão para uma compreensão do que se passou no movimento evangélico. Em relação a tudo quanto poderia ser dito até esse ponto, elas podem parecer aleatórias ou arbitrárias, mas não destituídas de aplicação.

A lógica da reforma de Lutero

Edward Schillebeeckx desenvolveu uma categoria de princípios teóricos críticos que ele chamou de experiência negativa de contraste.[99] Essa experiência comum do dia a dia também pode concorrer profundamente para transformar a vida de uma pessoa. Ela consiste no reconhecimento de uma determinada situação, acontecimento, ação ou instituição como negativa, mais ou menos profundamente precária ou destrutiva da vida,

---

[98] Essas reflexões são implicitamente comparativas. Pressupõem um conhecimento da história da eclesiologia que levou à reforma do século XVI. O volume 1 deste trabalho funciona, portanto, como pano de fundo da exposição que se segue.

[99] Edward Schillebeeckx. *Church: The Human Story of God.* New York, Crossroad, 1990, pp. 5-6, e mais plenamente em *The Understanding of Faith: Interpretation and Criticism.* New York, Seabury Press, 1974, pp. 91-101. Para comentários, ver Patricia McAuliffe. *Fundamental Ethics: A Liberationist Approach.*Washington, D.C., Georgetown University Press, 1993, pp. 3-19, e Kathleen Anne McManus. *Unbroken Communion: The Place and Meaning of Suffering in the Theology of Edward Schillebeeckx.* Lanham, Md., Rowman and Littlefield, 2003, *passim*.

especialmente da vida humana. Algumas situações são tão instintiva e visceralmente negativas que simplesmente não deveriam ocorrer. A própria experiência pressupõe algum conhecimento positivo, uma consciência implícita, em maior ou menor detalhe, de como as coisas deveriam ser. Sem certa percepção desse tipo, a negatividade não se manifestaria como tal. Essa experiência também compreende a resistência contra a negatividade, um desejo, se não um efetivo impulso, de corrigir o que é errado, de negar a negação, de mudar as coisas. Poder-se-ia postular que alguma experiência dessa natureza está por trás de todo e qualquer movimento de reforma, pois esses três elementos descrevem a verdadeira intenção da Reforma.

Em Lutero, essa experiência negativa de contraste assumiu a forma de escândalo religioso. Esse escândalo religioso pode ser discernido no substrato de boa parte da polêmica negativa de Lutero. Por exemplo, seu ataque ao sistema sacerdotal, às leis e à missa enquanto sacrifício em *The Misuse of the Mass* ["O mau uso da missa"] revela valores cristãos fundamentais profundamente arraigados que a seu ver estavam sendo ativamente negados pelo sistema estabelecido (LW 36, 199-230). Ocasionalmente, essa experiência negativa de contraste encontra formulação explícita precisamente como escândalo religioso. Cristo disse que as portas do inferno não prevaleceriam contra a verdadeira igreja. A verdadeira igreja, claramente, não é a igreja estabelecida do papado; a igreja empírica é aquela contra a qual os portões do inferno têm prevalecido. A verdadeira igreja, portanto, tem de ser uma realidade espiritual: "Um lugar espiritual que se mantém no Espírito, invisivelmente erigido sobre a pedra de Cristo" (Emser, LW 39, 222). Essa lógica de escândalo ajuda a explicar a força da polêmica de Lutero e a coragem do reformador.[100]

---

[100] A extensão da necessidade da reforma e das normas pelas quais isso deve ser avaliado não é discutida aqui. A principal questão foge ao escopo deste capítulo. A visão aqui representada é tensiva. Por um lado, como observa Cameron, não é preciso chegar ao extremo de pensar que não havia nada de verdadeiro valor cristão na igreja no começo do século XVI para poder entender a Reforma. Por outro lado, a lógica do escândalo, descrita como experiência negativa de contraste, erigiu-se a partir do difuso desejo de reforma que era externo e alimentado pelo movimento de Lutero. Ele perpassou profundamente o próprio reformador.

O método da reforma de Lutero

Como o movimento de reforma de Lutero conseguiu superar essas adversidades quando muitas tentativas anteriores haviam malogrado e quando tantas coisas improváveis haviam de se estabelecer? Não se trata de extrair uma síntese das diversas influências históricas, políticas e sociológicas que alimentaram a Reforma. Pode ser útil, no entanto, analisar a estrutura da imaginação teológica que atuou na produção escrita e na atividade de Lutero: O que deveria acontecer? O que aconteceu?

Relativização da instituição. Uma coisa tinha de acontecer: a instituição em cujo seio Lutero e toda a Europa ocidental haviam se socializado tinha de ser relativizada. As instituições da Igreja Romana monopolizavam a dimensão religiosa da vida. A Igreja Romana exercia um poder dominante na vida social, dirigia a prática religiosa no ritual central da missa e em todas as outras modalidades de práticas e empregava uma linguagem absolutista que dominava o quadro imaginativo de uma conversação religiosa. A relativização desse marco social predominante para a compreensão de si, do mundo e de Deus não pode ocorrer de uma só vez.

Escritura como alavancagem. O que permitiu a Lutero relativizar o que deveria parecer uma instituição absoluta? A biografia de Lutero e seus textos teológicos indicam que a alavanca era a Escritura e a experiência que ela mediava à própria religiosidade de Lutero: o encontro com o Cristo da graça. A Escritura assumiu o papel do absoluto, a norma que não pode ser normatizada, o princípio objetivo com base no qual se poderiam julgar as estruturas estabelecidas e, em última análise, a instituição em sua globalidade. Além de seu conteúdo objetivo variado, no entanto, a Escritura mediava para Lutero um encontro religioso existencial com Deus em Jesus Cristo, Palavra de Deus. O que domina essa experiência, não uma experiência antiga mas uma experiência prevalecente ou transcendente, tem a ver com a maneira pela qual ela define a qualidade do que significa ser cristão. Ela molda os contornos da própria fé cristã e o modo pelo qual a fé se torna norma para formular a crítica a todas as manifestações ou práticas objetivas da religião. Para Lutero, essa fé se contrapunha e julgava as "obras" da religião à medida que fossem mecânicas, não intencionais e, portanto, "objetos inanimados", como ele diz em *Da liberdade de um cristão*. A experiência evangélica, mediada pela palavra, compreende o engajamento da fé que conscientemente recebe a graça de Deus.[101]

Podem-se aduzir inúmeros exemplos de como Lutero manejou a alavanca da Escritura para desmantelar o sistema absoluto com que se deparou. Ele confrontou a teologia escolástica com um reavivamento da Escritura, as indulgências e as obras com a redenção de Cristo e a graça, a autoridade do papado com a autoridade da Escritura e os sete sacramentos vigentes com a necessidade de seu fundamento na promessa escriturística de Cristo. Outro exemplo é a maneira como Lutero se utilizou de sua concepção acerca do ofício e da atividade de Cristo para criticar toda uma gama de práticas sistematicamente conexas. Sobre a doutrina da redenção, a obra de Cristo e nossa apropriação do perdão pela graça mediante a fé, diz Lutero: "Nesse artigo repousa tudo quanto ensinamos e pregamos contra o papa, o mal e o mundo" (Smalcald, 2.1, p. 292). Essa interpretação e essa experiência engajada da graça permitiram-lhe perceber criticamente a conexão sistêmica entre ordenação objetiva e absoluta, a prática de missas privadas, a objetificação dessa prática no tráfico de missas e a liderança clerical da igreja (Priv Mass, LW 38, *passim*). Em suma, a Escritura mediou para Lutero uma espécie de encontro religioso primordial que relativizou todas as práticas ou obras objetivas contrárias a seus preceitos.

Um novo quadro imaginativo

Pode-se apropriar a linguagem da "eclesiologia de baixo" para descrever a teologia construtiva de Lutero acerca da igreja? Não sem fazer ajustes culturais e contextuais. O movimento de Lutero teve início em

---

[101] Utilizo o termo "experiência" nesta exposição sem saber ao certo se ele pode dar conta, inequivocamente, do encontro de fé a que se refere. É empregado "de maneira neutra" com respeito à moderna discussão sobre o papel da experiência na teologia. Também o caráter normativo da Escritura foi ele próprio estruturado pela apropriação que Lutero opera do ensinamento paulino acerca da justificação pela fé.

uma cidade universitária e foi liderado inicialmente por teólogos. Foi responsivo, contudo, à piedade e à espiritualidade da população em geral. A sugestão de que isso é eclesiologia de baixo revela analogias entre o desenvolvimento das igrejas luteranas e a eclesiologia e a formação da igreja primitiva. A forma pela qual o movimento da Reforma se espraiou pelas igrejas locais e o modo como a eclesiologia de Lutero encontrou seu ponto focal na comunidade comportam uma analogia estrutural com o desenvolvimento da igreja primitiva. Com efeito, Lutero acreditava que as igrejas evangélicas que caracterizavam sua eclesiologia eram réplicas da igreja dos apóstolos e das antigas comunidades eclesiais primitivas (Smalcald, 2.4, p. 300).[102] O desenvolvimento da igreja luterana, contudo, difere significativamente do da igreja primitiva porque já existia uma igreja estabelecida, e essa situação suscitou uma vigorosa polêmica com relação aos elementos que careciam de reforma e de reapropriação. Mas também aqui se encontra certa analogia com o raciocínio cristão em relação ao judaísmo. Seja como for, o processo pelo qual a eclesiologia de Lutero se desenvolveu exemplifica o princípio da funcionalidade: ofícios e estruturas não são fins em si mesmos, mas funcionam para atender a exigências religiosas. Estruturas ou instituições sempre se relacionam com a mediação da palavra e com os efeitos espirituais do encontro com a graça.[103]

Uma eclesiologia significativamente diferente

A eclesiologia de Lutero representa uma reforma da igreja cristã herdada do período que chegou até sua época. Seria de esperar que, em certos aspectos, a eclesiologia de Lutero corresse paralelamente com a da Igreja Romana e, em outros, seguisse em direção diferente. Poder-se-ia apontar o tradicionalismo de Lutero, chamando a atenção para o que

---

[102] Escrevendo acerca da verdadeira igreja, ele disse: "Demonstramos, portanto, que somos a igreja verdadeira, antiga, um corpo e uma comunhão de santos com a igreja cristã santa, universal". Hanswurst, LW 41, p. 199.

[103] Jaroslav Pelikan. *Spirit Versus Structure: Luther and the Institutions of the Church*. New York, Harper & Row, 1968, pp. 8-12.

ele preservou da igreja medieval. Mas é igualmente importante assinalar que a eclesiologia de Lutero difere significativamente daquilo que se achava estabelecido. Diversos aspectos básicos demonstram que ela era uma alternativa genuína à Igreja Romana. Em primeiro lugar, o enfoque congregacional significa que a comunidade local constitui o ponto de referência organizacional primário da igreja. A palavra "igreja" não faz referência à igreja universal institucionalizada.[104] Em segundo lugar, o sistema sacramental, com a eucaristia ou a missa situada no centro, mas com sacramentos que alimentavam a totalidade da vida e se disseminavam em outras formas tangíveis de devoção, criava espaço para outro centro, a Palavra, e a pregação da palavra da Escritura. Em terceiro lugar, a estrutura clerical da liderança, fundada na ordenação absoluta como *status* permanente e ontologicamente constituído de clérigos que formam uma classe distinta do laicato, é condicionada e mantida em tensão com o sacerdócio de todos fiéis. Por último, instituição e estrutura, ofício e prática estabelecida são deslegitimados como tendo valor religioso em si mesmos: eles são julgados com base em sua função de mediar a graça de Deus por intermédio de Cristo. Esses movimentos, de par com suas ramificações, resultam em uma nova eclesiologia.

Cameron descreve essa mudança como deslocamento de uma hierarquia formada por sacerdotes sacrificais para várias ordens de ministros pregadores. Ele descreve o *terminus a quo* nos marcos do sacerdócio que surgiu da reforma gregoriana: "O sacerdócio foi instituído à margem e acima dos demais cristãos, pelo 'caráter indelével' da ordenação sacramental, seus privilégios legais, celibato ritual, vestimenta clerical e tonsura, e sobretudo pelo ritual sacrifical e miraculoso da missa".[105] Essa estrutura sacerdotal do clero foi definida teológica, sociológica e culturalmente, e constituía um sistema profundamente inerente à vida eclesial. O sacerdócio luterano de todos os fiéis constituía uma estrutura

---

[104] Ao mesmo tempo, a palavra "igreja" pode indicar a totalidade do movimento cristão precisamente na distinção da comunidade local. Esse é o significado da tensão existente no ministério entre delegação pela comunidade local e ofício instituído por Cristo para toda a igreja.

[105] Cameron, *European Reformation*, p. 148.

eclesial alternativa e, portanto, uma nova concepção prática da igreja. Em um nível, o ministro sacerdotal era um membro da comunidade como qualquer outro, todos os quais eram sacerdotes. Em outro nível, o do ofício, a autoridade do ministro lhe era mediada por um chamado de Deus a um ofício ministerial divinamente instituído, mas isso também passa pela mediação da comunidade. O ministro não é chamado a um estado ou condição de vida, mas a um ofício de pregação e ministério. A extensão da mudança ou diferença entre os sistemas é grande: de um sistema universal de governo (papa, cardeais, arcebispos e metropolitas, bispos) para organizações eclesiais em cidades e regiões; do sacerdote que era instituído à parte a um quadro de ministros idênticos a todos os outros, mas julgados com base em sua capacidade de ministrar; de toda uma rede de relações sociais envolvendo terra, propriedade e vínculos legais a uma tarefa mais simplificada, porém exigente, de ministrar: pregar o evangelho, administrar os sacramentos e zelar pelos membros da comunidade. A concepção e a prática de ministério haviam se modificado de maneira bastante radical.[106]

Falta de uma profunda consciência histórica em todos os lados

Wilhelm Pauck recorda-nos algumas das ironias em ambos os lados da polêmica entre a Igreja Romana e os evangélicos luteranos. No tocante a Lutero, ele indica que, a seu próprio ver, Lutero não foi inovador. Ele estava certo de que o que estabelecera tinha continuidade com a antiga tradição da igreja. A Igreja Romana era a inovação que se desenvolvera através da história por uma série de decisões humanas. A ironia é que, apesar dessas convicções, "de fato [...] as igrejas protestantes, formadas sob a influência direta ou indireta da Reforma de Lutero, eram novas criações históricas, da mesma maneira como fora a própria igreja de Lutero".[107] Tem-se aqui outro exemplo do passado ou da tradição introduzido em

---

[106] Ibid., pp. 148-151.
[107] Pauck, *Heritage*, p. 58.

novas circunstâncias com resultados revolucionários. No tangente à Igreja Romana, Pauck afirma que se pensou que Lutero fora o inovador, que representara a tradição antiga, e que Lutero rompera a tradição e separara da igreja. Mas a ironia aqui é que essa avaliação também é destituída de consciência histórica. A Igreja Romana não via a si mesma como uma criação da história e um produto de decisões humanas, mas, a exemplo do que era no século XVI, como instituição erigida por lei divina. Dessa forma, só no período pós-Iluminismo podemos perceber a natureza intrinsecamente histórica da existência humana e apreender criticamente a tensão entre o velho e o novo em relação à contínua mudança histórica. Qualquer que seja a ordem eclesial prevalecente em uma dada época, ela é produto de decisões históricas humanas.[108]

Princípios para uma eclesiologia histórica

Algo novo na igreja ocidental ocorreu com Lutero. No primeiro volume deste trabalho, foram extraídos princípios para uma eclesiologia historicamente consciente a partir do desenvolvimento da única igreja que possuía uma eclesiologia compartilhada ou comum, pelo menos em alguma medida em um dado período. É verdade que, malgrado os esforços, as igrejas do Oriente e do Ocidente não conseguiram a comunhão; suas diferenças eram territoriais, sociais, culturais e teológicas. Não obstante, no contexto do pluralismo de igrejas e eclesiologias que se abriu na Europa do século XVI, essas diferenças parecem menos radicais. A eclesiologia de Lutero propõe uma alternativa à eclesiologia da Igreja Romana no começo do século XVI. Essa seção conclusiva inspira-se na eclesiologia de Lutero e formula princípios para uma eclesiologia enquanto tal, princípios que são significativos não apenas para uma comunhão luterana, mas também para a universalidade da igreja. Por causa da diferença da eclesiologia de Lutero em relação à da Igreja Romana, e por causa do polêmico contexto em que ela se desenvolveu, tais princípios frequentemente se afigurarão

---
[108] Ibid., pp. 58-59.

dialéticos. Essa é a dinâmica da dimensão construtiva da eclesiologia comparativa.

Sobre a necessidade e a estrutura da Reforma. A constante reforma da igreja é necessária; a expressão *ecclesia semper reformanda* é um clichê hoje em dia; poucos não têm consciência dela. A igreja como um todo, na Baixa Idade Média, também sabia que a igreja àquela época necessitava de reforma. Mas essa reforma requer liderança, condições adequadas, estratégia diplomática etc., fatores esses que não se encontravam disponíveis, a despeito da demanda. Quando a liderança da igreja posterga uma reforma gradual, as questões tendem a represar-se como água antes do rompimento das comportas.

Pode haver consenso em torno da necessidade de uma reforma periódica, se não constante; existe menos acordo em relação ao método a ser utilizado. De fato, não existe um único método: a reforma gregoriana procedeu "a partir de cima", ao passo que o movimento luterano surgiu "de baixo", representado por acadêmicos, baixo clero e leigos influentes. Não obstante, no programa de Lutero, está contida uma estrutura, já aludida aqui, que oferece possibilidades. Não se faz referência à lógica do escândalo, pois esse é um aspecto mais descritivo, e sim ao uso que Lutero faz da Escritura e de uma experiência e doutrina cristãs fundacionais como alavancagem para a Reforma. O primeiro volume deste trabalho explicitou em que sentido a Escritura funciona como a constituição da comunidade cristã. O cânon provê a formulação clássica, normativa, da fé original, que todas as comunidades possuem em comum, e sobre a qual a reflexão cristã se volta à medida que avança na história. Mas também se faz necessário um princípio de interpretação que defina ou se acoste ao núcleo da fé cristã. Para Lutero, essa era a doutrina da redenção e da graça. É mister alguma doutrina ou complexo de doutrinas dessa natureza para que se possam superar as concreções históricas, os fatores que obscurecem ou bloqueiam o poder do evangelho. Nenhuma organização complexa pode conferir a todos os seus componentes o mesmo *status* absoluto. Reforma exige uma *reductio ad simplicitatem*, que não é reducionismo, e sim o resgate de um ínsito "núcleo da matéria", a verdade ou verdades fundamentais esquecidas, que por comparação atribuem a elementos coligidos ao longo do processo seu justo *status*.

Sobre a necessidade de pluralismo e de divisão. A eclesiologia de Lutero difere significativamente da eclesiologia da Igreja Romana. As igrejas evangélicas luteranas também eram diferentes.[109] De nosso ponto de vista hodierno, profundamente condicionado pela consciência da historicidade humana, pode-se perceber que esse pluralismo era então inevitável, da mesma forma como o pluralismo define a igreja ocidental hoje em dia. Além do mais, o pluralismo conduz inevitavelmente à divisão. Muito embora ninguém, no século XVI, visse o pluralismo ou a divisão como necessidade, as condições para seu surgimento estavam sendo abertamente preparadas no decorrer de toda a Baixa Idade Média, em termos geopolíticos, políticos, culturais e religiosos. Forças históricas e políticas, praticamente falando, tornaram necessária a deflagração da Reforma, se não por intermédio de Lutero, então por meio de outro personagem. Evidentemente, não se tratava de uma necessidade metafísica. Consistia antes no imperativo histórico e social de que uma instituição jurisdicional complexa e centralizada, compreendendo toda a Europa Ocidental, fosse flexível e diferenciada, especialmente na periferia. Na medida em que não o era, o desenvolvimento do pluralismo no sentido da divisão a que conduziu o movimento de reforma tornou-se inevitável. As observações de Pauck a que nos referimos há pouco pretendem demonstrar que o que era inevitável no século XVI não o é absolutamente hoje, porque pluralismo não significa necessariamente divisão.

Ressurgimento de um princípio conciliarista. A concepção que Lutero tinha da igreja utilizava espontaneamente uma distinção que Ockam havia enfatizado, distinção que se tornou comum na teoria conciliarista e que recebeu sua mais clara formulação por parte de Dietrich de Niem.[110] Na terminologia de Dietrich, a distinção fazia discriminação entre igreja

---

[109] Sugeri que as igrejas que adotaram a reforma provavelmente não pareciam de todo diferentes daquelas que não o fizeram. Mas a questão permanece de pé: diferentes autocompreensões tornaram práticas que pareciam diferentes realmente diferentes.

[110] Dietrich de Niem foi um teólogo conciliarista romano que escreveu bem antes do Concílio de Constança. A distinção é discutida no Capítulo 6, sobre o conciliarismo, do volume 1 deste trabalho.

universal e igreja apostólica. A igreja universal era a totalidade do movimento dos cristãos unidos na fé em Deus por intermédio de Jesus Cristo; a igreja apostólica, por sua vez, era a estrutura institucional que mantinha a coesão de todos os fiéis enquanto organização. Era a hierarquia, efetivamente. Essa distinção originara-se na tradição canônica anterior à teoria conciliarista formal e funcionara geralmente como axiomática no pensamento conciliarista. Uma vez estabelecida essa distinção e demonstrada a relação entre os dois aspectos da igreja, ela inevitavelmente leva a relativizar a estrutura organizacional da igreja a serviço da comunidade de pessoas unidas na fé. É exatamente assim que funciona na eclesiologia de Lutero. Ela também exemplifica como, eventualmente, um princípio sociológico e uma intuição teológica podem coalescer à guisa de unidade.

Funcionalidade do ofício. A razão histórica de Lutero, enquanto distinta de uma razão metafísica aristotélica,[111] recuperou a funcionalidade do ofício e do ministério da igreja. No recurso que fazia ao Novo Testamento, à formação da igreja primitiva e ao sacerdócio de todos os fiéis, Lutero mostrou como os ministérios evoluíram a partir das comunidades enquanto instrumentos de difusão da palavra. Ao fazê-lo, ele dotou o princípio da funcionalidade do ofício da igreja de profundidade teológica incomum. Explorou a analogia entre a função do ministério da igreja nas congregações evangélicas com a formação do ministério da igreja na igreja do período neotestamentário. Assegurou a coesão do ofício ministerial tal como historicamente instituído por Cristo, tratando-se, portanto, de um ofício divinamente estabelecido que extrapola o âmbito das congregações individualmente consideradas. Conferiu base teológica à funcionalidade do ofício ministerial na mediação da Palavra de Deus, Cristo e a Escritura, como fator constituinte da igreja. Em outras palavras, a ideia de que o ministério seja "meramente" funcional na eclesiologia de Lutero é impossível. Ele equilibrou ofício e funcionalidade objetivos.

---

[111] Brian A. Gerrish. *Grace and Reason*. Oxford, Clarendon Press, 1962, pp. 136-137, 168-170. A tese de Gerrish é que a hostilidade de Lutero contra Aristóteles e a teologia escolástica não deve ser interpretada como fé evangélica contraposta à razão. Lutero adotou outra forma de razão, a do historiador e exegeta bíblico, para subverter qualquer identificação da especulação racional, metafísica, com a revelação.

Lutero revela o caráter efetivo, formativo e constitutivo do ministério para a igreja: a igreja existe à medida que o ministério funciona na mediação da palavra de Deus.

Mudança na concepção da natureza da igreja. O que foi "a santa Igreja Católica" na qual os reformadores conseguiram acreditar e que a Igreja Romana institucional unificada posterior já não podia definir? A designação ou definição mais amplamente aceita da igreja era a comunidade dos fiéis. Por um lado, não se tratava de doutrina nova, porque tinha consistência de Agostinho em diante até a Idade Média, muito embora pudesse ser ligeiramente matizada. Por outro lado, no entanto, quando formulada em reação contra a Igreja Católica Romana institucional, hierarquicamente ordenada, essa distinção tinha um novo significado. Em contraste com a unidade institucional, a igreja visível universal tornou-se "o agregado das igrejas regionais, o corpo 'essencial' em cujo seio Cristo foi pregado".[112] Não obstante, esse pluralismo de igrejas suscitava a questão da autenticidade, a que se respondeu mediante uma série de características ou notas, quer pelas quatro desenvolvidas por Agostinho contra os donatistas, quer pelos dois critérios de Lutero em um ponto, pregação da palavra e autêntica administração dos sacramentos, ou um conjunto mais amplo de características que distinguiam, para a satisfação de diferentes grupos, que a verdadeira igreja realmente existira e fora fundada em sua própria comunidade. A situação consistia, portanto, não apenas em um pluralismo de igrejas, mas em um pluralismo de concepções do que era uma autêntica igreja. A realidade havia mudado, e a eclesiologia estava em seu encalço.[113]

Observações sobre a igreja e o mundo. A relação entre a igreja e o mundo transmutar-se-á em uma situação de pluralismo entre igrejas. No decorrer de sua história até o século XVI, a igreja assumiu diferentes posições em relação ao mundo exterior a suas fronteiras e ao mundo interior a seus limites, definido como esfera secular. Diferentes grupos no seio da

---

[112] Cameron, *European Reformation*, p. 147.
[113] Ibid., pp. 145-148.

igreja também se relacionavam diferentemente com a sociedade. À luz dessa história, é de esperar que diferentes igrejas assumirão, características, diferentes relações com o mundo em diferentes épocas e em diferentes lugares. Por exemplo, a própria mudança para uma organização congregacional e regional significa que uma igreja não terá a ampla base de poder institucional para influenciar a sociedade em um nível macro que tivera a Igreja Romana na Idade Média. Uma consideração histórica cabal da igreja revelará que uma dinâmica relação particular e peculiar com o mundo é um fator importante para definir a identidade eclesial.

Para concluir, Lutero liderou o movimento de Reforma do século XVI e forjou uma coerente eclesiologia cujas linhas gerais foram adotadas pela comunhão luterana de igrejas. Mas o ímpeto da Reforma e as direções que o movimento tomaria dificilmente foram exauridos por seus esforços. Passamos agora à reforma inspirada e conduzida por João Calvino.

2. A ECLESIOLOGIA DE CALVINO

Da mesma maneira como Tomás de Aquino era agostiniano em sua teologia porque todos os teólogos ocidentais no alvorecer do século XIII o eram, ainda que com diferença magnificente, assim também João Calvino era luterano, de sorte que os temas luteranos de base ressoam em sua teologia. Todavia, em áreas em que predomina a diferença, a eclesiologia deve situar-se entre as primeiras. Este capítulo tem por objetivo representar a eclesiologia de Calvino, ainda que não em deliberado contraponto com Lutero. Uma dessas diferenças, contudo, consiste no explícito desenvolvimento que Calvino faz de uma eclesiologia integral, em que a integridade aponta para uma combinação de razão teológica e organização social. "Calvino conseguiu forjar uma aliança entre pensamento religioso e ação, que fez do calvinismo uma maravilha de sua época".[1] Isso significa, contudo, que a eclesiologia funcionou como meio ou agente para o poder das ideias de Calvino. Nela se encontra um delicado equilíbrio de autocompreensão, fundamento teológico, organização eclesial no ministério e na estruturação, catecismo, pregação, culto, disciplina, sacramento, educação, espiritualidade, relação entre cidade e Estado e visão europeia.

Este capítulo segue o mesmo padrão estrutural dos outros. A primeira parte esboça a maneira como a eclesiologia de Calvino surgiu a partir de sua situação de vida e se desenvolveu historicamente. Segue-se uma apresentação analítica da eclesiologia de Calvino, que utiliza um padrão sociológico-teológico diferente da própria exposição de Calvino. Isso possibilita uma nova perspectiva com o mínimo de distorção. A terceira parte avança algumas reflexões interpretativas que podem ajudar a situar

---

[1] Alister E. McGrath. *A Life of John Calvin: A Study in the Shaping of Western Culture.* Oxford, Basil Blackwell, 1990, p. xii. McGrath endossa a concepção de Troeltsch de que só em dois pontos o cristianismo decisivamente transformou a civilização humana: "Durante a Idade Média, por meio da síntese escolástica de Tomás de Aquino, e, no começo do período moderno, por meio do calvinismo". Ibid.

Calvino em um enquadramento mais amplo. A quarta parte procura colher, a partir dos desenvolvimentos da igreja semeados por Calvino, alguns princípios que serão valiosos na compreensão da totalidade da igreja em uma dada situação.

O desenvolvimento da eclesiologia de Calvino

Calvino viveu uma vida relativamente curta de 55 anos e realizou *multum in brevi*. Experienciou uma série de situações cruciais em sua existência, mas estes três períodos avaliam diferentes fases de sua trajetória: os primeiros anos de preparação que levaram à sua conversão e à elaboração das *Institutas*, seus primeiros esforços baldados de reforma em Genebra que conduziram a uma breve estada em Estrasburgo e seu impulso definitivo para o sucesso em Genebra.

Primeiros anos e conversão

João Calvino nasceu Jehan Cauvin no dia 10 de julho de 1509 em Noyon, pequena cidade catedral que tinha dois monastérios e quatro paróquias urbanas, localizada aproximadamente a 60 milhas ao norte e um pouco a leste de Paris. Seu pai, Gérard, trabalhava na catedral, tornando conhecidos os meandros da igreja à família: seu irmão mais velho seria ordenado sacerdote. Quanto a João, recebeu subvenções da igreja que permitiram a seu pai enviá-lo à Universidade de Paris, em 1523, aos 14 anos de idade, ou possivelmente mais cedo, com a intenção de que finalmente estudasse teologia e fizesse carreira na igreja.[2]

---

[2] Calvino não disponibilizou muita informação a seu respeito ou sobre os primeiros anos de sua vida, e boa parte da biografia, especialmente no que concerne a esse período inicial, é construída a partir de várias inferências. Por exemplo, são incertas as datas do período inicial de estudo de Calvino em Paris. McGrath é taxativa: "O fato, contudo, é que simplesmente não sabemos com nenhum grau de certeza quando Calvino foi para Paris". (Ibid, p. 22). Utilizei as seguintes fontes para a exposição que se segue: William J. Bouwsma. *John Calvin: A Sixteenth-Century Portrait*. New York/Oxford University Press, 1988; Bernard Cottret. *Calvin: A Biography*. Grand Rapids, Eerdmans, Edinburgh, T&T Clark, 2000; William G. Naphy. *Calvin and the Consolation of the Genevan Reformation*. New York/Manchester, Manchester University Press, 1994; McGrath. *A Life of John Calvin*; T.H.L., Parker. *John*

Paris desempenharia papel significativo na formação do jovem Calvino. Como estudante do Colégio de Montaigu, Calvino foi submetido a uma tradicional educação nas artes, aperfeiçoou seu latim e internalizou hábitos acadêmicos. Talvez mais importante para o desenvolvimento de Calvino do que qualquer mestre ou matéria tenha sido a fermentação intelectual na cidade e na universidade durante esse período. A tradicional filosofia nominalista e a teologia estavam sendo postas em xeque pelos humanistas; métodos históricos de pesquisa estavam sendo aplicados às Escrituras; o movimento evangélico estava no ar. Como rapaz em Paris, Calvino não tinha outro destino senão tornar-se estudante de teologia, mas não há evidência de que ele alguma vez tenha estudado a disciplina. Paris, contudo, era um dos redemoinhos da Europa para essas correntes intelectuais. Tendo concluído seus estudos no campo das artes, o pai de Calvino decidiu que o jovem deveria estudar direito, e por volta de 1528 ele se deslocou para Orleans com esse objetivo. O motivo, segundo Calvino, eram as possibilidades de carreira e de recompensa financeira.[3]

De maneira geral, durante o período de 1528 a 1531, Calvino esteve envolvido com o estudo do direito, primeiro em Orleans e depois, durante um ano, em Bourges, tendo retornado em seguida para Orleans. "No início de 1531, Calvino graduou-se como *licencié ès lois* da Universidade de Orleans".[4] Tinha 22 anos de idade. Outras coisas, no entanto, ocorreram durante esse período de estudos jurídicos. Calvino fora atraído pelo projeto dos humanistas e aprendera grego. "O estudo do direito levara Calvino ao amor às letras. Presumivelmente, na tentativa de granjear reputação como sábio humanista, dedicou dois anos de sua vida a escrever um comentário sobre *De Clementia*, de Sêneca, que publicou por conta

---

Calvin: A Biography. Philadelphia, Westminster Press, 1975; Williston Walker. *John Calvin: The Organizer of Reformed Protestantism, 1509-1564*. New York, Schocken Books, 1969, orig. 1906; François Wendel. *Calvin: The Origins and Development of His Religious Thought*. New York, Harper & Row, 1963.

[3] Mas, com efeito, o pai de Calvino esteve envolvido em um negócio ou transação financeira com a igreja em Noyon, nessa época, que ensejou sua excomunhão, fato que alimentou a especulação acerca das motivações tanto de Calvino como de seu pai durante esse período.

[4] McGrath, *A Life of Calvin*, p. 60.

própria em abril de 1532."⁵ Como reportado, o estudo do direito e das letras dotou Calvino de algumas das ferramentas essenciais para sua futura atividade: ele desenvolveu uma compreensão da sociedade e da instituição, bem como um método histórico-crítico de abordagem de textos antigos.⁶

Entre a primavera de 1532 e o inverno de 1534, Calvino enfrentou duas momentosas mudanças: converteu-se ao movimento evangélico e adquiriu a perícia teológica de que dá mostras nas *Institutas* (1536). Calvino pode ter passado o ano acadêmico de 1532-1533 em Orleans, em uma ocupação na universidade que lhe deixou tempo para estudar. No outono de 1533, estava em Paris quando, no dia 31 de outubro, Nicholas Cop, o recém-eleito reitor da Universidade de Paris, proferiu uma aula magna que pareceu tão embebida de ideais evangélicos que ele teve de abandonar a cidade. Claramente simpático ao movimento, Calvino também teve de buscar refúgio junto a um amigo que tinha uma grande biblioteca.⁷ Ali, ele se ocupou de questões teológicas e do movimento evangélico.

Mas e quanto à conversão? Quando ocorreu? De que maneira se deu? Que razões levaram Calvino a abraçar os ideais da Reforma? Essas questões penetram profundamente nas raízes da teologia de Calvino como um todo, e muito esforço tem sido envidado para responder a tais indagações. Não obstante, não sabemos muito mais do que aquilo que o próprio Calvino revela em dois textos fundamentais. Esses textos lançam considerável luz sobre a estrutura de sua conversão, tanto quanto sobre a época, o lugar e as circunstâncias concretas de sua ocorrência. O primeiro descreve um "tipo" de conversão que, segundo os intérpretes, não pode estar longe da própria experiência de Calvino. A passagem focaliza uma pessoa nascida e formada na Igreja Romana. Gradativamente, porém, a forma de conversão e os estilos de vida cristã na igreja não conseguem sustentar uma consciência tranquila:

---

⁵ Ibid.
⁶ Ver Wendel, *Calvin*, pp. 27-37, para uma discussão do significado do humanismo de Calvino, tal como refletido em seu comentário acerca da obra de Sêneca.
⁷ Louis du Tillet, cônego de Angoulême e reitor de Claix.

> Quanto mais profundamente me examinava, mais claro se tornava o ferrão que me aguilhoava a consciência; assim, o único refrigério que restava era iludir-me pelo esquecimento. Entretanto, como nada melhor se me oferecia, estava seguindo o curso que iniciara quando uma forma realmente diferente de doutrina se desencadeou, não aquela que nos apartou da profissão cristã, mas a que a levou de volta a sua fonte e, por assim dizer, decantou os resíduos, restaurou-lhe a pureza original. Chocado com a novidade, prestei-lhe atenção relutante, e a princípio, confesso, resisti obstinada e fervorosamente [...]. Uma coisa em particular me tornou avesso àqueles novos doutrinadores, ou seja, a reverência para com a igreja. Todavia, quando abri os ouvidos e me deixei instruir, percebi que esse temor de detratar a majestade da igreja era infundado. Pois eles me recordaram quão grande é a diferença entre cisma da igreja e exame para corrigir as faltas pelas quais a própria igreja é contaminada.[8]

Em seguida, ele se sentiu escandalizado pela vida que levara até então, condenou-a e humildemente suplicou o perdão de Deus.

No segundo texto, autenticamente autobiográfico e escrito em 1557, Calvino descreve-se nos seguintes termos:

> Em primeiro lugar, como eu estava obstinadamente devotado demais às superstições do papismo para ser facilmente puxado de tão fundo abismo de lama, Deus, por repentina conversão, conquistou e conduziu meu espírito à docilidade, o qual era mais empedernido nessas questões do que seria de esperar de alguém em meus primeiros anos de vida. Assim, após tomar conhecimento da verdadeira fé e de lhe ter tomado o gosto, de pronto fui tomado de tão ardente desejo de progredir nessa seara que, conquanto não tenha abandonado outros estudos nesse ínterim, neles prossegui com zelo mais abrandado. Fiquei estupefato quando, antes mesmo do fim do ano, todos aqueles que desejavam conhecer a verdadeira fé acorriam a mim e queriam aprender comigo, eu que ainda não era mais que simples noviço e aprendiz![9]

---

[8] João Calvino. "Reply by John Calvin to the Letter by Cardinal Sadolet to the Senate and People of Geneva". *Calvin: Theological Treatises*. London, SCM Press, 1954, pp. 250-253, citação às pp. 251-252. Citado doravante como Reply, por número de página dessa edição.

[9] João Calvino. *Commentaries*, IV, "The Author's Preface", *Commentary on the Book of Psalms*. Grand Rapids, Baker Book House, 1981, pp. xl-xli.

Mas qual foi "o ano" em que isso ocorreu? Uma boa suposição talvez seja 1533-1534, porque no começo de maio de 1534 ele restituiu seus benefícios aos cônegos da catedral de Noyon.[10]

Não se sabe ao certo onde Calvino residiu durante os outros meses daquele ano, mas, após demonstrações evangélicas em diversas cidades francesas, no mês de outubro, que acarretaram grave retrocesso, Calvino decidiu deixar a França. Estabeleceu-se em Basle, no começo de 1535. Em agosto daquele ano, subscreveu carta dedicatória ao rei da França introduzindo suas *Institutas da religião cristã*, que foram publicadas no ano seguinte, no mês de março, quando Calvino ainda não tinha 27 anos de idade.

As *Institutas* (1536), trabalho teológico de envergadura, imediatamente consagraram Calvino como importante teólogo evangélico.[11] A obra contém a primeira formulação calvinista expressa sobre a natureza da igreja. Calvino abeberou-se em fontes diversas: a Escritura, os padres, especialmente Agostinho, teólogos evangélicos contemporâneos como Bucer, Zwínglio e Melanchthon, mas sobretudo Lutero. A estrutura dessa primeira versão das *Institutas* seguiu, em geral, o esboço do Pequeno Catecismo de Lutero.[12] Na medida em que boa parte das *Institutas* (1536) é transposta para a edição de 1559, que será mais detidamente examinada na parte seguinte deste capítulo, algumas notas sobre seu pensamento eclesiológico primitivo ajudarão a compreender a evolução de Calvino.

Em sua carta introdutória a Francisco I, Calvino explicou o propósito das *Institutas* de sumarizar, especialmente para os franceses, "certos

---

[10] Wendel, *Calvin*, p. 42.

[11] O termo *institutio*, instituição ou instituto, está associado à educação e ao ensino. *Institutas of the Christian Religion* era, portanto, um livro-texto da religião cristã ou da educação religiosa cristã. Cottret, *Calvino*, pp. 112-113; Bouwsma, *John Calvin*, p. 17.

[12] Os seis capítulos tratados: (1) a lei e os mandamentos, (2) a fé nos termos do credo, (3) oração com uma exposição da Oração do Senhor, (4) os sacramentos, (5) os cinco falsos sacramentos da Igreja romana, repercutindo *O cativeiro babilônico*, de Lutero, e (6) liberdade cristã, poder eclesiástico e administração política, três aspectos da ordem pública em uma cidade ou Estado cristão. João Calvino. *Institutes of the Christian Religion (1536)*, ed. H. H. Meeter Center for Calvin Studies. Grand Rapids, Eerdmans, 1986. Citado doravante como *Institutas* (1536) por capítulo e parágrafo.

rudimentos" da verdadeira fé e "a natureza da doutrina" contida no movimento evangélico. Também reduziu a dois os erros fundamentais da Igreja Romana concernentes à natureza da igreja: o entendimento de que a forma da verdadeira igreja "é sempre aparente e observável" e o de que essa forma visível é identificada com "a sé da Igreja Romana e sua hierarquia". Contrastivamente, os evangélicos sustentavam que "a igreja pode existir sem nenhuma aparência visível, e que sua aparência não está contida naquela magnificência exterior". A verdadeira igreja aparece antes na "pura pregação da Palavra de Deus e na legítima administração dos sacramentos".[13]

As reflexões mais construtivas de Calvino acerca da igreja se encontram no capítulo II da obra, em que ele trata da quarta parte do credo (II,21-34). Ali se percebe que, desde 1536, antes de ter contato com Genebra, Calvino havia formulado algumas noções basilares que se tornaram típicas de sua eclesiologia. A natureza da igreja, católica e santa, é de molde a incluir todos os eleitos, anjos e humanos, mortos ou vivos (II.21). Calvino estabelece estreito elo entre filiação à igreja e eleição e salvação (II.23-24,31). Defende o poder de excomunhão para salvaguardar a santidade da igreja em sua fé e sacramento (II.26-28). Desenvolve as ideias de igreja visível e de igreja invisível e a da comunhão dos santos (II,29-30). Reserva um capítulo específico à teologia sacramental e aos sacramentos do batismo e da Ceia do Senhor. Curiosamente, faz algumas recomendações pormenorizadas com vistas à ordem do culto, especialmente no que tange à Ceia do Senhor (IV.523).

O capítulo VI, intitulado "Liberdade cristã, poder eclesiástico, administração política", discorre sobre a vida cristã, vivida em liberdade perante Deus e perante o próximo, mas dentro do contexto das duas esferas de governo ou de poder na existência humana: a interna e a externa, a espiritual e a temporal. "A primeira, que podemos chamar de reino espiritual, e a segunda, de reino político" (VI.13). Calvino desenvolve delicados freios e contrapesos entre liberdade cristã e responsabilidade

---

[13] Calvino, "Epistle Dedicatory to Francis, King of the French", *Institutes* (1536), pp. 1-6.

civil. Relativiza o poder da igreja enquanto instrumento da autoridade de Deus, ao mesmo tempo em que ressalta a necessidade da ordem eclesial. E desenvolve uma teoria do governo civil que se mantém bastante coerente nas edições ulteriores das *Institutas*.

Ao fim e ao cabo, com a primeira publicação das *Institutas*, em 1536, Calvino muito viajara e realizara desde que deixara Paris como adolescente para estudar direito oito anos antes. E ainda tivera de empreender a obra de sua vida em Genebra, pela qual é lembrado.

Genebra e os primeiros esforços em prol da organização da igreja

A segunda fase da carreira de Calvino, de 1536 a 1541, contribuiu significativamente para a formação de sua eclesiologia. Esses anos incluíram uma residência inicial em Genebra, durante a qual ele trabalhou com Guilherme Farel na organização de uma igreja que só recentemente decidira abraçar a Reforma. Mas seu primeiro trabalho ali resultou em fracasso, e de 1538 a 1541 Calvino serviu como pastor de uma igreja francesa em Estrasburgo. Deve-se iniciar essa fase de sua vida com uma introdução a Genebra.

Genebra no começo do século XVI. Calvino organizou a igreja em Genebra, mas Genebra ajudou a moldar a eclesiologia que surgiu naquela igreja e com aquela igreja. Três elementos da cidade em particular tiveram influência direta sobre a igreja: sua recente história política, sua estrutura governamental e as diversas facções concorrentes na cidade.

Genebra era uma cidade de aproximadamente dez mil habitantes, com uma economia comercial, governada temporal e espiritualmente por um príncipe-bispo até os anos 1530.[14] A cidade estava ligada à Suíça nas cidades ao norte e a leste, e à França a oeste. Desde meados do século XV, o ducado de Saboia praticamente designava e controlava o bispo; os genebrinos, porém, cada vez mais olhavam para a Suíça como contrapeso

---

[14] William E. Monter. *Calvin's Geneva*. Huntington, New York, Robert E. Krieger, 1975, p. 2, estima a população de Genebra em 10.300 habitantes em 1537.

aos savoianos. Nos anos 1520, a Reforma se alastrou para Zurique e Berna, mas a principal fonte de energia em Genebra, durante os anos 1520 e começo dos 1530, decorreu de um desejo de autonomia política, de sorte que, em vários aspectos, a aceitação do movimento evangélico funcionou como meio de conquistar alavancagem política para a independência, ou pelo menos sempre de par com esse objetivo. O conselho reitor da cidade paulatinamente assumiu maior autoridade governamental do bispo e cônegos da igreja no transcurso dos anos 1520. Em 1535, sob a influência de Farel, os magistrados da cidade suspenderam a celebração da missa. Em maio de 1536, a cidade finalmente se decidiu pela Reforma, e a iniciativa consolidou sua independência em relação ao bispo e ao católico Savoia, muito embora os tenha deixado vulneráveis à influência de Berna. Quanto a Calvino e à organização de uma igreja reformada, essa história recente significa que os magistrados da cidade que havia pouco se tornara independente estavam resolvidos a "não substituir a tirania de um reformador pela de um bispo católico".[15] A igreja só poderia se erigir mediante um processo de simbiose com a cidade; concretamente, isso significava barganhar com os magistrados da cidade.

O governo da cidade de Genebra evoluiu ao longo das décadas e gradualmente adquiriu mais autoridade até a cidade tornar-se uma república independente. Consistia em uma série de conselhos em cujo centro havia quatro executivos ou síndicos. Esses quatro eram os líderes do Pequeno Conselho, formado por vinte e cinco membros. O Pequeno Conselho era o principal órgão administrativo do governo e reunia-se na prefeitura da cidade três vezes por semana. Um Conselho de Sessenta, consultado pelo Pequeno Conselho em importantes questões, sobretudo no que dizia respeito às relações exteriores, desempenhava papel menor no governo. Outro importante órgão era o Conselho dos Duzentos, que se reunia uma vez por mês. Esse conselho deliberativo dispunha sobre matéria legislativa e também, uma vez por ano, elegia os membros do Pequeno Conselho.

---

[15] McGrath, *A Life of John Calvin*, p. 85. Como formula Wendel, "as autoridades civis não tinham nenhuma vontade de ver-se confrontadas por uma nova autoridade eclesiástica, que logo teria procurado tornar-se independente do poder político". Wendel, *Calvin*, pp. 52-53.

Por último, havia a Assembleia Geral ou colegiado de todos os cidadãos do sexo masculino de Genebra que se instalava duas vezes por ano ou em situação de crise. Essa instância elegia os quatro síndicos que tinham atribuição de governo.[16]

Logicamente, todo órgão de caráter social e político e todo governo abrigam uma gama de interesses: diferentes facções vivem em função de diferentes lealdades de grupo. Parte da cidade era mais leal à França ou aos saboianos, cuja linguagem era mais próxima dos genebrinos do que a francesa, enquanto outros grupos favoreciam alianças com a Suíça em Friburgo ou Berna. Alguns seriam católicos em suas simpatias, ao passo que outros, obviamente, saudavam a Reforma. Qualquer questão podia engendrar diferentes focos de interesses divergentes. Uma facção de genebrinos que apoiava a Reforma professava lealdade a Farel; outras queriam uma afiliação mais próxima à igreja de Berna. Muitos dos reformadores, incluindo Farel, Calvino e muitos dos ministros, não eram genebrinos. A organização da nova igreja evangélica reformada em Genebra, portanto, só podia ser negociada aos poucos: ela requeria paciente interação entre um governo recentemente autônomo da cidade, que sempre preservava algum poder sobre a igreja, e os poderes suasórios dos novos líderes da igreja. Isso tornou formidável o desafio de confrontar Calvino.

Os primeiros esforços de Calvino na liderança da igreja. A história de como Calvino foi arregimentado como organizador de uma igreja em Genebra rivaliza com a história da conversão de Agostinho. Depois que suas *Institutas* foram publicadas, em março de 1536, Calvino viajou a Ferrara para uma visita relativamente curta, e mais tarde, durante o verão, dirigiu-se a Paris para tratar de assuntos familiares. Em Paris, persuadiu seu irmão mais novo e sua irmã a acompanhá-lo a Estrasburgo. Todavia, por causa dos exércitos em guerra, teve de fazer um percurso mais longo, ao sul, que incluía um pernoite em Genebra. Farel, que liderava o movimento evangélico em Genebra desde 1532, soube da chegada de Calvino e, junto com outros irmãos, foi a seu encontro e o persuadiu a permanecer

---

[16] Essa descrição é baseada em Parker, *John Calvin*, pp. 55-56, e em Wendel, *Calvin*, p. 50.

em Genebra. Calvino relutou até que Farel, como Calvino relatou mais tarde, o deteve em Genebra, não tanto por aconselhamento e exortação e sim "por uma pavorosa imprecação, que eu senti como se do céu Deus tivesse posto suas mãos sobre mim e me agarrado [...]. [Farel] rogou que Deus amaldiçoasse meu recolhimento, e a tranquilidade dos estudos que eu buscava, se fosse embora e me recusasse a ajudar quando a necessidade se tornava mais premente. Essa imprecação me aterrorizou de tal maneira que desisti da jornada que havia empreendido".[17] Esse incidente induziu em Calvino a duradoura convicção de que fora enviado por Deus a Genebra e de que sua atividade ali era obra de Deus.

Dessa maneira, em agosto de 1536, Calvino deu início à sua carreira como organizador da igreja em Genebra. A cidade contratou-o para o cargo oficial de "Leitor da Sagrada Escritura para a igreja de Genebra",[18] ou seja, professor; mas ele logo assumiria também os cargos de pregador e de pastor, e ajudaria na tarefa de organização da igreja. A organização dessa igreja era bem precária: não havia mais que uma pregação regular na cidade quando da chegada de Calvino. Juntos, no entanto, Calvino e Farel levaram pouco tempo para fazer viger alguns documentos fundamentais necessários à modelação da identidade de uma igreja. No dia 10 de novembro de 1536, submeteram ao Pequeno Conselho uma "Confissão de Fé" cujo objetivo explícito era definir a nova igreja como evangélica e depurar aqueles elementos que não se haviam decidido pela Reforma. O documento propunha a existência de uma única igreja verdadeira, que subsiste onde quer que o evangelho seja "pregado com pureza e fidelidade" e os sacramentos "adequadamente ministrados". "Por conseguinte, as igrejas governadas pelas ordenanças do papa são mais sinagogas do demônio do que igrejas cristãs".[19]

---

[17] Calvino, "The Author's Preface", *Commentary on the Book of Psalms*, pp. xlii-xliii.
[18] Wendel, *Calvin*, p. 50; McGrath, *A Life of Calvin*, p. 96.
[19] "Confissão de Fé que todos os cidadãos e habitantes de Genebra e os súditos do país devem prometer manter e defender", *Calvin: Theological Treatises*, ed. J. K. S. Reid. London, SCM, 1954, par. 18, p. 31.

No início de 1537, a Assembleia Geral da cidade elegeu quatro síndicos que eram simpáticos a Farel, e em 16 de janeiro o colégio de ministros da igreja de Genebra apresentou ao Pequeno Conselho certos artigos de fé que serviriam como base estrutural da igreja. Presume-se que a redação desses artigos tenha sido feita por Calvino.[20] Eles não foram dispostos esquematicamente, e em conjunto continham uma série de diferentes estipulações. Com efeito, equivaliam a petições encaminhadas aos magistrados da cidade, considerando-se que nem os ministros nem Calvino tinham autoridade para impô-los. Assinalavam, porém, uma clara distinção para a igreja nos moldes em que estava surgindo no planejamento e na negociação de Calvino com a cidade. Algumas das principais estipulações eram as seguintes: (1) celebração mensal da Ceia do Senhor, estipulação que não foi acatada. (2) A disciplina da excomunhão, pois, "se em nós não há nenhum temor a Deus, há de haver essa ordenança em nossa Igreja" (Artigos, 51). (3) Os ministros peticionaram ao Pequeno Conselho que designasse pessoas que: "pudessem se dispersar e se distribuir por todos os bairros da cidade supervisionando a vida e o governo de cada um deles". Esse grupo devia se reportar aos ministros, o que poderia servir de orientação em graves questões envolvendo excomunhão (Artigos, 52). (4) Os ministros pediam que todos os membros da igreja de Genebra dessem testemunho da confissão de fé de 1536 como demonstração de sua lealdade para com a Reforma. O documento solicitava explicitamente aos magistrados que determinassem o procedimento (Artigos, 53). (5) Os artigos preconizavam a entoação dos salmos nas assembleias de adoração e pediam que fossem instituídos corais infantis para acompanhamento dos cânticos (Artigos, 51-52). (6) Os artigos prescreviam instrução para crianças nos fundamentos da fé e seu exame periódico pelos ministros (Artigos, 52). (7) Por fim, os *Artigos* solicitavam que os magistrados instituíssem comissão composta de ministros que elaborariam ordenanças

---

[20] João Calvino, "Articles concerning the Organization of the Church and of Worship at Geneva proposed by the Ministers at the Council", *Calvin: Theological Treatises*, pp. 48-55. Citado como Articles, por número de página dessa edição.

concernentes ao casamento envolvendo casos comuns para então julgar e decidir os vários casos que surgissem (Artigos, 54-55).

Durante a primeira parte do ano de 1537, Calvino redigiu um catecismo em francês, intitulado *Instrução na fé*, primordialmente voltado para a instrução de crianças, mas que em última análise se revelou muito difícil para elas.[21] Serviu, contudo, como outro pilar de arrimo para a formação da igreja. Os primeiros parágrafos definem uma visão cristã em termos de antropologia básica e de um esquema de redenção na medida em que tratam do conhecimento de Deus, da verdadeira religião, da existência humana, do livre-arbítrio e do pecado, bem como da restauração para a salvação e a vida. Essa parte é seguida por seções que têm paralelo com suas *Institutas*. A última seção, que trata dos poderes dos pastores da igreja e da magistratura civil, ressalta o caráter funcional do ofício ministerial: ele existe como mediação da Palavra e dos sacramentos, e seu poder e autoridade encontram respaldo na Palavra. Todavia, a exemplo de Lutero em seu comentário acerca do quarto mandamento, Calvino sublinha a autoridade dos ministros: "De não pouca importância é o fato de que o Senhor garantiu de uma vez por todas que, quando são recebidos, ele é recebido; da mesma forma, quando são rejeitados, ele é rejeitado. E, a fim de que seu ministério não seja contemptível, eles são imbuídos do notável mandamento de ligar e desligar" (Instrução, 30, p. 36).

Essas agressivas iniciativas de Calvino e de Farel esbarraram em resistência. "Os genebrinos não gostaram de ser obrigados a ouvir sermões, nem muito menos apreciaram a ameaça de excomunhão."[22] Muitos não se dispunham a subscrever a Confissão de Fé, e os magistrados não estavam muito ansiosos por tomar a iniciativa. "Em julho, eles rejeitaram o projeto disciplinar, reservando-se a supervisão da moral pública."[23] Levaria anos

---

[21] Calvino traduziu esse catecismo para o latim em 1538, de modo que se tornasse amplamente acessível na Europa e ajudasse a consolidar as várias igrejas do movimento da Reforma. John I. Hesselink. *Calvin's First Catechism: A Commentary*. Louisville, Westminster John Knox Press, 1997, contém uma tradução da versão latina. Citado no texto como Instrução, por parágrafo e página.
[22] McGrath, *A Life of Calvin*, p. 99.
[23] Wendel, *Calvino*, p. 52.

para que Calvino conquistasse para a igreja o direito de excomunhão. A eleição dos síndicos, no começo de 1538, refletiu o retrocesso: eles eram simpáticos aos métodos berneses de ordenamento da igreja. Na primavera daquele ano, os magistrados estatuíram que, em determinadas matérias de fato, a igreja de Genebra seguiria a igreja de Berna. Calvino reagiu contra o que considerou uma ingerência na autonomia da igreja. E os magistrados, por sua vez, responderam: "O Pequeno Conselho, os Duzentos e a Assembleia Geral reuniram-se consecutivamente e confirmaram solenemente a adoção das formalidades bernesas. Calvino, Farel e outro ministro foram destituídos de suas funções e receberam ordem de deixar a cidade dentro de três dias".[24]

Pastor de uma igreja francesa em Estrasburgo (1538-1541). Calvino pensou primeiramente em retornar à Basileia e à atividade acadêmica, mas por fim cedeu ao pedido de que se tornasse pastor de uma igreja de refugiados franceses em Estrasburgo. Chegou àquela cidade em setembro de 1538. A experiência de ser pastor de uma igreja de aproximadamente quatrocentos a quinhentos membros, onde pregava ou prelecionava todo dia, confirmou-o em uma vida de ministério que parecia ter sido suplantada em Genebra. Calvino realizou muita coisa em três anos.[25] Aprendeu a organizar uma comunidade paroquial, tanto a partir de outras igrejas em Estrasburgo como de uma maneira que respondia a suas preocupações com o canto dos salmos, a instrução catequética, a disciplina e a circunspecção daqueles que tomariam parte na Ceia do Senhor. Participou ainda de intercâmbios ecumênicos com outras igrejas e líderes do movimento de reforma. Por volta de 1541, havia adquirido considerável experiência prática de administração eclesial e refletido bastante sobre a teoria da

---

[24] Ibid., 56. Naphy ressalta o caráter político desse evento. "Os ministros de forma alguma desempenharam papel importante nos eventos de 1538. Foram simplesmente envolvidos em uma disputa política em Genebra que girou em torno da questão da relação da República com seu protetor militar, Berna". Naphy, *Calvin and the Consolidation of the Genevan Reformation*, p. 222.

[25] Parker, *John Calvin*, pp. 67-70.

igreja e o ordenamento político e civil (no que foi consideravelmente influenciado por Bucer).[26]

A multifacetada relação entre Calvino e Martin Bucer (1491-1551), ex-dominicano e líder da igreja em Estrasburgo, foi significativa e profunda.[27] Bucer ajudou Calvino em seus primeiros passos como novo pastor de uma igreja. Ele foi o catalisador em Estrasburgo por estimular suas ideias em desenvolvimento sobre liturgia, teologia eucarística, organização da igreja e de atinentes a ordem e disciplina. Bucer encorajou o casamento de Calvino e instou-o a retornar a Genebra quando convidado. A relação entre eles ia além do mero conhecimento pessoal, chegando ao nível de mentor reverenciado e de figura paterna. Após seu regresso a Genebra, enquanto aguardava a resposta dos magistrados da cidade a seu plano para a igreja, Calvino falou abertamente sobre sua devoção a Bucer: "E se de alguma forma não correspondo a tuas expectativas, saibas que estou sob teu poder e me sujeito a tua autoridade. Advertes, punes e exerces todos os poderes de um pai sobre seu filho". Ele encerrou a carta com a seguinte frase: *Adieu*, meu mui honrado pai no Senhor".[28]

Calvino continuou a escrever prolificamente em Estrasburgo. As atividades que realizou durante esse período compreenderam a tradução do catecismo francês para o latim. Concluiu uma nova edição de suas *Institutas* em 1538, que foi publicada no ano seguinte. Traduziu-as para o francês em 1541. Em março de 1541, publicou um comentário sobre a *Carta aos Romanos*. E no mesmo ano escreveu seu *Tratado sobre a Santa Comunhão*, em que procurava "interpretar os relevantes dados bíblicos de uma nova forma, mais ou menos independentemente das explicações romanas, luteranas ou zwinglianas".[29]

---

[26] McGrath, *A Life of Calvin*, p. 102.
[27] Os historiadores enfatizam as muitas lições que Calvino aprendeu em Estrasburgo e em particular o impacto que Bucer teve sobre seu desenvolvimento. Ver Cottret, *Calvin*, pp. 132-156; Bouwsma, *John Calvin*, pp. 21-24; Alexandre Ganoczy. *Calvin: Théologien de l'Eglise et du Ministère*. Paris, Editions du Cerf, 1964, p. 184.
[28] Carta de João Calvino a Bucer, de 15 de outubro de 1541, in Jules Bonnet, ed. *Letters of John Calvin*. New York, Burt Franklin, 1972, pp. 294-295.
[29] Wendel, *Calvin*, p. 62.

Em 1539 Calvino redigiu seu *Réplica a Sadoleto*, trabalho de alguma importância para a compreensão do desenvolvimento do conceito calvinista de igreja.[30] Percebendo distúrbio na igreja de Genebra, o cardeal Sadoleto dirigiu-se aos magistrados e cidadãos da cidade de Genebra convidando-os a retornar à Igreja Romana. Ficou claro que não havia ninguém melhor do que Calvino para responder àquela carta, muito embora ele se encontrasse em Estrasburgo. Ao respondê-la, Calvino viu-se obrigado a enfrentar publicamente as críticas mais fundamentais ao movimento de reforma. Isso significa que ele tentou chegar ao que considerava como princípios fundamentais da cristandade e da igreja.

Antes de tudo, Calvino recorda a Sadoleto que o movimento de reforma obtivera alguns resultados importantes: restituíra aos governantes civis o que por desígnio divino lhes competia, o poder temporal usurpado pelos clérigos; também pusera termo ao sistema de opulência eclesiástica e reconduzira os ministros a um estilo de vida frugal (Reply, 226-227). Em segundo lugar, a piedade cristã se realinhava, afastando-se de uma excessiva preocupação com o eu e com a felicidade, em prol da dedicação à glória e à santidade de Deus: "Pois nascemos, antes de mais nada, para Deus, e não para nós mesmos" (Reply, 228). Em terceiro lugar, os reformadores não abandonaram a igreja, não menos do que o fazem os profetas ao procurar reformá-la. A própria responsabilidade interpreta mal a natureza da verdadeira igreja. Aqui Calvino expõe sua convicção de que as igrejas reformadas têm mais afinidade identitária com a igreja primitiva do que a Igreja de Roma (Reply, 224-245, 229, 231, 249). Em quarto lugar, porém, Calvino enfatiza que as questões morais em nenhum sentido ou grau constituem o motivo condutor da reforma da igreja. Para ele, o Espírito governa a igreja,[31] mas sempre quando vinculada pela Palavra (Reply, 229-231), de sorte que o verdadeiro problema na Igreja Romana consiste no fato de que a Palavra foi sepultada e o ofício

---

[30] *Calvin: Theological Treatises*, pp. 221-256. O cardeal Jacopo Sadoleto foi bispo de Carpentras, no sul da França. Sadoleto = Sadolet. Ver nota 8, para o título completo dessa obra.

[31] "Não há então nada de Cristo naquele que não defende o princípio elementar segundo o qual só Deus ilumina nossa mente para perceber sua verdade, que por seu Espírito sela-a em nossos corações e por seu firme testemunho dela confirma nossa consciência". Reply, p. 244.

pastoral de mediação da Palavra, subvertido (Reply, 241). Em quinto lugar, portanto, a unidade da igreja necessita fundar-se em Cristo enquanto cabeça, e não pode manter-se em solidariedade com líderes que subvertem a verdade de Cristo. "Tampouco pensei que dissenti de tua Igreja porque estava em guerra com aqueles líderes" (Reply, 249). No decorrer de seu texto, Calvino elenca o que se poderia chamar de os três pilares da igreja: "A doutrina, a disciplina e os sacramentos, aos que se acrescenta um quarto: os pelos quais se exercita o povo nos ofícios de piedade" (Reply, 232). Esses temas são subsumidos na eclesiologia sistemática de Calvino contida nas *Institutas* de 1559.

Nesse ínterim, de volta a Genebra, as tensões com Berna continuaram à medida que as duas cidades procuravam definir mais exatamente suas relações políticas. No decorrer de 1539 e 1540, em uma série de acontecimentos, a facção pró-Berna em Genebra pareceu estar agindo a contrapelo dos interesses de sua própria cidade, o que gradualmente minava a premissa da ignomínia de Farel e de Calvino em 1538. A igreja, no entanto, permanecia convulsionada. Em razão disso, em 1540, os magistrados decidiram chamar Farel e Calvino de volta a Genebra. Farel não pôde ir; Calvino não quis ir. Uma vez mais, porém, ele foi persuadido a levar em conta a moção da vontade de Deus. Com esse entendimento, entrou novamente na cidade de Genebra, no dia 13 de setembro de 1541.

O pleno desenvolvimento da eclesiologia de Calvino

Se as *Institutas* de 1559 representam o "pleno desenvolvimento" da eclesiologia de Calvino, ele só chegou a esse patamar pela mediação do tempo e da luta histórica. Já vimos sua convicção de que o Novo Testamento e a igreja primitiva proporcionaram uma espécie de modelo para a igreja; mas sua concretização em Genebra havia exigido barganha e compromisso. Em vez de detalhar esse desenvolvimento, procuramos mostrar na sequência de que maneira ele ocorreu, fazendo a crônica de alguns textos e acontecimentos significativos.

As Ordenanças. Os "Esboços das Ordenanças Eclesiásticas" foram encomendados pelos magistrados da cidade por ocasião do regresso de Calvino, que as redigiu em parceria com os outros ministros e seis membros do Pequeno Conselho. Uma vez apresentadas, as Ordenanças passaram por algumas revisões no Pequeno Conselho e por parte dos Duzentos, antes de serem aceitas pela Assembleia Geral no dia 20 de novembro de 1541.[32]

A ideia de Calvino era que esse documento relativamente curto servisse como uma espécie de constituição da igreja; o texto foi escrito em linguagem enxuta, jurídica, de caráter prescritivo. Essas Ordenanças vão muito além de seus primeiros Artigos; os três anos passados em Estrasburgo haviam feito diferença. À parte a consideração de que a ideologia de base ou a teologia da igreja pudesse estar ultimada ou não, é possível perceber nessas estipulações uma exposição holística da estrutura da igreja cristã. A descrição das estipulações que fazemos nesta seção será incluída na apresentação da eclesiologia de Calvino que se encontra na seção subsequente, mas algumas breves considerações de caráter abstrato sobre seu conteúdo e sua importância se revelam apropriadas.

Antes de mais nada, Calvino postula as quatro ordens de ministério, que são pastores, mestres, anciãos e diáconos, em algum detalhe, dispondo assim, pela primeira vez, sua concepção acerca da estrutura do ministério. Além disso, ele é bastante específico nas estipulações para escolha, exame, autorização, instalação e supervisão continuada dos pastores e dos ministros em geral. Delineou ainda, em termos explícitos, as funções dos demais ministros. As Ordenanças passam a legislar então sobre os sacramentos, o batismo e a Ceia do Senhor, bem como sobre o casamento, o sepultamento cristão, a visita aos enfermos, a visita aos detentos, a catequese de crianças, especificando ainda como o consistório dos anciãos e os ministros deveriam ser escolhidos e exercer sua atribuição de "supervisionar a vida de todos" (Ordinances, 63).

---

[32] João Calvino. "Draft Ecclesiastical Ordinances (September and October, 1541)", *Calvin: Theological Treatises*, pp. 58-72. A referência no texto é por número de página nessa edição.

As Ordenanças definem um novo estágio no desenvolvimento da eclesiologia de Calvino. Implicitamente, elas se subsumem em uma estrutura esquemática, constitucional, de convicções que se desenvolveu ao longo dos anos anteriores de estudo, de experiências e reflexões. Três grandes concepções ajudam a inferir algumas dessas noções fundacionais implícitas no texto.[33] Uma delas diz respeito à profunda consciência do papel do ministério na igreja. Calvino chega ao ponto de guarnecer o ministério, mormente o de pastor, de salvaguardas institucionais que assegurarão elevados padrões de liderança espiritual e moral e de serviço. Em segundo lugar, em contraste com o bispo monárquico, Calvino postula uma forma coletiva de governo da igreja local; pode-se denominá-la "colegial", no sentido de grupo ministerial, muito embora essa não seja a terminologia empregada por Calvino. O ministério constitui esforço de equipe e se desdobra no bojo de uma estrutura dotada de freios e contrapesos exercidos com responsabilidade recíproca dos ministros para com diversos aspectos do ministério da igreja e para com cada um deles. Em terceiro lugar, o papel da disciplina, ou seja, "uma abrangente censura dos costumes",[34] que em sua missiva a Sadoleto Calvino julgava ser um dos baluartes da igreja, encontra expressão nas diversas instituições e estipulações concebidas para promovê-la e assegurá-la. Se a isso se acrescer o fato mais óbvio e geral de uma rígida estrutura eclesiástica, poder-se-á perceber que a peculiaridade da eclesiologia evangélica de Calvino começa a despontar.

Outros escritos. Calvino passou o restante de sua vida em Genebra pregando, organizando a igreja, escrevendo, ensinando, negociando com os magistrados da cidade e com outras igrejas e reformadores. Sua eclesiologia evoluiu no amálgama de sua teologia maior, da cidade de Genebra e da concreta igreja genebrina. Em vez de uma análise desse desenvolvimento, uma lista de alguns dos escritos de Calvino representará o movimento. Em 1542, Calvino redigiu um manual cujo título completo dispensa comentários sobre seu conteúdo e lugar na vida da igreja: "A

---

[33] Baseio-me em Harro Höpfl. *The Christian Polity of John Calvin*. Cambridge, Cambridge University Press, 1982, pp. 90-102.
[34] Ibid, p. 101.

maneira de orar nas igrejas francesas, antes e depois da pregação, acompanhada de salmos e cânticos franceses entoados em ditas igrejas; seguida pela ordem e pela forma de administrar os sacramentos do batismo e da ceia".[35] Calvino esperava que essa padronização do culto fosse relevante para o movimento de reforma na França. Em 1543, publicou outra edição das *Institutas* que, em sua eclesiologia, consolida e explica algumas das mudanças efetuadas com as Ordenanças.[36] O "Catecismo da Igreja em Genebra" foi concluído em 1554 e consistia em uma longa exposição da fé sob a forma de questões e de respostas entre o ministro e as crianças. Calvino esperava que as crianças pouco a pouco decorassem o catecismo no decorrer de um bom tempo.[37] A legislação promulgada pelo governo municipal estruturou melhor a igreja regional subordinada a Genebra. Em 1546, o "Projeto de Ordem de Visitação das Igrejas Rurais" estabeleceu uma rotina de visitação anual por uma equipe de quatro membros designados pelo Pequeno Conselho e, portanto, uma estreita relação entre a igreja da cidade e a área rural circunjacente. Essas visitações, que só vagamente lembram as visitações episcopais da igreja medieval, visavam à apuração de fatos e não tinham natureza jurídica. Em 1547, as "Ordenanças de Supervisão das Igrejas do Interior" estenderam a ordem da igreja de Genebra às igrejas do interior. Certas estipulações dão uma ideia da vida da igreja nos vilarejos.[38]

Outros eventos. Dois acontecimentos dentre muitos influenciaram o desenvolvimento da igreja em Genebra. Um deles foi o julgamento e

---

[35] Parker, *John Calvin*, p. 86.
[36] Benjamin Charles Milner, em sua "Introdução" a *Calvin's Doctrine of the Church*. Leiden, Brill, 1970, pp. 1-5, indica que as linhas gerais da eclesiologia de Calvino estavam em vigor na edição de 1543 das *Institutas*, e que boa parte do desenvolvimento em sua eclesiologia após isso encontrou expressão em seus comentários a que Calvino dedicou muito de sua energia. O trabalho de Milner inspira-se consideravelmente nos comentários.
[37] Calvino, *Calvin: Theological Treatises*, p. 139.
[38] Esses dois últimos documentos encontram-se em Calvino, *Calvin: Theological Treatises*, pp. 74-75, 77-82. Calvino consolidou a autoridade da igreja ministerialmente de duas maneiras: em primeiro lugar, instituiu uma unificada Companhia de Pastores talentosos e instruídos. Antes de 1546, o corpo de pastores era pequeno e "caracterizado por constante instabilidade, dissensão e mudanças caóticas de pessoal". Naphy, *Calvin and the Consolidation of the Genevan Reformation*, p. 79. Em segundo lugar, reuniu um grupo de anciãos apoiadores no consistório. Ibid., p. 223.

execução de Michael Servetus por heresia, que se tornou conhecido no verão anterior e no outono de 1553. Muito embora, por questão de espaço, não se possa discutir aqui esse célebre incidente, ele ilustra o caráter simbiótico da igreja e da cidade de Genebra: a magistratura assumiu a condução do processo.[39] O outro caso, mais diretamente relevante para a igreja em contraposição à cidade, e que envolvia um proeminente cidadão, teve início durante esse mesmo período e se estendeu até 1555. Philibert Berthelier havia sido excomungado pelo consistório da igreja, mas requerera permissão ao Pequeno Conselho para participar da Ceia do Senhor, na pressuposição de que o Conselho tinha poder de revogar decisões da igreja. O órgão manifestou-se em favor de Berthelier, mas o aconselhou a não comparecer nessa ocasião. Para Calvino, no entanto, tratava-se de questão de princípio. "Na comunhão de domingo 3 de setembro, ao final de seu sermão, Calvino reafirmou a falta de competência do conselho em matéria de excomunhão e advertiu quem quer que tivesse sido excomungado a não comparecer."[40] O conselho retomou o assunto e deu a impressão de haver mudado de posição dentro de poucas semanas: a excomunhão era assunto da alçada do consistório. Berthelier recorreu, e os Duzentos se pronunciaram em seu favor. "E no que diz respeito à Ceia, o *Consistoire* não tem poder de proibir quem quer que seja sem a determinação do Conselho".[41] Os ministros, por seu turno, rejeitaram essa interpretação das Ordenanças, e a cidade buscou ajuda na opinião das outras igrejas, mas a providência revelou-se ineficaz. No final de 1554, uma comissão encarregou-se do assunto, e no começo de 1555 o Pequeno Conselho votou pelo acatamento das Ordenanças, reconhecendo que a igreja ou o consistório detinha o poder de excomunhão. Pouco tempo depois desse incidente, a vaga política reverteu em favor de Calvino, de sorte que 1555 frequentemente é considerado o fim da profunda resistência às políticas de Calvino e o começo da relação mais cooperativa entre a

---

[39] A intrincada relação entre a igreja e o governo da cidade é mais bem ilustrada no consistório que será examinado na segunda parte deste capítulo.
[40] Parker, *John Calvin*, p. 124. Ver também McGrath, *A Life of Calvin*, pp. 121-123.
[41] A fórmula deriva dos Duzentos, citada por Parker, *John Calvin*, p. 125.

igreja e o governo civil, cada qual com sua própria esfera de competência, aquilo que Calvino efetivamente pretendia.

A Academia e as Institutas (1559-1560). Esses dois acontecimentos de 1559 assinalam uma espécie de apogeu na trajetória de Calvino. Calvino sempre teve interesse pela educação cristã, quer para os cidadãos, quer para os ministros, mas a cidade ou tinha outros problemas mais prementes ou não dispunha de recursos financeiros. Em 1558, contudo, o Pequeno Conselho foi persuadido da necessidade de construção de uma academia. Inaugurada em 1559, cinco anos mais tarde a Academia de Genebra teria mil estudantes no colégio e trezentos no nível superior. Calvino contratou o serviço de Teodoro de Beza como seu líder e teve a sorte de receber um corpo de professores que haviam sido demitidos pouco tempo antes pelos magistrados bernenses, em 1558, da escola de Lausanne em virtude da simpatia que tinham pelas ideias de Calvino, especialmente a predestinação.[42] A escola tornou-se um centro europeu para formação em teologia e ministério evangélico. É desnecessário dizer que a edição final das *Institutas* em latim de 1559 e sua tradução francesa ligeiramente diferente em 1560 constituíram o clímax da trajetória teológica de Calvino. As *Institutas* servirão como a fonte principal, mas não exclusiva, para a apresentação da eclesiologia de Calvino que se faz a seguir.

Uma exposição analítica da eclesiologia de Calvino

Passamos agora a uma exposição analítica da eclesiologia de Calvino. Essa esquematização propõe um claro esboço da concepção que Calvino tinha da igreja; muitos pormenores sutis e significativos passaram despercebidos. O objetivo é representar holisticamente a integridade e a coerência da visão que Calvino tinha da igreja. O método reinterpreta Calvino na medida em que não segue a ordem de sua própria apresentação

---

[42] Ibid., pp. 126-129, Wendel, *Calvin*, pp. 105-106. Ver Gillian Lewis. "The Geneva Academy", *Calvinism in Europe: 1540-1620*, Andrew Pettegree, Alastair Duke e Gillian Lewis (eds.). Cambridge e New York, Cambridge University Press, 1994, pp. 35-63.

nas *Institutas* (1559).⁴³ Em vez disso, as ideias de Calvino são encaixadas em um esquema que é utilizado para explorar outras igrejas ou eclesiologias. Essa abordagem compreende os seguintes aspectos da igreja: sua natureza e missão, sua estrutura organizacional, os membros que dela fazem parte, as atividades que realizam, e sua relação com o ambiente. Na medida em que estabelece paralelismo com o capítulo anterior, sobre Lutero, esta apresentação não se detém em comparações para além de observações casuais.

A natureza, a missão e os poderes da igreja

A concepção que Calvino tinha da natureza da igreja em termos teológicos gerais compreende sua missão na história, bem como os poderes de que é investida a fim de subsistir e levar a cabo sua missão.

A natureza da igreja. Na caracterização que faz da natureza da igreja, Calvino emprega algumas das mesmas distinções estabelecidas por Lutero. Por exemplo, "a comunhão dos santos" pode servir como uma definição da igreja, "pois expressa muito bem o que a igreja é" (4,1,2). Essa igreja possui vários aspectos, e Calvino distingue entre uma igreja visível e uma igreja invisível. Em certa medida, tal distinção é comparável à de Agostinho: a igreja invisível compreende todos os eleitos, quer no céu, quer na terra; essa igreja inclui a totalidade dos salvos e é um objeto de fé cujos membros são conhecidos apenas de Deus (4,1,2; 4,1,7-8). Pode-se diferenciar essa igreja invisível da igreja visível, a imensa multidão dos dispersos pela terra que professam ou adoram um único Deus e Cristo (4,1,7). Pois essa igreja visível é um corpo misto que inclui muitos hipócritas. A igreja invisível permanece visível apenas para Deus, ao passo que a igreja visível mantém-se empiricamente em relação com os seres humanos no mundo

---

[43] João Calvino, *Calvin: Institutes of the Christian Religion*, I e II, ed. John T. McNeill, trad. Ford Lewis Battles. Philadelphia, Westminster Press, 1955. As referências no texto são feitas a essa edição por livro, capítulo e parágrafo ou subtópico. A ordem calvinista de discussão da igreja é disposta da seguinte maneira: "A igreja, seu governo, ordens e poder; em seguida, os sacramentos e, por último, a ordem civil" (4, 1). Wendel, em *Calvin*, mantém-se próximo das *Insititutas* ao representar a teologia da igreja segundo Calvino. O mesmo é verdade quanto a Wilhelm Niesel. *The Theology of Calvin*. London, Lutterworth Press, 1956, pp. 182-245.

(4,1,7). Calvino funda na Escritura a distinção entre a igreja invisível e a igreja visível. Mas não se deve entender que tal distinção envolva uma separação entre essas duas igrejas aqui na terra.[44]

Calvino implicitamente estabelece também outra distinção entre a igreja visível universal aqui na terra e a igreja local. A igreja universal consiste na totalidade daqueles que confessam Cristo; ela é católica e universal porque una; todos estão unidos a Cristo em uma só fé, esperança e caridade, e são animados pelo mesmo Espírito (4,1,2). Mas nenhuma estrutura institucional vincula essa comunidade universal enquanto tal ao papado, por exemplo. Em contraste com essa instituição abrangente, Calvino foca sua visão da igreja visível sobre a igreja local ou regional. Por exemplo, a igreja de Genebra consistia em umas poucas congregações urbanas e nas congregações rurais, subordinadas à cidade.

No que concerne às características ou sinais da verdadeira igreja, Calvino escreve que "onde quer que vejamos a Palavra de Deus puramente pregada e ouvida, e os sacramentos administrados em conformidade com a instituição de Cristo, aí, não sem sombra de dúvida, existe uma igreja de Deus" (4,1,9).[45] Esses critérios, basicamente os mesmos utilizados por Lutero, têm dupla função: definem o conjunto da igreja universal, a verdadeira igreja da cristandade dentre todas as nações, enquanto unidade de palavra e de sacramento. Calvino se preocupava deveras com essa unidade universal; via toda a igreja da cristandade como uma só (4,1,9). Em segundo lugar, porém, essas características também definem a autenticidade de qualquer igreja local. Calvino era contra a tendência da Reforma de ruptura da unidade, de cisão em igrejas separadas.[46] Se se verificassem essas duas características essenciais, mesmo em face de alguma deficiência na administração, não haveria cisma algum em relação

---

[44] Milner, *Calvin's Doctrine of the Church*, p. 69.

[45] Calvino tem uma compreensão histórico-existencial ou concreta dessas características que transcende objetivamente a verdadeira pregação e a correta administração dos sacramentos. A palavra deve ser verdadeiramente ouvida e os sacramentos fielmente recebidos. A ocorrência efetiva ou existencial dessas características constitui a verdadeira igreja. Ibid., pp. 132-133.

[46] "Com insistência e veemência Calvino denuncia o ânimo cismático, ao mesmo tempo em que cuidadosamente distingue admoestação fraterna de cisma." John T. McNeill. *The History and Character of Calvinism*. New York, Oxford University Press, 1967, p. 215.

a questões secundárias (4,1,12).⁴⁷ Calvino admitia, portanto, certo pluralismo entre diferentes comunidades locais (4,1,9). Todavia, como homem de meados do século XVI, não poderia ter aceito um pluralismo de igrejas em escala local. A ideia de igrejas diferentes ou separadas em determinado lugar ainda não era concebível. A luta de Genebra em prol da Reforma refletia a opção ou isso/ou aquilo disponível à época.

Uma acurada avaliação da concepção que Calvino tinha da natureza da igreja, contudo, deve centrar-se em seu caráter teológico. A igreja é parte integrante da concepção que Calvino tinha da economia cósmico-histórica de Deus para com a humanidade. "A igreja não é tanto uma instituição na história em que a restauração da ordem tenha se realizado, na medida em que ela própria é a história dessa restauração".⁴⁸ Duas metáforas, tomadas em conjunto, captam melhor a teologia da igreja segundo Calvino: o reino de Cristo e o corpo de Cristo.⁴⁹ Elas se inter-relacionam dinamicamente enquanto santificação e justificação. Sob o manto do "reino de Cristo" podem-se situar os temas da ordem e da disciplina, ou seja, o governo da igreja e a normatização jurisdicional dos costumes. A imagem do "corpo de Cristo" correlaciona-se com a justificação, ou seja, com o perdão dos pecados operado pela morte de Cristo e por sua apropriação pela fé. O Espírito Santo, ou a pneumatologia de Calvino, constitui o princípio dinâmico em ambas essas imagens. O Espírito Santo suscita a fé e vincula os fiéis a Cristo. O Espírito une a totalidade dos membros da igreja como um só corpo. O Espírito, enquanto princípio e causa de regeneração e de santificação, desempenha, portanto, o papel de criador da igreja.⁵⁰ Em síntese, a igreja enquanto meio externo de salvação não ocupa uma

---

[47] Para Calvino, a unidade em aspectos essenciais aplicava-se mais às doutrinas e ao culto do que à organização da igreja. Ele estava especialmente preocupado em preservar certos "aspectos fundamentais da doutrina que são essenciais à salvação". Niesel, *The Theology of Calvin*, p. 196. Ver *Institutes*, 4,2,1.

[48] Milner, *Calvin's doctrine of the Church*, p. 47.

[49] Milner delineia o significado dessas duas imagens e de seus temas conexos in ibid., pp. 168-179, 179-188, respectivamente.

[50] Ibid., p. 58.

posição extrínseca ou adjunta à visão teológica fundamental de Calvino, mas a constitui como parte integrante.[51]

A missão da igreja. Calvino concebeu claramente o propósito ou missão da igreja: a igreja funciona como meio externo de salvação. Essa ideia-chave faz parte do título do quarto livro das *Institutas*: "O meio ou objetivo externo pelo qual Deus nos convida à sociedade de Cristo e nela nos mantém". Segundo a providência de Deus, a igreja institucional constitui o meio histórico externo de salvação; Calvino cita Cipriano para corroborar a ideia de que não existe salvação fora da igreja (4,1,4). Em outra formulação definidora, como se viu anteriormente, a igreja é o corpo de Cristo, e Cristo é sua cabeça única. Mas a liderança de Cristo deve canalizar-se por meios históricos, por ministérios e pela organização da igreja.[52]

Os poderes da igreja. A igreja na história foi incumbida de ser o meio instrumental ou o meio de salvação e de santificação da humanidade. Para levar a cabo essa tarefa, a igreja foi investida de certos poderes para cumprir seu objetivo. Tais poderes residem nas instituições e nos ofícios da igreja, e a seção seguinte delineará as estruturas organizacionais pelas quais esses poderes são exercidos ou implementados. A essa altura, no entanto, convém explicar esses poderes abstratamente como funções da missão da igreja. Calvino ressalta o caráter espiritual desse poder; o poder eclesial difere totalmente do poder do Estado ou do governo civil de usar a força ou de coagir. Esse poder espiritual visa à edificação da igreja, o corpo de Cristo, de sorte que ela possa realizar sua missão (4,8,1). Quais são esses três poderes?

---

[51] A igreja visível, organizada, é uma instituição prática, ministerialmente funcional. Como o ministério é uma preocupação central, as imagens da igreja, como a de mãe, por exemplo, têm um lado prático, correspondente à alimentação, ao ensino e à formação ministeriais dos membros. Ganoczy, *Calvin*, pp. 221-222.

[52] Muito embora os reformadores geralmente não levassem em consideração as missões estrangeiras nessa época, Calvino aprovou dois ministros para acompanhar a expedição de uma fracassada missão ao Brasil. G. S. M., Walter, "Calvin and the Church" in *Readings in Calvin's Theology*, ed. Donald K. McKim. Grand Rapids, Baker Book House, 1984, pp. 228-229. Bruce R. Beaver. "The Genevan Mission to Brazil", *The Heritage of John Calvin*, ed. John H. Bratt. Grand Rapids, Eerdmans, 1973, pp. 55-73, faz um relato da missão.

Doutrina. O primeiro papel da igreja e, portanto, seu primeiro poder é o de ensinar e proclamar a verdadeira doutrina. A igreja possui a autoridade, portanto, de estabelecer artigos de fé e de proclamá-los (4,8,1). Entretanto, ao fazer essa afirmação, Calvino reitera vigorosamente que "o poder da Igreja [...] não é infinito, mas sujeito à Palavra do Senhor e, por assim dizer, embutido nela" (4,8,4). Os ministros não podem, não mais que os apóstolos, exceder a Palavra de Deus (4,8,9). Em vez disso, os ministros servem como instrumentos ou condutos da palavra soberana de Deus; eles não falam por si mesmos.

Legislação. A problemática da legislação constitui uma espinhosa questão para Calvino, teologicamente falando. Por um lado, a própria Reforma reagiu contra o sistema do direito canônico e outras prescrições na Igreja Romana que vinculavam as consciências das pessoas, de sorte que a obediência era considerada necessária para a salvação. Esse legalismo destruíra a liberdade da consciência cristã perante Deus. Por outro lado, no entanto, o que refletia a vontade soberana de Deus refletia um elevado valor para Calvino; ele avaliava a necessidade de que a vida comunitária fosse disciplinada e regulada. Precisava contrabalançar essas duas necessidades práticas. Para tanto, ele formula a questão em termos diretos e explícitos: se a igreja pode "licitamente vincular as consciências por suas leis" (4,101). Pode a igreja iniciar *tradições humanas* relativamente ao modo como Deus deve ser cultuado e no que concerne à vida da comunidade religiosa que também vinculem em consciência?

Com sutileza característica, Calvino responde a essa questão com um sim e com um não. As leis humanas não podem vincular a consciência diretamente perante Deus, pelo fato mesmo de que são leis humanas. Só Deus, a lei de Deus, a Palavra de Deus, pode vincular a consciência diretamente. Entretanto, as leis humanas no âmbito da igreja podem exigir obediência indiretamente, mesmo que, *em si mesmas*, não sejam nem vinculantes nem necessárias à salvação. Assim o é por causa da vontade geral de Deus de que os cristãos obedeçam ao legislador. Nesse caso, não se é vinculado pela lei específica da tradição ou regulação humana, mas por uma obrigação geral de obedecer ao legislador ou à autoridade (4,10,4-5).

Permanece verdadeiro então que só Deus pode vincular as consciências diretamente. Apesar disso, a igreja ainda tem o poder de regular a disciplina eclesial por meio da lei. Todas as sociedades precisam de alguma forma de regulação, e a igreja igualmente requer ordem (4,10,27). Essas leis objetivam regular cerimônias e culto, assim como o conjunto da vida ordenada da comunidade (4,10,28-29). Mas a igreja também pode alterar essa disciplina, de sorte que diferentes ordens podem prevalecer em diferentes igrejas (4,10,31-32). Em suma, regulações ou leis específicas no âmbito de uma igreja concernentes à disciplina podem ser humanas e relativas a uma dada necessidade ou prática; mas também podem determinar obediência segundo a vontade geral de Deus de que o que quer que seja feito, seja feito em ordem (4,10,30).

Jurisdição e disciplina. Calvino dedica dois capítulos ao poder de jurisdição e à disciplina que decorre de seu exercício (4,11-12). A jurisdição diz respeito à regulação da vida moral da comunidade. Como ocorre em qualquer sociedade, também a igreja requer uma organização espiritual. A regulação da organização será implementada por cortes de julgamento que investiguem, julguem e sancionem os comportamentos imorais ou vícios verificados na comunidade. Calvino encontra o fundamento escriturístico dessa prerrogativa no poder das chaves, previsto nos evangelhos de Mateus e de João; ligar e desligar é excomungar e receber de volta na igreja (4,11,1-2).

Em vista desses poderes, passamos agora à organização da igreja que detém esses poderes e às instituições mediante as quais ela os exerce.

A organização da igreja

Em sua maioria, as igrejas da Reforma no continente começaram como igrejas urbanas que incluíam aldeias e vilarejos dependentes. A organização da igreja na eclesiologia de Calvino focaliza, portanto, a igreja urbana. Sua organização parte da disposição monárquica do bispo, que também era um príncipe, mas não chega a uma estrutura congregacional.

Complementando a visão de Calvino acerca dos ministérios da igreja local, esta seção aborda ainda suas concepções sobre bispos, papas e concílios.

A igreja local. A peculiaridade da eclesiologia de Calvino começa a aparecer na esfera da organização da igreja. Em última instância, a eterna Palavra de Deus reina e governa a igreja com exclusividade. Entretanto, no âmbito da história, a Palavra de Deus, por desígnio divino, requer agentes ou ministros humanos para ser canalizada ou mediada à vida das pessoas. Com base na linguagem de Calvino aqui, mas não em sua concepção, isso poderia ser chamado de princípio sacramental: a igreja é o sacramento da Palavra de Deus na história. Deus utiliza ministérios, sacramentos e organizações como instrumentos. Por conseguinte, esses ministérios situam-se no lugar de Deus; eles "representam sua pessoa", a exemplo da figura do bispo em Inácio de Antioquia (4,3,1). Todos lhes devem obediência como a Deus, mesmo quando possuem pouco valor pessoal.[53] Calvino, portanto, toma o partido de Agostinho contra os donatistas nessa questão, e um ministério organizado torna-se o principal sustentáculo ou vínculo histórico por meio do qual todo o corpo se mantém coeso (4,3,2).[54]

Calvino por vezes falava dos clérigos e das pessoas como as duas "ordens" (4,12,1). Dispôs-se a considerar a ordenação ao ministério como um sacramento, a exemplo do batismo e da eucaristia (4,19,28; 4,19,31), mas não o fez porque as igrejas evangélicas geralmente não compartilhavam essa doutrina. Calvino também tomou o cuidado de estabelecer critérios estritos para quem pretendesse ser escolhido ministro. Como resultado, enquanto Calvino aceitava o princípio do sacerdócio de todos os fiéis,

---

[53] Calvino concedeu grande parcela de autoridade aos ministros, i.e., na medida em que mediavam a Palavra de Deus ou Cristo cabeça da igreja. Poucas eclesiologias, se alguma, alçam o ministério a uma posição mais elevada. Eric G. Jay. *The Church: Its Changing Image through Twenty Centuries*. Atlanta, John Knox Press, 1980, 174.

[54] Ganoczy sintetiza a teologia calvinista do ministério inspirando-se em seus comentários e sermões. Ele estabelece que o ministério é antes de tudo *diaconia*, dedicação ao serviço da comunidade. Em segundo lugar, o ministério é cristocêntrico, no sentido de uma extensão à comunidade do caráter medianeiro de Cristo. Em terceiro lugar, sua eficácia dimana do poder do Espírito Santo; os ministros cooperam com Deus na mediação da salvação. Ganoczy, *Calvin*, pp. 224-243.

isso, por sua vez, era limitado e controlado por um princípio institucional ou organizacional objetivo.[55] Ele fundamentou essa organização do Novo Testamento; tal organização não se baseava em princípios pragmáticos ou em lei humana, mas era desejada por Deus e não "livre". A igreja tinha de dispor de uma estrutura institucional objetiva por meio da qual seria regida e governada. Os quatro ofícios da estrutura da igreja dispostos nas *Institutas* correspondiam às Ordenanças de 1541, que ainda estavam em vigor em 1559. A representação nas *Institutas* é mais geral e teológica, e é interessante recorrer às Ordenanças como concretização da doutrina.[56]

Pastores. O ofício de pastor é o ministério primário e central na comunidade. Calvino tende a pensá-lo como o ofício permanente que substituía o ofício temporário do apóstolo (4,3,5-6). O pastoreio tem origem e base divinas: trata-se de ofício divinamente instituído.[57] A centralidade do pastor deflui do fato de ele ser "a única boca" mediadora da palavra de Deus que assegura a coesão da comunidade (4,3,1; 4,3,3). O pastor tem como principal tarefa pregar a palavra e administrar os sacramentos; a essa incumbência Calvino acrescenta o múnus de ensinar, instruir na verdadeira santidade, na disciplina, admoestar as pessoas acerca dos vícios ou dos pecados e exortá-las (4,3,4). A pregação é o excelso ofício no âmbito da igreja (4,3,3).

Mestres ou doutores. Os mestres ou doutores possuem função mais limitada. Têm a responsabilidade pela pureza da doutrina, o que implica a interpretação da Escritura, mas não se encarregam da disciplina, dos sacramentos, da admoestação ou exortação (4,3,4). Os mestres correspondem, portanto, por analogia aproximada, ao ministério de transição dos evangelistas no período neotestamentário. O ofício de pastor e mestre pode ser exercido por uma só pessoa, e os ofícios de certa maneira se sobrepõem.

---

[55] Ernst Troeltsch. *The Social Teaching of the Christian Churches*. New York, Harper Torchbooks, 1960, pp. 591-592.
[56] Ganoczy, *Calvin*, analisa as várias facetas dos ofícios do pastor (pp. 300-366), doutores ou mestres (pp. 366-371), anciãos (371-381) e diáconos (381-386).
[57] Ibid., 365.

Os anciãos. O terceiro ofício é o do ancião. Corresponde ao poder de governar a igreja cujo fundamento Calvino encontra em Paulo (4,3,8 [Rm 12,7-8; 1Cor 12,28]). "Governadores", diz Calvino, "os anciãos eram escolhidos dentre o povo e se faziam encarregados da sanção dos costumes e do exercício da disciplina, junto com os bispos" (4,3,8). "Cada igreja, portanto, tinha desde o início um senado, escolhido dentre homens piedosos, circunspectos e santos, os quais possuíam jurisdição sobre a correção de faltas" (4,3,8). O ofício de ancião, portanto, é o ofício de governo na igreja. Os anciãos constituem com os pastores um consistório ou tribunal que supervisiona e julga a vida moral pública e até a vida moral privada da comunidade.

Os diáconos. Por último, o ofício de diácono responde pela assistência da igreja aos pobres. Referindo-se à igreja primitiva, Calvino afirma: "A solicitude para com os pobres foi confiada aos diáconos" (4,3,9). Nas *Institutas*, em correspondência com as Ordenanças, Calvino distingue duas diferentes funções dos diáconos: "Os diáconos que distribuem esmolas" e os diáconos devotados "à assistência dos pobres e dos enfermos" (4,3,9). As mulheres podem exercer esse ofício público de solicitude para com os pobres (4,3,9).[58]

---

[58] Examinando cada um dos ofícios da igreja e mostrando como as diferentes esferas de autoridade apoiavam e complementavam as demais, William G. Naphy defende que, ideologicamente, não havia nenhuma separação ou tensão entre igreja e Estado na Genebra de Calvino. No que tange aos pastores, apesar de serem estrangeiros, eram consistentemente apoiados pelos magistrados quando colidiam com os locais ("Church and State in Calvin's Geneva", in *Calvin and the Church: Papers Presented at the 13th Colloquium of the Calvin Studies Society, May 24-26, 2001*, ed. David Foxgrover. Grand Rapids: Publicado pela Calvin Studies Society por CRC Product Services, 2002, pp. 16-17). Quanto aos anciãos e ao consistório: "Enquanto outras estruturas eclesiais calvinistas tendiam a selecionar seu presbiterato dentre proeminentes membros da comunidade local, que deviam ser magistrados, geralmente por sugestão dos ministros e leigos eminentes, o consistório genebrino tinha um presbiterato que era um corpo representativo, eleito, de magistrados" (ibid., p. 20). No tocante aos doutores, os magistrados apoiavam a educação, e as Ordenanças "deixaram claro que o ofício pertencia ao sistema escolar para meninos e meninas e culminavam em um *collège*. O ofício existia e era mantido e apoiado em um espírito de concórdia tanto pela igreja como pelo Estado" (ibid., p. 21). No que diz respeito ao diaconato, "Calvino redigiu as Ordenanças, em grande medida, da maneira como elaborou a constituição civil da República. Simplesmente codificou e regularizou uma situação preexistente [...] Ou, como o Prof. Kingon disse em resposta a esse ensaio: 'Com efeito, Calvino não criou, mas consagrou ou sacralizou uma instituição que já tinha sido criada em Genebra para tratar dos problemas dos pobres e dos desafortunados'. Uma vez mais, a igreja e o Estado trabalharam em convergência para instituir e manter um sistema secular e eclesiástico unificado de burocracia e autoridade em Genebra". Ibid., p. 22.

As *Institutas* conferem explícita atenção ao chamado, à autorização e à ordenação de ministros, porque na visão de Calvino a seleção sumamente importante dos ministros há de ser feita com cuidado e em conformidade com a ordem. O candidato precisa de um chamado interior e de um chamado exterior manifestado pelo menos em sólida doutrina e em uma vida santa. A escolha de ministros é procedida com seriedade e reverência, não por uma única pessoa, mas "pelo consentimento e pela aprovação do povo", com outros pastores presidindo como moderadores. Em última análise, porém, os ministros não servem com base na decisão dos candidatos ou da igreja, mas por escolha de Deus, que se utiliza da autoridade eclesial como instrumento próprio. A sucessão e a continuidade no ofício pastoral, portanto, referem-se a Deus, que constantemente suscita ministros de sua palavra. A designação de ministros é "símbolo de um processo radicalmente transcendente".[59] A ordenação ou instalação no ofício pode, mas não tem de, envolver a imposição de mãos (4,3,10-16). Os procedimentos estabelecidos nas Ordenanças consubstanciaram essas prescrições gerais e as preocupações que lhes são subjacentes. Por exemplo, a eleição de ministros se dava por etapas: o candidato era primeiramente eleito pelos ministros; apresentava-se em seguida ao Pequeno Conselho, que o avaliava e o certificava; na terceira fase, ele se apresentava ao povo para obter seu consentimento comum (Ordenanças, 59). Visando a assegurar a contínua qualidade dos ministros em termos de doutrina e de vida, especialmente dos pastores, os habitantes da cidade encontravam-se semanalmente para discutir doutrina e resolver disputas; reuniam-se a cada três meses, caso necessário, para abordar questões de conduta dos ministros, segundo listas de faltas a serem evitadas (Ordenanças, 61). A ordem a ser observada por aqueles que supervisionavam a vida moral da comunidade era regulada. As Ordenanças estabeleciam os vários deveres dos diáconos e os rotinizavam. Em suma, portanto, a eclesiologia de Calvino requer organização procedimental concreta e detalhada. Em virtude de seus interesses ecumênicos, Calvino admitia a validade de uma

---

[59] Ganoczy, *Calvin*, p. 365.

gama de ordens eclesiásticas. Mas o fato de que a comunidade devia ser especificamente ordenada de alguma forma representava um alto valor para uma igreja caracterizada como una e santa.

A igreja mais ampla. Calvino tinha opiniões críticas acerca das estruturas mais abrangentes que organizavam a igreja universal. Concebia ele o movimento cristão como totalidade que continha alguma forma institucional?

Bispos. Em princípio, Calvino não se contrapunha à ordem dos bispos.[60] Em sua visão, os presbíteros das comunidades cristãs primitivas escolhiam um dentre seus quadros para ser bispo, o qual funcionava como princípio de unidade (4,4,2). De início, os bispos geralmente eram eleitos a partir da comunidade. Ele cita, corroborando, a concepção cipriana do episcopado como um todo de que cada bispo participa (4,6,17). Estava convencido que "os bispos primitivos não tivessem pretendido moldar nenhuma outra forma de governo da igreja que não aquela que Deus dispusera em sua Palavra" (4,4,4). O problema em relação ao episcopado está no fato de que esse ofício de ministério gradualmente se corrompeu ou se extinguiu.[61] No entanto, em que pese a situação geral, se e quando o autêntico ministério episcopal prevalecesse no serviço à Palavra de Deus e aos sacramentos, seria um ofício válido. "Quanto a mim, de bom grado os admito", escreveu ele, "pois têm um pio e excelente ofício, se de fato o exercessem" (4,5,11).[62]

O papado. Em contrapartida, Calvino não encontra nenhum fundamento para o ofício do papado, quer de princípio, quer de fato. O papado não pode ser estabelecido com base nos textos petrinos ou nos escritos dos Padres na história igreja primitiva. A cabeça do episcopado universal

---

[60] A consideração positiva de Calvino com relação ao episcopado pode ser lida em sua aceitação do ofício na Igreja da Inglaterra; ele também recomendava uma organização episcopal para a igreja na Polônia. McNeill, *Calvinism*, p. 217.

[61] Calvino mostra essa corrupção em 4,5. Ela consistia na dominação de um bispo sobre os outros presbíteros, conferindo divina sanção à posição, em vez de *status* humano, político. Milner, *Calvin's Doctrine of the Church*, pp. 147-148.

[62] Ganoczy traça a evolução das concepções de Calvino sobre a função episcopal na igreja e sobre o ofício do bispo em *Calvino*, pp. 271-285, 295-297, 387-396.

é Cristo (4,6,17). A visão geral que Calvino tinha da história do desenvolvimento do papado desacredita a instituição (4,7).[63]

Concílios. Calvino propõe uma visão matizada dos concílios. Os concílios têm fundamento escriturístico, de uma maneira geral, e Calvino aceita os ensinamentos dos primeiros quatro concílios. Os concílios devem ser endossados em princípio: "Nós, de bom grado, concedemos, se surgir qualquer discussão acerca da doutrina, que o melhor e mais seguro remédio é que se convoque um sínodo de verdadeiros bispos, em que a doutrina em questão seja examinada. Tal definição, com a qual os pastores da igreja concordem, invocando o Espírito de Cristo, terá muito mais peso do que se cada um, tendo-a concebido separadamente em particular, a ensinasse ao povo, ou se uns poucos indivíduos particulares a compusessem" (4,9,13). Não obstante, os concílios só se revestem de válida autoridade na medida em que medeiam a Palavra de Deus na Escritura; os concílios nem sempre se reuniram em nome de Cristo; e dessa forma não determinam obediência cega, mas devem ser julgados criticamente em consonância com a Palavra de Deus (4,9).

Em suma, pode-se dizer que a organização eclesial de Calvino focaliza a igreja local ou regional. Em contraste com o governo episcopal, a estrutura ministerial ao estilo de Calvino pulveriza a autoridade por entre um grupo de ministros, dotados de papéis específicos e de responsabilidades por vezes sobrepostas, que exercem mútuo fortalecimento e supervisão recíproca.

Os membros da igreja

Em termos gerais e ressalvadas as exceções, praticamente toda a população de Genebra era membro da igreja. A teologia calvinista do batismo em que se calcava a adesão à igreja será delineada na seção seguinte. Entre

---

[63] A lógica de Calvino nos capítulos que delineiam a origem e o desenvolvimento históricos do episcopado e do papado pretende mostrar a descontinuidade entre a igreja primitiva e a atual estrutura da Igreja Romana. Em contraste com isso está sua convicção de que a organização da igreja que ele propõe reflete de maneira mais acurada e autêntica a igreja nos períodos neotestamentário e patrístico.

os membros da igreja, pode-se imaginar todo um espectro de graus de seriedade e de compromisso religioso e moral intrínseco. Nem Lutero nem Calvino eram otimistas com relação à santidade inerente à pessoa humana; ambos tinham sólidas doutrinas antropológicas concernentes ao pecado e ressaltavam a capacidade da igreja de excomungar pecadores públicos. Não obstante, Lutero encarava a igreja como agente do poder santificador de Deus e referia-se ao efeito do Espírito na comunidade como santificação. A igreja deveria tornar-se mais santa no sentido de sua moralidade enquanto instituição. Calvino, contudo, enfatiza muito mais vigorosamente a disciplina eclesial como característica da igreja e concebeu, no marco de sua eclesiologia, uma instituição voltada à promoção da boa conduta moral, ou seja, o consistório. Tanto a concepção do consistório como sua prática efetiva estabelecem duas tensões que são intrínsecas à eclesiologia de Calvino. A primeira tensão subsiste entre a santidade existencial de uma igreja em termos de conduta moral geral e o fato de ser uma igreja coextensiva ao conjunto da sociedade. A segunda tensão diz respeito à relação entre a igreja enquanto supervisora do comportamento público em contraposição à mesma função exercida pela sociedade e pelo governo. Muito embora ambas essas questões ajudem a definir a adesão à igreja e o caráter da igreja na eclesiologia de Calvino, elas podem ser mais proficuamente discutidas dentro do marco da igreja e da sociedade. Por ora, no entanto, nossa atenção se voltará para as atividades da igreja.

As atividades da igreja

Nesta análise teológica e organizacional da eclesiologia de Calvino, a categoria de "atividades" realizadas pelos membros refere-se às ações mais típicas desempenhadas *ad intra*, ou seja, o culto religioso e o comportamento ético, na medida em que é concebido como a vida cristã. A assembleia religiosa, na igreja de Calvino, constitui um bom ponto de partida.

Culto. Calvino, não menos do que Lutero, situava Jesus Cristo, a Palavra de Deus, no centro da autocompreensão cristã. A Palavra de

Deus, portanto, desempenhava papel central em sua teologia e na vida prática da igreja, embora não sem a atividade do Espírito. A designação "Palavra de Deus" comportava múltiplas referências e significados: a eterna Palavra de Deus, a Palavra encarnada de Deus como Jesus Cristo, a Palavra de Deus mediada pela Escritura e, portanto, por analogia, como a própria Escritura, e até mesmo a Palavra de Deus contida na pregação do evangelho. É adequado, portanto, tratar o culto na eclesiologia de Calvino sinteticamente em torno dos temas da palavra e do sacramento, começando com sua teologia do sermão pregado.

A ordem do culto. Thomas Parker vai ao cerne do que se passa quando a comunidade se reúne perguntando-se o que faz da palavra pregada pelo pastor a Palavra de Deus.[64] A questão gera uma resposta dialética, como em uma teologia sacramental, em que a atividade humana e os sinais criados medeiam uma realidade transcendente. Nem o pregador, nem a pregação é a Palavra de Deus transcendente e divina, mas cada qual é um instrumento dessa palavra. A Palavra de Deus é mediada e ativada no encontro da pregação. A Escritura, a pregação e os sacramentos são todos adaptações instrumentais pelas quais Deus comunica-se com os seres humanos como filhos. Pelo princípio da adaptação, portanto, Deus fala mediante as palavras do ministro (4,1,5). Isso ocorre quando o que o pregador diz se mantém fiel à fonte e norma da Palavra de Deus, ou seja, Jesus Cristo e sua mensagem tal como a Escritura a representa. "Nas Sagradas Escrituras e na proclamação que fielmente interpreta as Sagradas Escrituras, fala o próprio Deus, declarando sua existência, seu propósito, sua vontade, revelando redentoramente a existência humana a si mesma como a criatura de Deus, como pecadora, como redimida."[65]

Os membros da igreja de Genebra reuniam-se no culto dominical para ouvir essa Palavra de Deus e responder com louvor e ação de graças. A liturgia utilizava a linguagem das pessoas (3,20,33). Devia-se celebrar com reverência modesta e objetiva e com decoro (4,10,29). Calvino ordenou

---

[64] Parker, *John Calvin*, p. 90. Extraio essa teologia condensada da pregação e a descrição da ordem do culto de Parker, pp. 84-91.
[65] Ibid., p. 90.

o serviço regular de tal maneira que o sermão, com temática extraída da Escritura em uma contínua leitura de um livro da Bíblia, constituía a pedra de toque do serviço, com oração e cântico conducentes e correspondentes a ele. O serviço principiava com a confissão dos pecados pelo pastor em nome da comunidade e com a absolvição, seguida por um cântico dos mandamentos, pela Oração do Senhor, por um salmo cantado e por uma improvisada oração pelo pastor. O sermão proporcionava então o ponto focal do encontro da comunidade com Deus. O sermão era seguido de orações ordenadas de intercessão em favor de figuras públicas e dos próprios fiéis, conciso reflexo da Oração do Senhor, do cântico de um salmo e do encerramento.[66] Pode-se discernir nessa ordem como a teologia da Palavra foi transposta a um veículo ritual por um significado religiosamente afetivo e por uma concreta experiência de Deus.

Mas não se deve ter a impressão de que a assembleia dominical equivalia a uma experiência intelectual, como se Deus fosse mediado à mente em uma tradução conceitual de sua Palavra. Parker ressalta o papel do canto na concepção e na implementação do culto segundo Calvino. Ele reconheceu como a música mediava uma resposta afetiva à realidade, e isso teve importante papel na maneira como Calvino concebeu a liturgia. O cântico, a um só tempo, "confere dignidade e graça às sagradas ações e é de máxima importância para inflamar nossos corações a um verdadeiro zelo e ardor pela prece" (3,20,32). Calvino também tinha uma teologia do cântico. Sua concepção da Escritura como a Palavra de Deus significa que se pode conceber Deus como o autor dos cânticos quando se entoam os salmos. E a teologia calvinista do uso das criaturas, que será abordada mais adiante, permitiu-lhe empregar o poder da música para mediar a resposta de gratidão e júbilo ao poder da Palavra de Deus. Dessa forma, Calvino explorava a imediaticidade afetiva do cântico "para incitar-nos a

---

[66] Essa descrição condensa o já esquemático esboço fornecido por Parker, *John Calvin*, pp. 86-87. Deve-se observar que a preferência de Calvino era por uma celebração semanal da Ceia do Senhor, mas, para imitar Zurique e Berna, os magistrados aprovaram apenas a Ceia do Senhor trimestral.

orar e louvar a Deus, para mediar suas obras, para que possamos amá-lo, temê-lo, honrá-lo e glorificá-lo".[67]

Sacramentos. Calvino possui uma teologia sacramental geral bem desenvolvida e tratados específicos sobre o batismo e a Ceia do Senhor nas *Institutas*. O que se apresenta na sequência não reproduz sua excepcional nuance,[68] mas tem por objetivo ilustrar duas coisas: que Calvino propõe uma teologia sacramental coerente que integra sua teologia da Palavra e do Espírito Santo, e que ele preserva a prioridade da ação de Cristo no sacramento e a verdade da presença de Cristo na eucaristia precisamente como efetuada pelo Espírito.

Calvino principia seu tratado sobre os sacramentos recordando ao leitor que os sacramentos relacionam-se com a pregação como outro auxílio à fé. Eles consistem em sinais exteriores que selam, confirmam e atualizam a Palavra e a promessa de Deus em nossas vidas (4,14,1). A chave para compreender a função e a substância de um sacramento encontra-se em uma série de tensões que Calvino utiliza para descrevê-los. O significado de um sacramento está na tensão entre a palavra escriturística e a palavra pregada e o sacramento ou sinal; sem a palavra, o sinal seria mudo (4,14,3). Deve-se distinguir também entre o sinal enquanto tal e a "matéria" ou substância do sinal: Cristo e o encontro com Cristo, a Palavra, constituem a substância de qualquer sacramento (4,14,15-16). Requer-se ainda outra compreensão dialética intrincada para apreciar os papéis da Palavra, do Espírito e da fé no encontro sacramental: Deus instrui por

---

[67] Parker, citando Calvino, em *John Calvin*, p. 88.
[68] De caso pensado, evitei as complexidades da teologia sacramental, mormente como manifestadas nas controvérsias eucarísticas ocorridas no começo do período medieval e aqui no século XVI. Calvino abordou questões que giravam em torno da Ceia do Senhor muitas vezes, a começar com as *Institutas* de 1536, e uma detalhada representação de suas concepções requer no mínimo diferenciação das teologias de Calvino em relação às zwinglianas, luteranas e romanas. É importante reconhecer o limitado escopo das pinceladas sintéticas gerais que se seguem. Milner, *Calvin's Doctrine of the Church*, pp. 110-132, fornece uma lacônica exposição da teologia sacramental de Calvino, com alguma atenção aos pontos nevrálgicos da eficácia de um sacramento, batismo das crianças e a verdadeira presença na eucaristia. Para uma exposição mais alentada da teologia eucarística de Calvino, ver Kilian McDonnell. *John Calvin, the Church, Grace and Gratitude: The Eucharistic Theology of John Calvin*. Minneapolis, Fortress Press, 1993.

meio da Palavra, de modo que Cristo, a Palavra, é a causa da eficácia sacramental. A Palavra no sacramento, contudo, só é operativa na fé e mediante a fé: Calvino nega explicitamente uma eficácia do sacramento fora da fé (4,14,17). Em última análise, contudo, a fé é ativada pelo Espírito Santo; o Espírito Santo ilumina o sujeito humano a partir do interior, de sorte que Palavra e sacramento possam internalizar-se ou ser apropriados (4,14,8; 4,14,17). Em suma, os sacramentos materiais são genuinamente instrumentais na comunicação de Cristo, a Palavra, ao recipiente fiel.

Estabelecida sua teologia sacramental geral, a definição que Calvino dá do batismo parece direta: "O batismo é o sinal da iniciação pelo qual somos recebidos na sociedade da igreja, a fim de que, enxertados em Cristo, possamos ser reconhecidos entre os filhos de Deus" (4,15,1). Calvino arrola três efeitos do batismo. O primeiro consiste no caráter de chancela, confirmação e reafirmação do sacramento: ele proporciona não o perdão dos pecados, pois isso é efetuado pela Palavra e não pela água, mas a certeza do perdão dos pecados, não apenas em relação ao passado, mas também quanto ao futuro (4,15,1-3). Por conseguinte, o sacramento só se torna efetivo quando a criança atinge a idade em que pode suscitar a fé sem a qual não pode haver eficácia alguma. Em segundo lugar, o batismo enxerta uma pessoa na morte de Cristo e gera no cristão uma nova vida honrada (4,15,5). Em terceiro lugar, o batismo implica santificação, significa estar imbuído do Espírito Santo para efetivar a nova vida em Cristo. O batismo, portanto, prefigura o mistério cristão fundamental da purgação e da regeneração humanas de que o Pai é a causa, o Filho a matéria ou substância, e o Espírito o agente efetivador (4,15,6). Calvino, novamente tomando o partido de Agostinho contra os donatistas, nega que a eficácia do batismo dependa do mérito do ministro (4,15,16). Em que pese o vigoroso papel da fé em sua teologia dos sacramentos, Calvino defende o batismo infantil. De alguma forma, se estão entre os eleitos, as crianças são regeneradas pelo poder de Deus (4,16,17-20).[69]

---

[69] Em última análise, Calvino não liga a salvação ao batismo. As crianças que morrem sem o batismo ainda podem ser salvas. "Deus declara adotar nossos bebês como próprios antes de nascerem, quando promete que será nosso Deus e o Deus de nossos descendentes depois de

Calvino desenvolveu uma teologia da Ceia do Senhor peculiar e particularmente sutil. Seu primeiro passo, logicamente, estabelece o quadro imaginativo de compreensão: a metáfora fundamental para a eucaristia é uma refeição (4,18,7).[70] A Ceia do Senhor consiste de pão e vinho "que representam para nós o alimento invisível que recebemos da carne e do sangue de Cristo" (4,17,1). O sacramento nutre, sustenta e preserva a vida gerada em nós pelo batismo, e representa o penhor da incessante liberalidade de Deus (4,17,1). Deve ser administrado frequentemente, pelo menos uma vez por semana, algo que Calvino não realizou na igreja genebrina (4,17,43). O sacramento opera a união com Cristo e, portanto, confere imortalidade a nossa mortalidade (4,17,2). O sacramento opera dessa maneira ao mediar a verdadeira presença de Cristo àquele que crê (4,17,3). Calvino "situou" o Cristo ressuscitado no céu, razão pela qual não podia referir-se à presença de Cristo, a Palavra, em termos físicos e materiais relativamente ao pão e ao vinho, como os vocábulos "transubstanciação" e "consubstanciação" podem ter sugerido. Ele insistia, portanto, na eucaristia como instrumento da verdadeira presença espiritual de Cristo à boca de fé pelo poder do Espírito Santo. Em última análise, ele não explicou essa presença, exceto pela negação: "Assim como não se pode sujeitá-lo ao elemento do pão, nem envolvê-lo no pão, nem circunscrevê-lo de qualquer forma" (4,17,19). "Resumindo: nossas almas são alimentadas pela carne e pelo sangue de Cristo da mesma maneira que o pão e o vinho mantêm e sustentam a vida física" (4,17,10).[71]

Ética. A ética de Calvino proporciona um *locus* para responder à questão concernente às atividades dos membros da igreja cristã. Pode-se

---

nós. A salvação deles está compreendida nessa palavra" (4,15,20). Ver McNeill, *Calvinism*, p. 218.

[70] Em explícito contraste com a missa na Igreja Romana. As *Institutas*, 4.18, contemplam outros problemas que ele observa na teologia eucarística romana. Calvino tinha grande amor à Ceia do Senhor: ela era o vínculo de caridade que mantinha a comunidade coesa como o corpo de Cristo. Bouwsma, *John Calvin*, p. 219; Walker, "Calvin and the Church", p. 223.

[71] Ele o formula nos termos de sua teologia sacramental geral: "Entretanto, se é verdade que um sinal visível nos é dado para selar o dom de uma coisa invisível, quando recebemos o símbolo do corpo, não menos certo é que o próprio corpo também nos é dado" (94,17,10). Calvino descreve a ordem do serviço da Ceia do Senhor em 4,17,43.

deduzir alguma coisa das várias listas dos vícios a serem evitados e das virtudes a serem cultivadas a partir dos escritos de Calvino. O foco aqui, no entanto, recai sobre as questões mais abrangentes da função positiva da lei, do papel da santificação em sua teologia da vida cristã e alguns princípios da espiritualidade cristã.

A lei e a santificação. Calvino foi advogado e humanista por formação. Poder-se-ia esperar dele uma avaliação humanista do valor e do papel da lei no âmbito da comunidade humana. Foi o que aconteceu, mas sempre no contexto mais abrangente da economia cristã da salvação. Lei, para Calvino, significa toda a religião dada por Deus a Moisés. Designa também o decálogo ou a lei moral revelada.[72] Lei refere-se igualmente aos diversos corpos da lei civil positiva e da lei ritual religiosa. Focalizando especificamente a lei moral, Calvino caracteriza três diferentes funções para ela no bojo da economia divina. A primeira opera dialeticamente em moldes paulinos negativos e positivos: a lei nos condena revelando a pecaminosidade humana, mas, ao fazê-lo, impele os seres humanos a buscar a graça (2,7,6-9).[73] Em segundo lugar, a lei nos infunde temor; enquanto tal, é uma restrição externa e "necessária para a comunidade pública de homens" (2,7,10), mas não é salvífica. O terceiro uso da lei, para os fiéis, diz respeito mais de perto a seu próprio propósito: "A lei aponta a meta para a qual devemos nos empenhar por toda a vida" (2,7,13). Aqui sua função se torna positiva porque, liberada do temor da lei pela salvação forjada em Cristo e apropriada pela fé, uma outra força torna-se operativa na vida cristã, ou seja, o Espírito Santo, por cujo poder o cristão deseja seguir a vontade de Deus e busca direção (2,7,12).

---

[72] Dowey mostra que, para Calvino, o decálogo e a lei natural eram identificados, e que os ensinamentos éticos de Jesus estavam em consonância com a lei mosaica. Por conseguinte, a lei do Antigo Testamento e a do Novo Testamento são ambas intimamente relacionadas com as prescrições da lei natural. Edward A. Dowey. *The Knowledge of God in Calvin's Theology.* New York, Columbia University Press, 1952, pp. 228-230. "A lei moral da Escritura, sumarizada nos mandamentos, é um atestado da lei natural que Deus insculpiu nos corações de todos os homens." McNeill, *Calvinism*, p. 224. Ver também Milner, *Calvin's Doctrine of the Church*, p. 77.

[73] "A lei é como um espelho. Nele contemplamos nossa fraqueza, e consequentemente a iniquidade que dela deriva, e por fim a maldição que provém de ambas" (2,7,7).

A visão da lei segundo Calvino coaduna-se perfeitamente com sua doutrina da santificação. Lutero tinha uma doutrina da santificação no poder do Espírito, mas Calvino enfatiza esse aspecto da salvação cristã que em última análise contribui para uma significativa diferença em suas eclesiologias. Calvino começa sua análise sobre o modo como recebemos a graça de Cristo com uma discussão da fé que ele define assim: "Um conhecimento firme e certo da benevolência de Deus para conosco, fundado na verdade da promessa livremente dada de Cristo, revelado a nossos espíritos e selado em nossos corações por intermédio do Espírito Santo" (3,2,7). A regeneração da existência humana se dá no bojo dessa fé, e Calvino principia a análise que dela faz com o arrependimento.[74] Esquematizando seu ensinamento aqui, o arrependimento, que é uma dimensão distinta da fé, envolve [1] conversão, uma reviravolta, de sorte que, "partindo de nós mesmos, [2] voltamo-nos para Deus e, despojando-nos da mentalidade antiga, revestimo-nos de uma nova". Mais precisamente, o arrependimento "consiste [3] na mortificação de nossa carne e do velho homem e [4] na vivificação do Espírito" (3,3,5). Calvino utiliza a linguagem do rompimento dos grilhões do pecado, de sorte que o pecado perde seu domínio sobre o cristão (3,3,10). O fruto desse arrependimento, por fim, reside na santificação e em uma vida santa. O Espírito, que iniciou o percurso da fé em nós, sustenta todo esse movimento. "Agora podemos entender a natureza dos frutos do arrependimento: os deveres de piedade para com Deus, de caridade para com os homens, e, na vida como um todo, de santidade e pureza. Em suma, quanto mais sinceramente qualquer homem avalia sua vida pelo padrão da lei de Deus, mais certos são os sinais de arrependimento que ele revela" (3,3,16). Isso forma os sustentáculos da concepção da vida cristã segundo Calvino.

Princípios da vida cristã. O conciso tratado de Calvino sobre a vida cristã ocupa cinco capítulos das *Institutas* (3,6-10). Ele dá grande espaço

---

[74] A regeneração ou renascimento em Cristo inclui tanto a justificação como a santificação. Mas, enquanto certa lógica situaria a justificação "antes" da santificação, Calvino, caracteristicamente, estabelece a dinâmica da santificação defluindo para a vida cristã (3,3-10), antes de tratar da justificação (3,11-19).

ao ascetismo e à autonegação, à autodisciplina para a glória de Deus, ao carregamento da cruz e à contemplação da vida futura. Não obstante, certos princípios que concernem à forma como os cristãos devem lidar com o mundo precisam ser ressaltados, pois conferem cariz peculiar à eclesiologia de Calvino por definir a atividade espiritual de seus membros na sociedade e no mundo.

Em primeiro lugar, as criaturas devem ser utilizadas, e não evitadas. As coisas deste mundo devem ser usadas na medida em que são um auxílio na vida cristã. Um critério de como devem ser usadas é sua teleologia interna; elas devem ser usadas segundo o fim que Deus lhes atribuiu, não apenas pragmaticamente, mas também para fruição. As coisas devem ser usadas moderadamente, sem abuso, e com reconhecimento a Deus, seu dispensador (3,10,1-2).

Em segundo lugar, as coisas devem ser usadas à luz da eternidade, sem excessiva indulgência nem exacerbado cuidado ou preocupação quando se dispõe de poucas posses materiais. A moderação em todas as coisas é a chave aqui (3,10,3-5).

Em terceiro lugar, Calvino estabelece o princípio do zelo: as coisas deste mundo "nos foram dadas pela bondade de Deus e na perspectiva de nosso benefício, de tal sorte que elas são, por assim dizer, confiadas a nós, e delas um dia haveremos de prestar contas" (3,10,5). A distribuição dos bens na comunidade deve ser pautada pela caridade.

E, em quarto lugar, o princípio da vocação ou do chamado expressa a convicção de que "cada indivíduo tem seu próprio modo de viver atribuído a ele pelo Senhor". Deus "atribui incumbências a cada pessoa segundo seu estilo particular de vida" (3,10,6), de modo que cada tarefa específica que se realiza será "considerada muito preciosa aos olhos de Deus" (3,10,6). Essa concepção se coaduna com a visão calvinista de uma providência e comporta uma poderosa ideia religiosa: toda ação é prevista por Deus e tem significado religioso. McNeill sumariza a questão em termos precisos: a vida cristã "é prenhe de responsabilidades, que se estendem a toda tarefa, a todo momento. Não há âmbito da vida que esteja imune à obrigação de serviço a Deus e ao homem [...]. Não nos pertencemos:

todo cristão deve viver em regime de dedicação".[75] A terceira parte deste capítulo abordará mais pormenorizadamente o significado da ética e da espiritualidade de Calvino para sua eclesiologia.

Igreja e sociedade

Resta por explicar de que maneira a igreja se relaciona com seu ambiente ou com o mundo, segundo a perspectiva de Calvino. Uma distinção entre a forma como a igreja influencia a sociedade em geral e o modo como ela se relaciona com o governo civil em particular ajuda a captar a sutileza de Calvino nessas questões. De uma maneira geral, cumpre esclarecer que Calvino precisou se compor com Genebra, e a cidade influenciou-lhe as concepções. Não se segue, porém, que Calvino haja tomado essas condições concretas como ideais ou exemplares.[76]

Igreja e sociedade. A igreja exercia forte impacto sobre a sociedade genebrina, e Calvino tinha em mente essa simbiose. Pode-se começar a avaliar a "extensão" do impacto da igreja sobre uma sociedade como a genebrina simplesmente considerando os ministérios da igreja. Antes de mais nada, a igreja dispunha do púlpito, principal veículo de comunicação de massas em uma cidade na qual as pessoas tinham "a obrigação legal de ouvir sermões aos domingos".[77] Os pastores e os mestres ensinavam catecismo a todos os jovens da cidade; a igreja patrocinava e a cidade custeava a Academia para educação de ministros e cidadãos. Os pastores e os anciãos serviam no consistório, cuja descrição será feita mais adiante, que supervisionava o comportamento moral de todos na igreja e, portanto, na cidade. E os diáconos e suas agências se encarregavam dos pobres e dos enfermos da cidade. Em termos de compreensão religiosa, de disciplina moral e de apoio material àqueles que dele necessitavam, a igreja, representada por um corpo mais ou menos unificado de ministros,

---

[75] McNeill, *Calvinism*, p. 221.
[76] Calvino via a ordem da igreja de Genebra como exemplar, mas isso não se estendia ao governo de Genebra nem à relação entre a igreja e o governo da cidade. Höpfl, *The Christian Polity of John Calvino*, pp. 150-151.
[77] Höpfl, *The Christian Polity of John Calvin*, p. 199.

exercia considerável influência sobre a vida social comum. A dimensão dessa influência parece comparável à da igreja no burgo ou na cidade da Alta Idade Média.

É evidente que Calvino queria uma igreja que fosse influente na sociedade. Uma outra questão é se a igreja estabelecida à época tinha a influência que Calvino desejava. Por um lado, um comentarista pode escrever que "subsistiu o ideal calvinista de uma sociedade na qual a cidadania se equiparasse à pertença à igreja".[78] Por outro lado, não havia muita alternativa para Calvino, embora ele pudesse vislumbrar outros valores. "Sempre estamos querendo uma multidão", observou ele, "e avaliando dessa forma a condição da igreja. Seria mais desejável para nós que fôssemos poucos e que a glória de Deus resplandecesse em todos nós".[79]

Igreja e Estado. No tocante à esfera política do governo civil, Calvino expressou suas concepções no último capítulo das *Institutas*, tanto na primeira versão de 1556 como na última, de 1559-1560. Podem-se perceber muitas das distinções que foram empregadas nos debates medievais entre os direitos dos papas e dos imperadores, de bispos e príncipes, entre o poder espiritual e o poder temporal. Conquanto muitas das ideias fundamentais de Calvino hajam sido formuladas antes de sua chegada a Genebra, pode-se observar que ele estava pensando a partir da perspectiva das igrejas evangélicas a abrir caminho onde fosse possível em ambientes protegidos. Calvino também se escandalizara com o fato de a igreja, no passado, haver se apropriado das funções do poder secular. Por conseguinte, pode-se interpretar Calvino tanto em referência aos grandes Estados da Europa, como também em termos de cidade e de burgo. Nesse último caso, verifica-se uma concepção de igreja que se abre para a vida na esfera pública. Não se percebe uma pronunciada distinção entre moralidade privada e moralidade pública; o cristão não se submete ou simplesmente tolera o Estado, porque ele é um bem positivo ordenado por Deus; igreja e governo cooperam na economia divina do mundo.

---

[78] Walker, "Calvin and the Church", p. 221.
[79] Bouwsma, *John Calvin*, pp. 217-218, citando comentário de Calvino sobre Is 4,3.

A autonomia e o papel do governo civil. O cristão vive sob a égide de dois governos distintos: um diz respeito à alma ou à vida espiritual interior; o outro concerne ao direito civil ou social e à moralidade extrínseca. Mas a liberdade na esfera religiosa não significa anarquia na esfera civil. Pelo contrário, o cristão tem responsabilidade para com o governo e a autoridade civil (4,20,1). O governo civil não é conspurcado; não concerne a assuntos terrenos que sejam alheios aos cristãos. Pelo contrário, Deus quer o governo humano como parte essencial da própria vida humana (4,20,2).[80] Os magistrados ou governantes "têm mandato de Deus, são investidos de divina autoridade e representantes exclusivos de Deus, atuando, por assim dizer, como vice-regentes de Deus" (4,20,4). O ofício do governante é uma vocação santa, "a mais sagrada e incomparavelmente a mais honrada de todas as vocações no conjunto da vida de homens mortais" (4,20,4). Essa linguagem é própria de Calvino: forte, direta, sem ambiguidades; indica a visão irresistivelmente positiva que ele tinha do poder civil. Quanto às reações dos cristãos aos governantes, eles simplesmente lhes deviam obediência, e Calvino estende esse dever de obediência inclusive aos governantes injustos (4,20,25).[81] Ele estabelece, assim, uma clara distinção entre a função e seu efetivo ocupante. Em suma, o governo civil é autônomo. Ele não deriva da igreja. Faz parte do desígnio providencial de Deus para com a sociedade humana enquanto tal e se mantém, portanto, absolutamente distinto da autoridade religiosa formal. Tanto a vontade de Deus como a resposta religiosa que os seres humanos lhe dão incluem a obediência à autoridade civil.

O governo civil tem por objetivo regular o comportamento extrínseco da sociedade, o que compreende tanto a garantia dos direitos de Deus na sociedade como a garantia dos direitos dos seres humanos. Desse modo,

---

[80] Quanto à melhor forma de governo, McNeill comenta o seguinte: "De maneira geral, ele sustenta que a melhor defesa contra a tirania consiste em uma forma de governo na qual a aristocracia (o governo dos melhores) se mescla com a democracia". O múltiplo é melhor do que o uno, pois pode ajudar-se e corrigir-se mutuamente. McNeill, *Calvinism*, pp. 224-225. Ver 4,20,8.

[81] Exceto em algumas situações extremas em que a obediência a um governante implicaria desobediência a Deus (4,20,32).

o propósito do governo civil abrange a responsabilidade de assegurar e proteger o culto divino e, por consequência, a igreja. Em segundo lugar, sua finalidade é garantir e proteger a segunda tábua da lei, reconciliando as pessoas entre si, moldando o comportamento social, assegurando a moralidade, a paz, a ordem e a tranquilidade gerais.[82] Diferentemente da igreja, o governo civil pode lançar mão da força e da coerção para alcançar aqueles objetivos; pode fazer guerra, executar criminosos, e assim por diante.

Cooperação entre igreja e governo civil. Calvino distinguia duas esferas autônomas e distintas de governo da vida humana. O poder espiritual e o poder temporal não eram a mesma coisa, e cada esfera era autônoma, no sentido de ser irredutível à outra. A exemplo do que ocorria no período medieval, ambas as esferas eram teologicamente fundadas; ambas funcionavam por injunção da vontade de Deus. Não obstante, foram concebidas por Deus para funcionar em regime de cooperação. Decerto Deus não pretendeu que fossem duas esferas reciprocamente concorrentes entre si por hegemonia. Na visada de Calvino, elas cooperavam sob a égide da Palavra de Deus para a modelagem de uma sociedade cristã.

Na prática, a relação entre igreja e magistratura, em Genebra, nem sempre era harmoniosa, nem podia sê-lo, quando duas autoridades diferentes compartilhavam responsabilidade por uma única sociedade cristã. Na teoria, a "igreja não assume o que é próprio do magistrado, nem pode o magistrado executar o que é da competência da igreja" (4,11,3). Entretanto, à medida que igreja e sociedade se imbricavam como uma única entidade, com uma igreja cristã que se envolvia na arena pública ou social e interferia no comportamento público, era praticamente impossível evitar as tensões. Com efeito, diversas áreas estavam sujeitas a interesses conflitantes, o que gerava constante tensão. Um exemplo é a designação de pastores e de outros ministros. Mas o principal foco de sobreposições

---

[82] Além disso, o governo civil tem como atribuição definida, na medida em que vivemos em sociedade, acolher e proteger o culto público a Deus, defender energicamente a sólida doutrina da piedade e a posição da igreja, adequar nossa vida à sociedade humana, moldar nosso comportamento social à ordem civil, reconciliar-nos uns com os outros e promover a paz e a tranquilidade" (4,20,2). Ver também 4,20,9.

concernia ao controle dos costumes públicos por parte da cidade e ao controle dos costumes públicos por parte da igreja por intermédio do consistório. Levou catorze anos para que Calvino conquistasse para a igreja o autônomo direito de excomungar. Em uma comunidade cristã, a Palavra de Deus, em última instância, será suprema porque o magistrado ou governante, se for santo, também será um membro da igreja que julga em conformidade com a Palavra de Deus (4,11,4).

Essas tensões concretas, contudo, não toldavam a visão; elas deviam ser precisamente negociadas no contexto mais abrangente da cooperação. Ao tratar da igreja e do governo civil no mesmo livro, sob o mesmo título, Calvino estava advogando que tanto a igreja como o governo funcionavam como dois "médios externos" pelos quais a graça de Deus se distribui ao mundo".[83] Ambas as agências, com diferentes poderes outorgados por Deus, utilizam-nos "para disciplina da mesma comunidade ou corpo de habitantes [...], para obediência do mesmo corpo de leis que abrangia tanto a piedade como a justiça".[84]

Passamos a enfocar agora o consistório, um desenvolvimento da corte eclesiástica que exemplificou a coincidência de autoridades e as resultantes tensões que caracterizam a eclesiologia de Calvino.

O consistório. O consistório talvez seja o mais célebre elemento da eclesiologia de Calvino e o menos compreendido. Não era de todo peculiar, pois instituições análogas surgiram em outras sociedades eclesiais, incluindo sua predecessora em muitos aspectos, a corte eclesiástica da Igreja de Roma. Como seus registros desde a época de Calvino revelaram-se extremamente difíceis de decifrar, só recentemente se lançou nova luz sobre o efetivo funcionamento dessa instituição. A importância do consistório reside no fato de que uma melhor compreensão de seu funcionamento transmite uma ideia mais clara da verdadeira igreja que havia por trás da

---

[83] Höpfl, *The Christian Polity of John Calvin*, p. 191.
[84] Ibid., p. 193. Isso se refere ao foro exterior. O cristão autêntico era intrinsecamente disposto; o iníquo, conformado apenas externamente. Entretanto, como o cristianismo na Genebra de Calvino era a única religião publicamente confessada, ninguém tinha direito de reclamar contra a imposição civil. Ibid.

eclesiologia de Calvino e possibilita uma avaliação do que "disciplina" realmente significava. A apreciação desses aspectos também permite que se tenha uma visão mais percuciente das tensões que envolviam a relação igreja-Estado e da relação entre a igreja ideal e a igreja real. A apresentação que se segue combina uma narrativa prescritiva e um relato histórico.

O consistório nas "Institutas" e nas "Ordenanças". O consistório era um comitê ou tribunal de ministros da igreja, de pastores e de anciãos, que exerciam o poder de jurisdição espiritual da igreja pela supervisão do comportamento moral público e, em certos casos, do comportamento moral privado dos membros da igreja.[85]

As Ordenanças dispuseram a constituição do consistório em Genebra. Além dos pastores, ele era composto dos anciãos, doze homens, sendo dois do Pequeno Conselho, quatro do Conselho dos Sessenta e seis do Conselho dos Duzentos, todos eles homens judiciosos e de bom caráter. Deviam representar cada bairro da cidade, de sorte que a exercer uma supervisão global. O Pequeno Conselho designava os membros do consistório em consulta com os pastores e em seguida os apresentava ao Conselho dos Duzentos, que os aprovava ou efetivamente os elegia. Eram investidos então na função, pois esse era um ministério da igreja, mediante juramento de servir. Os anciãos não eram ordenados. A cada ano eles se apresentavam à magistratura para inspeção. As Ordenanças de Calvino recomendavam que não fossem "mudados frequentemente sem motivo, contanto que se desincumbam fielmente de suas obrigações" (Ordenanças, 64).

O consistório devia funcionar da seguinte maneira: reunir-se-ia uma vez por semana para discutir qualquer distúrbio que pudesse se verificar na igreja, bem como as providências cabíveis (Ordenanças, 70-71). Deveria atuar, antes de tudo, reportando as ocorrências aos pastores: os pastores admoestavam e exortavam. Os próprios anciãos poderiam advertir os faltosos em particular, recorrer aos membros da família ou impor uma

---

[85] O consistório é discutido nas Institutas, em 4,12,1-13. Completarei a descrição teológica que lá se encontra com algumas das implementações práticas que são codificadas nas Ordenanças.

multa por diversas ações. Se essas providências não surtissem efeito, o infrator poderia ser convocado pelo consistório, talvez na presença de testemunhas. Em último caso, se o acusado não se emendasse, em matéria grave, o consistório poderia excomungá-lo, ou seja, excluí-lo da Ceia do Senhor. Todas essas medidas eram aplicáveis a questões particulares (4,12,2). Na hipótese de escândalo público, o consistório poderia proceder diretamente mediante censura pública (4,12,3). A seção narrativa deste capítulo mostrou como Calvino teve de lutar para conquistar o autônomo poder de excomungar como prerrogativa inerente à igreja.

Calvino considerava o procedimento da excomunhão como poder espiritual, inteiramente distinto do poder civil de coerção, porque a igreja não dispunha de qualquer poder físico e sempre apelava à liberdade do indivíduo (4,11,3). A justificação desse poder, Escritura à parte, respaldava-se na convicção de Calvino de que ele essencialmente complementava a pregação da Palavra. Se a pregação da Palavra fosse levada a sério, então as pessoas teriam de se deixar julgar por essa Palavra (4,11,5). Quanto ao propósito ou objetivo desse poder de jurisdição, Calvino o encarava em tríplice perspectiva: negativamente, os pecadores públicos na igreja conspurcariam a igreja e profanariam a Ceia do Senhor. Em segundo lugar, os iníquos na igreja corromperiam os demais. Por fim, e em termos mais positivos, a disciplina tinha por objetivo fomentar o arrependimento no indivíduo faltoso (4,12,5). Calvino ressaltava enfaticamente que o processo como um todo se desenrolasse de maneira construtiva e fosse implementado com tal moderação que ninguém saísse prejudicado (Ordenanças, 70).

A importância de todos esses três poderes da igreja, mas sobretudo o da jurisdição espiritual, consiste no fato de que contribuem para uma visão da igreja enquanto comunidade santa.[86] A Palavra de Deus é a alma da igreja; a disciplina constitui o baluarte pelo qual os membros da igreja se mantêm em coesão (4,12,1). Quando tratou dos anabatistas ou das igrejas separadas, Calvino afirmara que seus ideais soavam perfeccionistas e

---

[86] A categoria é utilizada por Ernst Troeltsch, e será retomada nas reflexões subsequentes acerca da eclesiologia de Calvino.

irrealistas; a igreja é um corpo misto, e resulta impossível ter uma igreja perfeita ou santa (4,1,13). Ao mesmo tempo, contudo, Calvino *efetivamente* via a igreja progredindo em santidade; "ela progride diariamente", "faz progressos dia após dia" (4,1,17). Por intermédio do consistório e do ministério exercido por essa instituição, Calvino propiciou um ambiente que ajudaria a realizar ou estimular esse crescimento na igreja.

O funcionamento histórico do consistório.[87] Muito embora se sobreponha à exposição teológico-prescritiva que acaba de se fazer, esta descrição histórica colmata a ossatura com alguma carne, sem a adiposidade dos casos concretos. O consistório reunia-se semanalmente, às quintas-feiras, de três a quatro horas, no antigo claustro dos cônegos da Catedral de São Pedro, que veio a ser conhecido como a Sala de Reuniões do Consistório.[88] Compunha-se de "aproximadamente vinte e cinco membros: doze anciãos, eleitos anualmente, e, *ex officio*, todos os pastores da cidade. Dependendo do período, havia entre nove e vinte e dois pastores [...]. Tinha também um 'oficial', com a incumbência de convocar as pessoas a comparecer perante o consistório, e uma secretária, cuja atribuição era transcrever as atas de suas sessões semanais".[89]

"O oficial que presidia o consistório era um dos quatro síndicos eleitos para o ano. Os demais membros sentavam-se em duas bancadas. Uma das bancadas era composta pelos pastores que constavam da folha de pagamento da cidade, atribuídos a paróquias situadas no perímetro da cidade e em uma série de vilarejos das cercanias, controladas pela municipalidade. Calvino, como moderador permanente da Companhia dos Pastores,

---

[87] A exposição histórica acerca do consistório é extraída de Robert M. Kingdon. "The Geneva Consistory in the Time of Calvin", *Calvinism in Europe: 1540-1620*, Andrew Pettegree, Alastair Duke e Gillian Lewis (eds.). Cambridge e New York, Cambridge University Press, 1994, pp. 21-34; id., "The Institutional Matrix", *Adultery and Divorce in Calvin's Geneva*. Cambridge, Mass., Harvard University Press, 1995, pp. 7-30; id. "Preface", *Registers of the Consistory of Geneva in the Time of Calvin*, I, -1542-1544, ed R. M. Kingdon et al. Grand Rapids e Cambridge, Eerdmans, 2000, pp. x-xvi; Thomas A. Lambert e Isabella M. Watt. "Introduction", *Registers of the Consistory of Geneva in the Time of Calvin*, I, pp. xvii-xxxiv; William E. Monter. "The Consistory of Geneva, 1559-1569", *Bibliothèque d'Humanisme et Renaissance* 38 (1976), pp. 467-484.

[88] Kingdon, "The Geneva Consistory", p. 22; Lambert e Watt, *Registers*, p. xxix.

[89] Kingdon, *Registers*, p. xi.

sentava-se à cabeceira dessa bancada. A outra bancada era formada pelos comissários ou 'anciãos', escolhidos uma vez por ano nas eleições em que se compunha a totalidade do governo, mas frequentemente reeleitos para o cargo por um número de anos consecutivos. A chapa dos indicados a cada ano para o cargo de ancião [...] era preparada anualmente, antes das eleições, pelo Pequeno Conselho cujo mandato se encerrava. Diferentemente das outras chapas, contudo, as dos diáconos e dos anciãos eram preparadas segundo os termos das ordenanças eclesiásticas, ouvidos os pastores. Quando esteve em pleno funcionamento, no auge da carreira de Calvino, o consistório compunha-se de doze anciãos e de um número variável de pastores, oscilando em média entre dez e doze."[90] Havia ainda exigência de distribuição dos anciãos mencionados anteriormente, de sorte que cada um dos conselhos fosse representado como se se tratasse de distritos geográficos. Os registros do consistório deixam claro que todos os vinte a vinte e cinco membros não precisavam comparecer a todas as sessões. O síndico encarregava-se da reunião e conduzia as questões, mas Calvino frequentemente controlava os trabalhos", na medida em que os membros do consistório submetiam-se a ele. Independentemente de sua personalidade, Calvino era o indivíduo mais instruído e o líder religioso mais famoso, além de ser especialista em direito na cidade. Detinha, portanto, credenciais de peso.[91]

Os registros históricos indicam que os resultados típicos de um processo submetido à apreciação do consistório classificavam-se em três categorias. O primeiro era uma censura ritual ou uma reclamação geralmente formulada por um dos ministros ou por Calvino.[92] O segundo nível era a excomunhão, que excluía a pessoa pelo menos da comunhão trimestral seguinte ou por mais tempo ainda. Era uma punição temida, tanto por razões religiosas como também pela humilhação ou segregação da

---

[90] Kingdon, *Adultery*, pp. 13-14.
[91] Ibid., p. 17.
[92] Algumas pessoas compareciam perante o consistório na condição de peticionárias, e não de acusadas. Muitos dos casos referiam-se a querelas entre membros de família, parentes, reclamações entre conhecidos, claramente questões de "baixa voltagem". Boa parte dos casos acabava em reprimendas. Monter, "The Consistory of Geneva", p. 471.

comunidade que acarretava, podendo levar ao anátema se o infrator não procurasse se reintegrar à comunidade.[93] Em um terceiro nível de ação, se se julgasse que a ofensa envolvera um crime, ela deveria ser encaminhada ao Pequeno Conselho para cominação secular.[94]

Depois de estudar, durante alguns anos, o que o consistório efetivamente fazia, Kingdon fez uma avaliação de sua função na igreja e na cidade. Da perspectiva das modernas sociedades ocidentais, que prezam a liberdade e a privacidade, o consistório era certamente uma instituição intrusiva. Os editores dos registros calculam que o consistório convocasse entre 6% e 7% da população adulta da igreja a cada ano, e em 1569 chegou à casa dos 15%.[95] Seu papel, contudo, não era puramente negativo ou repressivo. O consistório tinha três funções gerais: "Funcionava como instituição educacional, como serviço de aconselhamento compulsório e como uma espécie de corte".[96] A maioria das pessoas tem familiaridade com a terceira função. Entretanto, após uma análise dos casos registrados durante o período em que Calvino viveu, tem-se a impressão de que o consistório era consideravelmente mais do que uma engrenagem de um sistema disciplinar repressor. Ele por vezes funcionava como corte de apelação, e outras vezes como corte de arbitragem. "Procurava, efetivamente, atuar como instituição educacional e como serviço de aconselhamento."[97] Os muitos casos de desavenças entre familiares e brigas de vizinhos que redundaram em reconciliação mostram que a disciplina, para Calvino e para esses genebrinos de então, não podia ser reduzida ao controle social.

---

[93] Deve ser lembrado que o consistório não tinha permissão para excomungar independentemente do consentimento dos magistrados até 1555. Daí por diante, o número de excomunhões cresceu rapidamente: em 1551 foram quatro; em 1557, quase duzentas; em 1569, quinhentas e trinta e cinco. Muitas excomunhões, contudo, eram de curta duração, talvez por um serviço de comunhão. Esperavam-se sinais de arrependimento para que o anátema pudesse ser suspenso (Ibid., pp. 476-477). Alguns dos casos na cidade que terminaram em excomunhão envolveram, por ordem de predominância: escândalos e mentiras; brigas domésticas, desavenças com outros, fornicação, revolta contra os anciãos, superstição, blasfêmia, roubo, jogo de azar, dança, músicas profanas, usura. Ibid., p. 479.
[94] Kingdon, *Adultery*, pp. 18-21.
[95] Lambert e Watt, *Registers*, pp. xvii-xviii; Monter, "The Consistory of Geneva", p. 484.
[96] Kingdon, "The Geneva Consistory", p. 24.
[97] Ibid., p. 34.

O consistório "também era uma instituição genuinamente assistencial. Procurava, de fato, amparar todo mundo em sua cidade-Estado a viver o tipo de vida que a seu ver Deus pretendia que as pessoas vivessem [...]. Na Genebra de Calvino, sempre havia alguém disposto a ajudar".[98]

Igreja e Estado à luz do consistório. Que se pode dizer da relação entre a igreja e o governo civil à luz da controvérsia sobre o poder de excomunhão? Naphy responde a essa questão removendo-a do contexto de uma batalha entre igreja e Estado: "Não se pode considerar a luta em torno da excomunhão meramente como um contencioso entre a igreja/ministros e o Estado/magistrados. Trata-se antes de uma questão de jurisdição e de posição na estrutura institucional do Estado entre um corpo burocrático, o consistório, e um outro, o *Petit Conseil*".[99] Houve um conflito entre o consistório e o Pequeno Conselho, mas não foi um conflito entre igreja e Estado, porque o consistório, por sua parte, servia à cidade, e o governo, por sua vez, nunca hesitou em apoiar seus ministros. "Os debates sobre o direito definitivo de apelação contra uma excomunhão, contudo, eram mais em torno da correta relação entre as duas instituições políticas e os conflitos entre dois blocos de magistrados do que uma luta aberta entre a igreja e o Estado" (27). "Pelo contrário, tratava-se de um desacordo entre uma instituição do Estado, o consistório, e outra, o *Petit Conseil*. Não posso sublinhar mais enfaticamente esse ponto", reitera Naphy. "O consistório tinha doze magistrados eleitos em sua composição, representando todos os três conselhos. Há toda razão para acreditar que esses políticos – eis o que eles eram – viam sua presença como um suficiente controle sobre o poder dos ministros" (26). O Pequeno Conselho "sustentava que o consistório era um escalão inferior da estrutura burocrática e institucional da república e que as apelações eram possíveis, dependendo da sentença. Por conseguinte, as admonições e as reclamações eram decretadas e sentenciadas pelos ministros e magistrados do consistório. Todavia, a aplicação da excomunhão (em vez de sua recomendação), bem

---

[98] Ibid.
[99] Naphy, "Church and State", p. 26. As referências de página no texto desse parágrafo são a esse artigo de Naphy.

semelhante à recomendação às cortes criminais para cominação ulterior, era vista como matéria reservada em última instância ao *Petit Conseil*". A visão das relações igreja-Estado que emerge dessa análise do consistório é uma visão de unidade da igreja e do Estado, com uma distinção, mas não separação, no âmbito de certas esferas públicas de autoridade, e um deliberado equilíbrio de poderes em que cada esfera de autoridade em certa medida controlava a outra. Tudo funcionava politicamente nos termos das questões e das pessoas envolvidas em suas várias prerrogativas.

Reflexões sobre a eclesiologia de Calvino

A eclesiologia de Calvino, tal como se desenrolou durante sua carreira como teólogo e padre da igreja em Genebra, tornou-se uma fonte para a disseminação de uma tradição reformada em diferentes regiões da Europa, em que assumiu uma gama de diferenças peculiares. Uma comparação dessas diferentes formas proporcionaria um método para descobrir as muitas potencialidades implícitas das estruturas calvinistas.[100] Esta seção limita-se a sublinhar os temas mais evidentes que se encontram, em termos práticos, na superfície do que é concisamente esquematizado aqui. Eles são dispostos simplesmente para enfatizar traços distintivos que podem contribuir para o senso de pluralismo na eclesiologia.

Quase de passagem, François Wendel contrasta três tendências calvinistas em relação à igreja, em contraposição aos luteranos que Calvino conheceu durante o período de três anos que passou em Estrasburgo.[101] Elas são instrutivas porque parecem provir e representar o próprio Calvino e, portanto, ajudam a definir outros elementos distintivos. Em primeiro lugar, Calvino pensava que os teólogos alemães negligenciavam a disciplina da igreja; pelo menos, não lhe atribuíam a importância que Calvino lhe dava. Em segundo lugar, reproduziam a liturgia romana com muito mais exatidão do que Calvino julgava necessário ou apropriado.

---

[100] Como em McNeill, *Calvinism*.
[101] Wendel, *Calvin*, pp. 64-65.

Por contraste, Calvino acreditava que a ordem do culto que ele seguia assemelhava-se muito mais aos padrões que havia encontrado no próprio Novo Testamento. Em terceiro lugar, Calvino acreditava que as igrejas luteranas permitiam-se tornar-se estritamente dependentes do poder e da autoridade política civil, particularmente onde os príncipes incorporaram as igrejas à sua administração política. Em contraste, Calvino queria uma igreja autônoma e livre para atuar em sua própria esfera, não independentemente do Estado, como vimos, mas em convergência com ele, com suas próprias prerrogativas. Esses três temas não exaurem as diferenças entre as igrejas evangélicas francesas e alemãs, mas apontam trajetórias.

A Igreja Romana e as igrejas anabatistas podem justamente pretender-se como divisor natural para a compreensão da eclesiologia de Calvino por contraste. Mas é possível também observar algumas diferenças importantes entre as concepções de igreja de Calvino e de Lutero, tal como descritas no capítulo anterior. Cinco temas ajudam a diferenciar Calvino de Lutero em questões eclesiológicas. Cada um desses temas contribui para estimular a sensibilidade à peculiaridade da eclesiologia de Calvino.

O primeiro deles tem a ver com a *lei*. Calvino tinha uma visão mais positiva da lei do que Lutero. Muito embora também se contrapusesse ao que considerava um legalismo romano que sujeitava as consciências, Calvino introduziu a lei no âmbito da igreja. Ele percebia a necessidade positiva de disciplina e de uma vida eclesial ordenada e estruturada. Isso tem relação com o que se poderia chamar de espiritualidade eclesial.

Um segundo tema, não muito distante da problemática da lei, gira em torno mais amplamente da *instituição*. Conquanto Calvino visse a igreja como uma comunidade livre, no sentido de que era espiritual e se fundava na fé, a igreja também era uma estrutura institucional. Era uma comunidade espiritual, tanto quanto uma comunidade estruturada por uma instituição objetiva; era uma comunidade voluntária e ao mesmo tempo uma organização compulsória. Calvino admitia uma gama de variedades na instituição igreja; sua definição da verdadeira igreja revela que ele não advogava a existência de uma única estrutura eclesial normativa. Em que pese isso, a igreja precisava ter alguma estrutura institucional definida em determinado lugar, sua estrutura ministerial não era inteiramente livre, e Calvino encontrara ministérios objetivos institucionalizados no Novo Testamento.[102] A estruturação e a ordenança da igreja não vinculavam a consciência cristã, pois só a Palavra de Deus atingia diretamente a alma humana. Indiretamente, contudo, esperava-se que as pessoas na igreja obedecessem aos ministros; eles compartilhavam uma autoridade institucional que em última análise remontava à vontade de Deus.

Em terceiro lugar, como a autonomia da administração da igreja preocupava-o profundamente, a estruturação calvinista das várias ordens do clero em uma entidade semiautônoma conferiu à igreja maior poder em seu *envolvimento com a sociedade*. Nenhuma igreja, como instituição pública, pode deixar de se envolver com a sociedade e de impactá-la. A diferença aqui reside no escopo e no poder. A exemplo da igreja medieval, a igreja de Calvino é profundamente envolvida com a sociedade e com a esfera temporal. A qualidade desse envolvimento se manifestava em dois níveis distintos. No nível da espiritualidade pessoal, segundo a visão de Calvino, os membros da igreja deviam perceber-se envolvidos no mundo, e não hostis à participação na vida temporal e social. A transcendência ao mundo manifesta-se pela disciplina e pela utilização do mundo em vista da glória de Deus. Essa questão relaciona-se diretamente com a espiritualidade cristã e será retomada mais adiante. No nível social, a igreja enquanto instituição exerce impacto sobre o mundo. Como instituição atípica, explicitamente fundada na Palavra de Deus, a igreja aporta sua mensagem e seu poder espiritual com o intuito de interferir na ordem pública, por meio de seus vários ministérios, afetando a mentalidade das pessoas, sua conduta moral, e provendo suas necessidades materiais em caso de penúria social.

A relação entre a igreja e a sociedade sempre comporta ambiguidades ou tensões. Tais tensões são facilmente visíveis no consistório de Calvino. Em

---

[102] Jay observa negativamente que a tentativa de Calvino de encontrar substrato escriturístico para sua ordem ministerial não foi mais bem-sucedida "do que a dos papistas, episcopalianos ou congregacionalistas [...] de sua própria tradição". Jay, *Church*, p. 174. No entanto, também se pode dizer positivamente, com base na premissa do pluralismo de ordem eclesial no Novo Testamento, que eles são todos igualmente bem-sucedidos.

certos aspectos, essas tensões são inevitáveis. Elas não são novas no caso de Genebra. Entretanto, no caso da igreja de Calvino, a modernidade estava começando a predominar, e, quando vistas pelas lentes do consistório em uma igreja urbana, elas se manifestam com clareza instrutiva. Eis alguns exemplos dessas tensões: será o consistório uma instituição eclesiástica ou um mecanismo do governo da cidade?[103] Sem sombra de dúvida, ele era, de fato, uma coisa e outra: governava ou regulava a vida na cidade. Calvino, porém, concebia-o como ministério da igreja; o consistório funcionava como uma consciência da igreja e, portanto, da cidade. Eram os anciãos clérigos ou ministros laicos? Muito embora a companhia dos pastores fosse consultada, os anciãos eram efetivamente designados pelos magistrados da cidade, e não ordenados; mas, para Calvino, eles eram autorizados pelo Novo Testamento como ofício do ministério da igreja. Teologicamente, os pastores deviam ser escolhidos pela companhia dos pastores e aprovados pelo povo; com efeito, eles eram designados pelo Pequeno Conselho a partir da indicação dos pastores. O síndico presidia o consistório, mas Calvino e os pastores tinham considerável influência. Como se poderia descrever a relação entre clérigos e leigos? Um comentarista alude ao "clericalismo" de Calvino, no qual os clérigos se situavam acima dos leigos.[104] Um outro comentarista pôde escrever que Calvino, "em grau bem maior do que Lutero, extinguiu todas as distinções entre clérigos e leigos".[105] Sobre o poder espiritual e o poder temporal: a igreja exercia autoridade ou poder espiritual, que é bem diferente do poder do governo civil de usar a força ou a coerção. Não obstante, o consistório regularmente entregava ao governo aqueles que mereciam punição. O próprio poder de excomunhão é uma jurisdição e um julgamento espiritual, mas ninguém negaria seu poder coercitivo em uma cidade-Estado monoliticamente religiosa. Todas essas tensões foram vitais durante o período medieval. Tornaram-se muito mais agudas quando os limites da

---

[103] Kingdon refere-se ao consistório como parte do governo de Genebra (*Adultery*, 11). Lambert e Watt referem-se a ele como uma instituição eclesiástica. *Registers*, p. xxx.
[104] Bouwsma, *John Calvin*, pp. 219-220.
[105] Ganoczy, *Calvin*, p. 379, citando Wendel.

igreja foram mais intimamente delineados para definir uma igreja local ou regional.

Em quarto lugar, Naphy mostra que havia muito mais cooperação entre o governo ou os magistrados da cidade de Genebra e a igreja do que geralmente se retrata. Calvino esboçou o que foi efetivamente a constituição da igreja em suas Ordenanças. Ele também foi encarregado de "encabeçar a comissão designada para redigir a primeira constituição genebrina pós-independência".[106] Um esboço da estrutura e do funcionamento dos quatro ofícios do ministério da igreja com o governo da cidade ilustra "a natureza unificada da relação. Além disso, ela ressalta a imensa área de sobreposição entre as esferas eclesiástica e política. Por fim, e o que é mais importante, a república de Genebra e a igreja genebrina podem ser vistas como uma única unidade nacional compreendendo boa parte do mesmo pessoal e do mesmo espaço. O caráter compósito, indiferenciado e nacional do consistório é simplesmente a mais evidente expressão dessa realidade".[107] O consistório em Genebra foi único; não foi o modelo padrão. "Em Genebra, o consistório era tanto uma expressão do Estado e do poder magisterial como uma autoridade religiosa e ministerial."[108]

Em quinto lugar, Calvino estava pessoalmente preocupado com a *igreja universal*, e alguns aspectos de sua eclesiologia dão mostra dessa preocupação. Ele participou ativamente dos esforços ecumênicos e empenhou-se em prevenir a cisão das igrejas; estendeu a Reforma para além de sua própria esfera, à proporção que Genebra tornou-se o centro de todo o movimento de Reforma. Muito embora rejeitasse o modelo papal corrente de uma unidade institucional da igreja universal, Calvino preocupou-se com a unidade de todas as igrejas por intermédio da intercomunhão. Viu um possível papel para os concílios. A concepção que ele

---

[106] Naphy, "Church and State", pp. 14-15. Essas ações dos magistrados indicavam boa dose de confiança inicial. A visão de Naphy nesse ensaio parece ter evoluído da linguagem empregada em sua primeira obra, em que indicava que os magistrados eram menos abertos às medidas reformistas de Calvino; quanto a Calvino, sua "visão da correta relação entre a igreja e o Estado em Genebra diferia radicalmente da dos magistrados que o chamaram de volta". *Calvin and the Consolidation of the Genevan Reformation*, p. 222.

[107] Naphy, "Church and State", p. 22.

[108] Ibid., p. 20.

tinha da igreja universal transcendia o congregacionalismo. Seu modelo de igreja universal aproximava-se da comunhão cipriana de igrejas, mas sem a necessidade de uma estrutura episcopal de colegialidade, embora aberta à sua possibilidade.

O tema da relação da igreja com o mundo provê um contexto no qual as características mais peculiares da igreja na eclesiologia de Calvino começam a despontar. Poder-se-ia arrolar uma série de ideias e motivos característicos da teologia de Calvino que corroboram esse traço específico de sua eclesiologia: a ideia calvinista da vontade transcendente e soberana de Deus, a providência, a visão que ele tinha da santificação, a unidade mas não redutibilidade da religião e da moralidade, a espiritualidade do uso das criaturas, a solicitude e o chamado, e assim por diante. A grande diferença da igreja de Calvino em relação à sua congênere medieval, nesse aspecto, encontra-se no fato de que a Igreja Romana era uma instituição universal. Ela operava a partir do centro romano e se relacionava com as macropolíticas da Europa. A igreja local compõe a unidade básica da igreja de Calvino. Nesse aspecto, ele propõe uma eclesiologia a partir de baixo. A universalidade da igreja, se institucionalmente organizada, consistiria em uma federação de igrejas em comunhão, unidas como uma única igreja pelos dois sinais da Palavra e do Sacramento. Mas no burgo ou na cidade, com seu ambiente, a igreja constituía a sociedade humana. De forma alguma era vista à margem da sociedade. Todo o seu propósito enquanto instrumento de salvação também implicava que ela era fermento da sociedade, uma força institucional na modelagem de uma sociedade especificamente cristã.

Questão a ser deslindada posteriormente, o envolvimento da igreja com a sociedade desenrolava-se sobre os dois níveis diferentes e inseparáveis a que já nos referimos: o primeiro dizia respeito à espiritualidade dos membros da igreja; o segundo relaciona-se com a igreja enquanto ente social. Começando com o nível da espiritualidade pessoal, pode-se observar como, explicitamente, na teologia de Calvino, o engajamento com o mundo integra a autocompreensão da existência cristã. A teologia maior de Calvino propicia a sua eclesiologia os fundamentos de uma espiritualidade pessoal de engajamento, até de engajamento profissional, no mundo e na sociedade. A doutrina de Calvino segundo a qual as leis humanas não podem vincular a consciência diretamente perante Deus relativiza radicalmente as instituições humanas em geral. O indivíduo cuja consciência se relaciona primariamente com Deus, sobretudo como revelado pela Palavra, sobrepõe-se às prescrições humanas. "Dessa forma, o indivíduo, em relação à Palavra divina, efetivamente se sobrepõe a seu contexto social e a suas obrigações e, por meio de sua consciência experiencia a obrigação de julgar essa matriz social através de uma norma superior."[109] Esse princípio não evitou que objetores conscienciosos fossem expulsos de Genebra. Sem ele, no entanto, Calvino, segundo seu próprio testemunho, jamais se teria convertido.

A doutrina da providência, a eleição, a santificação, o terceiro uso da lei, a vocação, o uso das criaturas corroboram isso. A santificação de uma pessoa ocorre na e através da sua própria vida no mundo. Pois, para Calvino, a ocupação ou o trabalho de um indivíduo representava muito mais do que o contexto ou âmbito neutro de atividade em que a divina providência o inseria. No pensamento de Calvino, a vocação de uma pessoa torna-se meio de santificação; em outras palavras, a santificação do ser humano se dá *através* da e não simplesmente na vocação. "Em virtude da consciência de sua própria eleição, cada sujeito tinha conhecimento de que as raízes, por assim dizer, de sua própria individualidade e suas aptidões únicas fundavam-se na eterna vontade de Deus, uma extraordinária base de sua individualidade específica, com suas características e aptidões únicas e idiossincráticas. Além disso, como o sentido de sua vida histórica se canaliza assim *através* de sua atividade individual, tão relacionada com a vontade de Deus, a vocação da pessoa constitui um criativo papel que *lhe* é atribuído, sujeito a *sua* criativa interpretação, e portanto 'aberto' à determinação por sua própria vontade criadora".[110] A ênfase de Calvino na especial providência leva a vontade de Deus a influir na especificidade

---

[109] Gilkey Langdon. *Reaping the Whirlwind: A Christian Interpretation of History*. New York, Seabury Press, 1976, p. 185.
[110] Ibid.

e na unicidade da ação de cada pessoa. O membro da igreja de Calvino "tem profunda consciência de seu próprio valor como pessoa, é imbuído de um elevado senso de missão divina perante o mundo, de ser alguém misericordiosamente privilegiado entre milhares de outras pessoas, além de saber-se detentor de uma imensa responsabilidade".[111]

As ideias de vocação, providência e eleição acabam então por compor um amálgama. Como cristão, o sequaz de Calvino é "irresistivelmente convocado a um entusiástico envolvimento com o serviço ao mundo e à sociedade, a uma vida de trabalho incessante, penetrante e formador".[112] A razão para tanto não é uma positiva visão da natureza humana, não em Calvino,[113] como tampouco um otimismo em relação à história. Calvino tinha uma concepção radical do pecado e da corrupção humana. A razão para tanto estriba, pelo contrário, na absoluta glória de Deus, na eleição, na necessidade de confiança e no serviço à glória de Deus, à vontade de Deus, bem como na responsabilidade no uso das criaturas.[114] A ideia da progressiva santificação a partir do germe da eleição e da justificação reforça a visão. Em síntese, Calvino supera por completo a branda afirmação de que nenhuma separação divide a igreja e a vida social ou de que a ética e a vida cristãs no mundo são inter-relacionadas. O engajamento no mundo, na própria vida cotidiana como carpinteiro e cidadão, gerente de loja, comerciante ou magistrado constitui uma espiritualidade de serviço em última instância desejada por Deus, na qual e através da qual a própria unidade com Deus é reforçada e efetivada.

Calvino revelou certo viés no sentido de proteger a sociedade e a igreja, em detrimento dos direitos individuais. "A propensão de Calvino era no sentido do bem público, mas com muita frequência o bem individual – que deve ser protegido se se quiser, em última instância, beneficiar o bem

---

[111] Troeltsch, *The Social Teaching*, p. 617. Ver como Bouwsma, *John Calvin*, articula a teologia calvinista do *trabalho* (pp. 198-199), da *vocação* (pp. 199-200), da *solicitude* com uma ideia do *bem comum* (pp. 201-203) como o clímax do ensinamento calvinista sobre a ética social.
[112] Troeltsch, *The Social Teaching*, p. 589.
[113] Ver T. F. Torrance. *Calvin's Doctrine of Man*. Grand Rapids, Eerdmans, 1957, que expõe a antropologia de Calvino de maneira detalhada.
[114] Troeltsch, *The Social Teaching*, pp. 589-590.

público – não era protegido". Uma série de casos revela que o público "era protegido, mas não o individual".[115] Mas Graham também deixa claro que Calvino agia como alguém de seu tempo; sua aquiescência à tortura ou à pena capital, ou a outras medidas contrárias aos indivíduos, não era extraordinária. "Todas as coisas abençoadas de que desfrutamos", proclamava ele, "nos foram confiadas pelo Senhor nessa condição, de que fossem dispensadas para o bem de nossos semelhantes".[116] Calvino via os membros da sociedade como um todo ligados por certas relações de natureza, por assim dizer. Funcionalmente, ele antepôs a comunidade ao indivíduo, mas, em última análise, também espiritualmente. "Os ricos 'um dia hão de dar conta de seus vastos bens, e dessa forma podem, cuidadosa e fielmente, aplicar sua afluência a bons usos aprovados por Deus'."[117]

Richard apreende o marco de compreensão da espiritualidade de Calvino nas categorias teológicas básicas de criação, antropologia, pecado e regeneração através de Cristo, Espírito e igreja. Nos primórdios, o mundo e os seres humanos foram criados para que neles a glória de Deus pudesse resplandecer como em um espelho. A ordem do universo irradia a sabedoria e o poder de Deus; a existência humana, em especial, devia refletir a imagem de Deus. O pecado rompeu a ordem da criação e a história; o pecado obnubilou a gloriosa imagem de Deus. Não obstante, Cristo é o fulcro da regeneração. "Adão foi o primeiro criado à imagem de Deus, e refletiu como em um espelho a justiça divina; mas essa imagem, tendo sido obliterada pelo pecado, há de agora ser regenerada em Cristo. A regeneração do divino nada mais é, com efeito, do que a nova formação da imagem de Deus neles".[118] A restauração da imagem, da justiça e da glória de Deus na criação e na própria existência humana se dá naqueles e através daqueles que são justificados e santificados por Jesus Cristo e

---

[115] Fred W. Graham. "Church and Society: The Difficulty of Sheathing Swords", in *Readings in Calvin's Theology*, ed. Donald K. McKim. Grand Rapids, Baker Book House, 1984, pp. 284-286.

[116] Bouwsma, *John Calvin*, p. 201, citando Calvino, 3.7.5.

[117] Ibid., p. 202, citando o comentário de Calvino sobre Jo 6,13.

[118] Lucien J. Richard. *The Spirituality of John Calvin*. Atlanta, John Knox Press, 1974, p. 113, citando comentário de Calvino sobre Ef 2,24.

pelo Espírito Santo. A piedade religiosa consiste em ser integrado e em viver na nova ordem divina restaurada da criação e da história. O motivo primário para tanto não é a salvação pessoal, muito embora ela não seja suplantada, mas a glória de Deus. Isso se manifesta, primeiramente, quando as pessoas obedecem aos mandamentos do culto adequado de Deus contra toda idolatria. Em segundo lugar, de muitas formas mais eloquentes, uma verdadeira piedade religiosa se revela em um contínuo amor e solicitude para com os outros. Dessa maneira, a espiritualidade de Calvino transcende todo ascetismo ligado à autorrealização pessoal e tende a um engajamento na sociedade que restaurará a imagem de Deus na própria criação.[119]

Por fim, a dimensão ou perspectiva escatológica que Calvino aportou à espiritualidade também é significativa. John H. Leith resume essa relevância em três pontos e agrega um quarto como uma espécie de sumário.[120] Em primeiro lugar, a promessa escatológica de realização fundamenta a importância da vida humana. Em segundo lugar, uma perspectiva escatológica libera as tragédias da existência humana de sua tirania última; as negatividades da existência podem, em derradeira instância, tornar-se positivas. Em terceiro lugar, uma "perspectiva escatológica proporciona um ponto de observação a partir do qual a história pode ser julgada".[121] Em outras palavras, o reino de Deus representa um critério de julgamento. Por fim, à guisa de síntese: "A esperança escatológica é a convicção de que a eterna vontade de Deus conduzirá à completitude toda obra a que deu

---

[119] Ibid, pp. 111-122, 174-180. Pode-se perceber no pensamento de Calvino nesse ponto certa analogia com as mudanças que Erasmo introduziu relativamente à *devotio moderna* que era comum no norte da Europa no século XV. Ver *A comunidade cristã na história*, v. 1, Capítulo 6. Richard desenvolve essas continuidades às pp. 122-129. Gene Haas reage contra a visão de que a ética de Calvino fosse concebida em termos individualistas, ou no contexto do indivíduo perante Deus, delineando as muitas maneiras pelas quais a igreja moldou a vida cristã na e para a sociedade. Para Calvino, "a igreja desempenha papel vital na modelagem da vida moral do fiel, mas, alternativamente, [...] o fiel não pode fazer progresso na vida cristã sem envolvimento com os fiéis companheiros na comunidade eclesial". "Calvin, the Church and Ethics", in *Calvin and the Church*, ed. David Foxgrover, pp. 72-91, à p. 74.

[120] John H. Leith. *John Calvin's Doctrine of the Christian Life*. Louisville, Westminster/John Knox, 1989, pp. 162-165.

[121] Ibid., p. 163.

início".[122] Essa perspectiva escatológica implica uma teologia da história, em cujo contexto a igreja desempenha papel central. "A interpretação calvinista da derrota escatológica do Anticristo como contínuo processo confere vigorosa dinâmica à visão que Calvino tem da missão da igreja no mundo".[123] Por meio da pregação da Palavra de Deus, a igreja "já realiza na história a prefiguração daquele dia futuro do regresso de Cristo".[124] "Como a vitória definitiva já está ocorrendo nas derrotas atuais sofridas pelo Anticristo, o reino de Deus já está sendo instaurado no mundo. Essas vitórias atuais antecipam e conduzem à vitória definitiva de Cristo sobre o Anticristo. A igreja e a atividade que ela realiza são parte essencial do movimento escatológico da história do advento ao retorno."[125]

Esses fundamentos de uma espiritualidade da vida cotidiana se expandem em uma visão mais compreensiva do impacto da igreja sobre o mundo, no nível da sociedade. Patenteia-se que, em Calvino, a igreja funciona mais do que como um órgão de salvação interior, pessoal e espiritual. A seu ver, a igreja constituía um efetivo meio para cristianização de uma comunidade. Para Calvino, a Escritura revela uma doutrina, promulga uma ética e profere uma mensagem de abrangente propósito religioso que pauta a vida no mundo.[126] A Escritura, a palavra de Deus, não é apenas palavra divina de perdão; ela é também mandamento moral; ecoa a vontade de Deus. Por conseguinte, a igreja, mediando essa palavra, dispõe de poder legislativo e disciplinar. Deve-se lembrar continuamente que todo mundo, em um dado lugar, era membro da igreja; isso é ainda cristianismo sem pluralismo de igrejas em uma localidade específica. Nesse contexto, na esfera intraeclesial, os pecadores públicos revelavam-se inaptos para integrar a igreja ou para participar da Ceia do Senhor, o que, no entanto, automaticamente implicava o mesmo público-alvo em termos seculares

---

[122] Ibid., p. 165.
[123] David E. Holwerda. "Eschatology and History: A Look at Calvin's Eschatological Vision", in *Readings in Calvin's Theology*, ed. Donald K. McKim. Grand Rapids, Baker Book House, 1984, p. 334.
[124] Ibid., p. 334.
[125] Ibid.
[126] Troeltsch, *The Social Teaching*, pp. 600-604.

mais amplos. Dessarte, a purificação da igreja significa a purificação da sociedade; a igreja, sendo igreja, também cristianiza a sociedade. Calvino intencionalmente conectou qualidade e quantidade, algo frequentemente considerado impossível de fazer, para ter uma comunidade santa de massa. Evidentemente, mais do que ninguém, Calvino sabia que a disciplina eclesiástica não pode criar indivíduos justos, "mas de forma alguma isso restringe a competência [da igreja] enquanto agência facilitadora da tarefa de santificação."[127] A igreja não compete com o Estado aqui: a disciplina e a lei civil geralmente realizam o mesmo fim, não apenas de reprimir a desordem, mas também de proporcionar meio de santificação. Da mesma forma, assim como no caso da espiritualidade pessoal, aqui também a igreja influencia a sociedade mais do que apenas com o poder político de regular a conduta dos cidadãos. A igreja possui uma concepção teológica da realidade e da história, e ela medeia os propósitos de Deus, a vontade de Deus, a glória de Deus na história. Como diz Troeltsch, "todo o espectro da vida [é posto] sob o controle das regulações cristãs e dos propósitos cristãos".[128] A palavra de Deus governa a totalidade da vida, e a totalidade da vida torna-se parte da esfera de atuação da igreja. Calvino não imaginava um triunfo da justiça, uma regeneração da sociedade ou uma nova ordem social de justiça neste mundo. Isso seria incompatível com sua concepção da pecaminosidade humana. Ele pensava mais em termos de luta constante, ao mesmo tempo em que esperava que a igreja aportaria fruto visível à vida social de uma comunidade.[129]

Em última análise, Milner propõe a mais ampla generalização a respeito da doutrina calvinista da igreja, quando reinterpreta a grande visão subjacente às *Institutas* para conferir à igreja parte integrante nela. A estrutura consiste na narrativa ou drama da ordem original da criação, da queda e da economia da restauração. As dinâmicas da restauração são realizadas pela Palavra, pela moção do Espírito, mediada pelo recurso

---

[127] Höpfl, *The Christian Polity of John Calvin*, p. 191.
[128] Troeltsch, *The Social Teaching*, p. 591.
[129] Höpfl, *The Christian Polity of John Calvin*, p. 194.

externo da igreja.[130] A inserção da igreja nesse esquema cósmico-histórico implica três coisas. Em primeiro lugar, a igreja consiste em um movimento histórico efetuado pelo Espírito. Isso significa que a ideia de uma instituição fixa ou de uma estrutura estática não encontra espaço no pensamento de Calvino. Em segundo lugar, a concepção implica que a santificação constitui o elemento definidor da igreja, ou aquilo para o qual a igreja existe. Em última análise, o essencial não se acha na doutrina, no credo, na tradição, no ritual ou na sociedade organizada; todos esses elementos servem à restauração da *imago Dei* na história. Em terceiro lugar, contudo, isso significa que a igreja mantém uma relação essencial com a história e com a evolução da sociedade. A igreja não se situa à parte ou à margem da sociedade. Pelo contrário, o ativismo político de Calvino decorre do propósito teológico da igreja.[131]

Princípios para uma eclesiologia histórica

O caráter clássico da eclesiologia de Calvino pode ser ilustrado mostrando-se como alguns de seus princípios fundamentais subsistem e energizam as eclesiologias de igrejas bem diferentes. Este capítulo, entretanto, conclui-se com um esforço por abstrair da eclesiologia de Calvino alguns princípios para uma teologia historicamente consciente da igreja que seja relevante para a compreensão da igreja em qualquer época dada. Enquanto tais, devem ser gerais e, em alguns casos, hão de ser princípios puramente formais que configurem *loci* consistentes ou pontos de tensão em qualquer eclesiologia. Os critérios utilizados na seleção desses

---

[130] Milner, *Calvin's Doctrine of the Church*, p. 193. Os analistas constantemente repetem que a eclesiologia de Calvino é cristocêntrica. Ganoczy é uma voz em um coro que afirma esse cristocentrismo "porque seu princípio diretor é a doutrina do corpo místico de Cristo". Ganoczy, *Calvin*, p. 184. Ao mesmo tempo em que mal se pode negar que, em certo sentido, a igreja cristã é cristocêntrica, é mais exato dizer que a eclesiologia de Calvino é centrada na Trindade. A economia da salvação, representada nas doutrinas do Criador, do Redentor e do Espírito santificador, que usa a igreja como seu instrumento, dota Calvino de um quadro narrativo para compreensão da igreja na história entre criação e o *eschaton*.

[131] Ibid., pp. 194-195.

princípios encontram-se na avaliação de que são a um só tempo peculiares em Calvino e dotados de relevância universal.

O princípio teológico de suporte ao papel da igreja na história humana. Calvino expressa, tanto quanto qualquer outro teólogo, o princípio teológico que define o papel da igreja na história humana. Isso poderia ser denominado o princípio da encarnação, ou o princípio sacramental, ou o princípio da divina adaptação.[132] Por contraste, é imaginável que Deus poderia tratar cada ser humano individualmente pelo uso que este faz da razão, ou por algum contato direto, ou iluminação da mente. Deus, no entanto, escolheu lidar com os seres humanos historicamente, em e através de agentes no mundo, e a igreja tornou-se o meio ou "instrumento" da comunicação de Deus à humanidade daquilo que foi efetuado no evento de Jesus Cristo. Essa concepção, evidentemente compartilhada por outros teólogos, confere à igreja um intrínseco papel na economia e no diálogo divinos com os seres humanos na história. Ela estabelece, teologicamente, uma responsabilidade a ser exercida no âmbito da igreja por seus ministros e líderes, bem como um fundamento para sua autoridade, relativamente aos membros em geral.

O princípio teológico da relação da Palavra e do Espírito na igreja. Por questão de espaço, a exposição anterior simplesmente aludiu ao caráter peculiar da teologia do Espírito em Calvino, embora ela tenha relação com sua eclesiologia, como mostra Milner. Indicou-se que o fundamento teológico da igreja no Novo Testamento respalda-se em Jesus como o Cristo e no Espírito Santo. A teologia calvinista da complementaridade de papéis da Palavra e do Espírito desenvolve esse fundamento com considerável sutileza. Calvino reforça sua teologia cristocêntrica da Palavra com uma teologia desenvolvida do Espírito enquanto divino iluminador e testemunha interior da Palavra de Deus, o princípio da apropriação da revelação de Deus, e o santificador que conduz à santidade. Essa construção tripartite dota a igreja de um suporte teológico mais intrínseco, a partir de uma outra perspectiva. A igreja não pode ser reduzida à organização

---

[132] Sobre a acomodação divina ao humano, ver Dowey, *Knowledge of God*, pp. 3-17.

do povo cristão na comunidade. Calvino supre a eclesiologia de um profundo substrato teológico no sumário trinitário do trato de Deus com a humanidade na história.

Origens da igreja e pluralismo da estruturação eclesial. Poucas áreas na eclesiologia dão mais ensejo a controvérsias do que a justificação de uma concepção específica de estruturação e de ministério da igreja. Calvino se revela particularmente interessante aqui por causa da importância que atribui à estrutura da igreja, por seu conhecimento histórico e em virtude da estruturação eclesial peculiar que em última instância ele produziu. Consideremos sucessivamente os dois últimos fatores. Calvino estava convencido de que a estrutura da igreja tal como ele a estabeleceu representava uma apropriação muito próxima da estrutura da igreja que se encontra tanto no Novo Testamento como na igreja primitiva. Com efeito, ele utilizou essa replicação como argumento contra os abusos que se haviam introduzido historicamente no seio da Igreja Romana. Isso representa o clássico argumento de um recurso às origens e à normatividade da igreja primitiva. Com efeito, no entanto, Calvino elaborou uma eclesiologia peculiar. O conjunto das quatro ordens de ministério, suas efetivas responsabilidades, suas inter-relações, bem como a localização da autoridade no todo, parece ser algo absolutamente novo na história. Essa tensão não é apontada como argumento contrário ao arranjo de Calvino, e sim como exemplo do processo de apropriação. De fato, a recuperação de Calvino aproxima-se muito acuradamente do espírito e do conteúdo da igreja do Novo Testamento. Seria interessante examinar mais detidamente como Calvino, que reconheceu o desenvolvimento de um episcopado monárquico na igreja primitiva, argumentou que ele deveria ser abandonado em prol de um exercício mais "corporativo" da autoridade da igreja. Mas a lógica do pensamento de Calvino conserva muito mais valor do que seus resultados efetivos: a maneira como ele lida com as tensões entre continuidade e mudança, a forma como define os critérios de mudança ao longo da história, onde os aplica e como utilizou a grande analogia que deve predominar entre a igreja dos séculos I e II às margens do Mediterrâneo e a igreja na Genebra do século XVI.

O que Calvino demonstra nesse processo e o que pode ser alçado a um nível de princípio na eclesiologia histórica pode ser reunido em uma série de proposições. A primeira é que a igreja do Novo Testamento continua a exercer uma reivindicação de normatividade sobre a eclesiologia das igrejas cristãs. As igrejas devem ajustar contas com ela. Outra proposição é que não existe clara e consistente ruptura com a estruturação neotestamentária que se possa ser aplicada hoje em dia. A apropriação do Novo Testamento deve comportar ajustes à presente situação histórica e ambiente da igreja. Em terceiro lugar, a tensiva unidade desses dois princípios gera um terceiro: o Novo Testamento pode ser visto como chancelando diferentes estruturações eclesiais em qualquer época dada. Por um lado, nenhuma versão da organização da igreja no Novo Testamento pode excluir todas as demais; por outro lado, o pluralismo do Novo Testamento testemunha que a igreja pode estimular diferentes arranjos. Observar, portanto, o que Calvino faz, para além do que diz, introduz-nos diretamente no âmago da eclesiologia histórica.

Organização da igreja e ambiente histórico. Os princípios enunciados no parágrafo anterior estendem-se às questões da inculturação, da adaptação da organização e da estruturação da igreja ao ambiente histórico, o que pode mudar e o que não pode, a unidade entre as igrejas que desenvolveram diferentes padrões organizacionais e ofícios de ministério. Essas são grandes questões, e Calvino não as resolve facilmente. Mas ele as exemplifica. Por exemplo, a inculturação. As pessoas perceberam certa semelhança entre a ordem na igreja de Calvino e a ordem política de Genebra, bem como um paralelismo entre seu pensamento sobre estruturação eclesiástica e civil em geral, particularmente sua preferência pela aristocracia em detrimento da monarquia.[133] Seria útil rastrear essas semelhanças de maneira mais detida, mas pode-se defender essa posição sem proceder desse modo. De certa forma, Calvino tinha uma consciência histórica, reconhecia a necessidade de adaptação ao contexto e à cultura histórica e se dava conta de que as diferenças na organização da igreja

---

[133] Höpfl, *The Christian Polity of John Caklvin*, pp. 153-154.

não devem significar divisão na igreja, exceto em questões essenciais. Evidentemente, o que fosse essencial teria de ser debatido, como era o caso, por exemplo, das controvérsias em torno da eucaristia. Mas o próprio envolvimento no debate pressupõe uma forma de unidade. Calvino levava a organização da igreja a sério, mas não atribuiu definitividade a organizações específicas. O ofício da igreja, em última análise, era funcional; existia para o ministério, e o ministério existia para a mediação da Palavra de Deus. A divisão entre igrejas em torno da organização da igreja tem pouco suporte em Calvino.

A tensão entre a santidade objetiva e existencial da igreja. Essa tensão foi revelada no desenvolvimento da primitiva igreja latina tal como se reflete nas eclesiologias de Tertuliano, de Cipriano e de Agostinho.[134] A igreja enquanto pequena comunidade em um mundo pagão mais abrangente aferia sua santidade pela qualidade de vida de seus membros; na igreja mais ampla de Agostinho, a santidade residia mais nas formas objetivas da igreja que medeia a graça de Deus do que na vida do contingente de seus membros. Troeltsch incorpora essa tensão na caracterização que faz dos tipos contrastivos de igreja que ele denominou "igreja" e "seita".[135] Com base na análise, pode-se perceber que Calvino dramatiza essa tensão, pois parece querer manter a igreja como sociedade necessária, à qual todos, em determinada localidade, pertencem, desde o nascimento com o batismo infantil, ao mesmo tempo em que preserva a qualidade da integridade existencial típica dos anabatistas, uma associação voluntária de pessoas comprometidas com a disciplina moral, mas nesse caso encorajadas pela instituição do consistório. Com efeito, Calvino rompe o molde dos dois tipos distintos nesse aspecto e torna a tensão aberta e palpável. Uma igreja santa apenas em suas formas objetivas resulta em uma pretensão vazia; uma igreja que pretendesse santidade apenas com base na vida de seus membros, dada a realidade de pecado, seria considerada fraudulenta. As igrejas e suas eclesiologias precisam lidar com essa tensão.

---

[134] Ver Robert F. Evans. *One and Holy: The Church in Latin Patristic Thought*. London, SPCK, 1972.

[135] Troeltsch, *The Social Teaching*, pp. 331-343.

Ideais e realidades da vida eclesial: o caráter de uma igreja. Uma tensão entre os ideais de uma igreja e a realidade de sua existência subsume o último ponto sobre a santificação em uma formulação mais abrangente ou mais generalizada. Toda igreja encerrará uma tensão entre seus ideais e seu desempenho ao longo de uma gama de eixos: compreensão da doutrina, profissão de fé, fidelidade na prece e no culto, ativo comprometimento com as atividades da igreja. Calvino acreditava que a disciplina no comportamento moral geral dos membros da igreja tem elevado valor, e o consistório era um meio de concretização desse valor. Mas uma outra igreja pode ser muito mais aquiescente, tolerante ou compreensiva em relação à falta moral, pelo menos em um nível público, e não se sentir compelida a implantar uma instituição como o consistório. Tudo isso parece autoevidente como questão de fato, mas a problemática que suscita chega ao nível de princípio: como as igrejas avaliam essas diversas tensões entre ideais, de um lado, e reconhecimento da finitude e do pecado, de outro? Em sua maior parte, essa tensão parece ser decidida pelo caráter da igreja. Ou, para enfatizar a natureza descritiva ou até mesmo tautológica do que está sendo dito aqui, a maneira como essas tensões são resolvidas determina certa reprodução do "caráter" de uma igreja. Muitos dados sociais e históricos podem desembocar na constelação de fatores que determinam o caráter de uma igreja; as fontes dos diferentes caracteres de igreja incluem as sociais, culturais, históricas, bem como outros elementos.[136] Em suma, deve-se esperar que diferentes igrejas assumirão ou adaptarão um caráter distinto por causa da relação que estabelecem com seu ambiente e em virtude dos muitos fatores históricos e sociais que moldam seus membros. E esse caráter influenciará mais vigorosamente do que alguma doutrina universal sobre como as várias tensões entre idealidade e possibilidade são administradas.

---

[136] Richard H. Niebuhr. *The Social Sources of Denominationalism*. New York, World Publishing, A Meridian Book, 1957, ao analisar as denominações, também chega àquilo que estou chamando de o caráter das igrejas. Um outro termo que sugere a mesma coisa ao longo de um período de tempo é "tradição", não na acepção teológica técnica, mas no sentido de um consistente caráter ou figura na história.

A relação da igreja e o mundo. A seção anterior explicitou em certa medida como muitos fatores teológicos e organizacionais se coadunam na teologia e na eclesiologia de Calvino para conformar uma poderosa afirmação do envolvimento da igreja na sociedade. Essa compreensão do compromisso social da igreja seria igualmente consistente com outras eclesiologias. Por exemplo, as ideias de Calvino não colidem seriamente com a autocompreensão da Igreja Romana no período medieval, no que diz respeito a essa questão. Mas a avaliação e o resgate desses temas em diferentes lugares e em períodos ulteriores requererão maior reinterpretação e reformulação. No Ocidente, a separação entre a igreja e o Estado, bem como o reconhecimento do pluralismo religioso, altera as premissas do engajamento público da igreja com a sociedade. Quando a igreja se encontra na condição de pequena minoria social, como ocorreu com a igreja primitiva, e como se verifica hoje na Índia ou na China, sua posição em relação à sociedade não pode ser imediatamente comparável com a igreja da cristandade. Em uma eclesiologia de baixo, os princípios mais fundamentais devem ser sempre apropriados contextualmente. Mas de forma alguma esgotamos as possibilidades oferecidas à igreja pela cultura ocidental no século XVI. Tomamos, portanto, a Igreja da Inglaterra como representativa de uma outra eclesiologia nova e peculiar.

3. A Igreja da Inglaterra

Durante o século XVI a Inglaterra [...] declarou sua independência de Roma; a igreja inglesa passou cada vez mais ao controle do Estado, e o monarca assumiu sua liderança terrena. Monastérios, capelas e guildas religiosas foram dissolvidos, e boa parte dos bens da igreja confiscada pelo governo. O confisco incluiu não apenas terras de propriedade das ordens religiosas, mas também objetos de igrejas paroquiais: sinos, utensílios de comunhão feitos de metais preciosos e vestimentas ricamente adornadas, utilizadas pelos sacerdotes para celebração da missa. O número de dias de santos foi drasticamente reduzido; as peregrinações a santuários foram proibidas e a veneração de relíquias condenada; estátuas e pinturas de parede foram desfiguradas e crucifixos, abatidos. Preces e missas em intenção dos mortos, assim como o uso de palmas e cinzas, foram banidas, e os ofícios em latim foram substituídos por uma liturgia vernacular. Essas mudanças constituíram a Reforma inglesa, parte de um movimento europeu mais abrangente.[1]

A dramática descrição da Reforma inglesa começa, supostamente, com a situação que se achava estabelecida e, em larga medida, retrata aquele estado de coisas como um processo de demolição. Lançando um olhar retrospectivo a partir do final do reinado de Elizabeth I, em 1603, contudo, pode-se interpretar a Reforma inglesa como uma lenta construção histórica de uma característica igreja cristã; essa história foi espasmódica, e não pacífica; a Reforma foi empreendida mediante uma série de decisões "revolucionárias" que representaram verdadeiras sublevações. Entretanto, por volta do final do século XVI, a Igreja da Inglaterra havia se transformado em uma igreja dentre as igrejas da cristandade ocidental, dotada de uma eclesiologia coerente, integral.

---

[1] Doreen Rosman. *From Catholic to Protestant: Religion and the People in Tudor England*. London, University College London Press, 1996, p. 18.

O presente capítulo será desenvolvido a partir dessa proposição, mas um simples relance revela grandes diferenças entre a Igreja da Inglaterra, a Igreja de Roma e as igrejas inspiradas por Lutero e por Calvino. A Igreja da Inglaterra é uma igreja nacional, não uma igreja mundial, nem uma igreja regional, nem uma igreja urbana. Sua amplitude e seu escopo em termos de território e de membros colocam-na à parte de todas as outras três igrejas. Essa igreja não teve nenhum reformador cujo espírito a informasse definitivamente; com efeito, nenhuma característica peculiar que possa definir essa igreja acarretaria consenso. Essa igreja não foi constituída nem se formou de uma vez por todas, ou mesmo em um período relativamente curto. Foi resultante de uma longa série de eventos que paulatinamente contribuíram para a constituição de uma igreja que continuaria a crescer após sua primeira consolidação durante o reinado de Elizabeth I.

A totalidade da igreja medieval na Inglaterra supriu os elementos coletivos que se converteram na Igreja da Inglaterra. Mas essa exposição estritamente pontuada é ininteligível se dissociada da história europeia em sentido amplo, quer em termos religiosos, quer em termos seculares. Boa parte desse pano de fundo será tomado como suposição. O capítulo representa a eclesiologia da Igreja da Inglaterra no século XVI analogamente à exposição que foi feita nos dois capítulos anteriores. Começa narrando os dramáticos acontecimentos históricos que, em conjunto, constituíram a Reforma inglesa. Em seguida, recupera a caracterização abrangente da igreja proposta no final do século por Richard Hooker, em sua obra de oito volumes sobre a estruturação da Igreja da Inglaterra, para uma apresentação sistemática de sua eclesiologia. As duas seções conclusivas consistem em um feixe de reflexões gerais sobre essa eclesiologia, relacionando-a implicitamente a outras concepções da igreja, e em um conjunto de princípios distintivos ou de ilustrações daqueles que foram ressaltados nos capítulos anteriores que podem ser úteis para uma eclesiologia construtiva em qualquer época dada.

O desenvolvimento da Igreja da Inglaterra

As poucas páginas que se seguem oferecem um relato condensado do desenvolvimento da Igreja da Inglaterra que talvez não seja absolutamente história. Não refletem os motivos ou a causalidade dos eventos tal como se desenrolaram, nem apresentam uma teoria que, de alguma forma, dê conta do que se passou. Em conjunto, porém, reúnem alguns dos principais eventos e produtos da decisão humana que provaram comportar valor constitutivo para a formação dessa igreja nos níveis simbólico e institucional.[2] Por questão de espaço, no entanto, a exposição cingir-se-á estritamente ao que se poderia denominar de história religiosa, na medida em que percorre as injunções político-internacionais dessa fase da história inglesa: as periódicas crises fiscais do governo em decorrência da guerra ou as situações econômicas internas que determinaram as decisões; as rivalidades regionais; o influxo de novas ideias religiosas em um país e em uma igreja que, como vemos agora, estavam em transição da "Idade Média" para o "período moderno";[3] o papel direto de várias figuras, políticas e religiosas, no desenrolar de eventos específicos, o lugar da universidade e dos teólogos nesse contexto; a fé popular como em uma história social de baixo. O papel do historiador envolve análises desses complexos fatores e vários juízos que explicam ou justificam as reviravoltas e as guinadas da história. Embora esse fator possa estar ausente,

---

[2] As obras a seguir citadas foram consultadas para a elaboração desta exposição: David Daniell. *William Tyndale: A Biography*. New Haven e London. Yale University Press, 1994; G. A. Dickens. *The English Reformation*, 2. ed. London, BT Batsford, 1989; Susan Doran. *Elizabeth I and Religion 1558-1603*. London/New York, Routledge, 1994; Christopher Haigh. *English Reformation: Religion, Politics, and Society under the Tudors*. Oxford, Clarendon Press, 1993; David Knowles. *Bare Ruined Choirs: The Dissolution of the English Monasteries*. Cambridge/New York, Cambridge University Press, 1976; Peter Lake. *Moderate Puritans and the Elizabethan Church*. Cambridge, Cambridge University Press, 1982; Diarmaid Macculloch. *Thomas Cranmer: A Life*. New Haven/London, Yale University Press, 1996; *The Boy King: Edward VI and The Protestant Reformation*. New York, Palgrave, por St. Martin's Press, 1999; Rosman, *Catholic to Protestant*.

[3] Esses períodos não existem, como tampouco existe qualquer limiar claro. Qualquer que seja a realidade que possuam, ela foi criada pelas decisões históricas coletivas do período. Não obstante, a expressão ainda comporta o sentido amplo de que algo maior estava se passando, e que esse segmento particular da história era parte dele.

o relato recupera um contexto realmente peculiar e uma série de eventos que desaguaram na Igreja da Inglaterra.

Para dar conta dessa tarefa com alguma clareza e expedição, um conjunto de três quadros correlacionados assinala as etapas desse desenvolvimento histórico, ainda que a simplicidade dessa fórmula possa frustrar. O primeiro esquema é temporal: acompanhamos o desenvolvimento da Igreja da Inglaterra através das monarquias de Henrique VIII (1509-1547), Eduardo VI (1547-1553), Maria (1553-1558) e Elizabeth I (1558-1603). Os reinados de Henrique, Eduardo e Elizabeth também podem ser considerados como três estágios de desenvolvimento que se correlacionam aproximadamente com três formas estruturais principais que sustentaram e dotaram de caráter específico a Igreja da Inglaterra: a supremacia régia, o Livro de Oração Comum e os Trinta e Nove Artigos de Religião. Outros importantes atores e toda uma congérie de fatores contribuem para a conformação de todos esses estágios. Entretanto, esse mapeamento objetivo ajuda a entender como tais blocos de construção foram gradativamente dispostos. A exposição analítica que Hooker faz da estrutura a que deram sustentação será, então, dotada de um contexto histórico.

Supremacia régia (Henrique VIII)

A Igreja da Inglaterra, às vésperas da Reforma, é um ponto de partida evidente para este relato. Pode-se caracterizar essa igreja, a traços largos, como a igreja da Baixa Idade Média. Rosman faz uma extensa descrição da vida cotidiana dessa igreja; mostra que a igreja inglesa não se encontrava em fase de declínio, mas revelava sinais de grande vitalidade na edificação de templos, na promoção de peregrinações, na formação de novas irmandades, na impressão de material religioso em linguagem vernacular, de sermões etc. "Foi esse entusiasmo para com a religião que alentou os apelos em prol da erradicação dos abusos. As críticas partiram de dentro da igreja."[4] E tocaram em questões concretas, caso contrário a Reforma jamais teria ocorrido na Inglaterra.

---

[4] Rosman, *Catholic to Protestant*, p. 19.

Muitos dos fatores que reclamavam mudança haviam sido herdados da igreja medieval. A influência de Wyclif subsistira na Inglaterra na figura do lollardismo de pregadores leigos que propugnavam por seus ideais: os clérigos deveriam ficar em suas paróquias pregando a palavra de Deus, e o povo deveria dispor da palavra bíblica de Deus em inglês. Wyclif queria clérigos instruídos que vivessem na pobreza; com efeito, muitos clérigos do interior do país viviam na pobreza, não tinham instrução, realizavam outros trabalhos manuais nas horas vagas e comprometiam seu celibato. O sistema de benefícios permitia que sacerdotes ausentes pagassem baixos salários a seus vigários, que tinham pouca formação, mas conseguiam o emprego por aprendizado.[5]

Aproximadamente no início dos anos 1520, as ideias de Lutero eram suficientemente predominantes na Inglaterra, de sorte que Henrique VIII sentiu a necessidade de defender publicamente os sete sacramentos contra o reformador alemão, razão pela qual foi agraciado com o título de *Defensor Fidei* pelo papa, em 1521. As ideias de Lutero, entretanto, eram discutidas mais objetivamente nas universidades, e granjearam acolhedora escuta entre muita gente. As críticas de Lutero tinham por objetivo as práticas da Igreja Romana enquanto tal e, portanto, encontraram alvos também na Inglaterra: a objetificação da piedade em peregrinações e devoções, o celibato clerical, a opulência monástica, a subordinação a Roma, a imbricação entre o poder religioso e o poder temporal.[6] A doutrina luterana da justificação pela fé, bem como seu recurso à Escritura, afigurou-se particularmente ameaçadora. Enquanto Wyclif proporcionava um *pied à terre* às ideias luteranas na Inglaterra, o interesse das universidades pelo humanismo e o retorno às fontes contribuíram mais diretamente para o movimento evangélico.

A história de Tyndale e da Bíblia inglesa dá uma ideia da fase inicial da Reforma inglesa.[7] Cópias da tradução da Bíblia em inglês feita por

---

[5] Dickens, *English Reformation*, pp. 68-74.
[6] Ibid., pp. 46-60.
[7] Ver Benson Bobrick. *Wide as the Waters: The Story of the English Bible and the Revolution It Inspired*. New York, Simon & Schuster, 2001. O capítulo sobre William Tyndale, pp. 79-136,

Wyclif e seus colaboradores circulavam na Inglaterra como literatura subversiva desde o final do século XIV. Para entender uma situação na qual a disponibilidade da Bíblia na própria língua pareceria desvantajosa, deve-se pensar em termos simbólicos mais amplos de autoridade religiosa mediada. A Bíblia representava a palavra inspirada de Deus e tornava diretamente disponível, em linguagem aparentemente compreensível, o que com frequência parecia desconectado ou divergente dos ensinamentos autorizados da igreja. A subversão da autoridade eclesiástica, portanto, descreve exatamente a ameaça da Bíblia inglesa.[8] Por conseguinte, Tyndale desempenhou papel importante nos primórdios do movimento evangélico na Inglaterra.

Dois outros fatores, mais terrenos e contrapostos ao pano de fundo de um arraigado espírito nacionalista na Inglaterra, contribuíram para o desenrolar do processo que culminou no Ato de Supremacia. A primeira questão envolvia finanças e tributos governamentais. A igreja possuía um quarto das terras da Inglaterra antes da Reforma.[9] Essa riqueza estava sujeita à taxação romana, e anualmente os tributos arrecadados, as anatas, deixavam a Inglaterra com destino a Roma. Os governantes ingleses de toda a Baixa Idade Média sempre se queixaram dessa evasão de receita. A segunda questão estava relacionada com o divórcio de Henrique VIII de sua esposa espanhola, Catarina de Aragão. Henrique queria um herdeiro do sexo masculino, e Catarina parecia incapaz de lho dar. Em razão

---

é especialmente instrutivo. William Tyndale (c. 1494-1536) estudou em Oxford e Cambridge, foi influenciado por Lutero e pelo movimento evangélico e nos anos 1520 dedicou sua vida a traduzir a Bíblia para o inglês. Trabalhando no continente, sua tradução do Novo Testamento começou a chegar à Inglaterra em 1526. Uma vez descoberta, a igreja orquestrou uma série de ataques à venda, à posse e à leitura do Novo Testamento em inglês, e ela teve de ser contrabandeada para o interior. O Novo Testamento vernacular esteve intimamente associado a Lutero e, portanto, à heresia. O Novo Testamento inglês de Tyndale disponibilizou às pessoas todo o Novo Testamento em sua própria língua e "abriu os portões do dilúvio do conhecimento bíblico, livremente acessível a nós desde então". Daniell, *Tyndale*, pp. 134, 174, 279.

[8] Tyndale trabalhou no continente até ser preso pela facção antirreformista na Bélgica e estrangulado antes de ser queimado como herético em 1536. Henrique VIII resistiu à Bíblia inglesa durante os anos 1520, e com seu chanceler desde 1529, Thomas Morus, trabalhou para conter o influxo de exemplares contrabandeados para o interior.

[9] Rosman, *Catholic to Protestant*, p. 11. MacCulloch estima-o em dois quintos. *Cranmer*, p. 166.

disso, Henrique e seus advogados canonistas encontraram justificativas na Escritura para a realização do divórcio, o que para muitos lhe teria sido concedido, não fosse Catarina tia do imperador Carlos V. Henrique começou a tratar do caso no final dos anos 1520, mas sem sucesso.

Dois homens prestaram assistência a Henrique VIII durante os anos 1530, à medida que ele pouco a pouco se inclinava em direção à reforma da igreja. Thomas Cromwell foi primeiro-ministro de Henrique de 1532 a 1540 e era o homem mais influente do reino depois do próprio Henrique. Thomas Cranmer fora consagrado arcebispo da Cantuária em 1533, posto em que serviu até ser executado em 1556, por ordem da rainha Maria.[10] Cranmer também se tornou amigo de Henrique. Ambos foram seus aliados à medida que Henrique se insurgia gradativamente contra a subordinação da Igreja inglesa em relação a Roma. Na maior parte do tempo, Henrique agiu legalmente por intermédio do Parlamento. Em 1532, o Primeiro Ato de Restrição das Anatas suspendeu condicionalmente seu pagamento a Roma, enquanto a própria existência da taxação era negociada. Em 1533, o Parlamento aprovou o Ato de Restrição de Apelações, que declarava a competência da Igreja inglesa para resolver questões que envolvessem casamentos e heranças sem recorrer a Roma, proclamando, na prática, a soberania da igreja nacional. O Segundo Ato de Restrição das Anatas, de 1534, revogava o pagamento das anatas a Roma, e esses recursos reverteram ao governo. Também retirava do papa, ao mesmo tempo em que a outorgava ao rei, a prerrogativa de indicar, na realidade de designar, candidatos a serem eleitos e consagrados bispos. Por último, ao final daquele mesmo ano, o Parlamento aprovou O Ato de Supremacia que instituía o monarca regente como "Chefe Supremo da Igreja". Para muitos, a medida não pareceu um gesto radical porque a tensão entre

---

[10] Cranmer (1489-1556), lente de Cambridge até o final dos anos 1520, após alguma experiência na diplomacia, engajou-se profundamente na campanha política pela anulação do casamento de Henrique em 1529. Participou de várias missões ao continente, aproveitou as ocasiões para aprender mais acerca do movimento da reforma, e tornou-se conhecido dos reformadores, inclusive Bucer, em 1531. Cranmer foi nomeado arcebispo da Cantuária em outubro de 1532, por influência da família Bolena, enquanto se encontrava em missão à corte do imperador. Foi empossado em 1533, por ocasião de seu regresso à Inglaterra. MacCulloch, *Cranmer*, pp. 41-78.

o papa e o governante temporal, com ingerências de ambas as partes, havia caracterizado a igreja desde a reforma gregoriana. A essa altura, a doutrina e a vida sacramental nas paróquias não foram afetadas; o Ato de Supremacia foi aceito ou pelo menos não encontrou resistência por parte dos bispos e do baixo clero. Não obstante, de uma outra perspectiva, tudo havia mudado, inclusive o próprio referente do termo "igreja". A Igreja da Inglaterra era agora uma igreja autônoma. Henrique levara a cabo uma dupla revolução; desvinculara a Igreja da Inglaterra da de Roma e a sujeitara à Coroa inglesa por lei aprovada pelo Parlamento.[11] Essa foi uma revolução política ou jurídica.

Resta por fazer a crônica de alguns dos principais eventos e desenvolvimentos verificados na Igreja da Inglaterra durante os treze anos restantes do reinado de Henrique VIII. A dissolução dos monastérios e sua expropriação devem ser consideradas como a iniciativa mais enérgica e dramática do reinado de Henrique. O ano de 1535 assistiu a uma visitação das casas religiosas em todo o reino. Dessarte, em 1536, o Ato da Dissolução dos Monastérios Menores, posteriormente estendido a todas as casas religiosas de homens e de mulheres, deflagrou um processo de desmantelamento da vida religiosa na Inglaterra que se prolongou por quatro anos. As razões aduzidas para essa iniciativa davam conta de vários tipos de abuso religioso ou de laxismo, mas em geral os historiadores concordam que a verdadeira razão era de índole econômica. A intenção era dotar a monarquia de terra e auferir receita suficiente em vista de interesses externos. Mas a necessidade imediata de caixa encorajou a venda das terras à pequena nobreza. Muitos dos religiosos foram aposentados e recolhidos, mas o fim do movimento monástico na Inglaterra não se deu sem muito sofrimento e considerável desmantelamento da vida religiosa das cidades dependentes dos monastérios.[12]

Antes da morte de Tyndale, ocorrida em 1536, Henrique VIII convenceu-se do papel positivo de uma Bíblia inglesa e promoveu essa iniciativa.

---

[11] Dickens, *English Reformation*, p. 106.
[12] David Knowles. *Bare Ruined Choirs: The Dissolution of the English Monasteries*. Cambridge/New York, Cambridge University Press, 1976, relata essa história.

Em 1535, a primeira versão completa da Bíblia para o inglês foi por fim publicada sob os auspícios de Miles Coverdale. Mas não satisfez, e uma outra versão foi encomendada, de sorte que em 1539 surgiu a assim denominada Grande Bíblia. Deveria haver exemplares dela em todas as igrejas da Inglaterra. Também a partir de 1535 foi publicada uma série de documentos oficiais com o intuito de estabelecer um amplo consenso unificador nessa primeira etapa da emergente Igreja da Inglaterra. Os Dez Artigos (1536), promulgados por autoridade da convocação dos bispos, revelavam que a igreja ainda era a Igreja Católica, mas com uma salutar internalização de certos termos evangélicos luteranos. Eles estatuíam a normatividade da Escritura e dos primeiros concílios, três sacramentos, a doutrina da real presença, tanto quanto a terminologia da justificação pela fé; também respeitavam as imagens, a honra aos santos, certos ritos e cerimônias medievais e a oração pelos mortos.[13] Foram seguidos, em 1537, pelo "Livro dos Bispos", manual prático de instrução baseado nos Dez Artigos.

Por trás desses desenvolvimentos, houve embates entre o partido de Cranmer, que promovia a causa evangélica da melhor maneira possível, e seus opositores, como Stephen Gardiner (1483-1555), bispo de Winchester. Assim, em 1539, o pêndulo pareceu retroceder, na medida em que o soberano pressionou pela aprovação do Ato dos Seis Artigos no Parlamento, reafirmando claramente certas concepções e práticas católicas, como a transubstanciação, o celibato clerical, a confissão auricular, entre outros. Henrique reiterava o caráter católico da igreja. Em

---

[13] Os Dez Artigos foram uma declaração produzida por sínodo, apresentada pelo rei, representando "a primeira tentativa de definir aquilo em que a Igreja de Henrique VIII agora acreditava". Os dez artigos foram divididos entre cinco sobre doutrina e cinco sobre cerimônias. Por trás das proposições doutrinárias estava um conjunto de dezessete conclusões de compromisso conhecidas como os Artigos de Wittenberg, que haviam sido desenvolvidos em conferência com os luteranos no inverno e na primavera de 1536. Os Dez Artigos, que comprometem a Igreja inglesa com a doutrina da justificação pela fé, revelaram-se geradores de cisão: não houve acordo entre evangélicos e conservadores, e os dois sínodos, o da Cantuária e o de York, tiveram diferentes disposições". Todas as declarações doutrinárias subsequentes, no decorrer de toda a Reforma inglesa até 1563, acabaram nas comissões específicas de bispos e teólogos, com o sínodo tendo pouco ou nenhum poder de decisão sobre elas". MacCulloch, *Cranmer*, pp. 161-165.

1543, o manual "O Livro dos Bispos" foi revisto e publicado como "O Livro do Rei". Incorporando as concepções de Henrique e empregando uma linguagem teológica mais precisa, essa obra representou um certo distanciamento em relação às ideias luteranas, ainda que não total.[14] Por ocasião da morte de Henrique, ocorrida em 1547, a Igreja da Inglaterra era uma igreja nacional autônoma, com francas ligações com as igrejas da Reforma no continente e, conquanto sem monasticismo, ainda muito identificável com uma Igreja Católica.

O Livro de Oração Comum (Eduardo VI)

As mudanças mais profundas na Igreja da Inglaterra ocorreram durante os seis anos e meio do reinado de Eduardo VI. O jovem monarca fora educado no espírito da Reforma e assessorado por um Conselho de Regência que alentou o desenvolvimento nessa direção. Da mesma forma, aproximadamente no final dos anos 1540, as ideias oriundas da Genebra de João Calvino estavam começando a desafiar a influência luterana. Haigh sintetiza os acontecimentos ligados à reforma ocorridos durante o reinado de Eduardo VI. "Em 1547 houve novas Injunções reformistas e novas *Homilies* evangélicas; aboliram-se as orações pelos dons, e permitiu-se a comunhão dos leigos sob o pão e o vinho. Em 1548, as imagens foram retiradas das igrejas, e uma Ordem de Comunhão introduziu preces inglesas à missa latina. Em 1549, os ritos latinos foram substituídos por um Livro de Oração Comum parcialmente protestante, e os clérigos tiveram autorização para casar-se. Em 1550, os altares foram substituídos por mesas de comunhão, e um novo Cerimonial proveu pastores protestantes em vez de sacerdotes católicos. Em 1551, o episcopado foi remodelado e criou-se um corpo de pregadores missionários. Em 1552, apareceu um segundo Livro de Oração decisivamente protestante. Em 1553, confiscaram-se utensílios supérfluos de missa, definiu-se a teologia

---

[14] E. J. Bicknell. *A Theological Introduction to the Thirty-Nine Articles of the Church of England*, 3. ed. London, Longmans, Green, 1955, pp. 8-10.

protestante da igreja em quarenta e dois artigos e publicou-se um catecismo para ensino da nova religião."[15]

Em dezembro de 1547, o Parlamento aprovou o Ato da Dissolução das Capelas, ou seja, capelas, escolas, hospitais, irmandades, guildas e outras entidades religiosas que dispunham de bens para realizar ritos religiosos. A medida tinha por objetivo abolir práticas supersticiosas em vários templos e locais de peregrinação e foi radical em seu escopo: até objetos religiosos como ostensórios e obras artísticas foram confiscados. Como os monastérios e casas religiosas funcionavam em regime de autossuficiência, os efeitos dessa extinção afetaram mais profundamente a vida religiosa comum e a piedade popular das pessoas, alterando o tecido espiritual da sociedade.[16] "Três anos após a entronização de Eduardo, todas as imagens haviam sido removidas das igrejas [...] e em muitos casos os vitrais tinham sido recobertos e as paredes pintadas de branco".[17]

Em 1549, o Primeiro Livro de Oração de Cranmer tratou do vácuo espiritual criado pela radical restrição da piedade popular. O texto estivera em preparação por algum tempo, com mais diligência, porém, após a morte de Henrique. O desenvolvimento do Livro de Oração Comum se deu dentro de um contexto de disputa entre aqueles que desejavam um "culto segundo o padrão das ordens protestantes de culto e aqueles que o reformariam segundo o padrão cúltico medieval".[18]

---

[15] Haigh, *Reformations*, p. 168. MacCulloch acredita que o grupo de evangélicos "sabia, desde o início de 1547, exatamente o que Reforma pretendia: quaisquer que tenham sido as hesitações, foram primordialmente atribuíveis à necessidade de desarmar a oposição conservadora [...]. Houve continuidade essencial de propósito em uma série gradativa de mudanças religiosas ao longo de sete anos. Essas mudanças foram pensadas para destruir uma igreja e construir outra, em uma revolução religiosa de absoluta crueldade. Thomas Cranmer foi o homem que assegurou a continuidade das mudanças, tendo sido responsável principalmente por planejá-las tal como ocorreram, muito embora políticos seculares mais práticos hajam decidido o ritmo em que deveriam ser implementadas". MacCulloch, *Cranmer*, pp. 365-366.

[16] Dickens, *English Reformation*, pp. 230-242. Esse movimento também tinha muitas características de uma grilagem.

[17] Rosman, *From Catholic to Protestant*, p. 44. "Em muitos aspectos, os protestantes estavam certos em admitir que, se destruíssem os templos e representações dos santos, deixariam de rezar a eles." Ela chama a atenção para o fato de que as irmandades dissolvidas em 1547 poderiam ter sido reconstituídas no reinado de Maria, mas em geral não o foram. Ibid., p. 46.

[18] John E. Booty. "History of the 1559 Book of Common Prayer", *The Book of Common Prayer 1559*. Charlottesville, University Press of Virginia, 1976, pp. 346-347. Citado doravante como

Cranmer imprimiu o gênio criativo ao Livro de Oração. Durante o reinado de Henrique VIII, ele facilitou uma gradativa introdução da Bíblia inglesa no uso litúrgico. Nos anos 1540, trabalhou na reforma do breviário e na produção de um sermonário a ser usado nas paróquias; "engajou-se em uma reforma do processionário medieval. Em 1544, produziu uma litania inglesa em atendimento à solicitação do rei".[19] A morte de Henrique VIII abriu caminho para o desenvolvimento ulterior da liturgia.

No outono de 1548, Cranmer trabalhou com uma comissão para redigir o primeiro Livro de Oração. O Parlamento debateu-o durante o mês de dezembro e "aprovou uma lei de uniformização, à qual se apensou o Livro de Oração Comum, em 21 de janeiro de 1549, e os primeiros exemplares foram colocados à venda em 7 de março. O livro deveria ser utilizado no domingo de Pentecostes, no dia 9 de junho, substituindo todas as demais ordens de culto".[20] O Livro de Oração foi resolutamente introduzido: em dezembro de 1549, determinou-se que todos os livros do serviço antigo fossem destruídos; em Londres, os altares foram substituídos pela "tábua do Senhor, segundo a forma de uma digna mesa decentemente coberta".[21]

O Livro de Oração era novo e foi objeto de muitas críticas à esquerda e à direita, bem como daqueles que se opunham a qualquer mudança. Por conseguinte, o trabalho de revisão começou quase que imediatamente. Entre os consultados, estava Martinho Bucer, assim como outros reformadores europeus que viviam na Inglaterra.[22] Em abril de 1552, um segundo Livro de Oração foi votado no Parlamento para entrar em vigor no Dia de Todos os Santos. A obra continha algumas mudanças significativas,

---

"History". MacCulloch descreve o trabalho de Cranmer no Livro de Oração nos termos de sua participação na redação e edição, que ajuda teve, quais foram suas fontes, o conteúdo e o gênio particular que imprimiu ao trabalho. *Cranmer*, pp. 395-421.

[19] Booty, "History", pp. 349-350.
[20] Ibid., p. 353.
[21] Douglas Harrison. "Introduction", *The First and Second Prayer Book of Edward VI*. London, Dent, 1975, p. xiii. Citado doravante como Harrison, "Introduction".
[22] MacCulloch nota a profunda influência que Bucer teve sobre a teologia de Cranmer em geral, mas especialmente sobre sua teologia eucarística. MacCulloch, *Cranmer*, pp. 380-381. "As opiniões tanto de Bucer como de Martyr influenciaram significativamente a revisão do Livro de Oração, muito embora Cranmer não tenha adotado submissamente suas recomendações em todas as coisas". Ibid., p. 505.

especialmente no tocante à Ceia do Senhor ou à "Ordem da Comunhão", e nesse aspecto se afastava bastante de uma concepção e prática escriturística medieval, aproximando-se mais do modelo protestante. O Livro de Oração de 1552, contudo, não subsistiu por muito tempo porque Eduardo morreu no ano seguinte, e Maria vetou seu uso. Elizabeth I, no entanto, restabeleceu-o em 1559.

O Livro de Oração Comum consolidou em um único volume em inglês uma ampla variedade de orações utilizadas na igreja, mormente as preces coletivas empregadas pelos clérigos para conduzir o culto da comunidade. O livro integrava nessas preces a leitura das Escrituras. A tradicional leitura ou entoação das horas e as leituras do breviário eram distribuídas pelas ordens da oração matutina e da oração vespertina. E as leituras de todos os textos das Escrituras se imbricavam com o calendário anual. O livro continha a litania que era prescrita para várias celebrações litúrgicas, bem como as coletas, as epístolas e os evangelhos a serem lidos na Sagrada Comunhão ao longo de todo o ano. A ordem da Sagrada Comunhão fora estabelecida juntamente com os rituais do batismo, da confirmação (incluindo um breve catecismo semelhante ao do período medieval), do matrimônio, da visita e da comunhão dos enfermos, do sepultamento, da ação de graças de mulheres pós-parto, bem como um rito de cominação contra os pecadores.

Quais são alguns dos princípios que nortearam a revisão e a edição das orações tradicionais? O prefácio indica a afinidade com a Escritura como critério. O Livro de Oração deixa de fora "muitas coisas, algumas falsas, outras incertas, outras ainda fúteis e supersticiosas", de molde que tudo deva ser a pura Palavra de Deus ou algo nela fundado.[23]

A seção intitulada "Das Cerimônias, Por que Algumas São Abolidas e Outras são Preservadas" aduz alguns fundamentos lógicos para a composição do Livro de Oração (BCP, 18-21). Parte da premissa segundo a qual determinada ordem comum para a totalidade da igreja é algo bom. Em segundo lugar, as cerimônias selecionadas possuem a faculdade de

---

[23] "Preface", *The Book of Common Prayer* (BCP), p. 16. As referências são às páginas no texto da edição de Booty citada anteriormente.

edificar. Em terceiro lugar, o Livro de Oração procura, explicitamente, delinear um curso intermediário entre o gosto pela novidade e o apego ao passado, mediante cerimônias concebidas para agradar a Deus. A simplicidade tornou-se um critério de seleção, um desejo de desvencilhar--se do que era simples excesso que se acumulara na praxe e na devoção cerimonial. Em suma, a seleção tinha por objetivo "aquelas cerimônias que efetivamente sirvam a uma ordem decente e a uma piedosa disciplina e, enquanto tais, sejam capazes de aguçar a entorpecida memória do homem com relação a seu dever para com Deus por alguma significação importante e especial pela qual possa ser edificado" (BCP, 19). Algumas cerimônias foram extintas por se afigurar supersticiosas ou por ensejar prestações pecuniárias, tornando-se passíveis, portanto, de utilização para angariação de ganhos financeiros, ou no caso em que as práticas religiosas tornavam imotivadamente pesada a consciência dos fiéis.

Pode-se começar a avaliar o enorme significado do Livro de Oração Comum para a Igreja da Inglaterra atentando-se para as muitas necessidades que satisfazia e para as dimensões em que atuava. Em um nível sociopolítico geral, o livro simplificava e padronizava os ritos e cerimônias de culto, propiciando uma piedade eclesial disseminada e unificada na Inglaterra. O Livro de Oração estabeleceu uma ponte em direção ao passado na medida em que estruturas rituais básicas de outrora foram incorporadas a seu texto. "Da forma como fora concebido, o Livro de Oração Comum compreendia todos os serviços necessários à realização do culto regular dos dias úteis e do culto dominical da igreja, bem como dos serviços esporádicos, para o atendimento [...] sidades pastorais, enfatizando os grandes acontecimentos da [...] nascimento, o matrimônio, a doença e a morte. O Livro de C[...] ao preservar a tradição, possibilitava então compreensões diver[...] re a passagem do tempo: o ano litúrgico dos próprios; o tempo p[...] nos afazeres do cotidiano; o transcurso de uma vida nos serviços [...] ais, assim como a visão dinâmica do tempo na Sagrada Comunhão [...] sua rememoração (*anamnesis*) dos eventos prístinos, à luz das re[...] des vindouras (o banquete messiânico), por meio das quais a presença de Cristo se efetiva e a existência humana se transforma no presente".[24]

Nos níveis pessoal e religioso, o Livro de Oração precisou de tempo para preencher a lacuna deixada pelas abruptas mudanças ocorridas na igreja eduardiana; não foi ampla ou nacionalmente influente durante o reinado de Eduardo. Os plenos efeitos da liturgia revista só se fariam sentir e só seriam internalizados pouco a pouco, durante o período elisabetano. O livro tornou amplamente difundido na igreja elisabetana e, portanto, na sociedade, como referência comum com que todos tinham familiaridade. Toda a população era obrigada a comparecer à igreja; e toda igreja utiliza o Livro de Oração Comum para todas as suas cerimônias. Era-se influenciado pelo livro ainda que se dissentisse da igreja elisabetana. A simples mudança para o inglês acarretou consequências.[25] Além do valor da oração em si, os serviços ensinavam a fé: "Instrução pela leitura e audição da Escritura, pregação, recitação das fórmulas básicas e ensino formal do catecismo que se ouvia reiteradamente recitado na oração vespertina".[26]

Por fim, no nível teológico, a Reforma inglesa, não menos do que os movimentos inspirados por Lutero e por Calvino, pautou-se pelo retorno à Escritura e pelo primado religioso da palavra de Deus. A concepção cranmeriana do Livro de Oração Comum deixava entrever esse princípio operacional e o objetivo de conferir centralidade à palavra de Deus no culto comum da Igreja.[27]

---

[24] Booty, "History", p. 355.
[25] Uma dimensão de seu impacto pode ser entendida contra o pano de fundo da missa medieval, em que duas atividades paralelas se desenvolviam, as ações do sacerdote e a atividade devocional da assistência: "O grande momento de união do sacerdote e do povo ocorria com a elevação da hóstia consagrada". Por contraste, a simplicidade do rito do Livro de Oração também conota "o sacerdote e o povo atendendo conjuntamente aos mesmos aspectos da liturgia. Por conseguinte, a reiterada ênfase não apenas no vernáculo, mas também na audibilidade clerical". Judith Maltby. *Prayer Book and People in Elizabethan and Early Stuart England*. Cambridge, University Press, 1998, p. 441.
[26] Booty, "History", p. 378.
[27] Ibid., p. 360.

Em suma, o Livro de Oração Comum foi um atrativo para a devoção e conseguiu preservar certos elementos católicos, incorporando algumas influências católicas e rejeitando outras. Em última análise, "a obra litúrgica composta por Cranmer sobreviveu à perseguição [de Maria] para constituir uma sólida base à continuidade do experimento eduardiano. Mais do que qualquer outro fator, essa obra conferiu cariz único e específico à igreja nacional".[28] Em termos mais claros, o rito inglês que se encontra no Livro de Oração representou "o grande legado do arcebispo à história".[29]

Os Trinta e Nove Artigos (Elizabeth I)

Maria I reinou de 1533 a 1558: restabeleceu os vínculos com Roma, o celibato para os clérigos e a liturgia e os sacramentos da igreja medieval.[30] Também perseguiu os reformadores. Com Elizabeth, a Reforma readquiriu novo impulso, e ao final de seu reinado, aproximadamente, a Igreja da Inglaterra encontrava-se solidamente estabelecida. No início do reinado de Elizabeth, "a maioria dos homens e das mulheres na Inglaterra e no País de Gales era de fé católica", e a missão consistia em cooptá-los para a nova igreja.[31] "Nesse aspecto, o governo obteve considerável sucesso.

---

[28] Dickens, *English Reformation*, p. 385.

[29] MacCulloch, *Cranmer*, p. 397.

[30] Na visão de Haigh: "A reconstrução mariana do catolicismo foi um sucesso" (*Reformations*, p. 236). Não foi uma aberração, como muitos historiadores retratam. Ele refuta a visão padrão dizendo que a religião antiga ainda era forte; os protestantes continuaram sendo um movimento minoritário significativo. Talvez não um sucesso total em apenas cinco anos. "Mas a evidência das paróquias é de considerável e contínuo apoio aos tradicionais serviços e celebrações." Os principais malogros do reinado de Maria foram políticos e econômicos, ao passo que, em termos da igreja, houve sinais de um reavivamento da religião no nível paroquial (Ibid., p. 236). Haigh credita o sucesso da pretensão de Maria ao trono à alienação do povo, por causa da intensa impopularidade do governo, na esteira do confisco de propriedades e bens das paróquias. Ibid., p. 183.

[31] Doran, *Elizabeth I*, p. 48. As mudanças ocorridas durante os períodos eduardiano e mariano foram rebatidas com um elevado índice de absenteísmo dos serviços religiosos. MacCulloch aceita como possível explicação a sugestão de historiadores como Eamon Duffy e outros de que a igreja ocidental medieval "engajara intimamente a população em uma complexa e pujante vida de prática devocional. Sendo assim, não foi tanto indiferença quanto trauma o que esvaziou os bancos das igrejas no começo da Reforma: uma polarização das atitudes religiosas, e não um abandono da religião". Onde a igreja de Eduardo foi bem-sucedida, a igreja de Maria estimulou uma reação análoga. MacCulloch, *Boy King*, p. 108.

Por volta do final de seu reinado, o catolicismo inglês havia se retraído ao porte de verdadeira seita (representava aproximadamente 1% ou 2% da população), praticando uma religião doméstica que pouca ameaçadora ao monarca ou à Igreja".[32] A consolidação da Igreja da Inglaterra foi um processo gradativo que se desenrolou durante o período do longo reinado de Elizabeth, envolvendo muitas disputas religiosas com os puritanos, à esquerda, e com os missionários católicos, à direita. Dentre muitos outros, três elementos da instituição elisabetana merecem especial destaque: o fundamento legal, o enquadramento doutrinário dos Trinta e Nove Artigos de religião e clientela puritana.

Os fatores essenciais da política religiosa elisabetana foram estabelecidos durante a primeira sessão parlamentar de seu reinado, em 1559, com a aprovação do Ato da Supremacia e do Ato da Uniformidade. Isso não ocorreu espontaneamente. Começou com uma Câmara dos Lordes que favorecia o *status quo*, incluindo todos os bispos. Entretanto, com a pressão política e a aceitação, por parte da rainha, do título de "Governante Suprema" da igreja, em lugar de "Chefe Supremo", a legislação foi aprovada no dia 28 de abril de 1559, após o que todos os bispos, exceto um, prestaram o Juramento da Supremacia. A uniformidade, evidentemente, foi direcionada ao uso do Livro de Oração Comum, nesse caso, o segundo Livro de Oração eduardiano, com uma série de revisões de viés restauracionista. Por exemplo, o Livro de Oração de 1559 tinha uma compreensão mais tradicional da eucaristia e preconizava o uso dos ornamentos e vestimentas instituídos no segundo ano do reinado de Eduardo. Elizabeth também promulgou as Injunções Reais de 1559, disposições que normatizavam a vida eclesial, de viés geralmente conservador. Incluíam, por exemplo, diretivas atinentes às vestimentas clericais de uso cotidiano; estimulavam a música sacra; autorizavam o pão ázimo para a comunhão; as injunções também dispunham sobre a formação dos clérigos, determinavam sermões mensais nas paróquias e autorizavam o

---

[32] Doran, *Elizabeth I*, p. 48.

casamento dos clérigos. Constituíram a base para uma visitação régia da igreja por todo o país que teria início no verão de 1559.[33]

Depois do Ato da Supremacia e do Livro de Oração Comum, o terceiro elemento essencial da nova Igreja da Inglaterra consistia em sua coletânea de doutrinas básicas nos Trinta e Nove Artigos de religião.[34] Esses artigos tinham uma história que se iniciara com os Dez Artigos de 1536. Converteram-se nos Quarenta e Dois Artigos redigidos por Cranmer em 1553. Esses Quarenta e Dois Artigos foram cuidadosamente revisados, emendados em sínodo e, posteriormente, aprovados pelo sínodo dos bispos de 1563. Tornaram-se estatuto legal por disposição parlamentar de 1571. Os artigos remontavam, assim, ao período eduardiano e à elaboração cranmeriana, mas tornaram-se uma dimensão constitutiva da igreja sob a regência de Elizabeth e de seu arcebispo da Cantuária, Matthew Parker.[35]

A análise da eclesiologia de Richard Hooker discorrerá implicitamente, em larga medida, acerca dos artigos, mas pode ser útil representar

---

[33] Ibid., pp. 14-17. Haigh, in *Reformations*, caracteriza a reforma de Elizabeth em diversas facetas que a tornam *sui generis*. Em primeiro lugar, foi conduzida de cima para baixo, como imposição de suas convicções e de sua vontade, e não baseada na exigência popular de baixo. Em segundo lugar, para além da supremacia, ela consistiu sobretudo em uma restauração das estipulações eduardianas. Em terceiro lugar, a reforma devia consubstanciar-se em uma única e definitiva ação legislativa em 1559, diferentemente de um programa de reforma mais amplo e prolongado por incremento (239). Em quarto lugar, quando isso enfrentou resistência, Elizabeth e seus aliados "conseguiram maioria pela intimidação e prisão de bispos e pelo suborno dos nobres; eles haviam sido ajudados pelas vacâncias episcopais, não providas desde 1557 por causa da disputa de Pole com o papa" (241). A legislação foi seguida por uma visitação em que os clérigos foram convocados e solicitados a subscrever "a supremacia, o Livro de Oração e as Injunções" (243). A subscrição foi assimétrica, mas de maneira geral menos da metade dos clérigos subscreveu pessoalmente (243-244). Ao mesmo tempo, alguns lugares testemunharam reação contra práticas católicas com iconoclasmo: figuras, imagens, altares e crucifixos foram destruídos.

[34] "Os Dez Artigos, juntamente com o Livro de Oração Comum, constituem o fundamento da teologia anglicana." Oliver O'Donovan. *On the Thirty Nine Articles: A Conversation with Tudor Christianity*. Exeter, Paternoster Press, 1986, p. 9. Alguns questionariam se os Trinta e Nove Artigos têm a mesma importância da Supremacia e do Livro de Oração Comum na formação da Igreja da Inglaterra.

[35] Pode ser útil diferenciar um pouco a natureza dos artigos por contraste com credos e confissões de fé. Enquanto os credos surgem espontaneamente como tentativas de definir o caráter essencial e universal da fé cristã de maneira concisa, inexplicada e positiva que possa funcionar como critério universalmente aceito da fé, os artigos amiúde procuram coligir um conjunto peculiar de doutrinas dentro da fé universal de uma maneira que não é necessária e possivelmente seja temporária e cambiante, expressa de uma forma mais explanatória em uma situação de crise ou de conflito. Bicknell, *A Theological Introduction to the Thirty-Nine Articles*, pp. 18-20.

esquematicamente, em quatro tópicos, a eclesiologia a que mais da metade deles se filia.[36]

A natureza da igreja (art. 19). A igreja como um todo constitui a *congregatio fidelium*, o conjunto da comunidade universal de fiéis. Essa expressão, oriunda da tradição medieval, floresceu no conciliarismo. Não é de todo claro se a ideia de uma "igreja invisível" é funcional aqui. A segunda parte do artigo 19 refere-se às igrejas locais como se constituíssem partes da igreja universal, indicando uma clara concepção de uma "distinção todo-parte". O fundamento da igreja é a palavra de Deus, ou seja, a Escritura (art. 20). Os critérios da verdadeira igreja são, tal como em Lutero e em Calvino, a administração da palavra e dos sacramentos.

Organização ou estruturação (arts. 23, 36 e 37). Os artigos não definem os ofícios de ministério na igreja, mas esses são, presumivelmente, os arcebispos, os bispos, os sacerdotes e os diáconos, no art. 36. Ao mesmo tempo, o monarca regente é o governante supremo da igreja. A autoridade espiritual e a autoridade de mediar a palavra e os sacramentos competem a clérigos; mas a autoridade externa de governo no âmbito da igreja, especialmente em questões temporais, de ordem e de disciplina, diz respeito ao monarca, porque a igreja é coextensiva ao reino. Os modelos em ação aqui remontam à igreja primitiva. Podem-se detectar analogias com o episcopalismo cipriânico na comunhão com outras igrejas fora da Inglaterra, combinado com uma visão constantiniana ou justiniana da integração igreja-Estado.

Autoridade da igreja. A autoridade da igreja é vista em duas esferas, doutrinária e disciplinar: (1) *Doutrinária* (arts. 20-22). A igreja tem autoridade em questões relativas à doutrina da fé. Mas o fundamento e a norma dessa autoridade é a palavra de Deus. Os concílios não são infalíveis; sua autoridade é derivada da Escritura. No intuito de desacreditar Trento, os artigos sustentam que os concílios não podem ser convocados independentemente da vontade dos monarcas. (2) *Disciplinar* (arts. 24,

---

[36] Os trinta e nove artigos, em paralelo com os quarenta e dois artigos, encontram-se em O'Donovan, *39 Articles*, pp. 133-155.

26, 32-35). O ensinamento aqui é sintetizado na seguinte sentença: "Toda igreja particular ou nacional tem autoridade de ordenar, de alterar e de abolir cerimônias ou ritos eclesiais ordenados apenas pela autoridade humana, a fim de que tudo seja feito para edificar" (art. 34).

Igreja e Estado (arts. 37-39). A relação entre igreja e Estado é realmente definida pela estruturação da igreja. A unidade da igreja e do Estado envolve a distinção de esferas de autoridade. A fórmula assemelha-se à de uma igreja nacional ou territorial análoga à igreja do início do período medieval, sob Carlos Magno, mas sem sua obediência a Roma.

Em 1560 ou 1561, John Jewel elaborou uma extensa explanação e defesa da Igreja da Inglaterra que obteve ampla aceitação e autoridade. A segunda parte do documento é uma positiva confissão de fé que se subordina e se integra aos Quarenta e Dois Artigos. Pode ser lida, portanto, como paráfrase dos Trinta e Nove Artigos que nessa época estavam sendo resgatados para apresentação aos bispos. O ensaio pode ser considerado uma extensa paráfrase dos artigos de fé.[37] Essa apologia e os artigos de religião definem a *via media* entre Roma e o protestantismo continental? Essa concepção comum enfrenta alguma resistência. Da perspectiva do historiador, essa última visão, aplicada retrospectivamente aos eventos, dá a impressão de que uma deliberada política conduziu a formação da igreja, em contraposição à concreta série de decisões contingentes, práticas, que em última instância constituíram a igreja.[38] Da perspectiva do teólogo, as posições teológicas dos reformadores ingleses não eram "medianas", e também é difícil decidir as posições entre as quais situar esse meio-termo.[39]

A igreja elisabetana, contudo, estabeleceu-se e consolidou-se no contexto de uma tensão entre aqueles que ansiavam pelas formas da igreja medieval e aqueles que eram influenciados pela Reforma no continente, especialmente após o reinado de Maria, quando as centenas de exilados

---

[37] John Jewel. "Part II", *An Apologie of the Church of England*, in *English Reformers*, ed. T. H. L. Parker. Philadelphia, Westminster Press, 1966, pp. 20-333.

[38] Doran, *Elizabeth I*, p. 21.

[39] O'Donovan, *39 Articles*, p. 14.

ingleses influenciados pelas ideias e práticas de Calvino retornaram. Eles formaram uma base para os puritanos, que fizeram sentir sua presença durante todo o reinado de Elizabeth. Frequentemente, os puritanos são considerados em contraposição à Igreja da Inglaterra, e a obra de Hooker é polemicamente voltada contra eles. Nessa época, entretanto, a teologia e as ideias calvinistas eram predominantes na igreja elisabetana, e devem-se situar os puritanos em seu bojo. "Os puritanos eram protestantes, tanto leigos como clérigos, cujo entusiasmo e zelo religioso distinguiam-nos de seus contemporâneos mais tíbios. Eram um grupo que tinha consciência própria, totalmente comprometido com o objetivo de purgar a igreja estabelecida de suas 'superstições' papistas e de incutir uma moralidade bíblica na sociedade inglesa".[40] O termo "puritano" foi cunhado primeiramente durante os anos 1560 para descrever os indivíduos que haviam se oposto ao Livro de Oração de 1559 e continuou a ser utilizado em referência às pessoas que não observavam todas as formalidades. Entretanto, por volta do final do século XVI, o termo "puritano" era geralmente uma designação pejorativa dos protestantes religiosamente zelosos, de tipo calvinista, que seguiam um estilo de vida piedoso que os distinguia de seus vizinhos, mas sem se retirar da própria igreja.[41]

Peter Lake delineia a identidade dos "puritanos moderados", ou seja, aqueles puritanos que estavam longe de ser separatistas e que poderiam ser definidos positivamente como "membros honrados do segmento mais piedoso e comprometido da opinião protestante inglesa, e [por] seu ativo papel no seio da igreja estabelecida".[42] Analisando uma série desses personagens, Lake esboça um perfil não através de um conjunto de doutrinas

---

[40] Doran, *Elizabeth I*, p. 24.
[41] Ibid., p. 25. Os puritanos enfatizavam a doutrina da predestinação; queriam uma igreja que fortalecesse a moralidade e manifestasse a qualidade dos eleitos; tinham um senso do mal e uma antropologia pessimista. "Os puritanos não eram membros de uma seita separatista externa à Igreja da Inglaterra, nem eram membros de um grupo de oposição na Casa dos Comuns. Eles não podem ser distinguidos dos protestantes conformistas por sua crença em uma teologia da predestinação, ou em uma forma presbiteriana de governo da igreja, ou em uma teoria social capitalista. Só a intensidade de sua experiência religiosa, seu estilo de piedade pessoal e seu compromisso de promover a reforma religiosa que lhes conferem uma identidade específica e lhes granjearam seu pejorativo apelido". Ibid., pp. 29-30.
[42] Lake, *Moderate Puritans*, p. 4.

formais, mas a partir da vida de importantes figuras e da teologia prática que se depreende de sua pregação. O núcleo de sua cosmovisão "era constituído por uma preocupação onicompreensiva com os efeitos potencialmente transformadores do evangelho quer sobre os indivíduos, quer sobre a ordem social como um todo [...]. A posição doutrinária subjacente a essa atitude era intransigentemente calvinista".[43] Equivalia a uma "ênfase no efeito transformador da palavra sobre as atitudes e o comportamento de todos os verdadeiros fiéis. Foi isso, aplicado à esfera pública, e particularmente à pessoa do magistrado e do conselheiro, que esteve por trás das campanhas puritanas em prol da reforma na igreja e no Estado e das concomitantes tentativas de purgar a ordem social de seus pecados e das corrupções".[44] A substância residia menos em doutrinas e mais em uma espiritualidade dinâmica que queria que a palavra de Deus fosse efetiva no mundo.

Concluindo, por volta do final do reinado de Elizabeth, a Igreja da Inglaterra era uma igreja autônoma, bastante diferente da igreja na Inglaterra da Baixa Idade Média. De certa maneira, a transformação da igreja correspondeu à passagem da Idade Média para o período moderno. A igreja, em certo sentido, era uniforme, mas continha uma clientela pluralista. Além disso, desenvolvera uma eclesiologia consistente, coerente e peculiar que se refletiu mais clara e detalhadamente nos escritos de Richard Hooker.

Síntese eclesiológica de Richard Hooker

Tomamos agora o trabalho de Richard Hooker como fonte para uma representação abrangente, embora em nenhum sentido detalhada, da

---

[43] Ibid., p. 279. Lake quer corrigir concepções "do 'puritanismo' como uma força oposicionista [...] continuamente oscilando no limite da franca separação" (Ibid., p. 280). Não que não houvesse oposição à conformidade do Livro de Oração, mas o cerne da posição puritana moderada não era crítica da liturgia, da estruturação, ou do consenso doutrinário. Ela consistia antes na visão de que ser cristão tinha de fazer diferença; os virtuosos tinham de ser capazes de "reconhecer um outro em meio a um mundo corrupto e pecaminoso". Ibid., p. 282.

[44] Ibid., p. 282.

eclesiologia da Igreja da Inglaterra ao final do século XVI. Antes de expor seu pensamento e seus promissores resultados, cabem umas poucas palavras sobre esse teólogo.

Richard Hooker nasceu em março de 1554 na cidade ou próximo da cidade de Exeter. Aos catorze anos de idade, deixou o Corpus Christi College, em Oxford, com o apoio de John Jewel, então bispo de Salisbury. Obteve o grau B.A. (Bachelor of Arts) em 1573, o M.A. (Master of Arts) em 1557, e foi designado *full fellow* em 1579.[45] O clima intelectual da teologia à época da formação de Hooker modificou-se, refletindo a situação interna da igreja. Archer observa que "a influência católica foi forte ao longo de todo o reinado de Elizabeth, muito embora a religião reformada haja predominado".[46] Não obstante, o tutor de Hooker preferia a teologia de Calvino.

A vida acadêmica de Hooker desenrolou-se dentro do contexto mais amplo do ministério. Algum tempo antes do final de 1581, Hooker foi ordenado na Igreja da Inglaterra. No final de 1584, foi sumariamente indicado para uma paróquia a certa distância de Oxford, e dali a três meses recebia uma nomeação realenga como mestre do templo da igreja de Londres, que atendia a advogados e estudantes de direito. A situação religiosa em Londres à época era marcada pelas controvérsias entre os puritanos e a igreja estabelecida. A nova igreja de Hooker refletia claramente a situação geral, posto que o ex-assistente de mestre, Walter Travers, que compartilhava uma perspectiva puritana, esperara a nomeação, não a obtivera, mas, apesar disso, permanecera na igreja como leitor e pregador. Por acordo, Hooker pregava de manhã e seu leitor à tarde para que o "púlpito expressasse pura Cantuária pela manhã e Genebra à tarde".[47] A diferença de perspectiva tornou-se controvérsia pública em

---

[45] Stanley Archer. *Richard Hooker*. Boston, Twayne, 1983, pp. 1-4. Pinço os dados biográficos relativos a Hooker dessa obra.
[46] Ibid., p. 4.
[47] Ibid., p. 11, citando Thomas Fuller. *History of the Worthies of England*, ed. P. A. Nuttall. New York, MAS Press, 1965, I, p. 423.

questão de meses, e chegou ao fim no ano seguinte, quando o arcebispo da Cantuária silenciou Travers.

Não se sabe ao certo em que época Hooker decidiu escrever a obra de sua vida, *Das Leis da Estruturação Eclesiástica*, ou quando efetivamente deu início ao projeto. Alguns acham que ele começou esse trabalho em 1586, quando ainda se encontrava no templo e se envolveu na controvérsia com Travers; para Booty, foi algum tempo depois. "Em 1558 ele se casou com Joan Churchman, filha de um bem-sucedido comerciante londrino. Foi algum tempo depois que começou a escrever os oito livros das *Leis*, em parte apoiado pela família de Churchman e, a partir de 1591, pela rainha Elizabeth I, que o presenteou com o subdecanato da Catedral de Salisbury, o prebendário de Nethevaron e o benefício eclesiástico de Boscombe".[48] Seja como for, Hooker concluiu os primeiros quatro livros em janeiro de 1593, os quais foram publicados ao final daquele mesmo ano. O livro V foi publicado em 1597, e os três livros restantes, após sua morte prematura, ocorrida em 1600. Archer caracteriza a obra hookeriana como "a mais ampla defesa da instituição religiosa elisabetana de sua época, a culminância de quatro décadas de desafios à igreja pelos puritanos e católicos".[49]

Em um extenso prefácio a *Das Leis da Estruturação Eclesiástica*, Hooker descreve o contexto, os objetivos e o arcabouço da obra.[50] O

---

[48] John Booty. *Reflections on the Theology of Richard Hooker: An Elizabethan Addresses Modern Anglicanism*. Sewanee, Tenn., University of the South Press, 1988, p. 2.

[49] Ibid., p. 19. Hooker envolveu as questões do debate no período elisabetano para criar uma "nova síntese no centro da qual [estava] uma visão nova e peculiar do que a religião protestante inglesa era ou devia ser". "Se ele tinha algum rival ao título de fundador do anglicanismo, só podia ser o autor do próprio Livro de Oração". Philip B. Secor. "In Search of Richard Hooker: Constructing a New Biography", *Richard Hooker and the Construction of Christian Community*, ed. Arthur Stephen Mc Grade. Tempre, Ariz., Medieval and Renaissance Texts and Studies, 1997, pp. 24-25, ecoando Peter Lake. *Anglicans and Puritans? Presbyterianism and English Conformist Thought from Whitgift to Hooker*. London/Boston, Allen & Unwin, 1988, p. 146.

[50] Richard Hooker. *Of the Laws of Ecclesiastical Polity*, I-III, ed. W. Speed Hill. Cambridge, Mass., e London. Belknap Press of Harvard University Press, 1977-1981. Os oito livros de Hooker estão contidos nesses três volumes. As referências ao trabalho no texto são por livro, capítulo e parágrafo. As obras seguintes foram úteis para a interpretação de Hooker: John E. Booty. "Hooker and Anglicanism", in *Studies in Richard Hooker: Essays Preliminary to an Edition of His Works*, ed. W. Speed Hill. Cleveland e London, The Press of Case Western

prefácio dirige-se àqueles que, dentro da Igreja da Inglaterra, desejam reformar suas leis e a ordem eclesiástica.[51] Trata-se, portanto, de uma obra polêmica, que responde aos ataques da parte adversária na controvérsia. Não é, contudo, acrimoniosa; Hooker pretende fazer uma análise serena e um apelo à evidência: "Minha explanação não tem por objetivo açular o ódio ou aplicar, sobre o aspecto dessa causa, qualquer camada protetora, para que a verdade nua seja então revelada" (Pref, 7,1). Hooker descreve o conflito interno à Igreja da Inglaterra como uma disputa entre a igreja tal como havia sido instituída sob Elizabeth I e aqueles que estavam comprometidos com a forma de uma igreja segundo o padrão de João Calvino e de Genebra.[52]

Ao longo do texto, Hooker menciona os diversos objetivos da obra. Um deles é defender a Igreja da Inglaterra em sua forma atual contra os ataques dos reformadores, expor a verdade da questão e demonstrar que seus ataques à atual estrutura são equivocados (Pref, 1,2; 7,1). Seu objetivo maior é a paz e a harmonia no seio da igreja, "viver como se nossas pessoas fossem múltiplas, e nossas almas, unas" (Pref, 9,3). A melhor

---

Reserv University, 1972, pp. 207-239; *Reflections on the Theology of Richard Hooker*; Robert K. Faulkner. *Richard Hooker and the Politics of a Christian England*. Berkeley, University of California Press, 1981; John S. Marshall. *Hooker and the Anglican Tradition: An Historical and Theological Study of Hooker's Ecclesiastical Polity*. London, Adam & Charles Black, 1963; W. B. Patterson. "Hooker on Ecumenical Relations: Conciliarism in the English Reformation", in *Richard Hooker and the Construction of Christian Community*, pp. 283-303; Philip B. Secor. "In Search of Richard Hooker", pp. 21-37; Debora Shuger. "'Societie Supernaturall': The Imagined Community of Hooker's *Lawes*", in *Richard Hooker and the Construction of Christian Community*, pp. 307-329; Ramie Targoff. "Performing Prayer in Hooker's *Lawes*: The Efficacy of Set Forms", in *Richard Hooker and the Construction of Christian Community*, pp. 275-282. Bibliografias de material sobre Hooker encontram-se em Egil Grislis e Hill W. Speed. "Richard Hooker: A Selected Bibliography, 1971-1993", in *Richard Hooker and the Construction of Christian Community*, pp. 385-405, e, para material anterior a 1971, Grislis e Hill, "Richard Hooker: An Annotated Bibliography", *Studies in Richard Hooker*, pp. 279-320.

[51] As "leis da igreja" referem-se, de maneira geral, a toda a sua estrutura organizacional: "As leis da Igreja, pelas quais durante muito tempo temos sido guiados no exercício da religião cristã, e no serviço do verdadeiro Deus, nossos ritos, costumes e ordens de governo eclesiástico são postos em questão" (1,1,3).

[52] Em uma seção substancial, Hooker mostra esse conhecimento de Calvino e seu ministério em Genebra (Pref, 2); defende que a organização da igreja de Calvino correspondia exatamente àquilo que a situação e a época demandavam (Pref, 2,4), mas está longe de provar ser uma estrutura universalmente normativa (Pref, 4,5).

forma de atingir esse objetivo é pela serenidade, pela análise desapaixonada e racional de cada questão e de cada acusação, ponto por ponto, argumento por argumento, com a maior exatidão possível (Pref, 9,1; 7,1).[53]

Hooker esboçou a estrutura de todo o trabalho no prefácio (Pref, 7). Seus oito livros são divididos logicamente em duas partes de quatro livros cada uma. A primeira parte trata de questões fundamentais e de princípios gerais que regulam as críticas dos reformadores. De acordo com os primeiros quatro livros, são os seguintes:

1. a natureza e as espécies de leis;
2. se a Escritura deve regular todas as nossas ações;
3. se uma estrutura de governo fundacional, inalterável, outorgada por Deus, pode ser encontrada no Novo Testamento;
4. se a Igreja da Inglaterra é corrompida por ritos, ordens e cerimônias papistas.

A segunda parte e os quatro livros seguintes abordam quatro questões que são mais específicas à controvérsia interna à igreja inglesa. São elas:

5. as preces e os sacramentos da igreja e o poder das ordens;
6. formulada como a questão da jurisdição dos anciãos nas igrejas reformadas, mas de fato tratava do arrependimento na igreja;
7. o poder e a honra devida a bispos, e
8. o poder soberano ou autoridade jurisdicional na igreja (Pref, 7).

O cerne dos oito livros das *Leis* é o Livro V, disposto como um comentário sobre o Livro de Oração Comum. Isso indica em que ponto Hooker situava a plataforma sobre a qual a igreja se erigira.

A interpretação da eclesiologia hookeriana que se segue diverge da ordem de apresentação que lhe dá seu autor, que situa o Livro de Oração no centro, precedida de questões introdutórias que de certa forma lhe foram impostas pela controvérsia. Nessa apresentação, as compreensões de diversos elementos da igreja encaixam-se nos *loci* utilizados nos outros

---

[53] A eclesiologia de Hooker não possuía *status* oficial; não representava, por exemplo, as posições puritanas. Grandes partes dela não apareceram antes de já bem avançado o século XVI. Não obstante, como uma *summa* eclesiológica extraordinária, sintética, ela representa o cerne da Igreja da Inglaterra ao final do século XVI.

capítulos desse livro. Ele tratará, portanto, sucessivamente, da natureza da igreja, da supremacia realenga como definidora de sua relação com o Estado, dos membros da igreja, da estrutura ministerial e organizacional da igreja, das atividades da igreja e, por fim, de sua relação com a sociedade.

A natureza da igreja

Hooker concebia a natureza da igreja em termos estritamente teológicos. Sua metáfora teológica preferida para a igreja é o "corpo místico de Cristo". Essa igreja é una: o que significa que ela é uma realidade unificada, embora encerre contingentes de seres humanos deste e do outro mundo. "Essa Igreja de Cristo, que apropriadamente denominamos seu corpo místico, só pode ser una" (3,1,2). O imenso corpo coletivo de fiéis é místico "porque o mistério de sua conjunção independe dos sentidos" (3,1,2). A igreja mística refere-se àqueles membros que já estão com Cristo em uma nova vida e também àqueles que se encontram na terra, porque suas disposições internas "não chegam a nossos sentidos", mas são conhecidas apenas de Deus (3,1,2). Em certos aspectos, portanto, Hooker emprega o termo "místico" para expressar o que outros teólogos entendem por igreja invisível, embora com um alcance muito maior. A distinção entre a igreja visível e a igreja mística corresponde aproximadamente a uma abordagem histórico-sociológica da igreja e a uma consideração teológica da mesma igreja. A descrição que fazemos a seguir da concepção hookeriana da natureza da igreja única leva em conta esses dois níveis distintos.

A igreja visível. A igreja visível é uma sociedade peculiar de seres humanos que se aglutinam pela fé comum e pelos vínculos externos do credo, do ritual e dos ofícios. Sociologicamente falando, Hooker distingue a igreja enquanto sociedade de uma assembleia existencialmente unida na realização de uma ação comum.[54] Hooker concebe uma igreja como

---

[54] "Nesse sentido, a Igreja é sempre uma sociedade visível de homens, não uma assembleia, e sim uma sociedade. Pois, embora o nome de Igreja seja dado a assembleias cristãs, embora qualquer multidão de homens cristãos congregados possa ser denominada pelo nome de igreja, as assembleias, em sentido próprio, são, porém, coisas que pertencem a uma igreja. Os homens

uma sociedade, ou seja, um conjunto de pessoas que pertencem a alguma comunidade cristã, cujo lugar e limites são fixos. O que elas têm em comum é a prática coletiva dessas obrigações, como consta nos Atos dos Apóstolos: *instrução, partilha do pão e orações* (3,1,14).[55]

A igreja visível é a igreja situada na história, "uma instituição concreta que se distingue" segundo suas formas sociais. "E essa Igreja visível, destarte, não é senão una, prolongando-se desde os primórdios do mundo até o fim" (3,1,3). Essa ininterrupta igreja engloba tanto os que precederam como os que vieram depois de Cristo, e a expressão "a Igreja de Cristo" aplica-se mais propriamente aos últimos. Três vínculos aglutinam essa igreja visível em sua unicidade: "A unidade desse corpo visível e da Igreja de Cristo consiste nessa uniformidade, que todos os diversos indivíduos que a ela pertencem têm, pela razão de *um* só *Senhor* cujos servos todos professam, de *uma fé* que todos reconhecem e de *um batismo* em que todos são iniciados" (3,1,3). Hooker desenvolve cada um desses elementos; em conjunto, eles definem os critérios de pertença. O primeiro deles é a adesão à pessoa de Cristo como salvador (3,1,4); o segundo é a profissão da fé que ele transmitiu à humanidade (3,1,5); o terceiro é o batismo, porque "não ingressamos na Igreja visível antes de nossa admissão pela porta do batismo" (3,1,6).

Com esses critérios definidores, Hooker consegue formular alguns juízos claros acerca da pertença à igreja. Em primeiro lugar, ele afirma claramente que "aqueles em quem essas coisas se encontram, a igreja deve reconhecer como filhos seus; há de considerar como estranhos somente aqueles em quem essas coisas não se encontram" (3,1,7). Ele prova o significado dessa asserção indagando se é possível pertencer a Satanás e à igreja de Cristo ao mesmo tempo. No que tange à igreja mística, isso não é possível, pois uma adesão espiritual última a ambos seria contraditória.

---

se reúnem para desempenhar ações públicas, ao término das quais a assembleia se dissolve e deixa de existir, ao passo que a igreja que se reuniu deve efetivamente perdurar" (3,1,14).

[55] Hooker prefere falar de estruturação quando trata do aspecto visível da igreja de maneira geral, porque o termo governo parece limitado ou restrito demais à tarefa de governar; estruturação, pelo contrário, tem significado mais abrangente e refere-se "ao governo e também ao que quer que, além disso, corresponda ao ordenamento público da igreja" (3,1,14).

Entretanto, os membros do corpo visível de Cristo podem se afastar de Deus (3,1,8). A simples identificação da união espiritual com Cristo com a pertença à igreja visível decorre da incapacidade de distinguir entre a igreja mística e a igreja visível e uma igreja visível que é pura ou corrupta (3,1,9). Pode-se verificar isso no caso da excomunhão de membros de uma igreja específica. Considere-se o caso de heresia ou de crimes de que o réu não se arrepende. Qualquer um deles exclui o indivíduo do corpo místico de Cristo. Essas violações também acarretam a separação da parcela sadia da igreja visível. Nenhuma delas, contudo, segrega um indivíduo honesto da igreja visível. Na visão de Hooker, a excomunhão "não exclui da igreja mística nem purifica da igreja visível, mas apenas da comunhão com a igreja visível nos sagrados deveres" (3,1,13).

Esse princípio, segundo o qual a deficiência em relação aos três critérios de pertença não equivale a uma falta ou ausência deles, amplia a compreensão da unidade e da continuidade da igreja histórica. Aquelas igrejas que são deficitárias em vários aspectos ainda se encontram na igreja e são da igreja; e uma igreja que se reforma não se torna uma outra igreja (3,1,10). Com referência a Roma, por exemplo, uma igreja reformada não rompe a comunhão de ser igreja com uma outra igreja pela falta de reforma desta. "Não obstante, para ser legítimos, temos defendido e efetivamente defendemos a comunhão com eles [Roma]" (3,1,10). Hooker chega a afirmar que "devemos reconhecer até mesmo os próprios heréticos, apesar disso, como uma parte amputada, mas mesmo assim uma parte da Igreja visível" (3,1,11).[56]

Hooker, portanto, tinha uma fundamentação clara para a unidade de toda a igreja visível, a distinção de igrejas dentro do todo, bem como uma dialética coerência todo-parte da igreja histórica. "Para preservação da cristandade, não há nada mais necessário do que a comunhão e a sociedade recíprocas das igrejas visíveis. Em consideração disso, da mesma forma como o corpo principal do mar é único, embora em seu

---

[56] "Os heréticos, portanto, não são de todo excluídos da igreja visível de Cristo" (3,1,11). Podem e devem ser separados daqueles que possuem sólida fé, mas não são infiéis que rejeitam os verdadeiros princípios da fé cristã.

interior diversos recintos tenham nomes diversos, assim também a Igreja Católica subdivide-se em uma série de sociedades específicas, cada qual denominada igreja em si mesma" (3,1,14).[57]

A igreja mística. Hooker discute os fundamentos da igreja mística em sua teologia sacramental. Os sacramentos haurem seu poder, em última instância, da encarnação do divino Filho em Jesus Cristo: Deus está em Cristo pela encarnação pessoal do Filho, que é verdadeiro Deus (5,51). Com base na encarnação, Hooker discute a presença pessoal de Cristo em toda parte, o que o leva à específica questão da "união ou mútua participação que existe entre Cristo e a Igreja de Cristo no mundo atual" (5,56). Nessa discussão, Hooker apresenta o fundamento teológico da igreja na Trindade e na encarnação.

Hooker trabalha a partir de uma premissa metafísica de que as causas se encontram em seus efeitos, e que o efeito subsiste na causa. Isso tem a ver com a criação. Todas as coisas são fruto de Deus: "Elas estão *nele* como efeitos em sua causa máxima, ele igualmente se atualiza *nelas*, e essa assistência e influência de sua divindade é *sua vida*" (5,56,5). Para além da presença criadora, no entanto, Hooker considera a eficácia da salvação de Deus. Os seres humanos são descendência de Adão por natureza, mas filhos de Deus por graça e favor (5,56,6). Pode-se conceber essa eleição à salvação como filhos e filhas de Deus em dois níveis: um, na eterna presciência de Deus; o outro, em sua verdadeira realização na igreja e através da igreja. Hooker diz então que nos unimos a Deus "apenas a partir do momento de nossa efetiva adoção no corpo de sua verdadeira Igreja, na comunhão de seus filhos [...]. Nosso ser em Cristo por eterna presciência nos salva, não sem nossa efetiva e real adoção na

---

[57] "Por conseguinte, os que compõem o corpo de Cristo dispõem daquelas graças e virtudes íntimas pelas quais diferem de todos os outros, que não pertencem ao mesmo corpo; uma vez mais, aqueles que pertencem ao corpo visível da igreja possuem também os sinais de profissão externa, pelos quais o mundo conhece o que são: da mesma maneira, até as várias sociedades de homens cristãos no interior de cada uma das quais se dá o nome de igreja com propriedade, como a Igreja de Roma, Corinto, Éfeso, Inglaterra, e o restante, devem ser dotadas de propriedades gerais correspondentes que lhes pertencem, na medida em que são sociedades cristãs públicas. E dessas propriedades comuns a todas as sociedades cristãs que não devem ser negadas, uma das principais é a estruturação eclesiástica" (3,1,14).

comunhão de seus santos no mundo presente" (5,56,7).[58] Esse misticismo de coinerência mútua dos cristãos em Cristo e de Cristo nos cristãos encontra expressão na linguagem trinitária. Cristo está em nós pelo Espírito: "Visto, portanto, que Cristo está em nós como íntimo Espírito, o primeiro grau de comunhão com Cristo há de consistir na participação de seu espírito" (5,56,8).

Três elementos da vasta visão mística hookeriana da igreja se destacam aqui. Em primeiro lugar, ele mantém uma distinção entre Deus como criador e Deus como salvador, e entre a união com Deus enquanto criatura e agraciado, e, portanto, um senso de eleição.[59] Em segundo lugar, Cristo como um todo está presente em cada parte da igreja, de sorte que cada igreja específica é igreja a título pleno. "Cristo é todo com toda a igreja, e todo com cada parte da Igreja, no tocante a sua pessoa, que de forma alguma pode dividir-se ou possuir-se por graus e porções" (5,56,10). Em terceiro lugar, no entanto, a visão hookeriana da igreja é ampla, historicamente diferenciada e ao mesmo tempo misticamente inclusiva e unificada: compõe-se de todos aqueles que "pertencem ao corpo místico de nosso Salvador Cristo e são numerosos como as estrelas do céu, sucessivamente divididos, em razão de sua condição mortal, em muitas gerações, e não obstante unidos todos a Cristo sua cabeça e a todo indivíduo particular entre eles, na medida em que o mesmo Espírito, que ungiu a abençoada alma de nosso Salvador Cristo, deve assim formalizar, unir e efetivar todo o seu gênero, como se ambos, o Espírito e eles, se compactassem em um

---

[58] Hooker apreciava uma concepção ontológica e mística da igreja participando da divina realidade de Cristo: "Pois nele efetivamente somos, por nossa verdadeira incorporação nessa sociedade que o tem por sua cabeça e que com ele conforma um corpo (ele e eles, nesse sentido, têm um único nome), por cuja causa, em virtude dessa conjunção mística, somos dele e nele mesmo quando nossa própria carne e nossos próprios ossos devem prolongar os seus. Nós estamos em Cristo porque ele nos conhece e nos ama como partes dele próprio. Nenhum homem, efetivamente, está em si, mas naquele em quem ele efetivamente é" (5,56,7).

[59] "Deve-se confessar que de Cristo, que opera como criador e regente do mundo pela providência, todos participam; nem todos participam da graça pela qual ele inabita em quem salva. Uma vez mais, da mesma maneira como ele não habita pela graça em todos, assim também não opera em todos em que habita" (5,56,10). Isso significa que alguns são mais santos do que outros e que a graça de Deus opera mais em uns do que em outros.

só corpo, todos inerentes a uma única e mesma alma" (5,56,11). Hooker não seria superado na grandiosidade de sua concepção de igreja.

A relação da igreja com o Estado: a supremacia régia

Os capítulos anteriores examinaram a relação da igreja com a sociedade e com o Estado como tópico conclusivo de análise. Hooker também trata da relação entre igreja e o poder régio no último dos oito livros. Todavia, o ato do Parlamento que declarava a supremacia régia foi a primeira e a principal etapa legislativa no longo processo da Reforma inglesa, e a posição do rei como chefe da igreja é uma das mais peculiares características dessa eclesiologia. Isso poderia ser ampliado: para muitos, à época, tratava-se de uma questão de jurisdição. Entretanto, à medida que a igreja se desenvolveu ao longo do século XVI, a identificação da igreja precisamente como igreja nacional adquiriu maior importância para a autocompreensão da igreja como tal.[60] Hooker dividiu seu exame entre aqueles que tratam de princípios gerais, passando em seguida a abordar as competências específicas do rei, relativamente à Igreja da Inglaterra.

Princípios gerais. Os primeiros três capítulos do Livro VIII tratam dos princípios gerais que definem o marco de compreensão das competências específicas do rei na Igreja da Inglaterra. Esses princípios estão sempre atuando em todos os argumentos de Hooker, às vezes tacitamente, outras vezes muito explicitamente. Os que apresentamos a seguir são alguns dos mais importantes.

Em primeiro lugar, Hooker tinha uma imaginação hierárquica que pode ser ilustrada na seguinte concepção: a lei de Deus requer que, onde quer que muitos interajam socialmente, o inferior esteja vinculado ao superior, e sua interconexão unirá um ao outro e ao conjunto, de modo que todos ajam como se fossem um (8,2,1). Da mesma maneira, ele defende

---

[60] Não se trata apenas de tamanho, do fato de que os reformadores ingleses estavam fazendo em uma nação de quatro milhões de pessoas o que Calvino fizera em uma cidade cuja população oscilava entre dez e treze mil habitantes. As diferenças nos marcos culturais, históricos, sociais e psicológicos de compreensão alteram tudo.

a uniformidade na sociedade e na religião como ideal para superar as desvantagens decorrentes das diferenças em questões substanciais.

Em segundo lugar, a lógica que permeia toda a discussão acerca da supremacia régia respalda-se na pressuposição da coextensividade da comunidade e da igreja cristã (8,3,5). As objeções a esse arranjo sempre dependem da distinção ou da separação entre a igreja e a comunidade civil. Por sua parte, Hooker reconhece a distinção ou diferença entre a igreja e a comunidade; elas não são idênticas. Ele argumenta, no entanto, a partir do fato de sua unidade e da coincidência de que todos na Inglaterra pertencem à mesma igreja, e que a totalidade da igreja é formada de ingleses (8,1,2).[61]

Em terceiro lugar, pode-se identificar a visão básica como a necessidade de uma suprema autoridade unificadora em uma sociedade. Essa visão, por sua vez, deflui de uma concepção do bem comum, o universal *bonum publicum*. Ela pressupõe a existência de uma série de diferentes esferas de autoridade no interior de uma sociedade específica. Estipula ainda, contudo, que deve haver uma autoridade geral [monárquica] que coordene essas autoridades e as direcione ao bem comum (8,3,4). Esse bem comum dos seres humanos transcende as necessidades do corpo e compreende a preocupação com a realização espiritual (8,3,5). Do ponto de vista da religião e da cristandade, não se negará que a igreja requer disciplina e coerção (8,3,5).

Em quarto lugar, Hooker concebe a supremacia régia na religião em termos de poder. O poder espiritual refere-se à realização de ações que têm a ver com a própria religião; o domínio ou poder supremo é aquele acima do qual não existe instância alguma de poder que possa dominá-lo dentro de certa esfera. "Quando, portanto, se diz que os reis cristãos detêm domínio espiritual ou poder supremo em assuntos e questões eclesiásticas,

---

[61] Ele encontra um modelo dessa unidade nos reis do judaísmo. De fato, a igreja primitiva e o Império Romano eram duas sociedades separadas; e na atualidade a Igreja romana divide jurisdição, de modo que não depende do governo civil; mas a Igreja da Inglaterra segue o padrão de Israel, no qual "o próprio povo como um todo estava sob um único governo regente, de cuja suprema autoridade dependia" (8,1,7).

isso significa que, dentro de seus próprios âmbitos e territórios, eles detêm autoridade e poder de mando mesmo em assuntos atinentes à *religião cristã*, e que não existe nenhum poder supremo, nenhum poder maior, capaz de determiná-los nessas questões, onde são entronizados para reinar como *reis*" (8,2,1).

Em quinto lugar, contudo, deve-se atentar para o princípio hookeriano frequentemente reiterado de que o poder régio é melhor quando limitado pela lei. Hooker consistentemente reitera como o poder régio é melhor quanto mais qualificado, condicionado e limitado pela lei (8,2,1). "Mais feliz é aquele povo cuja lei é seu *rei* nas grandes coisas do que aquele cujo *rei* é ele próprio sua lei" (8,3,3).

Em sexto lugar, os argumentos de Hooker relativamente aos poderes específicos dos reis não visam estabelecê-los como o mandato divino ou apenas como ordem da igreja, e sim como uma possível estruturação da igreja. Hooker não encontra nenhuma determinação escriturística positiva para a supremacia régia. Trata-se de uma disposição humana, mas Deus aprova e apoia governantes legitimamente instituídos, que agem como lugares-tenentes de Deus e com o poder ou a autoridade de Deus (8,3,1; 8,3,6).

Em sétimo lugar, Hooker sumariza sua visão geral em três pontos, como se segue: em questões de religião, os reis podem ter autoridade legítima e exercer licitamente o poder e a espada temporal dentro da esfera da religião. Ao mesmo tempo, contudo, alguns tipos de ações têm um caráter intrinsecamente religioso ou espiritual e são vedados aos reis: "Ações do poder de ordem e do poder de jurisdição, que lhe é inseparavelmente conexo, poder de administrar a palavra e os sacramentos, poder de ordenar, de julgar como ordinário, de ligar e desligar, de excomungar, e outros correlatos". Todavia, o governante pode exercer poder dentro da esfera da religião em muitas outras questões, e elas devem ser reguladas por leis que disponham sobre matérias religiosas em torno das quais tenha havido acordo com consentimento uniforme (8,3,3).

Poderes e imunidades próprios do rei. Hooker enumera seis diferentes títulos, poderes ou prerrogativas do rei relativamente à igreja: três – o título de Chefe da igreja, o poder de convocar assembleias e a imunidade contra processo judicial ou punição – são menos significativos; os outros três – o poder de elaborar leis eclesiásticas, de nomear bispos e de jurisdição universal – requerem maior explanação.

A principal objeção contra a designação do rei como "Chefe da Igreja" decorre da convicção de que só Cristo detém essa posição, como vimos na seção anterior. Hooker, no entanto, explica que o sentido desse título é inteiramente diferente "em ordem, medida e espécie" (8,4,5). "Ao denominar nossos príncipes como *Chefes da Igreja*, não fazemos senão atestar que os reconhecemos como governantes" (8,4,1). Existe pouca controvérsia em torno da proposição segundo a qual os reis podem convocar assembleias desde que Constantino instituiu um importante precedente. Quanto a submeter-se a julgamento eclesial, Hooker afirma que os príncipes terão seu julgamento no céu, e não na terra (8,9,2). Uma instância interna ao reino simplesmente não pode exercer poder coercitivo sobre o soberano (8,9,6). Ao mesmo tempo, contudo, Hooker admite que o sacerdote comum, para não falar do clérigo superior, pode excomungar um rei, ou seja, excluí-lo da comunhão como notório pecador (8,9,6).

O poder dos reis de elaborar leis eclesiásticas. Hooker aduz um consistente argumento em defesa dessa prerrogativa. Algumas de suas premissas são as seguintes: que igreja e comunidade são coextensivas; que todas as sociedades, inclusive a igreja, gozam do direito de autogovernar-se ou de legislar em causa própria; segue-se que o sujeito legiferante da igreja é a própria igreja como um todo;[62] essa legislação não pode ser produzida apenas pelos clérigos, mas deve envolver o consentimento e a ratificação dos leigos;[63] deve envolver também a vontade do rei;[64] e, por

---

[62] Com base na analogia de todas as sociedades, "afirmamos, portanto, que nessa congruidade o verdadeiro sujeito original do poder também para fazer as leis da igreja é a totalidade do corpo daquela igreja pelo qual são feitas" (8,6,1). Em síntese, "a totalidade do corpo da *Igreja* [é] o primeiro sujeito original de todo poder mandatório e coercitivo em seu próprio seio" (8,6,3.).

[63] Não importa quão boas quaisquer leis possam ser, é "o consenso geral de todos que dá a forma e o vigor das leis [...], mas as leis jamais podem existir sem o consenso de toda a *Igreja*" (8,6,11).

[64] Hooker argumenta, então, que "nenhuma lei *eclesiástica* seja feita em uma *comunidade cristã* sem o consentimento tanto dos leigos como dos clérigos, mas sobretudo sem o consentimento do poder supremo" (8,6,7).

fim, o Parlamento é o espaço em que todos esses elementos se reúnem. O Parlamento da Inglaterra, em certo sentido, é a própria Inglaterra reunida, pois compreende a igreja, através do sínodo, o monarca e o povo por representação. O Parlamento é, "por conseguinte, a verdadeira essência de todo governo dentro desse reino do qual depende. Ele é mesmo o corpo de todo o reino" (8,6,11).

Mas o Parlamento inclui o rei enquanto rei, e as leis não podem ser elaboradas sem o rei. Negativamente, se um rei não dispusesse de poder de veto, não teria o poder que constitui a realeza. Positivamente, a igreja outorga ao rei o poder de elaborar leis para si mesma em virtude da autoridade universal do soberano.[65] "No projeto e discussão das leis, há de se ter sobretudo sabedoria, mas o que as institui e as elabora é o poder, o próprio poder de império do governante que entre nós repousa na pessoa do *Rei*" (8,6,12).

O poder dos reis de designar bispos. A constituição de um bispo envolve sua consagração, sua eleição e sua designação para uma sé específica. O rei não consagra bispos, mas os designa, e essa designação subverte sua eleição canônica. As práticas vigentes à época de Hooker "tiram todo o interesse do povo pela escolha de seu próprio *bispo* e também restringem o próprio ato de eleição canônica, geralmente realizado pelo *deão* e pelo *capítulo*" (8,7,3). A eleição de bispos "agora é meramente uma formalidade. É a simples aquiescência do rei e a consagração do bispo que constituem o bispo" (8,7,3).

Hooker justifica essa prática por um longo e extenso precedente, o papel do bispo na situação da unidade da igreja e da comunidade, e o

---

[65] Hooker concebe o poder do rei em assuntos especificamente eclesiais como análogo ao de Constantino, em que a igreja outorgou-lhe, como supremo regente do império, o poder de fazer as leis para a cristandade, e ele, sendo cristão, usou esse poder e essa autoridade em benefício da igreja. A questão é que a dignidade imperial do imperador é o que o capacita a fazer tornar as prescrições lei para toda a comunidade e religião (8,6,11). Não que as leis, em última instância, recebam sua força do poder que o rei confere ao parlamento e ao povo. Pelo contrário, as leis recebem sua força "do poder que todo o corpo desse *Reino*, sendo naturalmente possuído por quem tem livre e deliberado assentimento derivado daquele que os governa [...]. De sorte que nossas leis concernentes à religião tomam originalmente sua essência do poder de todo o *Reino* e Igreja da Inglaterra que nada pode ser mais consoante com a lei da natureza e a vontade de nosso *Senhor Jesus Cristo*" (8,6,11).

papel que o bispo desempenha na sociedade. Hooker relaciona toda essa questão à controvérsia das investiduras, na esteira da reforma gregoriana, e assume a posição de que a investidura pelo príncipe era a coisa certa a fazer (8,7,5). Mas ele também reconhece o risco de que os reis pudessem designar bispos desqualificados ou indignos.

O poder jurídico dos reis: a jurisdição universal. A Igreja da Inglaterra não dispõe de nenhum ofício ou ministério dotado de jurisdição universal (8,8,1). O rei detém aquele poder e autoridade em virtude de seu domínio universal. O objetivo dessa jurisdição é dar sustentação às jurisdições da igreja local e servir como via recursal.[66] Essas jurisdições haviam sido reivindicadas pelo papa, mas, com o provimento da supremacia régia, foram "anexadas" pela coroa inglesa (8,8,4).

Alguns alegam que não assiste competência ao rei em questões de natureza espiritual ou religiosa. Hooker, no entanto, mostra que a prática da supervisão judicial em geral não é exercida diretamente, mas o sistema como um todo funciona mediante níveis estabelecidos de especialização. Prevalecem distinções "entre aquela jurisdição ordinária, que pertence exclusivamente aos clérigos, e aquela comissária na qual outros são justamente designados para unir-se a eles, como também entre essas *jurisdições* e uma terceira, pela qual o rei detém autoridade transcendente em todas as questões acima de ambas" (8,8,7). Por fim, Hooker reitera que na Igreja da Inglaterra todos esses processos judiciais são pautados pela lei, e os reis vinculam a si mesmos a fim de utilizar seu poder jurisdicional dentro dos limites da lei (8,8,9).

Os membros da igreja

Quem eram os membros da Igreja da Inglaterra? Por um lado, os membros da igreja eram primeiramente os ingleses. Em 1530, eles eram católicos; em 1550, as estruturas da igreja haviam sido reformadas; em

---

[66] Assim, o poder universal estende-se "a todas as cortes, a todos os juízes, a todas as causas, e a função desse poder é fortalecer, manter e sustentar jurisdições específicas [...] tanto quanto reformular as que não conseguem auxiliar e reformar" (8,8,4).

1555, eles majoritariamente católicos de novo; em 1560, as estipulações eduardianas foram restabelecidas. A igreja institucional mudou em torno do corpo coletivo dos cristãos ingleses; em geral, as pessoas se ajustaram mais vagarosamente. Não obstante, por volta do final do século, "ser inglês era ser membro da Igreja da Inglaterra. A fé da igreja nacional era, goste-se ou não, a fé do povo da Inglaterra, pois poucos podiam conceber o pluralismo religioso na sociedade. Igrejas paroquiais locais, o foco primário da lealdade religiosa de muita gente, ostentavam brasões e eram o cenário da liturgia protestante".[67] Uma vez mais, dentro dessa única igreja, havia no mínimo diferenciações de simpatias, e pode ser útil pelo menos identificá-las ao longo de um espectro de esquerda e de direita de um centro definido.[68]

O centro pode ser estipulado como o Livro de Oração dos protestantes. Os protestantes eram a maioria da população que concordava com os reformadores mais ou menos tranquilamente. Podiam ser aqueles que aceitavam o Livro de Oração como norma estrita e se queixavam quando os clérigos dele se afastavam, ou aqueles que o aceitaram gradativamente e chegaram a apreciá-lo.

À esquerda desse centro encontravam-se os puritanos, que se distinguiam pela intensidade de seu fervor religioso e pelo viés evangélico calvinista de sua doutrina e de sua piedade. Eram uma minoria na totalidade da igreja, talvez uma facção dentro de uma determinada paróquia, ou uma dada paróquia podia ser em larga medida ou mesmo inteiramente de índole puritana.

À direita do centro estavam os papistas conformistas, indivíduos que continuaram sendo católicos romanos fervorosos, mas que em graus variados e por uma série de razões se conformaram, em medidas diversas,

---

[67] Rosman, *Catholic to Protestant*, p. 92.
[68] Extraio esse espectro de Rosman, *Catholic to Protestant*, pp. 65-73.

às atividades da Igreja da Inglaterra. Quando "os serviços da Igreja da Inglaterra eram os únicos oferecidos, e as pessoas simpáticas ao catolicismo tinham de decidir se os frequentavam ou ficavam desguarnecidas de qualquer estipulação litúrgica", elas podiam se comprometer. Tais pessoas podem ter ajudado a manter vivo "o gosto pelo ritual e pela liturgia" na contracorrente do triunfo do puritanismo.[69]

Ainda mais à esquerda encontravam-se os protestantes sectários ou separatistas. Seriam aqueles de tendência puritana que já não podiam permanecer na Igreja da Inglaterra e dela se separaram. A separação envolvia o implícito não reconhecimento da igreja nacional, o que era raro no período elisabetano.

E à extrema direita estavam os não conformistas, cuja lealdade à Igreja Romana tornara-os separatistas de direita, ou seja, eles rejeitavam a autoridade da Igreja da Inglaterra e a participação nela. Eram, no entanto, tolerados no país e até mesmo na corte. Mas representavam um percentual muito ínfimo no total da população. Indubitavelmente se encontraria, durante um período anterior, uma diferenciação análoga também no âmbito das igrejas luteranas e calvinistas.

Estruturação e ministério da igreja

A estruturação da igreja é uma função de ministério, ou seja, a estruturação diferencia, estrutura e provê o ministério, de maneira que estruturação e ministério se implicam mutuamente. Hooker define ministério como atividade na igreja que "consiste em realizar o serviço da casa de Deus e em aplicar aos homens os soberanos remédios da graça" (5,76,10). A igreja se atém a desempenhar certos ministérios: administração da palavra e dos sacramentos, orações, censuras espirituais etc. "As leis da estruturação são leis que designam de que maneira essas tarefas devem ser executadas" (3,11,20). Hooker reconhece certo pluralismo na estruturação entre as igrejas. Todas as pessoas necessitam da linguagem

---
[69] Ibid., p. 69.

para falar, mas não precisam falar a mesma linguagem. "Mesmo assim, pode-se admitir a necessidade de estruturação e regimento em todas as Igrejas, sem que se defenda que qualquer forma específica seja necessária em todas elas" (3,2,1). Mas Hooker reputou necessário arguir apologeticamente a tríplice estrutura do ministério encontrada mais claramente tanto nos primórdios como em Inácio de Antioquia e em larga medida dada por assente daí por diante, porque fora contestada pelo princípio congregacionalista e pela organização da igreja de Calvino. Hooker, portanto, teve de defender a legitimidade do que sempre esteve em vigor na Igreja da Inglaterra.

Escritura, ministério e estruturação da igreja. A Escritura, de fato, diz algo acerca da organização e do governo da igreja, e Hooker recorre a uma igreja neotestamentária normativa. Rejeita, contudo, a ideia de que a Escritura prescreva uma estruturação pormenorizada para todas as igrejas. Com efeito, ele revela, listando, as muitas formas pelas quais, em princípio, as leis mudam (3,10). As leis são constantemente revogadas, parcialmente rejeitadas ou acrescidas à medida que as condições o justificam. "A natureza de qualquer lei deve ser julgada pelo fim para o qual foi criada e pela adequação às coisas em função das quais se prescreveu o mesmo fim" (3,10,1). Em consonância com esse axioma, dadas as mudanças de tempo e de espaço e as necessidades concretas da comunidade, nem o fato de Deus ser o autor de uma lei, nem o fato de Deus confiar tais leis à Escritura, nem mesmo a continuidade do fim em razão do qual são propostas torna as leis imutáveis (3,10,7). Elas sempre precisam ser ajustadas a novos fins ou por novos meios adequar-se à situação, e Deus dotou os seres humanos de razão e de discernimento exatamente para tanto. Citando Tertuliano, Hooker distingue entre questões de fé e questões de ordem externa na igreja: o poder da fé é estável, enquanto os padrões de organização são cambiantes. Instintivamente, todos sabem "que a questão de fé é constante, ao passo que a questão da ação muda dia após dia, sobretudo a questão da ação relativa à estruturação da igreja" (3,10,7).

No tocante às leis da estruturação, Hooker distingue certos princípios formais que ele chama de "partes principais e perpétuas na estruturação eclesiástica". Essas são constantes e necessárias na igreja de Deus, em contraste com as estipulações concretas pelas quais esses princípios formais são implementados (3,11,20). Ele observa quatro desses princípios estáveis que requerem:

1. que os ministérios sejam diferenciados para desempenhar diferentes funções;
2. que os clérigos constituam um estado de vida estabelecido pela palavra de Deus a que outros se sujeitam por sua saúde espiritual;
3. que os clérigos foram, são e devem ser diferenciados entre si em pelo menos duas categorias, bispos e outros ministros da palavra e do sacramento;
4. que a própria estruturação eclesial demanda uma solene admissão à ordem dos clérigos (3,11,20).

Em contraposição a essas constantes, Hooker elenca toda uma gama de variáveis: "Tempos e lugares indicados para o exercício da religião; as especificidades atinentes à solenidade pública da palavra, dos sacramentos e da oração; a ampliação ou restrição das funções ministeriais dependentes daquelas duas principais anteriormente mencionadas; para concluir, qualquer que seja o tipo de formalidade e circunstância de que se trate, concernem a qualquer ação pública da Igreja" (3,11,20).

Como esses dois tipos de estruturas prescritivas, a primeira formal, uma questão de princípio, e imutável, a segunda, concreta, particular e mutável, se relacionam com as Escrituras da igreja? Hooker responde explicitamente: "Agora, muito embora as coisas que a Escritura tem do primeiro tipo sejam permanentes, boa parte do que a Escritura ensina a respeito destas últimas nem sempre é necessária; e muito do que a igreja de Deus de fato sempre necessita a Escritura não ensina" (3,11,20). Nesse ponto, é preciso contar com os recursos proporcionados por Deus, como a lei natural, a razão e o senso comum.

Clérigos e leigos. Hooker entendia que a totalidade da igreja fosse claramente dividida em leigos e clérigos (5,78,2).[70] Hooker distingue claramente as ordens de ministério dos vários ofícios, funções e serviços ministeriais que não implicam ordens. Os leigos podem ser mestres, exorcistas, leitores, cantores etc. Por suas funções ou formação, podem até parecer clérigos e assim são chamados em determinada época. Mas não devem ser confundidos com aqueles ordenados em categorias clericais. Eles parecem clérigos e diferem dos leigos em geral apenas funcionalmente, e deixam de ser ministros quando param de ministrar. Por contraste, a ordenação dos ministros irrevogavelmente os vincula à categoria e ao corpo de clérigos, do qual se tornam partes naturais (5,78,10).[71]

Hooker revela uma sólida imaginação sacramental ao caracterizar o poder dos ministros ordenados que distingue por completo os clérigos dos leigos. Os governantes seculares devidamente nomeados têm autoridade derivada, conferida por designação, para oficiar o que Deus apoia ou defende, mas a autoridade do ministro é outorgada por Deus e não pelos seres humanos (5,77,1). O poder que é concedido aos ministros "eleva os homens da terra e faz descer o próprio Deus do céu à terra"; "confere diariamente o Santo Espírito"; "traz o próprio Deus do céu à terra; ao abençoar os elementos visíveis, torna-os graça invisível"; distribui a carne e o sangue de Cristo, que por seu turno são o princípio vital do corpo místico de Cristo, a própria igreja (5,77,1). Esse poder é concedido àquele que é ordenado pelo Espírito, e assim se diz "*Receba o Espírito Santo*", do que resulta que o Espírito Santo torna-se o fator de potencialização do

---

[70] Hooker estabelece um marco para a discussão da teologia do ministério e da ordenação. Uma teologia da ordenação deve tratar de quatro coisas: em primeiro lugar, a natureza do ministério ordenado enquanto distinto do exercício do ministério; em segundo lugar, a determinação de que "o único ato verdadeiro e próprio de ordenação é investir homens daquele poder que os torna ministros pela consagração de suas pessoas a Deus e a seu serviço em coisas sagradas durante o termo da vida, independentemente de se exercem esse poder ou não" (50,80,8); em terceiro lugar, a distinção entre ordenação que faz um ministro e o instala em uma paróquia ou lhe confere um título ou ofício. Esses dois últimos pontos assinalam a diferença essencial de uma concepção congregacional. Em quarto lugar, em considerando leis e costumes pretéritos, deve-se dispensar cuidadosa consideração às situações de outrora e de agora (5,80,8).

[71] Essas ordens básicas também não devem ser confundidas com ofícios como "Deãos, Prebendários, Párocos, Vigários, Curas, Arquidiáconos, Chanceleres, Oficiais, Comissários e outros de nomes semelhantes" (5,78,12).

ministério, uma presença subsistente na igreja por intermédio do ministro (5,77,4; 5,77,8). "Independentemente de pregarmos, rezarmos, batizarmos, comungarmos, condenarmos, absolvermos ou seja o que for, como dispensadores dos mistérios de Deus, nossas palavras, julgamentos, atos e feitos não são nossos, mas do Espírito Santo" (5,77,8).[72]

Hooker defendeu a divisão das ordens de ministério em três: "Verifica-se, então, até que ponto esses três graus de ordem eclesiástica têm continuidade na Igreja de Cristo, o mais elevado e o maior dos quais é o dos apóstolos, abaixo do qual vem o dos presbíteros, e em seguida o mais ínfimo deles, o dos diáconos" (5,78,5). Hooker prefere o termo "presbítero" a "sacerdote", por seus próprios méritos e também por causa da reação puritana contra o termo "sacerdote" (5,78,2-3). Tal como o via Hooker, Jesus Cristo instituiu a ordem dos presbíteros com dois níveis: "Alguns eram maiores, outros menores em poder, e isso por designação de nosso próprio Salvador" (5,78,4). Os apóstolos estabeleceram a ordem dos diáconos (5,78,5). Os apóstolos foram sucedidos pelos bispos (5,78,9). Para que as três ordens ministeriais atinjam seus objetivos, Deus as instituiu e estruturou em moldes hierárquicos, "designando a mais inferior para receber da que lhe é mais contígua o que a influência da superior concede" (5,76,9).

Presbíteros. Os presbíteros são homens ordenados para essa ordem de ministros, e suas responsabilidades serão consideradas entre as atividades da igreja. A atenção aqui se desloca para a defesa hookeriana da ordenação absoluta, a qualidade de presbíteros, e seu fundamento.

Hooker defende a prática da ordenação absoluta, ou seja, a ordenação sem vínculo com uma paróquia e ligação com uma comunidade específica, contra uma concepção congregacionalista do chamado e da ordenação

---

[72] O poder conferido em ordenação é uma marca indelével que situa o ministro ordenado em uma distinta classificação ou ordem dentro da igreja. Ao presbítero ordenado Cristo atribui um poder sobre seu corpo místico e um poder de invocar o próprio corpo de Cristo, e esse "mesmo poder é, enquanto tal, não afetado por uma espécie de marca ou caráter e reconhecido como indelével. O poder ministerial é um marco de separação, porque distingue aqueles que o têm de outros homens e os torna uma *ordem* especial consagrada ao serviço dos mais elevados em coisas em que outros não podem interferir" (5,77,2).

(5,80,3). "Presbíteros e diáconos não são, por ordenação, consagrados a lugares e sim a funções." Com isso Hooker quer dizer que a ordenação institui ministros independentes, dedica-os a Deus, de sorte que eles são "separados e santificados para ser empregados em seu serviço, que é o máximo progresso a que criaturas mortais na terra podem aspirar". Não se trata de um estado temporário que cessa com seu exercício. "Ao passo que, a partir do lugar ou cargo em que esse poder é exercido, podemos transferir, em ocasiões legítimas, o próprio poder inicialmente conferido" (5,80,6). Não há cânon ou regra da história da igreja que torne "ordenações em geral" ilegítimas, e de fato o estado da igreja hoje as requer (5,80,11). Os requisitos são práticos, que os homens sejam ordenados com base no próprio mérito, em geral e sem título, e que os bispos os designem para os locais onde sejam mais necessários (5,80,10).

Hooker aborda alguns dos principais problemas sistêmicos enfrentados pelos clérigos em geral que ministravam nas paróquias e capelas da igreja como um todo. As questões atinentes ao nível de instrução dos clérigos, o absenteísmo das paróquias e a manutenção de múltiplos rendimentos por várias igrejas ou títulos predominaram na Idade Média, e a legislação eclesiástica da Baixa Idade Média procurou tratá-las, mas sem muito sucesso. Hooker concorda que os clérigos devem ser instruídos, cumprir com suas obrigações, e não ambicionar múltiplos rendimentos (5,81,2). Não obstante, os ideais devem submeter-se às necessidades práticas, e regras e exigências de caráter genérico devem ser de molde a admitir casos específicos, isenções, privilégios, onde não for conveniente adotar normas gerais (5,81,4). Decerto, os clérigos devem ser instruídos. Entretanto, se só os instruídos pudessem ser ordenados, "a maior parte da população deveria ficar completamente privada do uso e do exercício público da religião" (5,81,5). De maneira geral, os candidatos à ordenação devem primar pela "dignidade, tanto quanto pela integridade e pela virtude, bem como pelo conhecimento, embora mais por virtude, já que a falta de conhecimento pode ser suprida de várias formas, mas o escândalo dos vícios e da vida pervertida constitui pecado mortal" (5,80,13). Certamente, os ministros devem ficar na residência, mas, entre dois males, deve-se escolher o menor. Por exemplo, a lei prevê não residência àqueles que estudam na universidade para tornar-se ministros instruídos (5,81,6). Em suma, Hooker equilibra a lei da igreja contra as exceções, devido à necessidade prática, e se opõe à interpretação perfeccionista.

Hooker urge o apoio temporal à igreja. Considerando o papel da religião na comunidade, ele propõe o princípio e axioma segundo o qual "os homens são eternamente obrigados a honrar a Deus com todo o seu ser, em penhor do grato reconhecimento que todos têm para com ele" (5,79,1). Isso implica o uso apropriado das riquezas, e assim por diante. Implica também a prestação de apoio material à igreja em reconhecimento do poder e da providência de Deus como a fonte derradeira de qualquer bem que se possa ter (5,79,1), O apoio à igreja tem por objetivo sua sólida fundação e existência perpétua. Hooker refere-se aos dons das igrejas, os apetrechos físicos necessários ao local e à atividade de culto, terra para sustentar a igreja, a prática do dízimo (5,79,3-9). "Dessa forma, tanto Deus como a natureza ensinam a converter coisas temporais para usos eternos, e a assegurar a perpetuidade da religião, ainda que por intermédio do que seja mais transitório" (5,79,10). Essas coisas doadas à igreja pertencem a Deus; elas não estão disponíveis às autoridades oficiais civis (5,79,14). Hooker ressalta, mas não absolutiza esse princípio, reconhecendo que pode haver algumas situações nas quais os bens da igreja, que são bens de Deus, podem ser alienados (5,79,16).

Bispos. "Um bispo", segundo a concepção de Hooker, "é um ministro de Deus, a quem, em permanente continuidade, foi conferido não apenas o poder de administrar a palavra e os sacramentos, poderes que outros presbíteros têm; mas também um poder suplementar de ordenar eclesiásticos, bem como o poder de exercer o governo sobre presbíteros, tanto quanto sobre os leigos, o poder de ser, em virtude da jurisdição, pastor até dos próprios pastores" (7,2,3). Os bispos são de duas espécies, "em geral" e "com restrição". Diz-se "em geral" quando o objeto de seu regimento é indefinido, e não atrelado a um certo lugar. Bispos com restrição, por sua vez, são aqueles cujo regimento sobre a igreja se restringe a algum local definido, limitado, para além do qual sua jurisdição não se estende" (7,2,3). Dadas essas definições, Hooker propõe a seguinte tese: "Isso enfaticamente estabelecemos, como uma das mais infalíveis verdades, que a Igreja de Cristo é, nessa quadratura, legítima, e dessa forma foi instituída desde os próprios primórdios, governada por bispos, tendo permanente superioridade e exercendo poder sobre os ministros da palavra e dos sacramentos" (7,3,1). Ele incita a controvérsia com considerações históricas sobre a origem e a superioridade dos bispos, como eles se relacionam com os presbíteros, bem como sobre a natureza de sua jurisdição, relativamente ao povo e ao território.

Em primeiro lugar, Hooker tem uma visão tradicional acerca da origem do ofício episcopal. "Os primeiros bispos na Igreja de Cristo foram seus bem-aventurados Apóstolos" (7,4,1). Eles eram bispos em geral, mas também podiam ser ou tornar-se bispos com restrição. O Novo Testamento fornece exemplos de ambos os tipos em Paulo e em Tiago (7,4,1-2). Bispos residentes foram os sucessores dos apóstolos, ainda que os apóstolos não tenham tido sucessores no apostolado (7,4,4). "A superioridade de poder de um bispo sobre muitos presbíteros, em cada igreja, é uma ordem que descende de Cristo aos apóstolos, que foram eles próprios bispos em geral, e dos apóstolos àqueles que, em seu lugar, designavam bispos para localidades e cidades específicas, e já desde aquelas priscas eras, universalmente estabelecidos, e assim há anos tem sido em todo o mundo" (7,5,8).[73]

Em segundo lugar, os bispos gozam de superioridade sobre os presbíteros: "Ele sobressaía primeiramente em amplitude do poder de ordem; em segundo lugar, nessa espécie de poder atrelado à jurisdição" (7,6,1). Como exemplos de poder espiritual superior, Hooker cita o "poder de ordenar diáconos e presbíteros, a prerrogativa de conceder o poder de ordenar outros, o que também sempre foi peculiar aos bispos" (7,6,3).[74]

---

[73] Hooker não considera isso como uma ordem eclesial absoluta; contudo, por causa "de sua continuidade absoluta e duradoura, eles não podem dizer que algum mandamento do Senhor não se impõe". É, "antes a força do costume, pela qual a igreja, tendo-o há muito tempo considerado bom para continuar sob o regimento de seus virtuosos bispos [...], de modo que qualquer lei verdadeira e celestial pode ser mostrada" (7,5,8).

[74] Hooker também menciona o poder de consagrar virgens e viúvas, mas não de confirmar, visto que os presbíteros detêm esse poder em algumas igrejas (7,6,2).

O superior poder de jurisdição relaciona-se com a necessidade de uma autoridade governante na comunidade. Hooker justifica essa autoridade a partir da história: Inácio de Antioquia é um proeminente precedente, mas Hooker também cita o reconhecimento calvinista do papel governante dos bispos nas comunidades cristãs primitivas (7,6,9).

Em terceiro lugar, Hooker aduz exemplos históricos como os de Inácio e de Cipriano para demonstrar que o bispo e os presbíteros governavam a igreja juntamente com presbíteros que funcionavam como grupo ou colégio de conselheiros, consultores e assistentes, ao mesmo tempo em que permaneciam sujeitos ao bispo e às extensões de sua autoridade (7,7)

Em quarto lugar, Hooker queria mostrar que a organização da igreja em suas origens era não congregacional, i.e., a comunidade de uma localidade específica não tinha seu próprio bispo; nenhuma comunidade era autônoma; todas se relacionavam a um centro monoepiscopal. Ele tentou demonstrar essa realidade examinando como a igreja se disseminou pelas cidades e províncias do Império Romano de tal maneira que, por desígnio providencial de Deus, a organização política romana influenciou a igreja. "E como muitas dessas paróquias ou congregações eram numerosas, as quais dependiam da única igreja sede, elas e seus diversos presbíteros ficavam sujeitos ao bispo dessa única igreja" (7,82). A organização da igreja se desenvolveu através das cidades, do "uma cidade, um bispo" às sés e dioceses episcopais: não havia nenhuma igreja independente, mas sempre estruturas superiores de organização. À medida que se expandiu quantitativamente dentro dos marcos da organização romana, a igreja desenvolveu estruturas de sínodos, metropolitas, primados, arcebispos, patriarcas, ou seja, a proeminência de alguns bispos sobre outros bispos.[75]

Diáconos. "Os diáconos foram administradores da Igreja a quem por primeiro se encarregou a distribuição dos bens da igreja, além da incumbência de acudir os pobres e de zelar para que todas as coisas de valor fossem religiosa e fielmente tratadas. Era parte também de seu

---

[75] A questão da honra e do privilégio dispensados aos bispos constitui tópico especial que será abordado no contexto da relação da igreja com a sociedade.

ofício prestar assistência a seus presbíteros por ocasião do serviço divino" (5,78,5). Hooker defendeu o direito dos diáconos de pregar, contanto que tivessem qualificação para tanto. Talvez o aspecto mais interessante do tratamento que Hooker dispensa aos diáconos se encontre na maneira como desenvolve um princípio de funcionalidade e atende as necessidades do ministério a partir do ato dos apóstolos que criou esse ofício: "É com base nisso que podemos corretamente fundar esse axioma de que, quando as atividades de que alguns homens se ocupam tornam-se de tal magnitude que os mesmos homens já não conseguem lidar com elas tão suficientemente quanto antes, a maneira mais natural de contornar essa dificuldade consiste na divisão de suas responsabilidades e na ordenação de suboficiais, como nosso Salvador com os doze Apóstolos presbíteros e estes apóstolos, por seu exemplo, com sete diáconos para ambos" (5,78,5).

As atividades da igreja

A categoria das "atividades da igreja" compreende as muitas facetas da manifestação externa ou da face pública da Igreja da Inglaterra abordadas por Hooker. Ele produziu uma análise tão cabal da igreja que a consolidação de suas considerações equivale a uma extensa descrição da instituição, se não em termos formais pelo menos fenomenológicos. Essa consolidação das muitas atividades da igreja também concretiza as funções das ordens de ministério descritas anteriormente.

A face pública da igreja. Hooker considera a face pública da igreja, em sua manifestação externa, através de suas edificações, celebrações sociais e cerimônias.

Edificações da igreja. As manifestações externas mais evidentes da igreja são seus templos, e Hooker sentiu-se compelido a justificar a existência e a qualidade desses espaços de adoração. Para ele, nada parecia mais evidente do que o fato de que existam "espaços guarnecidos em que as pessoas possam se reunir de maneira adequada e digna" (5,14,1). O culto solene a Deus deve ocorrer em público, como convém ao papel da religião na sociedade humana em geral (5,11,1; 5,12,2). Da mesma maneira como os judeus construíram seus templos, assim também os cristãos dos primórdios, quando possível, edificaram suas igrejas e as reservaram, dedicando-as ao culto de Deus. Hooker foi absolutamente hostil à fase iconoclasta na Reforma inglesa. O que fosse útil ao culto e estabelecido por precedente deveria ser preservado. As igrejas deveriam ser qualitativamente de molde a fomentar reverência e piedade, a insuflar um espírito de adoração. Sua aparência deveria ser digna da finalidade a que se destinavam, que é a adoração pública a Deus. Hooker, portanto, pondera objetivamente que "o serviço de Deus não tem em si mesmo *tal perfeição de graça* como quando a dignidade do lugar concorre para tanto" (5,16,1).

Festas da igreja. Hooker introduz suas considerações sobre as festas ou festivais religiosos com uma teologia do tempo (5,69). É simplesmente apropriado que haja festas para relembrar e assinalar os tempos da visitação de Deus. "A santificação dos dias e dos tempos é um penhor daquela gratidão e parte dessa honra pública que devemos a Deus por benefícios admiráveis" (5,70,1). Esses festivais devem conferir expressão ao regozijo religioso, estimular a caridade e proporcionar certo repouso das preocupações da vida que oprimem o espírito. Evidentemente, pode haver abusos em relação aos festivais religiosos, que, no entanto, no melhor dos casos, conjugam, em harmoniosa proporção, "oração, generosidade e repouso" (5,70,2).

Das cerimônias da igreja. No início do *Livro de Oração Comum*, Cranmer introduzira uma breve justificativa para as cerimônias preservadas e uma explicação acerca dos critérios para sua seleção. A exemplo de todos, Hooker não poderia deixar de perceber a necessidade de que se tivesse cuidado e sensibilidade com relação à mudança do rito religioso. Ele dedicou todo o Livro IV das *Leis* para responder às várias objeções puritanas contra as cerimônias que sobreviveram e floresceram no período elisabetano. No começo do Livro V, contudo, Hooker estatui alguns princípios gerais construtivos para sua avaliação. Antes de mais nada, como atividades simbólicas, elas devem refletir aquilo que referem ou medeiam, ou seja, Deus, razão pela qual comportam e determinam certa reverência religiosa. Em segundo lugar, tradições veneráveis de coisas que funcionaram no passado não devem ser suplantadas sem sérias razões. Em terceiro lugar, no entanto, a igreja pode alterar as coisas, e em geral as pessoas devem se submeter à autoridade da igreja nesses assuntos. Em quarto lugar, não obstante, o princípio da equidade aplica-se a todas as leis gerais; elas sempre admitem exceções e dispensas em certas situações concretas. Por derradeiro, e em termos gerais, a opinião particular não deve prevalecer sobre a sabedoria coletiva e sobre a vontade da igreja (5,6-10). Esses princípios explicam em larga medida a justificativa que Hooker aduz para as cerimônias da igreja.

Instrução na fé. Esta seção poderia ser intitulada "Conhecimento de Deus e da doutrina". Ela discorre acerca da primeira grande função da igreja: receber, preservar e mediar a revelação de Deus. A segunda será restituir a Deus, pela oração, nossa resposta de louvor. No grande diálogo entre Deus e a igreja terrena, estes são os dois movimentos fundamentais: de cima, a revelação de Deus; de baixo, a resposta humana em oração (5,23,1).

A primeira das duas principais funções e propósitos da igreja é dar testemunho do que Deus revelou. Essa revelação está contida nas Escrituras, a palavra de Deus. Todos devem saber que "a palavra de Deus é sua verdade celestial, atinente a questões relacionadas com a vida eterna, reveladas e transmitidas aos homens; aos profetas e apóstolos por imediata inspiração divina; deles a nós por seus livros e escritos. Nós, por conseguinte, não temos outra *palavra de Deus* que não a Escritura" (5,21,2). A igreja testemunha e instrui as pessoas nessa palavra de Deus publicando as Escrituras em forma escrita, explicando-as por meio da pregação de sermões e do ensinamento, e pela leitura pública e particular da Escritura (5,19,1). A leitura das Escrituras constitui parte integrante da liturgia. "Não ousaremos admitir nenhuma forma de liturgia que contenha pouca ou nenhuma Escritura a ser lida na igreja" (5,20,5).

Formas de oração pública. Em sua segunda grande função, a igreja facilita e estrutura a resposta pública a Deus em oração. "Oração" designa a resposta religiosa central exigida de todos, em todas as épocas. Ela representa uma obra da igreja tanto na terra como no céu. A oração em particular incumbe a todo indivíduo, mas aqui Hooker trata da oração como ato público da igreja enquanto corpo ou entidade social (5,24,1). "Hooker torna a oração pública sinônima de oração comum, solene serviço conduzido em uma casa de adoração, executado por ministro virtuoso e pio, devotado ao serviço."[76] Em sua visão, a forma mais importante de oração é a oração eclesial pública, que para ele significa oração com conteúdo prescrito, uniforme. "Entretanto, de todas as valias para a devida realização desse serviço, a maior delas é a própria ordem estabelecida e vigente, que, configurada por consentimento comum, tem tanto conteúdo como forma prescrita, o que quer que aí esteja publicamente presente" (5,25,4). Essa oração comum comporta ou carreia a fraqueza do indivíduo para a ação afetiva. A forma e a solenidade reverente da oração ordenada ajuda que "a imbecilidade e fraqueza em nós, em razão do que, de outro modo, somos menos aptos por nós mesmos a prestar a Deus tão celestial serviço, com essa afecção de coração e disposição nas aptidões de nossas almas como se requer" (5,21,1).[77]

O papel do presbítero é tanto instruir como conduzir a oração. Hooker descreve algumas das tarefas específicas do presbítero no tocante à oração e à instrução. Nessas funções, percebe-se a necessidade de sua qualidade de vida religiosa. Ele conduz a comunidade e reza por ela, e sua ordenação é uma espécie de garantia de sua competência, uma chancela de que foi escolhido como instrumento de Deus. Como parte de toda a cerimônia objetiva, o líder também deve ser capaz de funcionar como indutor de

---

[76] Archer, *Richard Hooker*, p. 82. "Nesse contexto, 'oração pública', 'oração comum' e 'liturgia' tornam-se sinônimos, referindo-se ao serviço público prescrito que Hooker esforça-se por defender". Ibid.

[77] Targoff recorda-nos do polêmico pano de fundo de Hooker sobre a oração pública. Com relação à preferência puritana pela oração improvisada e espontânea, "Hooker argumenta pela efetividade das formas ou textos do próprio Livro de Oração; em segundo lugar, em resposta à preferência puritana pela oração privada, Hooker alega o poder da expressão coletiva realizada apenas através do culto público" (Targoff, "Perforrming Prayer in Hooker's *Lawes*", 276). A oração pública também responde ao problema enunciado por Paulo em Rm 8,26: "Pois não sabemos rezar como devemos". Por fim, a oração pública desempenha um papel na consolidação da nação-igreja ou igreja-nação e, portanto, coaduna-se com a visão de Hokker acerca do papel da religião na sociedade e no Estado. Ibid.

uma atitude religiosa que impulsione a comunidade. "Exige-se virtude e santidade de vida nas mãos do ministro de Deus, não apenas pelo fato de que ele deve ensinar e instruir o povo [...] mas também muito mais pelo que diz respeito a essa outra parte de sua função [conduzir a oração] [...]. Eles não são suplicantes adequados para buscar sua misericórdia em nome dos outros, cujos próprios pecados impenitentes provocam sua justa indignação" (5,25,3).

Hooker dedica um capítulo de seu livro para tratar das litanias. Ele narra a história de suas origens e as legitima com base em antigo precedente. Não há época em que os pedidos não correspondam às necessidades de alguns na igreja em alguma parte. "Se a essência de um pedido consiste na litania como um todo, podemos afirmar então, em qualquer momento, que nenhum homem vivo carece da graça ou benefício suplicado a Deus?" (5,41,4). Ele comenta igualmente outras orações específicas. Por último, Hooker defendeu o emprego da música no culto público, em virtude de sua capacidade de lastrear e reforçar a resposta religiosa e orante. O critério para a música de igreja depende de sua capacidade de servir de suporte à própria oração, o louvor a Deus; música superficial ou ostentatória seria incompatível (5,38,1-3).

Sacramentos. Hooker divide em três partes a abordagem que faz dos sacramentos: uma teologia sacramental geral e uma explanação acerca do batismo e da Ceia do Senhor, sucessivamente.

Teologia sacramental. Hooker aceita a terminologia padrão dos "sinais visíveis da graça invisível", fazendo a distinção entre "sua força e sua forma de administração" (5,50,1-3). Rejeita categoricamente, no entanto, a ideia de que os sacramentos *só* significam ou instruem por meio dos sentidos, não comportando nenhuma mediação da união com Deus distinta daquela da Palavra (5,57,1). Hooker preconiza, pelo contrário, certo realismo ontológico em sua exploração teológica da causalidade na mediação peculiarmente sacramental da graça. Ele o faz mediante uma interpretação teológica do papel de Cristo e de sua encarnação.[78] Por

---

[78] "E na medida em que não há união de Deus com o homem sem esse meio entre ambos que é ambos, ela parece requerer que consideremos primeiro como Deus está em Cristo, e então como

conseguinte, a teologia sacramental de fundo é a teologia encarnacional que estriba a visão da igreja como corpo de Cristo que se considerou relativa à natureza da igreja. Hooker não *acresce* uma teologia dos sacramentos à sua compreensão da igreja. Pelo contrário, sua eclesiologia é sacramental, e sua visão dos sacramentos decorre das concepções da Trindade, da encarnação de Cristo, da santificação pelo Espírito Santo e da participação em Cristo, todas elas constituindo uma ontologia teológica da comunidade igreja. A mediação realista dessa graça pela administração dos sacramentos deriva desse constructo (5,56,13).

Os sacramentos na visão de Hooker são cerimônias estabelecidas por Deus para indicar aos seres humanos quando Deus comunica a graça salvífica aos cristãos e o caráter distintivo dessa graça. São, além disso, "meios condicionais que Deus requer para distribuir graça" (5,57,3). Hooker realmente não pode dizer que os sacramentos são absolutamente necessários à salvação, mas são necessários pelo que contêm ou medeiam. "Tampouco é vontade *ordinária* [de Deus] conferir a graça dos sacramentos a quem quer que seja, exceto pelos sacramentos" (5,57,4). Em outras palavras, a presença salvífica de Deus a toda a igreja enquanto corpo de Cristo por participação é comunicada a cada pessoa por meio dos sacramentos. O realismo causal instrumental da visão de Hooker se manifesta quando ele se refere aos sacramentos como "meios efetivos pelos quais Deus, quando tomamos os sacramentos, entrega em nossas mãos aquela graça disponível até a vida eterna, graça essa que os sacramentos representam ou significam" (5,57,5).[79]

Batismo. Hooker expande sua exposição acerca do batismo em polêmica resposta a várias posições puritanas, mas sua própria posição é francamente tradicional. Por um lado, o batismo geralmente é necessário

---

Cristo está em nós, e como os sacramentos servem para tornar-nos participantes de Cristo" (5,50,3).

[79] Os sacramentos não geram graça por si mesmos, mas são instrumentos do poder de Deus. Hooker o enuncia nos seguintes termos: "Com o sinal exterior Deus infunde seu santo espírito, e assim todo o instrumento de Deus se realiza, até onde a parte mais inferior e ínfima não pôde estender-se [...]; onde o instrumento é desprovido de virtude inerente, o efeito deve necessariamente proceder apenas do poder aderente dos Agentes" (6,6,11).

para a salvação (5,60,1). A própria cerimônia do batismo não é a causa da graça salvífica, mas tampouco é mero sinal de regeneração; o batismo é "um instrumento ou meio pelo qual recebemos a graça, porque o batismo é um sacramento que Deus instituiu em sua Igreja com o fim de que aqueles que o recebem possam ser assim incorporados em Cristo [...] (5,60,2). O realismo de Hooker frisa, portanto, que algo 'acontece' com o batismo. O batismo é a 'porta de nossa efetiva entrada na casa de Deus, a primeira manifestação aparente de vida, um selo talvez da graça da *eleição* anteriormente recebida, mas para nossa santificação aqui uma etapa que não tem nenhum precedente'" (5,60,3). Por outro lado, entretanto, a necessidade do batismo deve ser entendida segundo o princípio da equidade, ou seja, como economia que admite exceções. É de esperar que haja casos nos quais se encontre a vida interior do batismo sem a cerimônia externa (5,60,5). Ele menciona o caso clássico do martírio, entre outros.

Mantendo essa tensão entre necessidade e exceção, Hooker defende o batismo infantil, que o batismo não se restrinja a certo tempo e espaço, e, em caso de necessidade, que qualquer pessoa possa ser batizada (5,61-62). Hooker, no entanto, não aceitará que a criança não batizada seja condenada: ele defende, pelo contrário, que o desejo dos pais pelo batismo seja presumido para contar a seu favor, que "a graça não é absolutamente atrelada aos sacramentos, e além disso é leniência de Deus não vincular nenhum homem a coisas inteiramente impossíveis" (5,60,6).

A Ceia do Senhor. No tratamento que dispensa ao sacramento do corpo e do sangue de Cristo, a sagrada eucaristia, Hooker volta-se quase que imediatamente para a questão da eficácia sacramental ou da presença real, que se mostrou ser tão divisiva no contexto da Reforma no continente. Há consenso em torno de uma real participação em Cristo por meio desse sacramento, mas o que isso significa em termos mais específicos? (5,67,2).

Hooker responde a sua própria questão de uma maneira que é a um só tempo específica e salomônica em sua ampla interpretação de outras visões. Trabalhando a partir do princípio aristotélico segundo o qual "toda causa está no efeito que dela deriva" (5,67,5), ele afirma que "o pão e o vinho são seu corpo e seu sangue porque são causas instrumentais da recepção pela qual se assegura a *participação* de seu corpo e de seu sangue" (5,67,5). Por conseguinte, da mesma maneira como a graça do batismo não se encontra *na* própria água, assim também "a real presença do bem-aventurado corpo e sangue de Cristo não deve, portanto, ser buscada no sacramento, mas na recepção digna do sacramento" (5,67,6). Hooker, portanto, tenta manter o realismo sacramental e a eficácia da causalidade instrumental, ao mesmo tempo em que supera imagens simplórias da materialidade. Ao mesmo tempo, contudo, ele expressa esses constructos teológicos dentro de um contexto de modéstia teológica, de quem não sabe exatamente como a mediação da inabitação em Cristo se efetua pelo sacramento. Hooker, portanto, questiona seriamente a vã e divisiva controvérsia em torno de como exatamente Deus cumpre a promessa de autocomunicação em Cristo (5,67,6).

Hooker tenta sumarizar em cinco pontos a eficácia da comunhão que todos deveriam ser capazes de manter em comum: primeiro, a união com e a participação em toda a pessoa de Cristo; segundo, a santificação pelo Espírito daqueles dos assim unidos; terceiro, a comunicação a cada indivíduo do poder e da virtude do sacrifício crístico de seu corpo e de seu sangue; quarto, essa comunhão efetiva uma real "transmutação" da alma humana "do pecado à integridade, da morte e corrupção à imortalidade e à vida"; quinto, uma confiança em face de toda dúvida de que o poder de Cristo pode realizar aquilo que prometeu (5,67,7).[80]

Rituais não sacramentais. Muitas das cerimônias que eram consideradas sacramentos ou tinham a ver com os sacramentos na igreja da Baixa Idade Média são preservadas no Livro de Oração Comum em forma não sacramental. Hooker comenta-as em sua *Leis* tal como se segue:

Confirmação. Hooker considerava o rito de confirmação que ele viu preservado na igreja não como um sacramento, mas como um "complemento sacramental" (5,66,6). Ele explica como, historicamente, o rito fez

---

[80] Hooker também defende uma série de práticas eucarísticas da Igreja da Inglaterra contra as objeções puritanas. Uma delas é a de levar a comunhão aos enfermos e aos moribundos. Em tempo algum a união com Cristo é mais importante como o princípio da vida (5,68,11-12).

parte do batismo e, gradativamente, tornou-se uma cerimônia distinta, administrada pelo bispo. Por sua antiguidade e pela função que desempenha como reforço da fé, Hooker vê um papel para esse rito (5,66).

Arrependimento. Vimos anteriormente como Hooker distingue o poder espiritual do poder jurisdicional. O poder espiritual é conferido àqueles que se acham nas ordens; é estabelecido por Deus, e seus efeitos são sobrenaturais e divinos; descende da cabeça da igreja, Cristo.[81] Hooker também distingue entre arrependimento *interior*, que é uma virtude interna e que, enquanto graça, é concedido apenas por Deus, e arrependimento *externo*, *exterior* ou *público*, que se refere a um modo ou disciplina eclesial de tratar o pecado da comunidade (6,3,1). O poder ou autoridade espiritual correlaciona-se com a disciplina ou arrependimento público.

Como isso se relaciona com os rituais de arrependimento e de perdão? Para responder a essa questão, Hooker examina de que maneira, historicamente, a igreja lida com o pecado e o arrependimento público, e descobre que a confissão, sobretudo a confissão pública, é recomendada pelos padres da igreja. Não vê necessidade, porém, da confissão auricular, ou de que uma confissão sacramental seja o único remédio para o pecado depois do batismo (6,4,13). Em contrapartida, portanto, a prática da Igreja da Inglaterra inclui, primeiro, a confissão pública. A oração pública cotidiana começa com um reconhecimento público do pecado, na expectativa de que esse procedimento suscite palavras de arrependimento interior em cada pessoa presente. Após isso vem a absolvição, proferida apenas pelo ministro (6,14,15).[82] Em segundo lugar, a igreja permite a confissão e a absolvição privadas, mas de forma alguma as exige. Essa confissão e absolvição privadas são explicitamente previstas como possibilidade na "Ordem da Visitação dos Enfermos". Em terceiro lugar, como a confissão pública pode tornar-se rotinizada e descuidada, a igreja solenemente adverte sobre a forma de aproximar-se da Mesa do

---

[81] Autoridade espiritual é "um poder que Cristo confere para ser usado sobre aqueles que estão sujeitos a ele, para o eterno bem de suas almas, segundo suas próprias leis mais sagradas e todas as constituições positivas de sua igreja" (6,2,2).

[82] Ver BCP, "An Order for Morning Prayer Daily throughout the Year".

Senhor. E, em quarto lugar, os ministros podem exercer sua jurisdição espiritual vedando a comunhão a pecadores notórios (6,4,15). Hooker vê a declaração de absolvição proferida pelo ministro inteiramente inserida na esfera de competência do poder espiritual da igreja para absolver pecadores. Mas isso deve ser bem entendido. As palavras de absolvição não operam o perdão, pois só Deus tem o poder de perdoar pecados, mas verdadeiramente o declaram.[83]

Hooker não era hostil ao jejum e, de uma maneira geral, o encara à luz de um princípio geral de vida. A fixação de períodos de jejum "tem fundamento na lei da natureza" (5,72,1). Os sentimentos de alegria e de dor estruturam sucessivamente a própria existência humana. Convenientemente, portanto, a Igreja de Cristo, enquanto escola de vida, estrutura a existência de seus membros mediante dias de formação em uma e outra (5,72,2). O jejum serve para preservar a memória das tribulações do passado e do pecado que lhes deu causa e, por contraste, serve para equilibrar o espírito de festa com uma certa ordem e controle (5,72,18).

Casamento e outros rituais. O casamento é um vínculo sagrado e santo, a verdadeira base de uma sociedade, e deve ser celebrado e santificado mediante ritual religioso. A teologia hookeriana do matrimônio e dos sexos, contudo, é medieval em muitos aspectos. Ele defendia o celibato como "algo mais angelical e divino" (5,73,1). Também acreditava que as mulheres eram inferiores aos homens, criadas para ser suas "auxiliares" e claramente submissas a eles no casamento (5,73,1-2). Afora isso, no entanto, Hooker sustentava que a instituição do casamento era um estado consagrado, concernente à ordem pública, e, portanto, devia ser publicamente celebrado pela igreja. A ordenação era um outro ritual que

---

[83] "A sentença de absolvição ministerial tem, portanto, dois efeitos. Quanto ao pecado, só nos declara livres de culpa daí em diante e restaurados no valor de Deus: entretanto, no que concerne diretamente aos sagrados e divinos mistérios, em relação aos quais, em virtude dos pecados, nos tornamos indignos, como o poder da Igreja efetivamente nos vincula e retém do acesso a eles: assim, a partir de nosso arrependimento manifesto, ela realmente restaura nossa liberdade, rompe os grilhões a que estamos sujeitos, remite tudo quanto é passado e nos aceita, desde que nos convertamos, como se nunca nos houvéssemos desviado" (6,6,5).

desempenhava importante papel na vida pública da igreja, mas que, como vimos, a Igreja da Inglaterra se recusou a declarar como sacramento.

A cerimônia de ação de graças de mulheres após o parto no Livro de Oração Comum tinha um histórico que o ligava à pureza ritual. Mas Hooker explica a cerimônia como uma celebração do nascimento de uma criança, especialmente como um ato no qual "as mulheres após o parto devem publicamente manifestar sua gratidão a Deus" (5,74,1).

O Livro de Oração Comum contém ordens para a "Visitação dos Enfermos" e "Sepultamento dos Mortos". Hooker descreve o serviço funerário em termos diretos: "A finalidade das obrigações funéreas é primeiramente revelar o amor para com o ente falecido que a natureza requer; em segundo lugar, prestar-lhe a honra compatível geralmente com o homem e particularmente com a qualidade de sua pessoa; por derradeiro, atestar a solicitude com que a igreja tem de confortar os vivos, e a esperança que temos todos com referência à ressurreição dos mortos" (5,75,2).

Em suma, as atividades da igreja eram múltiplas, na medida em que ela cumpria o papel da religião de ser fundamento espiritual da sociedade. O ministro tinha uma vida plena de ativo engajamento com as pessoas de sua paróquia.

A relação da igreja com a sociedade

Resta por dizer algo sobre a maneira como a Igreja da Inglaterra se relacionava com a sociedade em geral. Uma igreja nacional, cuja cabeça é o rei ou chefe de Estado, e que tem o substrato jurídico de uma lei parlamentar de uniformidade, também gozará de íntima unidade com a sociedade. Quase não há necessidade de desenvolver longamente esse tópico, exceto para mostrar que a eclesiologia de Hooker lastreia essa unidade em três níveis: em princípio, de fato pelo ministério paroquial, e no fim superior da sociedade por intermédio da hierarquia.

Na visada de Hooker, o bem-estar social, da comunidade, depende da religião. Não só a felicidade eterna, mas também a felicidade temporal é propiciada pela dedicação dos ministros religiosos (5,76, título).

Quaisquer que tenham sido as distinções entre as entidades sociais da igreja e o governo civil estabelecidas pelo aristotelismo de Hooker, elas não significavam que religião e sociedade devessem ser separadas. Elas não só interagiam, como também se sustentavam simbioticamente. A consideração que Hooker faz acerca da natureza do ministério repousa na premissa de que a religião estabelece a base da moralidade pessoal e do bem-estar social; ela é o substrato de uma vida virtuosa e da paz, da prosperidade e da felicidade seculares. Os valores religiosos e a graça de Deus são mediados à sociedade pela igreja, razão pela qual o ministério eclesiástico é a chave da sanidade última da sociedade e do Estado (5,76,1). O bem temporal de todos os poderes depende da religião e do ministério da igreja, de maneira que "o sacerdote é um baluarte daquela comunidade na qual ele fielmente serve a Deus" (5,76,1).

Esse aspecto se manifesta mais concretamente no nível da igreja paroquial. A descrição das atividades da igreja, portanto, compõe um quadro integral da franca dimensão religiosa da própria sociedade. O quadro aqui não difere radicalmente, em termos formais, daquele que existia na Alta Idade Média. A igreja foi reformada, seu poder enquanto ator independente do Estado pode ter se atenuado, mas seu papel de mediadora da fé e da graça divina à totalidade do corpo social não se alterou.

O que se desenrola no nível da paróquia se reflete no nível macro dos bispos. Os bispos são frequentemente criticados por seu envolvimento nos assuntos civis. Em virtude de sua convicção acerca da íntima relação entre a religião e o funcionamento da sociedade, Hooker não vê problema algum na concentração das funções civis e eclesiásticas em um mesmo indivíduo, e aduz uma série de razões e exemplos em favor de sua tese (7,15,3). Os bispos assumem responsabilidade civil por causa da necessidade, ou porque são especificamente aptos para o encargo em virtude dos próprios talentos, ou a responsabilidade pública é imposta a sua posição; essas e outras razões podem determinar que os bispos se engajem na sociedade civil (7,15,7).[84] Hooker defende as honras que são

---

[84] Em geral, Hooker não argumenta que os bispos devem sempre se envolver em assuntos seculares, e sim que podem, que esse envolvimento não é nem injusto nem ilícito, e que por vezes são chamados a engajar-se.

conferidas aos bispos porque eles as merecem (7,18,1). Ele arrola uma série de benefícios públicos que a sociedade aufere dos bispos: eles reforçam a reputação da nação no exterior; o bem que praticam é lembrado e provê direção para o futuro; os bispos atuam como consultores espirituais de reis em assuntos de Estado; defendem a soberania além da sabedoria e do valor com piedade; proveem estrutura e orientação social ao povo; são modelos para o baixo clero (7,18,7-12). "A prelazia, portanto, sendo tão benéfica em tantos aspectos, deve, coerentemente, receber honra das mãos de todos". A prelazia funciona como "a temperatura de excessos em todos os estados, a argamassa do bem comum, o liame que une e articula os membros de seu Corpo Político entre si" (7,18,12).

Reflexões sobre a eclesiologia de Hooker

As reflexões que se seguem destacam certos aspectos que caracterizam a eclesiologia da Igreja dos Tudor da Inglaterra tal como formulada por Richard Hooker. Nenhuma lógica profunda orienta a escolha ou a ordem em que são apresentadas. Tampouco existe um limite para as observações que poderiam ser feitas a essa altura. Essas reflexões pretendem situar Hooker e contribuir para uma síntese e construção teológicas. Elas parecem decorrer dos próprios dados. O método eclesiológico de Hooker representa um bom ponto de partida para essa tarefa.

O método histórico-teológico de Hooker

Hooker introduz um moderno método eclesiológico na maneira como combina o histórico e o teológico em um único marco de investigação e de julgamento. Booty acredita que o método de Hooker na teologia e na eclesiologia geralmente supera suas conclusões particulares em importância. Ele define esse método como um estilo que combina preocupação com as origens, tradição e aplicação crítica. "A autoridade tripartite, mantida em equilíbrio, está presente por toda parte. A Escritura, a tradição (igreja) e a razão se conjugam de tal forma que a verdade ganha relevo, verdade que compreende diferentes pontos de vista, tanto quanto possível, dadas as exigências da época".[85] Na mesma linha, Shuger define o método de Hooker em termos de uma integração do aspecto histórico-social da igreja com o teológico. A *Estruturação Eclesiástica* de Hooker "respalda-se em um historicismo racionalista e 'agressivamente desmistificador' que chama a atenção para as origens contingentes e para os mecanismos coercitivos da estruturação eclesiástica. Todavia, dentro, ao longo ou transversalmente (Hooker nunca explica a exata relação) ao 'regimento externo' da igreja, as *Leis* postulam um corpo místico visível de pessoas unidas pelo acordo comum em torno dos objetos de sua devoção: uma comunidade que se realiza em canto antifônico, participação sacramental e solicitude pastoral. Hooker vê a igreja primariamente como uma casa de oração e de culto sacramental".[86] A maneira particular como Hooker combinou esses traços é bem surpreendente em um teólogo que escreve nos confins do século XVI.

A continuidade da Reforma inglesa com a igreja medieval

O relato da história do desenvolvimento da Igreja da Inglaterra foi organizado em torno do ato henriquino da supremacia, do Livro de Oração Comum e dos Trinta e Nove Artigos. Um quarto fator, no entanto, foi mais importante do que todos os três, ou seja, a igreja que subsistiu ao longo de todo o processo. Consistiu no povo, em suas paróquias, servidas pelos pastores e governadas pelos bispos. A igreja, em cada um desses segmentos, passou por mudanças, mas elas foram uma tradição coletiva contínua, viva.[87] A Igreja da Inglaterra não foi criada a partir de um

---

[85] Booty, "Hooker and Anglicanism", p. 232.
[86] Shuger, "'Societie Supernaturall': The Imagined Community of Hooker's *Lawes*", pp. 323-324.
[87] Rosman reflete essa premissa quando escreve: "No reinado de Elizabeth, a teologia era menos uma causa de controvérsia do que organização da igreja e o exercício de autoridade. As circunstâncias de sua criação significam que a Igreja da Inglaterra tinha herdado estruturas

tecido inconsútil, e sim moldada por uma série de adaptações, algumas das quais perpassaram bem profundamente uma entidade corporativa continuamente subsistente. Entretanto, ao final do século XVI, as instituições do século anterior ainda podiam ser encontradas em algo mais do que vestígios. É o que demonstram as reclamações puritanas. Houve continuidades na liturgia e na organização. Uma das razões pelas quais a reforma da Igreja inglesa conseguiu avançar sem um novo código de direito canônico, com base em relativamente poucas leis parlamentares, é que ela podia pressupor o antigo código, o sínodo episcopal, o sistema episcopal operativo nas dioceses e as cortes eclesiásticas. "Os ingleses podem ter se concebido cada vez mais como um povo protestante, mas apenas uma minoria aceitava – ou mesmo entendia – os detalhes do dogma protestante".[88] A questão, portanto, diz respeito à tensão existente entre continuidade e mudança, entre identidade e diferença. Tão pronunciada é a tensão no caso da Reforma inglesa que é possível defender qualquer lado da proposição segundo a qual a igreja passou por uma mudança radical.

A visão das paróquias

Christopher Haigh encara a Igreja da Inglaterra a partir da perspectiva das paróquias e do ângulo abrangente da vida religiosa cristã básica praticada mais ou menos fervorosamente nos primórdios e ao final das reformas.[89] Ele situa a ideia fundamental da Reforma no fato de que ela é protestante na internalização mais ou menos radical de uma espiritualidade modelada pela doutrina da justificação pela fé; a fé cristã em sua forma católica anterior à Reforma era uma espiritualidade mais ou menos moralmente consciente das práticas religiosas. Com base nisso, Haigh propõe a tese de que Elizabeth realizou uma reforma política, uma reforma estabelecida na estruturação da igreja, mas a vida religiosa da população nas paróquias permaneceu fundamentalmente constante. "Pois

---

institucionais do passado católico. Sucessivos monarcas não viram necessidade de alterar uma máquina bem estabelecida e razoavelmente efetiva". Rosman, *Catholic to Protestant*, p. 58.
[88] Ibid., 92.
[89] Haigh, *English Reformations*, p. 285. Citado no texto desse parágrafo por número de página.

a Reforma Protestante foi muito menos efetiva do que a Reforma política havia sido: a destruição legislativa revelou-se mais fácil do que a construção evangélica" (288). Haigh admite que o Livro de Oração Comum pouco a pouco foi amplamente aceito e "adquiriu legitimidade e assumiu a eficácia do livro de missa" (289). Mas ele interpreta isso como uma espécie de reversão a um desempenho religioso análogo ao catolicismo, mas em um centro situado entre os extremos do antigo catolicismo e do novo protestantismo. O grande centro era constituído pelas "paróquias anglicanas". Em sua conformidade com o Livro de Oração Comum, os piedosos protestantes se viam como "papistas e ateístas" (289), ao passo que os católicos se viam como protestantes. As paróquias, portanto, permaneceram constantes no decorrer das muitas reformas, e ao final do século XVI, com exceção dos papistas e dos protestantes piedosos, o que permaneceu foi a grande maioria que compunha as igrejas paroquiais, as quais "eram como sempre haviam sido: centros comunitários onde as pessoas encontravam Deus e seus vizinhos para marcar as estações do ano e as etapas da vida e para serem lembradas das obrigações e pedir perdão pelos pecados, buscar segurança neste mundo e salvação no outro" (294). "Enquanto os políticos estavam envolvidos com suas reformas hesitantes, enquanto os protestantes pregavam sua reforma evangélica, as congregações paroquiais iam à igreja: de novo rezavam a seu Deus, de novo aprendiam como ser boas, e uma vez mais voltavam para casa. Fora assim em 1530; foi assim em 1590" (295).

Essa tese merece mais comentário do que receberá aqui, pois suscita uma questão que transcende a Igreja da Inglaterra. Que diferença as aparências do serviço e da estruturação da igreja fazem em relação à vida cristã? Se é maior do que Haigh admite, por causa de sua base extremamente ampla de comparação, mesmo em uma igreja dividida essa questão se amplifica ainda mais para os líderes da igreja.

A identidade da Igreja da Inglaterra e sua eclesiologia

A expressão implica o óbvio: o histórico é particular. A gênese e o desenvolvimento histórico da Igreja da Inglaterra foram absolutamente únicos. Desde o início, a Reforma na Inglaterra concerniu à igreja em toda a nação. Não foi a igreja de Wittenberg ou da Saxônia, nem a igreja de Genebra, mas a igreja de uma estreita nação insular dotada de poderosa monarquia. Diferentemente das igrejas luteranas e calvinistas, nenhum reformador específico conferiu espírito ou visão fundante à Igreja da Inglaterra. Nos casos anteriores, profundas linhas temáticas de definição permeiam sem constringir e definem sem determinar todas as especificidades. Em ambos os casos, os próprios reformadores representam diferentes pontos de partida e um carisma geral para o desenvolvimento da igreja. Em contraposição, a Igreja da Inglaterra deve sua existência e seu caráter muito mais aos eventos contingentes da história. Sua formação foi gradual por adição, em vez do crescimento orgânico de um espírito originador mais ou menos coerente.

Reforma e revolução significam mudança, sendo a primeira menos radical, com adaptações mais contínuas, ao passo que a segunda é mais radical, com descontinuidade mais pronunciada. Poder-se-ia perguntar qual das três Reformas foi a mais radical: a alemã, a franco-suíça ou a inglesa? As respostas variariam dependendo do aspecto ou do elemento da igreja em questão. É preciso admitir, no entanto, uma grande continuidade entre a Igreja da Inglaterra do início e do fim do século XVI, ainda que se deva reconhecer uma mudança radical. A substância da igreja na população em suas paróquias, organizadas por dioceses, sacerdotes e bispos, foi a linha de continuidade. Por haver se contido no interior da nação, o desenvolvimento da Igreja inglesa ao longo de um período de sessenta e cinco anos é um caso clássico tanto de clara mudança interruptiva como de substância corporativa que se mantém constante.

Peculiaridade da Igreja da Inglaterra: mudança e continuidade na liturgia

Qual foi o centro de gravidade, a nota definidora, da igreja que emergiu da Reforma inglesa? Não a doutrinário-espiritual, como ocorreu na reforma luterana, nem a escriturístico-organizacional, como se deu em Calvino e em Genebra. Enquanto a necessidade de autonomia e de evasão da autoridade e da tributação romanas forjou o fio condutor da mudança, talvez se deva situar o centro de gravidade no aspecto litúrgico. Em Lutero, não se pode separar o doutrinário do espiritual: a doutrina da justificação dominou completamente a vida cristã. Uma doutrina da igreja se desenrola segundo essas preocupações. Em Calvino, encontra-se uma conexão similarmente íntima entre a doutrina da palavra escriturística de Deus e a organização da igreja que a medeia. De maneira análoga, poder-se-ia defender que a liturgia inglesa encapsulada no Livro de Oração Comum, ao proporcionar o padrão uniforme de culto, criou uma espécie de "centro essencial" da Igreja da Inglaterra.[90] Essa defesa começaria com a premissa de que a fé e o culto de Jesus Cristo constituem a verdadeiro substrato da igreja. E a aceitação gradual da liturgia inglesa simplificada, a ponto de ela ter se tornado a forma de piedade pessoal e nacional, conferiu-lhe profundidade simbólica e amplitude unificadora. Também preservou um elo de unidade com o passado. "A Reforma inglesa do culto diferenciou-se da reforma de qualquer outro lugar em parte por sua ênfase na continuidade. Sua preocupação, ao purgar as ordens cúlticas recebidas de erros e superstições, foi manter do passado aquilo que fosse de genuíno valor ou pelo menos biblicamente permissível, e não nocivo".[91] Em termos explícitos, aquilo que tivesse continuidade com o passado, se fosse salutar, edificante, e feito em ordem decente, deveria ser incluído.[92] Podem-se perceber diversas lógicas simultaneamente em ação nessa política: atenção à edificação religiosa pessoal, à solidariedade social, à continuidade doutrinária. "A preocupação de Cranmer em preservar a

---

[90] Pode-se avaliar a peculiaridade de qualquer igreja dada em uma variedade de formas ao longo de um espectro de diferentes variáveis: doutrinas, organização, ministros, relação com a sociedade. De acordo com as últimas dessas categorias, a nota essencial da Igreja da Inglaterra é seu caráter nacional inglês. Uma outra categoria de comparação são a liturgia, os sacramentos e as formas de culto, incluindo as perturbadoras questões em torno da eucaristia que tanto dividiram as igrejas do século XVI, ou seja, a missa como sacrifício ou, de maneira mais geral, a concepção teológica da Ceia do Senhor, bem como o significado da doutrina da presença real ou verdadeira. Quão grande foi a mudança entre cada igreja do século XVI e a teologia e a prática do período medieval? Um estudo comparativo do culto seria muito interessante no que tange a esse exame. Aquém disso, no entanto, a consideração do culto dentro da Igreja da Inglaterra ajuda a definir seu caráter peculiar.

[91] Booty, "History", p. 366.

[92] "Of Ceremonies, Why Some Be Abolished and Some Retained", BCP, pp. 18-21.

continuidade pode ser detectada na própria estrutura do Livro de Oração, que parece ter sido padronizado segundo a biblioteca litúrgica medieval em suas divisões: o Breviário (Oração Matutina e Vespertina), o Missal (Coletas, Epístolas, Evangelhos e Sagrada Comunhão), o Processionário (a Litania) e o Manual (Batismo através da Ação de Graças das Mulheres Pós-Parto)."[93] Nessa visão, portanto, a assembleia e a oração litúrgicas, incluindo uma série de rituais sacramentais, conferem um elemento substancial ao caráter peculiar da Igreja da Inglaterra.

A Igreja da Inglaterra enquanto igreja nacional

A Reforma inglesa começou com o Ato de Supremacia de 1534. Essa categórica afirmação requer toda sorte de especificações, mas serve para assinalar o umbral transposto pelo rompimento com a autoridade e a instituição romanas, bem como pelo enlace oficial da igreja com o Estado. Decerto, por um lado, a imbricação entre religião e sociedade já se consumara no final da Idade Média, e isso simplesmente a corroborava; mas não, por outro lado, sem algumas distinções de esferas que os artigos preservaram. "A sociedade, portanto, é uma única sociedade, e a ordem do monarca prevalece em toda a sua extensão, muito embora sempre [...] se sujeite à autoridade crítica da palavra de Deus, que o próprio monarca não tem a autoridade de expor ou de pregar."[94] Na tradicional batalha entre sacerdote e príncipe em torno da investidura, essa solução favorece o monarca; a eclesiologia encontra sua realeza em uma grande semelhança familiar na maneira como as coisas funcionavam sob Constantino, Justiniano e Carlos Magno, em certas circunstâncias uma tradição profunda e viável.[95] Mas a união se aprofunda mais por causa do forte governo monárquico da Inglaterra e das claras fronteiras que demarcavam a identidade territorial. Em que medida a igreja se desenhou sob o mantel da monarquia e do parlamento, eis algo que se revela na nacionalização das terras e das propriedades da igreja. Por um lado, as agências governamentais conduziram a reforma, não sem o auxílio dos

---

[93] Booty, "History", p. 367.
[94] O'Donovan, *39 Articles*, pp. 100-101.
[95] Ver Marshall, *Hooker and the Anglican Tradition*, pp. 162-167.

bispos e de outras figuras religiosas, como Cranmer; por outro lado, a igreja assumiu o caráter de igreja nacional.

A igreja como agente social público

O caráter nacional da Igreja da Inglaterra acentua sua relevância social. Hooker se posiciona veementemente contra toda redução da religião à esfera da relação pessoal do indivíduo com Deus. Em um texto claro, ele condensa um extenso processo argumentativo em uma única sentença de conclusão: "Pelo que sei, dessas coisas de que não fazemos nenhuma questão, é que o favor de Deus é o principal pilar de sustentação de reis e Estados; que a verdadeira religião publicamente exercitada é o principal meio de conservar o favor de Deus; que os prelados da igreja são aqueles sem os quais o exercício da verdadeira religião não pode subsistir bem por longo tempo. Admitidas essas três premissas, então o benefício público da prelazia não pode ser dissimulado" (7,18,1). O que Hooker diz acerca da hierarquia, quando estendido a toda a igreja institucional, suscita um quadro imaginativo no qual o cristianismo desfruta de uma simbiótica relação com a sociedade como um todo. Isso se estende do amplo nível simbólico da sociedade e da nação sancionadoras ao contexto prático da distribuição institucional da graça. Isso é a igreja pública, não diferente do contexto de Aquino, e ela é uma premissa tão espontânea para Hooker que ele simplesmente a enuncia em uma formulação, como no texto citado. Observe-se que em Hooker isso não visa nenhuma acomodação à cultura nem reducionismo social da graça divina. Dá-se exatamente o oposto. Como vimos anteriormente, Hooker tem uma elevada eclesiologia do corpo de Cristo. Se o sal da igreja não preservasse o sabor que lhe foi dado pela Palavra de Deus, então toda a função da igreja de mediar os valores e a graça de Deus à sociedade ficaria comprometida.

Abertura da Igreja da Inglaterra a outras formas de estruturação

Essa característica é encontrada nas duas outras eclesiologias da Reforma apresentadas nos capítulos anteriores. Mas o grau em que se defende essa posição e a consistência de sua aplicação podem ser distintos na eclesiologia de Hooker. A maioria dos grandes reformadores entendia que a verdadeira igreja existia onde a palavra era pregada e os sacramentos autenticamente administrados, um princípio que transcendia os limites institucionais. Essa doutrina se encontra nos artigos; encontra-se em Hooker, é doutrina oficial. O artigo 23 evita nominar as três ordens de ministério com as quais a Igreja da Inglaterra estava totalmente comprometida. Os artigos não eram indiferentes a essa ordem de ministério, que representava uma clara divergência em relação à de Calvino. Mas, quanto aos fundamentos, eles simplesmente afirmavam o ministério da palavra e do sacramento.[96] Por quê? A Igreja da Inglaterra estava comprometida em uma época de conflito religioso com a abertura a outros sistemas, outras estruturações, outras divisões ministeriais. Isso representava um princípio mais abrangente que distinguia entre o essencial e o não essencial em questões da igreja. As ordens de ministério são subordinadas à vida interior da igreja, de sorte que era preciso ser aberto a um pluralismo de estruturações eclesiásticas na igreja maior. Sob certos aspectos, essa atitude foi prenunciada pelo episcopalismo cipriano, que era aberto na medida em que aceitava as diferenças dentro da unidade, mas a Igreja inglesa é muito mais deliberada e explícita nesse sentido, porque respondia a uma situação concreta de grave divisão na Europa Ocidental.

A mesma abertura se opera na eclesiologia de Hooker quando ele não defende a exclusiva estruturação da igreja ou a normatividade das cerimônias ou estruturas de sua igreja, mas coerentemente sustenta sua legitimidade. Ela evita que se pense em termos exclusivos ou excludentes. Reflete uma internalização do princípio de *adiaphora*, ou seja, uma distinção entre o imutável e o mutável, o essencial e o acidental, o necessário e o contingente, o importante e o indiferente, e conjugava essas distinções com um desejo de ser inclusiva. Esse ainda não é o princípio "todo-parte" que será desenvolvido na seção seguinte, mas uma reflexão sobre a atitude da Igreja da Inglaterra que se abre a esse princípio.

---

[96] O'Donovan, *39 Articles*, p. 119.

A ideia de via media

A ideia de uma *via media* tem frequentemente servido como máxima para assinalar um traço característico da Igreja da Inglaterra: entre Roma e o anabatismo, entre Roma e as igrejas protestantes, entre Roma e os puritanos. Observou-se que alguns historiadores e teólogos resistem à ideia por boas razões. Entretanto, se a expressão não é rejeitada por conter mais do que pode, se não concebida como compromisso passivo, mas como indicativa de compreensividade e de visão inclusiva, ela ainda pode constituir uma heurística útil, ou seja, não uma tese, mas uma lente para a busca de elementos distintivos. De certa forma, Hooker supera esse debate e propõe uma visão de *via media* que não é compromisso, mas visão positiva, inclusiva, e esses são alguns de seus elementos: (1) Uma igreja transnacional, dotada de muitas partes. Esse princípio profundamente internalizado em Hooker nega qualquer marco estrito de uma estruturação exclusivamente de direito. (2) Uma igreja nacional, compreendendo a nação, com pronunciada defesa da supremacia: a última previsão é datada, enquanto a primeira é debatida como significativa em uma sociedade pluralista. (3) Uma elevada eclesiologia do corpo de Cristo. (4) Uma sofisticada visão da relação da igreja com a sociedade e com o Estado. (5) Sementes de pluralismo na eclesiologia em uma região específica. Como defensor da uniformidade, Hooker não subscrevia essa visão. As sementes, portanto, encontram-se em sua racionalidade e respeito para com a historicidade. É impressionante a visão relativamente ireniana de Hooker acerca do piedoso protestantismo ou do moderado puritanismo que polemicamente rejeita sobretudo seu exclusivismo e seu modesto argumento em prol da *legitimidade* da estruturação que ele defende, e não sua posição exclusiva.

Princípios para uma eclesiologia histórica

Deter-nos-emos agora em alguns princípios formulados com base na gênese da Igreja da Inglaterra. "Princípios" referem-se a proposições exemplificadas nesse caso, mas aplicáveis em geral, iluminando, portanto, a igreja e a eclesiologia de uma dada época. Isso significa que esses princípios provavelmente foram operativos também no passado, mas o desenvolvimento da Igreja da Inglaterra exemplifica-os de maneira clara.

O desenvolvimento da igreja não pode retroagir. A tentativa de Maria no sentido de uma restauração da Igreja Católica e seu malogro em última análise são instrutivos. Seu anacrônico restauracionismo ensina que a igreja não pode retroagir. Isso não quer dizer que, se ela tivesse agido mais habilmente e vivido mais, a Igreja Católica não poderia ter sido restabelecida. Em muitos aspectos foi. A questão diz respeito ao custo e aos termos com base nos quais estava sendo reconstituída. Dickens comenta que "o Parlamento aceitaria um retorno aos últimos anos de Henrique VIII, mas não um retorno à Idade Média".[97] Parece que, em algum ponto no curso dos eventos do reinado de Henrique VIII, e depois nas mudanças mais radicais ocorridas sob o reinado de Eduardo, transpôs-se um limiar. A igreja e a sociedade, em conjunto, estavam no processo de transição da Idade Média para uma nova era. Uma restauração direta ou literal não teria funcionado; uma igreja como essa teria resultado de uma união, a forma como o donatismo se afigurou uma eclesiologia datada, cipriânica, em um período pós-constantiniano. Uma significativa diferença prevalece entre um *ressourcement* que se volta para o passado a fim de recuperar seus tesouros por interpretação e aplicação e uma tentativa de restauracionismo que ignora as diferenças de contextos históricos e tenta reafirmar ou restabelecer as formas do passado no presente, sem efetuar adaptações. Desenvolvimento da igreja que retroage é regressão e não será duradouro. A ambiguidade que se construiu na igreja elisabetana tinha maior sintonia com a situação da época.

A unidade da igreja no período moderno. Por que foi Henrique VIII que manifestou tendências favoráveis à tradição capazes de romper a ligação da Igreja da Inglaterra com Roma? Na história da competição de autoridade entre papas, imperadores e reis, desde a reforma gregoriana

---

[97] Dickens, *English Reformation*, p. 288.

até aquela época, nem sempre as igrejas nacionais simplesmente se esquivaram à autoridade papal. A relativa facilidade com que Henrique o conseguiu parece ser um sinal dos tempos. A possibilidade de divisão do papado foi demonstrada durante o Cisma do Ocidente: muito embora naquele conflito a Inglaterra tenha se mantido leal a Roma, algumas nações não estavam unidas ao verdadeiro papa, fosse quem fosse. Para além das forças econômicas e do desejo de um herdeiro do sexo masculino, pode-se suspeitar que forças históricas e culturais maiores estivessem em ação. A Europa tornara-se mais autoconscientemente diferenciada. A Inglaterra havia desenvolvido um sólido governo nacional; era uma nação autônoma. A língua inglesa estava se consolidando em formas literárias que fortaleciam os laços culturais e nacionais, a imprensa escrita permitia que fossem lidas em escala mais ampla. Traduziam um senso cada vez mais aguçado de identidade nacional. Se em parte definem os sintomas de uma primeira modernidade na Europa, então essa modernidade se reflete claramente na linguagem de uma unidade diferenciada de toda a igreja. Hooker reconheceu a necessidade de um pluralismo de estruturações políticas entre as regiões e sociedades da Europa. Essa ainda era definitivamente uma época em que comunidades ou sociedades definivelmente unidas não podiam ter um pluralismo de igrejas em seu próprio âmbito. Isso viria mais tarde. Mas na Europa em geral a modernidade estava começando a definir-se em termos de pluralismo de igrejas. Em suma, a Europa chegara a um ponto em que, se a unidade fosse definida como uniformidade sem respeito autoconsciente para com as diferenças, não poderia existir uma cristandade unida. Henrique ajudou a criar essa situação, e também foi levado por ela.

Da distinção entre a igreja visível e a igreja invisível. A formação da Igreja da Inglaterra proporciona uma ocasião para discutir a distinção entre a igreja visível e a igreja invisível. Essa distinção, que Agostinho introduzira na discussão acerca da igreja, tornou-se uma importante categoria na reforma eclesiológica. Para Agostinho, o significado primário foi obtido com a referência aos salvos, os verdadeiramente santificados, no interior da igreja maior, mista e empírica na terra. A questão contrastava com uma grande entidade histórico-social que era a igreja empírica; no bojo dessa igreja exterior subsistia a igreja secreta, santa, formada pelos eleitos santificados e conhecidos apenas de Deus.[98] Entretanto, no período da Reforma, a distinção prestava-se a um outro propósito, razão pela qual adquiriu um significado ligeiramente diferente. A igreja invisível designa basicamente as mesmas pessoas, mas o objetivo é identificá-las como a verdadeira igreja precisamente enquanto diferenciada da igreja empírica em sua estrutura institucional. Propõe-se uma explicação sobre onde a verdadeira igreja estava quando a Igreja Romana enquanto instituição tornou-se corrupta e falsa; ou onde a unidade na grande igreja pode ser encontrada agora que aquela instituição que se propunha assegurar a coesão do todo perdera sua validade. Agora a igreja invisível é a verdadeira igreja, não enquanto substância interior da igreja empírica, mas, em certos casos, apesar dela. Seja como for, essa igreja interior, invisível e verdadeira explica a unidade de toda a igreja e sua continuidade com o passado.

O problema com esse constructo é que, muito embora possa funcionar em princípio, pois em alguma medida é teologicamente exato dizer que os verdadeiramente unidos a Deus são invisíveis e não podem ser conhecidos, é fácil demais. Ele exime uma igreja, ou seus líderes e teólogos, da obrigação de lidar teologicamente com o pluralismo. Todo o constructo respalda-se na pressuposição de que a unidade, no sentido de uniformidade, constitui o ideal normativo, e quando já não é possível encontrá-lo na grande instituição, por causa de diferenças regionais, tenta-se salvá-la em uma dimensão espiritual ou "puramente" teológica. Quem negaria que a igreja é a *congregatio fidelium* cuja unidade é constituída pela verdadeira fé de cada fiel e conhecida apenas de Deus? Os canonistas medievais defendiam esse princípio. Não obstante, a teologia teria de tornar-se um tanto mais nuançada para lidar com o pluralismo e com a unidade de uma maneira crítica.

---

[98] Prescindo aqui da consideração da igreja escatológica ou triunfal no céu.

Substrato divino das instituições eclesiais humanas. Subsistente no reconhecimento de um pluralismo de igrejas em toda a cristandade encontra-se a ideia segundo a qual a igreja é em larga medida, se não inteiramente, uma instituição humana, mas uma instituição cujas estruturas humanas gozam de aprovação, de suporte e de sanção de índole divina. Na medida em que estruturas desse jaez desfrutam de favor divino, elas podem ser mudadas, de maneira que as novas estruturas também possam ser ratificadas pela vontade de Deus. Essa ideia responde em parte a alguns dos problemas criados pelo pluralismo. Alguns dos reformadores reconheceram essa ideia, uns em termos mais amplos ou expandidos do que outros, mas nenhum deles com maior clareza do que Hooker. A questão frequentemente aparece sob o tópico da divina instituição das várias estruturas ou elementos da igreja, em que "divina instituição" geralmente implica alguma coisa imutável. Os dois temas da abertura às diferenças entre as igrejas e uma preocupação com as estruturas essenciais ou dominicais parecem colidir. Hooker, no entanto, os articula a partir do princípio segundo o qual as estruturas eclesiais podem ser a um só tempo humanas e divinamente estabelecidas, tanto legítimas como abertas a exceções e cambiáveis. As ordens de ministério na Igreja da Inglaterra são legítimas, mas não exclusivamente tais. Seria difícil amplificar a profundidade e o significado dessa concepção filosófica e religiosa em uma situação de pluralismo. As lideranças das igrejas levarão algum tempo para alcançar Hooker nesse ponto.

A tensão todo-parte. A eclesiologia da Igreja da Inglaterra começou a tratar dessa questão de uma forma matizada por sua abertura às outras estruturações e cerimônias eclesiais discutidas na segunda parte deste capítulo. Implicitamente, essa abertura repousa em um reconhecimento da distinção entre "todo" e "parte" da única grande igreja. Em Hooker, a terminologia todo-parte é espontânea, não compulsória. "Na consideração de que o principal corpo do mar é único, embora em seu interior diversos recintos tenham vários nomes, da mesma maneira como a Igreja Católica é dividida em uma série de diferentes sociedades, cada uma das quais se denomina igreja em si mesma" (3,1,14). Nesse aspecto, Hooker manifesta uma primeira consciência moderna no interior da Igreja da Inglaterra, e elabora uma eclesiologia historicamente acurada.

Pode-se perceber o princípio de uma tensão entre todo e parte em vários períodos da igreja. No Ocidente, contudo, desde a reforma gregoriana, o marco dominante para a compreensão da igreja havia sido simplesmente o da igreja enquanto totalidade sob a égide do papa, na condição de cabeça ou de supervisor. Com a Reforma e a divisão entre as igrejas, a perspectiva se alterou, mas no pluralismo *de facto* remanesceu uma tendência a ignorar um pluralismo em princípio. Em outras palavras, de certa forma a igreja se via e se pretendia como a igreja normativa.[99] Com a Igreja da Inglaterra, no entanto, o princípio passou a um novo nível de explicitação no segundo milênio. O princípio de uma tensão entre todo e parte como tensão real e não resolvida e enquanto condição natural da igreja estava implícito na *Apologia* de Jewel. Diz ele, em primeiro lugar: "Nós acreditamos que existe uma única Igreja de Deus, e que ela não se confina (como em épocas passadas entre os judeus) em alguma região ou reino, mas é católica e universal, e dispersa por todo o mundo; de maneira que agora não há nação que possa realmente queixar-se de estar excluída, de que não pode ser a Igreja e o povo de Deus: e que essa igreja é o reino, o corpo e a esposa de Cristo; e que Cristo apenas é o príncipe desse reino; que Cristo apenas é a cabeça desse corpo; e que Cristo apenas é o noivo dessa esposa".[100] Em segundo lugar, no entanto, ele explicitamente exclui a possibilidade de que um homem tenha superioridade universal sobre a totalidade da igreja. A apologia exclui a autoridade jurisdicional universal do bispo de Roma ou papa.[101] Em terceiro lugar, ele recorre aos paradigmas ciprianicos e patrísticos de igrejas autônomas em comunhão umas com as outras. E, por derradeiro, ele aplica tudo isso à situação de uma cristandade dividida na Europa. Aproximadamente na época de Hooker, o princípio é axiomático: Todas as pessoas precisam da linguagem para

---

[99] Digo em certa medida porque as definições da igreja são abertas: onde quer que exista autêntica palavra e sacramento.
[100] Jewel, *Apologie*, p. 21.
[101] Ibid., pp. 21-23.

falar, mas não precisam falar a mesma linguagem: "Pode-se admitir a necessidade de estruturação e de regimento em todas as igrejas sem defender que alguma forma específica seja necessária em todas elas" (3,2,1).

A teoria todo-parte de Hooker e uma visão conciliarista. A teoria hookeriana do todo-parte da igreja coaduna-se com a posição estatuída no "Livro dos Bispos" (1537), uma igreja entre muitas igrejas na igreja como um todo, e com elementos da teoria conciliarista.[102] A teoria hookeriana do todo-parte da igreja deve ser compreendida no marco de uma visão mais abrangente do gênero humano estabelecendo o contexto do pensamento eclesiológico. Ele tinha uma visão das leis comuns das nações que eram necessárias para promover uma interação estável entre todas as pessoas (283). Dentro desse marco, ele compartilhava ideias conciliaristas segundo as quais o corpo de cristãos como um todo constituía a igreja. Os concílios representavam uma forma de reunir as diversas partes do conjunto da igreja para tratar de questões que interessavam ao todo. "Hooker via a igreja como a totalidade do corpo de fiéis, e o concílio geral como a única instituição adequadamente representativa dessa igreja" (295). Análogo ao sistema inglês de governo, "o concílio geral era o parlamento da igreja" (295). Por causa da mudança de contexto para um pluralismo de igrejas, contudo, a visão de Hooker transformou por completo o conciliarismo da Baixa Idade Média. Sua abrangente visão da unidade do gênero humano incluía historicidade e arraigado pluralismo. "Um Deus de infinita sabedoria revela-se na natureza, na Escritura, na história e no conhecimento e na sabedoria dos seres humanos em toda época e lugar. Uma verdade, portanto, deve complementar e reforçar a outra" (30). Só podemos viver juntos aprendendo uns dos outros, em uma comunidade de igrejas; os concílios eram uma forma de permitir que isso acontecesse (301). Hooker, com efeito, pergunta se a reconciliação e a unidade cristãs são "sequer concebíveis em uma outra base qualquer que não a conciliar" (302). O

---

[102] Um dos princípios desse conciliarismo era que "a Igreja de Roma não era a Igreja Católica, e sim um membro da Igreja Católica. Igrejas particulares, incluindo a Igreja da Inglaterra, configuravam a Igreja Católica ou universal que um concílio geral representaria" (Patterson, "Hooker on Ecumenical Relations", p. 291). Citado no texto desse parágrafo por número de página.

que Nicolau de Cusa percebera em um distante lugar se vislumbra mais próximo na imaginação de Hooker.

Desenvolver o princípio é recuperar o método de uma eclesiologia histórica. O objeto de uma adequada eclesiologia deve ser a totalidade da igreja, ou seja, a grande igreja, o conjunto do movimento cristão. Isso é exigido por uma eclesiologia *histórica*, uma eclesiologia que reconheça que não se pode restringir a igreja a partir da história de um segmento seu. Ao mesmo tempo, contudo, só se pertence à totalidade da igreja cristã a partir de um ponto de vista específico, ou seja, em e através de uma igreja particular. Por conseguinte, a eclesiologia sempre deve explicitar a tensão que se manifesta quando se tenta abordar a igreja enquanto totalidade a partir de uma tradição específica. Os imperativos para tornar essa tensão explícita evidenciar-se-ão mais quando se tratar do movimento ecumênico e da ressurgência do valor da unidade na consciência cristã. Quando a consciência histórica torna-se mais geralmente internalizada, evidencia-se mais "que nossa comunhão universal na verdade do evangelho não se realizará pela negação das tradições denominacionais, mas tão somente pela apropriação crítica e pelo compartilhamento dessas tradições".[103]

---

[103] O'Donovan, *39 Articles*, p. 10.

4. Eclesiologias anabatista, batista e romana

Este quarto capítulo sobre o século XVI considera mais duas eclesiologias características na igreja ocidental: a eclesiologia da igreja livre (baseada na pressuposição de que os anabatistas e os batistas compartilham algo em comum) e a primeira eclesiologia católica romana moderna. A descrição e a interpretação dessas eclesiologias concretas serão caracterizadas, portanto, como tipos gerais que se situam em extremos opostos de um espectro de concepções da igreja que marcaram a grande igreja aproximadamente no final desse extraordinário século. Essa tipologia proverá princípios para a eclesiologia histórica em qualquer época dada.

As duas primeiras eclesiologias aqui consideradas surgiram como variantes entre as diferentes igrejas que, em conjunto, compuseram a Reforma Radical. Com o intuito de conter a barafunda de dados acerca da Reforma Radical, escolheu-se uma igreja evangélica anabatista das cidades do norte da Europa para representar essa tradição, ou seja, a primitiva igreja menonita. Uma análise da mais antiga, porém análoga, Igreja Batista que se separou da Igreja da Inglaterra propicia uma representação complementar. A segunda eclesiologia característica a ser examinada é a católica romana, tal como formulada ao final do Concílio de Trento, no catecismo que ele autorizou. Essa curta e esquemática apresentação da eclesiologia da Igreja Romana não revela todas as complexas mudanças na autocompreensão mediadas pela Reforma, pela exploração e pela descoberta que descortinou o mundo, pelo próprio Concílio de Trento, que redefiniu a doutrina em uma polêmica relação com o mundo protestante e instituiu uma considerável reforma na vida da igreja, e pelas novas ordens religiosas que estavam conduzindo a Igreja Romana ao período moderno. Não obstante, este esboço de uma eclesiologia recapitula a igreja da Idade Média à luz dessas mudanças e ajuda a defini-la com vistas ao futuro.

Esses quatro capítulos sobre o século XVI representam ao todo um terço desta obra em dois volumes. Nenhum outro século rivaliza em importância com este para o desenvolvimento da igreja como um todo, especialmente no Ocidente, à medida que ela avançou na direção do período moderno. A introdução definitiva do pluralismo radical na vida da igreja do Ocidente, e por conseguinte na totalidade da igreja, enquanto distinta das igrejas do Oriente e do Ocidente que viviam em relativo isolamento, assinala um momento crucial na igreja que a própria consciência da igreja ainda precisa captar e aceitar inteiramente. Esse pluralismo inspira a tipologia que se encontra ao final do capítulo. Ele procura apreender esse pluralismo eclesiológico em seus dois extremos mediante um arcabouço que o interpreta em termos positivos e construtivos.

Logicamente, este capítulo se desenvolve em três etapas: o desenvolvimento das duas eclesiologias, representando a ala esquerda da igreja, a consolidação da ala direita da igreja ocidental e a caracterização esquemática desses dois polos contrastantes do espectro geral das eclesiologias. Passamos a enfocar agora a eclesiologia anabatista.

Eclesiologia anabatista

A melhor maneira de representar a eclesiologia anabatista consiste em examinar os textos que conferiram expressão à ordem dessas igrejas e definiram, em termos embrionários, alguns dos princípios fundacionais que nortearam a tradição em direção ao futuro. Entretanto, posto que essa eclesiologia representa uma clara alternativa não apenas à Igreja de Roma, mas também às eclesiologias consideradas nos três capítulos anteriores, será necessário pelo menos caracterizar o amplo movimento intelectual e as correntes sociais de que surgiram essas igrejas. A igreja, tal como se manifesta nos escritos de Menno Simons, revelar-se-á coerente no contexto desse fluxo de energia religiosa.

A reforma radical

É preciso compreender que não se pode, em um curto espaço, narrar a história dessa vaga religiosa em toda a Europa cujo pluralismo por vezes chegou às raias do caos. Essa narrativa, contudo, inspira-se profundamente no vasto trabalho de George H. Williams.[1] A estratégia adotada na exposição que se segue assemelha-se à descida de uma grande altitude: partindo de um nível mais geral e abstrato com uma definição de termos, a análise desloca-se "para baixo", fazendo referências cada vez mais específicas aos acontecimentos concretos que modelaram os textos de Menno que serão analisados aqui.

Pode-se admitir, a partir da perspectiva da sociologia da religião, que, dada uma reforma, ela haveria de ter uma ala esquerda. Lutero liberou uma onda de energia religiosa, e, onde quer que novas estruturas tenham se erigido para reestruturá-la e contê-la, houve resistência e transbordamento. Uma vez que a promessa da reforma foi mobilizada, ela tinha, a exemplo de uma inundação, de ocupar todos os campos religiosos disponíveis da doutrina, da prática, do governo da igreja e da espiritualidade.

Uma forma de definir uma entidade consiste em distingui-la por oposição a suas contrapartes. Dessarte, Williams distingue a Reforma Radical da Reforma Magisterial, em que o termo "magisterial" desempenha duplo papel. Em primeiro lugar, comporta uma referência aos magistrados e indica como o programa de Lutero, de Zwingli, de Calvino e, mais obviamente, da Igreja da Inglaterra foi apoiado em graus diversos por príncipes, eleitores, magistrados e soberanos. Isso, por sua vez, conferiu certa base territorial ao movimento e uma legitimidade social que lhe permitiu resistir a diversos ataques políticos e religiosos. Desde o início ou em sua própria gênese, esses movimentos relacionaram-se com o mundo da sociedade e o governo em termos mais ou menos amistosos. Em segundo lugar, "magisterial" sugere a universidade e o *magister* acadêmico, que contribuíram para o trabalho da reforma em termos de

---

[1] George Huntson Williams. *The Radical Reformation*, 3. ed. Kirksville, Mo., Sixteenth Century Journal Publishers, 1992. Referido como RR.

vasto conhecimento e aprendizado.[2] Os três últimos capítulos dão eloquente testemunho dessa dimensão da Reforma Magisterial: de Lutero a Hooker, os teólogos desempenharam papéis de liderança e exerceram autoridade no âmbito desses movimentos. Em contrapartida, a Reforma Radical avançou, de uma maneira geral, independentemente do controle territorial dos governantes civis e, com bastante frequência, em face da perseguição promovida por eles; ela sobreviveu em pequenos grupos, casas e conventículos por meio de associação voluntária; seus líderes, em geral, eram carismáticos e podem ou não ter tido formação acadêmica.

Como se pode caracterizar a Reforma Radical como um todo, não enquanto entidade contida, mas enquanto onda diversa e heterogênea que foi? Diversas qualidades ajudam a indicar que os parâmetros dessa situação religiosa diferem daqueles dos reformadores clássicos. Em primeiro lugar, a Reforma Radical foi conduzida por líderes carismáticos múltiplos e diversos. Centenas de líderes, com vários níveis de influência, em diferentes localidades, com influência de grande alcance ou de importância meramente local, trabalhando com pequenos grupos ou segmentos mais amplos, participaram e configuraram a Reforma Radical. Em segundo lugar, seria contundente demais afirmar que a Reforma Radical se disseminou exclusivamente por meio de líderes itinerantes, mas muitos de seus líderes viajaram, frequentemente em razão de exílio. O movimento se enriqueceu pelos encontros de vários líderes e por sua influência recíproca positiva ou negativa. O ambiente natural da Reforma Radical não foi, em primeiro lugar, a catedral, a universidade ou a prefeitura, mas a sala de estar, o local de encontro de uma igreja específica, a partir do qual pôde se irradiar a outros pontos. Em terceiro lugar, e como consequência, pode-se dizer que a Reforma Radical avançou por tentativa e erro, por reforma tentada e por fracasso ou sucesso, ou mais provavelmente por algo intermediário. A Reforma Radical transversaliza a aparente lógica histórica e dramatiza a natureza da própria história com sua manifestação de arbitrariedade e de continência. Em quarto lugar, a Reforma Radical

---

[2] Williams, RR, p. 9.

foi religiosa e moralmente intensa: gravitou em torno de uma piedade ingênua que se patenteou em uma rigorosa vida moral. Gerou mártires. A linguagem do entusiasmo religioso pode amplificar algumas manifestações dessa seriedade religiosa, mas não a deturpa.

Em que pese a grande variedade existente entre os representantes da Reforma Radical, Williams consegue discernir três grandes grupos que analogamente compartilham temas comuns: os próprios anabatistas, os espiritualistas e os racionalistas evangélicos.[3] Os anabatistas foram o mais proeminente dos três grupos porque sua doutrina concernente ao batismo e ao rebatismo dos fiéis claramente os apartava das igrejas que aceitavam o batismo infantil. Veremos como essa prática representa uma profunda problemática em relação à própria natureza da igreja cristã. Um segundo grupo de espiritualistas tendia a uma interpretação mais individualista do cristianismo, menos preocupada com as instituições da doutrina, do culto ou da estruturação. E no terceiro grupo de racionalistas evangélicos Williams situa figuras como Miguel Servetus e Fausto Socinus, ambos os quais questionavam a doutrina da Trindade como resultado da grande importância que atribuíam à piedade natural e à razão especulativa, além da Escritura.[4]

Os anabatistas.[5] Além de haver feito parte da Reforma Radical, o que define os anabatistas revela-se problemático em virtude dos muitos

---

[3] Williams, RR, pp. xxxii-xxxiv; ele revisa essas distinções novamente na Introdução à terceira edição de sua obra, às pp. 14-18. Ver também George Huntson Williams (ed.). *Spiritual and Anabaptist Writers*. Philadelphia, Westminster Press, 1957, pp. 19-38. Williams ainda divide os anabatistas nos subtipos "evangélicos" e "revolucionários": e subdivide os espiritualistas em três grupos: "espiritualismo revolucionário", "espiritualismo racional" e "espiritualismo evangélico". Farei referência a este último trabalho como SAW.

[4] William, SAW, pp. 23-24.

[5] Os trabalhos a seguir arrolados foram úteis na interpretação do desenvolvimento e da estrutura da eclesiologia anabatista e particularmente da eclesiologia menonita; Roland H. Bainton. "The Anabaptist Contribution to History", *The Recovery of the Anabaptist Vision: A Sixtieth Anniversary Tribute to Harold S. Bender*, ed. Guy F. Hershberger. Scottdale, Pa., Herald Press, 1957, pp. 317-326; Harold S. Bender. "The Anabaptist Vision", *The Recovery of the Anabaptist Vision*, pp. 29-54; Lawrence J. Burkholder. "The Anabaptist Vision of Discipleship", *The Recovery of the Anabaptist Vision*, pp. 135-151; Robert Friedman. *The Theology of Anabaptist: An Interpretation*. Scottdale, Pa., Herald Press, 1973; William Echard Keeney. *The Development of Dutch Anabaptist Thought and Practice from 1539-1564*. Nieuwkoop, B. De Graaf, 1968; Walter Klaassen. *Anabaptism: Neither Catholic nor Protestant*. Waterloo, Ont.,

pontos de vista a partir dos quais se pode considerá-los, sobretudo os diversos valores que matizam sua visão. Podemos começar com o significado técnico do termo, cunhado não por eles próprios, mas de atribuição externa. Ao pé da letra, anabatista é quem se batiza de novo ou rebatiza os outros, a exemplo do que fazia Cipriano em relação aos convertidos batizados em igrejas cismáticas. Como Cipriano, os anabatistas rejeitaram o termo porque sua teologia demonstrava que eles estavam se batizando pela primeira vez. Talvez mais importante seja o fato de que os anabatistas negavam o batismo de crianças em princípio. Por conseguinte, sua teologia, que será considerada com mais atenção a seguir, claramente os distinguia das igrejas que admitiam o batismo infantil.

Entretanto, a definição técnica de anabatismo é enganosa por não levar em conta o pluralismo das visões ou autoconcepções anabatistas. Williams defende veementemente a seguinte posição: "Quase tão importante na nomenclatura tipológica talvez seja essa ênfase no anabatismo sugerida pelos adjetivos comunitário, místico, milenarista, separatista dos congregacionalmente anatematizados, convencionalmente trinitário (nos termos do *Apostolicum*), cristocêntrico-unitário (a exemplo dos anabatistas alemães como Adam Pastor e Louis Haetzer), conformista-espiritualizante (David Joris) e proponentes da celestial carne de Cristo (Melchior Hofmann, Menno Simons)".[6]

Em que pese essa ampla diversidade, tão logo os grupos de cristãos rejeitaram o batismo infantil, eles se mantiveram claramente à margem de todas as igrejas estabelecidas. A questão do batismo infantil *versus* o batismo dos fiéis foi muito mais representativa do que qualquer doutrina

---

Conrad Press, 1973; Jacobus tem Doornkaat Koolman. *Dirk Philips: Friend and Colleague of Menno Simons, 1504-1568*. Kitchner, Ont., Pandora Press; Scttdale, Pa./ Walterloo, Ont., Herald Press, 1998; Cornelius Krahn. *Dutch Anabaptism: Origin, Spread, Life and Thought*. The Hague, Martinus Nijhoff, 1969; Robert Kreider. "The Anabaptism and the State", in *The Recovery of the Anabaptist Vision*, pp. 180-193; Franklin H. Littell. "The Anabatist Concept of the Church", *The Recovery of the Anabaptist Vision*, pp. 119-134; *A Tribute to Menno Simons*. Scottdale, Pa., Herald Press, 1961; *The Origins of Sectarism Protestantism: A Study of the Anabaptist View of the Church*. New York, Macmillan, 1964; John H. Yoder (ed.). *The Legacy of Michael Sattler*. Scottdale, Pa., Herald Press, 1973; N. van der Zijpp "The Early Dutch Anabaptists", *The Recovery of the Anabaptist Vision*, pp. 69-82.

[6] Williams, RR, p. 15.

ou prática sacramental em si mesmas, muito embora ambas estivessem envolvidas. Subjacente ao movimento anabatista encontra-se um desejo de repristinização da igreja, o que significava o restabelecimento da igreja do Novo Testamento e dos apóstolos. Decerto, sementes desse impulso primitivista germinaram em Lutero e em Calvino, pois o assentamento da Escritura como norma última e absoluta para a autocompreensão implicitamente leva a essa direção. Os anabatistas, no entanto, utilizaram a rejeição do batismo infantil e uma insistência no batismo dos fiéis para definir a verdadeira igreja em contraposição àquela que se achava estabelecida de uma maneira mais cabal, com efeito, em contraposição à Igreja Romana, à sociedade e também aos outros reformadores. É possível vislumbrar esse desejo de recriar a igreja apostólica nas origens do próprio movimento anabatista. A verdadeira questão não era o ato do batismo em si mesmo, mas "um conflito agudo e irredutível entre dois conceitos reciprocamente exclusivos da igreja".[7] O rito do batismo tornou-se a linha divisória perceptível entre duas eclesiologias fundamentalmente diferentes.

Será interessante explorar essa diferença em termos mais abrangentes porque ela define a temática de todo o presente capítulo. A diferença que Littell ressalta é de alcance maior; separa duas compreensões fundamentalmente diferentes da igreja que de fato se apresentam em distintos sistemas organizacionais. A primeira é a igreja territorial, uma igreja coextensiva ao Estado, ou cidade-Estado, com um sistema de paróquias que tudo englobava. A segunda é o conventículo, a associação voluntária que se contrapunha à sociedade, tanto na Europa contemporânea como nos séculos I e II, no contexto do Império Romano, enquanto elemento proscrito e perseguido. A primeira é ainda a grande igreja da cristandade, mesmo em seu pluralismo, pois cada igreja pretendia ser a verdadeira igreja de uma maneira compreensiva para todos aqueles que se achavam no âmbito das variáveis fronteiras territoriais. A segunda foi mentalmente transportada de volta no tempo e tornou-se de novo a igreja primitiva, um movimento combativo, abrindo espaço nos interstícios da sociedade.

---

[7] Littell, *The Origins of Sectarian Protestantism*, p. 14. Citado doravante como *Origins*.

Está em xeque uma relação fundamentalmente nova com o mundo. A crítica anabatista à Reforma Magisterial é que ela obstruíra o acesso à repristinização da igreja apostólica. Em termos que lançarão luz sobre a história e os textos considerados nesta apresentação da eclesiologia anabatista, Littell faz o seguinte comentário: "Funcionalmente falando, anabatistas mesmos foram aqueles que, na Reforma Radical, reuniram e disciplinaram a 'verdadeira igreja' segundo o padrão apostólico, da forma como o entendiam. No tratamento que dispensa aos anabatistas, a doutrina da igreja estabelece o princípio classificatório de importância primordial".[8]

Os Irmãos na Holanda. Podemos observar o contexto da eclesiologia de Menno Simons em maior detalhe à luz da história da comunidade que ele reuniu. Essa história começa em Zurique, passa por Estrasburgo, contorna Munique em sua trajetória em direção à Holanda e ao norte da Alemanha.

O movimento suíço de reforma teve suas origens nos grupos de estudo bíblicos e a liderança de Huldrych Zwingli. Os Irmãos começaram dentro do movimento de Zwingli como uma facção radical mais preocupada com pequenos grupos cristãos fervorosos segundo o padrão da igreja primitiva do que com a reorganização das estruturas da igreja existentes em todo o cantão. Esse impulso religioso adquiriu foco no batismo, que os Irmãos concebiam como o inequívoco sacramento da fé. Os debates entre os radicais e os zwinglianos chegaram a um impasse no inverno de 1524-1525 e culminaram em um encontro dos principais líderes no dia 21 de janeiro de 1525. Na casa de Felix Mantz, Conrad Grebel, leigo e principal líder do grupo, rebatizou George Blaurock, um sacerdote, que por seu turno batizou outros presentes. Esse acontecimento frequentemente é considerado como a data de nascimento do anabatismo.[9]

---

[8] Littell, *Origins*, p. xvii.
[9] Williams, RR, pp. 212-246, descreve a expansão dos Irmãos Suíços; cita amplamente as recordações de Blaurock do encontro realizado em janeiro de 1525 às pp. 216-217. Ver também Littell, *Origins*, pp. 12-18.

Em uma semana, o primeiro conventículo ou comunidade anabatista foi estabelecido em um vilarejo fora de Zurique, e o movimento anabatista começou a disseminar-se. Mas não sem dois graves problemas: o primeiro deles foi a perseguição, que se deflagrou quase que imediatamente. Em Zurique, em 1525, "o afogamento foi proclamado como penalidade pelo rebatismo, sem julgamento ou interrogatório".[10] O segundo problema dizia respeito à consistência e à estabilidade da doutrina. Os anos que se seguiram ao de 1525 envolveram muitos encontros de vários grupos em diferentes localidades na tentativa de consolidar a doutrina e a prática do movimento. Não obstante, toda sorte de diferentes movimentos foi identificada como "anabatista".

Dois anos após os primórdios em Zurique, no dia 24 de fevereiro de 1527, "uma série de Irmãos reuniu-se em Schleitheim para discutir e elaborar [...] um documento que no devido momento tornou-se 'normativo' pelo menos para todos os irmãos suíços. Os sete artigos contemplam os seguintes tópicos:

1. batismo;
2. anátema;
3. Ceia do Senhor;
4. separação do mundo;
5. ofício de pastor;
6. a espada, ou seja, a relação com as autoridades civis; e
7. prestação de juramento, vedada aos discípulos.

Buscou-se e obteve-se consenso em torno de todos esses pontos, pois se tratava de *regula* voluntariamente aceitas, e não de uma lei promulgada a partir de cima".[11] "Foi sobretudo após a instituição dos princípios e prática do movimento, ocorrida na chamada Confissão de Schleitheim [...] que surgiu uma vida eclesial local de tipo congregacional autônomo."[12] Os anabatistas se expandiram do norte para o sul da Alemanha, do leste

---

[10] Littell, *Origins*, p. 17.
[11] Friedmann, *Theology of Anabaptism*, p. 128. O texto dos Artigos de Schleitheim encontra-se em Yoder, *Michael Sattler*, pp. 34-43.
[12] Van der Zipp, "The Early Dutch Anabaptists", p. 69.

para a Morávia e do sudeste para o Tirol. Por se tratar de uma igreja não territorial, composta de pequenos grupos que aceitavam o batismo dos crentes, ela não foi afetada pelas fronteiras católicas e protestantes regionalmente definidas. Dessa forma ela se espraiou. Em 1529, o imperador decretou a pena capital para os anabatistas, política com a qual católicos e protestantes geralmente concordavam, embora fosse irregularmente executada.

Estrasburgo também figura na história da difusão do anabatismo dos Irmãos Suíços. Entre 1529, quando a celebração da missa foi proscrita, e 1534, quando a igreja na cidade foi reorganizada, Estrasburgo funcionou como eixo de intersecção e consolidação dos muitos fragmentos da Reforma. De especial nota nesse amálgama é Melchior Hofmann, profeta que transitou espiritualmente, nos anos 1520, do luteranismo e de uma história de pregação no norte para uma forma literal de escatologia iminente e, em seguida, para a aceitação das ideias anabatistas. Essa última conversão ocorreu em Estrasburgo em 1530. Naquele mesmo ano, ele foi expulso da cidade e viajou do norte para Emden, onde pregou com considerável sucesso. Não muito antes ele havia sido novamente expulso da cidade, como fora o mestre que ele deixa para trás. Mas Hofmann batizara muita gente e deixara sua marca, como Obbe Philips declararia com referência aos Irmãos na Holanda: "Esse foi, em suma, o começo da primeira missão e tornou-se o início do movimento".[13]

O apocaliptismo melquiorita contribuiu para o entusiasmo religioso que finalmente conduziu à bizarra e sangrenta *debacle* ocorrida em Munique, em 1534-1535. Católicos e protestantes retrataram de maneira semelhante esse cataclismo como o resultado natural da perversão anabatista, e sua relação tangencial com os Irmãos seria um constante embaraço. Mais significativos para a tradição na Holanda foram o batismo e a ordenação de Obbe Philips. Em 1533, John Matthijs declarou-se

---

[13] Obbe Philips. "A Confession: Recollections of the Years 1533-1536", SAW, p. 210. "Em 23 de abril de 1530 [Hofmann] fugiu da cidade [de Estrasburgo] às pressas e recuou para Emden, onde logo fundaria uma comunidade anabatista e desse modo lançaria a fecunda semente do anabatismo hofmanita [melquiorita] no viçoso solo dos Lowlands, havia muito gradado e cultivado pelo sacramentismo e pela perseguição". Williams, RR, p. 393.

o emissário de Hofmann investido no Espírito, e ele, por sua vez, enviou apóstolos de Cristo para pregar sua mensagem. Obbe Philips encontrou dois desses apóstolos na cidade de Leeuwarden e, juntamente com outros, foi batizado. Da mesma forma, no dia seguinte, "por sugestão de outros irmãos, e com a imposição das mãos [eles] nos investiram no ofício de pregar, [encarregaram-nos] de pregar, ensinar e liderar a comunidade".[14] Oito dias depois, Dietrich (ou Dirk), irmão de Obbe, também foi batizado por um apóstolo de Matthijs.[15] Não muito depois, as visões extremistas dos anabatistas melquioritas começaram a engendrar violência. Em março de 1534, os próprios apóstolos que batizaram e investiram Obbe Philips foram presos por arruaça em Amsterdã e executados. Em junho de 1535, o divino reino de Munique, transitoriamente chefiado por Matthijs, chegou ao fim em um sangrento paroxismo. Daí por diante e no decorrer de grande parte desses eventos, os anabatistas da Holanda procuraram dissociar-se dos melquioritas de Munique.

Menno Simons

Menno Simons nasceu em 1496 no vilarejo de Witmarsum, na atual Holanda. Dedicou-se à vida sacerdotal desde o início e estudou em um mosteiro franciscano próximo à sua aldeia natal, onde aprendeu latim e grego e leu Tertuliano, Cipriano e Eusébio, mas não as Escrituras. Foi ordenado aos 28 anos de idade, em 1524, e designado para a paróquia de Pingjum, próxima de sua casa, e após sete anos foi transferido para a paróquia onde havia sido criado, Witmarsum, na qual serviu durante cinco anos.[16]

Conversão. Um dos mais interessantes aspectos da vida de Menno foi sua conversão ao movimento da Reforma. O próprio Menno relata esse longo processo.

---

[14] Obbe Philips, "Confession", SAW, p. 217.
[15] Dietrich foi em seguida ordenado ou encarregado de pregar por seu irmão Obbe.
[16] Harold Stauffer Bender. "A Brief Biography of Menno Simons". *The Complete Writings of Menno Simons (c. 1496-1561)*, ed. H. S. Bender. Scottdale, Pa., Herald Press, 1956, p. 4. Referido doravante como *Writings*.

Começou com dúvidas em relação à eucaristia. Inicialmente em seu ministério, ele escreveu: "Ocorria-me, sempre que manipulava o pão e o vinho durante a missa, que eles não eram a carne e o sangue do Senhor".[17] Para resolver o problema, Menno decidiu estudar o Novo Testamento, uma decisão importante, porque ele desconhecia as Escrituras, por temer que, "se eu as lesse, ficaria desorientado" (RGF, 668). Ele de fato leu o Novo Testamento e descobriu na temática da eucaristia "que estávamos enganados" (RGF, 668). Não menos importante, esse incidente impeliu Menno a prosseguir na leitura da Escritura com maior profundidade. Resultado: "Cresci dia após dia no conhecimento das Escrituras e fui então considerado por alguns (não corretamente, porém) para ser pregador evangélico" (RGF, 668).

Um segundo evento que levou a uma crise intelectual disse respeito ao batismo, ocorrido em 1531. Como registra Menno: "Sobreveio, antes mesmo de ter ouvido falar da existência dos Irmãos, de um herói temente a Deus e piedoso, chamado Sicke Snijder, que fora decapitado em Leeuwarden por ter sido rebatizado. Soou-me muito estranho ouvir falar de um segundo batismo. Examinei as Escrituras diligentemente e ponderei-as fervorosamente, mas não encontrei nenhuma narrativa sobre o batismo infantil" (RGF, 668). Além disso, a visão dos Padres de que o batismo das crianças purificava-as do pecado original parecia conflitar com o papel que as Escrituras atribuem ao "sangue de Cristo". Ele consultou ainda as opiniões de Lutero, de Bucer e de Bullinger sobre o batismo infantil, mas nenhum delas correspondeu à Escritura: uma vez mais, "percebi que estávamos enganados em relação ao batismo infantil".[18]

Um terceiro componente importante no relato que Menno faz de sua conversão ocorreu em março de 1535, mas os acontecimentos que levaram a ela começaram com a visita de Melchior Hofmann a Endem, em 1530.

---

[17] Menno Simons. *Reply to Gellius Faber* (1552), *Writings*, p. 668. Essa obra de Menno será referida doravante como RGF.

[18] RGF, p. 669. "Dessa forma, meu leitor, cheguei a uma visão do batismo e da Ceia do Senhor pela iluminação do Espírito Santo, por meio de muita leitura e ponderação das Escrituras, e pelo gracioso favor e dom de Deus; não pela instrumentalidade de seitas tresmalhadas, como se relata a meu respeito". Ibid.

Isso estimulou os pregadores melquioritas no norte. Em 1532, pessoas que defendiam o batismo adulto surgiram na paróquia de Menno. E dois anos mais tarde pregadores melquioritas representando a experiência em Munique pregaram no vilarejo de Menno de Witmarsum.[19] Então, em março de 1535, enviados de Munique saquearam a sitiada cidade para arregimentar anabatistas holandeses para o resgate. Trezentas pessoas, entre elas o irmão de Menno, conseguiram tomar de assalto uma fortificada abadia cirtenciense não muito distante de Witmarsum, apenas para serem depois capturadas e trucidadas.[20] O episódio afetou profundamente Menno: aumentou sua revulsão às ideias de Hofmann; e o poderoso testemunho de martírio por convicção religiosa envergonhou-o em sua inautêntica situação católica, ao mesmo tempo em que o impeliu a um ministério que romperia a fantasia melquiorita e alimentaria aqueles que estavam desorientados.[21] Em janeiro de 1536, ele se aposentou de seu sacerdócio na Igreja Romana.[22]

Ministério anabatista. Mais ou menos um ano após ter deixado a Igreja Romana, Menno foi abordado por um grupo de Irmãos e solicitado a assumir o ofício de anção ou de bispo na irmandade. Após alguma ponderação, ele aceitou e foi ordenado no começo de 1537, presumivelmente por Obbe Philips. Sua liderança revelar-se-ia crucial porque, por um lado, o extremismo melquiorita prosseguiu após Munique, acarretando confusão e distúrbio, e, por outro lado, o próprio Obbe Philips sentiu-se

---

[19] Menno escreve: "Fiz o que pude para me opor a eles pela pregação e pela exortação, no limite de minhas forças. Conferenciei duas vezes com um de seus líderes: uma em particular, a outra em público, mas minhas admoestações não ajudaram" (RGF, pp. 669-670). O cerco de Münster pelo bispo de Münster começou em março de 1534, e a cidade finalmente caiu em junho de 1535.

[20] Williams, RR, p. 581.

[21] Eis o testemunho de Menno: "Depois do ocorrido, o derramamento de sangue dessas pessoas, embora desorientado, senti tanto ímpeto em meu coração que não pude me conter, nem encontrar paz em minha alma. Refleti sobre minha vida impura, carnal, como também sobre a hipócrita doutrina e idolatria que eu ainda praticava diariamente sob a aparência de piedade, mas sem prazer. Vi que esses zelosos discípulos, conquanto em erro, de bom grado entregaram suas vidas e seus bens por sua doutrina e por sua fé. E eu era um daqueles que haviam revelado a alguns deles as abominações do sistema papal". Menno, RGF, p. 670.

[22] Detenho-me nessas crises existenciais de Menno porque os elementos da subsequente teologia menonita da igreja têm estreita correlação com algumas dessas experiências.

vítima de desilusão e abandonou a irmandade por volta de 1541. Menno e o irmão de Obbe, Dirk Philips, tornaram-se os líderes da igreja até no processo de formação.

Menno passou os vinte e quatro anos seguintes de sua vida ministrando à extensa irmandade de igrejas obenitas, que rapidamente se tornaram menonitas. De 1536 a 1543, ele se baseou na Holanda; de 1543 a 1546, no noroeste da Alemanha; e finalmente, de 1546 a 1561, na costa do Báltico. Muito embora tenha se casado em 1536 ou 1537, Menno passava boa parte de seu tempo viajando e vivendo clandestinamente porque, como líder anabatista, era procurado. Com efeito, "o próprio imperador Carlos V fora persuadido a publicar um rigoroso édito contra Menno no dia 7 de dezembro de 1542, fixando um prêmio de 100 florins de ouro por sua cabeça e proibindo ainda que se lhe concedesse ajuda ou abrigo de qualquer espécie ou que seus livros fossem lidos".[23] Menno nunca foi preso, e conseguiu escrever vários livros extensos, bem como panfletos. Seu estilo nunca foi acadêmico, e sim um tanto sermonário e exortatório; ele sempre interagiu com o leitor, amiúde em estilo bem direto, com expressões do tipo "observe, leitor" e "meu irmão". Sua principal missão, no entanto, era a liderança, na medida em que visitava, encorajava e animava as congregações. Também exercia supervisão autoritativa, incluindo a disciplina e ocasionalmente o anátema ou excomunhão de líderes. Nos derradeiros anos de sua vida, Menno envolveu-se em uma controvérsia acerca do grau apropriado de severidade do anátema, que, por seu caráter segregador, era fonte de tristeza. Menno Simons faleceu em 1561.

A eclesiologia de Menno

Uma adequada representação da eclesiologia de Menno Simons pode ser destacada das páginas de seus escritos. Essas concepções são expostas em um quadro sistematizado bem diferente do estilo desse escritor fortuito que geralmente abordava problemas específicos. As seções precedentes compuseram o pano de fundo e forneceram o quadro

---

[23] Bender, "Biography", *Writings*, p. 17.

imaginativo necessário para compreender que a realidade da igreja que aqui se descreve é bem diferente da das igrejas tratadas em outros capítulos. O referente do termo "igreja", quando não é a realidade teológica idealizada, afigura-se como o pequeno e voluntário grupo que se reúne nas casas, nos desvãos e interstícios da sociedade estabelecida, e não de ordinário na igreja paroquial.[24] Da mesma maneira, com relação à estrutura, o presumível viés propendia à informalidade, de sorte que não se encontrará a complexa organização que se observa em Calvino ou em Hooker ou as desenvolvidas tarefas de ofício, com direitos e deveres descritos em uma linguagem de natureza jurídica. Em graus diversos, as igrejas da Reforma examinadas até agora foram erigidas dentro de um marco social que era de muitas formas contínuo à igreja medieval; a igreja a que Menno refere-se assemelha-se mais à igreja do final do século I e começo do século II que ainda se encontrava em processo de formação.

A natureza da igreja e seus membros. Uma definição da igreja e de como Menno abordava esse tópico comum de identificação da "verdadeira" igreja constitui um bom ponto de partida.

Definição da igreja. A igreja é "uma assembleia dos pios e uma comunidade dos santos" que desde o início creram em Cristo e aceitaram sua Palavra e seguiram seu exemplo, conduzidos por seu Espírito e confiantes em sua promessa. "Esses indivíduos piedosos são comumente chamados de cristãos ou de a igreja de Cristo, porque nasceram da Palavra de Cristo por meio da fé, por seu Espírito, e são carne de sua carne e ossos de seus ossos" (RGF, 734). A igreja deve ter a mentalidade de Cristo: a igreja imita Cristo, ama o que Cristo ama e odeia o que Cristo odeia (RGF, 738). Teologicamente, essa igreja remonta aos primórdios, a Abel, Noé, Abraão, e assim por diante. Mas assim o faz também a igreja do Anticristo, de sorte que a cosmovisão de Menno se reparte entre luzes e trevas, entre o bem e o mal (RGF, 735). Essa igreja é "de Deus" por intermédio de Cristo, o que significa que é de Deus e dedicada a Deus, da mesma

---

[24] A palavra "igreja" é um tanto equívoca nesse sentido, e o termo preferido de Menno para designar a igreja é "Gemeente" ou "comunidade". Keeny, *Dutch Anabaptist Thought*, pp. 145-148.

forma como, contrastivamente, a igreja do Anticristo é do mal e em prol do mal (RGF, 736).

Os verdadeiros sinais da igreja. Menno propõe seis sinais verdadeiros da igreja:

1. Doutrina inadulterada, pura. A igreja tem por missão pregar fielmente o que recebeu de Cristo;
2. Uso escriturístico dos sinais sacramentais, ou seja, a celebração da Ceia do Senhor;
3. Obediência à Palavra. O que no entendimento de Menno significa vida cristã virtuosa: "O Senhor disse: deveis ser santos; pois eu, o Senhor vosso Deus, sou santo" (RGF, 740);
4. Amor verdadeiro, fraterno. Os discípulos de Cristo são conhecidos por seu amor uns pelos outros;
5. Firme confissão de Deus e de Cristo, em face da oposição e do mundo;
6. Opressão e tribulação por amor à Palavra de Deus. A perseguição do mundo ou "a cruz" naturalmente decorrem do testemunho da Palavra de Deus.

Em suma: "Sabemos com certeza que, onde não existe doutrina pura, sacramentos puros, vida cristã virtuosa, amor fraterno e confissão ortodoxa, não existe igreja cristã (RGF, 752).

O anátema poderia ser incluído como um dos sinais da verdadeira igreja, pois serve como o meio pelo qual alguns dos outros verdadeiros sinais da igreja são socialmente mantidos. Menno por vezes se utiliza de um linguajar que dá a entender que o anátema é um elemento essencial da igreja. O anátema funciona no sentido de manter a igreja sagrada, na medida em que, se os ministros não praticarem o anátema ou a punição tal como determinado pelas Escrituras, a igreja não poderá avaliar o que se exige dela" (RGF, 745). Quando os transgressores da Palavra "são conhecidos mas não são excluídos após a devida admoestação, e sim autorizados a permanecer na comunhão de sua religião, então, a meu ver, ela deixa de ser a igreja de Cristo" (RGF, 746). A igreja visível "deve ser sólida nas doutrinas, nos sacramentos, nas ordenanças, e de vida irrepreensível perante o mundo, de maneira que o homem, que é capaz de julgar apenas o que é visível, possa ver" (RGF, 747).[25]

A santidade da igreja e dos membros. Menno descreve a igreja como uma comunidade santa.[26] A verdadeira igreja é "uma reunião ou comunidade de santos [...], ou seja, daqueles que pela verdadeira fé são regenerados por Deus em Cristo Jesus e são de natureza divina" (RGF, 667). Essas são congregações dos verdadeiramente pios, formadas de membros que são animados pela Palavra e pelo Espírito, que levam vida de jejum e de oração, com pastores e mestres ilibados que são escolhidos e chamados pela mesma comunidade ao serviço do Senhor e não do mundo. "Onde quer que os homens se conformem ao Espírito de Cristo, a sua Palavra, aos sacramentos, às ordenanças, às determinações, proibições, usos e exemplos, aí se encontra a santa igreja cristã, como se tem ouvido, e aí também se mantém a promessa de que os portões do inferno não prevalecerão contra ela" (RGF, 755).[27]

Menno prescreve aos pregadores e líderes das congregações responsabilidade para com a santidade da igreja. A igreja de Cristo é "gerada por pregadores sinceros, pios, e por cristãos que agem pelo Espírito de Cristo [...], probos em questão de doutrina e de vida, que em amor puro e fiel buscam seus semelhantes". "Eles pregam a Palavra pelo poder do Espírito, que, qual luzeiro, ilumina todos os homens e, reunindo as capacidades de

---

[25] Esses sinais em geral e por vezes exatamente correspondem às sete ordenanças da verdadeira igreja propostas por Dietrich (Dirk) Philips. O anátema é arrolado explicitamente por Dietrich Philips, e decerto Menno pretende-o explicitamente. Sua ausência é efetivamente surpreendente. Philips escreve: "A *quarta ordenança* é a separação evangélica, sem a qual a comunidade de Deus não pode sustentar-se ou ser mantida. Pois se os ramos infrutíferos da videira não forem podados, eles prejudicarão os ramos bons e frutuosos". "A separação ou exclusão também deve ser praticada pela razão de que o ofensor pode ser castigado na carne e envergonhar-se, podendo dessa forma arrepender-se e ser salvo no dia do Senhor Jesus (1Cor 5,5)". Dietrich Philips, *The Church of God*, in SAW, pp. 246-247.

[26] Poder-se-ia abordar esse tópico também em termos teológicos, por meio do sacramento do batismo. O batismo dos fiéis pressupõe a conversão e a fé dos que se submetem ao rito, assegurando, assim, santidade de vida e inserção na comunidade; o anátema preserva a comunidade na retidão de fé de comportamento. Tratarei desses temas mais adiante.

[27] Essa caracterização da igreja medeia e contrasta com a dos anabatistas, que são "uma assembleia de pessoas desviadas por falsos profetas" e com uma igreja de Deus que é franca e publicamente reconhecida pela sociedade (RGF, p. 666). Essas igrejas são "do mundo" e seu comportamento de toda forma revela que são "do mundo".

todos, coloca o talento que receberam para trabalhar e fazer prosperar o tesouro do Senhor" (RGF, 736). O que torna uma igreja ímpia? Menno espontaneamente indica quatro elementos que correspondem, por antítese, a sua eclesiologia: "A doutrina frívola dos pregadores; o miserável batismo infantil, a Ceia contrária à Escritura, idólatra, e a negligência para com a ordenança do Senhor no tocante ao anátema tal como praticado pelos apóstolos" (RGF, 737).

Quem, então, é o verdadeiro membro da igreja? "Se queres ser um verdadeiro membro da igreja de Cristo, deves nascer da Palavra de Deus; sê cristão disposto; produz frutos cristãos; pauta-te de acordo com sua Palavra, ordenança e determinação; morre para a carne e para o mundo; leva vida irreprochável no temor a Deus; serve e ama teus semelhantes de todo o teu coração; confessa o nome e a glória de Cristo e prepara-te para toda sorte de tribulação, de miséria e de perseguição por amor à Palavra de Deus e por seu testemunho" (RGF, 744).

Organização da igreja. A estrutura essencial da igreja pode ser reduzida a quatro elementos, que Menno expressa em termos negativos, como fatores ausentes em outras igrejas. São eles: (1) sólida doutrina, (2) ministério autossustentado e não assalariado, (3) adequada administração dos sacramentos, e (4) vida moralmente irreprochável por parte dos ministros. Uma autêntica igreja deve possuir "uma doutrina cristã livre, não deve ser assalariada nem vendida por dinheiro, mas alentada pelo Santo Espírito através do amor fraterno; deve fazer autêntico uso dos sinais sacramentais, em conformidade com o mandamento, a doutrina e a praxe de Cristo e de seus apóstolos, e deve ter vida e comportamento íntegros, pautados pelo amor e pelo temor do Senhor".[28] No tocante às

---

[28] Menno Simons, "Brief and Clear Confession" (1544), *Writings*, p. 446. Citado doravante como BCC. Alhures Menno descreve a estrutura elementar da igreja nos seguintes termos: "Isso constitui a igreja em Cristo: pregar corretamente a Palavra autêntica de Cristo no poder do Espírito; crer nessa palavra de todo o coração e praticá-la em total obediência; usar corretamente os sacramentos, como o batismo e a santa comunhão, segundo seus próprios mandamentos e ordenança; buscar a Deus de coração, temê-lo, amá-lo, servi-lo; nascer de Deus; amar ao próximo, servi-lo, confortá-lo, ajudá-lo e assisti-lo; evitar toda falsa doutrina e as obras das trevas; mortificar toda lascívia da carne que se insurja contra a Palavra de Deus; negar a si mesmo e ao mundo, levar vida pia, pacífica, pura, sóbria e humilde em retidão segundo a

igrejas mais estabelecidas, essas quatro prescrições possibilitam ainda uma maior diferenciação. A organização das tarefas ministeriais continua bastante elementar e ainda não universalmente prescrita. Algumas das estruturas mais fundamentais podem ser sintetizadas como as instituições da Escritura, o pregador e o ancião.

A autoridade abrangente da Escritura. A Escritura constitui o primeiro princípio de autoridade universal. A Escritura como um todo, o Antigo e o Novo Testamento, foi redigida para nossa instrução, admoestação e correção. A Escritura é o "verdadeiro cetro e norma pelos quais se devem pautar e governar o reino, a casa, a igreja e a comunidade do Senhor. Tudo o que for contrário à Escritura, portanto, seja nas doutrinas, nas crenças, nos sacramentos, no culto, seja na vida, deve ser avaliado por essa infalível diretriz e abatido por esse justo e divino cetro e destruído sem distinção alguma de pessoas".[29]

O chamado e o ministério do pregador e do mestre da comunidade. Menno deu claras instruções concernentes ao chamado e às responsabilidades do pregador e do mestre da comunidade. A premissa dessas normas é que os ministros são designados de duas maneiras: diretamente por Deus, como ocorre no caso dos profetas e dos apóstolos, ou por agentes humanos, como se dá com os demais que são chamados por meio de agentes humanos (RGF, 644).[30] A exposição que se segue discorre sobre a segunda e comum modalidade de designação dos ministros por parte

---

verdade. Enfim, ser do mesmo espírito que Jesus Cristo foi!". Menno Simons, "Brief Defense to All Theologians" (1552), *Writings*, pp. 537-538.

[29] Menno Simons, "Foundation of Christian Doctrine", *Writings*, p. 160. Citado doravante como FCD.

[30] "Segundo as Escrituras, a missão e a vocação da pregação cristã se dão de duas maneiras. Alguns são chamados exclusivamente por Deus, sem a intervenção de qualquer agente humano, como ocorreu com os profetas e os apóstolos. Outros são chamados por meio dos pios, como pode ser visto em At 1,23-26" (FCD, p. 159). Todo pregador válido de Cristo e de sua palavra tem de ter sido chamado de uma dessas duas maneiras. Eles não usurpam esse papel por si mesmos, mas são chamados por Deus ou pela igreja. E ninguém pode ser bem-sucedido nesse "sumo e santo ofício" exceto aquele que é capacitado pelo Espírito (FCD, pp. 160-162). O princípio básico é que os pregadores são enviados por Jesus Cristo, da mesma maneira como Cristo foi enviado pelo Pai, e desse modo, tanto quanto possível, eles devem ser como Cristo, por assim dizer, extensões de Cristo. O texto-chave é Jo 20,21: "Assim como meu Pai me enviou, assim também eu vos envio" (BCC, p. 440). Os ministros devem ser "aqueles que são um em corpo, espírito e mente com ele, da mesma maneira como ele é um com o Pai". BCC, p. 441.

das congregações: em primeiro lugar, o chamado é feito pela igreja, não "pelo mundo, mas pelos verdadeiros cristãos e obedientes discípulos do Senhor e de sua Palavra" (RGF, 644). Em outros termos, Menno opõe-se à ideia de que magistrados ou governantes seculares designem os ministros da igreja. Em segundo lugar, os candidatos a ministros devem ser de doutrina e de vida irrepracháveis. Um ministro deve ser santo e virtuoso, e Menno propõe toda uma lista de virtudes exigidas (RGF, 646). Em terceiro lugar, o propósito de ministrar e de pregar deve estar sobretudo no espírito, de par com os deveres do ministro. Menno elenca esses deveres da forma como se segue: "Eles devem pregar a Palavra do Senhor de maneira correta, usar adequadamente seus sacramentos, conduzir e governar retamente a igreja de Deus, reunir com Cristo e não dispersar, consolar os que sofrem privação, advertir os que se portam de maneira inconveniente, sair em busca dos que se perderam, curar os feridos, banir os que são irrecuperáveis, sem nenhuma distinção de pessoa, seja grande, seja pequena; e solenemente velar pela vinha, pela casa, pela cidade de Deus, como ensinam as Escrituras" (RGF, 649).[31] Enquanto essa passagem sugere um papel quase onicompetente do líder congregacional, Menno alude a uma variedade de diferentes ministérios: "O Santo Espírito ordenou na casa do Senhor bispos, pastores e mestres, em consonância com o preceito paulino, que estatui: 'Ele me deu alguns apóstolos, e alguns profetas, e alguns evangelistas, e alguns pastores e mestres', tudo em prol da construção do único corpo na unidade da fé" (RGF, 649). Por conseguinte, pode-se esperar alguma diferenciação de papéis no interior de cada comunidade. "Em quarto lugar, devemos observar que espécie de frutos eles produzem, pois Cristo diz: 'Eu vos escolhi e vos ordenei para que vades e produzais fruto e para que vosso fruto permaneça'" (RGF, 650).

---

[31] Menno sintetiza alhures os muitos deveres do ministro em três pontos básicos. (a) Pregadores, mestres, ministros devem ensinar e ser exatamente fiéis ao fazê-lo, com o ensinamento do próprio Cristo e dos apóstolos. (b) Os pregadores devem "administrar os sinais sacramentais em conformidade com o evangelho de Cristo, ou seja, o batismo dos fiéis, e não das crianças, e a Ceia sob ambas as formas". (c) Os pregadores devem ser irrepreensíveis e viver vida moralmente proba. Isso é seguido de todo um rol de virtudes. BCC, p. 441.

Os ministros devem ser autossustentados, por seus próprios rendimentos ou negócios, "a fim de que não se vejam transacionando a livre Palavra de Deus que lhes foi entregue gratuitamente e para que não vivam de ganhos vergonhosos, de roubo e de furto. Comportem-se dessa forma todos os servos sinceros e piedosos de Cristo, e tudo o que eles não puderem auferir pelo devido trabalho e diligência indubitavelmente lhes será proporcionado na medida da necessidade" pelos membros da comunidade (BCC, 442).[32] Os ministros ou pregadores devem "dispensar, sem pagamento, a preciosa Palavra de Deus, a palavra da eterna salvação e da graça celestial, que pode ser merecida sem quaisquer obras ou pagamento à base de dinheiro, visto que nós, tão somente pela graça, a recebemos de Deus gratuitamente" (BCC, 446). Essa declaração positiva é acompanhada por uma grave acusação do ministério em outras igrejas que é assalariado, e Menno censura o comportamento objetivo, indolente e imoral dos ministros a partir da estrutura social de um salário que parece solapar o amor de Deus e a motivação religiosa ao suplantá-lo com um desejo de ganho material.[33]

Ancião. A exata estrutura da autoridade organizacional nas comunidades e mais geralmente a união das comunidades não ficam claras nos escritos de Menno. É possível que ainda não tivessem se tornado uniformes ou padronizadas. Mas alguns princípios são claros: em primeiro lugar, a liderança era laica e o encorajamento do ministro a obter seu próprio sustento preservavam o ministério contra a profissionalização e a formação de uma casta clerical. Em segundo lugar, a autoridade laica última residia na comunidade como um todo, e eles chamavam o ministro, que funcionava segundo a vontade do Espírito tal como manifestava na comunidade. Em

---

[32] Menno recorre à igreja primitiva para essa visão, os apóstolos e os designados por eles. "E no que diz respeito às necessidades temporais da vida, a igreja gerada era suficientemente dirigida pelo amor, através do Espírito e da Palavra de Deus, para prover a esses fiéis servos de Cristo e guardiães de suas almas todas as necessidades da vida, para assisti-los e provê-los em todas as coisas que não podem obter por si mesmos". (BCC, p. 443). Em suma: ministros autossustentados, mas suplementados pela comunidade em todas as necessidades de suas vidas.

[33] "Eu falo de seus pregadores em geral, pois todos eles desfrutam desse [mal adquirido] ganho. Sua doutrina, benefícios, pensões e rendas são uma abominação diante de meus olhos, de sorte que, na realidade, eu preferiria ser decapitado, queimado, afogado, despedaçado em quatro por quatro cavalos a receber por minha pregação tais benefícios, pensões e rendas". BCC, p. 445.

terceiro lugar, o título de "ancião" significava um supervisor na comunidade, mas eles funcionavam em diversos níveis. Por exemplo, por um lado, Menno escreve aos anciãos nas congregações e, por outro lado, como ancião regional ele transmite às comunidades decisões tomadas em um nível mais amplo: "Dirk Philips, nosso irmão, e eu nos aconselhamos com os anciãos anteriormente a respeito desse assunto [...] e foi resolvido [...] de que maneira nos conduziríamos nessa matéria: de conformidade com as circunstâncias".[34] É claro que a autoridade dos anciãos em ambos os níveis era exercida mediante consulta à comunidade.[35]

Missão da igreja. A missão da igreja nem sempre encontra clara definição na eclesiologia porque a noção de objetivos e de propósito acha-se profundamente incorporada na natureza da igreja. Mas pelo menos em uma ocasião Menno abordou a questão em termos bastante diretos. O propósito da igreja é servir, dar graças e louvar a Deus e, de maneira mais cabal, ela existe "para o propósito de ouvir o Senhor, temer, amar, servir, louvar, honrar e dar graças sinceramente a Deus" (RGF, 737, também 742). A igreja existe para que Deus, em todas as suas obras, majestade e amor, possa ser glorificado. Os frutos ou resultados excelentes produzidos pela igreja são indivíduos semelhantes a Cristo, que se conformam à Palavra de Deus; a igreja se empenha em produzir os frutos de Cristo em pessoas que vivem o modelo de Jesus Cristo (RGF, 738). Pode-se verificar nessas afirmações a modalidade de uma espiritualidade clássica da imitação de Cristo.

Atividades da igreja. É preciso supor que a comunidade se reunisse para pregar e rezar. Entretanto, os escritos de Menno não contêm ordens de culto ou preces prescritas. Deve-se pressupor grande margem de adaptação local e de pluralismo nas assembleias das diferentes comunidades, sempre que suas situações diferiam. No que tange às atividades da igreja além da pregação, contudo, Menno oferece concisas teologias dos sacramentos, do batismo e da Ceia do Senhor, bem como uma extensa reflexão sobre a vida cristã, especialmente a respeito do anátema.

---

[34] Menno Simons, "Instruction on Discipline to the Church at Emden" (1556), *Writings*, p. 1050.
[35] Ver Littell, *Origins*, pp. 91-95.

Batismo. A teologia menonita do batismo consiste na justificativa que ele propõe para a rejeição do batismo infantil, bem como na reiteração sobre o batismo dos crentes. Deve-se ter em mente, contudo, o alcance eclesiológico de toda essa discussão: a natureza da igreja está em jogo.

A teologia de Menno haure diretamente do Novo Testamento.[36] Cristo ordenou ir e batizar. A ordem, contudo, era batizar aqueles que cressem. "A fé não decorre do batismo, mas o batismo decorre da fé" (FCD, 120). Por conseguinte, não há batismo para as crianças, porque elas não têm nem podem ter fé. Batizar crianças seria perverter o sacramento e o desígnio de Cristo.[37] Essa, portanto, é a Palavra e a vontade do Senhor, que todos aqueles que ouvirem e crerem na Palavra de Deus sejam batizados, como se expôs acima" (FCD, 121).

O fato é que a graça é mediada pela fé, e o efeito do batismo se dá pela fé existencial. Menno ressalta a efetividade da fé religiosa contra qualquer objetificação sua. Mas isso significa que a eficácia do sacramento não é realmente mediada pelo sinal externo, "mas pelo poder e pela verdade da promessa divina que recebemos pela obediência através da fé" (FCD, 124). A razão pela qual o batismo de crianças perverte o sacramento é que ele reduz a regeneração à imersão na água, em vez de ser a "mudança interior que converte um homem pelo poder de Deus, mediante a fé, do mal ao bem, da carnalidade à espiritualidade, da injustiça à justiça, de Adão a Cristo" (FCD, 123).[38] O sinal sacramental, portanto, funciona como

---

[36] Qual é a "principal razão" pela qual ele se opõe ao batismo de crianças e dispõe-se a sacrificar sua vida por sua causa? Porque não está no Novo Testamento nem é prática dos apóstolos, e, portanto, não é dominical. Não faz parte da Palavra de Deus. Se fosse, ele o seguiria (FCD, p. 129). Ou, mais teologicamente: o batismo diz respeito à regeneração, e isso não tem nada a ver com crianças, "pois a regeneração, a exemplo da fé, se dá pela Palavra de Deus e é uma mudança de coração, ou do homem interior, como se disse acima". FCD, p. 134. Ver também CDC, p. 513.

[37] Menno reage contra Lutero admitindo o batismo de crianças com base em alguma fé implícita; não é possível a uma criança ter fé; reage também contra Bucer reduzindo o batismo a uma introdução à igreja. Simplesmente não há nenhum testemunho do batismo de crianças no Novo Testamento, sendo a prática, portanto, uma invenção humana. FCD, pp. 126-127.

[38] Menno sumariza seus argumentos contra o batismo de crianças nos seguintes termos: (1) é um rito humano que não se encontra no Novo Testamento. (2) É uma perversão da ordenança de Cristo, pois só aqueles que creem podem ser batizados. (3) Torna-se uma falsa segurança quando se espera salvação com base em um rito meramente externo e, portanto, em uma superstição perniciosa. (4) Cristo prometeu o reino aos pequeninos sem batismo (Mt 19,14;

sinal exterior da transação interior negociada pela fé. "O selo em nossas consciências é o Espírito Santo, mas o batismo é um sinal de obediência, ordenado por Cristo, pelo qual atestamos, quando o recebemos, que cremos na Palavra do Senhor, que nos arrependemos de nossa vida e de nossa conduta pregressas, que desejamos ressuscitar com Cristo para uma nova vida, e que acreditamos no perdão dos pecados por intermédio de Jesus Cristo" (FCD, 125).

A Ceia do Senhor. Em dois textos ponderados, Menno resumiu sua teologia da Ceia do Senhor em quatro pontos, e ambas as versões são consistentes. Ele defende seus pontos de vista de maneira objetiva. As duas exposições são consolidadas aqui.

Sobre a instituição e a natureza do sacramento: a Ceia do Senhor é "um sinal sacramental santo, instituído pelo próprio Senhor, mediante o pão e o vinho, e deixado a seus discípulos em memória dele" (CDC, 515). "Como tal, também foi ensinado e administrado pelos apóstolos entre os irmãos, em conformidade com o mandamento do Senhor, no qual, em primeiro lugar, a morte do Senhor é proclamada". E serve igualmente como reminiscência de como ele ofereceu sua sagrada carne e verteu seu precioso sangue para a remissão de nossos pecados" (CDC, 515). Entretanto, o pão e o vinho não são o verdadeiro corpo e sangue de Cristo: o sacramento é antes o memorial e o sinal da verdadeira vida e sacrifício de Cristo por nossos pecados (FCD, 143-144).

No que toca à função do sacramento, "ele é um emblema do amor, da unidade cristã, e da paz na igreja de Cristo" (CDC, 515). Na condição de pão de muitos grãos de trigo, nós, conquanto múltiplos, conformamos um só corpo em Cristo. Uma refeição de harmonia e de unidade de todos aqueles em um só Espírito de Cristo e em uma só fé verdadeira. A ação da eucaristia, portanto, "não consiste apenas em zelosamente expor e rememorar sua morte, mas também em recordar todos os gloriosos frutos do amor divino manifestados para conosco em Cristo" (FCD, 144).

Mc 10,14; Lc 18,2). (CDC, pp. 513-514). Menno, porém, tinha uma teologia do pecado que o diferenciava em "original", "atual", "menor que as fraquezas humanas" e "o imperdoável contra o Espírito Santo". FRA, pp. 563-566.

Com relação ao propósito e ao uso da Ceia, Menno afirma que "temos de observar que, pela Ceia do Senhor, a unidade, o amor e a paz de Cristo são significados e desfrutados, bens que todos os verdadeiros cristãos devem buscar e bens pelos quais devem se empenhar" (FCD, 145). Em outras palavras, o amor e a unidade da comunidade cristã são concretizados na própria celebração. A celebração envolve uma prescrição ética em prol da unidade de todos quantos compartilham o pão único (FCD, 145). O fundamento dessa prescrição encontra-se em uma íntima união como resultado da comunhão com Cristo.

Quem pode participar desse sacramento? Menno afirma que "ninguém pode participar retamente dessa Ceia, exceto se for discípulo de Cristo, carne de sua carne, e osso de seu osso" (CDC, 515). "Se fosses um convidado digno à mesa do Senhor e corretamente partilhasses de seu pão e de seu vinho, então deverias ser também seu verdadeiro discípulo, ou seja, deverias ser um cristão reto, piedoso e bom" (CDC, 515). "Quando errarem em questão de doutrina e de fé e viverem segundo a carne e de maneira censurável, em hipótese alguma deverão ser admitidos a participar, lado a lado com os pios, da comunhão da Santa Ceia" (FCD, 150). Menno explora mais o significado da expressão "fazei isto em memória de mim" do que o faz uma interpretação literal dos elementos que efetivamente são o corpo e o sangue de Cristo. Cristo ordenou a Ceia para que os cristãos pudessem reunir-se e comemorar sua redenção no sacrifício de Cristo pelo perdão de nossos pecados. Esse caráter existencial da participação no sacramento também chega à real presença: Menno cita o texto do Novo Testamento em que Cristo diz que: "Onde dois ou três estiverem reunidos em meu nome, aí eu estarei". Isso sublinha a qualidade existencial da fé e do amor e a vida regenerada que se pressupõe na celebração do sacramento (FCD, 146-148). O propósito da Ceia do Senhor é a comunhão dos pios e regenerados com Cristo em união, paz e verdadeiro amor fraterno, que constituem uma comunidade existencialmente santa (FCD, 142).[39]

---

[39] Menno tinha profundos sentimentos contrários à prática da missa da Igreja Romana, e, considerando-a uma obra, submeteu-a à mesma crítica que Lutero. Também rejeitava a transubstanciação e, de maneira geral, a objetificação dos sacramentos. É possível ler nele uma

A vida cristã, a ética, o anátema. Os elevados ideais da espiritualidade e da vida cristãs revelados na teologia eucarística de Menno, e que podem ser entendidos nos termos clássicos da imitação de Cristo, encontram reforço social no anátema ou excomunhão. Do ponto de vista externo, o anátema afigura-se como um dos traços identificadores dessa igreja; do ponto de vista interno, Menno não podia conceber uma verdadeira igreja sem esse instrumento. Ele considerou essa disciplina três vezes em textos específicos dedicados ao tema.[40] O primeiro ensaio apresenta especialmente sua lógica teológica em termos objetivos.

O conceito de anátema repousa sobre a premissa de que a comunidade deveria ser um corpo moralmente reto; deveria revelar os frutos da regeneração. Menno começa sua explanação acerca do anátema com uma caracterização da comunidade em termos idealistas. A comunidade dos regenerados é uma comunidade de amor: "Suas obras nada mais são que amor fraterno, um coração, uma alma, um espírito; sim, um corpo indiviso, frutuoso, servidor e solidário em Cristo Jesus, que é simbolizado pelo cálice exterior e pela refeição exterior" (ACD, 411). Se uma comunidade moralmente reta define sua premissa, o princípio que rege a lógica do anátema enuncia que a comunidade auxilia o indivíduo em sua vida cristã. Os membros da comunidade devem "diligentemente observar-se uns aos outros em vista da salvação, em tudo tornando-se meio de ensinar, instruir, admoestar, reprovar, advertir e consolar-se mutuamente quando a ocasião o exigir" (ACD, 411). Segue-se o outro tópico: se alguém erra, não se deve ignorá-lo mais do que se ignoraria o indivíduo à margem da Estrada de Jericó. Pelo contrário, deve-se ajudá-lo por amor, corrigindo-o. "Exorte-o antes e procure, por meio da oração, das palavras e das ações, convertê-lo do erro desse caminho, salvar sua alma e cobrir a profusão de suas transgressões" (ACD, 412).

---

formação reativa contra o tipo objetivo de ministério ritual que ele exerceu durante doze anos como sacerdote católico.

[40] Menno Simons, "A Kind of Admonition on Church Discipline" (1541), *Writings*, pp. 407-418 (Essa obra será citada doravante como ACD); "A Clear Account of Excommunication" (1550), *Writings*, pp. 455-485; "Instruction on Excommunication" (1558), *Writings*, pp. 959-998.

O acontecimento decisivo se dá com a declaração de um pecador impenitente como excluído da comunidade e com a evitação daqueles que estão separados ou rompidos com a comunidade. Seguindo o ensinamento de Paulo, Menno diz que não se deveria manter relação, mas evitar aqueles que outrora fizeram parte da comunidade, mas com ela romperam, "separaram-se do corpo e da comunhão de Cristo, independentemente de se tratar de pai ou de mãe, de irmã ou de irmão, de marido ou de esposa, de filho ou de filha, seja quem for, pois a Palavra de Deus aplica-se igualmente a todos, sem nenhuma distinção de pessoas. Dizemos: evite tal pessoa se ela rejeita a admoestação de seu irmão, feita por lamentação, lágrimas e um espírito de compaixão e de grande amor" (ACD, 412). No pensamento de Menno, a excomunhão é, em última instância, autoexcomunhão: "Ninguém é excomungado ou expulso por nós da comunhão dos irmãos, exceto aqueles que já se separaram e expulsaram a si mesmos da comunhão de Cristo, quer por falsa doutrina, quer por conduta imprópria" (ACD, 413). A correção deve ser feita com brandura e amor a fim de que a excomunhão surta efeito pelo opróbrio, quando outras medidas mais amenas não houverem surtido efeito. No caso, porém, de graves infrações como a apostasia, Menno reitera que "deves manter distância dos apóstatas, de conformidade com a Palavra de Deus, [e] considerar que, enquanto te afastas deles como membros enfermos, torpes e inúteis, tu mesmo podes encontrar membros que sejam saudáveis, convenientes e proveitosos em Cristo Jesus" (ACD, 415). "Evitar" significa "romper todo vínculo social com indivíduos impenitentes e expulsos".[41]

A finalidade última em toda essa questão é, como vimos com Calvino, o bem da comunidade e das pessoas envolvidas. "Não há nada melhor a fazer do que cortá-los com a faca da divina Palavra, para que os outros não sejam corrompidos e para que o ameaçador escorbuto não se transmita a outras ovelhas" (ACD, 414). Idealmente, contudo, a etapa seguinte deveria ser acolher de volta essas pessoas. "Mas se o indivíduo afetuosamente recebe a admoestação de seu fiel irmão, confessa sua queda,

---

[41] J. C. Wenger, *Writings*, p. 415, n. 4. Foi a evitação de esposos e membros de família que se tornou um pomo de discórdia nos anos 1550.

está verdadeiramente contrito, promete portar-se melhor e produz frutos valiosos de arrependimento, então não importa quanto haja transgredido, recebe-o como retornante, amado irmão ou irmã"(ACD, 412).[42] O objetivo do processo, portanto, é o perdão, a reconciliação e a reinserção na comunidade. E a instituição como um todo serve não apenas nos casos concretos, mas como um marco de autoridade espiritual que em geral encoraja o reto comportamento.

Relação da igreja com o mundo. Por fim, como a igreja se relaciona com seu ambiente, com o mundo da sociedade e com seus governantes civis? A verdadeira natureza dessa igreja enquanto organização em certa medida coloca-a em contraposição ao mundo. Isso pode ser visto na retórica da vida cristã em relação ao mundo, na perseguição que a igreja sofre do mundo e nas expectativas da igreja em relação aos governantes civis.

Fronteira entre a igreja e o mundo. Menno alude à sólida fronteira entre as expectativas dos cristãos em contraste com a vida no mundo, na linguagem da liberdade dos cristãos: "É bem verdade que todas as coisas são puras para os puros, ou seja, para aqueles que não são adversos ao Espírito e à Palavra de Deus". Quanto àqueles que são puros: "Como eles próprios são puros, também usarão todas as coisas puras e lícitas de maneira pura: ou seja, no temor de Deus, por necessidade, com ação de graças e moderação, para o louvor do Senhor e a serviço de seus companheiros; para esse fim as coisas foram criadas por Deus e entregues para o uso dos homens. Entretanto, todas as coisas proibidas por Deus, como a hipocrisia, envolvimento em atividades inúteis, conformação ao mundo, vida desregrada, esplendor e idolatria; essas são coisas impuras para os puros, ou seja, para os que creem, para os discípulos obedientes de Deus. E, segundo a vontade de Deus, jamais devem ser usadas pelos puros, pois

---

[42] Alguns acusaram os menonitas de um perfeccionismo pelagiano que Menno refuta. Eles mentiram dizendo que em sua comunidade, "esperamos ser salvos por nossos méritos e obras; que nos jactamos de não ter pecado" (CDC, p. 507). Menno afirma claramente sua doutrina da graça, sua crença na justificação pela graça mediante a fé: "Não buscamos nossa salvação em obras, palavras ou sacramentos" (CDC, p. 504). Tampouco "nos jactamos de ser perfeitos e sem pecados" (CDC, p. 506). Da mesma forma, "não acreditamos nem ensinamos que seremos salvos por nossos méritos e obras [...]. Seremos salvos tão somente pela graça, através de Jesus Cristo, como foi dito antes". CDC, p. 506.

o Espírito de Deus e a Palavra lhas proíbem" (FCD, 183). Mesmo essa moderada afirmação da vida e da postura cristã em face do mundo não deixa de veicular uma atitude de desconfiança em relação às atividades comuns da sociedade. A autodefinição da comunidade ou da igreja em contraposição do mundo poderia ser mais ou menos pronunciada em diferentes situações.

Perseguição. Mas a igreja anabatista era perseguida, tanto por católicos como protestantes, por não se conformar ao padrão territorial, o que reforçava a autoconcepção da igreja em contraposição ao mundo porque o mundo odiava a igreja. Por um lado, algumas igrejas tinham de reunir-se clandestinamente ou à noite por medo da perseguição.[43] Por outro lado, aqueles que se encontravam em igrejas estabelecidas encorajavam-nas a abrir-se. Mas o apelo à abertura só prometia mais perseguição. Enquanto a igreja confiantemente debatia questões publicamente quando surgia a ocasião, pragmaticamente ela tinha de evitar chamar a atenção sobre si mesma (RFA, 572-576).

Papel dos governantes civis em relação à igreja. A concepção menonita acerca do papel dos governantes civis em relação à igreja era rudimentar, clara e consistente. "Pública e inequivocamente nós confessamos que o ofício de um magistrado é ordenado por Deus [...]. Além disso, nesse ínterim, temos prestado obediência a eles quando isso não se revela contrário à Palavra de Deus. Pretendemos agir assim em toda a nossa vida. Pois não somos estúpidos para não saber o que a Palavra de Deus nos ordena a esse respeito. Pagamos impostos e tributos como Cristo ensinou e ele próprio praticou. Rezamos pela majestade imperial, pelos reis, pelos senhores, pelos príncipes e por todas as autoridades. Nós os honramos e lhes obedecemos" (RFA, 549). Entretanto, a exemplo de Tertuliano, Menno insistia em que os magistrados governassem sob a autoridade e o juízo de Deus, e só se lhes deve obediência quando suas ordens ou leis não contrariam a Palavra de Deus (RFA, 551).

---

[43] Menno Simons, "Reply to False Accusations" (1552), *Writings*, pp. 566-567. Citado doravante como RFA.

Menno também frisava o dever dos magistrados de assegurar a lei e a ordem social: "És chamado por Deus e ordenado a teus ofícios para punir os transgressores e proteger os bons; para julgar retamente entre um homem e seus companheiros; para fazer justiça" (RFA, 551). É lei de Deus e da Escritura e dever dos magistrados e governantes que "sem distinção de pessoas julgues entre um homem e seu vizinho, protejas o prejudicado daquele que o prejudica".[44] Em tal situação, essas palavras significam deter a injusta perseguição de sua igreja. Com efeito, os magistrados estão punindo os inocentes e protegendo os maus (RFA, 551-552). A essa altura, em face da frustração, Menno pedia que os governantes civis julgassem que sua igreja era autêntica e ortodoxa à luz das Escrituras.[45] Para além disso, contudo, a insistência por parte da igreja anabatista de que os governantes civis cumprissem seu dever de coibir o crime e de assegurar a ordem e a segurança públicas efetivamente tornou-se uma força que encorajou a tolerância religiosa e em última instância a separação da igreja e do Estado.[46]

Eclesiologia batista

Focalizaremos a atenção agora na formação de uma igreja que apresenta semelhanças com as igrejas menonitas. A Igreja Batista surgiu do puritanismo inglês, conforme descrito no capítulo anterior, no contexto

---

[44] Menno Simons, "A Pathetic Supplication to All Magistrates" (1552), *Writings*, p. 526. Citado doravante como SAM.

[45] "Em seguida, requeremos que Sua Nobre Alteza examine, à luz da Palavra de Deus que nunca desencaminha, o exemplo vivo de Cristo, e a irrepreensível piedade de todos os santos, a que se assemelha um genuíno cristão. SAM, p. 527; também SAM, p. 530, e FCD, p. 192.

[46] Isso aparece implicitamente no caráter elementar do requisito básico: ofensa pessoal às convicções religiosas, especialmente as verdadeiras crenças e práticas, é crime. Ver, por exemplo, FCD, pp. 117-120, 191-193. Kreider sumariza as visões anabatistas primitivas sobre o governo civil em dez princípios. (1) Primado da autoridade de Deus sobre a do Estado; (2) governo civil ordenado a proteger os bons e punir os maus; (3) testemunho irregular sobre se o governo civil era essencial para todos os cristãos; (4) consenso de que os cristãos devem obediência ao Estado quando não em conflito com as responsabilidades cristãs; (5) controvérsia sobre se um cristão poderia ocupar função pública; (6) oposição universal a que o Estado patrocinasse ou instituísse igrejas; (7) dedicação à não resistência e rejeição do porte de armas; (8) recusa a prestar juramentos civis; (9) recusa a vestir trajes civis; (10) resistência a muitas políticas e rituais cívicos. Kreider, "Anabaptists and the State", pp. 189-193.

da Igreja da Inglaterra.[47] Alguns puritanos desesperaram de qualquer reforma ulterior da Igreja da Inglaterra e procuraram separar-se dela. O separatismo podia ser observado na Inglaterra no decorrer do século XVI, predominantemente em Londres, e o movimento de Robert Browne, que criou uma teologia de aliança e emigrou para a Holanda por um período, representa um exemplo. Entretanto, a separação tornou-se um movimento no começo do século XVII, e, mais do que qualquer outra pessoa em particular, John Smyth propiciou o liame do separatismo puritano com as igrejas batistas.

A premência de separação incrementou-se dramaticamente em 1604, após James VI da Escócia ter se tornado James I da Inglaterra. Embora tenha se formado em um ambiente calvinista e presbiteriano, ele chocou os puritanos ingleses com a preferência pelo *status quo* do episcopado inglês na conferência de Hampton Court em janeiro de 1604. Isso foi seguido, no mesmo ano, pela confirmação, por parte do rei, de um conjunto de cânones para a regulação da igreja que criminalizavam a defesa pública do puritanismo. O movimento de Smyth e de outros em prol do separatismo seguiu no rastro desse novo conjunto de circunstâncias. Seu ativo ministério como líder separatista não subsistiu senão por um breve e turbulento período, e suas visões acerca da igreja se alteraram constantemente. As mudanças de Smyth, entretanto, foram "etapas sucessivas em uma única direção",[48] no sentido de uma estruturação eclesiástica congregacional batista que fosse radicalmente simples e pura na forma.

---

[47] As obras a seguir mencionadas foram úteis na interpretação do desenvolvimento e da estrutura da eclesiologia de John Smyth: Stephen Brachlow. "Life Together in Exile: The Social Bond of Separatist Ecclesiology", in *Pilgrim Pathways: Essays in Baptist History in Honour of B. R. White*, ed. William H. Brackney et al. Macon, Ga., Mercer University Press, 1999, pp. 111-125; William H. Brackney. *The Baptists*. New York, Greenwood Press, 1988; James Coggins Robert. *John Smyth's Congregation: English Separatism, Mennonite Influence, and the Elect Nation*. Waterloo, Ont./ Scottdale, Pa., Herald Press, 1991; Paul S. Fiddes. "'Walking Together': The Place of Covenant Theology in Baptist Life Yesterday and Today", *Pilgrim Pathways*, pp. 47-74; Keith L. Sprunger. *Dutch Puritanism: A History of English and Scottish Churches of the Netherlands in the Sixteenth and Seventeenth Centuries*. Leiden, E. J. Brill, 1982; Robert G. Torbet. *A History of the Baptists*. Philadelphia, The Judon Press, 1950; Michael R. Watts. *The Dissenters*. Oxford, Clarendon Press, 1978; R. B. White. *The English Separatist Tradition*. Oxford, Oxford University Press, 1971.

[48] White, *Separatist Tradition*, p. 116.

A estratégia desta seção consiste em dois estágios de exposição: o primeiro recria o contexto dessa eclesiologia por intermédio da história do desenvolvimento da trajetória de Smyth na liderança da igreja e na produção de seus escritos; esse esboço evolutivo estabelecerá um quadro mais analítico na seção seguinte, que apresenta uma apreciação holística do caráter peculiar de sua eclesiologia.

John Smyth

A breve trajetória de John Smyth como reformador e líder da igreja foi movimentada; ele era um homem em movimento. As poucas páginas que se seguem indicam a direção que seu ministério e sua liderança tomaram, tanto quanto aquilo que pode ser considerado como estágios em sua eclesiologia em desenvolvimento.

Christ's College, Cambridge (1586-1598).[49] Pouco ou quase nada se sabe a respeito de Smyth antes de sua chegada ao Christ's College, Cambridge, em 1586, e Whitley imagina que ele possa ter nascido por volta do ano de 1570. No decorrer de seus primeiros estudos, Francis Johnson se desempenhou como tutor dele. Mais tarde Johnson se separou da Igreja da Inglaterra e por fim liderou uma igreja separatista em Amsterdã; em Cambridge, Smyth atraiu as simpatias puritanas de Johnson.[50] Tornou-se *Bachelor of Arts* em 1590 e prosseguiu os estudos, inclusive o de medicina, na direção de um *Master of Arts*. Foi ordenado por William Wickham, bispo de Lincoln, em 1594, por ocasião de sua designação como fellow do Christ's College, posição que ocupou de 1594 a 1598. A influência de Calvino era predominante no Christ's College, e Smyth partiu de lá com uma visão puritana das coisas.

Período de transição (1598-1606). É sabido que, em 1598, Smyth se casou, e Whitley acha possível que ele tenha assumido um cargo de tutor antes do ano 1600, quando foi nomeado preletor da municipalidade de

---

[49] W. T. Whitley fornece uma biografia de Smyth em *The Works of John Smyth*, 2 vols., ed. W. T. Whitley. Cambridge, The University Press, 1915, pp. xvii-cxxii. Refiro-me a esse volume como *Works* e à biografia de Whitley como JS.

[50] Watts, *Dissenters*, p. 41.

Lincoln, "incumbido de atuar como capelão do prefeito e de pregar duas vezes por semana".[51] No decorrer dos dois anos em que ocupou essa função, Smyth fez alguns inimigos e foi destituído do cargo, em 1602, em virtude de problemas com sua pregação. Em 1603, perdeu a licença para pregar, mas também publicou alguns de seus sermões em um esforço por vingar-se.

Com a morte de Elizabeth I, ocorrida em 1603, e a ascensão de James I, especialmente à luz dos cânones eclesiásticos de 1604, os que tinham sensibilidades puritanas tiveram de reavaliar sua posição. Smyth mudou-se para Gainsborough, cidade pertencente à diocese de Lincoln, em 1603, e durante esse período exerceu a medicina, o que não o afastou das questões teológicas e eclesiásticas. Em 1605, Smyth publicou um trabalho, também fruto de sua pregação, intitulado *A patterne of true prayer*. A obra tecia comentários sobre a oração do Senhor e também continha o que se poderia chamar de primeiro estágio e ponto de partida de sua eclesiologia.[52] Seu comentário a pedido "Thy Kingdom come" propõe uma definição da igreja como o domínio de Deus por meio de Cristo nos corações dos seres humanos. Cristo é sua cabeça; ela está sujeita a leis; seus ofícios são os quatro propostos por Calvino, com a adição das viúvas. Por fim, ele confere aos magistrados a prerrogativa de estabelecer a igreja mediante lei e de protegê-la.[53] Em 1605, portanto, Smyth ainda pertencia aos quadros da Igreja da Inglaterra.

De Gainsborough a Amsterdã (1606-1608). Em março de 1606, Smyth respondeu à acusação de que havia pregado a despeito da proibição do bispo. Sua defesa indica que ele ainda não era separatista. Em algum momento entre essa ocasião e no mais tardar o outono de 1607, quando ele se descreve como pastor da Igreja em Gainsborough, Smyth tomou a iniciativa.[54] Participou plenamente de uma discussão entre ministros de

---

[51] Watts, *Dissenters*, p. 41; White, *Separatist Tradition*, p. 117.
[52] Smyth, *Works*, pp. 67-247.
[53] *Works*, pp. 154-167. "Por esse motivo, os magistrados devem estimular todos os homens a cultuar o verdadeiro Deus, ou puni-los com prisão, confisco dos bens ou morte, como a natureza da causa exigisse". Ibid., p. 166.
[54] White entende a transição como mediada por um período de intensa reflexão, a influência de Francis Johnson e um encontro em que diversas pessoas propensas à separação estiveram

idêntica opinião e leigos da diocese de Lincoln concernente à separação. Convenceu-se de que a situação era tal que se tinha de escolher entre conformar-se ou separar-se. Em carta escrita nessa época, Smyth propõe uma eclesiologia que indica uma mudança radical a partir de 1605. Whitley sumariza essa eclesiologia em quatro proposições: "As igrejas devem consistir apenas de santos. Cada igreja deve eleger, aprovar e ordenar seus próprios ministros. O culto deve ser espiritual e não limitado por formas prescritas. Cada igreja deve ser governada por um colégio de pastores".[55] Esse segundo estágio da eclesiologia de Smyth proporciona uma nova base ou substrato que se manterá constante em meio às mudanças subsequentes.

No decorrer dos anos 1606-1607, portanto, formou-se uma comunidade de aliança, e Smyth, tendo "renunciado à sua ordenação pelo bispo Wickham, foi escolhido e ordenado pela igreja de Gainsborough".[56] A pertença à igreja transcendia a cidade e cooptava gente da região vizinha, além de atender a população da cidade de Scrooby. Dessa época em diante, então, até o final de sua vida, Smyth será o líder de sua igreja. Sua primeira tarefa, entretanto, consistiu em organizá-la, e nesse sentido ele produziu e publicou, em 1607, *Principles and Inferences concerning the Visible Church*.[57] Smyth opera esse terceiro estágio em seu pensamento eclesiológico em um manual bastante amplo, tão elaborado quanto as "Ordenanças eclesiásticas" de Calvino, mas sem as transigências com a autoridade civil. Ele também se afasta ligeiramente da organização ministerial proposta por Calvino. Essa igreja congregacional livre e autônoma e a de Scrooby "eram organizadas como réplicas da comunidade de Johnson em Amsterdã".[58] Os ofícios na igreja eram de duas espécies,

---

presentes. *Separatist Tradition*, pp. 120-124. Coggins, *Smyth's Congregation*, pp. 32-41, descreve a configuração da comunidade inicial em detalhes.

[55] Whitley, JS, p. lx. A carta encontra-se em *Works*, pp. 557-562.

[56] Whitley, JS, *Works*, p. lxiv. Não está claro se essa única igreja tinha dois líderes, Smyth e John Robinson, um associado de Smyth, também ex-companheiro da Igreja de Cristo, que emigraria com Smyth para a Holanda e se estabeleceria com uma comunidade em Leiden, parte da qual formou a expedição Mayflower, em 1620, ou se as duas igrejas já eram distintas na Inglaterra. Watts, *Dissenters*, pp. 42-43.

[57] *Works*, pp. 249-268. Citado doravante como PI.

[58] White, *Separatist Tradition*, p. 124.

correspondendo a questões espirituais ou materiais: bispos (também chamados anciãos) e diáconos. Os bispos-anciãos subdividiam-se segundo três diferentes tarefas: o pastor, o mestre e o governador. Os diáconos, que tratavam de questões externas e das obras de caridade, podiam ser homens, "ou diáconos do sexo feminino ou viúvas". Ele também abrira espaço para profetas que fossem figuras sapienciais (PI, 258-262).

Por volta de 1607, também foi ficando claro que essa Igreja Separatista não teria futuro pacífico na Inglaterra, e Smyth começou a fazer planos para a igreja emigrar como igreja. O lugar mais viável para tanto pareceu ser Amsterdã, na Holanda, que oferecia uma população inglesa de bom tamanho, tolerância religiosa e até boas relações dentro das linhas calvinistas de pensamento. O ex-tutor de Smyth em Cambridge, Francis Johnson, também chefiou uma igreja separatista inglesa que havia lá desde os anos 1590. Dessarte, em 1608, a Igreja Separatista de Smyth se transferiu para Amsterdã.

Ministério em Amsterdã (1608-1612). Smyth tivera quatro anos de ministério para sua igreja em Amsterdã, anos que foram também intelectualmente repletos.[59] Antes de findar-se o ano em que chegou, Smyth havia redigido um outro texto que definia melhor sua eclesiologia, diferenciando-a da Igreja Separatista já estabelecida lá e liderada por Francis Johnson.[60] Como explicitamente concebia isso como um ajustamento de sua eclesiologia anterior, ele talvez não representasse um novo estágio de seu pensamento, mas continha três diferentes desenvolvimentos.

Em primeiro lugar, Smyth expandiu sua ideia de culto espiritual. Isso pode ser interpretado em contraste com a ideia de culto público vigorosamente estabelecida por Hooker, em que o indivíduo é amiúde apoiado

---

[59] Coggins fornece um relato completo desses anos, com análises das relações entre as congregações separatistas e o desenvolvimento das posições de Smyth. Coggins, *Smyth's Congregations*, pp. 43-114.

[60] John Smyth, *The Differences of the Churches of the Separation, Works*, pp. 269-320. O extenso subtítulo descreve seu conteúdo: "A Description of the Leitourgie and Ministerie of the visible church. Annexed: As a Correction and Supplement to a Little Treatise lately Published, Bearing Title: Principles and Inferences, concerning the Visible Church". Esse trabalho é citado como DCS.

é animado pela oração comum e pelo sacramento. Para Smyth, o culto espiritual tinha sua fonte no Espírito Santo atuante no espírito humano, e era preciso cuidar para que a ajuda externa não extinguisse o espírito interior (DCS, 276-277). Entretanto, a leitura tende a funcionar como suporte externo e suplanta o dinamismo interno do culto espiritual, aniquilando assim o Espírito. Por essa razão Smyth desaprovava a leitura da Escritura, não geralmente na liturgia, mas como parte da oração ou da adoração espontânea. Em segundo lugar, ele esclareceu e reiterou que o "presbitério é uniforme e constituído de servidores de uma única espécie" com diferentes nomes, segundo diferentes tarefas, mas não de ofícios separados (DCS, 307). Em terceiro lugar, Smyth deixa claro que, na medida em que chama o ministro, a igreja pode chamar ministros de novo, situando corretamente a autoridade na comunidade como um todo.[61]

Em 1609, contudo, Smyth e sua igreja deram um passo que permite fazer referência a um quarto estágio em sua eclesiologia em desenvolvimento. Na formação de sua Igreja Separatista, Smyth havia renunciado a sua ordenação anterior e aceito a ordenação por parte de sua nova comunidade de aliança; agora ele duvidava da validade do batismo recebido na Igreja da Inglaterra. Por isso, batizou-se de novo, algo de que se lamentaria posteriormente, tendo então batizado os membros de sua comunidade. Ao mesmo tempo, rejeitou o batismo infantil. A exemplo dos anabatistas anteriores, ele considerou a necessidade da fé efetiva por parte de quem se batiza como pré-requisito absoluto. Essa iniciativa, mais do que qualquer outra, rompeu sua ligação com os puritanos e criou um vínculo doutrinal com os anabatistas.

Também em 1609 e até 1610, Smyth encetou conversações com a Igreja Waterlander, que remontava sua ancestralidade aos menonitas e compartilhava sua crença no batismo dos crentes. No decurso dessas conversações, Smyth apresentou-lhes uma série de vinte artigos que funcionaram como

---

[61] "O presbitério não possui poder algum, mas a igreja o tem e lho concede: razão pela qual, por justo motivo, a igreja pode retomá-lo" (DCD, p. 315). Smyth também esclarece que sua comunidade não aceitaria ajuda externa para seus membros carentes: a comunidade deveria assumir plena responsabilidade pelos seus.

uma confissão de fé.⁶² Ao final, contudo, essas negociações em prol de uma união malograram. Além disso, a abertura de Smyth à igreja menonita provocou cisão em sua própria; aqueles que romperam com Smyth viram na imposição de mãos menonita sobre os ordenandos por parte dos ministros uma espécie de sucessão que colocaria em risco o clericalismo e a absoluta autoridade da própria comunidade.

O quinto e último estágio da eclesiologia de Smyth foi formulado em 1611, em trabalho de uma centena de proposições ou teses intitulado "Propositions and conclusions, concerning true Christian religion, conteyning a confesion of faith of certaine English people, livinge at Amsterdam".⁶³ A obra continha uma clara enunciação acerca da administração do batismo aos crentes e não "a inocentes crianças", bem como o princípio da liberdade religiosa ou da separação da igreja e do Estado (PC, 745 e 748). Smyth estava trabalhando nas retratações e confirmações quando morreu, em agosto de 1612.⁶⁴

Coggins percebe uma influência duradoura de Smyth em seu "ideal congregacional". Isso subjaz à comunidade aliançada original, e foi propulsionado pelas tradições batista e congregacional. "O ideal congregacional, em parte baseado na compreensão puritana da Bíblia e em parte derivado das características únicas da filiação à comunidade, mostrou ser um conceito poderoso e duradouro."⁶⁵

---

⁶² *Works*, pp. 682-684. Como os menonitas, Smith compartilhava não apenas o batismo dos crentes com os menonitas, mas também a rejeição da doutrina agostiniana do pecado original, bem como a concepção calvinista da predestinação. Watts atribui essa ruptura com Calvino à influência dos menonitas. Watts, *Dissenters*, p. 46.

⁶³ *Works*, pp. 733-750. Citarei esse trabalho doravante como PC.

⁶⁴ *Works*, pp. 751-760. A conexão entre Smyth e a tradição batista inglesa foi completada por Thomas Helwys, colega de Smyth desde a formação da igreja em Gainsborough, que obstruiu a iniciativa de Smyth em direção aos menonitas e, juntamente com outros, rompeu com ele. No inverno de 1611-1612, Helwys conduziu sua igreja de volta à Inglaterra, estabelecendo a primeira igreja batista ali, e, "por volta de 1626, havia uns cento e cinquenta batistas gerais na Inglaterra, reunidos em igrejas em Londres, Coventry, Lincoln, Salisbury e Tiverton". Watts, *Dissenters*, p. 50.

⁶⁵ Coggins, *Smyth's Congregation*, p. 159.

A eclesiologia de Smyth

Muito embora a eclesiologia de Smyth não seja apresentada aqui em pormenorização sistêmica, este esboço indicará suas posições centrais e peculiares dentro do marco utilizado na exposição da concepção menonita da igreja. Isso ressaltará suas similaridades, bem como os traços específicos gerados pela tradição inglesa.

Definição da igreja e de seus membros. White estabelece um contexto para a compreensão da eclesiologia de Smyth, como segue: "Da mesma maneira como a doutrina da igreja dominava o pensamento teológico de Smyth quando ele se tornou separatista, assim também não pode haver dúvida alguma de que sua compreensão da divina aliança dominou o conceito que ele tinha da igreja".[66] Nesse contexto, portanto, Smyth define a igreja como a companhia dos eleitos; a comunhão invisível com Cristo se dá pelo Espírito e pela fé, e a igreja visível é uma comunhão visível de santos (PI, 251). A igreja se compõe de "dois, três ou mais santos que se reuniram por aliança com Deus e consigo mesmos, para livremente fazer uso de todas as coisas sagradas de Deus, em consonância com a palavra, para sua mútua edificação e para a glória de Deus" (PI, 252).

Quando fala da verdadeira igreja, Smyth se refere à comunidade. Três elementos determinam sua autenticidade: verdadeira matéria, forma e propriedades. (1) A verdadeira matéria consiste nos membros, que são os santos; eles são "homens separados de todo pecado conhecido", que praticam a conhecida vontade de Deus (PI, 253). (2) A verdadeira forma, interiormente falando, consiste na presença do Espírito, da fé e do amor. Exteriormente, a verdadeira forma se encontra na aliança: "Um voto, promessa, juramento ou aliança entre Deus e os santos". A aliança define a relação com Deus e entre os membros (PI, 253-254). (3) As propriedades da igreja são a participação nos benefícios da salvação de Cristo pelos meios de salvação: a palavra, os sacramentos, as orações e as ordenanças de Cristo. As propriedades também incluem participação nos poderes

---

[66] White, *Separatist Tradition*, p. 125.

de Cristo: receber novos membros, preservá-los no seio da comunidade e expulsá-los ou excomungá-los.[67] Smyth refere-se explicitamente a essa circunscrição dos elementos essenciais da igreja como a restituição ou reconstituição da igreja verdadeira, primitiva e apostólica.

Seria errado desconsiderar a ideia de "aliança" sem refletir sobre sua profundidade teológica. Smyth deu início à sua igreja em Gainsborough conduzindo seus membros "a uma aliança – um compromisso entre eles mesmos e Deus 'de trilhar em todos os seus caminhos, conhecidos ou a serem conhecidos por eles [...] custasse o que lhes custasse'".[68] Vista de baixo, a aliança reflete o caráter voluntário da igreja: a exemplo da igreja anabatista, ela "é uma igreja 'reunida', uma associação livremente aceita e a que livremente se adere; não se admite nenhuma compulsoriedade ou influência externa para interferir na liberdade do compromisso batismal".[69] Mas o ato de aliança e de assim permanecer vincula-se à presença e à atividade do Santo Espírito. Os membros da igreja acreditavam que a aliança "conformara-os em uma comunidade inteiramente única e divinamente abençoada, em virtude da presença espiritual de Cristo no meio deles".[70] Por conseguinte, o conceito de "aliança" não pode ser reduzido a uma ideia social de associação voluntária, mas tem profundas raízes teológicas. Fiddes nota três diferentes dimensões no uso smythiano da aliança. O termo refere-se, em primeiro lugar, à "aliança de graça" que Deus celebrou com os seres humanos e com os anjos em vista de sua salvação. Refere-se também ao acordo que Deus estabeleceu com sua igreja ou com suas igrejas; um membro de uma igreja existe, portanto, no bojo

---

[67] PI, pp. 254-255. "(1) As verdadeiras questões exclusivamente santas. (2) A verdadeira forma que é sua unificação na aliança. (3) A verdadeira propriedade, que é comunhão em todas as coisas sagradas, e o poder do Senhor Jesus Cristo, para a manutenção dessa comunhão" (DCS, p. 270). A igreja de Cristo detém os seguintes poderes outorgados por Cristo: anunciar a palavra, administrar os sacramentos, constituir e destituir os ministros e excomungar. FBC, p. 683.
[68] Brackney, *Baptists*, p. 32.
[69] Friedman, *Theology of Anabaptist*, p. 132.
[70] Brachlow, "Life Together in Exile", p. 116. Segundo Henry Aisworth, o líder separatista, aqueles que constituíam a igreja por vínculo de aliança "são de tal forma edificados e unidos pela fé que se tornam um templo sagrado no Senhor, a habitação de Deus pelo Espírito". Henry Ainsworth, *The Communion of Saints*. Amsterdam, 1607, pp. 318-319, citado por Brachlow, p. 116.

dessa aliança.[71] Vista de cima ou em termos teológicos, portanto, uma teologia da aliança da igreja refere-se à eterna e cósmica vontade e ação salvífica de Deus a que é chamada determinada comunidade aliançada e da qual recebe sua identidade.

A organização da igreja. A exemplo de Menno, Smyth conferia absoluta autoridade à Escritura, e sói citar o texto bíblico a cada etapa da formulação de um argumento ou da enunciação de uma crença. Além da autoridade da Escritura, dois aspectos da compreensão smythiana da organização da igreja merecem ser destacados aqui: os ofícios ministeriais relativos a toda a organização e a legitimação que ele confere aos ofícios, em contraste com a ideia de sucessão. Ambas essas posições correlacionam-se com a natureza de uma igreja "separada" e definem claramente a autonomia e a autoridade de uma estruturação congregacional.

As duas espécies de ministério. Há dois ofícios na igreja: bispos, ou anciãos, e diáconos, que desempenham os ministérios espiritual e temporal, respectivamente. O ministério espiritual na igreja, "a pregação da palavra e o ministério dos sacramentos representam o ministério de Cristo no espírito" (PC, 746). Os bispos ou anciãos subdividem-se, segundo os papéis e os tipos, em pastores, instrutores e governadores. Cada qual tem o carisma ou excele na qualidade necessária para a tarefa específica. Só então o ministério tem de fato seu terceiro sentido, "o compromisso assumido e firmado pelos membros da igreja quando uma igreja local particular era fundada, e subsequentemente por novos membros por ocasião de seu ingresso nela".[72] A forma de receber ministros para o ofício é por eleição, aprovação e ordenação (PI, 256). Essas atribuições são da alçada de toda a igreja: "A ordenação e, portanto, a imposição das mãos competem a toda a igreja, tanto quanto a eleição e a aprovação" (PI, 258).

---

[71] Fiddes, "Walking Together", pp. 52-55.
[72] PI, pp. 258-259; PC, p. 746. Quanto à igreja de Francis Johson, Smyth reiterava "que não havia três tipos de presbítero, um pastor, um mestre e um presbítero regente, mas um presbítero que conjugava todas essas funções em um único ofício". White, *Separatist Tradition*, p. 127; ver DCDS, pp. 307-315.

O mais importante é que Smyth enfatizava a autonomia e a autoridade da comunidade em sua totalidade como a fonte de toda autoridade de que os ministros pudessem desfrutar: esta era sempre derivativa. "O presbitério não dispõe de poder algum senão daquele que a igreja possui e lhe confere: aquilo que se origina da igreja pode ser retirado" (DCS, 315). A igreja como um todo tem o poder de eleição de que o presbitério não dispõe. Na ausência dos anciãos, a igreja enquanto comunidade ainda tem o poder admoestar, persuadir, excomungar, absolver, rezar, pregar, salmodiar, administrar os sacramentos.[73]

Smyth tinha um senso de responsabilidade compartilhada por toda a comunidade. Ele alude às tarefas ou responsabilidades dos ministros da comunidade em termos de solicitude. A solicitude dos anciãos consiste em dirigir e coordenar as ações públicas da igreja; a solicitude dos profetas consiste em prover conselho e sabedoria; a solicitude dos pastores e dos instrutores consiste em aplicar a palavra; a "principal solicitude de todo membro deve ser zelar por seu irmão, carregando o fardo uns dos outros, admoestando os indisciplinados, confortando os indecisos, advertindo os excomungados, recuperando aqueles que caíram" (PI, 261).

Da sucessão e da apostolicidade. Smyth percebeu que a igreja que conduzia havia se separado de uma igreja erigida sobre a sucessão, e ele concebeu uma legitimação apostólica da ordem eclesial prístina que a superava. Ele afirma diretamente que "não existe nenhuma sucessão na igreja exterior, mas toda sucessão provém do céu" (PC, 747). Formas exteriores não estabelecem a substância.[74] A reunião na fé e a aliança constituem a substância. "Aqueles a quem a aliança e Cristo são dados, aqueles a quem todas as promessas são dadas, pois todas as promessas

---

[73] DCS, p. 315. "Um presbiterato não possui nenhum poder separado da igreja; mas, como todo poder flui da cabeça para o corpo, e daí para as mãos através do corpo, que chega primeiro no corpo antes de chegar às mãos, assim também todo poder eclesiástico ou ministerial deriva de Cristo para a Igreja, e daí, por intermédio da Igreja, para os presbíteros, que chega primeiro na igreja antes dos presbíteros". *Smyth, Parallels, Censures, Observations* (*Works*, p. 437). Citado doravante como PCO.

[74] Mas ainda assim a igreja poderia existir em ordem, e essa ordem deveria "inspirar-se na instituição primitiva, tanto quanto possível, em todas as coisas. Por conseguinte, não é lícito a qualquer irmão administrar a palavra e os sacramentos". PC, p. 747.

estão contidas na aliança e em Cristo [...]. Mas a aliança e Cristo e todas as promessas são dados ao corpo da igreja, mesmo a dois ou três fiéis" (PCO, 389). Ele enuncia a questão mais claramente nos seguintes termos: "Dizemos que a igreja ou dois ou três fiéis separados do mundo e reunidos em uma verdadeira aliança possuem Cristo, a aliança, as promessas e o poder ministerial de Cristo dado a eles, e que eles são o corpo que recebe das mãos de Cristo do céu, ou melhor, de Cristo, cabeça deles, esse poder ministerial".[75]

Esses dois fatores na estrutura organizacional da igreja, ou seja, as ordens do ministério e a concepção revista da apostolicidade, compreendem as dimensões específicas de seu caráter congregacional e de sua estruturação. Todos os principais temas convergem: aliança, legitimação vertical e direta por Deus em Cristo, a pequena comunidade livre e reunida, a autonomia da comunidade, os poderes da comunidade como um todo, a contemporaneidade ou qualidade evento de sua existência, o vínculo intencional dos membros no amor. A própria lógica de uma comunidade separatista, ou seja, a separação da uniformidade da Igreja da Inglaterra, permitia que esses elementos da existência da igreja se fossem acentuados.[76]

Missão da igreja. Smyth não se refere amiúde à missão da igreja nos termos teleológicos da teoria organizacional, como, por exemplo, em resposta à questão de seu propósito na história. Essas respostas encontram-se implicitamente nas outras áreas da eclesiologia. Por exemplo, vimos que a igreja existe para a glória de Deus. "A igreja visível é ordenança de Deus e meio de cultuar Deus. A verdadeira igreja visível é o caminho estreito que conduz à vida que poucos encontram" (PI, 252).

---

[75] PCO, p. 403. Ao final de sua vida, Smyth sintetizou suas concepções acerca da sucessão: "Nego toda sucessão, exceto na verdade: e sustento que não devemos violar a ordem da igreja primitiva, a menos que a necessidade inste uma dispensação." Isso leva à divisão em muitas igrejas? Não deveria, pois romperia "o vínculo de amor e solidariedade nas igrejas, mas, nesses assuntos externos, não ouso mais contender com nenhum homem, mas desejo que possamos seguir a verdade do arrependimento, da fé e da regeneração, mantendo-nos à margem da dissensão". Smyth, *The Last Booke of John Smyth Called the Retractation of His Errours, and the Confirmation of the Truth* (Works, p. 758).

[76] Ver White, *Separatist Tradition*, p. 129.

Atividades da igreja. O que faz a igreja de Smyth? Essa descrição objetiva não representará exatamente o lugar existencial da igreja na vida da pequena comunidade que se definiu e migrou da Inglaterra em busca de liberdade religiosa. Considere-se, por exemplo, o enorme papel que devem ter tido os diáconos em coordenar a adaptação das famílias a uma nova existência. No entanto, essas atividades formais como a reunião da comunidade, a administração dos sacramentos e as diretrizes da vida cristã diferenciaram as fases de sua existência.

Reunião, pregação e oração. Smyth desenvolveu uma teologia do culto espiritual em alguns pontos, em contraste com aquilo que ele percebia estar ocorrendo na igreja de Francis Johnson. Um significativo princípio determina que o culto seja uma resposta puramente espiritual a Deus que é impelida por ele na Palavra e no Espírito e interiormente suscitada. Isso contrasta com a confiança na ajuda externa que em certa medida subtrai a pureza da resposta subjetiva.[77] Dessa forma, no momento de orar, profetizar e salmodiar, nenhum livro deveria ser utilizado, nem mesmo a Escritura: "Pois na medida em que oramos, profetizamos ou cantamos, deve ser usada a palavra da Escritura, não a partir do livro, mas a partir do coração".[78]

A carta de um casal, unido em matrimônio na comunidade de Smyth, a seu primo capta a dinâmica básica da reunião do culto: "Começamos com uma oração; em seguida, lemos um ou dois capítulos da Bíblia, interpretamos seu sentido, e conferenciamos: feito isto, colocamos de lado nossos livros e, após solene prece feita pelo primeiro orador, ele propõe algum texto da Escritura e profetiza a partir deste, pelo espaço de uma hora ou quarenta e cinco minutos". Isso é repetido por um segundo, terceiro, quarto e talvez até por um quinto orador da mesma maneira, à medida que o tempo permite. "Esse exercício matinal começa às oito horas e se prolonga até as doze horas. Idêntico curso e exercício é observado no

---

[77] Isso é desenvolvido em detalhe em DCS, pp. 274-306.
[78] DCS, p. 303. Sobre a atividade interior do Espírito constituindo a essência do culto espiritual, ver DCS, p. 301.

período da tarde, das duas até as cinco ou seis horas. Por último, passa-se à execução do governo da igreja".[79]

Os sacramentos. A teologia sacramental de Smyth concebe os sacramentos como sinais ou indicadores exteriores do que se revela essencialmente na e através da subjetividade dos crentes. Ele descreve os sacramentos tais como sinais exteriores que "não conferem, mas transmitem graça e regeneração aos participantes ou comungantes: porém, como a palavra pregada, eles servem apenas como suporte e incitamento ao arrependimento e à fé dos comungantes até a vinda de Cristo" (PC, 746).

Aplicando essas concepções ao rito externo do batismo, ele escreve: "Pois o batismo não é a purificação com água: mas é o batismo do Espírito, a confissão da boca e a purificação com a água: como, então, pode algum homem, sem grande insensatez, purificar com água, que é a essência do batismo, alguém que não é batizado com o Espírito e não pode confessar com a boca: ou como seria batismo se dessa forma se é purificado".[80]

Na visão de Smyth, "o batismo exterior da água deve ser administrado apenas ao penitente e aos fiéis [...] e não a inocentes crianças ou a indivíduos iníquos" (PC, 745). Em uma visão baseada na aliança, a igreja é voluntária, e uma criança não pode ingressar nela. Smyth afirma que "as crianças são concebidas e nascem em inocência sem pecado, e em assim morrendo são indubitavelmente salvas, e deve-se entender isso em relação a todas as crianças que se encontram abaixo do céu" (PC, 735).[81]

No tocante à eucaristia, Smyth definiu a Ceia do Senhor nos seguintes termos: "A Ceia do Senhor é um sinal externo da comunhão de Cristo e dos fiéis entre si por meio da fé e do amor" (FBC, 683). Sua teologia e prática eucarísticas são sintetizadas neste conciso enunciado: "Na ceia exterior, de que só devem participar os batizados, é apresentada e

---

[79] Citado em White, *Separatist Tradition*, pp. 126-127; encontra-se também em Whitley, IS, *Works*, pp. lxx-lxxi.
[80] Smyth, *The Character of the Beast or the False Constitution of the Church*. *Works*, p. 567.
[81] "Nullum esse peccatum originis, verum omne peccatum esse actuale et voluntarium [...] ideoque infantes esse sine peccato." Smyth, "The First Baptist Confession", *Works*, p. 682. Referido doravante como FBC.

figurada diante dos olhos dos penitentes e dos fiéis aquela ceia espiritual que Cristo faz de sua carne e de seu sangue: o que é crucificado e vertido para a remissão dos pecados (como o pão é partido e o vinho derramado) e o que é comido e bebido (como o são o pão e o vinho materiais) apenas por aqueles que são carne de sua carne e osso de seu osso: na comunhão do mesmo espírito" (PC, 745-746).

A vida cristã. A verdadeira igreja é formada pelos regenerados, pelos santos; e os regenerados são incapazes de pecado e abominam o pecado alheio. Por conseguinte, a igreja visível é chamada a ser o sinal exterior da igreja espiritual, que "consiste apenas dos espíritos dos justos e dos perfeitos, ou seja, dos regenerados" (PC, 744). Para tanto, Smyth espera que toda a comunidade assuma a tarefa de admoestação e de excomunhão. Ele elaborou um sistema de admoestação e de excomunhão com uma justificativa para cada etapa análogo à de Calvino e à de Menno, incluindo a destituição dos ocupantes de suas funções (PI, 261-266). Smyth também reconhecia o anátema. Em termos bastante enfáticos, ele afirma que "indivíduos separados da comunhão da igreja também devem ser considerados como pagãos e publicanos e devem ser evitados na medida em que podem contaminar" (PC, 747). Ao mesmo tempo, devem-se encetar esforços no sentido de reconquistá-los. Censura e excomunhão permitiam à comunidade manter a aliança com Deus e ajudavam a preservar uma apaziguadora ordem na comunidade.[82]

Relação da igreja com o mundo. É difícil avaliar o nível de contraste entre a igreja e o mundo da sociedade e do Estado na eclesiologia de Smyth porque, por um lado, ela era uma igreja separatista e, enquanto tal, esquivava-se de uma sociedade que tinha uma religião estabelecida. Por outro lado, professava um compromisso com a liberdade ou a tolerância religiosa. Em certa medida, a igreja, na visão de Smyth, se continha em si mesma. Não deveria ocorrer casamento fora da comunidade eclesial (PC, 749). Os conflitos deveriam ser julgados e resolvidos no âmbito da igreja, e não por recurso à lei ou aos magistrados (PC, 748). A igreja deveria cuidar

---

[82] White, *Separatist Tradition*, p. 130.

de seus próprios membros necessitados, sem apelar à ajuda externa: "Na contribuição aos cofres da igreja, deve haver tanto uma separação daqueles que não possuem recursos como uma santificação da ação como um todo pela oração e pela ação de graças".[83] Uma fronteira relativamente sólida entre a igreja e o mundo está implícita na reiteração de que a verdadeira igreja também deve ser uma igreja pura. As verdadeiras igrejas visíveis podem ser puras ou corruptas: em uma igreja pura, um pecado não visível ou francamente conhecido é permitido; uma igreja corrupta é uma igreja na qual "um ou mais pecado francamente conhecido é tolerado" (PI, 267). Smyth, porém, não recomenda hostilidade alguma ao governo e à administração pública. O ofício de magistrado é ordenado por Deus para o bem da humanidade a fim de preservar a ordem e a justiça; os magistrados podem satisfazer a Deus em suas ocupações (PC, 748).

Papel dos governantes civis em face da igreja. A certa altura, Smyth admitiu que príncipes e governantes civis poderiam erigir igrejas visíveis em seus domínios e "determinar a todos os seus súditos que delas façam parte" (PI, 267). A pressuposição, contudo, era de que essas eram verdadeiras igrejas. Ele adotou, então, a visão de que indivíduos particulares também poderiam fundar igrejas que, enquanto autônomas, compartilhavam igual poder com outras igrejas. Indivíduos particulares que fundassem uma verdadeira igreja de Deus em obediência a Cristo rei, sacerdote e profeta tinham "permissão de Cristo" (PI, 267). A autonomia da comunidade aliançada encontra legitimação em Cristo.

A partir daí, Smyth passou a uma posição em que afirmou veementemente a separação da igreja e do Estado. Propôs "que o magistrado não deve, em virtude de seu ofício, interferir na religião ou em questões de consciência, para obrigar ou compelir os homens a essa ou àquela forma de religião ou doutrina: deveria, pelo contrário, deixar a religião cristã livre à consciência de todo homem, ocupando-se apenas das transgressões

---

[83] DCS, p. 273; ver também pp. 316-320 para detalhada exposição da manipulação dos fundos da comunidade.

de natureza civil, de danos e de delitos perpetrados por homens contra homens" (PC, 748).

Por fim, Smyth chegou a aceitar uma visão ampla e positiva acerca da história humana que lhe permitiu romper com uma estreita concepção de predestinação. Deus quer a salvação de todos. Deus instituiu a salvação por intermédio de Cristo antes da fundação do mundo, e, "como Deus criou todos os homens segundo sua imagem, assim também redimiu todos os que caíram em razão do pecado atual, para o mesmo fim: e esse Deus em sua redenção não se desviou de sua misericórdia, que ele manifestou em sua criação" (PC, 736). Isso representa uma visão radical da economia da salvação de Cristo, muito embora seja difícil avaliar suas exatas dimensões em termos de questões atuais. Nessa visão, contudo, pode-se perceber uma dialética entre a vontade universal de Deus e a vontade particular. White interpreta-a em termos de aliança como uma tensão entre a aliança universal ou eterna da graça de Deus e a aliança de uma igreja particular. "De fato, parece que, para ele, na promessa da aliança da comunidade local a aliança eterna da graça tornou-se contemporânea e sua aceitação por parte do homem se concretizou na história".[84] Isso confere a cada igreja particular o fundamento para compartilhar uma história cósmica: cada qual é parte da grande aliança instituída por Deus com a humanidade na história geral.

Uma tentativa de formular o que as eclesiologias de Menno e de Smyth têm em comum pode propriamente concluir esta parte do capítulo. Um conjunto de seis convicções inter-relacionadas estabelece os fundamentos dessas eclesiologias: a igreja é (1) uma comunidade existencialmente autêntica, (2) assim constituída pela presença espiritual de Cristo na atividade do Espírito, (3) ratificada em uma contínua aliança, (4) efetuada em uma pequena comunidade, (5) manifestada pela disciplina comum, de modo que (6) a totalidade da igreja é constituída por essas comunidades discretas e autônomas. Todas as demais características de uma igreja, como a autoridade, o ministério, os sacramentos, a disciplina, a ética e

---

[84] White, *Separatist Tradition*, p. 128.

outras atividades, devem ser entendidas no quadro configurado pelos seis atributos que determinam seu sentido e valor específico.

Eclesiologia romana tridentina

A atenção se desloca agora para a Igreja Romana. O século XVI ocasionou considerável desenvolvimento na Igreja Católica, se não em sua grande estrutura institucional, certamente em sua autocompreensão e em muitas subestruturas procedimentais.[85] De início, é importante notar a mudança no referente do termo "igreja" da comunidade de Smyth à Igreja Romana: quando requereu a união à Igreja Waterlander, a Igreja Batista de Smyth listou trinta e dois adultos; a Igreja Romana ainda abarcava toda a Europa em uma única organização e burocracia, ainda que grandes segmentos territoriais e populacionais houvessem se desmembrado. Para conseguir algum ponto de apoio mínimo na eclesiologia da Igreja Romana nessa conjuntura crítica de sua história, voltamo-nos agora para o catecismo do Concílio de Trento. Esse passo, no entanto, requer algumas considerações sobre o concílio que definiu a Igreja Católica Romana da forma como ela entrou no período moderno.[86]

---

[85] O Capítulo 6 de *A comunidade cristã na história*, volume 1, apresenta uma análise da eclesiologia da igreja na Baixa Idade Média. A análise da Igreja Romana logo após o Concílio de Trento aqui apresentada assume considerável continuidade com essa igreja na vida paroquial e na organização eclesial. Essa exposição começa onde a narrativa anterior parou.

[86] Utilizei os seguintes trabalhos na interpretação da eclesiologia do catecismo do Concílio de Trento: Giuseppe Alberigo. "The Council of Trent", *Catholicism in Early Modern History: A Guide to Research*, ed. John W. O'Malley. St. Louis, Center for Reformation Research, 1988, pp. 211-226; Robert Bireley. *The Refashioning of Catholicism, 1450-1700: A Reassessment of the Counter Reformation*. Washington, Catholic University of America Press, 1999; Yves Congar. *L'Eglise de Saint Augustin à l'Epoque Moderne*. Paris, Editions du Cerf, 1970; Po-Chia R. Hsia. *The World of Catholic Renewal 1540-1770*. Cambridge, University Press, 1998; Hubert Jedin et al. *Reformation and Counter Reformation, History of the Church*, V, ed. H. Jedin e J. Dolan. New York, Seabury Press, 1980; Keith P. Luria. "'Popular Catholicism' and the Catholic Reformation", *Early Modern Catholicism: Essays in Honour of John W. O'Malley, S.J.*, ed. Kathleen M. Comerford e Hilmar M. Pabel. Toronto, University of Toronto Press, 2001, pp. 114-130; John C. Olin. *Catholic Reform: From Cardinal Ximenes to the Council of Trent, 1495-1563: An Essay with Illustrative Documents and a Brief Study of St. Ignacius*. New York, Fordham University Press, 1990; John W. O'Malley. *Trent and All That: Renaming Catholicism in the Early Modern Era*. Cambridge, Mass., Harvard University Press, 2000; Norman Tanner. *The Councils of the Church: A Short History*. New York, Crossroad, 2001.

O Concílio de Trento

Diversos fatores devem ser tomados em consideração quando se situa a eclesiologia do catecismo. Por exemplo, uma distinção da eclesiologia formal da condição concreta da igreja permite que se reconheça que, enquanto a igreja mudava consideravelmente, sua autocompreensão formal permanecia relativamente constante. A saúde e a vitalidade da igreja às vésperas da Reforma variavam em diferentes regiões da Europa, e havia muitos sinais de vitalidade religiosa. Também porque as medidas reformadoras do Concílio de Trento não surtiram efeito de imediato, mas levaram realmente muitas décadas, a eclesiologia formulada ao final do concílio pode ser tomada como ponto de partida ou como referência para as mudanças que ocorreriam no futuro. Em virtude das muitas continuidades no âmbito da Igreja Católica Romana, ao final do concílio, com a igreja medieval tardia, pode-se relacionar a eclesiologia do catecismo tão intimamente com a igreja anterior à Reforma quanto com a eclesiologia que evoluiria no decurso do século XVII. Muitas coisas haviam mudado desde o final do século XV: o poderio das nações e seu poder sobre a igreja em âmbito local, as condições sociais e econômicas, a abertura de novos mundos no Oriente e no Ocidente, uma mudança no marco científico do mundo, a difusão e a internalização das ideias e dos valores do Renascimento e o próprio e extenso movimento da Reforma.[87] O mundo na Europa estava mudando, e, em termos relativos, a igreja tinha sido radicalmente alterada. Não obstante, a eclesiologia do Concílio de Trento, tal como sintetizada no catecismo, era tanto uma consolidação da Igreja pré-Reforma, definida agora em contraste com os reformadores, quanto uma eclesiologia católica reformada.

O Concílio de Trento foi convocado pelo papa Paulo III e finalmente se reuniu em 13 de dezembro de 1545, vinte e oito anos após Lutero ter desencadeado a controvérsia das indulgências. O concílio se estendeu por mais dezoito anos, ao longo de três períodos (1545-1547, 1551-1552, 1561-1563), incluindo uma transferência temporária para Bolonha. Mais ou

---

[87] Bireley, *Refashioning*, pp. 8-15.

menos na época em que se desenrolava o concílio, a divisão confessional na Europa havia se consolidado, e provavelmente não pôde ser revertida. Uma série de diferentes motivos políticos e religiosos mobilizou os principais atores. Por exemplo, primordialmente, o papa queria refrear a onda dos reformadores, definir a posição católica em relação às problemáticas teológicas por eles suscitadas, tanto quanto a reforma interna da igreja. Mas o pontífice também estava cauteloso em relação à possibilidade do sentimento conciliarista entre os bispos. O imperador, por sua vez, queria reconquistar a Alemanha e acreditava que a reforma dos abusos da igreja promoveria sua agenda.[88] De início, os bispos reunidos em Trento decidiram abordar as questões doutrinárias e a reforma da igreja ao mesmo tempo, alternando-se entre as duas agendas, de modo que as principais sessões promulgaram decretos doutrinais e a legislação da reforma.

O primeiro período produziu documentos doutrinários que foram ao cerne das questões levantadas pelos reformadores: sobre a Escritura, incluindo uma afirmação sobre a revelação e a tradição; sobre o pecado original, e especialmente o "decreto sobre a justificação". A legislação atinente à reforma da igreja do primeiro período não foi de grande envergadura. O segundo período tratou de doutrinas e da teologia em torno dos sacramentos. Na décima terceira sessão, o decreto sobre a eucaristia enfrentou a questão da real presença de Cristo na eucaristia e propôs que o termo "transubstanciação" designava "mais apropriadamente" aquele mistério.[89] Quando o concílio foi suspenso, em abril de 1552, sua agenda estava longe de encerrar-se: seus "decretos doutrinais compreendiam apenas uma parte dos ensinamentos controvertidos, os decretos de reforma eliminaram alguns, mas de forma alguma os abusos mais gritantes, e não tiveram nenhuma força vinculante, porque ainda não haviam sido confirmados pelo papa".[90] O terceiro período, contudo, assistiu a um maior

---

[88] Jedin, *Reformation and Counter Reformation*, p. 465.
[89] Concílio de Trento, sessão 13, "Decree on the Most Holy Sacrament of the Eucharist", c. 2, in Norman P. Tanner (ed.). *Decrees of the Ecumenical Councils*, II. London, Sheed & Ward; Washington, D. C.; Georgetown University Press, 1990, p. 697.
[90] Jedin, *Reformatiom and Counter Reformation*, p. 479. Entre o segundo e o terceiro período do concílio, Paulo IV (1555-1559) tentou realizar a reforma por esforço próprio. "Paulo forjou e afiou duas armas: o Índice de Livros Proibidos e a Inquisição". Ibid., p. 486.

comparecimento do que o que se verificou nos dois períodos anteriores. Doutrinariamente, deu continuidade ao trabalho sobre a eucaristia. A sessão final versou sobre o purgatório, a veneração dos santos, o uso das relíquias, das imagens e das indulgências, todas questões da piedade comum que estavam na origem do movimento de Reforma.[91] Em última análise, os decretos de reforma da igreja "estabeleceram normas para as nomeações de cardeais e bispos, prescreveram sínodos diocesanos anuais e sínodos provinciais trienais, e reiteraram que todo bispo realizaria anualmente uma visita a toda a sua diocese. Esses decretos constituem a quintessência da Reforma tridentina".[92]

O concílio foi seguido por um período de implementação e de interpretação. Alberigo assinala duas linhas de implementação: uma na periferia, através das dioceses; a outra imposta a partir do centro. A primeira, com seus sínodos e visitas regulares, enfrentou resistência; a segunda foi mais ou menos bem-sucedida. "A publicação da profissão de fé tridentina, do missal, do breviário e especialmente do catecismo proporcionou os instrumentos adequados para afirmar o ideal de uma implementação uniforme dos decretos do concílio. Esse ideal foi fortalecido pelos núncios e 'visitadores apostólicos' enviados de Roma".[93] Isso resultou, finalmente, em uma interpretação geral de Trento como provedor de uma espécie de integralismo católico. Como se reservava a interpretação dos decretos, Roma simultaneamente promoveu "a uniformidade e a passividade do

---

[91] Muito daquilo a que os reformadores se referem como superstição os católicos romanos aceitaram como a religião das pessoas, o que hoje poderia ser chamado de religião popular, mas sem pronunciada distinção entre uma elite e as massas incultas no desempenho dessas práticas, muito embora sua compreensão possa diferir. Trento revelou um desejo de maior controle sobre essas devoções e uma redução dos excessos, mas não sua rejeição. Elas foram bem positivas: "As práticas religiosas católicas mediavam não apenas reações entre as pessoas e o divino, mas também relações entre as pessoas. O catolicismo forneceu meios pelos quais os fiéis se reuniam em grupos e se ajudavam tanto nas necessidades sociais como nas necessidades espirituais. Com efeito, é artificial estabelecer distinções entre ambas". Depois de Trento, novas organizações religiosas foram encorajadas em torno do Santíssimo Sacramento, da Virgem Maria, do rosário, e elas floresceram. "Na Europa católica, o Santíssimo Sacramento, as práticas penitenciais e os grupos do rosário tornaram-se as formas dominantes de vida religiosa associativa". Keith P. Luria, "'Popular Catholicism'", pp. 121-122, 123.

[92] Alberigo, "The Council of Trent", p. 217. Uma outra reforma importante foi a provisão para o estabelecimento do sistema de seminário para a formação do clero.

[93] Alberigo, "The Council of Trent", p. 221.

moderno catolicismo", que era bem diferente da disposição e das intenções dos bispos reunidos em Trento que expressamente tentaram evitar decidir os debates no interior da igreja.[94]

O Concílio de Trento foi um evento de massa na história da Igreja Romana e da Europa, e uma avaliação desse acontecimento depende de perspectivas e de pressuposições.[95] Os princípios arrolados a seguir proporcionam, porém, essa perspectiva. Como os protestantes não compareceram, Trento foi um evento católico que definiu a identidade católica em contraposição aos reformadores. "O concílio, portanto, foi confinado em jurisdição, tanto quanto em representação do mundo católico, e funcionou não como um instrumento de reconciliação ou de reunião, e sim como um corpo que definiu e legislou para aqueles que se mantiveram no aprisco católico".[96] Isso significa, em segundo lugar, que a ênfase recaiu na negatividade; os cânones doutrinários trouxeram à lume as diferenças entre a Igreja Romana e os protestantes, e não aquilo que partilhavam em comum. Esses dois pontos enlaçam intimamente os ensinamentos do concílio com sua situação histórica específica. Em terceiro lugar, "o concílio aderiu ao princípio de não decidir diferenças de opinião no bojo da teologia católica".[97] A solidez da síntese, portanto, oculta o pluralismo. Em quarto lugar, no nível mais amplo, Trento deu grande contributo à definição, consolidação e preservação da identidade católica romana nesse proceloso século, quer no âmbito doutrinal, quer no âmbito prático da vida da igreja. O concílio eliminou "os mais gritantes abusos nos níveis diocesano e paroquial e nas Ordens, efetivamente fortaleceu a autoridade

---

[94] Ibid., p. 222.
[95] Por exemplo, John W. O'Malley não interpreta Trento como o principal momento crucial, como alguns o fazem: "O *status quo* anterior ao concílio não era tão sombrio, e o *status quo* posterior nem tão brilhante – nem tão homogêneo", como, por exemplo, Jedin o pinta. O'Malley, *Trent and All That*, p. 71. Parte da evidência de O'Malley consiste na contínua vitalidade da igreja no nível de base, como, por exemplo, nas irmandades ou associações pias aludidas na análise da igreja da Baixa Idade Média. Elas floresceram no século XVI de tal modo que, apesar da corrupção nos altos escalões, a vida religiosa dos fiéis não sofreu solução de continuidade. Muito embora, da perspectiva de Lutero, esses grupos fossem joeirados com obras de justiça, eles representam a continuidade na igreja.
[96] Olin, *Catholic Reform*, p. 28.
[97] Jedin, *Reformation and Counter Reformation*, p. 470.

dos bispos e atribuiu prioridade às exigências da solicitude pastoral".[98] Em quinto lugar, também deixou algumas questões importantes sem tratamento, no nível da eclesiologia prática e teorética. A cúria romana não foi reformada; a doutrina do papado e a relação entre os bispos e o papa não foram tratadas; e a doutrina geral e a teologia da igreja não foram elaboradas. Por fim, no entanto, Trento realinhou o ministério da igreja nas áreas de "formação dos sacerdotes, dever de pregar o evangelho, jurisdição dos bispos e obrigação de residência para bispos e pastores".[99]

A última sessão também propiciou a reforma do missal, do breviário, e a edição de um catecismo para sacerdotes paroquiais. O trabalho sobre o catecismo, iniciado em sessão anterior, deveria ser entregue no final ao papa e, por seu julgamento e autoridade, completado e tornado público.[100]

Eclesiologia do catecismo do Concílio de Trento

O catecismo do Concílio de Trento surgiu no mês de setembro de 1566. Com o objetivo de ser traduzido em várias línguas vernaculares, ele se dirigia explicitamente aos pastores, na pressuposição de que sua mensagem atingirá, por intermédio das paróquias, o povo em geral. Muito embora não seja um trabalho do próprio Concílio de Trento, o catecismo é diretamente autorizado pelo papa e indiretamente compartilha uma medida de autoridade tridentina por meio dos documentos do concílio que informam o ensinamento catequético. A obra é estruturada em quatro partes: credo, sacramentos, o decálogo e a oração do Senhor. O catecismo representa

---

[98] Ibid., p. 496. "Damos tantos dos decretos por assentes, formando, como formavam, um pano de fundo para a teologia católica, que por muito tempo facilmente nos esquecemos que realização surpreendente representam. Eles radicam na teologia medieval, de fato, muito embora constituam um notável esclarecimento e sistematização dessa teologia". Tanner, *Short History*, p. 86.

[99] Olin, *Catholic Reform*, p. 30. A questão central dos quatro, contudo, dizia respeito ao bispo. Sua autoridade foi esclarecida; assegurou-se-lhe residência em sua diocese; atribuiu-se-lhe responsabilidade pela pregação e pela solicitude ministerial em sua diocese. A reforma foi programática: o bispo devia tomar medidas concretas para garantir a sanidade espiritual da diocese. Olin, *Catholic Reform,* p. 31. Carlos Borromeo implementou o programa tridentino na diocese de Milão por duas décadas, seguindo o concílio, mas geralmente sua orientação não foi seguida. Ver Hsia, *Catholic Renewal*, pp. 106-110.

[100] Concílio de Trento, Sessão 25, Decreto sobre Reforma Geral, cap. 21, Tanner, *Decrees*, p. 797.

uma notável *summa* do ensinamento da Igreja Romana e do concílio em uma edição com cerca de seiscentas páginas.[101] O que expomos em seguida representa a igreja ao destilar seu ensinamento acerca da igreja a partir da explicação do credo e dos sacramentos, em um quadro que paraleliza o esboço utilizado para a apresentação de Menno e de Smyth.

Definição da igreja e de seus membros. O catecismo não fornece uma clara definição da igreja, mas muitas delas, de sorte que o vocábulo "igreja" permanece análogo. Em termos mais incisivos, "igreja" refere-se a "assembleias dos fiéis; ou seja, daqueles que são chamados pela fé à luz da verdade e do conhecimento de Deus, que, tendo abandonado o breu da ignorância e do erro, podem adorar o Deus vivo e verdadeiro pia e santamente, e lhe servem de todo o coração" (CCT, 97). A igreja difere de todas as demais sociedades humanas porque Deus a fundou e convocou seus membros pela moção interna do Espírito (CCT, 98). Externamente, a igreja se afigura como visível "sociedade de homens na terra devotados e consagrados a Jesus Cristo", e como tal não é um objeto de fé. É, contudo, objeto de fé na medida em que o "poder que possui não deflui do homem, e sim de Deus" (CCT, 108).

A exemplo de Agostinho, o catecismo tem uma visão radical, cósmica, da igreja com níveis de existência: *A igreja triunfante* "é a mais gloriosa e ditosa assembleia de espíritos abençoados, e daqueles que triunfaram sobre o mundo [...], e que agora se encontram imunes e a salvo das tribulações desta vida e gozam de perpétua bem-aventurança" (CCT, 99). "*A igreja militante* é a sociedade de todos os fiéis que habitam a terra": militante porque em guerra com o mundo, com a carne e com o mal (CCT, 99). A igreja militante compreende duas classes de pessoas, "os bons e os maus,

---

[101] *Catechism of the Council of Trent for Parish Priests*, trad. J. A. McHugh e C. J. Callan. New York, Joseph F. Wagner, 1923. Esse não foi o único catecismo disponível à época, e outros mais foram redigidos depois dele. Possuía, no entanto, certa autoridade peculiar e uma importante função. Citado doravante no texto como CCT. Meu título para essa parte do capítulo. "Eclesiologia tridentina romana", tem reduzido significado "nominalista" segundo sua estrita referência ao *Catecismo do Concílio de Trento*, com alusões eventuais ao próprio concílio. Uma recuperação crítica, substantiva, da eclesiologia romana tridentina correlacionar-se-ia com uma apropriação crítica dos decretos do concílio com uma análise histórico-social da vida da igreja a partir de baixo. Isso não pode ser feito aqui.

ambos professando a mesma fé e partilhando os mesmos sacramentos, embora diferindo em seu estilo de vida e em sua moralidade" (CCT, 99-100). A "fé católica, uniforme e verdadeiramente, ensina que os bons e os maus pertencem à igreja" (CCT, 100). Os *maus*, aqueles se apartaram de Deus em razão do pecado, constituem uma diminuta classe de membros: são como que "membros mortos [...] atrelados a um corpo vivo" (CCT, 100). Em contraposição, os *bons*, que são regenerados e unidos a Deus na graça, não são conhecidos; sua união com Deus não se manifesta publicamente.[102] Em suma, o catecismo preservou a visão tridimensional da igreja de Agostinho.

As marcas ou sinais da verdadeira igreja. Os sinais da verdadeira igreja são suas quatro marcas de autenticidade: a unidade, a santidade, a catolicidade e a apostolicidade. Cada uma delas é claramente definida.

A unidade da igreja: a unidade da igreja é definida tanto em termos institucionais como em termos místicos ou teológicos. Organizacionalmente, a igreja "não tem senão um único regente e um único governador, o único invisível, Cristo, que o Pai eterno 'instituiu como cabeça de toda a igreja, que é seu corpo' (Ef 1,22-23); o regente visível, o papa, que, como legítimo sucessor de Pedro, o príncipe dos apóstolos, ocupa a sé apostólica" (CCT, 102). Teologicamente, Cristo governa na igreja por meio do Espírito; Cristo é o ministro invisível dos sacramentos e fonte de graça. O Espírito também mantém a coesão da igreja enquanto unidade. Da mesma maneira como o espírito humano mantém a coesão das diversas partes do corpo humano, assim também o divino Espírito mantém a coesão do corpo místico de Cristo (CCT, 104).

A santidade da igreja: a santidade consiste em ser segregado do mundo e apegado a Deus. "A igreja é chamada de santa porque é consagrada e dedicada a Deus; diz-se o mesmo de outras coisas que, quando apartadas e dedicadas ao culto de Deus, soem ser chamadas de santas, mesmo que

---

[102] Esse é um círculo agostiniano interior daqueles que se acham unidos a Deus na fé, na esperança e na caridade, que na eclesiologia dos reformadores compõem a grande categoria da igreja invisível que se estende para além das fronteiras confessionais, mas que na visão do catecismo só existem na Igreja Romana.

sejam materiais" (CCT, 105). Isso responde à questão de como uma igreja que contém pecadores em seu seio pode ser santa. Da mesma maneira como maus artistas ainda são artistas, assim também "os fiéis, mesmo que ofendam em muitas coisas e violem compromissos que eles próprios assumiram, ainda são chamados santos, porque foram feitos povo de Deus e se consagraram a Cristo pela fé e pelo batismo" (CCT, 105). "A igreja também é chamada de santa porque unida à sua santa Cabeça, como seu corpo; ou seja, a Cristo Senhor, a fonte de toda santidade, de quem defluem as graças do Santo Espírito e as riquezas da divina munificência" (CCT, 105). A igreja, portanto, engendra santidade em seus membros pela mediação da graça: "Só a igreja dispõe da legitimidade do culto sacrifical, e do salutar uso dos sacramentos, que são os instrumentos eficazes da divina graça, utilizados por Deus para produzir verdadeira santidade" (CCT, 105). A santidade, portanto, foi distinguida da moralidade ou da probidade moral. Em suma, a santidade da igreja consiste no fato de ela ser objetivamente dedicada e unida a Cristo cabeça e de atuar como mediatriz objetiva da graça de Cristo.

A catolicidade da igreja: catolicidade significa universalidade, o que é interpretado aqui como amplitude e inclusividade no tempo e no espaço, na etnicidade e na classe. "Diferentemente dos Estados de instituição humana ou das seitas dos heréticos, a igreja não se confina a país ou classe de homens, mas abarca na amplitude de seu amor o conjunto da humanidade, bárbaros ou cíticos, escravos ou livres, homens ou mulheres" (106). Também para isso a igreja "pertence a todos os fiéis que existiram desde Adão até os dias atuais, ou que existirão, na profissão da autêntica fé, até o fim dos tempos" (CCT, 106). A universalidade significa ainda que nenhuma salvação pode ser encontrada fora dessa igreja: "Todos quantos almejam a salvação eterna devem apegar-se e abraçar-se a ela, a exemplo daqueles que entraram na arca para evadir-se do perecimento no dilúvio" (CCT, 106). O catecismo admite que algo assim universal deve ser verdadeiro, ao passo que algo local provavelmente não o seja. "Isso (a nota da catolicidade), portanto, deve ser ensinado como o critério mais confiável, pelo qual se há de distinguir a verdadeira de uma falsa igreja" (CCT, 106).

Apostolicidade da igreja: a apostolicidade correlaciona-se claramente com a sucessão. "A verdadeira igreja também deve ser reconhecida a partir de sua origem, *que se pode fazer retroagir* sob a lei da graça aos apóstolos; pois sua doutrina é a verdade não recentemente transmitida, nem agora ouvida por primeira vez, mas transmitida desde a antiguidade pelos apóstolos, e *disseminada* por todo o orbe" (CCT, 107, grifo meu). A disseminação e a retroação implicam mediação histórica. "Pois o Espírito Santo, que preside a igreja, não a governa por intermédio de outros ministros que não aqueles da sucessão apostólica. Esse Espírito, primeiramente conferido aos apóstolos, continua sempre, pela infinita bondade de Deus, na igreja" (CCT, 107).

Membros. Os membros são constituídos enquanto tais pelo batismo, que será considerado mais adiante. O catecismo, contudo, delineia membros da igreja a partir daqueles que não o são. Esses podem ser encontrados em três classes: em primeiro lugar, os infiéis, que se acham fora da esfera da fé cristã; em segundo lugar, os heréticos e os cismáticos considerados em conjunto, que abjuraram a fé e pertencem a seus quadros como "os desertores pertencem ao exército do qual desertaram"; e, em terceiro lugar, os excomungados, que são excluídos pelo julgamento da igreja e só são readmitidos como membros sob a condição do arrependimento (CCT, 101). Em termos mais positivos, o catecismo retrata os membros como participantes da comunhão dos santos. Isso significa que, na unidade do Espírito, "tudo quanto foi dado à igreja se mantém como propriedade comum por todos os seus membros" (CCT, 109). Por exemplo, todos compartilham os frutos dos sacramentos, do batismo e da eucaristia especialmente; todos se unem na comunhão entre os membros no amor e nas boas obras (CCT, 110). Essa visão faz da metáfora do corpo de Cristo um símbolo ou nome privilegiado para a igreja: a unidade e a comunhão de muitos em sua diferença em uma só cabeça, Cristo (CCT, 111).

Organização da igreja. A estrutura organizacional da Igreja Romana é hierárquica. A estrutura institucional que se desenvolveu ao longo dos séculos consiste em ofícios e funções que são também ordens sacras, em alguns casos conferidas por sacramentos, em que se é chamado a servir. A discussão aqui fica um tanto restrita àquilo que o catecismo diz sobre os candidatos ao ministério oficial, o poder das ordens e o esboço esquemático do grande arcabouço institucional. Poder-se-ia também representar a pirâmide de cima para baixo.[103]

Os candidatos ao ministério sacerdotal devem revelar santidade de vida, possuir vocação divina, ser movidos por uma reta intenção na busca de ordens e adquirir competência na Escritura, nos sacramentos e no conhecimento teológico em geral a fim de pregar e de ensinar aos fiéis (CCT, 318-320, 335-337). Anteriormente aos seminários prescritos pelo concílio, os candidatos ao ministério sacerdotal eram preparados pela prática; os seminários elevavam o nível da formação dos ministros.[104]

O catecismo trata da questão da organização da igreja em termos amplos dentro do tópico do sacramento das Ordens Sacras porque a ordenação confere o poder das ordens e de jurisdição. "O poder das ordens tem por objeto o real corpo de Cristo nosso Senhor na abençoada eucaristia. O poder de jurisdição refere-se a todo o corpo místico de Cristo. O escopo desse poder é governar e reger o povo cristão, e levá-lo à bem-aventurança celestial intérmina" (CCT, 321). Por seu turno, o dever dos sacerdotes é dúplice. "O primeiro é consagrar e administrar os sacramentos propriamente; o segundo é instruir o povo que lhes foi confiado em tudo quanto deva saber ou fazer para ser salvo" (CCT, 336).

O caráter sagrado da estrutura organizacional da igreja manifesta-se em vários pontos. Por exemplo, os bispos e os sacerdotes servem como "intérpretes e embaixadores de Deus": eles ocupam o lugar de Deus na terra; "exercem em nosso meio o poder e as prerrogativas do Deus imortal" (CCT, 318). A centralidade do sistema do ministério sacerdotal

---

[103] O ministério oficial na igreja é desempenhado pelos clérigos, aqueles que são introduzidos na estrutura hierárquica. Não se faz nenhuma menção aqui ao extenso ministério "não oficial" de leigos nas irmandades ou enquanto indivíduos, nem se trata do extenso ministério de religiosos que não são clérigos.

[104] Ver as diretivas mais explícitas do concílio para a formação em seminários de jovens que buscam ordenação, na sessão 23, decreto sobre a reforma, c. 18, in Tanner, *Decrees,* pp. 750-753.

manifesta-se na visão de que, "sem ele, alguns [dos outros sacramentos] não poderiam de forma alguma ser constituídos ou administrados" (CCT, 317). É teológica e sociologicamente digno de nota que o sacramento da ordem imprime um selo ou marca objetiva em quem é ordenado, o que acarreta a graça necessária ao desempenho dos deveres do ofício (CCT, 159, 323).

Por fim, o catecismo estabelece toda uma série de escalões, em um padrão ascendente, a começar com a recepção da tonsura, que inscreve o indivíduo no estado clerical de preparação para receber as ordens. Um primeiro estágio grandemente cerimonial consiste nas ordens menores de porteiro, leitor, exorcista e acólito. São seguidas pelas ordens maiores: subdiácono, diácono e presbítero. As classificações no âmbito do sacerdócio também são diferenciadas, sobretudo, mas não exclusivamente, de acordo o poder jurídico:[105] sacerdote ordinário, bispo, arcebispo, patriarca e papa (CTT, 324-334). Sobre o papado, relativamente ao governo da igreja, o catecismo diz que Cristo "estabeleceu sobre sua igreja, que governa por intermédio de seu invisível Espírito, um homem para que seja seu vigário e ministro de seu poder. Uma igreja visível requer uma cabeça visível; por conseguinte, o salvador designou Pedro como cabeça e pastor de todos os fiéis, quando encomendou a seu cuidado o apascentamento de todas as suas ovelhas, em termos tão amplos que desejou que o mesmo poder de administrar e governar a totalidade da igreja descendesse aos sucessores de Pedro" (CCT, 104).

Missão da igreja. A missão da igreja aparece em sua definição: transmitir a autorrevelação de Deus em Cristo, de tal maneira que os seres humanos consigam abandonar a ignorância e o erro em prol da iluminação, para que assim possam adorar a Deus em piedade e santidade e servir-lhe de todo o coração (CCT, 97). O catecismo apresenta a imagem da arca de Noé como símbolo privilegiado de transmissão do papel da igreja na história. No simbolismo da arca, "quis Deus que todos quantos nela

---

[105] Comumente, os sacramentos da confirmação e da ordem são conferidos pelos bispos e não pelos sacerdotes.

entrem por via do batismo possam ser salvos do perigo da morte eterna, ao passo que os que se encontram fora da igreja, a exemplo dos que não estavam no interior da arca, sejam dizimados por seus próprios crimes" (CCT, 107). A missão da igreja, em termos imediatos e práticos, é cooptar as pessoas para seu meio. Isso decorre da convicção de que não existe salvação fora da única igreja universal institucional, a única medianeira da graça. Além disso, a igreja é o único "lugar" do verdadeiro culto a Deus: "Só na igreja de Deus se encontra o verdadeiro culto e o verdadeiro sacrifício de todo aceitáveis a Deus" (CCT, 108). Por conseguinte, a missão da igreja na história é propagar-se e abarcar todos os povos, os quais, na era da exploração, eram bem mais do que se imaginara anteriormente. Essa compreensão da natureza e da missão da igreja ajuda a explicar a extraordinária atividade que acompanhou o movimento de descoberta e conquista iniciado no século XVI.

Atividades da igreja. As atividades religiosas da igreja da Baixa Idade Média continuaram durante o século XVI. O Concílio de Trento não extinguiu a vida devocional das paróquias, mas encorajou os bispos a instruir os fiéis "em questões concernentes à intercessão e à invocação dos santos, à veneração das relíquias e ao legítimo uso das imagens".[106] Essas atividades constituíram uma parcela substancial da vida religiosa da igreja. Sob o tópico das "atividades", no entanto, a atenção se volta para a visão que o catecismo tinha dos sacramentos.

Assembleia, oração e culto. O catecismo dá a impressão de que os atos centrais de oração e de culto na Igreja Romana, fora do lar e da família, giravam em torno da celebração da eucaristia e dos sacramentos na igreja paroquial. Isso seria suplementado com uma ampla variedade de devoções, muitas das quais locais. Com efeito, as atividades das confrarias absorviam boa parte da vida religiosa dos membros da igreja nas cidades e povoados. Mas "a ênfase do Concílio de Trento na paróquia como *locus* privilegiado onde os católicos praticariam sua fé [...] gradativamente eclipsou o proeminente papel que as confrarias desempenharam nesse sentido

---

[106] Sessão 25, "On Invocation, Veneration, and Relics of the Saints, and on Sacred Imagens", Tanner, *Decrees*, pp. 774-776.

durante a Baixa Idade Média".[107] O catecismo, ao estabelecer questões universais e essenciais conexas aos sacramentos, reflete a preocupação do concílio com a renovação da vida sacramental da igreja paroquial. O que se pretende com a exposição que se segue não é reproduzir a extensa teologia sacramental do catecismo, mas sim reproduzir as linhas essenciais que ela adota.

Os sacramentos. O catecismo trata primeiramente dos sacramentos em geral, dos quais há sete, antes de fornecer instruções específicas sobre cada um deles em particular. "Um sacramento é um sinal visível de uma graça invisível, instituído para nossa justificação" (CCT, 143). Ele não só significa ou alude, mas efetivamente produz santidade e integridade, não por seu próprio poder, mas por mediar a ação de Cristo. Todos os sacramentos são analisados ao estilo escolástico, como constituídos de matéria (a substância material e as ações) e forma (a palavra de Deus especificando seu divino intento). A objetividade dos sacramentos significa que a indignidade do ministro não destrói a validade da ação de Cristo neles (CCT, 155-156). Isso se correlaciona com o fato de que a igreja é composta de bons e de maus membros. As pessoas na igreja devem estar convencidas de que, "mesmo que a vida de seus ministros estivesse envilecida pelo crime, ainda assim eles se encontram no seio da igreja, razão pela qual nada perdem de seu poder" (CCT, 101).

Relativamente ao batismo, o catecismo apresenta os pastores mediante uma rudimentar mas compreensiva teologia sacramental, incluindo definição, análise em termos escolásticos, disposições para sua recepção, efeitos do sacramento, elementos da cerimônia e apologia do batismo infantil. A necessidade do batismo estende-se a todos, inclusive às crianças, por causa do pecado original, "de sorte que, a menos que sejam regeneradas a Deus mediante a graça do batismo, sejam seus pais cristãos ou infiéis,

---

[107] O'Malley, *Trent and All That*, p. 135. Trento baixou uma série de normas legais concernentes aos deveres dos sacerdotes paroquiais, das paróquias e dos paroquianos, com o objetivo de animar a vida religiosa das pessoas por meio da pregação, dos sacramentos e outro ministério espiritual. As irmandades também foram vinculadas ao bispo: ele tinha o direito de visitação, e elas, o dever de prestar contas de sua administração. Concílio de Trento, sessão 22, decreto sobre reforma, cc. 8-9, Tanner, *Decrees*, p. 740.

elas nasceram para a miséria e a destruição eternas" (CCT, 177). Uma compreensão escolástica da graça e da virtude da fé possibilita uma recepção que, conquanto não creiam com o assentimento do intelecto, as crianças estão "estabelecidas na verdadeira fé de seus pais" e na universal companhia dos santos (CCT, 178). Os efeitos do batismo compreendem o perdão dos pecados, a regeneração, a infusão das virtudes da fé, da esperança e da caridade, a incorporação no corpo de Cristo e, por via de consequência, a condição de membro da igreja.

Voltando à eucaristia, conquanto sua celebração incluísse uma liturgia da palavra, a ênfase do tratamento no catecismo incide sobre os elementos do pão e do vinho, e sobre a forma do sacramento, que consiste nas palavras de consagração na oração eucarística.[108] Os pastores devem instruir os fiéis no tocante ao mistério da real presença de Cristo, de sorte que Cristo como um todo é mediado pelo sacramento. Pelo mistério da transubstanciação, "a substância do pão e do vinho não continua a existir no Sacramento após a consagração" (CCT, 235). O catecismo explica por que só os sacerdotes podem consagrar os elementos, que só eles devem receber comunhão de ambas as espécies, e por que a eucaristia pode ser considerada uma representação do único sacrifício de Cristo. Por último, o catecismo instrui sobre os efeitos extensivos do sacramento para a vida cristã do indivíduo e da comunidade, prescreve comunhão ao menos uma vez por ano e recomenda comunhão frequente e até mesmo diária.

O catecismo oferece um tratado de quarenta e cinco páginas sobre a natureza e o procedimento do sacramento do arrependimento, que desempenha papel relativamente amplo na vida sacramental da comunidade local. O arrependimento é constituído pelos atos do penitente e pela absolvição formal do sacerdote-ministro que age em nome de Cristo (CCT, 268-269). Os efeitos do sacramento são o perdão e a remissão dos pecados cometidos após o batismo e, portanto, na hipótese de pecado "mortal", que, da parte do ser humano, aniquilou a própria relação

---

[108] Mas Trento procurou restabelecer a pregação nas igrejas pelos bispos e pelos sacerdotes paroquiais. Ver sessão 5, segundo decreto: Sobre Instrução e Pregação, e sessão 24, decreto sobre reforma, c. 4, Tanner, *Decrees*, pp. 667-670, 763.

com Deus, restauração da justificação e santificação. O sacramento é considerado necessário porque "não se pode obter ou mesmo esperar remissão dos pecados pelos próprios meios" (CCT, 271). O catecismo chega a analisar o sacramento em detalhe, segundo cada uma de suas três partes, conforme se avalia pelos seguintes atos do pecador: contrição, confissão de todos os pecados graves a um sacerdote e satisfação.[109] A satisfação pode ser um mero sinal ou um ato mais grave de reparação a Deus pelos pecados cometidos, tal como restituição do fruto do roubo ou penitência pública por um pecado escandaloso. A igreja também tem o poder de excomunhão, mas ele não é ressaltado porque não constitui a atividade ordinária e sim a atividade excepcional de tratar dos pecados graves, públicos, especialmente a heresia.

A vida cristã. A prática do sacramento da penitência desempenha papel importante na compreensão e na prática da vida cristã. Envolve um senso forte e concreto do perdão de Deus, mas o catecismo vincula isso ao ministério sacerdotal em termos bastante explícitos: "Ninguém é admitido no céu a menos que seus portões sejam abertos pelos sacerdotes a cuja custódia o Senhor entregou as chaves" (CCT, 286). Mas também todo o caráter da comunidade cristã encoraja uma preocupação social. A ideia da comunidade de santos estabelece um imperativo moral para a responsabilidade coletiva e para a dedicação aos cuidados dos membros mais desvalidos. "Enfim, todo cristão verdadeiro nada possui que não deva considerar comum a todos os outros e a si mesmo e, por conseguinte, deve estar preparado para acudir um companheiro indigente. Pois aquele que é abençoado com bens terrenos, vê seu irmão necessitado, e não lhe dá assistência, está plenamente convencido de não dispor do amor de Deus dentro de si mesmo" (CCT, 112). Embora sejam afirmações gerais da solidariedade cristã, também se referem diretamente à vida concreta da comunidade paroquial.

---

[109] Quanto ao reconhecimento de pecados específicos, o catecismo contém uma extensa seção sobre o decálogo, em que cada um dos dez mandamentos é analisado com algum detalhamento, proporcionando assim uma teologia moral objetiva.

Relação da igreja com o mundo. Por derradeiro, e no tocante à relação da igreja com o mundo, nem o concílio nem o catecismo sugere uma mudança qualitativa no entendimento da relação da igreja com o mundo que prevaleceu na Baixa Idade Média. A igreja e o mundo, no sentido de sociedade e de Estado, ou eram amalgamados ou eram parceiros. A participação da igreja na exploração, no estabelecimento e na descoberta de novos mundos foi espontânea e natural. Quando a igreja e o mundo se desentendiam, era uma questão de fato, e não de princípio.

Princípios para uma eclesiologia histórica

O desenvolvimento retratado ao longo dos últimos quatro capítulos revelou um espectro de eclesiologias que surgiu com as igrejas luteranas e calvinistas, com a Igreja da Inglaterra, com os movimentos anabatista e separatista e com a Igreja Romana. Essas eclesiologias propiciaram material para reflexões mais gerais e para a formação de conjuntos de princípios dotados de relevância histórica mais abrangente. A reflexão e os princípios que se seguem procuram tipificar os "dois extremos" do aspecto de eclesiologias geradas no século XVI sob as rubricas de "Igreja Livre" e de "Igreja Institucional Universal". O impulso para a constituição dessa tipologia provém dos tipos troeltschianos de "seita" e de "igreja".[110] Entretanto, os tipos troeltschianos foram remodelados dentro do quadro de uma imaginação teológica, e a terminologia sociológica foi traduzida em princípios eclesiológicos.

Uma breve explanação dos "tipos" da forma como a categoria é utilizada aqui ajudará a esclarecer os limites e a utilidade de seu emprego. Tipos são ideais; representam algo que não existe; são abstrações construídas. Os tipos que se seguem começam com as eclesiologias representadas neste capítulo, a menonita e a batista, de um lado, a católico-romana, de outro, mas a especificidade e a concretude dessas eclesiologias são superadas na

---

[110] Ernst Troeltsch. *The Social Teaching of the Christian Churches*. New York, Harper Torchbooks, 1960, pp. 331-343.

criativa descrição de um modelo coerente e abstrato.[111] Os tipos, portanto, não são verdadeiros nem falsos. Funcionam antes como pontos de referências por comparação e contraste, como polos para identificar e avaliar em que grau várias eclesiologias concretas são comparáveis a esses padrões reconhecidamente arbitrários. Os tipos, pois, não devem ser isolados como objeto de admiração, mas devem ser instrumentalizados. Funcionam na medida em que são utilizados como pontos de referência na comparação e contraste de elementos dentro e entre eclesiologias concretas.[112]

Os dois tipos desenvolvidos aqui são tipos contrastivos; foram dispostos em oposição binária de cinco pontos ou em contraste recíproco para enfatizar que são significativamente diferentes. Isso não significa, contudo, que um negue, exclua ou invalide o outro. Tampouco um feixe de qualidades deve ser entendido como exclusivo ou totalizante no sentido de que reduz os méritos do outro. Pelo contrário, definem abstratamente os dois extremos do pluralismo de eclesiologias que surgiram no século XVI. São imaginados como jacentes nos dois extremos de um espectro, no sentido de que outras eclesiologias desenvolvidas no século XVI podem ser situadas "entre elas", por compartilhar várias qualidades da "esquerda" e/ou da "direita". Esses dois diferentes tipos de eclesiologia são propostos em sua forma ideal como válidos e autônomos. "Válido" significa que podem ser correlacionados temas neotestamentários e/ou concebidos como desenvolvimentos de ou em continuidade com o período neotestamentário. Ou têm uma base positivamente aí ou não podem ser contraditados pela igreja tal como se reflete no Novo Testamento. "Autônomo" significa que um tipo não deriva do outro por corruptela; nem é dependente do outro. Por conseguinte, em contraste com a costumeira polêmica cristã, a eclesiologia histórica de baixo reconhece certa validade

---

[111] Poder-se-ia legitimamente objetar, portanto, que o tipo "igreja livre" não corresponde à eclesiologia de Menno Simons ou de John Smyth em um dado ponto, ou que a "igreja institucional universal" transcende ou distorce a eclesiologia católica romana em certos aspectos.

[112] Os tipos são epistemologicamente tensivos e ambíguos por serem simultaneamente extraídos dos dados e construídos em formas ideais. Essa tensão torna-se dinâmica quando gera discussão. Os tipos são úteis quando promovem debates que geram autocompreensão e compreensão do outro.

no desenvolvimento histórico e na facticidade da organização da igreja em qualquer época dada. A igreja societal universal não é um desvio ou corrupção da igreja livre original, e a igreja livre não é um desvio ou corrupção da igreja institucional universal. À vista dessas pressuposições, voltamo-nos agora para o tipo igreja livre da eclesiologia.

A igreja livre[113]

O princípio da fé pessoal. A primeira qualidade da igreja livre repousa em uma implícita pressuposição teológica: a insistência no fato de que "a verdadeira religião é sempre uma questão intensamente pessoal".[114] Em última análise, a fé define a própria relação pessoal com Deus, e ninguém pode assumir essa responsabilidade por outrem. Isso confere a cada indivíduo uma séria responsabilidade por sua relação de fé com o que é tomado como verdade e salvação últimas. Implicitamente, esse princípio insurge-se contra o "cristianismo nominal" como uma contradição entre termos e contra toda redução do cristianismo à mera observância

---

[113] O caráter construído da tipologia que se segue pode ser demonstrado pela comparação com outras tentativas de "tipificar" as dimensões características da eclesiologia da "igreja livre". Friedmann vê três qualidades essenciais na eclesiologia anabatista: a igreja é (1) escatológica, uma realização do reino de Deus, (2) aliançada e voluntária e (3) uma restituição da igreja neotestamentária ou apostólica (*Theology of Anabaptism*, p. 121). Bender cristaliza a essência do anabatismo em três pontos: (1) central e fundacionalmente, discipulado existencial do seguimento de Cristo, (2) adesão eclesial voluntária, baseada na conversão, (3) uma ética do amor e da não resistência ("The Anabaptist Vision", pp. 42-54). Littell conjuga os elementos do discipulado e de uma comunidade eclesial existencial como reciprocamente imbricados ("The Anabaptist Concept of the Church", pp. 123, 134). Klaassen vê dois princípios essenciais no anabatismo: que a igreja é (1) uma comunidade santa existencial, (2) existe à margem do mundo (*Anabaptism*, pp. 19-63). Keeney cristaliza a eclesiologia de Menno Simons e de Dirk Philips em cinco princípios: (1) uma comunidade de irmãos, (2) uma restauração da igreja refletida no Novo Testamento, (3) uma comunidade visível dos salvos, (4) "uma reunião voluntária de pessoas que creem", (5) uma sagrada irmandade sem rusga nem mácula (*Dutch Anabaptism Thought*, pp. 145-155). Quanto os princípios fundamentais do batismo, Torbet propõe quatro: (1) a Escritura como a norma exclusiva da fé; (2) batismo dos crentes; (3) sacerdócio dos fiéis e autonomia da comunidade local; (4) liberdade religiosa e separação da igreja e do Estado (*History of the Baptists*, pp. 15-34). Sprunger vê três princípios essenciais operando na Antiga Igreja Separatista de Francis Johnson: (1) uma comunidade aliançada de pessoas ligadas a Cristo e uma outra ao futuro, (2) uma comunidade separada purificada dos rituais objetificados do Livro de Oração, (3) uma comunidade dotada de disciplina comum. *Dutch Puritanism*, pp. 55-60.

[114] J. S. Whale, Cambridge, Cambridge University Press, 1955, p. 183.

externa ou objetiva. O indivíduo mantém-se pessoalmente em relação com Deus. Com base nisso, tanto Lutero como Calvino refutaram a noção de "fé indireta", ou seja, não aceitar pessoalmente a doutrina de Deus ou a palavra de Deus, mas dar assentimento à doutrina da igreja acerca de Deus como verdadeira, independentemente do fato de entendê-la ou não. Se a religião ou a fé cristã devessem tornar-se tão objetificadas a ponto de perder sua qualidade pessoal mas não necessariamente individual, o próprio cristianismo estaria perdido. Os indivíduos que possuem fé pessoal em Deus, ao reunir-se, constituem a igreja. Isso explica por que o batismo infantil não se coaduna com essa concepção de igreja. Só se pode ser membro da igreja conscientemente, livre e responsavelmente.

O princípio da associação voluntária. Esse princípio constituiu uma espécie de tácita pressuposição do movimento da Reforma Radical. Deriva diretamente do primeiro ponto. Se a igreja tem sua base radical na fé pessoal em Deus, então deve ser uma associação voluntária. Enquanto comunidade livre, autônoma, a igreja não pode ser controlada pelo Estado, por príncipes, reis ou governantes civis. Essa livre associação tem seu fundamento em sua relação com Deus. A lógica se desloca da liberdade de fé e de religião para a liberdade da igreja, que é, no mínimo, a organização de pessoas animadas por essa fé. Uma igreja livre insurge-se contra uma igreja externamente controlada e afirma sua autonomia concedida por Deus e exercida teonomamente sob Deus.

Se a igreja é uma livre associação, então a referência primária do termo "igreja", na medida em que se trata de uma comunidade organizada, é a igreja local. Normalmente, o referente primário nessa espécie de eclesiologia é a igreja ou comunidade paroquial, porque a igreja atualiza-se historicamente nas congregações concretas.[115] A distinção que Lutero e Calvino estabelecem entre comunidade local e igreja universal adquire, nesse ponto, uma forma radical. A unidade universal da igreja é cósmica ou metafísica, ou seja, explica-se, em última instância, por cada unidade

---

[115] Em suas origens, essa igreja pode assumir a forma de uma associação pequena, pouco sistemática, como no caso da emergência gradual das comunidades cristãs do Novo Testamento.

da igreja com Deus, e não por uma instituição universal ou por uma sucessão histórica. A "apostolicidade" pressupõe que a igreja neotestamentária dos apóstolos é normativa, e significa "ser verdadeira para os apóstolos", e não se manter em linha ininterrupta de ordenações.[116] Ela também é escatológica; realizar-se-á no final dos tempos. A unidade neste mundo só pode ser vista em um sentido moral e espiritual que urge comunhão entre distintas igrejas independentes sem vínculos institucionais ou jurídicos. Com base nesse princípio também é difícil admitir o batismo infantil. Ser membro de uma igreja voluntária significa iniciação a partir de uma escolha responsável.

O princípio da interioridade espiritual. O princípio da interioridade espiritual impulsiona o primeiro princípio, concernente à fé pessoal. Também radicaliza a polêmica de Lutero contra estruturas e formas externas da prática cristã. Reflete certa suspeita quanto às formas objetivas de religião: sacramento, ritual, culto, práticas institucionais. A razão disso repousa na convicção cristã de que o Espírito de Deus age no âmago da pessoa humana.[117] Isso explica ou reflete a teologia smythiana da oração e do culto. A fé, segundo Dietrich (Dirk) Philips, é um renascimento espiritual, um nascer de novo, uma conversão interior, um nascer de Deus, uma iluminação do espírito humano, um amor interior de Deus acima de tudo o mais.[118] O Espírito de Deus em ação no âmago do espírito humano constitui a essência do cristianismo; todas as mediações externas são meramente instrumentos subordinados a esse fato. O sacerdócio, a hierarquia, os sacramentos, em certos casos até mesmo a palavra objetiva da Escritura, subordinam-se às atividades inerentes do Espírito Santo e à ligação do espírito humano a Deus. A razão pela qual a disciplina é considerada como distintivo da verdadeira igreja é que ela, por seu turno,

---

[116] Littell, *Tribute to Menno Simons*, p. 24, e "Anabaptism Concept of the Church", pp. 126-127.

[117] O princípio da interioridade com referência a Menno é enunciado em contraste com a igreja enquanto instituição nos seguintes termos: "O anabatismo, em última instância, repousa na perpétua recriação espiritual que deriva sua autoridade da obra do Espírito entre os homens assim unidos, e não da estrutura eclesiástica". Paul Peachey, "Anabaptism and Church Organization", *Mennonite Quarterly Review* 30 (9156), citado por Littell, *Tribute to Menno Simons*, p. 28.

[118] Dietrich Philips, "The Church of God", SAW, pp. 234-237.

atesta a ativa presença do Espírito no seio da comunidade e, portanto, a efetividade da aliança.[119]

A cabeça da igreja, então, não pode ser outra senão Cristo. Cristo governa a comunidade por assim dizer "diretamente". Desse ponto de vista, Jesus Cristo afigura-se como a transcendente e sempre presente cabeça da igreja, e não primariamente como uma figura histórica que fundou uma igreja institucional. Não se encontra nenhuma estrutura hierárquica oficial na comunidade, e certamente não um vigário de Cristo na terra que medeie o senhorio de Cristo sobre os membros da igreja. A igreja é simplesmente a comunidade reunida em Cristo pelo Espírito Santo. A igreja, portanto, é inteiramente laica; ela é o *laos* ou povo de Deus, muito embora possa ter líderes carismáticos escolhidos por intermédio do Espírito.

Comunidade existencialmente santa. Em quarto lugar, os princípios já enunciados conduzem à seguinte qualidade ou princípio: a igreja é chamada a ser uma comunidade existencialmente santa. A igreja consuma sua santidade existencial enquanto comunidade pela qualidade de vida de seus membros. Eles levam vida subjetivamente ética e santa. Se não houvesse nenhuma conversão interior, nenhuma guinada efetiva em direção a Deus, tampouco igreja alguma. Isso contrasta com uma santidade de formas objetivas: de doutrina, de sacramento, de sacerdócio, de tradição, da palavra. Pelo contrário, a santidade tem a ver com os efeitos dessas coisas na vida da própria comunidade existencialmente.

Por conseguinte, a igreja, que tende a ser equiparada a uma comunidade ou pequeno grupo, não se concebe como comunidade compósita. Essa igreja não consiste em pecadores e santos, em bons e maus, em puros e impuros, pelo menos não em qualquer dimensão pública. Pelo contrário, essa igreja tem como desafio tornar-se uma comunidade de pessoas moralmente retas. Isso explica ou expressa por que Menno Simons não podia conceber uma real ou autêntica igreja cristã sem o exercício do anátema. Ele estruturava socialmente a vida dos membros da igreja em uma disciplina comum e bem estrita. A vida dos membros da igreja ilustra

---

[119] Brachlow, "Life Together in Exlie", pp. 119-122.

os efeitos de Deus em suas vidas. O anátema significa que, quando se escarnece essa disciplina, o indivíduo é excomungado da comunidade, para o bem tanto dele como da comunidade. Por via de consequência, o que essa eclesiologia pode perder quantitativamente ao encontrar seu foco na comunidade local, ganha em qualidade, intensidade e seriedade de vida e testemunho cristãos.

A igreja é uma comunidade de amor, de efetivo amor de um membro por outro e todos por todos. A ênfase recai no amor ao próximo, mormente na solicitude para com os pobres e os menos afortunados. Esse tema pode ter adquirido tamanha importância a ponto de haver levado comunidades a tipo de comunidades ou comunas comunistas. Ulrich Stadler, escrevendo nesse contexto, afirma que a propriedade privada é roubo.[120] Desse ângulo, a igreja novamente olha em retrospectiva para o Jesus histórico não como fundador de uma instituição, e sim como o exemplo de vida. A ética dessa igreja é a do seguimento de Jesus, por vezes em efetiva pobreza, mas sempre em simplicidade de vida e humildade.

A igreja indiferente ao mundo, à sociedade e ao Estado. Muito embora a igreja estivesse dividida na Reforma, um dos remanescentes da cristandade encontra-se na íntima conexão da igreja com a sociedade, a simbiose de qualquer igreja dada com uma dada sociedade, e na uniformidade da ordem eclesial. Ainda não se encontra o reconhecimento de um pluralismo de igrejas no âmbito de uma sociedade. O movimento igreja livre estimulava a ruptura do enlace entre igreja e sociedade ao ressaltar o direito de pluralismo das igrejas no âmbito de uma dada sociedade; as igrejas livres promoviam o reconhecimento da separação entre igreja e Estado. Não obstante, no decorrer do século XVI, as igrejas anabatistas foram violentamente perseguidas tanto por católicos como por protestantes.

Pode-se dizer que a atitude desse tipo de igreja em relação ao mundo classifica-se como indiferença para com a sociedade, para com a separação

---

[120] Ulrich Stadler representa uma comunidade que se desenvolveu a partir dos Irmãos Suíços e retirou-se do mundo da sociedade para uma existência rural isolada, baseada nos princípios comunistas. Ver seu "Cherished Instructions on Sin, Excommunication, and the Community of Goods", SAW, p. 278.

entre igreja e Estado, para com a hostilidade ao mundo. Decerto o mundo e a sociedade eram perigosos para a fé, e o anátema significava separação em relação dos cristãos inautênticos ou àqueles que se encontravam fora da comunidade. Menno Simons demonstra-o com sensibilidade em sua explanação acerca da prática da excomunhão e do anátema. A visão comporta analogias com a visão tertuliana de uma sociedade absolutamente corrupta e idólatra; a igreja representa um grupo minoritário situado à margem do mundo ou da sociedade, definido por uma ética perfeccionista. Ironicamente, o mundo exterior à igreja no século XVI não era nenhum Império Romano pagão, mas sim a sociedade cristã.

Enquanto distinta da igreja institucional universal situada no extremo oposto do espectro que envolve compromisso com o mundo, essa igreja opõe-se a qualquer concessão. Em sua não cooperação com a sociedade e com o Estado, ela amiúde torna-se profeticamente marcada contra ele; é contrária a todas as formas de violência, e em alguns casos se recusa a reconhecer ou a permitir que seus membros ocupem função pública. Essa postura é assumida em nome de Cristo. As duas eclesiologias estudadas aqui não chegam a esse extremo. No entanto, a tendência da igreja livre, em sua separação da igreja dominante estabelecida, é constituir-se como sociedade paralela, bem a exemplo da igreja primitiva, e definir-se quer como indiferente, quer como marginal, quer como hostil à sociedade. Essa hostilidade ao mundo por vezes se traduzia em uma tentativa militante de transformar o mundo, de absorver a sociedade no Reino de Deus e de instaurar um milenário Reinado de Deus. Em todos esses casos, porém, a igreja e as pessoas que nela se encontram pertencem a Deus e não ao mundo.

A igreja institucional universal

A descrição desse tipo teológico surge da aplicação do tipo igreja, segundo a terminologia de Troeltsch, à Igreja Romana do século XVI, denominada igreja institucional universal. Enquanto as eclesiologias de Lutero e de Calvino podem compartilhar muitas das qualidades da igreja teologicamente livre, em última análise elas também correspondem sociologicamente a um tipo igreja segundo Troeltsch. Ou melhor, encerram um compósito das qualidades de ambos os tipos. Muitas das qualidades do tipo institucional universal, aqui dispostas para mostrar um flagrante contraste com as qualidades da igreja livre, manifestar-se-ão seja como pressuposições, seja como qualidades explícitas da igreja descrita no *Catecismo do Concílio de Trento*.

O princípio da institucionalização. O contraste com o princípio da fé pessoal aqui não é a fé impessoal. Pelo contrário, é uma questão da constituição da igreja e da fé no seio dessa igreja. A revelação designa um dado fenômeno público para o mundo. Enquanto propriedade histórica, humana, a ser preservada, ela deve ser objetificada em alguma forma tal como a Escritura e as doutrinas. A igreja enquanto sociedade institucional é o resultado dessa objetificação e acarreta na história uma tradição de doutrina e de prática; a instituição é também um movimento na história, com um começo e um caráter distintivo consistentemente desenvolvido ao longo do tempo. As pessoas reúnem-se em torno de uma confissão pública de fé, e essa reunião também se torna institucionalizada porque constitui a sociedade histórica visível. Em última instância, a igreja torna-se identificada com sua estrutura institucional.[121]

A igreja, portanto, é um fenômeno social objetivamente estruturado, uma sociedade visível com uma estrutura de liderança, de ofícios, uma lei e costumes. Isso não nega uma vida interior; mas a igreja enquanto igreja é vista em seu caráter público, social e institucional. As pessoas não são encaradas como constituindo essa igreja, mas como sendo continuamente cooptadas para seu seio na condição de membros, mediante suas formas

---

[121] A definição belarminiana da igreja ilustra isso: "Não existe senão uma única igreja, e essa única verdadeira igreja é a assembleia de pessoas reunidas na profissão da mesma fé cristã e na comunhão dos mesmos sacramentos sob a autoridade de legítimos pastores, especialmente do único vigário de Cristo na terra, o pontífice romano". Ele chega a enumerar aqueles que a definição exclui; ela não exclui os pecadores e aqueles secretamente infiéis porque os critérios são externos. Prossegue ele: "Não achamos que qualquer virtude interna seja necessária, mas apenas uma profissão externa de fé, e a comunhão nos sacramentos que podem ser percebidos pelos sentidos. Pois a igreja constitui uma reunião de pessoas que é tão visível e palpável quanto a assembleia de romanos, o reino da França ou a República dos Venezianos". Roberto Belarmino. *De Conciliis, et Ecclesia, De Controversiis: Christianae Fidei Adversus Haereticos*, II, Editio Prima Romana. Romae, Typographia Giunchi et Menicanti, 1836. Livro III, cap. 2, p. 90.

públicas e objetivas. Os membros não têm conhecimento de toda a sutileza das doutrinas; eles confessam o que a igreja confessa; a fé indireta é digna de crédito a partir do testemunho e do ensinamento da igreja. O batismo infantil encaixa-se aqui porque é o reconhecimento público da inserção de um indivíduo no seio da instituição por ocasião de seu nascimento. Uma vez que a igreja é reconhecida como uma instituição social, não é possível contrastar a vida interior da igreja e sua estrutura institucional objetiva. Trata-se de dois aspectos da mesma realidade.

O princípio da universalidade. A razão subjacente ao princípio da universalidade é intimamente relacionada com o caráter público da revelação. A revelação é a verdade oriunda de Deus e acerca de Deus; destina-se à globalidade dos seres humanos, e dela depende a salvação. Consequentemente, a igreja tende a atingir o conjunto da sociedade; deve ser coextensiva à sociedade. E, como a verdade é una, a igreja tende à uniformidade. Logo, a igreja não é a comunidade local; a igreja é uma grande instituição universal; ela é a mesma em sua forma em qualquer parte porque as igrejas locais são simplesmente partes ou extensões da única igreja. O fundamento teológico dessa unidade é a unicidade da revelação, da fé, do batismo e do amor de Cristo, cuja coesão é mantida pela instituição. A instituição define a igreja não como simples instituição, mas sim como a institucionalização da graça conferida por Deus. O catecismo representa o papa como a cabeça de uma instituição que recobre diferentes regiões locais.

Considerando que toda essa igreja é una e uniforme, ao longo do tempo, desde os primórdios, e ao longo das sociedades, no presente, a comunidade local é precisamente não autônoma. Ela é dirigida ou regulada pela autoridade central da instituição global. Considerando que a igreja é universal e se pretende coextensiva a qualquer dada sociedade em cujo âmbito exista, ela é precisamente não uma associação voluntária. Um indivíduo nasce nessa igreja da mesma maneira como nasce em uma nação, em uma sociedade cristã, e não se pode encontrar a salvação fora dela. O batismo infantil faz todo sentido nesse contexto. O princípio da voluntariedade surge como dissidência, como ruptura da unidade da comunidade e, portanto, como afronta à própria verdade da revelação sobre a qual, em última instância, se funda a unidade.

O princípio da sacramentalidade externa. O princípio sacramental foi claramente enunciado por Calvino. Deus poderia tratar diretamente com cada um de nós, por assim dizer, espiritualmente. Não obstante, enquanto neste mundo, Deus escolheu tratar conosco por intermédio de instrumentos intramundanos. Consequentemente, a igreja é o instrumento, o recurso objetivo, público e histórico de mediação da salvação de Deus. A própria igreja é a mediação objetiva, histórica, da fé individual. Essa igreja dispõe de uma estrutura e de ofícios que gozam de autoridade outorgada por Deus: para administrar ou governar, para ensinar e para santificar. Os sacramentos são os recursos comuns dessa mediação, de par com a pregação da palavra objetiva de Deus. O Espírito ou a graça de Deus vincula-se à palavra e ao sacramento. Este é o princípio sacramental: o Espírito é mediado por sinais públicos externos, e não direta, interior ou espiritualmente sem essas mediações públicas que prolongam na história a manifestação de Deus em Jesus. Com isso não se pretende negar o íntimo e o espiritual, mas apenas ressaltar as instituições externas como veículos necessários, visíveis e objetivos da comunicação do Espírito.

A cabeça da igreja, portanto, é Cristo; mas Cristo também tem um vigário visível na terra. Todas as instituições neste mundo necessitam de uma cabeça. Cristo rege a comunidade, mas por intermédio do papa, e não diretamente. Dessa perspectiva, Jesus Cristo é visto retrospectivamente como Senhor transcendente, mas também como fundador de uma igreja histórica. Essa igreja não é simplesmente laica; mantém-se uma pronunciada distinção entre os membros e os ofícios ou estruturas objetivas de liderança que configuram a instituição pública e os ministros que ocupam aqueles ofícios. Com efeito, a igreja, enquanto sociedade visível, tende a ser identificada com a classe clerical. Sua autoridade não é tão carismática, mas jurídica, pertinente a seu ofício ou papel de liderança, e sacral, pertinente à santidade objetiva da igreja e suas funções sacramentais específicas.

Instituição santa objetiva. A santidade da igreja institucional universal reside não tanto em seus membros quanto na própria instituição objetiva e nos elementos que configuram essa instituição. A santidade diz respeito àquilo que é de Deus, e essas são as palavras de Deus na Escritura. A instituição é fundada por Deus; a doutrina que ela ensina é de Deus; os sacramentos são instrumentos de Deus, e sua graça salvífica não depende dos ministros. O catecismo é explícito a esse respeito. A santidade das pessoas, enquanto indivíduos e enquanto comunidade global, é constituída pelo fato de se encontrarem em contato com essa esfera institucional da graça pela qual Deus lhes é historicamente mediado. Dessarte, prevalece uma nítida distinção entre o sagrado ofício e a pessoa que eventualmente o exerce. A autoridade do detentor do ofício não se deve, em última instância, a atributos pessoais, nem a capacidade do ministro de mediar a graça subordina-se à santidade pessoal do ministro. O fundamento último da santidade consiste na ligação com Deus; ela não é existencial, mas depende da promessa de Deus no sentido de se fazer presente às pessoas nas instituições por ele estabelecidas.

Por conseguinte, a igreja é, em termos precisos, não uma comunidade existencialmente santa, algo que se provou ser historicamente impossível. A igreja institucional designa uma comunidade compósita, de pecadores e de santos, de bons e de maus, de puros e de impuros. Em termos ótimos, ela consiste em uma comunidade coextensiva ao conjunto da sociedade e, portanto, ressalvada a vida de certos membros exemplares, suas expectativas morais gerais não são melhores do que as de toda a sociedade. Logo, o que essa igreja ganha em universalidade necessariamente perde em intensidade da vida cristã, pelo menos estatisticamente. As pessoas não são excomungadas exceto por graves desvios públicos da doutrina da igreja; não são excomungadas simplesmente por falta moral de caráter pessoal. As pessoas ainda são membros da igreja visível e objetivamente santa, mesmo se estiverem existencialmente separadas de Deus em razão do pecado, mas confessarem a doutrina objetiva da igreja.

O efetivo amor ao próximo é ainda um ideal cristão nessa igreja; entretanto, como instituição universal, ele não é *constitutivo* da igreja. Em outras palavras, uma grande instituição não pode manter-se coesa por um tal amor concreto e efetivo da maneira como poderia uma pequena comunidade congregacional. A solidariedade existencial é menos um requisito em uma confraternidade universal onde a unidade é forjada mais pela instituição do que pelo amor efetivo. O amor que vincula a totalidade da igreja é mais a comunhão entre as igrejas dentro da mesma instituição, como foi visto em Cipriano e em Agostinho. Desse ponto de vista, a igreja enxerga Jesus retrospectivamente menos como um exemplo de uma vida vivida que efetivamente vincula as pessoas, muito embora isso não seja descartado, e mais como o fundador de uma instituição que une, reconcilia e articula as pessoas.

A igreja enquanto parte do mundo, da sociedade e do Estado. Essa igreja é definida como entidade social visível e, portanto, como parte do mundo e da sociedade. Isso não significa, necessariamente, que essa igreja veja a si mesma como uma função da sociedade, controlada pelo governo civil. Ela pode definir-se como uma instituição autônoma, estabelecida por Deus e, portanto, não se contraporá à sociedade e ao Estado quando seus próprios interesses estiverem em jogo. Foi o que aconteceu na reforma gregoriana. Mas ela ainda é parte do mundo. Na tensão de ser de Deus mas no mundo, ela é o aspecto da sociedade visível no mundo que recebe mais ênfase, mas sua relação com Deus outorga-lhe legitimação e autonomia.

Por conseguinte, essa igreja é caracterizada pelo compromisso que estabelece com a sociedade e com o governo civil. Com efeito, seus membros vivem suas vidas dentro do mundo, como membros da sociedade e líderes de governo. Na Igreja Romana, só uns poucos se retiram do mundo e vivem à margem do mundo em existência fechada. Quanto ao restante, o mundo da sociedade comum pode ser perigoso, mas isso é combatido pelo ascetismo, pela disciplina ou pelo autocontrole, e não pela fuga. Isso descreve o ideal. Mas, de fato, a igreja institucional geralmente constitui um baluarte dos valores sociais e das políticas governamentais; na medida em que são parte da sociedade, seus membros tendem a aceitar os valores e as políticas governamentais da região onde vivem. Negativamente, esse compromisso afigura-se como enfraquecimento dos valores especificamente cristãos; positivamente, afigura-se como inculturação e fermento da sociedade. O compromisso significa que a igreja e seus membros desfrutam de uma relação pacífica com a sociedade e o Estado, e seus membros participam plenamente de todas as esferas da vida pública. Hooker descreve brilhantemente como os cristãos dessa modalidade de igreja veem a religião como mediando o fundamento sagrado e o propósito do conjunto da vida social. A igreja como um todo tem uma mensagem para a sociedade, e teoricamente procura exercer influência sobre a sociedade. Se a totalidade da igreja se encontrasse em dissonância com a sociedade, poderia ter um grande impacto, em virtude de seu vasto poder institucional e até mundial. Em suma, essa igreja institucional, se não for cooptada pela sociedade, pode exercer grande influência sobre a sociedade.

Para concluir este capítulo e as considerações gerais acerca do século XVI, todas as cinco eclesiologias esboçadas ao longo dos quatro últimos capítulos representam simbolicamente um pluralismo maior nas questões efetivas da igreja do Ocidente. E essa tipologia sumariza, em seus extremos, o espectro de cinco eclesiologias relativamente bem definidas que surgiram na Europa no decurso daquele complexo século. Sua coerência e integridade internas dramatizam a validade do próprio pluralismo. A igreja jamais pode retroagir a uma situação em que não prevaleça o pluralismo. Nem deve. A tipologia demonstra o valor positivo de viver uma vida eclesial cristã em diferentes estilos.

Parte II

A igreja no período moderno

Part II

A IGREJA NO PERÍODO MODERNO

5. A ECLESIOLOGIA MODERNA

Enquanto nada pode equiparar-se à magnitude das transformações ocorridas na igreja e na eclesiologia da igreja ocidental do século XVI, a transição para um método teológico moderno e, portanto, para uma forma moderna de pensar a respeito da igreja representa um outro divisor de águas. A guinada em direção ao sujeito que se operou na filosofia ocidental produziu eco na teologia e, uma vez efetuada essa transição, não pôde haver retorno algum às formas pré-modernas de pensamento, pelo menos não sem o risco de colapso na comunicação com toda uma cultura.

A eclesiologia moderna descrita neste capítulo deflui dos desenvolvimentos que ocorreram nos primórdios do século XIX. Em termos históricos, a análise pula dois séculos, da mesma forma como pulou os primórdios da Idade Média, porque o que se sucedeu dali por diante excedeu em importância o que se passou anteriormente. Conquanto a eclesiologia tenha continuado a se desenvolver durante os séculos XVII e XVIII e as eclesiologias então produzidas sejam de alguma importância, as mudanças por que passaram a igreja e sua eclesiologia no século XIX foram transformadoras. O Iluminismo e a Revolução Francesa introduziram novas dinâmicas na vida da igreja, mas mais significativas foram as mudanças verificadas nos métodos da disciplina da eclesiologia. Os desenvolvimentos ocorridos na igreja do Ocidente nesse século são frequentemente avaliados de 1815, final do período napoleônico, a 1914, começo da Primeira Guerra Mundial. Nesse interregno, a igreja passou por um período de expansão sem precedentes; sua interação dialética com as forças culturais na história e na sociedade alterou-lhe o caráter de maneira basilar. Poder-se-ia dizer que a igreja moderna, enquanto distinta da igreja existente no começo do período moderno ou no período da Reforma, adquiriu forma no decorrer desse século. No entanto, mudanças ainda mais profundas estavam ocorrendo na cultura intelectual, mudanças essas que desbordaram para as premissas e para os métodos de compreensão da igreja enquanto tal.

Refletindo essa dialética histórica, as primeiras décadas do século geraram as duas representações mais sólidas da eclesiologia moderna: uma, protestante, foi de autoria de Friedrich Schleiermacher; a outra, católica, de Johann Adam Möhler.[1] Essas duas eclesiologias, ambas produto da revivescência romântica pós-Iluminismo, têm muito em comum, a despeito de suas diferenças. Com efeito, o século como um todo convida a um interessante estudo por analogia, na medida em que os dois segmentos da igreja ocidental, protestante e católico, enfrentaram as mesmas forças históricas, sociais e culturais, ou seja, o mesmo "mundo", e elaboraram suas respostas.

Essa discussão acerca da eclesiologia moderna acha-se dividida em quatro partes. A primeira parte procura representar, em curto espaço, o desenvolvimento da igreja no decurso do século XIX. Discute, alternativamente, nas igrejas protestante e católica, os desenvolvimentos ocorridos nas missões, nas posturas em relação ao mundo, bem como na disciplina da teologia. Essa abordagem ajudará a preservar um senso de toda a igreja ocidental. A segunda e a terceira partes apresentam, respectivamente, em termos holísticos, as eclesiologias de Schleiermacher e do primeiro Möhler. A quarta parte colige alguns dos desenvolvimentos significativos desse século e os converte em princípios e axiomas gerais para a compreensão da igreja enquanto tal.

A igreja ocidental do século XIX

O desenvolvimento da igreja no Ocidente, durante o século XIX, pode ser chamado de explosivo. Muito embora as poucas páginas que

---

[1] Deve-se observar que a história recoberta neste capítulo estende-se além dessas duas figuras que morreram nos anos 1830. Sua influência, no entanto, sobreviveu, e a narrativa histórica servirá como uma ponte para seu impacto no século XX. Uma comparação entre Adolf von Harnack. *What Is Christianity?* Philadelphia, Fortress Press, 1986, orig. 1900, e Alfred Loisy. *The Gospel and the Church*. Philadelphia, Fortress Press, 1976, orig. 1902, também produziria intuições na eclesiologia moderna a partir de uma perspectiva histórica.

se seguem não façam senão indicar essa história, sem representá-la por inteiro, fornecem, porém, o contexto e as fontes para as mudanças na eclesiologia que a acompanharam. Três focos ou áreas de desenvolvimento são de particular relevância para a autocompreensão da igreja e direta ou indiretamente contribuíram para a eclesiologia. Essas áreas são a expansão da igreja por meio do movimento missionário, a mudança na relação da igreja com o mundo, no sentido de cultura, sociedade e Estado, a disciplina da teologia, da qual a eclesiologia faz parte.

O Movimento Missionário

No começo do século XIX, a igreja protestante estava mais ou menos contida no interior da Europa, nas Ilhas Britânicas, nas Américas. A expansão da Igreja Católica no século XVI e daí por diante foi impulsionada na direção do Oriente e das Américas, sobretudo pela Espanha, por Portugal e pela França. A igreja nas Filipinas havia sido estabelecida através do México, no século XVI. Na África, o cristianismo permanecera majoritariamente nas cidades costeiras, pois os mosquitos protegiam o interior. Por volta do final do século, praticamente todo país na face da terra havia sido atingido, talvez apenas de passagem, pela igreja em expansão. Em termos numéricos e territoriais, nenhuma expansão da igreja se lhe equiparava. A maneira como o movimento missionário envolveu a imaginação coletiva dos cristãos no século XIV compartilha algumas das qualidades das Cruzadas da Idade Média.[2]

As razões dessa expansão súbita e sem precedentes foram múltiplas. Uma relativa paz na Europa permitiu a seus cidadãos pensar em outras coisas que não a guerra. A Revolução Industrial e a expansão comercial propiciaram os meios e infundiram um desejo de expansão. O início do colonialismo forneceu as estruturas. A vitalidade da fé cristã, de par com um crescente otimismo em relação à existência humana e ao curso da

---

[2] Minha principal fonte para a história das missões é Stephen Neill. *A History of Christian Missions*, 2. ed. London, Penguin Books, 1986.

história, induziu um novo senso coletivo da responsabilidade cristã e um intenso desejo de transmitir a fé de uma nova forma e a todos.

A história da missão é fragmentada. Em termos fundamentais, ela é formada por missionários individuais ou por pequenos grupos, patrocinados por uma sociedade expedicionária ou por uma ordem religiosa que instala estações missionárias e trabalha em meio ao povo pregando o evangelho, traduzindo o Novo Testamento para o vernáculo, instalando clínicas, dispensários e escolas e, por fim, conquistando alguns conversos. O movimento missionário, portanto, é a coletânea dessas inúmeras histórias envolvendo indivíduos, famílias ou grupos de missionários, por distritos e regiões, em províncias, estados e países, por áreas do mundo: Extremo Oriente, Sudeste Asiático, Oceania, Sul da Ásia, Oriente Médio, África do Norte, do Oeste, do Leste e do Sul. Mas todas essas histórias existem como parte de um impulso cristão comum de comunicar-se, de encontrar outros povos e de convertê-los à Boa-Nova de Jesus Cristo. Por conseguinte, esses relatos individuais, em conjunto, contribuem para uma narrativa coletiva ao final da qual a igreja, superando a europeia no começo do século XIV, deu início ao processo de transformação em uma igreja mundial, de uma maneira dramaticamente nova. Esse processo prolongar-se-ia no decorrer do século XX.

Missões protestantes. A história das missões protestantes gira quase que completamente em torno de sociedades missionárias, de organizações voluntárias designadas para patrocinar, enviar e apoiar missionários em terras estrangeiras. Essas sociedades começaram a ser formadas na Inglaterra, ao final do século XVIII, e seu número cresceu no transcorrer do século XIX. Eram muitas e variadas, grandes e pequenas, de bases amplas ou restritas; podiam ser confessionais, interdenominacionais ou simplesmente evangélicas, sem vínculo com alguma igreja específica; eram apoiadas por igrejas, denominações ou sínodos específicos, ou simplesmente por cristãos interessados em ajudar as missões. Eles enviavam missionários que possuíam diferentes graus de formação missionária, desde aqueles que não tinham nenhuma formação até os que dispunham de formação no ministério, em teologia, e de aptidões profissionais ou técnicas.

A principal atividade era a pregação e a difusão da mensagem cristã. A tradução da Bíblia era um importante desafio, e os protestantes foram líderes nessa área. As escolas representavam também uma estratégia significativa na atividade missionária; escolas fundamentais, de nível médio e até mesmo universidades. Essa era uma maneira de relacionar-se com os membros da elite de uma determinada população. Hospitais e outras obras sanitárias eram típicos de muitas missões. As missões também podiam apoiar e gerenciar fazendas ou instituições agrícolas, escolas que proporcionavam formação comercial e industrial, casas publicadoras e imprensa escrita. Várias teorias ou teologias correlacionavam esse trabalho de desenvolvimento com o objetivo último de transmitir a revelação cristã.[3]

Por volta do final do século, quando os representantes das igrejas protestantes se reuniram em 1910 para a Conferência Missionária Mundial, realizada em Edimburgo, verificou-se um palpável sentimento de que a missão cristã continuaria a intensificar-se a fim de que as pessoas efetivamente vislumbrassem a possibilidade de que o mundo como um todo se converteria a Cristo.

Missões católicas. As missões católicas também adquiriram nova intensidade durante o século XIX, e a estrutura unificada da igreja ofereceu um tremendo suporte a um esforço mais coordenado. Os missionários católico-romanos eram, em larga medida, membros de ordens religiosas que funcionavam analogamente às sociedades missionárias protestantes, mas sob os auspícios de uma proteção maior de uma organização

---

[3] Neill, *Christian Missions*, pp. 216-217. Neill observa que os eventos ocorridos nos anos 1850 assinalam uma nova iniciativa na atividade missionária entre as igrejas protestantes. A coroa inglesa assumiu responsabilidade colonial pelo governo na Índia. A China começou a abrir o interior do país aos estrangeiros e o Japão também começou a se tornar menos resistente. Em 1857, David Livingstone publicou seu *Missionary Travels and Researches in South Africa*, que foi amplamente lido e estimulou grande interesse. No final dos anos 1850, o Segundo Despertar Evangélico nos Estados Unidos converteu-se em entusiasmo e responsabilidade pela missão. Novas sociedades missionárias foram criadas, e o fluxo de missionários da Europa e dos Estados Unidos foi renovado. Ibid., pp. 274-276. Desde os séculos XIX e XX, a maioria dos missionários protestantes é falante de língua inglesa.

internacional e de um sistema diocesano unido. Os jesuítas, suprimidos em 1773, foram restaurados em 1814, e muitas outras ordens religiosas de homens e de mulheres foram fundadas no período pós-napoleônico: "O século XIX foi mais pujante do que qualquer outro na formação de novas ordens e de irmandades especialmente devotadas ao trabalho missionário ou preparadas para devotar-lhe boa parcela de seus recursos".[4] Antes de 1850, também Gregório XVI "preparou o contexto dentro do qual os missionários puderam trabalhar ao criar um grande número de bispados e de prefeituras em todas as partes do mundo".[5]

Problemas com o movimento missionário. Todo um espectro de problemas envolvendo a atividade missionária do século XIX é comumente admitido por todos os lados. Em primeiro lugar, os missionários inevitavelmente inculcaram uma forma ocidental e até mesmo europeia local da igreja cristã. Em segundo lugar, a missão propagou as divisões europeias. Em um dado lugar qualquer, pode ter havido amizades pessoais, mas em geral elas eram excepcionais. "A maioria dos católicos romanos dava por assente que os protestantes eram o inimigo."[6] Em terceiro lugar, muito embora a atividade missionária devesse estabelecer igrejas autônomas, o treinamento de ministros e de clérigos locais demorou a decolar, e os missionários frequentemente adotavam posturas paternalistas e um conjunto de normas ocidentais que encorajavam um *status* elevado da missão em relação às igrejas jovens.[7] Em quarto lugar, essas deficiências agora óbvias encobriam questões teológicas mais difíceis que gradativamente deram surgimento à disciplina da missiologia. As teorias acerca da missão discrepavam; as eclesiologias das várias sociedades e igrejas expedicionárias, tanto quanto a situação cultural e educacional dos povos anfitriões, explicam as diferenças. Porém, no decorrer da extensa experiência missionária, alguns princípios comuns ou pelo menos algumas questões

---

[4] Neill, *Christian Missions*, pp. 336-337.
[5] Ibid., p. 338.
[6] Neill, *Christian Missions*, p. 369.
[7] "O paternalismo talvez tenha sido a mais grave deficiência de todo o trabalho missionário no século XIX." Eles se viam construindo uma igreja nativa, mas em geral não podiam vê-la sem eles próprios. Neill, *Christian Missions*, p. 362.

estratégicas viriam à tona. Pregar em larga escala ou instituir escolas para paciente instrução? O missionário deveria despojar-se da indumentária ocidental? Da cultura ocidental? Mas o que na prática cristã ocidental é ocidental no sentido de diferente de cristão? A eucaristia depende de vinho de uva? Que ideograma chinês de Deus realmente representa Deus? Como a ordem eclesial deveria adaptar-se para a recepção dos membros, líderes, ministros e bispos nativos? Quando e em que condições uma nova igreja deveria ser declarada uma igreja autônoma? Questões como essas poderiam ser multiplicadas.[8] Enquanto a maioria dos missionários transplantava suas igrejas domésticas, ao mesmo tempo essas questões percucientes relativas à natureza e à estrutura da igreja estavam sendo suscitadas. A disciplina formal da missiologia passou a existir no decorrer do século XIX e começo do século XX em distintas formas protestantes e católicas. Em ambos os casos, no entanto, a missiologia estudava a igreja na fronteira com o mundo, sob a forma de novas culturas e sociedades, e o envolvimento nessas questões ajudou a mediar uma consciência histórica nova e mais profunda.

Relação com o mundo

Este subtópico refere-se à maneira como a igreja na Europa, na Grã--Bretanha e nos Estados Unidos interagiu com as forças históricas, sociais e culturais do século XIX. Essas forças consistiam, entre outras coisas, na veiculação da cultura intelectual do Iluminismo e na reação contra ele no Romantismo, no florescimento de uma história crítica e, de uma forma, no incremento do senso de historicidade, no desenvolvimento das ciências, simbolizado, por exemplo, na descoberta da evolução biológica, nas forças políticas liberadas pela Revolução Americana e particularmente pela Revolução Francesa na Europa, nas forças conjugadas da Revolução Industrial e na emergência do liberalismo político, democrático e econômico. Essas forças também tiveram influência significativa sobre

---

[8] Essas questões não eram novas. Foram levantadas por Mateo Ricci (1552-1610) e por Roberto de Nobili (1577-1656), ambos missionários jesuítas, na China e na Índia, respectivamente. As questões continuam perenes.

a disciplina da teologia, tópico que será abordado na seção seguinte. O foco aqui incide sobre alguns efeitos notáveis sobre a consciência eclesial em geral. Essas premências históricas comuns tiveram efeitos análogos, de uma maneira geral, tanto nos ramos protestantes como nos ramos católicos da igreja ocidental.

A Revolução Francesa está por trás das discussões acerca da relação da igreja com a sociedade, com o Estado e com o mundo na Europa do século XIX. Trata-se de uma relação instável e flutuante, atributos bem ilustrados na França. Antes da revolução, a Igreja Católica na França gozava de amplos privilégios: era rica e isenta de tributação; desfrutava de monopólio na educação e era dirigida por um alto clero oriundo da aristocracia. A monarquia e a igreja eram os pilares do *ancien régime*. Com a revolução, tudo isso desmoronou. O governo revolucionário reconstituiu a igreja dentro dos parâmetros de uma nova Constituição francesa. Seguiu-se uma campanha de descristianização durante o Reino do Terror e o restabelecimento da igreja sob Napoleão, chancelado por uma concordata com Roma, celebrada em julho de 1801. Duas características da concordata efetivamente fomentaram a vinculação com Roma. Uma era o fato de que a igreja perdera suas propriedades, e seu clero era assalariado pelo Estado: isso encorajava os líderes da igreja a se voltarem para Roma em busca de influência contra a dominação do Estado. A outra característica era o poder concedido pela concordata, em função do qual o papa podia exigir a renúncia de bispos franceses. A concordata infundiu nova vida à igreja na França.[9]

O desenvolvimento das igrejas na Europa no decorrer do século XIX variou conforme a nação e o principado, por um lado, e a denominação da igreja, por outro. Vários movimentos marcaram a vida da igreja na Grã-Bretanha: o Movimento Tractariano, o Movimento do Cristianismo Social, a expansão das Igrejas Livres. A igreja cristã na América do Norte experimentou um crescimento espetacular em termos de vitalidade, particularmente nos Estados Unidos. "Nos Estados Unidos, o macrocosmo

---

[9] Alec R. Vidler. *The Church in an Age of Revolution*. London, Penguin Books, 1974, pp. 11-21.

cristão como um todo, disperso na Europa entre muitas nações, teve de ser transplantado para um único país". Liberados das restrições europeias contra a diversidade ou o radicalismo, após a Revolução Americana os imigrantes cristãos "ficaram livres para experimentar e para fazer o que quisessem".[10]

Dentre os muitos elementos que são novos e distinguem o desenvolvimento da Igreja no Ocidente, no transcurso do século XIX, dois têm particular influência sobre a igreja e sua autocompreensão. Um foi a crescente reação contra a modernidade e um impulso ao autoritarismo refletido no segmento do protestantismo chamado "fundamentalismo". O análogo católico concerniu à totalidade da igreja enquanto instituição e é rotulado, de diferentes perspectivas, como "ultramontanismo", "integrismo" ou simplesmente autoritarismo. Em ambos os casos, o refúgio em alguma forma de dependência pura da autoridade pode ser interpretado como reação contra uma modernidade que se afigurava não simplesmente como forças anticristãs em ação fora da igreja, mas também se imiscuindo em seu bojo, como uma espécie de vírus que a ataca a partir de dentro. O outro fenômeno comum mais positivo que se verificou entre as igrejas foi o reconhecimento do papel da igreja na sociedade. O Cristianismo Social pode ser definido, *grosso modo*, como uma interpretação anti--individualista do cristianismo que vê a igreja desempenhando um papel no aperfeiçoamento da sociedade e da cultura, mas em uma situação na qual agora a igreja e o Estado se acham separados. Ele representou uma reação contra os efeitos sociais negativos do crescimento do individualismo capitalista na economia, na indústria e no comércio, uma reação contra a pobreza e as condições de vida desumanas dos pobres da agricultura e da manufatura. Isso acompanhou o crescimento do socialismo como uma teoria político-econômica e perpassou, qual ameaça, a última metade do século na Europa, estendeu-se à América do Norte e atingiu certo clímax

---

[10] Vidler, *The Church in an Age of Revolution*, pp. 235-236. Ao final do século XVIII, a prática religiosa regular não era grande: menos de 10% eram praticantes. Mas o Segundo Grande Despertar modificou isso, e as igrejas e missões floresceram. A revivescência e as missões da igreja incrementaram consideravelmente uma ativa participação eclesial. Ibid., p. 237.

ali no Movimento do Evangelho Social. Uma breve descrição de ambos os temas, primeiro nas igrejas protestantes e depois na Igreja Católica, propicia uma lição de analogia social.

Protestante. O desenvolvimento da igreja protestante no decorrer do século XIX não apresenta uma história unificada. Cada país da Europa tem sua história eclesial; da mesma forma na Grã-Bretanha e na América do Norte. Poder-se-ia esquematizar as confissões, as ordens eclesiais, as liturgias e as espiritualidades das igrejas, em uma espécie de grade, como Ortodoxas, Piedade Evangélica ou Pietismo e Acomodação Liberal. Esse esquema perpassaria denominações e nações e, portanto, tenderia a ocultar a complexidade e a diversidade entre as igrejas protestantes.[11] E é simplista reduzir as alternativas das sensibilidades protestantes ou cristãs a liberais e fundamentalistas. Essa modalidade de pensamento digital é tentadora, mas perde inteiramente de vista as múltiplas temáticas e opções do período. A despeito das muitas outras manifestações de um conservadorismo religioso em reação contra as tendências liberais do século XIX, é útil observar o apelo a uma visão extrínseca de como a autoridade de Deus é mediada à igreja na perspectiva do fundamentalismo.

"O termo 'fundamentalismo' deriva de uma Conferência Bíblica dos evangélicos conservadores em Niágara, ocorrida em 1895. Eles tomaram posição acerca de 'cinco fundamentos': a inerrância das Escrituras, a divindade de Jesus Cristo, o Nascimento Virginal, a teoria substitutiva da compensação e a Ressurreição corporal e a iminente Segunda Vinda corporal do Senhor.[12] Essas verdades básicas foram desenvolvidas subsequentemente em uma série de tratados denominados *The Fundamentals*, publicados alguns anos depois, que expandiam essas verdades fundamentais da igreja. A principal delas concerne ao *status* da Bíblia. "No centro da oposição fundamentalista ao liberalismo estava a questão da autoridade e da inspiração da Bíblia. Para os fundamentalistas, o cristianismo está irrevogavelmente comprometido com a inerrância da Bíblia".[13]

---

[11] Kenneth Scott Latourette. *A History of Christianity*. New York, Harper & Row, 1975, p. 1156.
[12] Vidler, *The Church in an Age of Revolution*, p. 241.
[13] John Dillenberger e Claude Welch. *Protestant Christianity: Interpreted trough its Development*. New York, Chales Scribner's Sons, 1954, p. 227.

Entretanto, o dinamismo mais profundo desse fundamentalismo pode ser considerado em termos de autoridade. O desejo de fundamentos e de uma imutável essência e base do cristianismo respalda-se em uma necessidade de autoridade que derive de fora da situação humana e a ancore contra a insegurança da deriva em meio ao pluralismo e à mudança. Esse particular desejo religioso de autoridade é de natureza extrinsecista, ou seja, vê Deus atuando não por meio de processos naturais, como no caso da imaginação liberal, mas sobrenaturalmente, mediante intervenção. Só uma ação como essa da parte de Deus pode ser salvífica e garantida enquanto tal. Solapar esse ato interventor e autoritativo de Deus equivale a solapar a essência da mensagem cristã.[14]

O segundo tema do cristianismo social tem a ver com a forma como a igreja se apercebeu de que deve desempenhar um papel independente na reconstrução social.[15] Esse aspecto recebeu atenção pública no movimento socialista cristão na Inglaterra, em meados do século XIX. No transcorrer da segunda metade do século XIX, essa preocupação social cresceu, organizou-se de diversas formas em diferentes situações e pouco a pouco assumiu o cariz do movimento do Evangelho Social. As fontes desses movimentos são as seguintes:

- o trabalho organizado e vários movimentos trabalhistas;
- o idealismo moral da teologia liberal expresso, por exemplo, na teologia de Albrecht Ritschl;
- a própria Bíblia quando os autores focalizam os profetas, os ensinamentos de Jesus acerca da riqueza e da pobreza, bem como uma interpretação da mensagem de Jesus a respeito do reino de Deus e de sua relevância para a sociedade atual;

---

[14] Ibid., p. 228.
[15] "O movimento socialista cristão de 1848-1854 em certo sentido nasceu do cristianismo. John Malcolm Ludlow (1821-1911), Charles Kingsley (1819-1875), F. D. Maurice (1805-1872), Thomas Hughes (1822-1896) e os demais foram um grupo de clérigos que perceberam que o evangelho de Cristo deve ter algo melhor para dizer aos trabalhadores da Inglaterra do que a igreja oficial estava dizendo." Vidler, *The Church in an Age of Revolution*, p. 95.

- a intensidade da pobreza e do sofrimento humano gerados pela Revolução Industrial, especialmente nos centros urbanos manufatureiros.[16]

O Evangelho Social nos Estados Unidos se expressou em uma ampla variedade de gêneros: em hinos, em romances populares como *In his steps*, de Charles M. Sheldon, nos escritos de vários pastores-líderes como Washington Gladden, em economistas políticos como Richard Ely, em animadores culturais como Josiah Strong, em teólogos-historiadores como Walter Rauschenbusch, em exegetas-teólogos como Shailer Mathews, em eticistas como Francis Peabody. O movimento desenvolveu uma explícita eclesiologia do engajamento no processo de aperfeiçoamento da ordem social.[17] "O princípio subjacente dessa nova compreensão do evangelho foi o explícito e consistente reconhecimento da natureza social da existência pessoal."[18] Ele fez uma permanente contribuição à eclesiologia: "O imperativo ético do Evangelho Social, a ênfase na responsabilidade social cristã, a pronunciada crítica a qualquer ética cristã que cuide apenas da 'moralidade individual', a preocupação primordial com o bem-estar das classes e dos povos oprimidos – esses elementos remanescem do Evangelho Social como parte integrante do testemunho protestante".[19]

Católico. A dinâmica da interação entre a Igreja Católica e o mundo, no decorrer do século XIX, também encerrou uma propensão ao autoritarismo e uma crescente preocupação com as problemáticas sociais. Levou também ao desenvolvimento de uma cultura eclesial peculiar. "Esse moderno catolicismo romano assumiu a forma de uma contrassociedade, legitimada por uma contracultura, como resposta e em oposição à

---

[16] Dillenberg e Welch, *Protestant Christianity*, pp. 243-245. "O evangelho social foi uma nova aplicação da ética cristã em resposta às exigências de uma nova situação histórica. A consciência tinha de tornar-se 'consciência social'." Ibid., p. 245. Para recuperações coerentes e percucientes do movimento do evangelho social, ver William D. Lindsey. *Shailer Mathews's Lives of Jesus: The Search for a Theological Foundation for the Social Gospel*. Albany, State University of New York Press, 1997, e Darlene Ann Peitz. *Solidarity as Hermeneutic: A Revisionist Reading of the Theology of Walter Rauschenbusch*. New York, P. Lang, 1992.

[17] Ver Roger Haight. "The Mission of the Church in the Theology of the Social Gospel", *Theological Studies*, 49 (1988), pp. 477-497.

[18] Dillenberg e Welch, *Protestant Christianity*, p. 248.

[19] Ibid., p. 254.

emergente cultura e sociedade liberal que avançou com aparente inexorabilidade ao longo de todos aqueles anos".[20] Não se trata de uma forma tridentina, e sim de uma nova forma. Uma série de traços, qualidades e comportamentos sociais ilustrará seu caráter.

Em primeiro lugar, essa forma de igreja definiu-se a si mesma em contraposição a uma plêiade de inimigos. Um deles foi o espírito e o movimento do racionalismo, que atacava diretamente a fé e a igreja: "Acreditava-se que uma autoproclamada independência ou autonomia devesse ser preservada no julgamento particular de Lutero e na definição kantiana do Iluminismo" (358). Ela reagiu contra a diferenciação social de competências, especialmente a separação entre igreja e Estado. É importante reconhecer quão ameaçadora se afigurava essa separação àqueles que estavam habituados com a coincidência entre igreja, sociedade e Estado. Foi hostil ao paradigma do progresso e ao desenvolvimento orgânico e tinha uma visão apocalíptica acerca de uma história conduzida pelas forças contrárias de Deus e de Satã.

Em segundo lugar, e em termos mais positivos, ela idealizou a Cristandade da Idade Média, em que igreja e sociedade fundiam-se em prol do bem comum. A disposição de espírito era restauracionista e se remetia ao passado com nostalgia. A vida religiosa era nutrida por um vibrante conjunto de práticas devocionais direcionadas a Maria e a Cristo que contrabalançavam reveses políticos e sociais com patronagem sobrenatural.

Em terceiro lugar, no nível social, a igreja instituiu uma série de associações católicas que em conjunto favoreceram uma contracultura que protegia os católicos contra o contágio da modernidade. "As novas associações católicas eram a princípio movimentos populares, quase sempre originados das camadas sociais mais baixas e frequentemente em resposta às ameaças às crenças, valores ou liberdades católicas, representadas pelo avanço do liberalismo e/ou pelo anticlericalismo" (369). Mas

---

[20] Joseph A. Komonchak. "Modernity and the Construction of Roman Catholicism", *Cristianesimo nella Storia* 18 (1997), p. 356. A seguinte exposição do catolicismo nesse período sintetiza, em sua maior parte, esse trabalho, e as referências no texto nesta seção são as páginas desse criterioso estudo.

uma positiva canalização da energia católica não pode ser dissociada da função protetora dessas associações: "As associações também tinham o propósito de promover contatos sociais entre os católicos, na esperança de que pudessem, assim, ser protegidos de infecção pelas ideias e sentimentos liberais" (371).

Em quarto lugar, no nível eclesial, a autoridade era centralizada: "Uma das características distintivas da história do catolicismo no século XIX foi a incrementada centralização da vida católica em Roma e na figura do papa" (371). Durante esse período, o papa adquiriu o direito de nomear bispos na França, o que se tornou padrão. Entretanto, à medida que as nações da Europa tornavam-se mais religiosamente seculares, a autoridade papal, originalmente buscada como equilíbrio político, internalizou-se para tornar-se o controle central da própria igreja. O Concílio Vaticano I e a infalibilidade papal propiciaram um símbolo de considerável poder social para definir uma espécie de igreja autoenclausurada.

Em quinto lugar, esse controle se estendeu à vida intelectual. Foi exercido por meio de encíclicas, de manuais nos seminários e da padronização da síntese medieval em um ideal integrista. "Pio IX afirmou ser papel da autoridade eclesiástica não apenas supervisionar, mas também guiar os desenvolvimentos teológicos" (374).

Por fim, essa forma de igreja manteve-se em oposição ao mundo: o espírito dessa subcultura católico-romana era fechado em si mesmo e hostil ao espírito cultural, político e econômico reinante. Não era, contudo, passivo, descomprometido ou privatista. A encíclica *Rerum Novarum*, de Leão XIII, reflete uma igreja que é agressivamente contracultural e engajada na sociedade.

Essa cultura era compartilhada por toda a igreja, analogamente em cada país, com uma hostilidade comum ao mundo: "Uma única interpretação do desafio da modernidade era em toda parte considerada como aplicável e normativa por uma autoridade romana cujo crescente controle sobre a vida da igreja local era ele próprio um importante elemento na resposta católica ao desafio da modernidade" (379).

Nos Estados Unidos, a Igreja Católica desenvolveu sua própria versão peculiar do Evangelho Social que correu paralelamente com as igrejas protestantes.[21] Surgiu através das seguintes etapas. Em primeiro lugar, os trabalhadores pobres dos centros industriais eram em sua maioria católicos que se reuniram em sindicatos durante o período de disputa trabalhista, fazendo dos católicos um público majoritariamente leal aos sindicatos. Foi o caso dos Cavaleiros do Trabalho, que chegaram ao auge nos anos 1880. Apesar disso, a maioria dos clérigos se manteve hostil aos sindicatos por temor ao socialismo, a um compromisso com o princípio da propriedade privada, ou por reação a uma certa aura de competição religiosa do sindicato.[22] Em segundo lugar, uma série de ativistas sociais, tanto sacerdotes como bispos, abriu caminho para uma defesa progressiva e socialmente liberal do trabalho e da reforma social. O mais célebre exemplo é Padre Edward McGlynn, sacerdote sincero e politicamente engajado da arquidiocese de Nova York. Em terceiro lugar, conquanto a publicação de *Rerum Novarum* não haja modificado imediatamente a consciência social católica, avalizou, não obstante, o sindicalismo, os direitos dos trabalhadores e o engajamento social da igreja. Em quarto lugar, o progressivo espírito de reforma no país, no decorrer das primeiras duas décadas do século XIX, gradativamente ampliou a consciência católica. Por último, no ano de 1919, os bispos católicos dos Estados Unidos publicaram o *"Bishop's Program of Social Reconstruction"*, que

---

[21] Paul Misner. *Social Catholicism in Europe: From the Onset of Industrialization to the First World War.* New York, Crossroad, 1991, narra a história do envolvimento católico na sociedade europeia. John T. Mcgreevy. *Catholicism and American Freedom.* New York, W. W. Norton, 2003, analisa a interação entre catolicismo e democracia liberal nos Estados Unidos de 1850 em diante. A história do movimento católico Evangelho Social nos Estados Unidos é analisada por Jay P. Dolan. *The American Catholic Experience: A History from Colonial Times to the Present.* Garden City, N. Y., Doubleday, 1985, pp. 321-346. As etapas aqui desenvolvidas são extraídas de sua exposição. Deve ser observado que as paróquias reagiram à pobreza em um nível concreto ou micro de ação direta. Durante esse período, algumas das agências paroquiais mais fundamentais, como, por exemplo, as Sociedades São Vicente de Paulo, foram instituídas em cada paróquia para ajudar os pobres, os famintos e os enfermos.

[22] Isso tornou-se um debate público no interior da igreja, e finalmente o Vaticano dispôs que os católicos poderiam pertencer aos Knights of Labor, em 1888. Dolan, *American Catholic Experience*, pp. 332-333.

foi "o documento social mais visionário já promulgado por uma agência católica oficial nos Estados Unidos".[23]

Teologia

A teologia enquanto disciplina experimentou extraordinários desenvolvimentos no decorrer do século XIX até a Primeira Guerra Mundial. Os dois teólogos estudados neste capítulo contribuíram significativamente para esse desenvolvimento na primeira parte do século, de sorte que, em certos aspectos, o que se lhes segue inclui reações aos efeitos ou o histórico dos efeitos produzidos por seu pensamento. Muito embora a brevidade do espaço reservado a esse histórico possa comportar não mais que comentários a respeito de um rol de nomes, não podemos deixar de fazê-lo. A interpretação do pensamento desses teólogos que a seguir se apresenta é feita segundo a perspectiva de sua relevância para a autocompreensão da igreja.

Teologia protestante. A teologia cristã no período do Iluminismo foi caracterizada como racionalista no espírito, escolástica na forma e moralista na intenção.[24] A filosofia e a filosofia da religião de Immanuel Kant proporcionaram uma espécie de ponte que ligava a explosão da criatividade romântica na teologia com o que se passara anteriormente. Kant cerceara uma ascensão objetivista a Deus, consolidara uma guinada em direção ao sujeito, estabelecera a filosofia como análise transcendental crítica, estabelecera paradoxalmente uma base racional para a fé e até mesmo para o fideísmo na razão prática e inter-relacionara intimamente a religião e a moralidade. Podem-se delinear os desenvolvimentos ocorridos na teologia no transcorrer do século XIX mediante referência ao legado kantiano.[25]

---

[23] Dolan, *American Catholic Experience*, p. 344.
[24] Dillenberg e Welch, *Protestant Christianity*, p. 155.
[25] O pensamento humanista, os eminentes filósofos e teólogos surgiram a partir da história, ou seja, das sociedades e culturas contemporâneas, com suas crises, dilemas, linguagens e aplicações. Articular esses teólogos em termos diacrônicos em última análise não explica seu pensamento, mas tampouco é algo irrelevante.

Friedrich Schleiermacher, cuja eclesiologia será extensamente analisada, estudou Kant a sério, dele hauriu profundamente e rejeitou algumas de suas asserções mais fundamentais. Schleiermacher se mantém no topo da teologia protestante do século XIX. Sua eclesiologia representa uma compreensão genuinamente nova da igreja quando comparada com a do século XVI.[26] Hegel, contemporâneo de Schleiermacher em Berlim, também exerceu influência significativa sobre a teologia e a eclesiologia, menos em termos de compreensão formal da igreja, mais de situar a compreensão da igreja em uma moldura historicista. Pensadores como Ferdinand Christian Baur, sobre as origens cristãs e as dinâmicas do desenvolvimento da igreja, e David Friedrich Strauss, sobre Jesus, inseriram a compreensão da igreja dentro de um marco hegeliano da dialética da história e do contexto de uma avaliação crítica da fé e do conhecimento. Albert Ritschl, haurindo sua inspiração de Kant, de Schleiermacher e de filósofos do valor, propôs uma teologia-cum-eclesiologia do reino de Deus que inseriu a igreja justamente na dinâmica da história social.[27] Adolf von Harnack e August Sabatier constituem dois exemplos da teologia liberal ao final de seu curso ao longo do século XIX. A clássica história do dogma de Harnack e seu amplamente lido *A essência do cristianismo* relativizam as estruturas da igreja.[28] E as visões de Sabatier acerca da autoridade religiosa parecem suplantar o discurso profético por parte da igreja institucional.[29]

Alguns temas ou características comuns que abarcam os desenvolvimentos ocorrentes na teologia protestante do século XIX ajudam a definir um novo quadro pós-Iluminismo para a eclesiologia. O primeiro

---

[26] "O *Glaubenslehre* de Schleiermacher é dogmático para uma nova era, não apenas por sua afinidade com a guinada subjetiva e histórica no pensamento moderno, mas também porque aceita integralmente a obrigação de ajustar suas fórmulas ao estado de conhecimento atual." Brian A. Gerrish. "Friedrich Schleiermacher", *Nineteenth Century Religious Thought in the West*, I, ed. Ninian Smart et al. Cambridge, Cambridge University Press, 1985, p. 134.

[27] Albrecht Ritschl. *The Christian Doctrine of Justification and Reconciliation: Positive Development of the Doctrine*. Edinburgh, T & T Clark, 1990.

[28] Adolf von Harnack. *What is Christianity?* Philadelphia, Fortress Press, 1986.

[29] Auguste Sabatier. *Outline of a Philosophy of Religion Based on Psychology and History*. New York, Harper, 1957.

e talvez mais amplo movimento é a guinada em direção ao sujeito como base e fonte para a teologia. Muito embora nunca assuma o papel de fonte exclusiva, a antropologia proporciona uma premissa hermenêutica para interpretar a Escritura e a tradição das confissões eclesiais.

Em segundo lugar, as premissas e as pressuposições da reação romântica contra o pensamento iluminista tornaram-se operativas na lógica e na argumentação teológicas. Os pensadores começam a considerar a imaginação humana como um recurso epistemológico que pode ir aonde a razão pura não consegue chegar. Grandes metáforas como a organicidade e o crescimento tornam-se formas de entender a realidade em um nível macro ou cósmico. O desenvolvimento é mais do que uma sucessão de coisas; uma atitude otimista para com o processo histórico interpreta a teleologia e até mesmo o progresso no desenvolvimento.

Seria difícil enfatizar mais o uso da metáfora de um organismo e do crescimento orgânico para compreender a igreja no período romântico. "Os modelos orgânicos de história empregam metáforas radicais extraídas dos processos orgânicos a fim de entender a experiência histórica."[30] Por conseguinte, a história do cristianismo e particularmente da igreja "devia ser entendida como processo orgânico, porque a igreja (enquanto reino de Deus na terra) é uma comunidade orgânica e porque suas ideias organizadoras (enquanto reino de Deus na terra) desenvolvem-se organicamente" (64). Alguns dos traços dessa imagem incluem a concepção de Jesus e de seus ensinamentos nos primórdios como uma espécie de semente para os desenvolvimentos ulteriores. Por conseguinte, uma compreensão orgânica possibilita uma constante unidade e identidade, apesar das mudanças históricas (66). O caráter vivo da unidade orgânica possibilita a novidade, a mudança, à medida que interage com o que está fora de si mesma ao longo do tempo; preserva a identidade à proporção que se adapta a seu ambiente (67). Integra imagens bíblicas como as do reino de Deus e a do corpo de

---

[30] Bradford E. Hinze. *Narrating History, Developing Doctrine: Friedrich Schleiermacher and Johann Sebastian Drey*. Atlanta, Scholars Press, 1993, p. 9. A caracterização seguinte que se faz de uma compreensão sócio-orgânica da igreja extraída de Hinze, pp. 62-76, refere-se a Schleiermacher.

Cristo. Um organismo vivo também mantém coesa a multiplicidade na unidade: "Cada parte histórica individual – pessoa, evento, comunidade, nação – tem sua própria integridade enquanto parte e cada parte também deve ser vista como uma reflexão de um todo maior" (70). Finalmente, a metáfora do organismo dá margem a disfunções e, portanto, a uma dialética de crítica e reforma ou retorno à sanidade.

Em terceiro lugar, quando se encaixa a igreja nesse esquema geral da história, ela se torna intimamente envolvida no processo histórico como um agente moral. Isso é menos verdade no que toca a Schleiermacher, que explicitamente refutava qualquer redução da fé cristã à moralidade. Contudo, na eclesiologia de Kant, de Ritschl e de Harnack, a igreja é estritamente associada a uma agência moral na história. Aqueles que reagiram contra a teologia "liberal" incorretamente interpretaram esse tema como simples redução ou colapso da religião na moralidade. Uma avaliação mais acurada o interpretaria como uma reação contra o individualismo.

Por último, quando comparados com o segmento da igreja cujas preocupações eram mais focadas na preservação quer das doutrinas ortodoxas, quer de uma afetiva piedade evangélica, esses desenvolvimentos teológicos afiguram-se pífios ou comprometedores. Pela perspectiva da interpretação que Karl Barth faz da Carta de Paulo aos Romanos, a teologia liberal parecia relativamente pouco consistente em sua avaliação da autoridade escriturística ou eclesial e das doutrinas clássicas. Decidir essa questão é uma das tarefas do século XX.

Teologia católica. Thomas O'Meara caracteriza a teologia católica do Iluminismo como uma teologia de manual mediada pelas categorias metafísicas de Aristóteles. Consistia em dados positivos coligidos da tradição da igreja, e em exposições doutrinárias por meio de definições, divisões de material e elaborações em linguagem escolástica. Quando surgiu a filosofia de Kant, os teólogos católicos lhe prestaram atenção e posteriormente voltaram seu interesse para questões fundacionais da fé e da razão e para a epistemologia de ambas. À medida que o escolasticismo declinou e a teologia protestante, por intermédio de Schleiermacher, erigiu-se sobre a guinada kantiana em direção ao sujeito e à fé, a teologia católica encontrou inspiração no idealismo objetivo de Schelling como mais compatível com a imaginação contemplativa e sacramental.[31]

A teologia católica do século XIX não seguiu a mesma trajetória da teologia protestante; a Igreja Romana não era tão pluralista e, como igreja institucional singular, possuía uma estrutura de autoridade que se tornou crescentemente controladora após a restauração da ordem política na Europa. Uma fieira de importantes teólogos do século poderia principiar com Johann Sebastian Drey, fundador da escola católica de teólogos de Tübingen. Na disciplina da eclesiologia, seu mais célebre aluno e discípulo foi Johann Adam Möhler, cuja eclesiologia inicial será analisada mais pormenorizadamente a seguir. Embora não tão elaborada, sua eclesiologia mais antiga se desenrola, a largos traços, paralelamente à de Schleiermacher. Entre outras coisas, Möhler propôs uma teoria comunitária, orgânica, da tradição e do desenvolvimento.[32]

Mas o período criativo na teologia católica que começou em Tübingen foi obscurecido pela escola romana de teologia, especialmente por seus eclesiólogos, que reinaram desde o período anterior ao Vaticano I até o Vaticano II.[33] Giovanni Perrone começou ensinando no Colégio Romano quando ele foi entregue aos jesuítas, restaurados em 1824. Ele encabeça uma extensa linhagem de professores do tratado escolástico *De Ecclesia*, que se estende até o século XX: Carlo Passaglia, Clemens Schrader, John Baptist Franzelin, Domenico Palmieri, Camilo Mazzella, Louis Billot,

---

[31] Thomas Franklin O'Meara. *Romantic Idealism and Roman Catholicism: Schelling and the Theologians*. Notre Dame, Ind., University of Notre Dame Press, 1982, pp. 65-68.

[32] O problema do desenvolvimento do dogma tornou-se uma questão importante na teologia católica até o Concílio Vaticano II. Como se poderia desenvolver um dogma? Que estrutura do dogma possibilitaria esse desenvolvimento? Essas questões, que haviam sido tratadas espontaneamente no pensamento de Möhler, tornaram-se problemáticas daí por diante. Por exemplo, John Henry Newman abordou a questão com seu famoso *An Essay on the Development of Christian Doctrine*. London, James Toovey, 1845. Essas teorias proporcionaram uma forma na qual a teologia podia abordar a historicidade e granjear alguma nuança na epistemologia religiosa. Ver Mark Schoof. *A Survey of Catholic Theology: 1800-1970*. New York, Paulist Newman Press, 1970.

[33] Ver Yves Congar. *L'Eglise: De Saint Augustin à l'époque moderne*. Paris, Editions du Cerf, 1970, pp. 428-435. T. Howland Sanks estuda a eclesiologia dessa remota escola em termos longitudinais, pelas lentes da autoridade eclesial e seu exercício, em *Authority in the Church: A Study in Changing Paradigms*. Missoula, Mont., The American Academy of Religion, 1974.

Timotheus Zapelena. Essa eclesiologia escolástica refletiu acuradamente a centralização cada vez maior da autoridade da igreja no papado.[34] É escusado dizer que as doutrinas do papado e da infalibilidade papal monopolizaram a atenção. O pensamento escolástico católico recebeu um impulso quando Leão XIII proclamou um retorno da teologia católica a Tomás de Aquino como sua clássica expressão em *Aeterni Patris*, de 1879, porque estimulava o estudo histórico de Aquino. Mas o resgate histórico excedeu-se pelo exercício da autoridade contra o movimento modernista.[35]

Em 1864, Pio XI condenou a cultura moderna na encíclica *Quanta cura* e no Sílabo de Erros. Em 1870, ele presidiu o Concílio Vaticano I, no qual a infalibilidade papal foi solenemente definida. A doutrina da infalibilidade papal teve mais poder simbólico do que eficácia programática: só foi explicitamente invocada uma vez após sua definição. Conferiu, no entanto, uma aura à jurisdição ordinária do papa, que incluiu pleno poder direto sobre cada membro da igreja. A eclesiologia não foi tão alterada estruturalmente quanto contida em um feixe de autoridade absoluta. O poder dessa autoridade foi demonstrado no fato de que nocauteou por completo o movimento modernista com dois golpes, um ideológico e o outro programático.[36] O golpe teológico consistiu em um outro sílabo de erros, intitulado *Lamentabili*, e na promulgação da encíclica *Pascendi Dominici Gregis*, de Pio X, em 1907. Eles construíram e em seguida

---

[34] Gerald McCool (*Catholic Theology in the Nineteenth Century*. New York, Seabury, 1977, p. 187) analisa a teologia de Joseph Kleutgen, talvez o representante líder da escola romana em meados do século XIX, nos seguintes termos: a teologia era uma ciência aristotélica das doutrinas que eram o objeto da fé. A história proporcionou os dados positivos dessas crenças, mas a história ou a historicidade não era um fator constitutivo intrínseco da própria teologia. Kleutgen não tinha senso algum do desenvolvimento conceitual e foi cego à pluralidade de marcos conceituais para compreensão. A teologia era uma disciplina unificada, e a forma escolástica era sua expressão clássica. *Catholic Theology in the Nineteenth Century*. New York, Seabury, 1977, p. 187.

[35] Gabriel Daly. *Transcendence and Immanence: A Study in Catholic Modernism and Integralism*. New York, Oxford University Press, 1980, descreve o impressionante contraste entre a teologia escolástica ao final do século XIX e as pressuposições e métodos empregados pelos pensadores modernos. A obra de Daly é uma cabal introdução à teologia do movimento.

[36] O movimento modernista na Igreja Romana procurou adaptar o ensinamento católico à modernidade, à luz dos estudos históricos e da filosofia contemporânea; floresceu na França e na Inglaterra, e também na Itália, em certa medida nos Estados Unidos, e teve aliados no pensamento liberal alemão.

condenaram a heresia do modernismo a partir dos escritos de teólogos e de exegetas. O exercício prático da autoridade consistiu no estabelecimento de comitês, em cada diocese, encarregados de investigar e de demitir professores suspeitos de esposar ou de ensinar ideias modernistas. A condenação do modernismo mediou, assim, um tipo dogmático de fundamentalismo e um envolvente autoritarismo que tornaram o pensamento crítico, no decorrer do século XIX até o Vaticano II, difícil e perigoso. A corrente principal da teologia degenerou em uma doutrina de manual predominantemente controlada a partir do centro.

Se limitarmos a consideração sobre a eclesiologia católico-romana do século XIX a uma avaliação dos primórdios da escola de Tübingen e do surgimento da escola romana, observaremos um nítido contraste, uma espécie de reversão de sentido do conhecimento expansivo do período romântico a uma terrível introversão protetora contra a modernidade. A escola de Tübingen compartilhou muitas das qualidades observadas na teologia protestante do século XIX, e a análise da eclesiologia de Möhler revelará em que medida seu primeiro ensaio extensivo compartilha temas com Schleiermacher. É igualmente claro, no entanto, que a eclesiologia da escola romana, que chegou a dominar o século, reflete a estrutura da consciência eclesial da liderança em Roma. Uma eclesiologia de uma comunidade é transformada em uma eclesiologia de uma instituição integrista. A autoridade a que os teólogos neo-ortodoxos e até mesmo os fundamentalistas apelaram contra a teologia liberal situava-se na Escritura; a autoridade que em última instância suprimiu o movimento modernista foi a autoridade objetiva de uma instituição religiosa.

A eclesiologia de Schleiermacher

Após essa visão panorâmica sobre a igreja ocidental durante o século XIX *à vol d'oiseau*, passamos a uma consideração mais pontual do tema do capítulo, as eclesiologias de Schleiermacher e de Möhler. Como nos casos anteriores, essas compreensões da igreja desabrocharam da história à medida que ela se filtrou através da vida particular desses autores. É imperativo, portanto, dizer alguma coisa, por mais esquemática que seja, sobre a vida e a concepção de Schleiermacher. As influências sobre sua formação e sua obra intelectual prévia, e particularmente a estrutura de sua síntese dogmática, ajudaram a situar a eclesiologia schleiermacheriana.[37]

Friedrich Schleiermacher

Schleiermacher nasceu em novembro de 1768. Seu pai foi um pastor reformado que se encontrou e foi profundamente influenciado pelos Irmãos Moravianos, e que matriculou o filho em uma escola moraviana quando ele tinha ainda catorze anos. A piedade afetiva moraviana centrada em Jesus causou profunda impressão em Schleiermacher ao longo de seus dois anos de residência. Em 1785, Schleiermacher transferiu-se para um colégio ou seminário teológico dos Irmãos. Em última instância, contudo, seu questionamento crítico e suas dúvidas em relação às concepções das doutrinas obrigaram-no a deixar o seminário em 1787 para cursar estudos na Universidade de Halle. Schleiermacher já tinha começado a ler Kant no seminário; em Halle, internalizou a obra de Kant e estudou igualmente filosofia grega clássica. Após dois anos de cursos e um período de estudo privado, Schleiermacher prestou seus primeiros exames teológicos da Igreja Reformada em 1790. Pelos três anos seguintes, foi tutor na casa de uma abastada família na Prússia.

---

[37] As obras a seguir relacionadas foram úteis para situar e interpretar o pensamento de Schleiermacher: Karl Barth. "Schleiermacher", *Protestant Theology in the Nineteenth Century: Its Background and History*. Valley Forge, Pa., Judson Press, 1973, pp. 425-473; James Duke e Francis Fiorenza. "Translators' Introduction", Friedrich D. E. Schleiermacher, *On the Glaubenslehre*. Chico, Calif., Scholars Press, 1981; Jack Forstman. *A Romantic Triangle: Schleiermacher and Early German Romanticism*. Missoula, Mont., Scholars Press, 1977; Brian A. Gerrish A. "Continuity and Change: Friedrich Schleiermacher on the Task of Theology", *Tradition and the Modern World: Reformed Theology in the Nineteenth Century*. Chicago, University of Chicago Press, 1977, pp. 13-48; "Friedrich Schleiermacher", *Nineteenth Century Religious Thought*, pp. 123-156; "From Calvin to Schleiermacher: The Theme and the Shape of Christian Dogmatics", *Continuing the Reformation: Essays on Modern Religious Thought*. Chicago, University of Chicago Press, 1993, pp. 178-195; Thomas M. Kelly. "Schleiermacher and the Turn to the Subject", *Theology at the Void: The Retrieval of Experience*. Notre Dame, Ind., University of Notre Dame Press, 2002, pp. 11-49; Martin Redeker. *Schleiermacher: Life and Thought*. Philadelphia, Fortress Press, 1973; Stephen Sykes. *Friedrich Schleiermacher*. Richmond, John Knox Press, 1971.

A segunda fase importante da vida de Schleiermacher começou quando ele assumiu o cargo de pastor no Charité Hospital, em Berlim, em 1796. Antes disso, prestara seu segundo exame de teologia, em 1794, foi ordenado e serviu como pastor assistente em uma comunidade formada durante dois anos. Uma vez em Berlim, Schleiermacher ingressou no universo intelectual de Friedrich Schlegel e no círculo de figuras literárias e filosóficas que tiveram papel de liderança no movimento romântico.[38] Foi por pressão de seus amigos românticos que Schleiermacher escreveu e publicou em 1799 seu *Discursos sobre religião para seus menosprezadores eruditos*.[39] Essa obra tem uma clássica estrutura apologética de apelação aos desafetos do cristianismo, demonstrando ser este o cumprimento dos verdadeiros ideais humanos que eles esposavam. Para tanto, Schleiermacher utilizou um estilo romântico de escrita e recorreu à intuição, ao sentimento, à experiência, à imaginação, à natureza, ao infinito, ao místico, ao "todo" para tornar o cristianismo inteligível e salvífico: por trás da linguagem objetiva e da instituição, encontra-se a realidade interior da religião que corresponde às aspirações humanas, e sua forma superior é o cristianismo.[40]

Schleiermacher deixou Berlim em 1802 para assumir o ministério; em 1804, foi para a Universidade de Halle como conferencista e pregador universitário; e em 1806 retornou a Berlim. Casou-se em 1809, no mesmo mês em que se tornou ministro na Igreja da Trindade, em Berlim, e

---

[38] Essa relação é estudada por Forstman, *A Romantic Triangle*. Schlegel e Schleiermacher tornaram-se bons amigos e durante vários meses, em 1798, dividiram um apartamento. Redeker, *Schleiermacher*, p. 30.

[39] Friedrich Schleiermacher. *On Religion: Speechs to Its Cultured Despisers*, ed. e trad. Richard Crouter. New York, Cambridge University Press, 1988. Durante todo o período em que esteve em Berlim e se ligou ao círculo romântico, Schleiermacher "pregou regularmente para uma comunidade comum na capela do hospital; e o mais importante: ele assumiu suas tarefas com bastante seriedade". Sykes, *Schleiermacher*, p. 8.

[40] Redeker observa a concepção schleiermacheriana da igreja nesse período inicial: "A igreja não é uma instituição, nem uma estrutura para a salvação, no sentido tradicional; acima de tudo, não é uma instituição hierárquica dotada de autoridade mágico-sacral. A igreja é, pelo contrário, uma comunidade que surge do meio da vida religiosa como uma comunhão absolutamente espiritual de verdadeiros homens pios". *Schleiermacher*, p. 51.

quando a Universidade de Berlim foi aberta, em 1810, "Schleiermacher foi nomeado professor de teologia e primeiro deão da faculdade".[41]

Os *Discursos* de 1799 contêm *strata* na formação de Schleiermacher que contribuem para a definição de sua maturação teológica. Ele tinha amor à filosofia, clássica e moderna, e sua teologia é mediada por categorias filosóficas. Com Kant, fez a guinada em direção ao sujeito, mas sua fenomenologia do sujeito religioso diferia da de Kant. Schleiermacher não situou o contato com Deus nem no intelecto, nem na vontade, mas na "intuição" ou no "sentimento". Como ele próprio experienciou com os moravianos, o sujeito humano era inerentemente religioso, e por intermédio da análise filosófica Schleiermacher estabeleceu-lhe uma base filosófica. Dos românticos, Schleiermacher tomou de empréstimo a terminologia que afastou sua análise transcendental da experiência religiosa do racionalismo do Iluminismo e a conjugou ao novo humanismo otimista em desenvolvimento no começo do século XIX.

A obra-prima de Schleiermacher, *A fé cristã*, institui a fonte da qual emana a eclesiologia que a seguir se apresenta.[42] A primeira edição foi publicada em 1821-1822, e uma segunda edição, com respostas às críticas, foi publicada em 1830-1831. A eclesiologia de Schleiermacher não é etérea; foi concebida como parte integrante de sua compreensão holística da religião cristã. Além disso, o método e a forma dessa dogmática sistemática não influenciam pouco a compreensão que ele tem da igreja.[43] Como consequência, deve-se ter pelo menos uma ampla compreensão estrutural de sua teologia para apreciar a eclesiologia em seu bojo. Os

---

[41] Sykes, *Schleiermacher*, p. 12.
[42] Friedrich Schleiermacher. *The Christian Faith*, ed. H. R. Mackintosh e J. S. Stewart. New York, Harper & Row, 1963. Essa obra será citada doravante no texto como CF, por número de parágrafo e de página.
[43] E, vice-versa, suas visões acerca da igreja influenciaram sua dogmática. Por exemplo, Schleiermacher apoiou a igreja unificada estabelecida pelo rei Frederico Guilherme III, em 1817, e descreveu sua dogmática como "composta de referência especial à União das duas comunhões protestantes – a luterana e a reformada" (CF, Prefácio à segunda edição, p. xxiv; ver Redeker, *Schleiermacher*, pp. 187-193). Em geral, contudo, Schleiermacher não favoreceu a unificação baseada na legislação.

sete pontos seguintes pretendem conduzir à visão teológica schleiermacheriana da fé cristã.

Em primeiro lugar, a base da religião para Schleiermacher é a autoconsciência ou experiência religiosa. Os termos que Schleiermacher utiliza para aludir a essa experiência – "piedade" e "o sentimento de absoluta dependência" – são categorias técnicas cuidadosamente elaboradas por meio da análise transcendental que estabelece a experiência religiosa quer como inerentemente humana, quer como universal e realista, no sentido de que é consciência de uma verdadeira relação com Deus. Essa consciência ou piedade religiosa é "imediata" no sentido de pré-reflexiva e, portanto, anterior aos atos intencionais do conhecimento e da vontade que sobre ela se refletem ou reagem a seu objeto.[44]

Em segundo lugar, essa experiência transcendental primordial sempre e tão somente vem à consciência explícita em uma forma mediada; em outras palavras, sempre se torna consciente por meios históricos particulares. A consciência de Deus tem suas raízes em uma primordial e profunda consciência da absoluta dependência, mas só chega à consciência reflexiva explícita juntamente com uma diferenciada autoconsciência e consciência do mundo. Em outros termos, a experiência da absoluta dependência não é "uma" experiência isolável, e sim uma dimensão de experiências.[45]

Em terceiro lugar, Jesus Cristo é a fonte histórica da experiência religiosa cristã específica ou peculiar. Historicamente, o cristianismo enquanto religião autônoma remete a Jesus de Nazaré como sua origem particular. Partindo de Jesus, a comunidade cristã, a igreja, tem seus alicerces em Jesus como a fonte da experiência religiosa cristã e é a comunidade que promove essa específica experiência religiosa na história.

---

[44] Para uma clara prospecção das camadas de análise schleiermacheriana da consciência religiosa, ver Duke e Fiorenza, "Introdução", *On the Glaubenslehre*, pp. 10-21.

[45] A tríplice diferenciação da consciência religiosa significa que a doutrina da fé cristã pode ser interpretada de três maneiras: "Como descrição dos estados humanos [autoconsciência], ou como concepções de atributos e modos divinos de ação [consciência de Deus], ou como expressões concernentes à constituição do mundo [consciência do mundo]" (CF, # 30, p. 125). Em última instância, as duas últimas são dependentes da primeira, as próprias afecções religiosas. Schleiermacher utiliza essa estrutura tripartite da consciência religiosa para criar subdivisões de cada uma das principais seções dessa dogmática.

Em quarto lugar, a teologia cristã é reflexão acerca da peculiar experiência religiosa cristã, e como tal possui um caráter eclesial, descritivo e histórico. "É eclesial no sentido de que radica na autoconsciência religiosa cristã e é empreendida no serviço da igreja. É descritiva no sentido de que deve expor, de maneira precisa e coerente, o conteúdo do ensinamento cristão. É histórica no sentido de que deve expressar esse conteúdo de forma apropriada à situação na qual a própria igreja se encontra."[46]

Em quinto lugar, a estrutura da dogmática de Schleiermacher, após a extensa introdução, tem duas divisões importantes, a segunda das quais é subdividida em duas. A primeira grande divisão encontra suas raízes na estrutura da consciência de Deus cristã ou sentimento da absoluta dependência: por um lado, uma dimensão da consciência de Deus cristã é comum à de todas as pessoas; é constitutiva do humano enquanto tal. Por outro lado, o elemento específico na consciência cristã é a antítese entre resistência a ou alienação dessa consciência de Deus espontaneamente aceita e vivida em seu bojo. Essa é a antítese entre o pecado e a graça: o pecado é a ausência, ainda que nunca total, da consciência de Deus que a graça ou a consciência de Deus colmata. Analogamente, a primeira parte da dogmática trata de uma dimensão comum mais geral da consciência de Deus a partir da qual são extraídas as doutrinas da criação, as qualidades predicadas de Deus e o mundo. A segunda divisão ou parte importante da dogmática versa sobre o pecado e a graça, e é nesse ponto especificamente que a teologia cristã começa. O pecado é uma condição universal, e a compreensão da existência humana em pecado tem implicações correspondentes também para a doutrina de Deus. A graça ou redenção, contudo, supera o pecado, e essa antítese entre pecado e graça define a essência da experiência especificamente cristã da consciência de Deus.[47]

---

[46] Duke e Fiorenza, "Introduction", *On the Glaubenslehre*, p. 3. "O teólogo deve, portanto, relacionar a específica consciência de Deus à comunidade cristã, o estoque herdado de afirmações expressivas dessa consciência, e os padrões de pensamento correntes na época atual." Ibid.

[47] A dogmática de Schleiermacher não reduz o cristianismo à religião. O centro da dogmática não é a introdução ou a primeira parte, mas a segunda parte especificamente cristã. Jesus Cristo, portanto, não é uma ocasião externa que desperta uma experiência genérica de dependência absoluta, e as doutrinas cristãs não são reflexões sobre uma experiência genérica de dependência absoluta. Pelo contrário, a teologia e as doutrinas cristãs são "reflexões sobre a experiência tipicamente cristã de redenção por Cristo". Gerrish, "Continuity and Change", p. 38.

Na dogmática de Schleiermacher, a explicação da experiência cristã da graça é ela própria subdividida em duas partes constitutivas sobre Jesus Cristo e a igreja. A doutrina de Jesus Cristo reflete-se sobre a experiência que a comunidade cristã faz de sua pessoa e de sua atividade redentora como a fonte da experiência da graça. A doutrina da igreja refere-se à comunidade que historicamente medeia a experiência de Jesus Cristo na história e, portanto, está intimamente ligada à cristologia e à teoria da salvação de Schleiermacher.

Em sexto lugar, a cristologia de Schleiermacher possui uma sutileza que é inevitavelmente revelada por pequenas fórmulas. Dada essa precaução, pode-se generalizar nos seguintes termos: Jesus de Nazaré é o Cristo porque, como portador da perfeita consciência de Deus, Deus esteve inteiramente presente e atuante nele durante sua vida terrena. Ao comunicar sua consciência de Deus historicamente a seus discípulos, iniciando assim a ramificação da consciência de Deus cristã, Jesus Cristo permanece ativo na história como a causa da salvação cristã.

Por fim, então, e aproximadamente nesse estágio, a igreja é a comunidade daqueles que são salvos por Jesus Cristo porque efetivamente experienciam a salvação de Cristo pela mediação da igreja e pela pertença a ela. Por conseguinte, as doutrinas acerca de Jesus Cristo e da igreja, em conjunto, completam a doutrina cristã da salvação e da graça.

Essa introdução geral à eclesiologia de Schleiermacher é inevitavelmente densa. Mas deve pelo menos conseguir mostrar que Schleiermacher estava começando algo novo na teologia cristã. Essa constelação de método e conteúdo, por sua vez, levou a uma compreensão genuinamente nova da igreja.

A eclesiologia de Schleiermacher

A eclesiologia de Schleiermacher ocupa parcela substancial de sua teologia sistemática. Essa condensada exposição de sua eclesiologia mostrará como a igreja constitui parte integrante da compreensão schleiermacheriana do verdadeiro sentido do cristianismo. Ela não é um apêndice a sua cristologia; a fé e a salvação cristãs são intrinsecamente fenômenos sociais. De certa forma, a ordem da discussão acerca de Schleiermacher segue o padrão utilizado em todo este livro.[48]

Compreensão da natureza da igreja. Da mesma maneira como a eclesiologia de Schleiermacher constitui parte integrante de sua cristologia e da teoria da redenção, assim também essas doutrinas estabelecem o quadro teológico fundamental para a compreensão da igreja. A igreja medeia a salvação de Cristo na história. Schleiermacher especifica melhor essa compreensão com uma definição geral da igreja, uma exposição esquemática de sua origem histórica, uma teologia de sua origem, e o constructo teológico nuclear de Cristo e do Espírito como o fundamento da igreja.

Schleiermacher define primeiramente a grande igreja como a confraternidade dos que creem; nela se encontram todos aqueles que são regenerados, de sorte que ninguém que tenha se convertido a Jesus Cristo se acha fora dela. Essa igreja global, contudo, possui dois graus de pertença: uma confraternidade interna e uma confraternidade externa: "A totalidade daqueles que vivem no estado de santificação constitui a confraternidade interna; a totalidade daqueles nos quais a graça preparatória encontra-se em ação constitui a confraternidade externa, da qual, mediante a regeneração, os membros passam para a confraternidade interna, e então continuam ajudando a expandir o círculo mais amplo" (CF, # 113, 525). Essa primeira definição da igreja não tem nenhuma forma específica de confraternidade a defini-la: "Toda forma, perfeita e imperfeita, que já existiu ou que pode ainda vir a surgir, é incluída" (CF, # 113, 525). A influência de Cristo sobre os regenerados suscita espontaneamente a confraternidade: "Nenhuma obra redentora pode surtir efeito sobre os indivíduos sem uma confraternidade nascente". E o caráter da organização tem sua norma em parte na "influência de Cristo sobre os indivíduos, que

---

[48] Uma concisa exposição da eclesiologia de Schleiermacher pode ser encontrada em Emilio Brito. "Pneumatologie, Ecclésiologie et Ethique Théologique chez Schleirmacher", *Revue des Sciences Philosophiques et Théologiques* 77, 1993, pp. 23-51; Dennis M. Doyle. *Communion Ecclesiology: Vision and Versions*. Maryknoll, N. Y., Orbis Books, 2000, pp. 23-37; Jay G. Eric. *The Church: Its Changing Image through Twenty Centuries*. Atlanta, John Knox Press, 1980, pp. 238-251; Trutz Rendtorff. *Church and Theology: The Systematic Function of the Church Concept in Modern Theology*. Philadelphia, Westminster Press, 1971, pp. 110-160.

dessa maneira se tornam seus instrumentos, e em parte por sua peculiar dignidade, que deve manifestar-se nessa organização em contraposição ao mundo" (CF, # 113, 526).

Origem da igreja. Histórica e sociologicamente, a igreja principiou com o surgimento histórico de Jesus.[49] Toda a vida da expansiva comunidade cristã possui um ponto histórico singular originário na pessoa de Jesus Cristo. À medida que as pessoas se reuniam em torno de Jesus, pode-se dizer que só ele era o círculo interior, e aqueles que eram atraídos para sua mensagem constituíam o círculo exterior. À proporção que as pessoas se convertem à fé na e através da influência de Jesus Cristo, ingressam no círculo interior ou na confraternidade interior; começam então a exercer influência sobre as outras, as que se acham no mundo, ou no círculo exterior, e com a conversão dessas pessoas a confraternidade interior se amplia. Dessa forma, a igreja se expande externamente na história e no mundo.[50] Isso representa uma narrativa histórico-sociológica da origem da igreja: um grupo se formou em torno de Jesus e depois se consolidou em mútua interação e cooperação; mediou influência sobre outras pessoas atraindo-as para o círculo exterior e em seguida para o círculo interior (CF, # 115, 532-533).

A fim de explicar a igreja em termos teológicos, Schleiermacher recorre a duas doutrinas: a da eleição e a da comunicação do Espírito Santo. A doutrina da eleição aborda a origem da igreja reportando-se ao passado e perguntando-se por que certas pessoas e não outras foram chamadas ao círculo exterior da igreja e eleitas para o círculo interior da fé e da

---

[49] A igreja cristã, propriamente assim chamada, não é parte de um todo maior, e não se deveria dizer que a igreja existiu desde os primórdios do gênero humano e permanece a mesma até o final (CF, # 156, 692). Para Schleiermacher, a igreja "só começou com a ação pessoal de Cristo" (CF, # 156, 693), de modo que a fé em Cristo é constitutiva da igreja; trata-se de uma compreensão absolutamente histórica da igreja.

[50] "A confraternidade cristã expande-se gradativamente à medida que os indivíduos e as massas são incorporados na associação com Cristo. O fato geral tem estabelecido que a nova vida do indivíduo surge a partir da vida comum no interior do círculo exterior em que ele se encontra. E isso se aplica também à nova vida dos primeiros discípulos, quando o poder do círculo interior ainda estava inteiramente confinado em Cristo. A origem da igreja cristã é, portanto, a mesma coisa que acontece diariamente diante de nossos olhos" (CF, # 114, 529).

regeneração a partir do mundo.⁵¹ A doutrina da comunicação do Espírito provê o princípio último da unidade da igreja, modelando uma comunidade em uma divina realidade orgânica: "A expressão 'Espírito Santo' deve ser entendida no sentido da unidade vital da confraternidade cristã enquanto personalidade moral; e isso, desde que tudo quanto seja estritamente legal já tenha sido excluído, nós podemos denotar pela expressão seu *espírito comum*. Por conseguinte, não deveria ser necessário novamente assegurar a explícita certeza de que com a expressão pretendemos descrever exatamente o que mesmo na Escritura é denominado o Espírito Santo, o Espírito de Deus e o Espírito de Cristo, e em nossa doutrina cristã também é apresentado como a terceira Pessoa na divindade" (CF, # 116, 535). Em outras palavras, Deus continuamente constitui a igreja como uma força de sustentação interior.

O Espírito e Cristo. A chave para a compreensão da teologia schleiermacheriana da igreja, contudo, reside na conexão entre o papel formacional constitutivo do Espírito na igreja e de Jesus Cristo. Desde o início mesmo, a experiência do Espírito na comunidade dos discípulos foi reconhecida como o Espírito de Cristo. Schleiermacher explica como, "após a partida de Cristo, sua apreensão comum por parte dos discípulos transformou-se em um espontâneo prolongamento de sua atividade formadora de confraternidade, e como foi apenas através dessa atividade assim relacionada com a apreensão cristalizada de Cristo tornando-se o imperecível espírito comum que surgiu a igreja cristã" (CF, # 122, 568-569). Essa afirmação conjuga realismo histórico e elaboração

---

⁵¹ Sob a eleição, Schleiermacher também discute se a salvação é possível fora da igreja e responde afirmativamente com base no fato de que Cristo foi enviado a todos os homens. Segue-se então que, "se todos, dessa maneira, foram incluídos na divina predestinação à bem-aventurança, então a dignidade de sumo sacerdote de Cristo dos primeiros tempos evidencia-se em sua plena eficácia – uma eficácia que implica que Deus considera todos os homens apenas em Cristo". Por conseguinte, "se levamos em conta a universalidade da redenção em toda a sua extensão [...], então também devemos considerar a predestinação à bem-aventurança em termos bastante universais e [...] não se podem impor limites a uma se reduzir a outra" (CF, # 120, 560). Em uma analogia com a fé e a obediência de Abraão, que foi reconhecido por sua correção por causa de seu efeito sobre a futura fé em Cristo, "também podemos aceitar a justiça em nome de Cristo perante Cristo, análoga à bem-aventurança na simpatia com o futuro; e, portanto, [também podemos aceitar rudimentos dispersos da igreja, ainda que não a própria igreja" (CF, # 156, 695).

teológica. Descreve uma transição da conexão e da dependência direta de Jesus para Jesus, enquanto mediado pela comunidade. Dessa maneira, a comunidade torna-se um agente mais autônomo e espontâneo para preservar a consciência jesuânica de Deus, e o Espírito torna-se a fonte divina de continuidade, de energia e de solidariedade da comunidade. A memória de Jesus é traduzida em sua imitação; essa atividade comum se dá em cada um e em todos, e em cada um através da comunidade; e essa comunidade ou vida comum preserva a atividade pessoal de Jesus Cristo na história, e constitui o espírito comum da igreja cristã (CF, # 122, 568).[52] Por conseguinte, quando Schleiermacher define o Espírito Santo com referência à igreja,[53] também torna precisa a conexão do Espírito com Cristo. O significado de Espírito no contexto da igreja não é o Espírito enquanto operativo na criação, ou em figuras carismáticas, ou nos profetas, ou mesmo na narrativa da anunciação.[54] Pelo contrário, o significado de Espírito na eclesiologia está jungido a Cristo de tal forma que os poderes ou efeitos do Espírito no seio da igreja são os seguintes: em primeiro lugar, o Espírito, nesse sentido, não se acha operativo fora da igreja, mas é explicitamente conectado a Jesus Cristo. Em segundo lugar, o Espírito não é um Espírito na acepção de Ário, menos que Deus, e sim Deus em ação na comunidade. Em terceiro lugar, o Espírito não advém de fora, como do mundo, mas opera no íntimo da pessoa humana. Esse entendimento segue o Novo Testamento, que descreve o Espírito Santo

---

[52] Schleiermacher escreve que a identidade comum da igreja é uma "porque toda ela derivada da única e mesma fonte, ou seja, Cristo; pois todo mundo é consciente de que a comunicação do Espírito se liga de maneira muito íntima ao surgimento da fé nele, e todo mundo reconhece que a mesma coisa é verdadeira no que tange a todos os demais. Pois a fé só advém pela pregação, e a pregação sempre remete à ordem de Cristo e, portanto, dela deriva. E da mesma maneira como no próprio Cristo tudo procede do Divino dentro dele, assim também essa comunicação, que se torna em todos o poder da nova vida, um poder não diferente em cada um, mas o mesmo em todos" (CF, # 121, 563-564).

[53] "O Espírito Santo é a união da Essência Divina com a natureza humana na forma do Espírito comum que anima a vida em comum dos fiéis" (CF, # 123, 569).

[54] O objetivo dessa distinção não é negar o significado dessas referências concernentes ao Espírito, mas ressaltar que na eclesiologia o Espírito é exclusivamente vinculado à crística consciência de Deus. Enquanto o Espírito de Deus pode ser universalmente ativo, na igreja o Espírito é sempre ligado a Cristo e à consciência cristã de Deus. A igreja cristã é um fenômeno histórico positivo.

como "uma específica eficácia divina atuando nos fiéis, ainda que não dissociado do reconhecimento do ser de Deus em Cristo. As duas coisas são estritamente interdependentes" (CF, # 123, 570-572).[55]

A compreensão teológica schleiermacheriana da igreja pode ser sintetizada em uma série de proposições diretas que simplesmente contêm essa visão de longo alcance: a humanidade é capturada nos tentáculos do pecado, que estrangula a consciência da e a existência na relação com Deus. Jesus Cristo é uma única comunicação divina advinda de fora da esfera do pecado. Cristo medeia a redenção a essa situação pela comunicação da consciência de Deus por intermédio da igreja. A pertença à igreja é definida pelo fato de o fiel ser estabelecido no âmbito da esfera histórica da influência de Jesus Cristo. A experiência do Espírito e a influência de Cristo mediada aos membros da igreja são uma única e mesma coisa (CF, # 124, 757).[56] Cristo e o Espírito Santo constituem o fundamento simultâneo e mutuamente implicativo da igreja.

Missão da igreja. O objetivo da igreja enquanto organização é inteiramente abrangido em sua missão, que é intrínseca à autocompreensão da igreja, e só pode ser compreendido teologicamente. A igreja prolonga a missão de Jesus na história: "Como a Divina Essência se uniu com a pessoa humana de Cristo, mas agora (cessada sua influência pessoal direta) já não se encontra pessoalmente operativa em nenhum indivíduo, manifestando-se ativamente, doravante, na confraternidade dos fiéis como seu espírito comum, essa é exatamente a forma pela qual a obra da

---

[55] "Reconhecer em nossas almas qualquer condução do divino Espírito que não pudesse ser colocada em conexão com aquilo que as palavras e a vida de Cristo nos transmitem como sua forma de agir é abrir a porta para todo tipo de fanatismo visionário" (CF, # 124, 576). A questão para Schleiermacher, portanto, é que *esse* Espírito de Deus procede de Jesus Cristo; não é Deus enquanto Espírito que descende miraculosamente sobre alguém ou sobre algum lugar ou pode ser reivindicado fora da igreja, mas precisamente o Espírito ligado a Jesus Cristo (CF, # 123, 572).

[56] "Para nós, contudo, não apenas é certo que nossa participação no Espírito Santo realmente pertence às coisas que temos consciência de nos terem sido conferidas por Cristo, como também que em Cristo tudo deriva do absoluto e exclusivo poder de sua consciência de Deus (CF, # 121, 564). A presença e o poder de Deus em Cristo tornaram-no puro, o que não detrata sua humanidade, mas a aperfeiçoa. Da mesma maneira, ser dependente de Deus e ter consciência disso não restringe a liberdade humana, mas a liberta.

redenção se prolonga e se estende na Igreja" (CF, # 124, 577). A função da igreja é ser o meio da influência redentora de Jesus Cristo. O mundo, "na medida em que se encontra fora dessa confraternidade de Cristo, é sempre, a despeito daquela perfeição original, o lugar do mal e do pecado. Por via de consequência, ninguém pode se surpreender por se deparar, a essa altura, com a proposição segundo a qual a salvação ou a beatitude só se encontra na Igreja, e a de que [...] só a Igreja salva" (CF, # 113, 527). Isso será apreciado à medida que se reconhecer a antítese entre o mundo e a dignidade de Cristo e a redenção que ele medeia (CF, # 113, 527).

A doutrina schleiermacheriana da igreja proporciona uma sólida justificativa para a expansão missionária. A fé, na igreja cristã, "comporta a esperança de que a Igreja se expandirá e de que o mundo que a ela se opõe definhará". Schleiermacher postula uma gradativa santificação do mundo à medida que a Igreja cresce e, por "progressivo domínio", absorve os aspectos irredentos do mundo (CF, # 113, 528). Observou-se que Schleiermacher admitiu a possibilidade da salvação de todos como o escopo da eficácia redentora de Jesus Cristo. Ao mesmo tempo, ele é bastante explícito na crença de que o cristianismo está ordenado a atrair as outras religiões a si mesmo por meio da conversão. "Agora todas as outras confraternidades de fé estão destinadas a ingressar na confraternidade cristã" (CF, # 117, 536). "Com relação àqueles que se encontram fora da igreja, é um constitutivo de nossa fé que toda nação, mais cedo ou mais tarde, se tornará cristã" (CF, # 120, 559). "Partindo do ponto de que todas as outras confraternidades religiosas estão destinadas a dissolver-se no cristianismo, e que, portanto, todas as demais nações estão fadadas a ingressar na confraternidade cristã, o espírito comum da Igreja cristã seria então o espírito comum do gênero humano" (CF, # 121, 564).[57]

Organização da igreja. A eclesiologia de Schleiermacher desenvolve-se em três partes: a origem da igreja, que já foi discutida, a organização

---

[57] Schleiermacher acreditava que o cristianismo, no decorrer da história, absorveria o mundo e todas as outras religiões: "Isso implica, em primeiro lugar, que o cristianismo se espraiou por todo o mundo, no sentido de que nenhuma outra religião sobrevive como uma confraternidade organizada" (CF, # 157, 696).

da igreja institucional em todo o mundo e a consumação da igreja, que contém sua escatologia. Voltamo-nos agora para a segunda parte extensa. O método schleiermacheriano na eclesiologia apresenta a igreja como existindo em uma dúplice relação: com Deus e com o mundo. Essa dúplice relação dá conta dos essenciais, os elementos invariantes na igreja e os elementos que mudam ou variam de acordo com a circunstância histórica. "A confraternidade dos fiéis, animada pelo Espírito Santo, permanece sempre idêntica a si mesma em sua atitude para com Cristo e para com esse Espírito, mas, em sua relação com o mundo, ela está sujeita à mudança e à variação" (CF, # 126, 582). Os elementos estáveis têm suas raízes no Espírito de Cristo, sempre único e sempre o mesmo; e a variabilidade deriva do mundo, que também se encontra no interior da igreja: é de esperar, portanto, que haja diferentes formas da igreja em diferentes épocas, lugares e nações (CF, # 126, 583). Os elementos invariantes da igreja são seis: a Escritura, o ministério da palavra, o batismo, a Ceia do Senhor, o poder das chaves e a oração no nome de Cristo.[58] Três dessas estruturas são consideradas aqui como organizacionais, e três serão tratadas como essenciais "atividades da igreja". O grande significado das concepções de Schleiermacher acerca das variáveis na igreja evidenciar-se-á quando forem discutidas sob o tópico da relação da igreja com o mundo.

Sagrada Escritura. Schleiermacher propõe sua teologia da Escritura não como uma propedêutica à fé ou à revelação, e sim como uma doutrina eclesiológica, pertinente à doutrina da igreja. A Escritura é uma dimensão constitutiva da igreja cristã, que é ela própria um corpo coesionado pela consciência cristã de Deus. Isso forja uma adstringente síntese de doutrinas em que fé, revelação e ensinamento são integrados na vida da comunidade cristã. A autoridade da Escritura, portanto, não é extrínseca

---

[58] Todas as igrejas admitiriam que esses três elementos são constitutivos da igreja: o testemunho de Cristo, o viver a confraternidade com Cristo e uma comunhão de interação entre os membros. As seis estruturas invariantes representam esses três elementos e refletem os ofícios profético, sacerdotal e régio de Cristo: a Escritura e o ministério da palavra correspondem ao ofício profético de Cristo; os sacramentos incorporam o ofício sacerdotal de Cristo; e a oração no nome de Jesus e o poder das chaves representavam a função régia ou governamental de Cristo como cabeça da igreja (CF, # 127, 589-591). Schleiermacher não estipula que cada um desses seis elementos deva ter exatamente a mesma forma em todas as igrejas.

à comunidade ou autônoma em relação à comunidade, e sim uma fonte autoritativa no seio da comunidade. Contra um exagerado evangelicalismo, diz Schleiermacher: "A autoridade da Sagrada Escritura não pode ser o fundamento da fé em Cristo; pelo contrário, deve esta última ser pressuposta antes que uma peculiar autoridade possa ser atribuída à Sagrada Escritura" (CF, # 128, 591; 591-594).

A autoridade e a normatividade da Escritura operam no interior da vida histórica da comunidade. A fiel preservação dos escritos apostólicos "é a obra do Espírito de Deus reconhecendo seus próprios produtos; ele distingue o que deve permanecer imutável daquilo que, em certos aspectos, passou por transformação no desenvolvimento ulterior da doutrina cristã" (CF, # 130, 602). A expressão original da fé desenvolve-se por intermédio de um contínuo processo hermenêutico como a leitura de um clássico: sua forma cristalizada no Novo Testamento deve ser "vista como apenas um incidente em um processo que só pode ser plenamente demonstrado por intermédio de sua sempre renovada confirmação à medida que a Igreja persevera em sua tarefa de inquirição, mas que também é suscetível de correção" (CF, # 130, 603).[59] De que maneira a Escritura exerce sua normatividade? Pela resposta que dá a essa questão, Schleiermacher revela seu senso de historicidade: "A interpretação da fé cristã que se valida a si mesma em cada época como tendo sido suscitada pela Escritura é o desenvolvimento, adequado àquele momento, da interpretação original genuína de Cristo e de sua obra, e constitui a ortodoxia cristã comum para aquela época e lugar" (CF, # 131, 606).

Ministério da palavra de Deus. No centro da estrutura igreja encontra-se o ministério da palavra. O quadro de referência de Schleiermacher para a organização da igreja é a comunidade ou talvez a cidade ou região,

---

[59] A normatividade da Escritura opera nessa tensão: "Pois, desde que o Espírito foi derramado sobre toda carne, não pode haver época sem sua própria originalidade no pensamento cristão. Não obstante, por um lado, nada pode ser considerado como puro produto do Espírito cristão, exceto à medida que pode demonstrar-se em harmonia com os produtos originais; por outro lado, nenhum produto ulterior possui autoridade igual aos escritos originais quando se trata de assegurar o caráter cristão de alguma apresentação ou exposição específica de seus elementos não cristãos" (CF, # 129, 596).

e suas prescrições são abertas a variações entre diferentes igrejas. Sua ampla definição formal de ministério é a seguinte: "Aqueles membros da confraternidade cristã que mantêm principalmente a atitude de espontaneidade desempenham, pela autocomunicação, o Ministério da Palavra de Deus para aqueles que mantêm principalmente a atitude de receptividade; e esse Ministério é em parte um ministério indeterminado e ocasional e em parte formal e prescrito" (CF, # 133, 611). Isso pode ser analisado em três pontos: em primeiro lugar, como uma questão de princípio sociológico, as dinâmicas da comunidade compreendem membros ativos e membros passivos, "os espontâneos e os comunicativos" e "os necessitados e receptivos" (CF, # 135, 618). No ministério, "a relação dos espontaneamente ativos com os receptivos é uma comunicação dos primeiros aos últimos" e "toda comunicação dessa natureza é um serviço e suprimento da Palavra de Deus" (CF, # 133, 612). Em segundo lugar, o Espírito está sempre ativo na comunidade e não se pode restringi-lo ou atribuir-lhe tarefas. Não obstante, sem uma divisão do trabalho, os efeitos do Espírito não serão dispensados a toda a comunidade (CF, # 133, 614). Entretanto, em terceiro lugar, a base de todo ministério é o sacerdócio de todos os fiéis. "Essa visão, que impede qualquer distinção clara entre aqueles que se desincumbem do ministério ordenado e os demais cristãos, encontramo-la na própria Escritura" (CF, # 133, 613). Essas considerações geram as seguintes teses acerca da organização da igreja: "Existe na Igreja cristã um Ministério público da palavra, como ofício definido atribuído a homens sob normas fixas; e disso procede toda a organização da Igreja" (CF, # 134, 614).

No que tange à origem dos ofícios do ministério, Schleiermacher acreditava que Jesus dirigiu um ministério explícito de ensino e de pregação em relação aos de fora (Mt 10,6ss), e isso se tornou um ofício interno do ministério, posto que os novos membros continuamente necessitavam de ensinamento e de admoestação. Os apóstolos propuseram então uma outra divisão do ministério oficial nos diáconos. O agente que substituía os apóstolos e designava os diáconos, no entanto, era a própria comunidade.[60] Por conseguinte, os dois ofícios básicos do ministério, "as principais ramificações do Ministério público", são o ensino-pregação e o serviço; a divisão tripartite de bispo, presbítero e diácono é um desenvolvimento arbitrário desse desenvolvimento mais primitivo (CF, # 134, 615).

Schleiermacher estabelece alguns princípios gerais para um ministério bem ordenado. Antes de mais nada, pode haver qualquer número de ministérios públicos na igreja, ou seja, diferentes tarefas para diferentes pessoas. Em segundo lugar, em princípio, a distribuição de ministérios deve ser reconhecida como um ato de toda a comunidade: "É a totalidade do corpo que organiza a atribuição de suas funções e as distribui entre seus membros" (CF, # 134, 615). Em terceiro lugar, no centro, encontra-se o ofício do ministério da palavra: "O mais espiritual de todos os ministérios – nomeadamente a apresentação ordenada da Palavra de Deus – mantém seu lugar no ponto intermediário, a partir do qual tudo se irradia e com o qual tudo está em relação" (616). Em quarto lugar: "O culto público e o serviço da igreja estão em todas as suas partes vinculados à Palavra de Deus" (CF, # 135, 617). A Escritura e o credo são as normas para todo o ministério e seu conteúdo. Com referência à salmodia e aos hinos, Schleiermacher enuncia um axioma de maior relevância: "Quanto mais a poética cristã parte dessas duas formas basais e representa aspectos meramente individuais da vida religiosa, tanto mais sua influência se restringe a pequenos círculos" (CF, # 135, 618). Em suma, no que diz respeito à organização da igreja em torno do ministério da palavra, pode-se caracterizar a estruturação schleiermacheriana da igreja como congregacional, exigindo contínua supervisão para assegurar-se de que a pregação, o culto e a piedade conformam-se à palavra de Deus, que

---

[60] Foram os próprios apóstolos, contudo, que propuseram uma divisão desse ministério interno e deixaram a todo o corpo que transferisse o ministério de servir as mesas aos outros; assim, o ofício de ensinar tornou-se algo confiado aos apóstolos pela comunidade, da mesma forma como a comunidade anteriormente havia transferido ambos os ofícios combinados aos novos membros dos Doze" (CF, # 134, 615). Dessa forma, Schleiermacher sustentava que o ofício do ministério de pregação-ensino é instituído por Cristo, mas a designação para o ofício é função da comunidade.

protege contra o clericalismo e a distinção eclesiástica entre os ministros e aqueles a quem eles ministram, uma implícita doutrina da recepção para equilibrar a autoridade, tudo em nome da unidade no Espírito (CF, # 135, 618-619).

O poder das chaves. O poder das chaves é um "poder legislativo e administrativo, que é um eflúvio essencial do ofício realengo de Cristo" (CF, # 144, 660). Esse poder espiritual refere-se "à expansão e à manutenção da igreja, no sentido de que depende da igreja para decidir quem será e quem não será recebido na confraternidade cristã, e também quem permanecerá nela ou quem será expulso" (CF, # 144, 661). O poder de governar consiste em uma extensão da atividade régia de Cristo, não de maneira literal, considerando-se que Jesus Cristo não foi um legislador ou governante de uma igreja, mas, analogamente, na medida em que é direcionado para viver uma vida pautada em Cristo (CF, # 144, 662). "O Poder das Chaves é o poder em virtude do qual a Igreja decide o que pertence à vida cristã, e dispõe de cada indivíduo na medida de sua conformidade com essas decisões" (CF, # 145, 662). Essencialmente, esse "poder de ligar e de desligar" é o poder de legislar e de governar a igreja.

Schleiermacher não situa esse poder em um ofício particular, e sim na comunidade. Ele tampouco prescreve de que maneira o próprio poder deve ser organizado. Limita-se a fornecer alguns axiomas ou regras que qualificam seu exercício. (1) O poder das chaves determina quem é aceito para o ministério da palavra, muito embora o ministério da palavra, em muitos aspectos, sobreponha-se ao poder das chaves. Por exemplo, na administração dos sacramentos, o ministério da palavra compreende o perdão dos pecados, e isso diz respeito ao poder das chaves (CF, # 145, 665-666). (2) O Ofício das Chaves não reside principalmente no corpo de ministros: isso resultaria em clericalismo. "Por conseguinte, tanto a ação legislativa como a ação administrativa derivam, em última instância, da comunidade" (CF, # 145, 667). (3) A comunidade como um todo exerce esse poder de duas formas: em primeiro lugar, indiretamente, "ordenando e distribuindo os ofícios a que a legislação e o julgamento formalmente se reportam"; e, em segundo lugar, por cada indivíduo e por todo o grupo formando opiniões e criando um clima de opinião pública na igreja. O exercício desse poder deve estar em consonância com a natureza humana, em união com o divino Espírito em qualquer época e em qualquer lugar (CF, # 145, 667). (4) Segue-se que "todos os atos legislativos no âmbito da comunidade estão sempre sujeitos à revisão". Leis de uma época podem não se aplicar ou não ser exequíveis em uma outra época, podendo tornar-se prejudiciais (CF, # 145, 667-668). (5) Com referência à excomunhão, essa ação administrativa e disciplinar deve ser prudentemente empregada e de maneira limitada; não existe algo como completa excomunhão (CF, # 145, 668).

Atividades da igreja. Três das atividades da igreja aqui consideradas derivam daquilo que Schleiermacher chama de elementos invariantes ou essenciais da igreja.[61] A elas se agrega uma referência a sua ética, refletindo o comportamento social da comunidade. A atividade sacramental representa um bom ponto de partida. Isso não implica nenhuma desconsideração para com a principal atividade da igreja de pregar a palavra de Deus, em torno da qual a igreja está organizada.

Batismo. Schleiermacher define o batismo nos seguintes termos: "O batismo enquanto ação da Igreja significa simplesmente o ato de vontade pelo qual a Igreja acolhe o indivíduo em sua confraternidade. Entretanto, na medida em que a promessa efetiva de Cristo repousa nele, ele é, ao mesmo tempo, o canal da divina atividade justificadora pelo qual o indivíduo é recebido na confraternidade vivida de Cristo" (CF, # 136, 619). Como o próprio Cristo prescreveu-o como um ato de recepção na igreja, o batismo representa uma ação do próprio Cristo, e com ele tem início o processo de salvação cristã (CF, # 136, 619-620).[62] O batismo é uma ação não do ministro isoladamente considerado, mas da igreja, e "o efeito da ação independe de a intenção ser pura e isenta ou do fato

---

[61] Em outras palavras, essas são estruturas institucionalizadas; introduz uma implícita distinção entre estrutura organizacional e atividade que não é de Schleiermacher.

[62] Schleiermacher procurou acomodar a prática do batismo dos crentes, deixando claro, portanto, que o batismo e a regeneração nem sempre coincidem exatamente: às vezes a fé e a regeneração precedem o batismo e por vezes o batismo precede o ato de fé cronologicamente, mas ambos se imbricam mutuamente (CF, # 136, 623-624).

de estar sempre presente, de maneira definitiva, à mente da pessoa por quem o batismo é administrado" (CF, # 137, 627).

Schleiermacher quis delinear uma via intermediária entre uma objetividade do sacramento que de tal maneira enfatiza a divina promessa e minimiza a consciência humana que a faz parecer mágica, e uma visão subjetiva de que a fé e a regeneração não precisam estar atreladas a nenhum ato externo. Em sua visão, o ato da igreja é coordenado com a ação de Deus no íntimo da pessoa. O batismo, portanto, não é meramente um ato externo, nem meramente um ato subjetivo (CF, # 137, 632). Schleiermacher também chegou a um compromisso entre o batismo infantil e o batismo dos crentes. "O batismo infantil só é batismo completo quando a profissão de fé que se segue à instrução é considerada como o ato que o consuma" (CF, # 138, 633). O batismo infantil é anômalo porque administrado na ausência do arrependimento e da fé. Por um lado, o batismo pode ser administrado porque "temos razão para contar com sua futura fé e sua confissão dessa fé". Isso advém após a instrução e consiste na confirmação, que Schleiermacher considera como integrante do sacramento do batismo, e não um outro sacramento ou dissociado do batismo (CF, # 138, 635-636).[63] Por outro lado, a exemplo dos anabatistas, Schleiermacher aceita sua prática, e também aceita sua visão de que as crianças que morrem sem batismo estão na mesma posição que as crianças que morrem com batismo: não existe nenhuma diferença relativa quanto à sua salvação definitiva. Ele está preparado para entrar na confraternidade com as igrejas anabatistas se elas reconhecerem, de sua parte, a prática do batismo infantil tal como ele o explicou (CF, # 138, 637-638).

A Ceia do Senhor. A doutrina da Ceia do Senhor respalda-se tanto na Escritura como na experiência da consciência cristã. Os cristãos experienciam o fortalecimento da vida espiritual ao compartilhar a Ceia do

---

[63] O batismo de crianças "não implica diretamente a posse e a fruição da salvação, mas apenas uma operação preparatória normal do Espírito Santo" (CF, # 138, 636). Ele traz as crianças não para o círculo interior da regeneração, mas para o círculo exterior da graça preparatória; seus efeitos são suspensos até que a pessoa se torne realmente um fiel. Por essa razão, a confirmação é parte integrante do batismo, e o batismo de crianças corresponde à instituição de Cristo quando combinado com a confirmação (CF, # 138, 637).

Senhor, "pois aí, de acordo com a instituição de Cristo, seu corpo e seu sangue lhes são administrados" (CF, # 139, 638). A origem da tradição da Ceia remonta "aos primórdios da igreja, e à própria Ceia, tal como Cristo a tomou com seus discípulos" (CF, # 139, 639). A necessidade da Ceia do Senhor reside na exigência de que a piedade e a confraternidade cristãs sejam nutridas e fortalecidas contra as transgressões "do mundo" (CF, # 139, 638). E a eficácia do sacramento consiste no fortalecimento da relação do indivíduo com Cristo e do vínculo dos membros cristãos entre si. "Aqui, portanto, as duas espécies de confraternidade se unem – a dos fiéis entre si e a de cada alma com Cristo" (CF, # 139, 639).[64] Schleiermacher vê uma relação entre a Ceia do Senhor e a confissão dos pecados análoga à relação entre o batismo e a confirmação. Da mesma maneira como a confirmação é a consumação do batismo, assim também a Ceia é a consumação da confissão dos pecados e da absolvição ou declaração da igreja de perdão no início do serviço da comunhão. "A confissão dos pecados não tem nenhum caráter eclesial público, salvo em relação à Ceia, e o desejo de participar da Ceia não pode ser expresso de outra forma que não por intermédio da confissão, pois, independentemente do pecado, não haveria nenhuma necessidade de renovar nossa união com Cristo" (CF, # 141, 653). A antítese do pecado e da consciência crística de Deus sublinha essa relação recíproca entre confissão dos pecados e união com Cristo.

Schleiermacher reconheceu que a conexão entre o pão e o vinho e entre o corpo e o sangue de Cristo é questão contenciosa que não pode produzir uma doutrina comum. Ele tentou encontrar uma posição intermediária entre a transubstanciação católico-romana, com sua tendência objetiva

---

[64] "O único benefício dessa participação é enunciado como sendo a confirmação de nossa confraternidade com Cristo; e isso inclui a confirmação dos cristãos em sua união com cada um, pois esta repousa tão inteiramente sobre sua união com Cristo que a união de um indivíduo com Cristo é impensável à margem de sua união com os que creem" (CF, # 141, 651). O efeito realista do sacramento é "uma reiterada alimentação da vida espiritual pessoal a partir da plenitude da vida de Cristo" (CF, # 139, 641). Ele descreve esse efeito em termos que se referem diretamente ao evento da ceia: um grupo que desempenha a mesma atividade, tornando-se mais intimamente unido a Cristo e a cada um ao agir dessa forma. Isso pode ocorrer também de outras duas maneiras, mas "a Ceia do Senhor é distinta de tudo o mais no sentido de que nela o mesmo resultado é abrangido com essa ação definitiva, abençoado e santificado pela palavra de Cristo." Ibid.

fisicalista, e a posição que rejeita qualquer nexo entre as espécies e a participação espiritual na carne e no sangue de Cristo, negando, portanto, qualquer realidade ao sacramento (CF, # 140, 644-651). Muito embora ela não veja nenhuma posição comum entre Lutero, Zwingli e Calvino, é suficiente que haja acordo acerca dos efeitos da Ceia para vincular as igrejas. Por exemplo, as diferenças entre as teorias luteranas e calvinistas acerca do corpo e do sangue de Cristo fazem diferença quando se abusa do sacramento. Entretanto, partindo da pressuposição da digna participação, as diferenças desaparecem e não justificam uma existência separada.

Oração no nome de Cristo. O conciso tratado schleiermacheriano sobre a oração no nome de Jesus é eclesiológico, e não uma teoria geral da oração, muito embora haja traços desta última naquela obra. Sua preocupação é com a oração pública da igreja, e não com a oração particular dos indivíduos. Ele também parece restringir o significado do termo "oração" a oração de pedido, ou seja, a oração pela qual se suplica alguma coisa a Deus.[65] Os dois objetos mais importantes da oração pública e da oração comum da igreja são por bons líderes e pela unidade, à medida que ela avança em direção ao futuro (CF, # 146, 671). A oração pública padrão, normativa, da igreja no nome de Jesus é "Venha a nós o vosso reino". É a oração pela igreja para que ela se realize no reino de Deus, ou seja, expanda-se e floresça, cooptando mais e mais pessoas para seu meio. A oração normativa é aquela que surge da preocupação com a igreja como um todo e cujo teor tem em vista a condição da igreja (CF, # 146, 672). Em última análise, a oração no nome de Jesus, ou seja, tanto oração pública da igreja como oração constitutiva da igreja, deve ser interpretada em termos de sua relação com o reino, com o qual a própria igreja está intimamente conectada. "Por conseguinte, essa oração só pode partilhar a promessa à medida que se mantém em estreita relação com o tema da promessa, i.e., à medida que as aspirações postas diante de Deus possam ser consideradas também como necessidades da igreja" (CF, # 147, 675).

---

[65] Relativamente ao passado e ao presente, a consciência de Deus assume a forma de gratidão e/ou resignação. Quanto ao futuro, no entanto, a consciência humana não pode evitar expectativas, "e, na medida em que essa atividade mental perdura, ela se liga para combinar-se com a consciência de Deus e tornar-se oração" (CF, # 146, 669).

Essa visão está em flagrante contraste com as orações dos indivíduos por suas necessidades ou desejos particulares; essas são, na melhor das hipóteses, deixadas em um nível pessoal ou doméstico. "Mas as orações cristãs públicas e comuns devem ser sempre representativas do tipo puro da oração no nome de Jesus, sem induzir nos indivíduos a conexão do que, com o progressivo desenvolvimento do Reino de Deus, seja duvidoso" (CF 147, # 675).

Ética. Schleiermacher desenvolveu uma extensa ética cristã, uma disciplina integral para a autocompreensão cristã. A consciência ou piedade cristã expressa-se em pensamento e ação, e, enquanto reflexão sobre o primeiro, gera a dogmática e, enquanto reflexão sobre a segunda, gera a ética cristã. Essa ética cristã é uma disciplina eclesial: a igreja enquanto a comunidade de piedade provê o fundamento e o objetivo da reflexão ética cristã. Schleiermacher estruturou sua ética em torno da distinção entre duas esferas de atividade cristã, uma preocupada com a vida interior da igreja, a outra, com a esfera da sociedade. Em cada esfera, considerou três espécies de atividade: a que purificava ou restaurava a vida humana, ampliava-a ou expandia-a, ou finalmente a expressava ou representava.[66] A atividade representacional refere-se às ações que são autoconstitutivas da própria igreja. Alguns dos principais tópicos da vida da comunidade cristã incluem a disciplina e a reforma da igreja, a vida da família cristã, a educação, as missões, os padrões de culto doméstico e público e as virtudes cristãs.[67] No tocante ao comportamento cristão na sociedade, Schleiermacher considera a justiça criminal, a guerra, a educação, os negócios e as relações trabalhistas, as artes.[68] Brandt conclui sua análise sobre a ética de Schleiermacher com a tese segundo a qual, longe de ser

---

[66] Brito analisa a íntima relação entre a ética de Schleiermacher e sua eclesiologia: uma (a ética) é um subconjunto da outra (eclesiologia), e ambas são constituídas pelo impulso do Espírito. Começa-se a perceber a inspiração da identificação da igreja de Schleiermacher com o reino de Deus e seu alcance na sociedade quando as éticas são fatoradas. "Pneumatologie, Ecclésiologie et Ethique", pp. 24-35. Ver James M. Brandt. *All Things New: Reform of Church and Society in Schleiermacher's Christian Ethics*. Louisville, Westminster John Knox Press, 2001, p. 53, em que ele esquematicamente representa as seis esferas da atividade ética.

[67] Brandt, *All Things New*, pp. 92-105.

[68] Ibid., pp. 116-130.

acomodacionista, ele retratou a igreja como agente transformador da sociedade.[69]

Relação com a sociedade e com o mundo. Schleiermacher utiliza a relação da igreja com o mundo para assentar uma estrutura de mútua influência dinâmica e tensiva. Dessa maneira, no âmbito desse marco, ele reconcebe a distinção entre a igreja visível e a igreja invisível. Como observa: "O fato de que a Igreja não possa formar-se a partir do meio do mundo sem que o mundo exerça alguma influência sobre a Igreja estabelece para a própria Igreja a antítese entre a igreja *visível* e a igreja *invisível*" (CF, # 148, 676). A distinção entre igreja visível e igreja invisível é "existencializada" no sentido de que aparece como os dois campos ou esferas dimensionais na igreja interagindo entre si. Esse quadro dinâmico possibilita-lhe combinar uma imaginação teológica e uma imaginação historicista na afirmação de toda uma série de princípios e axiomas tensivos que conjugam uma compreensão teológica ideal do que a igreja deveria ser com uma apreensão realista concreta de suas limitações, em particular aquelas que dizem respeito à unidade e à verdade. Aqui, mais do que em qualquer outro lugar, percebe-se a "modernidade" da eclesiologia de Schleiermacher. O que se apresenta a seguir procura compilar esse rico ensinamento em três pontos: o marco dialético, os axiomas concernentes à tensão entre unidade e divisão e os axiomas relativos à verdade e ao erro.

O marco dialético. A expressão "marco dialético" não é de Schleiermacher, mas interpretativa dele, e se refere a uma relação entre dois fatores que constituem uma unidade por interação recíproca em uma relação dinâmica, mas tensiva. Essa é a relação entre a igreja e o mundo. O "mundo" em Schleiermacher é, em certo sentido, o mundo exterior à igreja, e com frequência tem uma acepção negativa de resistência ao Espírito. Em termos realistas, contudo, a igreja está no mundo e o mundo está na igreja. Igreja e mundo são distintos, mas relacionados como duas

---

[69] Ibid., pp. 116-118. "O caráter transformador dessa teologia da cultura é agora evidente. A *ética cristã* promove sua visão de cultura transformada por Cristo por meio de manifestações particulares de cada uma das três espécies de ação na esfera externa: crítica profética para ação restauradora; transposição de bens culturais para generalização da ação; e infiltração e permeação pelo espírito cristão para ação representacional". Ibid., p. 130.

esferas imbricadas. "Por conseguinte, igreja e mundo não são espacial ou externamente separados; em cada ponto da vida humana, como vimos, onde há igreja, porque aí deve se encontrar fé e confraternidade na fé, também há mundo, porque aí existe também pecado e confraternidade na pecaminosidade universal" (CF, # 148, 676).

A distinção schleiermacheriana entre a igreja visível e a igreja invisível é estruturalmente análoga. A igreja visível é a totalidade da igreja, a efetiva igreja tal como ela existe; a igreja invisível é a totalidade dos efeitos do Espírito no interior da igreja como um todo. As duas dimensões coexistem em cada indivíduo, e na comunidade como um todo, e mutuamente interagem como existenciais antitéticos ou tensivamente relacionados, análogos à relação antitética entre pecado e graça, ou entre qualquer obstáculo que possa interpor-se na via operativa do Espírito e os efeitos salutares do Espírito. "Dessarte, a igreja *invisível* é a totalidade dos efeitos do Espírito como um todo articulado; mas esses efeitos, enquanto vinculados com aquelas influências prolongadas da vida coletiva da pecaminosidade universal que nunca estão ausentes de nenhuma vida que tenha sido tomada pelo Espírito divino, constituem a igreja *visível*" (CF, # 148, 677). "A Igreja pura não pode ser tornada visível em parte alguma; mas é necessário tratar dela separadamente como o elemento peculiarmente ativo na outra" (CF, # 148, 678). As seis instituições essenciais da igreja visível tratadas no subtópico "Organização" e "Atividades" são instrumentos da igreja invisível, "os principais órgãos da igreja invisível, muitos dos quais representam suas forças em ação no interior da igreja visível" (CF, # 148, 678).[70]

"A antítese entre a igreja visível e a igreja invisível pode ser compreendida nestas duas proposições: a primeira é uma igreja dividida, ao passo que a segunda é uma unidade indivisa; e a primeira é sempre sujeita a erro, enquanto a segunda é infalível" (CF, # 149, 678). A igreja efetiva sempre

---

[70] A igreja invisível, portanto, é realmente uma palavra-código para o poder de Deus, e para os efeitos do poder de Deus no seio da igreja e em ação no interior da igreja, enquanto grupo de seres humanos unidos em sua fé em Cristo. É Deus, então, que lhe conferirá as qualidades de unidade e de verdade; Deus é a fonte ativa de unidade e de infalibilidade, e Deus enquanto ativo Espírito provê uma direção para o futuro.

existe em uma tensão existencial entre o impulso de Cristo e do Espírito à pura unidade e verdade, presente em cada cristão e na comunidade igreja enquanto tal, e ao mesmo tempo a antitética ou limitadora qualidade quer da finitude, quer do pecado que explica a divisão e o erro. O Espírito enquanto Espírito de unidade e de verdade é o mesmo em qualquer lugar, mas cada forma ou expressão particular desse Espírito é divisiva ou, em certa medida, errônea. Além disso, as duas questões são intimamente relacionadas: o que é erro também divide, e o que é realmente uma defecção da unidade é também uma defecção da verdade. As duas dimensões não podem ser separadas: a igreja invisível é uma confraternidade na unidade, e a verdade é mediada através da igreja visível (CF, # 149, 679). Dessa maneira, Schleiermacher, sistemática e conceitualmente, estabelece a tensão entre o ideal e o real em sua eclesiologia: "A igreja invisível é em toda parte essencialmente una, ao passo que a igreja visível está sempre envolvida em separação e divisão" (CF, # 149, 680).[71]

Princípios e axiomas concernentes à unidade e à divisão. As sementes de separação existem em todas as pessoas e grupos. Historicamente, essas sementes combinam-se em vários grupos e conduzem a efetivas separações entre as igrejas. Mesmo em estado de separação, cada parte da igreja visível continua sendo também parte da igreja invisível, porque confessa Cristo e vive no Espírito. Consequentemente, toda igreja particular tem em seu bojo um movimento tendente à reunião porque o Espírito não pode desaparecer por completo de nenhuma parte da igreja. "Portanto, é universalmente verdadeiro que o Espírito une, e que é a mentalidade carnal que desune" (CF, # 150, 683). Com base nisso, Schleiermacher propõe o que, com efeito, é um elenco de princípios e de axiomas que refletem essa tensão entre unidade e divisão:

"Sempre que, de fato, ocorrem separações na igreja cristã, nunca pode faltar um empenho em unir o separado" (CF, # 150, 681).

---

[71] Essa tensão é contínua: "Em outras palavras, é o esforço comum de todos por reconhecer em toda parte o mesmo Espírito através do que é exterior e atraí-lo para eles próprios. Mas formas específicas de expressão externa, tanto ideias como atos, que são os canais pelos quais essa confraternidade é mediada, são também em si mesmas o elemento divisivo na confraternidade visível" (CF, # 149, 680).

"Quanto mais o Espírito unificador perpassar a massa e eliminar seus elementos mundanos, mais esses elementos perderão sua força divisiva" (CF, # 150, 682).

"No estado de divisão, cada parte da igreja visível continua sendo uma parte da igreja invisível, pois nela se encontra a confissão de Cristo e, portanto, também a atividade do Espírito" (CF, # 150, 682).

"A completa suspensão da confraternidade entre diferentes partes da igreja visível é não cristã" (CF, # 151, 683).

"Todas as separações na igreja são meramente temporárias" (CF, # 152, 685).

"Nenhuma comunhão tem perspectiva de longa vida se procura basear-se apenas na prática moral divergente, na ausência de doutrina relativamente diferente, ou, inversamente, apenas em certas doutrinas peculiares, na ausência de diferentes modos de vida" (CF, # 152, 686).

A lealdade cristã a uma específica denominação é condicional:

"O essencial é que cada qual deve amar a forma especial de cristianismo a que adere apenas como uma forma transiente da única igreja duradoura, ainda que seja uma forma que envolva uma temporária essência própria" (CF, # 152, 686).

Fazer proselitismo ou promover a própria igreja só é positivo em reação a uma igreja corrupta e nunca pode significar promoção da própria igreja como um fim absoluto (CF, # 152, 687).

Princípios e axiomas concernentes à verdade e ao erro. Nenhum elemento concreto da vida humana pode ser moldado na pura verdade; todas as ideias e propósitos são mesclados de inverdade e de pecado. Schleiermacher estabelece, portanto, que, "em cada ato da consciência religiosa, a verdade é mais ou menos infectada com o erro" (CF, # 153, 688). Ele atribui esse fato ao pecado, mas o pecado também parece dever-se igualmente à finitude. Embora seja verdade que nenhuma parte da igreja é inteiramente desprovida da "ação do Espírito de verdade", mediada especialmente pela Escritura e pelo ministério da palavra (CF, # 153, 688). Essa tensão estabelece uma outra série de princípios e axiomas práticos:

"Da mesma maneira como em todo ramo da igreja visível o erro é possível, e portanto também em certos aspectos efetivo, assim também nunca falta em nenhum deles o corretivo poder da verdade" (CF, # 153, 687).

"Nenhuma definição de doutrina, então, mesmo quando a ela se tenha chegado na mais perfeita comunidade de sentimento, pode ser considerada irreformável e válida para todas as épocas" (CF, # 154, 690).[72]

"Todos os erros que são gerados na igreja visível são eliminados pela verdade, que nunca cessa de agir nela" (CF, # 155, 691). O erro está ligado à verdade, e à medida que o Espírito se apossa da totalidade de uma igreja, a influência do erro gradativamente diminui.[73]

Para concluir, essa sintética e concisa exposição da eclesiologia de Schleiermacher não faz justiça à sua sutileza. É suficiente, no entanto, para revelar as mudanças no pensamento que a modernidade engendrou. As mesmas forças serão vistas em ação em Möhler.

A primeira eclesiologia de Möhler

A eclesiologia de Möhler afigura-se quase como uma excentricidade anômala na história do moderno pensamento católico. Embora sua obra inicial tenha qualidades clássicas, ela apareceu no contexto de um específico período de oportunidade histórica.

Johann Adam Möhler

Möhler nasceu em 1796, em Württemberg.[74] Foi enviado ao liceu em Ellwangen, em 1813, para cursar estudos filosóficos. Em 1815, ingressou

---

[72] Esse princípio, refletindo a consciência histórica, tem suporte construtivo para discernir e interpretar expressões teológicas pretéritas: "Ninguém pode ser obrigado a reconhecer os conteúdos dessas apresentações como verdade cristã, exceto na medida em que sejam a expressão de sua própria consciência religiosa, ou dar-lhes crédito por seu caráter escriturístico" (CF, # 154, 690).

[73] "O que é mais profundo em toda vida verdadeiramente regenerada é simplesmente toda a verdade da redenção; e é somente enquanto limitada a esse domínio que nós afirmamos a infalibilidade da igreja invisível" (CF, # 149, 678).

[74] As obras a seguir arroladas foram úteis para situar a eclesiologia de Möhler: Tunstead Burtchaell. "Drey, Möhler and the Catholic Scholl of Tübingen", *Nineteenth Century Religious*

na Faculdade de Teologia em Ellwangen e, quando ela se transferiu para Tübingen, em 1817, para tornar-se a Faculdade Teológica Católica da Universidade, Möhler seguiu junto. Um ano depois foi para o seminário católico em Rottenburg e um ano mais tarde foi ordenado sacerdote, em 1819. Isso foi seguido por um ano de trabalho pastoral em uma paróquia. Desde o início, as pessoas reconheceram que Möhler era intelectualmente dotado, e após um ano de atividade pastoral ele começou a ensinar línguas clássicas em um *gymnasium*, tornando-se então tutor de história da igreja. Na primavera de 1822, a Faculdade Teológica Católica de Tübingen ofereceu-lhe um cargo de conferencista em história da igreja e também em direito canônico. Antes, porém, de assumir seu posto, Möhler teve de passar um ano se preparando por meio de estudo e de viagens a várias universidades a fim de encontrar-se e aprender com os especialistas em sua área, tanto católicos como protestantes. Em 1823, começou a conferenciar em Tübingen, incluindo cursos de verão sobre direito canônico de 1823 a 1825. Esses são pura e simplesmente os fatos relativos à formação acadêmica de Möhler.

Esse dados, porém, não fazem senão situar a obra a ser analisada, *A unidade da igreja*, publicada em setembro ou outubro de 1825. Em razão disso, é preciso recuperar e considerar três linhas de atividade histórica, que vão do geral ao particular, que convergiram na gênese dessa obra: a

---

Thought in the West, II, ed. Ninian Smart et al. Cambridge, Cambridge University Press, 1985, pp. 111-139; M.-J. Yves Congar. " L'Esprit des Pères d'après Möhler", *Supplément à la Vie Spirituelle* 55 (1º de abril de 1938), pp. 1-25; "Sur l'Evolution et l'Interprétation de la Pensée de Möhler", *Revue des Sciences Philosophiques et Théologiques* 27, 1938, pp. 205-212; Peter C. Erb. "Introduction", Johann Adam Möhler. *Unity in the Church of The Principle of Catholicism: Presented in the Spirit of the Church Fathers of the First Three Centuries*, ed. e trad. Erb. Washington, D. C., Catholic University of America Press, 1996; R. W. Franklin. *Nineteenth-Century Churches: The History of a New Catholicism in Württemberg, England, and France*. New York, Garland Publishing, 1987, pp. 78-183; Michael J. Himes. *Ongoing Incarnation: Johann Adam Möhler and the Beginnings of Modern Ecclesiology*. New York, Crossroad, 1997; "'A Great Theologian of Our Time': Möhler on Schleiermacher", *Heythrop Journal* 37, 1996, pp. 24-46; Bradford E. Hinze. "The Holy Spirit and The Catholic Tradition: The Legacy of Johann Adam Möhler", in *The Legacy of the Tübingen School: The Relevance of Nineteenth-Century Theology for the Twenty-First Century*, ed. Donald J. Dietrich and Michael J. Himes. New York, Crossroad, 1997, pp. 75-94; Hervé Savon. *Johann Adam Möhler: The Father of Modern Theology*. Glen Rock, N. J., Paulist Press, 1966. A obra de Möhler, *Unity in the Church*, será citada como UC por parte, capítulo, número de parágrafo e de página, com referência à edição de Erb.

renovação católica sob o impulso do romantismo, a escola de Tübingen, especialmente a influência de Drey, e o próprio trabalho intelectual concomitante de Möhler, que fomentou a elaboração de *A unidade*.

Möhler começou a formular *A unidade* quase vinte e cinco anos após a publicação dos *Discursos* de Schleiermacher. Os teólogos católicos por algum tempo estiveram lendo os pensadores românticos e haurindo inspiração deles. As ideias geralmente associadas a Schleiermacher na teologia protestante tiveram contrapartes nos pensadores católicos durante o primeiro quartel do século XIX: uma guinada em direção ao sujeito e a instauração da experiência religiosa como a base da teologia; a igreja menos como instituição e mais como comunidade de pessoas que compartilham uma vida religiosa comum; o Espírito Santo como espécie de alma da igreja. Essas ideias estavam em circulação no movimento romântico católico anterior a Möhler.[75]

Möhler encontrou essas ideias efervescendo em Ellwanger e depois em Tübingen, não em seus livros-texto, que eram manuais objetivos, dedutivos e escolásticos, mas na pessoa de Johann Sebastian Drey. Drey foi profundamente influenciado tanto por Schelling como por Schleiermacher, muito embora tenha formulado suas ideias em um contexto católico. Já em 1812 Drey defendia uma renovação da teologia em linhas românticas.[76] Em 1819, Drey publicou seu primeiro esboço da estrutura da teologia análogo ao de Schleiermacher.[77] O fato então é que as forças da revivescência romântica geral na Alemanha tornaram-se disponíveis a Möhler por intermédio de Tübingen e de Drey, especificamente falando. Quando fez sua "viagem de estudo", antes de assumir o cargo de conferencista,

---

[75] Himes, *Ongoing Incarnation*, pp. 15-27.
[76] Johann Sebastian Drey. "Toward the Revision of the Present State of Theology", in Joseph Fitzer. *Romance and the Rock: Nineteenth-Century Catholic on Faith and Reason*. Minneapolis, Fortress Press, 1989, pp. 62-73.
[77] Johann Sebastian Drey. *Brief Introduction to the Study of Theology with Reference to the Scientific Standpoint and the Catholic System*. Notre Dame, University of Notre Dame Press, 1994. Nesse trabalho, Drey retrata a igreja como tema da teologia na medida em que é a comunidade como portadora da experiência religiosa que provê os dados para a disciplina. Ver Himes, *Ongoing Incarnation*, p. 38. A obra de Schleiermacher é *Brief Outline on the Study of Theology*. Richmond, John Knox Press, 1966.

ferencista, ele tinha uma rica base de percepção para uma entusiástica recepção das novas ideias.[78]

Ainda mais próximo do conteúdo de *A unidade* é o trabalho que envolveu Möhler ao mesmo tempo em que ele estava planejando-o e escrevendo-o. Sua atividade intelectual durante os anos de 1823 a 1825 consistiu em ensaios publicados, revisões de trabalhos de outros e esboços iniciais de ideias que encontraram espaço em *A unidade*. Ele também esteve conferenciando no campo do direito canônico. Por um lado, análises desse trabalho e dos esboços que serviram de rascunhos para *A unidade* revelam que seu pensamento se desenvolveu durante esse breve período.[79] Por outro lado, ele estava lendo os primeiros Padres com lentes românticas e descobrindo material que corroborava uma visão orgânica da igreja enquanto comunidade. Contudo, durante os verões, dava conferências sobre direito canônico, que enfoca os aspectos institucionais da igreja. Himes interpreta a visão möhleriana de igreja no trabalho que conduziu a *A unidade* como contendo uma tensão entre dois focos que disputam primazia: a igreja enquanto estrutura institucional e a igreja enquanto comunidade imbuída de vida espiritual interior animada pelo Espírito. *A unidade* tentaria resolver essa tensão.

Os escritos eclesiológicos de Möhler não se encerram com *A unidade na igreja*. Em 1832, ele publicou *Simbolismo*, extensa análise que contrasta catolicismo e protestantismo.[80] Nessa obra, Möhler recua consideravelmente em relação às posições assumidas em *A unidade*; com

---

[78] Himes mostra, de maneira percuciente, como Schleiermacher influenciou o *Unity*, de Möhler ("Möhler on Schleiermacher", *Heythrop Journal*, pp. 24-31). Tão evidentes são as influências de Schleiermacher e de Schelling sobre Möhler que Erb sente-se obrigado a sublinhar a eclesiologia católica que ele tinha absorvido (Erb, "Introduction", pp. 19-21). Ao enfatizar seu caráter católico, Erb supera uma rejeição da primeira obra de Möhler como mero reflexo de forças externas.

[79] Ver Himes, *Ongoing Incarnation*, pp. 50-72, e Erb "Introduction", pp. 40-50. Erb detecta nas primeiras conferências de Möhler "uma visão século XVIII da igreja como uma instituição religiosa, mantendo específicos doutrina, sistema de culto e constituição, caracterizados por sua universalidade, santidade, infalibilidade e unidade na verdade". Erb, "Introduction", p. 31.

[80] O título completo é descritivo do conteúdo desta obra: *Symbolism: Exposition of the Doctrinal Differences between Catholics and Protestants as Evidenced by Their Symbolical Writings*, introdução de Michael J. Himes. New York, Crossroad, 1997.

efeito, todo o espírito é diferente. Em certos aspectos, Möhler chegou a desacreditar seu trabalho inicial.[81] Seu pneumatocentrismo é substituído por um cristocentrismo; ele estabelece distinções mais claras entre a Igreja Católica e as demais igrejas. Alguns comentaristas fazem ligação entre essa última obra de Möhler e a emergência da escola romana de eclesiologia.[82] A atenção se foca exclusivamente na primeira eclesiologia de Möhler porque reflete melhor a influência da modernidade e, enquanto tal, tornou-se influente mais tarde, no século XX. A carreira teológica relativamente curta de Möhler terminou com sua morte, ocorrida em 1838.

A primeira eclesiologia de Möhler

A *unidade na igreja*, de Möhler, possui uma estrutura objetiva, como se observa pelo sumário: a primeira das duas partes trata da unidade do "Espírito" da igreja; a segunda discorre sobre a unidade do "corpo" da igreja. Cada parte tem quatro subseções ou capítulos, divididos em parágrafos. Möhler, contudo, não pretendeu elaborar uma eclesiologia compreensiva. Essa representação de seu pensamento não segue exatamente a ordem de sua apresentação. O livro começa e encontra seu centro de gravidade no Espírito. Möhler diz que poderia ter começado com Cristo, que prometeu e enviou o Espírito. Mas "não desejou discutir o que poderia razoavelmente ser admitido como já sabido" (UC, Prefácio, 77). O intento do livro é explicar o papel do Espírito na igreja, razão pela qual é frequentemente descrito como uma eclesiologia pneumatocêntrica. Mas essa designação só é correta se concebida como não exclusiva do papel constitutivo de Cristo na fundação e na existência da igreja. Esse

---

[81] A mudança de *Unity* para *Symbolism* e o contraste temático dessas duas obras são impressionantes; Möhler abandonou em certos pontos concepções específicas de Schleiermacher e sua própria linguagem anterior. Himes analisa extensamente o percurso de Möhler entre as duas obras e as diferenças resultantes entre as duas posições em *Ongoing Incarnation*, pp. 152-334. Ver também Philip J. Rosato. "Between Christocentrism and Pneumatocentrism: An Interpretation of Johann Adam Möhler's Ecclesiology", *Heythrop Journal* 19, 1978, pp. 46-70 passim; e Hinze, "The Holy Spirit and the Catholic Tradition", passim.

[82] "Möhler engendrou Passaglia; Passaglia engendrou Schrader; Passaglia e Schrader engendraram Scheeben e Franzelin." Yves Congar como citado por Peter Riga. "The Ecclesiology of Johann Adam Möhler", *Theological Studies* 22, 1961, p. 564, n. 5.

pneumatocentrismo é questão de ênfase e de preponderância com relação ao papel do Espírito na igreja.[83] A eclesiologia de Möhler contida nesse livro é disposta aqui segundo o padrão utilizado na exposição da eclesiologia de Schleiermacher.[84]

A autocompreensão e a natureza da igreja. A definição möhleriana mais objetiva da igreja não aparece senão na segunda parte de sua obra: "A igreja é a estrutura externa, visível, de um poder sagrado, vivo, amoroso, o corpo do espírito dos fiéis que se forma externamente a partir do interior" (UC, 2.1, 209). Menos que completa, essa formulação no início do tratamento que Möhler dispensada ao "corpo" da igreja suplanta uma separação entre uma igreja visível e uma igreja invisível. Declara também a unidade integral da abordagem teológica e da abordagem organizacional da igreja. Essas são duas dimensões reciprocamente relacionadas de uma única igreja, sua vida interna e princípio vital e uma materialidade e estrutura externa. Ausente qualquer das duas dimensões, não há igreja. "Se, portanto, a igreja deve ser vista como a produção externa de um poder formador interno, como o corpo de um espírito criando-se a si mesmo, é indubitavelmente necessária essa instituição por intermédio da qual e na qual a verdadeira fé e o verdadeiro amor são preservados e perpetuados. *Uma vida* comum, verdadeira, forma-se através da totalidade dos fiéis como resultado de dois fatores: um poder espiritual e sua manifestação orgânica externa" (UC, 2.1.49, 211-212).

Jesus fundou a igreja? Möhler não se estende longamente sobre a origem da igreja nos explícitos termos que a questão implica. O resultado é que se pode afirmar que, em certo sentido, Möhler de fato concebia Jesus intencionalmente fundando uma igreja, mas em um outro sentido essa concepção não é de todo acurada e deturpa a primeira eclesiologia

---

[83] Tecnicamente falando, como só existe um centro em um círculo, a eclesiologia de Möhler não é centrada no Espírito, mas, a exemplo da de Schleiermacher, sua eclesiologia é elíptica, ou seja, dominada por dois centros, Cristo e o Espírito.

[84] Sínteses da eclesiologia de Möhler podem ser encontradas em Doyle, *Communion Ecclesiology*, pp. 23-37; Riga, "The Ecclesiology of Johann Adam Möhler", pp. 563-587; Rosato, "Between Christocentrism and Pneumatocentrism", pp. 46-70; Gustav Voss. "Johann Adam Möhler and the Development of Dogma", *Theological Studies* 4, 1943, pp. 420-444.

de Möhler. Diversos textos de sua autoria parecem descrever Jesus fundando a igreja visível em seus ofícios. A igreja forma uma tradição da vida-práxis da verdade, que deflui da fonte Jesus Cristo, e cada geração se vincula historicamente à fonte (UC, 1.1.6, 93). "Cristo escolheu os Doze Apóstolos a partir da multidão de seus discípulos. Eles tiveram como incumbência proclamar seu ensinamento por todo o mundo e exercer a supervisão geral de seus fiéis" (UC, 2.1.50, 213). "A ideia de uma igreja invisível fundada na terra por Cristo é tão completamente oposta ao cristianismo, contudo, que só a igreja visível foi admitida por Jesus Cristo, por seus apóstolos e pela igreja primitiva. Essa igreja sempre esteve presente como um fato quanto mais recuamos no tempo" (UC, 2.1.49, 211). Isso parece retratar Jesus estabelecendo a igreja durante seu ministério terreno. Contextualmente, porém, esses textos estão defendendo outros pontos, e, no enquadramento mais amplo da concepção möhleriana da igreja, a ideia de Jesus instituindo uma igreja objetiva como ato histórico externo não tem pertinência. O externo é sempre função do interno, de modo que nenhuma igreja formal poderia existir sem o princípio interno de Deus avivando os corações humanos. Por conseguinte, admitida essa ação externa de Jesus Cristo como a fonte material e fundamento da igreja, toda a atenção de Möhler se concentra imediatamente no papel do Espírito na igreja. Como nenhuma igreja formal pode existir sem a atividade interior do Espírito, a eclesiologia de Möhler leva-o a considerar a origem histórica da igreja no evento da comunicação do Espírito.

Corroborando essa visão acerca da prioridade do Espírito, Möhler escreve: "Se dizemos apenas que a Igreja é uma assim denominada construção, damos a impressão de que Cristo tinha, por assim dizer, *ordenado* seus discípulos *em conjunto*, sem despertar neles uma necessidade *interior* que os motivou e os reuniu, que a Igreja existiu antes dos fiéis, já que eles se tornaram fiéis primeiramente nela, que a igreja estava acima de qualquer coisa diferente dos fiéis, alguma coisa à parte deles" (UC, 2.1.49, 209).[85] Ele chega a dizer que essas disposições interiores são

---

[85] Talvez essa concessão do Espírito haja sido concomitante com a interação de Jesus com seus discípulos. Mas o princípio remanesce: não há igreja sem comunicação interior do Espírito Santo.

dons do Espírito. Talvez se possa dizer cautelosamente que Jesus fundou a igreja em um sentido externo ou *material*, mas, em termos de história pública, a constituição *formal* da igreja ocorre, para Möhler, com o dom do Espírito em Pentecostes. "Inspirados pelo *único* Espírito, os apóstolos proclamaram, em termos eloquentes e em toda parte, o que haviam recebido, em termos vívidos, do Senhor. Onde quer que fosse fundada uma comunidade, eles estabeleciam a mesma doutrina por intermédio do mesmo Espírito Santo, porque sem esse Espírito é impossível a fundação de uma igreja cristã. Portanto, em toda a igreja, em toda a sua expansão, uma mesma e única doutrina deve ser proclamada como a expressão de uma vida religiosa interna, tanto quanto como a expressão de um único e mesmo Espírito" (UC, 1.2.9, 99).[86]

O Espírito como constitutivo da igreja. O Espírito Santo constitui a igreja na história. A metáfora que se encontra por trás do papel do Espírito na igreja é orgânica, ou seja, o princípio da vida interior de um ser vivo. "Em conjunto, os fiéis em seu conjunto conformam um todo orgânico. Por intermédio da comunicação diferenciada de um único e mesmo Espírito, segundo as diferentes necessidades e características de cada pessoa, todos convergem entre si e, em conjunto, são membros que se completam [...]. Como o mesmo Espírito se revela em todos os verdadeiros fiéis, e como é o mesmo em todas as épocas, ele não estabelece senão a paz, a alegria e a unidade" (UC, 1.3.26, 143). O Espírito de Deus relaciona-se com a igreja histórica da mesma maneira como o espírito interior e o corpo exterior em uma pessoa humana. Möhler explica essa analogia em termos bem explícitos. "O espírito de um ser humano é sobretudo o princípio avivador, animador. O Espírito vem à autoconsciência e manifesta isso ao formar um organismo corpóreo. Pela destruição do corpo, o próprio espírito humano perde sua essência terrena. Dá-se o mesmo com o Espírito cristão: [se ele não tivesse nenhum corpo,] seria apenas perambulação

---

[86] Ver a discussão desse tópico em Himes, *Ongoing Incarnation*, pp. 130-134, 261-263. Ele defende a ideia de que para Möhler, em *Unity*, Pentecostes representa a fundação da igreja, a ponto de relativizar a precedência temporal e externa de formas estabelecidas durante a vida de Jesus. Ibid., p. 263.

errante em aparências dúbias, incertas [...]. O espírito humano que age é mais ativo por meio das ordens, dos órgãos e das funções do corpo. Da mesma maneira, o Espírito que governa a igreja engendra órgãos para sua atividade [...]. O ativo poder conferido aos fiéis pelo Espírito Santo forma o corpo visível da igreja [...]. E a igreja visível preserva e mantém o supremo poder outorgado a ela e o comunica" (UC, 2.1.49, 212).

Möhler estabelece uma espécie de simbiose entre o indivíduo e a comunidade. "Cada indivíduo específico só possui o princípio da vida cristã interior, o poder interno da fé, a partir da totalidade, e dessa forma os fiéis, em conjunto, formam uma unidade a partir dos apóstolos ao longo de todas as épocas. Da mesma maneira, a verdadeira expressão da fé interior, a verdadeira doutrina, também só pode ser mantida e determinada pela totalidade; em outras palavras, com relação à determinação do que seja a verdadeira doutrina, um cristão é direcionado à totalidade de todos os fiéis contemporâneos e a todos os fiéis primitivos, remontando aos apóstolos" (UC, 1.2.10, 102). Möhler justifica assim uma certa forma de "fé indireta", ou seja, a fé do indivíduo é dependente da comunidade. "O fiel individual, enquanto indivíduo, poderia errar, nunca, porém, se esse indivíduo estivesse ligado à totalidade, à igreja". Não por causa do consentimento de muitos, mas "porque a totalidade dos dons do Espírito Santo encontra-se na totalidade dos fiéis" (UC, 1.2.10, 103).

Funções do Espírito relativamente às preocupações católicas. O Espírito possui diversas funções na eclesiologia de Möhler e responde a diversos problemas que preocupam particularmente a Igreja Católica desde Trento. Dentre esses problemas estão a unidade da igreja, a revelação, a verdade, a tradição e sua relação com a Escritura, a doutrina, particularmente, no século XIX, a questão do desenvolvimento da doutrina.

Comecemos com a unidade: a igreja precisa de um princípio de unidade. "Se todos os membros individuais atuassem sem que a atividade específica de cada um deles fosse determinada por um *único* princípio movente, eles se envolveriam em uma grande atividade, destruindo igualmente cada membro individual do todo. A lei constante para o organismo comum é a imagem para o corpo da igreja: um desdobramento irrestrito das características de cada indivíduo que é avivado pelo Espírito, de forma que, embora haja diferentes dons, existe apenas um Espírito" (UC, 1.4.35, 166). Mas nessa unidade cada indivíduo é respeitado: "Muito embora o princípio católico vincule todos os fiéis em uma unidade, a individualidade de cada qual não é extinta, pois cada indivíduo deve continuar como membro *vivo* na totalidade do corpo da igreja" (UC, 1.4.35, 166).

O conhecimento cristão da verdade por meio da fé também é mediado pelo amor engendrado pelo Espírito na igreja. Como formula Möhler, "a verdadeira fé, o verdadeiro conhecimento cristão, principia no Espírito Santo e na comunicação do Espírito por intermédio do vínculo com a igreja" (UC, 1.1.4, 87). "É o princípio básico da igreja que a vida cristã individual e por meio dessa vida o conhecimento cristão individual têm sua fonte na influência da comunidade da igreja avivada pelo Espírito Santo" (UC, 1.1.6, 92). O ponto que Möhler defende aqui concerne à interdependência existencial do conhecimento da fé e da vida de amor no seio da comunidade que medeia essa fé-conhecimento: "Esse conhecimento foi formado a partir da vida da igreja, e cada um dos dois – conhecimento e vida – a seu próprio modo se imbrica mutuamente" (UC, 1.1.6, 92).

O Espírito também desempenha um papel na interpretação da Escritura, como o fez em sua inspiração: "As palavras bíblicas são revelações do Espírito Santo, mas só são compreensíveis à pessoa a quem o Espírito já se tenha comunicado" (UC, 1.2.8, 97-98). Com base nisso, Möhler entende a maneira como a Escritura deve ser interpretada na igreja: a igreja explica a Bíblia porque "a letra não é o próprio Espírito, mas apenas uma expressão do Espírito, e, se se houver obtido esse Espírito na vida da igreja, entender-se-á a expressão" (UC, 1.2.8, 97).[87]

A visão möhleriana da tradição combina o ensinamento de Cristo, ou a palavra do evangelho, e o Espírito para formar uma ampla noção, histórico-existencial, de tradição. A tradição consiste na própria comunidade como um todo, vivendo na história e seguindo seu curso orientada

---

[87] Uma exposição mais detalhada da visão de revelação que subjaz a essas concepções extrapola o escopo desta apresentação.

ao futuro.[88] A tradição engloba o ensinamento oral e escrito transmitido a sucessivas gerações. É importante que se veja a tradição como algo que se estende continuamente em direção ao passado, remontando até o período apostólico, em que adquire a especificidade de seu conteúdo (UC, 1.2.12, 107). Mas a tradição não pode ser entendida apenas em termos de doutrinas externas; ela constitui a identidade interior do cristianismo e da igreja. A presença de Deus enquanto Espírito provê o substrato interno e o poder da tradição. "O poder divino, ativo e formando-se na igreja desde os primórdios da igreja, é o mesmo ao longo do tempo e vincula essencialmente a geração passada com a geração do século I (a igreja, então, nesse sentido, não conhece nenhum passado, e o passado aqui, com o futuro, perde seu sentido, e ambos se dissolvem em um eterno presente). Como resultado, a crença de uma geração específica e de cada fiel em particular é apenas uma nova estrutura e forma desse mesmo poder divino" (UC, 1.2.12, 108).

Möhler estabelece a unidade da Escritura e da tradição com o princípio segundo o qual não pode haver nenhuma apropriação da palavra externa da Escritura sem o testemunho interno do Espírito. A Escritura dirige-se aos fiéis, ou seja, "àqueles que já receberam o Espírito da comunidade de fiéis e com ele a doutrina evangélica". Dessa maneira, o evangelho vivo tradicionalmente transmitido – a que Möhler também se refere como a verdade viva do evangelho ou simplesmente como a verdade viva – "sempre precedeu o evangelho escrito e o acompanhou, mesmo após o passamento dos autores das Sagradas Escrituras" (UC, 1.2.14, 113). Segue-se que não se deve pensar a Escritura e a tradição como fontes isoladas da revelação.[89]

---

[88] Para uma sucinta abordagem da visão orgânica que Möhler tem da tradição e do desenvolvimento da doutrina, ver John E. Thiel. *Senses of Tradition: Continuity and Development in Catholic Faith*. New York, Oxford University Press, 2000, pp. 63-67. A visão möhleriana de tradição como a vida ativa na história da comunidade como um todo assemelha-se à concepção socioexistencial de Maurice Blondel em sua obra *History and Dogma*. New York, Holt, Rinehart & Winston, 1964, pp. 219-287.

[89] "As Sagradas Escrituras não devem ser concebidas como algo diferente do evangelho vivo, nem o evangelho vivo, a tradição oral, como algo diferente dos Evangelhos escritos, como uma fonte diferente. Da mesma maneira como ambos eram a palavra e a doutrina do Espírito Santo e ambos foram dados pelos apóstolos aos fiéis, assim também ambas as formas da palavra eram vistas como pertencendo-se integral e conjuntamente, e não de forma separada" (UC, 1.2.15, 114).

A Escritura e a doutrina são uma só coisa no Espírito, e a Escritura deve ser lida segundo o espírito ou à luz da doutrina da igreja (UC, 1.2.15, 117). Möhler propõe uma série de teses que congregam Escritura e tradição funcionalmente. (1) "A tradição é a expressão do Espírito Santo que dá vida à totalidade dos fiéis." (2) "A Escritura é o primeiro membro na tradição escrita." (3) "A Escritura foi criada a partir da tradição viva, e não vice-versa" (UC, 1.2.16, 117). (4) A Escritura não é dada aos fiéis sem a tradição; a tradição não é dada aos fiéis sem a Escritura. "Elas procedem uma da outra e vivem uma na outra" (UC, 1.2.16, 118). E o Espírito, operativo em toda parte e sempre o mesmo, provê o substrato em que a comunidade crê para a identidade de sentido e de verdade ao longo do tempo e em meio às diferenças.

A teoria möhleriana do desenvolvimento da doutrina emprega a noção do Espírito Santo, no interior de uma comunidade orgânica, expressando-se a partir de dentro à medida que ela avança no tempo. "Da mesma maneira como o divino Espírito não desapareceu com os apóstolos, mas se encontra sempre presente, assim também a doutrina apostólica nunca desaparece, mas se encontra sempre presente com o Espírito em todos os tempos" (UC, 1.2.10, 100). O Espírito possui e comunica a palavra ou ensinamento de Cristo, mas de maneira existencial, de sorte que a verdade fundante da tradição encontra-se no evangelho vivo. O Espírito provê o princípio da vida interior da comunidade orgânica como em uma pessoa moral. A tradição é a contínua vida histórica dessa comunidade, e o Espírito, como o princípio de sua identidade e continuidade ao longo do tempo, forja novas formas, estruturas ou doutrinas relevantes. O Espírito que atesta a verdade das doutrinas dadas em determinado período é o mesmo Espírito que atesta em período subsequente (UC, 1.2.13, 109-110). Uma doutrina é uma verdadeira doutrina cristã se esteve sempre presente à igreja "pelo menos em germe". "Logo, o que se seguiu posteriormente não é cristão, já que tudo o que é cristão foi dado de uma vez por todas com o divino Espírito, que sempre teve de expressar-se. Eis o princípio basilar: nada, exceto o que é transmitido" (UC, 1.2.13, 110).

A chave comum para a teoria möhleriana da revelação, da verdade, da tradição e do desenvolvimento encontra-se na guinada à verdade existencial, vivida. "O cristianismo não consiste em expressões, fórmulas ou figuras de linguagem; ele é uma vida interior, um poder sagrado, e todos os conceitos e dogmas doutrinários só têm valor na medida em que expressem a vida interior que se encontra presente neles [...]. Como conceitos e dogmas doutrinários etc., são explanações de uma vida interior *específica*, e a vida interior há de se tornar sólida por eles, que não são coisa de pouca monta, mas altamente necessários". O cristianismo, porém, consiste não em conhecimento, mas "em uma nova vida divina dada às pessoas" (UC, 1.2.13, 111). O desenvolvimento, portanto, ocorre por intermédio da tradição: "A tradição contém esses sucessivos desdobramentos de elevada germinação da vida pela proteção da unidade interior da própria vida" (UC, 1.2.13, 112). Uma vez pressuposta a unidade no Espírito, Möhler parece tolerar um amplo espectro de desenvolvimentos e de pluralismo ou diferenças, antíteses, no interior da comunidade. "Por conseguinte, é possível e sempre necessário que os fiéis, sempre firmemente apegados à verdadeira natureza da antítese, reflitam a infinidade dos possíveis desenvolvimentos na religião cristã e, portanto, preservem e ativem a vida pela livre interação de múltiplos indivíduos atuando em harmonia" (UC, 1.4.46, 198).

A igreja enquanto constitutiva da salvação. Cada cristão realiza sua salvação por intermédio da igreja. A igreja do Espírito é a mediação de Cristo. "Da mesma maneira como historicamente [*historisch*] não experienciamos nada acerca de Cristo sem a mediação da Igreja, assim também só o experienciamos em nós mesmos a partir da igreja e na igreja" (UC, 1.1.7, 94). A igreja, portanto, constitui a salvação de cada cristão. Möhler, contudo, parece ir além ao dizer que a igreja constitui a salvação enquanto tal, de modo que a igreja medeia a salvação de todos quantos são salvos. A salvação envolve uma comunidade cósmica de participação em Deus, autor de toda a realidade, e a reconciliação com Deus pela mediação de Cristo constitui a igreja: "Com a reconciliação e a união restabelecidas com Deus por Cristo, a reconciliação e a união com todos os reconciliados são dadas, e, portanto, a comunidade de todos. Nessa unidade de nossa vida com todos os redimidos, somos primeiramente conscientes da verdadeira união com Cristo, da mesma maneira como o somos da unidade com Deus na harmonia de nossa vida individual com a vida universal. Por conseguinte, nossa verdadeira reconciliação por Cristo é efetiva e essencialmente vinculada à nossa comunidade com ele na comunidade com a totalidade dos redimidos" (UC, 1.3.31, 154-155). Esse papel constitutivo é modificado por uma consideração da consciência consciente. Möhler parece dizer que todos os que são salvos são parte da igreja, quer tenham, quer não tenham conhecimento disso: "Conquanto a redenção seja mui intimamente atrelada à comunidade de fiéis, não se diz que a pessoa que não conhece nem entende a comunidade da forma descrita – de fato é esse o caso de muitos indivíduos – não é redimida. Frequentemente *vivemos* a verdade sem dela ter consciência, e, portanto, amiúde somos melhores sem nossos distorcidos conceitos do que com eles. Aqui ressalto tão só a união entre as duas que são Paulo e a igreja primitiva com ele expressaram da maneira mais específica" (UC, 1.3.31, 155). A igreja, portanto, é a comunidade cósmica dos salvos, a totalidade do corpo de Cristo, e não se limita à igreja empírica na história.

A missão da igreja. A missão da igreja é continuar a transmitir na história o verdadeiro conhecimento de Deus na fé e, portanto, a salvação. Não existe nenhum conhecimento verdadeiro acerca de Deus sem revelação, ou seja, sem revelação especial (UC, 1.4.36, 168). E, por via de consequência, não há nenhum conhecimento de Deus fora da igreja. Assim o é porque o puro conhecimento de Deus requer uma alma pura e santa. "Essa alma só Deus pode dar; ela não existe fora da igreja. Por essa razão, nenhum conhecimento puro de Deus é possível sem [fora] [d]ela" (UC, 1.4.38, 173). Similarmente, a igreja é o único lugar onde o Espírito de Deus pode ser encontrado com certeza. "Antes da época de Cristo, o Espírito [...] descia apenas hesitante e esporadicamente, aqui e ali, aos indivíduos. Como resultado, nenhuma vida comum, espiritual ou religiosa, podia se estabelecer: tudo era um caso especial e peculiar" (UC, 1.1.2, 84). Entretanto com a comunicação do Espírito sobre os apóstolos e a igreja, o Espírito nunca partiria, nunca viria de novo, mas "estaria sempre presente" (UC, 1.1.2, 84). A missão ou tarefa é compartilhar a verdade da revelação na vida do Espírito. O Espírito agora está restrito à comunidade cristã, e a "tarefa confiada à igreja é comunicar esse Espírito às criaturas de Deus, de forma que todos os membros que o recebam se tornem vivos" (UC, 1.1.2, 84). Möhler cita Irineu para demonstrar que não existe salvação fora da igreja porque não há nenhuma verdade fora do Espírito, que agora se restringe à Igreja. Ele admite, no entanto, que o Espírito pode operar diretamente sobre as pessoas. Quando o faz, porém, "o indivíduo penetrado por ele se sentiria irresistivelmente atraído a espíritos afins" e, portanto, à igreja (UC, 1.1.3, 86).

A organização da igreja. Um simples relance ao sumário de *Unidade na igreja* revelaria que o quadro de referência de Möhler é a grande comunhão transnacional católico-romana. A organização unificada do corpo da igreja consiste no alto clero, de maneira que ele aborda a unidade no bispo, no metropolita, a unidade do episcopado como um todo, e no papa.

O bispo. Möhler acata a explicação que Clemente de Roma dá acerca da origem do ofício de bispo. Cristo designou apóstolos como missionários, e eles instituíram bispos como seus sucessores, de modo que o ofício apostólico nunca cessaria de existir. As comunidades locais consolidaram-se em torno do bispo, que representava um elo firme de unidade de vida e de ensinamento. Esse evento histórico tem um *a priori* lógico: "Sem um ofício de ensino determinado, ordenado e contínuo não se poderia de forma alguma pensar uma tradição contínua, a qual, como ouvimos, é inteiramente necessária para demonstrar a identidade da elevada consciência da igreja ao longo de todos os momentos de sua existência" (UC, 2.1.50, 213-214). "O fato de que os apóstolos designaram líderes, bispos e sacerdotes em toda parte e os instalaram em suas posições é inegavelmente provado pela história da igreja primitiva" (UC, 2.1.51, 215).

Möhler insiste na objetividade do ofício. "O que é primordial não é a pessoa do bispo enquanto tal, mesmo se considerado como detentor de exímias capacidades doutrinárias, e sim a qualidade do bispo enquanto centro da unidade geral" (UC, 2.1.50, 214-215). O bispo não funciona simplesmente como uma extensão dos fiéis. O bispo emerge da comunidade, e, como deve "revelar o amor de todos em uma vívida imagem, todos devem participar de sua escolha" (UC, 2.1.52, 220). Os bispos, contudo, exercem um ofício objetivo designado por Deus e não agem por mandato popular. "Muito embora o bispo seja [...] fruto da comunidade que o escolheu, não age sob as ordens do povo. Seu ofício não é arbitrário, derivado de consenso humano. É positivo [ou seja, historicamente dado] e de origem divina [...]. Observamos que os próprios apóstolos instituíram bispos por toda parte, e por isso trata-se de uma lei divina pela qual se institui o ofício episcopal" (UC, 2.1.52a, 221). Esse ofício é um órgão do corpo de Cristo que não pode ser modificado (UC, 2.1.52a, 222).[90]

Möhler tem uma curiosa tese acerca do desenvolvimento do exercício da autoridade episcopal. Originalmente, o bispo "não se destacava dos outros, pois era concebido em unidade com a comunidade, que não era considerada à parte dele, nem ele à parte dela". Por conseguinte, o bispo exercia autoridade de "maneira comunal" em presença da comunidade. Isso, no entanto, mudou com o passar do tempo, e Möhler atribui a mudança sociológica não ao bispo, mas ao povo, e ilustra a questão com o caso de Cipriano. Möhler vê um certo "declínio" do povo à medida que deixou de ser a sacra comunidade dos primórdios. "O bispo agora já não era escolhido a partir da suprema atividade unitiva do amor agindo em *todos* os cristãos. Pelo contrário, ele se relacionava cada vez mais com a comunidade como se relaciona a lei com o indivíduo de inclinação fraca e pervertida. O bispo agora se investia em uma posição a partir da qual lhe competia indicar e cumprir o que é e o que deveria ser, diferentemente do que sua presença simbolizara em uma fase anterior". Como resultado, a comunidade e o bispo tornaram-se cada vez mais diferenciados em sua relação recíproca (UC, 2.1.55, 226-227). "Caracteristicamente, não foram os bispos que se elevaram, mas o povo que se rebaixou; como

---

[90] Möhler defende o sacerdócio de todos os fiéis, mas não de maneira que suprima a distinção entre clérigos e leigos. A igreja é estruturada em ordens, ou órgãos do corpo, por Deus através de Cristo. Essa distinção, portanto, deve ser vista em termos de "uma distinção de dons na igreja mantida pelo Espírito Santo" (UC, 2.1.54, 225).

consequência, os bispos, obviamente, pareciam mais proeminentes e poderosos do que antes" (UC, 2.1.55, 228).

Möhler propõe uma alta teologia místico-organizacional do bispo. O bispo, por assim dizer, personifica a unidade dos fiéis e seu amor mútuo. Enquanto tal, é o símbolo vivo que realiza a efetiva união da comunidade ou igreja local. Möhler aprendeu de Inácio de Antioquia: "Como o bispo é o amor personificado da comunidade e o centro de tudo, quem está unido a ele encontra-se em comunidade com todos, e quem quer que dele esteja separado retirou-se da comunidade cristã geral e acha-se apartado da igreja [...]. Esse centro, portanto, é tão necessário que sem ele a união congregacional é impensável, e o conceito de igreja é tão determinado que um povo unido é uno em um único bispo. Dois bispos em uma comunidade são tão impossíveis quanto dois centros de uma circunferência; um dos dois não pode ser o centro" (UC, 2.1.52, 218-219). "Um ato religioso comunal sem ele é, portanto, impossível" (UC, 2.1.52, 219).

O metropolita. O lugar e a função do bispo metropolita desenvolveram-se historicamente. Seria equivocado, no entanto, reduzir o lugar e a função do metropolita a essas relações históricas contingentes. "O impulso formador interior do cristianismo, que nada sabe a respeito de qualquer isolamento ou separação, é, portanto, a verdadeira base para a união do metropolita. O corpo da igreja forma-se organicamente do interior para o exterior como a estrutura de um poder interior, ativo, e não do exterior para o interior, à maneira das pedras e de todas as matérias inorgânicas" (UC, 2.2.56, 231). O papel e o *status* do metropolita seguem-se como um corolário da premissa do caráter orgânico da igreja, à medida que ela se expandiu da comunidade individual para grupos de igrejas. O desenvolvimento foi espontâneo e ao mesmo tempo evolucionário. O metropolita é o centro de um grupo de bispos circunvizinhos e desempenha uma função centralizadora e coordenadora. E o instrumento organizacional natural para isso foi o sínodo. "Nas assembleias para ordenar um novo bispo, sem dúvida, eles trocavam opiniões também sobre outras questões eclesiásticas mais amplas, e, quando os bispos se reuniam para tais propósitos, suas reuniões eram expressamente denominadas sínodos" (UC,

2.2.59, 235). Em contraste com o Pseudo-Dionísio, que via a hierarquia em linha descensional a partir de cima, Möhler descreve um padrão ascensional de agrupamento orgânico. "Da mesma forma como o bispo agia no centro da *corona* sacerdotal (como se disse) e era circundado pelo povo, assim também o metropolita age no conselho de bispos, circundado pelos presbíteros" (UC, 2.2.59, 237).

A unidade do episcopado como um todo. Todos os bispos, em conjunto, formam um corpo ou colégio de bispos como uma estrutura unificadora. Möhler ainda está pensando segundo os parâmetros do desenvolvimento orgânico. Desde os primórdios, as comunidades mantiveram-se em recíproca comunicação por intermédio dos bispos. Em certo estágio, no entanto, em meados do século III, com Cipriano, o desenvolvimento chegou a uma nova etapa, em que a comunicação entre os bispos tornou-se a estrutura universal do episcopado. Daí por diante, o corpo transgeográfico de bispos tornou-se uma estrutura da unidade e da solidariedade da igreja. Não foi assim no começo, exceto em germe; ele teve de desenvolver-se; mas o que efetivamente se desenvolveu, desenvolveu-se em consonância com a essência da igreja.

Cipriano escreveu a respeito desse episcopado unificado, do qual os bispos singulares fazem parte, mas assumem responsabilidade pelo colegiado, em sua obra *Unidade da igreja*. "Cada bispo é um produto, que repousa em uma instituição divina, de um grupo específico de fiéis contingente em si mesmo e por si mesmo [a igreja local], e em razão disso o conjunto dos bispos é um produto global de todos os fiéis, inteiramente indivisível e uno, como o são os próprios fiéis, cuja unidade os bispos apresentam" (UC, 2.3.63, 245). Um bispo é bispo por ser membro do episcopado. "Pois, da mesma forma como não se podia ser bispo sem ser membro do corpo total, também não se podia permanecer bispo em caso de desligamento dessa associação" (UC, 2.3.65, 251).

Unidade no primado. "A igreja visível carece do princípio básico se permanece no padrão descrito anteriormente; a unidade do episcopado e de todos os fiéis nele deve representar-se em uma única igreja e em um único bispo: ele é o centro vivo da unidade viva da totalidade da igreja" (UC, 2.4., 255).

A grande visão da unidade do todo da igreja no papado combina a necessidade decorrente do caráter orgânico da unidade da igreja e desenvolvimento histórico. "Em um organismo completo, como no todo universal, as partes individuais são orgânicas, de maneira que cada membro é visto como um tipo do todo, e o poder que forma o todo repete sua forma básica no interior das partes individuais" (UC, 2.4.67, 255). Nessa visada, o todo da igreja requer o primado de um bispo, pois sem ele a unidade de todos os bispos não seria representada em uma imagem viva (UC, 2.4.67, 256). Entretanto, essa não foi a condição da igreja de uma hora para a outra; ela teve de se desenvolver em termos históricos. De acordo com a lei do desenvolvimento, o primado papal não pode ser demonstrado antes da época de Cipriano, quando a unidade da igreja como um todo no episcopado evidenciou-se pela primeira vez. O primado não é um conceito, e sim uma realidade; ele só se tornou historicamente manifesto após a época de Cipriano (UC, 2.4.68, 257). "Assim, antes que uma imagem personalizada da unidade dos fiéis pudesse de fato manifestar-se, essa unidade sobre a qual o desenvolvimento ulterior se baseou tinha de estar presente" (UC, 2.4.68, 258). Em um período anterior, "ainda pode ter havido fatos não indubitáveis demonstrando a primazia de uma igreja" (UC, 2.4.69, 261). "O desenvolvimento ulterior e a formação externa da primazia pertencem ao período subsequente" (UC, 2.4.70, 262).

As atividades da igreja. Möhler oferece antes uma discussão geral acerca do culto e do princípio sacramental. Suas reflexões se desdobram dentro de um contexto de unidade e de diversidade nas formas do culto. A essa altura se percebe quão distante Möhler se encontra da preocupação com os pormenores de uma teologia sacramental ou do desenvolvimento de um manual prático para a práxis da igreja. Ele oferece antes uma teoria teológica do culto. Nela Möhler compara o culto formal na igreja com a doutrina enquanto expressões de uma fé ou piedade interior: "Da mesma maneira como a doutrina é a fé interior da igreja apreendida em conceitos, assim também o culto, em seu aspecto mais significativo, é a fé refletindo-se em sinais significativos" (UC, 1.4.47, 198). Existe, portanto, um paralelismo entre doutrina e culto, e Möhler revela preocupação com a unidade e com a diversidade em ambos.

O culto comum requer símbolos públicos. Esses símbolos públicos externalizam a religiosidade interior da comunidade, tornam-na pública, de sorte que possa então reverter em apropriação, alimento e autoexpressão comuns. Esse é o princípio sacramental. Qual é, pergunta Möhler, o papel dos símbolos materiais em uma religião espiritual como o cristianismo?[91] "A religiosidade cristã é necessariamente uma religiosidade comum. Não sabemos de uma atividade não mediada do espírito finito. Os símbolos, a exemplo da palavra, medeiam um movimento interior. Eles não são apenas o ponto unificador de tudo, mas também o órgão por intermédio do qual a interioridade do uno deflui para a totalidade e a partir dela reverte. Esse simbolismo sacro é uma expressão de inefável descoberta" (UC, 1.4.47, 200).[92]

Möhler descreve a natureza dos sacramentos da igreja em termos bastante gerais. O sacramento conjuga uma forma interna e uma forma externa. A forma externa é necessária. Mas a verdade e a eficácia do sacramento não residem na forma externa, de modo que aqueles que tentam recriar as formas externas dos tempos apostólicos perdem o essencial.[93] Os sacramentos, portanto, são símbolos que tornam presente e atualizam aquilo que simbolizam. Möhler infunde realismo a sua visão

---

[91] "Existe uma poderosa religiosidade em nós. Somos compelidos a desenvolver esse reflexo até que nossa característica religiosa como um todo tenha se revelado nela como na doutrina. Acreditamos que essa religiosidade não está verdadeiramente viva em nós se não a encontramos plenamente expressa de novo externamente. É bom que seja assim. Se encontramos nossas produções novamente, o poder religioso que produz o símbolo é despertado e reproduzido" (UC, 1.4.47, 199).

[92] "O cristianismo rejubila-se grandemente nos símbolos. Isso já se evidencia no fato de que Cristo ofereceu o máximo aos fiéis sob a forma de um símbolo, ou seja, *ele próprio*". "Quando Cristo concede o Espírito Santo a seus fiéis, ele sopra sobre eles. Quando deseja ensinar-lhes a humildade em sua escola, lava-lhes os pés" (UC, 1.4.47, 200).

[93] "Esses indivíduos já expressam seu aprisionamento ao externo quando encaram o culto como algo externo que pode ser aceito ou rejeitado. Acham que a Ceia do Senhor está sendo celebrada da maneira como Jesus e seus discípulos fizeram, já que não se tem nenhuma forma externa. Mas só procedemos como eles se dispomos da forma interna e não se evitamos essa ou aquela forma externa. Nesse caso, não fazemos senão declarar que a forma de uma época seja de todas as épocas, determinando então uma única forma" (UC, 1.4.48, 201).

dos sacramentos. "É adequado que aquilo que [Cristo] deixou para o uso contínuo de seus fiéis seja altamente avaliado: símbolo e contexto, significante e significado, pertencem-se como sacramento. O pão não o significa meramente; o pão é Cristo. Nós não o lembramos simplesmente; ele está presente, ele está em nós, e nós nele. O batismo não significa meramente purificação; o verdadeiro batismo é a própria purificação. Mesmo que os símbolos, que a igreja engendra a partir das necessidades internas, não possuam esse poder, eles, não obstante, reúnem os fiéis a sua volta, são ao mesmo tempo um órgão e uma expressão da vida, e 'onde dois ou três se reunirem em meu nome [Cristo], aí eu estarei no meio deles'" (UC, 1.4.47, 200).

Möhler aplicou sua teoria do desenvolvimento à emergência dos sacramentos. Considerando o que foi dado à igreja por Jesus e pelos apóstolos, Möhler diz que "pouco foi exigido por eles, e suas exigências nem sempre foram as mesmas. Pouca coisa foi diretamente prescrita. Tudo era para ser expressão externamente livre do religioso. No tempo, essa expressão *teve de desenvolver-se em si mesma, segundo a necessidade,* e só isso deve ser considerado como objetivo próprio, que não se produziu a partir de fora, mas foi resultado do interior agindo no exterior. Os apóstolos se empenharam em construir um cristianismo interior" (UC, 1.4.48, 201).

Möhler concebe o desenvolvimento ao mesmo tempo como livre e aberto à medida que avança em meio à história, mas internamente controlado pelo princípio orgânico interior da vida religiosa. "Devemos conceder que, por um lado, existe um impulso em direção a uma evolução dos símbolos e, por outro lado, uma restrição, mas no todo uma progressiva expansão" (UC, 1.4.,48, 202). A restrição é a essência interior e a religiosidade da comunidade. Nenhum limite externo foi imposto à igreja, de maneira que formas externas anteriores determinassem formas ulteriores. Com efeito, a igreja muito livremente tomou emprestadas formas externas de seu próprio meio exterior, do judaísmo ou do paganismo, até mesmo formas de oração, para que "uma ideia cristã pudesse ser restrita a elas" (UC, 1.4.48, 202). "Todas as práticas externas de culto que transmitiu, a Ceia, o batismo etc., Cristo tomou-as das práticas judaicas já em uso"

(UC, 1.4.48, 203). Como isso é possível? "O princípio da unidade estava acima das formas, e em todos os seus movimentos não resultou senão na expressão de um *único* espírito nas muitas formas" (UC, 1.4.48, 203).

Essa abertura no desenvolvimento em diferentes contextos históricos dá ensejo à ideia do pluralismo nas formas sacramentais e em outras formas de culto ou de unidade em meio à diferença no culto. A intuição básica é que o único Espírito provê a unidade da forma interior e tolera grandes diferenças, de sorte que não se deve se fixar em coisas pequenas ou insignificantes ou em formas externas. "Com efeito, essas mentalidades desejavam colocar a unidade espiritual em cadeias, restringir seu reconhecimento geral mediante limites externos *contingentes*, cingi-lo com muitas estipulações e, onde quer que encontrassem unidade espiritual, colocavam-na em risco, fosse substituindo-a por outra, fosse mutilando-a. Se, em nome da unidade exterior, se destruísse ou não se favorecesse a unidade interna, aquelas ações seriam não apenas risíveis, mas também irrespondíveis" (UC, 1.4.48, 203). "Todo desejo de unidade no culto externo que não se desenvolvesse livremente então a partir desse próprio e mesmo Espírito ou não se estabelecesse por essa mesma demanda interna de necessidade ou de reconhecida adequação era descartado como inadmissível e obscurantista. Não obstante, a máxima liberdade existia na unidade" (UC, 1.4.48, 205).

Para concluir esta apresentação da primeira eclesiologia de Möhler, vale ressaltar que suas ideias foram inseridas em um arcabouço que não lhe é próprio. O reconhecimento dessa circunstância ajuda dilucidar, ao mesmo tempo, o que ele não esteve e o que esteve fazendo nesse primeiro trabalho. Möhler não pretendeu desenvolver, de qualquer maneira explícita, a relação da igreja com o mundo ou com a sociedade, a ética eclesial, ou todo um espectro de tópicos inerentes a uma adequada eclesiologia. No entanto, esse arranjo de suas ideias revela, por implícita comparação com outras eclesiologias, como a metáfora fundamental e o marco por ele utilizado para a compreensão da igreja implicaram toda uma revisão da eclesiologia católica. Por exemplo, a atenção de Möhler para com a vida interior da igreja animada pelo Espírito representa um contraste significativo com a ênfase na instituição externa que se encontra no catecismo do Concílio de Trento e que foi desenvolvida por Belarmino. Com relação à compreensão romano-católica da igreja vigente à época, Möhler representou uma revolução conceitual. Tal reviravolta radical nesse nível fundamental exigiu, por seu turno, um esforço de repensar todos os tópicos-padrão em uma eclesiologia mais compreensiva e mais prática. Isso não deveria ocorrer durante o século XIX.

Princípios para uma eclesiologia histórica

Passamos agora ao nível de interpretação geral. Deve ter ficado evidente para quem quer que tenha lido a obra até este ponto que algo novo e diferente está se processando nesses dois representantes da eclesiologia moderna. O realce dos diferentes temas na eclesiologia de um ou de ambos esses autores corroborará essa conclusão geral e proporcionará princípios para a eclesiologia à medida que ela avança no decorrer do período moderno. A premissa aqui é que não se pode retroagir, ou, se se tentasse um *ressourcement* por recuperação do passado, o passado sempre será projetado no novo mundo do presente. Essa visão das coisas contém um implícito julgamento de que o retorno à autocompreensão pré-moderna proposta pela escola romana de teologia não era realmente adequado aos tempos, ou fiel ao evangelho em um contexto moderno.

A modernidade vincula Schleiermacher e Möhler. Não se pode perder de vista esses notáveis paralelos que perpassam as eclesiologias de Schleiermacher e de Möhler. Eles parecem especialmente surpreendentes quando situados contra o pano de fundo das opções eclesiológicas marcadamente distintas que surgiram no século XVI. Existem, evidentemente, características básicas comuns que unem as igrejas cristãs providas pela própria fé: um Cristo, um batismo, um Espírito, um conjunto de Escrituras, um credo. No entanto, o que começa a articular as diferenças entre as eclesiologias protestante e católica estabelecidas de maneira tão clara durante o século XVI em um nível histórico é a própria modernidade, à medida que foi impulsionada pela história e refletida na literatura do período. Newton, a Revolução Francesa, as políticas europeias, Kant, Friedrich Schlegel, Schelling e outros leigos encontram-se por trás dessas duas eclesiologias. A eclesiologia de Schleiermacher é uma eclesiologia protestante, enquanto a de Möhler é uma eclesiologia católica. É patente, contudo, que essas duas eclesiologias construtivas possuem afinidades. Decerto persistem consideráveis diferenças entre esses dois pensadores, e a tarefa, a essa altura, não é explorá-las, mas simplesmente ressaltá-las. Mais significativo é o fato de que Schleiermacher e Möhler compartilham a mesma renovação romântica pós-iluminista. Certamente há múltiplas lições nesse aspecto.

Semelhanças e diferenças. Uma simetria entre essas duas eclesiologias manifesta-se em diversas áreas fundamentais. A abordagem para a compreensão da igreja envolve reconstituição histórica e utiliza o quadro de referência de uma comunidade religiosa de fiéis entendida em termos orgânicos de crescimento e de desenvolvimento. A igreja é a um só tempo confraternidade ou comunhão entre os próprios cristãos e com Deus tal como mediado por Cristo e pelo Espírito Santo. O Espírito Santo é o princípio de vida divina no seio da comunidade. A Ceia do Senhor é uma representação primordial dessa unidade em Cristo e confraternidade no amor infundido pelo Espírito. A imagem do corpo de Cristo em sua organicidade é favorecida. Em tudo isso, a igreja desempenha um papel intrínseco na economia cristã da salvação.[94] A mais clara explanação das diferenças entre essas duas eclesiologias reside nos referentes de suas eclesiologias: a igreja de Schleiermacher tem a comunidade como sua unidade primária, e nesse sentido sua eclesiologia compartilha algumas qualidades do tipo igreja livre; a igreja de Möhler é a instituição universal. Como ambos esses tipos básicos operam como quadros fundamentais de referência, eles são acuradamente desenvolvidos e matizados. Por

---

[94] Doyle, *Communion Ecclesiology*, pp. 26-28. "A eclesiologia de Möhler, em *Unity*, tem muito em comum com a de Schleiermacher. Enquanto oposta à visão jurídica medieval, ela enfatiza uma comunhão espiritual entre os seres humanos com Deus. Enquanto oposta ao racionalismo científico, é mística, transcendente e sacramental. Em congruência com o romantismo, fundamenta-se na experiência religiosa. É orgânica, dinâmica e historicamente consciente. Valoriza a unidade como intermediária de uma legítima diversidade, e não como sua opressora". Ibid., p. 32.

exemplo, muito embora a igreja de Schleiermacher seja uma associação voluntária, ele levou em consideração seu tamanho adequado a fim de que pudesse continuar sendo uma comunidade; ele também avaliou as estruturas da igreja, e teologicamente compartilhou uma alta eclesiologia em que a igreja não era o resultado da fé, e sim a medianeira da fé, embora, para Möhler, a igreja seja uma comunidade orgânica, interpessoal; entretanto, um episcopado universalmente unido e, consequentemente, o papado foram desenvolvimentos orgânicos essenciais dessa comunidade viva. O contraste entre essas duas eclesiologias parece acentuado quando encarado pela perspectiva das igrejas concretas a que se reportavam e dos quadros de referências imaginativos fundamentais de interpretação. Todavia, a cultura pluralista hodierna força distinções sobre o que é essencial e possibilita o reconhecimento de que ambas podem ser válidas, em vez de competitivas.

Schleiermacher exemplifica um método na eclesiologia de baixo. Schleiermacher define o método da eclesiologia de uma maneira que corresponde ao que foi estipulado no início deste trabalho. Diversas características estimulam a designação. Schleiermacher não apela a Jesus enquanto o fundador de uma estrutura universal para a comunidade cristã nem ao Novo Testamento como provedor de uma carta constitucional. Sua guinada à experiência implica a premissa segundo a qual a estrutura da igreja surge da própria comunidade. O pneumatocentrismo möhleriano também encoraja essa visão; formalmente, a igreja teve início em Pentecostes; as estruturas desenvolveram-se organicamente. A eclesiologia schleiermacheriana revela um senso de historicidade e uma avaliação crítica das fontes históricas: deve-se recorrer à história da igreja para entender a igreja; as asserções teológicas acerca da igreja não podem ser dissociadas de uma imaginação crítica. Uma concepção teológica ou dogmática da igreja desvinculada da efetiva igreja histórica não seria mais que vacuidade; uma descrição histórica ou sociológica reducionista da igreja não seria absolutamente igreja.[95] Os dados para a configuração

---

[95] "Se se tentasse estabelecer o elemento identitário e invariável do cristianismo, abstraindo--se completamente do histórico, dificilmente se poderia distingui-lo da atividade de quem

da autocompreensão da igreja, portanto, consistem nas declarações confessionais das igrejas concretas. Esse amplo senso de historicidade, que assumiu, ele próprio, diferentes formas e continuou a desenvolver-se no decorrer do século, representa um irreversível ponto crítico na moderna teologia e uma ruptura na eclesiologia porque muitas outras considerações radicam nele.

Schleiermacher apresenta uma "alta" eclesiologia dentro do contexto de uma concepção histórica da obra de Cristo. Uma das vantagens da eclesiologia de Schleiermacher em relação à de Möhler consiste na abrangência e na completude. Como ela é parte de sua sistemática, Schleiermacher relacionou a eclesiologia com outras partes de sua teologia, deixando bem claro como a igreja se relaciona com a obra de Cristo. A "altura" que o enunciado tenta definir relaciona-se com a conexão intrínseca entre a pessoa e a obra de Jesus Cristo e o papel da igreja na história. Jesus Cristo, na visada de Schleiermacher, é o acme do diálogo de Deus com os seres humanos na história. Deus esteve ativo em Jesus de maneira tão perfeita que sua consciência de Deus envolveu e aperfeiçoou sua liberdade. A atividade salvífica de Jesus consistiu em mediar essa consciência de Deus, comunicando-a aos outros a fim de formar discípulos que compusessem uma igreja. "A igreja, na qual Schleiermacher detecta uma 'essência de Deus' análoga à essência de Deus em Cristo, é o *locus* da contínua influência de Cristo e o meio histórico pelo qual o Reino de Deus deve ser estendido e a divina eleição consumada".[96] Como a igreja é o verdadeiro meio pelo qual essa consciência de Deus cristã é comunicada, ela é constitutiva da salvação operada por Jesus Cristo na história. E a missão da igreja, seu propósito ou objetivo, é prolongar essa

---

imagina estar expondo o cristianismo quando na realidade o que oferece é pura especulação. E se se tentasse apresentar tão somente a variável na história cristã, com plena abstração do identitário, seu objetivo aparentemente seria o mesmo que o de alguém que, não superando a superfície externa das coisas, não nos permite ver na história da Igreja nada além do complexo e pernicioso jogo de cegas paixões" (CF, # 126, 585).

[96] Gerrish, "Friedrich Schleiermacher", *Nineteenth Century*, p. 144.

mediação para o exterior no mundo e para o futuro na história. A igreja é a atuação, na história, da salvação de Deus em Jesus Cristo.[97]

Schleiermacher escreveu em sua dogmática que a distinção "entre protestantismo e catolicismo pode, provisoriamente, ser concebida nos seguintes termos: o primeiro torna a relação do indivíduo com a igreja dependente de sua relação com Cristo, ao passo que o último, contrariamente, torna a relação do indivíduo com Cristo dependente de sua relação com a igreja" (CF, # 24, 103). Muitos comentaristas apontam que, nos termos dessa máxima, a eclesiologia de Schleiermacher pode ser concebida como muito mais próxima da concepção católica do que da protestante. Parece cada vez mais claro, no entanto, que assim o é porque Schleiermacher tem maior afinidade com Calvino, no tocante a essa questão, do que com Lutero. Vimos a interpretação da eclesiologia de Calvino que atribui ao Livro IV das *Institutas* um papel consideravelmente mais importante em seu esquema geral do que um anticlímax a seu cristocentrismo. Também em Calvino o meio na história, efetivamente o sacramento na história, para a concretização da graça e da vontade de Deus nada mais é do que a igreja. Aqui, Schleiermacher é herdeiro de Calvino.[98]

Na tensão entre comunidade e ofício, a comunidade goza de primazia. Implicitamente, essa tese contém duas proposições: a de que existe uma tensão entre as dimensões institucional e comunitária da igreja e a de que nessa tensão o comunitário encerra um elevado valor. Que essa tensão existe é algo que se demonstrou ao longo de todo o curso da história da igreja e em sua eclesiologia. Implicitamente, a eclesiologia de Schleiermacher reconhece-a e lida com ela; em Möhler, contudo, a polaridade e a

---

[97] Não se segue que não haja salvação, absolutamente falando, fora da igreja; segue-se, no entanto, que não há salvação cristã fora da igreja. Embora muito do que é dito nessa generalização acerca de Schleiermacher não esteja em desacordo com a eclesiologia de Möhler, sobressai a seguinte diferença: Möhler tinha uma visão mística da igreja. Acreditava que a igreja nos une a Cristo e que a unidade com Cristo de todos os salvos conformava-os em uma comunidade espiritual. Isso o levava a entender a igreja como comunidade que transcende a história e como constitutiva da salvação de todos aqueles que são salvos. Ver UC, 1.3.31, 154-155.

[98] Mas não só aqui. Gerrish afirma e Himes concorda que as dogmáticas de Schleiermacher são cabalmente influenciadas pelas *Institutas* de Lutero em seu "caráter eclesiástico", em sua consistente referência às "afecções religiosas cristãs", em seu "caráter científico" de sistemática precisão. Gerrish, "From Calvin to Schleiermacher", p. 185 e passim.

tensão entre essas duas dimensões assumem grande importância. Pois a proeminência da metáfora orgânica para a compreensão da igreja correlaciona-se com a viva interação de uma comunidade e situa-a no centro do palco. Organicidade significa interação unificada de forças vivas. Ela contrasta com a estrutura estática, permanente, porém morta, ou com relações formais imutáveis. A distinção sociológica entre sociedade, que é uma estrutura formalmente determinada, objetiva, e comunidade, que é um grupo considerado em sua subjetividade como vivo e em movimento, corresponde à metáfora orgânica e reforça-a. Para desenvolver a metáfora orgânica ainda mais com o conhecimento do século XX, o princípio da identidade e da definição é um determinante interno, um código programado que possibilita o crescimento e a mudança, e não uma estrutura externa que confina. Mas o que é basilar para o valor duradouro dessa distinção é a tensão dialética entre essas duas dimensões. Isso significa que nenhum dos polos pode estar ausente, que a tensão não pode ser resolvida, que, qualquer quer seja a primazia mantida, isso não significa a eliminação do outro polo.

Möhler, no entanto, enfatiza claramente a primazia do caráter comunitário da igreja. Embora ambos concordem a esse respeito, a ênfase de Möhler pode ser entendida como uma reação contra o risco intrínseco dentro de uma maciça e institucionalizada igreja transnacional que define sua unidade precisamente em termos universais objetivos. O perigo é reduzir o referente do termo igreja a sua forma institucional. Essa foi, efetivamente, a tendência que se seguiu ao Concílio de Trento, como se viu no catecismo por ele promulgado. A igreja é uma sociedade visível que naturalmente se torna a estrutura institucional visível de ofícios. A recusa em separar uma igreja invisível e uma igreja visível, uma boa intuição, levou a enfatizar a primazia da instituição como o vínculo da unidade da igreja, o que é potencialmente problemático. Em um extremo, isso reduziria a mediação religiosa da igreja a uma função objetiva, ao passo que na eclesiologia congregacionalmente baseada de Schleiermacher isso nunca aparece como um perigo. Seja como for, enquanto Möhler não implica qualquer negação da necessidade e da importância da instituição objetiva, comunidade e relações intersubjetivas gozam de primazia. A justificativa dessa primazia será discutida na exposição que se segue. Nesse ponto, contudo, é importante verificar como o pneumatocentrismo de Möhler encaixa-se no padrão. O Espírito vive na comunidade por ser o dom a cada membro seu. Por conseguinte, o Espírito anima a comunidade como um todo como sua divina força provedora de vida. O caráter dinâmico da ação do Espírito na vida e na história humana torna-se proeminente. A presença ativa do Espírito na comunidade faz da igreja uma comunidade viva, cambiante, em interação com o mundo. Evidentemente, é o que a igreja sempre foi e fez, mas isso raramente é destacado com clareza.

Ofício e instituição emergentes de uma comunidade e dela dependentes. A primazia consiste no fato de a comunidade subjetiva ser a fonte da instituição objetiva e no *télos* ou propósito da função da instituição. A instituição não cria a comunidade no primeiro Möhler; pelo contrário, é a comunidade que cria instituições. As instituições surgem historicamente da comunidade de discípulos. E a finalidade da instituição é sustentar e manter a comunidade.

A metáfora da organicidade fez ressurgir algumas das intuições fundamentais acerca da natureza das instituições sociais que estiveram em operação em Marsílio de Pádua e subjacentes ao conciliarismo. Isso pode ser visto quando a organicidade é aplicada à organização igreja, não simplesmente como estrutura governamental, mas de uma maneira mais geral como estrutura ministerial. Os ofícios do ministério, no contexto da primazia da comunidade, aparecem como criações da comunidade. A comunidade cria aqueles ofícios de ministério que a situação exige, e responde às necessidades básicas da comunidade com um consistente ministério. O objetivo aqui não é interpretar a democracia representativa de Marsílio segundo os parâmetros de Möhler, o que seria manifestamente equivocado. Pelo contrário, o que se pretende aqui é traçar a direção a que o foco sobre a primazia da organicidade da comunidade conduz. Essa direção aponta para uma compreensão funcional dos ofícios que surgem no interior do organismo a fim de que ele possa responder a suas necessidades internas e às demandas do meio circundante. Os ofícios são criados pela comunidade, e não impostos a ela a partir de fora. A finalidade e o objetivo dessa criação decorrem da missão da igreja e dos meios necessários para cumpri-la. Essa compreensão não é reducionista e de maneira alguma dissocia as instituições da igreja da vontade ou das intenções de Deus. O Espírito de Deus no interior da comunidade e Jesus enquanto sua origem instauram o explícito liame entre a estrutura e o desempenho da igreja e a vontade de Deus, de uma maneira que não destrói a liberdade humana, mas a incrementa. A implicação prática dessa concepção é que a igreja não pode ficar desprovida dos recursos para reformar ou criar ministérios eclesiais de uma forma que lhe permita satisfazer a suas necessidades pastorais em qualquer tempo ou lugar.

Compreendendo a distinção básica entre igreja visível e igreja invisível. Schleiermacher torna compreensível a moderna distinção entre uma igreja visível e uma igreja invisível. Essa distinção começa com Agostinho: a igreja dentro da igreja, a "pomba" eleita e santificada, distinta da grande igreja empírica. Ela aparece continuamente sob diferentes carizes ao longo da história da eclesiologia e assume significados diversos quando empregada para fazer frente a novas situações. Na teoria conciliar, frequentemente significa a comunhão de todos os cristãos na fé, enquanto distinta da estrutura institucional. A distinção é interpretada em sentidos amplamente diversos: por vezes é tomada como separação, como se houvesse duas igrejas. Outras vezes parece paradoxal: que seria uma igreja invisível? A eclesiologia romana rejeita a distinção tal como utilizada pelos reformadores porque era usada para solapar a estrutura e a autoridade hierárquica da igreja institucional transnacional.

Schleiermacher recupera as categorias da igreja visível e da igreja invisível como uma distinção puramente teológica. A igreja invisível é a dimensão divina da igreja, os efeitos da graça ou da ação de Deus enquanto Espírito no âmbito da organização empírica. Essa formulação não pode ser entendida como cindindo a igreja em duas partes ou segregando a igreja invisível da igreja enquanto organização. Ela respeita a concepção de Agostinho, mas sem fazer dos eleitos ou dos santificados um grupo à parte. Com efeito, as dimensões da igreja visível e da igreja invisível também estão em ação em uma pessoa individualmente considerada. Ao associar a igreja invisível com os efeitos da presença divina à igreja, Schleiermacher esclareceu a união e a distinção das dimensões divina e humana da igreja. Os elementos visíveis e invisíveis interagem dialeticamente na vida da igreja.[99]

Relação com o mundo como uma importante categoria. A categoria "mundo" na eclesiologia de Schleiermacher é complexa; contém muito da profundeza e da riqueza que se encontra no evangelho de são João. Muitos tomam o termo "mundo" para aludir ao espectro da realidade exterior à igreja: o mundo existe fora da igreja. Schleiermacher, no entanto, rejeita esse uso, pois o mundo também se encontra no interior da igreja como uma dimensão dela e não existe igreja alguma fora do mundo. Além disso, o mundo interno à igreja, enquanto sustenta a igreja como o campo no qual existe, também tem uma dimensão de resistência à influência de Deus enquanto Espírito. O termo "mundo" alude ao somatório de elementos que não são apreendidos no Espírito de Cristo, "natureza humana em toda a extensão em que não é determinada pelo Espírito Santo" (CF, # 126, 583). O "mundo", portanto, é um símbolo que se refere à história que não foi alcançada pelo cristianismo; refere-se à limitação histórica natural e à diversidade nos seres humanos; refere-se também ao pecado que resiste à conversão. O mundo é a "matéria-prima" natural e histórica que se faz igreja pela influência do Espírito cristão enquanto forma. Por consequência, o mundo sempre influenciará a igreja, e a igreja influenciará o mundo mediando-lhe o Espírito e a consciência cristã de Deus. Uma mútua tensão e influência recíproca da igreja sobre o mundo e do mundo sobre a igreja representam uma interação dialética que é contínua dentro da própria igreja. A missão da igreja, a essa luz, é penetrar o mundo com a consciência de Deus e tudo o que a acompanha. A igreja é chamada a

---

[99] A concepção de Schleiermacher é compatível com os usos católicos da imagem do corpo de Cristo, a ideia do Espírito animando a igreja, e com uma visão sacramental da igreja. Schleiermacher fez da distinção algo geralmente útil, mas os termos "visível" e "invisível" sempre se interporão.

mediar os efeitos da presença de Deus enquanto Espírito à história e à sociedade humana nela própria e para além dela própria.

Pluralismo entre as igrejas e na igreja como necessário em princípio. A consciência histórica em Schleiermacher permitiu-lhe reconhecer que o pluralismo dentro da grande igreja era necessário. Essa consciência histórica se expressa na tensão entre a igreja e o mundo, o poder invisível da graça de Deus e sua limitada e resistente recepção nos sujeitos humanos finitos e pecadores. Nessa situação, o pluralismo não é meramente uma necessidade negativa, e sim um ativo positivo. Onde tudo é limitado, nenhuma manifestação ou disposição isolada domina o campo, e arranjos diversos podem mediar mais do que qualquer forma singular.[100] Dessarte, as diversas máximas que Schleiermacher desenvolveu para acomodar as diversidades que de outra forma estabeleceriam divisões não devem ser consideradas negativamente como concessões ou compromissos com o mundo. Não há existência alguma da igreja fora do mundo. Suas fórmulas reconhecendo que toda verdade é limitada, contingente e mesclada de erro fazem da ideia de pluralismo um valor positivo. Há mais verdade contida em um conjunto pluralista de disciplinas sobre a realidade cristã transcendente do que qualquer fórmula isolada pode compreender. As máximas de Schleiermacher, portanto, não são acomodações superficiais, e sim um cuidadoso, sutil e realista conjunto de princípios que em última instância serve como a base implícita para o movimento ecumênico no século seguinte.

Definindo a mudança na eclesiologia moderna: a consciência histórica. Em um esforço por definir o limiar transposto pela compreensão da igreja na eclesiologia moderna representada por Schleiermacher, Brian Gerrish volta-se para sua visão de dogmática e para a questão do desenvolvimento da doutrina. As doutrinas se desenvolvem, e a igreja se desenvolve com as doutrinas, porque as doutrinas são funções da consciência histórica de Deus por parte da igreja. A dogmática é uma disciplina histórica que

---

[100] Houve sementes para que o reconhecimento do pluralismo germinasse no século XVI, especialmente entre igrejas de diferentes nações. Schleiermacher representa, contudo, um estágio superior na consciência histórica.

consiste na reflexão sobre o presente da igreja, ainda que não dissociada do conhecimento sobre o passado da igreja. Isso envolve uma nova concepção da natureza da igreja. "Pois a igreja afigura-se não mais como a guardiã divinamente instituída de verdades infalíveis, e sim como um fenômeno social apreendido no fluxo histórico."[101] As doutrinas, como a igreja (ou melhor, *com* a igreja), encontram-se também em constante movimento e mudança. "Os antigos absolutos da ortodoxia protestante cedem ante uma concepção inteiramente historicizada do ensinamento da igreja" (43). As doutrinas não são pronunciamentos permanentemente cristalizados a serem afirmados ou negados; pelo contrário, são proposições funcionais relacionadas com a vida da comunidade em um estágio particular de sua trajetória. O *traditum* da tradição não é algo estático que se transmite, e sim uma viva consciência coletiva que transmite e é transmitida. Gerrish cita Karl Barth para uma visão antitética: "A igreja só pode entregar [a mensagem] da mesma maneira como o carteiro entrega sua carta; não se pergunta à igreja [...] o que faz da mensagem" (44). Com Schleiermacher, por contraste, a comunidade igreja é o embaixador, e não o carteiro, de Cristo. Dogmas, credos e confissões tornam-se objeto de constante reinterpretação à luz do conhecimento contemporâneo da realidade. A compreensão da fé desenvolve-se como "parte da vida da igreja, que não é, ela própria, uma instituição legislativa, e sim um organismo vivo criado por Cristo e ainda guiado por sua presença" (45). Se se tivesse de dar um nome ao que se passou aqui, poder-se-ia falar de uma internalização da consciência histórica.[102]

Expandindo lateralmente a mudança na eclesiologia moderna. A consciência histórica envolvida no senso do desenvolvimento histórico e a necessidade de tornar a igreja relevante para o mundo em qualquer época também se aplicam lateralmente através de diferentes culturas.

---

[101] Gerrish, "Continuity and Change", p. 41. As referências no parágrafo são feitas às paginas desse ensaio.

[102] Não seria difícil esboçar um quadro semelhante do significado potencial da primeira eclesiologia de Möhler em contraposição a uma concepção mais autoritária da igreja. Existem, no entanto, diferenças importantes entre a neo-ortodoxia de Barth e o papel pré-moderno da autoridade institucional da igreja na eclesiologia da escola romana.

O Espírito é o princípio de unidade dentro das diferenças geradas pelo desenvolvimento histórico ao longo do tempo. O Espírito é também o princípio de unidade entre as igrejas em diferentes regiões e ao longo das fronteiras denominacionais em qualquer época dada. Levará algum tempo até que essa ideia seja coletivamente internalizada como, por exemplo, no movimento ecumênico, mas suas sementes são latentes nas eclesiologias orgânicas de Schleiermacher e de Möhler. Uma reflexão de Congar traz isso à tona: "Da mesma forma como o Espírito Santo atualiza a mais profunda e a mais decisiva unidade da igreja, não por intermédio de fronteira e de leis externas, mas através de uma inclinação interna, vital, que orienta as almas, por meio do amor, na direção da comunhão e da unanimidade: assim também o mesmo Espírito Santo atualiza a correta crença e unidade na mesma fé, menos por meio de fronteiras e fórmulas externas do que por intermédio de uma predisposição interna, vital, das almas em que ele atua, direcionando-as para as mesmas verdades e para a mesma atividade vital. Essa é certamente a ideia angular de Möhler em *Unidade*".[103] Dos Padres, Möhler aprendeu que a vida no Espírito era unificada no poder do amor; a vida alienada do espírito é egoísta, divisiva, fragmentada e, em última instância, herética. Por meio da troca e da familiaridade através das fronteiras externas das igrejas, os cristãos começaram a reconhecer que, como a vida em outras igrejas era caracterizada pelo amor, ela deve desenrolar-se no Espírito. Por consequência, as diferenças e as divisões entre as igrejas devem advir da cultura, e não do Espírito. Durante o século XX, essa aplicação lateral da consciência histórica e uma dilatada avaliação do papel do Espírito no seio da igreja seriam gradativamente internalizadas.

---

[103] Congar, "L'Esprit des Pères d'après Möhler", p. 6.

6. A ECLESIOLOGIA DO SÉCULO XX: O CONSELHO MUNDIAL DAS IGREJAS, O VATICANO II E A ECLESIOLOGIA DA LIBERTAÇÃO

Como se poderia caracterizar o século XX? Uma simples listagem dos principais eventos produzidos em seu curso pode evocar um sentimento de célere e momentosa mudança que caracterizou esse período relativamente curto de tempo. Ele já foi chamado de século da morte: duas guerras mundiais, diversos genocídios e o vertiginoso desenvolvimento de uma espantosa tecnologia de destruição humana que a simples reflexão provoca ansiedade. Essas armas agora podem ser "de fabricação caseira". Foi um século de grande incremento na exploração e no conhecimento: a releitura da dimensão da criação em termos de tempo e de espaço, a complexidade da realidade física e as complicações da própria vida. As imagens do planeta visto a partir do espaço exterior alteraram a perspectiva da autocompreensão humana. A medicina reduziu o coeficiente de mortalidade, liderou uma explosão da população humana e testemunhou o surgimento de novas pandemias ameaçadoras para o mundo. Novas tecnologias integraram povos e raças como nunca antes, revelando-nos assim nossas diferenças: rádio, cinema, viagens aéreas, televisão, a rede mundial de computadores, internet. Talvez o desenvolvimento mais surpreendente de todos tenha sido um novo senso de historicidade mediado pelo simples coeficiente de mudança.

Toda tentativa de representar o desenvolvimento da eclesiologia ao longo de um século como esse requer decisões sobre o que destacar e explicações sobre a escolha de determinado aspecto e a forma de representá-lo. A despeito de uma certa arbitrariedade envolvida nessas decisões, a explicitação dessas escolhas no introito como os vieses ou hipóteses balizadoras dos dois capítulos seguintes pelo menos esclarecerão seu desdobramento. Três filões comuns, com relação ao desenvolvimento da eclesiologia cristã, perpassam ambos esses capítulos e focalizarão a interpretação ao final. O primeiro deles é que a eclesiologia do século XX revela uma crescente consciência, apreciação e organização do pluralismo. Pluralismo aqui significa uma forma de unidade que respeita a diversidade ou, inversamente, o reconhecimento da unidade em meio à diferença e à pluralidade. O segundo arco temático que os dados ilustrarão é que a igreja internaliza e atua em novas formas sua relação simbiótica com o mundo. Em terceiro lugar, o ecúmeno, ou o mundo em sua globalidade, quer em termos geográficos, no sentido dos cinco continentes, quer em termos humanos, no sentido da esfera secular da atividade humana, progressivamente se torna o horizonte de compreensão da igreja.

Seis áreas de desenvolvimento, temáticas ou eventos foram escolhidos para ilustrar esses desdobramentos. As primeiras três dessas seis áreas de desenvolvimento serão apresentadas neste capítulo. A primeira delas refere-se ao movimento ecumênico e à sua realização mais importante, a criação do Conselho Mundial das Igrejas (CMI). Nada semelhante a uma instituição desse tipo havia existido antes, e sua relevância para a eclesiologia é direta e enorme. A segunda área temática compreende o destacado evento do Concílio Vaticano II e as forças que ele desencadeou dentro e fora da Igreja Romana. A terceira seção discutirá, então, a eclesiologia baseada na teologia da libertação, com especial atenção às Comunidades Eclesiais de Base (CEB's). O Capítulo VII abordará os desenvolvimentos eclesiológicos ocorridos no final do milênio. Em primeiro lugar, voltamo-nos novamente para a eclesiologia das igrejas orientais, que não foi abordada desde a narrativa dos desenvolvimentos históricos até a Baixa Idade Média. As igrejas ortodoxas tiveram influência no desenvolvimento e na vida do CMI, e uma representação da eclesiologia oriental pode desempenhar papel importante em uma eclesiologia construtiva para nossa época. Em segundo lugar, a difusão em escala mundial das igrejas pentecostais será representada como introduzindo ainda uma outra forma nova de estrutura eclesial. Em terceiro lugar, o capítulo exporá então, de maneira abreviada, a já esquemática eclesiologia ecumênica apresentada no documento *Batismo, Eucaristia e Ministério* da Comissão Fé e Ordem do Conselho Mundial das Igrejas.[1] O processo que gerou esse documento teve início nos preparativos para a Conferência Mundial de Lausane de 1927, meio século antes.

Tomados em conjunto, esses seis tópicos, que serão desenvolvidos ao longo desses dois capítulos finais, proporcionam um amplo testemunho da eclesiologia tal como ela se desenvolveu no decorrer do século XIX e de como a igreja inicia seu terceiro milênio.

O movimento ecumênico e o Conselho Mundial das Igrejas

O movimento ecumênico corresponde à maciça consciência e impulso verificados no interior das igrejas, em razão dos quais "os cristãos aprenderam a aceitar com idêntica sinceridade a unidade subjacente da fé em Cristo que jamais se perdeu, tanto quanto a seriedade das diferenças pelas quais as comunhões cristãs se mantêm separadas".[2] Esse movimento é muito mais amplo do que aqueles eventos que conduziram ao desenvolvimento do Conselho Mundial das Igrejas, embora o CMI tenha sido sua realização mais significativa. Após fazer uma revisão desse desenvolvimento, a terceira parte do capítulo enfocará o *status* do CMI e discutirá como um senso construtivo do pluralismo passou a integrar a consciência cristã.

---

[1] *Baptism, Eucharist and Ministry*, Faith and Order Paper 111. Geneva, World Council of Churches, 1982. Esse trabalho será citado doravante como BEM.

[2] Stephen Charles Neill. "Plans of Union and Reunion: 1910-1948", in *A History of the Ecumenical Movement: 1517-1948*, 4. ed., Ruth Rouse e S. C. Neill (eds.). Geneva, World Council of Churches, 1993, p. 445. A história do movimento ecumênico e da gênese do CMI apresentada aqui é largamente dependente desse compêndio elaborado por uma equipe de historiadores. O trabalho será citado doravante como HEM.

O movimento ecumênico e a gênese do Conselho Mundial das Igrejas

Uma gama de diferentes iniciativas materializou uma vontade geral de superar as divisões no interior da igreja. A criação do Conselho Mundial das Igrejas foi ao mesmo tempo parte desse movimento ecumênico e sua mais dramática manifestação.

O movimento ecumênico. Kenneth Scott Latourette reitera a visão comum de que "a Conferência Missionária Mundial, realizada em Edimburgo em 1910, foi o local de nascimento do movimento ecumênico moderno".[3] Esse dado fornece um ponto de referência formal para os desenvolvimentos que haviam se iniciado anteriormente e floresceram em seguida. Por exemplo, a Aliança Evangélica, em que "se reuniram oitocentos líderes cristãos dos Estados Unidos e do Canadá, da Inglaterra, da Escócia, da Irlanda, do País de Gales, da França, da Suíça, da Holanda, da Alemanha e da Suécia", foi fundada em 1846, com a finalidade de promover a unidade entre diferentes grupos cristãos.[4] Missionários e sociedades missionárias encontraram-se frequentemente no decorrer do século XIX. Outras conferências foram motivadas pela convicção de que a cooperação nas missões dependia das igrejas "na metrópole" confrontando suas diferenças diretamente. O século XIX viu surgir fórmulas e programas de oração pela unidade entre as igrejas.[5]

Uma série de diferentes tipos de atividade cristã impulsionou o movimento ecumênico na primeira metade do século XX. Movimentos leigos cristãos, ou seja, grupos cristãos formais que, a exemplo de algumas sociedades missionárias, não eram igrejas, foram organizados em âmbito nacional e internacional. O YMCA (Young Men's Christian Association), o YWCA (Young Women's Christian Association) e o Movimento Estudantil Cristão ou SCM (Student Christian Movement) eram de caráter

---
[3] Kenneth Scott Latourette. "Ecumenical Bearings of the Missionary Movement and the International Missionary Council", HEM, p. 362.
[4] Ruth Rouse. "Voluntary Movements and the Changing Ecumenical Climate", HEM, pp. 318-324, à p. 319.
[5] Ibid., pp. 338-349.

missionário e promoveram o espírito ecumênico.[6] Já em 1902 a Igreja Metodista do Canadá propôs um processo que se desdobraria por etapas e que tinha por objetivo reunir, em uma única igreja, metodistas, presbiterianos e congregacionalistas. A Igreja Unida do Canadá foi finalmente inaugurada em 1925.[7] Uma outra forma de união eclesial desenvolveu-se no seio das denominações com entidades como a Aliança Batista Mundial, a Federação Luterana Mundial, o Conselho Congregacional Internacional.[8] Outros tipos de cooperação ecumênica entre as igrejas desenvolveram-se localmente nos conselhos nacionais de igrejas. As igrejas também cooperaram em vários projetos comuns, como a publicação e apoio de sociedades bíblicas.[9]

Uma nota especial deve ser dada à influência primitiva dos movimentos interdenominacionais como o Movimento Estudantil Cristão. O SCM veiculou a ideia de unidade que respeitava a diversidade. Como era interdenominacional, os participantes se reuniam para atividades comuns, enquanto se mantinham fiéis a suas denominações e confissões particulares. Isso demonstrava, ao mesmo tempo, uma espécie de unidade que podia ser alcançada igualmente por uma via convergente. "Em essência, era a ideia de um movimento no qual as igrejas intercambiariam suas riquezas, sem abrir mão delas; compartilhariam sua herança, sem entregá-la".[10] A noção seminal representa uma etapa crucial em prol do reconhecimento do caráter positivo do pluralismo.

A gênese do Conselho Mundial das Igrejas. Pode-se considerar também a Conferência Missionária Mundial como o ponto de partida do longo processo, interrompido por duas guerras mundiais, que conduziu à formação do Conselho Mundial das Igrejas. A simples narração dessa

---

[6] Ruth Rouse. "Others Aspects of the Ecumenical Movement: 1910-1948", HEM, pp. 599-612.
[7] Stephen Charles Neill. "Plans of Union and Reunion: 1910-1948", HEM, pp. 454-458. Esse ensaio revisa uma grande variedade de tipos de uniões, federações ou reuniões de igreja que ocorreram durante a primeira metade do século XX. Uma outra união eclesial influente foi a Igreja do Sul da Índia, que englobou igrejas dotadas de estruturação episcopal e as desprovidas dessa organização. Ibid., pp. 473-476.
[8] Ibid., pp. 613-620.
[9] Ibid., pp. 620-640.
[10] Rouse, "Voluntary Movements", HEM, p. 343.

extraordinária história será feita por etapas, marcadas por uma sucessão de conferências mundiais; essas conferências e as organizações e comissões que as planejaram e acompanharam sua implementação proporcionaram o veículo pelo qual o CMI foi fundado.[11] Essas conferências foram patrocinadas por dois movimentos que tinham preocupações diferentes, mas sobrepostas: o movimento Fé e Ordem e o movimento Vida e Trabalho. Ambos realizaram conferências mundiais nos anos 1920 e novamente em 1937. Nesses últimos encontros, eles concordaram em patrocinar e subsumir-se em um Conselho Mundial de Igrejas, que se reuniu e se constituiu em Amsterdã, em 1948.

"A Conferência de Edimburgo de 1910 sintetizou e enfocou muito do movimento do século precedente para unir os cristãos na difusão do evangelho pelo mundo."[12] Durante sua realização, Charles H. Brent, bispo episcopaliano americano missionário nas Filipinas, fez um discurso em que reiterou que as questões de doutrina e de estrutura eclesial tinham de ser tratadas pelas igrejas. O próprio Brent encarregou-se do projeto e apresentou a proposta de uma conferência internacional sobre Fé e Ordem a sua própria Igreja Episcopal nos Estados Unidos. Em 1912, uma delegação foi enviada pelas igrejas anglicanas da Grã-Bretanha e da Irlanda. Mais ou menos na época da eclosão da Primeira Guerra Mundial, a ideia havia impulsionado muitas das igrejas do mundo. Após a guerra, a liderança mudou para "um corpo representativo de igrejas anglicana, luterana, ortodoxa, reformada e de outras igrejas da Europa e da América".[13]

---

[11] Mas não se deveria descurar a liderança e a tenacidade de duas ou três gerações de líderes que levaram adiante esse movimento. Infelizmente, nesse curto espaço, não posso elencar ou apresentar esses líderes, com exceção de uma referência passageira aos nomes de um ou outro deles. W. A. Visser't Hooft, em seu *The Genesis and Formation of the World Council of Churches*. Geneva, World Council of Churches, 1982, narra essa história com um profundo conhecimento que rende tributo aos líderes que concorreram para sua instituição.

[12] Latourette, "Ecumenical Bearings", HEM, p. 355. Também o Conselho Missionário Internacional, fundado em 1921, surgiu a partir do Comitê de Continuação dessa conferência e veio a ser uma força influente, cooperando com Fé e Ordem e Vida e Trabalho na formação do CMI. Sem essa proteção organizacional, as jovens igrejas do mundo em desenvolvimento corriam risco de isolamento e de dissidência divisiva. Ibid., p. 402.

[13] Tissington Tatlow. "The World Conference on Faith and Order", HEM, p. 410. Durante a guerra, em 1916, realizou-se uma conferência preparatória norte-americana na qual foram decididos temas que deveriam ter sido deliberados pela Conferência Mundial. Ibid., p. 414.

As raízes do movimento Vida e Trabalho se estenderam ao Cristianismo Social, descrito no capítulo anterior, e a uma profunda preocupação com a paz internacional e com o papel da igreja em sua promoção. Em 1914, Nathan Söderblom foi eleito arcebispo de Uppsala. Com a deflagração da guerra, ele lançou um apelo pela paz em nome da igreja e começou a liderar as igrejas em um esforço por ajudar a alcançá-la.[14] Após a guerra, em uma conferência realizada em 1919, Söderblom promoveu sua ideia de "um Conselho Ecumênico de Igrejas que fosse capaz de falar em nome da cristandade sobre as preocupações religiosas, morais e sociais da humanidade".[15] As igrejas precisavam dispor de um órgão dessa natureza para dirigir-se ao mundo. Dessa forma, em uma conferência realizada em Genebra, em 1920, Söderblom propôs um ambicioso programa ecumênico, o movimento denominado Vida e Trabalho foi criado para implementá-lo e instalaram-se comissões para iniciar o trabalho de planejamento de uma conferência ecumênica como etapa preparatória para a criação de um conselho.[16]

Esse apelo de Söberblom, no entanto, foi antecipado pela Igreja Ortodoxa de Constantinopla. O Sagrado Sínodo de 1919, indubitavelmente inspirado na Liga das Nações, ouviu uma proposta de uma Liga das Igrejas e estudou o assunto. Em janeiro de 1920, em carta encíclica dirigida a todas as igrejas, a Igreja de Constantinopla formalmente propôs a formação de uma Liga das Igrejas.[17]

A Conferência Cristã Universal sobre Vida e Trabalho, que se realizou em Estocolmo em agosto de 1925, contou com a presença de mais de seiscentos delegados de trinta e sete países. A conferência discutiu a unidade da igreja e seu papel no equacionamento de várias questões sociais. Talvez a principal contribuição de Estocolmo tenha sido o próprio evento: ele causou um significativo impacto nos participantes e, por seu intermédio,

---

[14] Nils Karlström. "Movements for International Friendship and Life and Work: 1910-1925", HEM, pp. 519-530.
[15] Ibid., p. 533.
[16] Ibid., pp. 535-539.
[17] Visser't Hooft. *Genesis and Formation*, pp. 1-6.

nas igrejas. Foram constatadas e reconhecidas diferenças ao longo das fronteiras confessionais e das teologias. A questão relativa a uma única fé e sua influência sobre a sociedade transcendeu as divisões. Além disso, a Conferência "afirmou em termos inequívocos a responsabilidade das igrejas pelo conjunto da vida do homem. Ao fazê-lo, enfocou o múltiplo e difundiu esforços de gerações".[18]

Enquanto isso prosseguia também o planejamento de Fé e Ordem, e em 1927, em Lausane, realizou-se a primeira Conferência Mundial de Fé e Ordem, com a participação de mais de quatrocentos delegados, inclusive pessoal de apoio, e de uma ampla representação de igrejas e de continentes, menos da Ásia do que da Europa, da África e da América do Norte.[19] O "relatório final" da Conferência de Lausane é um notável documento sucinto que em seis capítulos sintetiza os consensos básicos e o mundo de diferenças entre as igrejas representadas. O preâmbulo anuncia uma confissão de fé comum em Jesus Cristo. Registra em seguida (1) a conclamação de todos os cristãos à unidade; (2) a mensagem evangélica da igreja a todo o mundo; (3) uma concisa definição da igreja como comunhão de fiéis em Cristo, chamada pela vontade de Deus a ser o instrumento da palavra pregada e da ação do Espírito de Deus na história. Essa igreja tem (4) uma fé comum baseada na Escritura e no credo; (5) um ministério estruturado que de fato é dividido, aproximadamente, segundo três tipos: episcopal, presbiteral e congregacional; e (6) um ministério de sacramentos, principalmente batismo e eucaristia.[20] Cada descrição sumária do que é compartilhado em comum é acompanhada de explicações de onde se localizam as divisões. O padrão fundamental desse documento é seguido pelos subsequentes, no decorrer do século, culminando no documento BEM (Batismo, Eucaristia e Ministério), de 1982.

---

[18] Nils Ehrenström. "Movements for International Friendship and Life and Work, 1925-1948", HEM, pp. 549-550. Ver "Message: Universal Christian Conference on Life and Work. Stockholm, 1925", in Michael Kinnamon; Brian E. Cope (eds.). *The Ecumenical Movement: An Anthology of Key Texts and Voices*. Geneva, WCC Publications, Grand Rapids, William B. Eerdmans, 1997, pp. 265-267. Esse trabalho será citado doravante como *Anthology*.

[19] Tatlow, "The World Conference on Faith and Order"m HEM, pp. 421-425.

[20] Lucas Vischer (Ed.). *A Documentary History of the Faith and Order Movement 1927-1963*. St. Louis, Bethany Press, 1963, pp. 27-39. Citado doravante como DHFOM.

Comissões permanentes mantiveram vivo o elã dessas conferências. Em 1930, contudo, a comissão de Vida e Trabalho reconstituiu-se como organização permanente e autodenominou-se "Conselho Cristão Universal de Vida e Trabalho". Isso assinalou uma outra etapa significativa em direção à formação de um conselho das igrejas.[21] Daí por diante, com a escalada dos regimes totalitários na Europa e na Rússia, a questão do papel da igreja tornou-se mais premente e ambos os movimentos planejaram conferências em 1937: Vida e Trabalho reuniu-se em Oxford; Fé e Ordem, em Edimburgo.

"Oxford, a segunda das conferências de Vida e Trabalho, afastou-se do liberalismo clássico da conferência de Estocolmo de 1925 em favor de uma ética social informada por teólogos como Reinhold Niebuhr e Karl Barth."[22] A igreja é chamada a envolver-se na vida social, imprimindo os valores do evangelho à abordagem destas problemáticas fundamentais: vida nacional, raça, questões sociais. O relatório conclama à unidade ecumênica, sem a qual a mensagem da igreja à sociedade não será efetiva. A conferência convenceu-se de que "a falta de unidade conflita seriamente com o propósito último e supremo da igreja. Esses propósitos são e devem continuar sendo proclamar o evangelho do amor de Deus em Jesus Cristo a toda a humanidade, administrar os sacramentos, consumar o ideal cristão da confraternidade e guiar as almas de seus fiéis nas sendas da santidade".[23]

O "relatório final" de Edimburgo, de 1937, contém uma eclesiologia descritiva que segue as diretrizes estabelecidas por Lausane dez anos antes. Esboça ainda três modalidades ou tipos bem diferentes de unidade: uma federação de igrejas envolvendo ações cooperativas, uma intercomunhão de igrejas em que as igrejas reconhecem as outras como verdadeiras igrejas

---

[21] Visser't Hooft, *Genesis and Formation*, pp. 24-26.
[22] Kinnamon e Cope, *Anthology*, p. 268.
[23] "The Oxford Conference on Church, Community and State, 1937", *Anthology*, pp. 268-277, à p. 274. O relatório reflete sobre o fato de que, durante os anos 1930, Vida e Trabalho havia se tornado mais "teológico", ao passo que Fé e Ordem tornara-se mais "prático". Esse desenvolvimento convergente foi um importante fator na conjugação dos dois movimentos. Visser't Hooft, *Genesis and Formation*, p. 37.

e uma união corporativa ou orgânica em que as igrejas se congregam para formar uma igreja unida. O relatório indica então diversos fatores cruciais que promovem e constituem obstáculos a cada uma dessas formas de unidade, como a existência ou não de similaridades entre confissões eclesiais, padrões sacramentais de culto, ordens ou estruturações eclesiais e estruturas ministeriais. Ao fazê-lo, o relatório descreve as complexidades do debate ecumênico e trata da unidade.[24] Dentre as complexidades apontadas, a menor não é o princípio que William Temple, arcebispo da Cantuária, enunciou em seu sermão na sessão de abertura da conferência: "Estamos aqui na condição de representantes de nossas igrejas; é verdade, mas a menos que nossas igrejas estejam prontas para aprender umas das outras, tanto quanto ensinar umas às outras, as divisões persistirão. Por conseguinte, nossa lealdade a nossas próprias igrejas, que para cá nos enviaram, não se expressará melhor em uma rígida insistência de cada uma em sua própria tradição".[25]

Talvez o ato mais importante dessas duas conferências tenha sido a aprovação da criação do Conselho Mundial das Igrejas. Por meio de toda uma série de encontros, difusamente coordenados por uma rede de líderes que deles participaram, várias organizações ecumênicas postergaram a decisão de formar o CMI. Entretanto, um encontro realizado entre os dias 8 e 10 de julho de 1937, em Londres, no Westfield College, da Comissão dos Trinta e Cinco, que representava as principais organizações ecumênicas, constituiu-se em um momento decisivo. Ele propôs "um Conselho Mundial das Igrejas como órgão permanente das igrejas para a realização de sua tarefa ecumênica comum. O Conselho foi definido como 'de corpo de representação das igrejas e de proteção dos interesses de Vida e Trabalho e Fé e Ordem, respectivamente'".[26] Esse propósito foi submetido a ambas as conferências de 1937 que acabamos de rever, e elas aprovaram o plano e nomearam sete pessoas para compor a Comissão

---

[24] "Final Report of the Second World Conference on Faith and Order", DHFOM, pp. 40-74.
[25] William Temple, "Sermon at the Opening Servicer", *Anthology*, p. 20.
[26] Willem Adolf Visser't Hooft, *The Genesis of the World Council of Churches*, HEM, p. 702.

dos Catorze e implementá-lo.²⁷ Os integrantes da comissão começaram a trabalhar quase que imediatamente. Os elementos de uma constituição foram esboçados em um encontro realizado em Utrecht, em 1938.²⁸ A primeira assembleia foi planejada para 1941, mas foi interrompida em virtude da deflagração da Segunda Guerra Mundial. Realizou-se, por fim, em Amsterdã, no ano de 1948.

A autodefinição do CMI relativamente à igreja e às igrejas

"A sessão de abertura da assembleia ocorreu na Nieuwe Kerk de Amsterdã, no domingo 22 de agosto de 1948. Cento e quarenta e sete igrejas de quarenta e quatro países estiveram representadas pelos trezentos e cinquenta e um delegados oficiais [...]. Na manhã da segunda-feira, dia 23 de agosto de 1948, o Conselho Mundial das Igrejas passou a existir."²⁹ Após confessar a unidade em Cristo e a divisão entre as igrejas, a assembleia formalizou sua intenção de formar o CMI. "Cristo, no entanto, nos constituiu a partir dele mesmo, e Cristo não é dividido. Ao buscá-lo, encontramos um ao outro. Aqui, em Amsterdã, comprometemo-nos novamente com ele, e nos empenhamos mutuamente em constituir esse Conselho Mundial das Igrejas. Pretendemos nos manter juntos. Conclamamos as congregações cristãs de todas as partes a endossar e a consumar essa aliança em suas relações recíprocas. Em gratidão a Deus, confiamos-lhe o futuro".³⁰

A declaração de propósitos revela claramente que o CMI não é uma igreja, e certamente não se constitui como entidade institucional estática, mas sim como um quadro de referência para as igrejas interligar-se e

---

²⁷ Ibid., pp. 703-704. Fé e Ordem aprovou o plano condicionalmente.
²⁸ Em Utrecht, o plano "elaborado no Westfield College foi utilizado como ponto de partida, e três problemas foram pormenorizadamente discutidos: a autoridade do Conselho, sua base doutrinária e a forma pela qual os representantes à Assembleia e ao Comitê Central deveriam ser escolhidos". Visser't Hooft, *Genesis and Formation*, p. 48. O plano satisfez as condições estipuladas por Fé e Ordem.
²⁹ Ibid., pp. 719-720.
³⁰ "Message", First Assembly of the WCC, *Anthology*, 21.

fazer face às questões em conjunto. "Não existe senão um único Senhor e um único Corpo. Consequentemente, não podemos continuar satisfeitos com as atuais divisões entre nós. Somos responsáveis uns pelos outros perante Deus. Já vimos quais são algumas de nossas responsabilidades, e Deus nos revelará outras. Embarcamos, porém, em nosso trabalho no CMI em penitência pelo que somos, na esperança pelo que haveremos de ser".[31] Os relatórios aceitos pela assembleia deram voz explícita às duas maiores preocupações eclesiológicas do século XX: a exigência interior de unidade que valoriza diferentes tradições e a relevância da igreja para o mundo. Essas duas questões reforçam-se mutuamente. A igreja é virtualmente unida em sua crença e em sua "vocação para cultuar Deus em sua santidade, para proclamar o evangelho a toda criatura". A igreja também "destaca-se em santidade para viver a serviço de toda a humanidade". Mas as diferenças se manifestam na esfera da "relação entre a vocação a Deus da igreja no culto e sua vocação ao homem em testemunho e serviço", bem como na "natureza da responsabilidade da igreja para com a vida comum dos homens e suas instituições temporais".[32]

O status eclesiológico do Conselho Mundial das Igrejas. A questão do *status* eclesiológico do CMI ficou implícita em seu planejamento e formação desde o início: recebeu explícita atenção e resposta em um encontro realizado em Toronto, em 1950.[33] Esse sintético documento define o CMI, esclarece o que ele não é e formula as pressuposições subjacentes à sua existência.

"O CMI é composto de igrejas que reconhecem Jesus Cristo como Deus e Salvador [...]. O Conselho deseja servir às igrejas que são seus

---

[31] "Report of the First Assembly of the WCC", II, # 31, DHFOM, p. 81. "Trazemos essas e todas as outras dificuldades existentes entre nós ao Conselho Mundial das Igrejas a fim de que possamos enfrentá-las com determinação e em conjunto". Ibid., # 30, DHFOM, p. 81.
[32] "Report of the First Assembly of the WCC", II, # 16-20, DHFOM, pp. 78-79.
[33] "The Church, the Churches and the World Council of Churches: The Ecclesiological Significance of the World Council of Churches", documento recebido pelo Comitê Central do CMI em Toronto, 1950, DHFOM, pp. 167-176. O documento também se encontra em *Anthology*, pp. 463-468. É citado no texto como "Toronto" de DHFOM. Visser't Hooft esboçou esse texto, que foi submetido então a algumas revisões no encontro realizado no Canadá. Ele faz uma extensa análise de seu desenvolvimento e conteúdo em *Genesis and Formation*, pp. 70-85.

membros constitutivos como um instrumento pelo qual elas possam, em conjunto, dar testemunho da lealdade comum a Jesus Cristo e cooperar em assuntos que requeiram ação integrada. Longe do Conselho, no entanto, pretender usurpar quaisquer das atribuições que já sejam da alçada das igrejas que o constituem, controlá-las, legislar em seu nome. Com efeito, por disposição constitucional, essas iniciativas lhe são vedadas [...]. O Conselho repudia toda e qualquer ideia de tornar-se uma estrutura eclesial unificada, independente das igrejas que convergiram para sua instituição ou, ainda, de tornar-se uma estrutura controlada por uma autoridade administrativa centralizada."[34]

"Toronto" dispôs o que o CMI não é nem faz: o CMI não é uma super-rigreja nem tem nenhuma autoridade eclesial própria; não negocia uniões de igreja; não se baseia em uma única eclesiologia; não relativiza nenhuma eclesiologia dada nem declara que todas as eclesiologias são iguais; não define o caráter de união de igreja. Todas essas matérias são entendidas de diferentes maneiras pelas igrejas-membro ("Toronto", 169-171).

A abordagem positiva da natureza do CMI decorre das pressuposições subjacentes ao que ele é e ao que faz. A mais fundamental das muitas pressuposições que dão suporte ao CMI assegura que uma fé comum funciona como seu vínculo de unidade. O CMI defende o que une as igrejas, e não o que as divide. As igrejas-membro, portanto, "reconhecem nas outras igrejas elementos da verdadeira igreja", e eles são substanciais e constitutivos: a fé em Jesus Cristo, um batismo válido, a vida no Espírito etc. "Eles são um fato de efetiva promessa e constituem uma oportunidade de empenhar-se por um franco e fraterno intercurso em prol da realização da unidade maior" ("Toronto", 174). Diversos fatores derivam dessa base: o reconhecimento de uma liderança comum de Cristo e uma fé comum de que a igreja, em nível teológico, é una em Cristo, que, por seu turno, legitima o diálogo e a cooperação. "As igrejas-membro entabulam relações espirituais por intermédio das quais procuram aprender umas das outras e ajudar-se umas às outras a fim de que o Corpo de Cristo

---

[34] "Report of the First Assembly of the WCC", extraído e citado em "Toronto", pp. 167-168.

possa ser construído e para que a vida das igrejas possa ser renovada" ("Toronto", 175).

Em suma, o CMI não é uma igreja, e sim uma instituição e um instrumento eclesial que deve ser entendido no contexto do movimento ecumênico mais amplo. É um veículo das igrejas e para as igrejas que possibilita sua interligação. Deve ser entendido funcionalmente, mas não "apenas" funcionalmente; tampouco nesse sentido deve ser considerado "substancialmente", como em um organismo autônomo integral e indiviso. Pelo contrário, o CMI é um meio para fortalecer a vida integral de cada igreja e de toda a igreja, bem como a missão de cada igreja e de toda a igreja.

Elementos de uma compreensão pluralista da igreja

Um senso cada vez maior do pluralismo, que significa a visão positiva, construtiva, de que a unidade e a diversidade podem coexistir e ser mutuamente enriquecedoras, é basilar para o movimento ecumênico. Em si mesma, no entanto, essa compreensão apenas define formalmente uma arena para compreensão e negociação das múltiplas forças e vetores. A visão admite infinitas variações concretas; cada igreja terá seus limiares e limites. Essa questão foi discutida por ocasião da Terceira Assembleia do Conselho Mundial das Igrejas, realizada em Nova Délhi, em 1961. E, em 1990, uma subcomissão do CMI emitiu relatório sobre o pluralismo religioso mais amplo, no contexto do qual cada igreja cristã deve agora situar-se.[35]

"Nova Délhi" define a unidade da igreja nos seguintes termos: "Nós acreditamos que a unidade, que é a um só tempo vontade de Deus e dom seu a sua igreja, está se tornando visível quando, em cada região, aqueles que são batizados em Jesus Cristo e o confessam como Senhor e Salvador são introduzidos pelo Espírito Santo em uma única confraternidade plenamente comprometida, mantendo a única fé apostólica, pregando

---

[35] "Third Assembly of the WCC: Report of the Section on Unity", DHFOM, pp. 144-163. Esse relatório é citado no texto como "Nova Délhi" de sua fonte; encontra-se em forma abreviada em *Anthology*, pp. 88-92. "Religious Plurality: Theological Perspectives and Affirmations, 1990", encontra-se em *Anthology*, pp. 417-420; é citado como "Religious Plurality".

o único evangelho, partindo o mesmo pão, unindo-se em prece comum e vivendo uma vida coletiva que se irradia em testemunho e serviço a todos, e que ao mesmo tempo estão unidos com toda a confraternidade cristã em todos os lugares e em todas as épocas com tal sabedoria que o ministério e os membros são aceitos por todos, e que todos podem agir e falar em conjunto quando a ocasião requer em proveito das tarefas para as quais Deus chama seu povo" ("Nova Délhi", 144-145). O texto chega a esmiuçar essa fastidiosa e compacta descrição frase por frase.

O relatório também enuncia objetivamente que a unidade que acabamos de descrever subsiste em meio à diversidade: "Temos clareza de que a unidade não implica simples uniformidade de organização, de rito ou de expressão" ("Nova Délhi", 145). A confraternidade e a unidade de toda a igreja que são criadas pelo Espírito Santo não implicam "uma rígida uniformidade de estrutura, de organização ou de governo. Uma vívida diversidade caracteriza a vida corporativa no único Corpo do único Espírito" ("Nova Délhi", 148). Além disso, o mais profundo problema e o mais grave óbice à efetiva unidade consiste nas diferentes compreensões da natureza do ministério, da organização da igreja em torno do ministério e da "validade" dos ministros de outras igrejas. Um bom exemplo é o contraste entre a reiteração e a não aceitação do ministério episcopal entre as igrejas ("Nova Délhi", 149-150).

"Nova Délhi" propõe então alguns princípios para tratar da diversidade no contexto da unidade conferida pelo Espírito Santo, princípios que haveriam de se revelar importantes para a compreensão da igreja. Em primeiro lugar, relativamente às bases doutrinárias da unidade, "duas distinções úteis podem ser feitas – a de que as formulações intelectuais da fé não devem ser identificadas com a própria fé e a de que a *koinonia* em Cristo é mais propriamente a precondição de uma 'sólida doutrina' do que vice-versa" ("Nova Délhi", 155). Em segundo lugar, a situação de diversidade dentro da unidade fomentada pelo Espírito e pelo amor de Deus exerce pressão "sobre os limites de nossas próprias tradições herdadas" e urge certa "necessidade teológica daquilo que podemos chamar de 'risco responsável'" ("Nova Délhi, 154). Em terceiro lugar, no que tange à intercomunhão, devemos considerar se há certas situações "em que a intercomunhão é possível mesmo antes de que a plena união se concretize" ("Nova Délhi", 153). "Além disso, se invertêssemos a ordem comum de discussão e focalizássemos a ação eucarística – aquilo que Deus faz e nos chama a fazer à Mesa do Senhor –, em vez (primeiramente) da administração eucarística – i.e., o problema da validade do ministério –, encontraríamos uma via de acesso mais clara ao núcleo de uma adequada doutrina sacramental" ("Nova Délhi, 157). As exigências práticas de associação ecumênica estão empurrando esses princípios para a superfície.

Por fim, pode-se verificar no relatório de Nova Délhi uma evolução no entendimento do *status* eclesial do CMI que supera "Toronto", uma evolução que se dá no sentido de um *status* eclesial mais substancial, embora ainda esteja bem aquém de concebê-lo como igreja. Em certa medida, "Toronto" considerava o CMI como uma instituição objetiva formada pelas igrejas-membro. Em Nova Délhi, uma visão mais socioexistencial não considera o CMI senão como a vida das igrejas que lhe dão suporte: "Ele é as igrejas em contínuo conselho. Não se situa acima ou à margem das igrejas, mas próximo delas em todo tempo" ("Nova Délhi", 161). Aqui, o significado do termo "conselho" altera-se ligeiramente, de uma acepção secular comum de federação ou liga, entendida em termos objetivos, jurídicos, e começa a aproximar-se de um sentido eclesial de um sínodo das igrejas. "Deveríamos falar do Conselho como 'nós', em vez de 'ele' ou 'eles'" ("Nova Délhi", 161). O uso até se aproxima de uma compreensão sacramental dessa instituição, pois ela é "um instrumento do Espírito Santo para tornar efetiva a vontade de Deus a toda a igreja e, por meio da igreja, a todo o mundo" ("Nova Délhi, 161). O problema de finalmente definir o *status* do CMI é que ele é o primeiro na história e não tem exatos predecessores genéricos.

No decorrer dos trinta anos que se seguiram à assembleia realizada em Nova Délhi, em 1961, um novo senso de um pluralismo inter-religioso começou a afetar a compreensão da igreja cristã. O documento "Pluralismo religioso" foi produzido por uma subunidade do CMI sobre Diálogo com Pessoas de Crenças Vivas, em Consulta de 1990.[36] O texto possui uma implícita estrutura trinitária que aborda o pluralismo religioso do mundo a partir de uma perspectiva cristã do criador, Jesus Cristo, e do Espírito, fazendo observações sobre o diálogo inter-religioso.

Deus enquanto criador: povos de todas as épocas e lugares têm interagido com Deus. O pluralismo religioso é motivado pelas diversas maneiras pelas quais Deus se relaciona e interage com os povos e pela riqueza e diversidade dos próprios seres humanos. A convicção de que "Deus enquanto criador de todas as coisas encontra-se presente e ativo na pluralidade das religiões torna inconcebível para nós que a atividade salvífica de Deus possa ser confinada a um continente qualquer, a um tipo de cultura ou grupos de pessoas" ("Religious Plurality", 418).

Cristologia e pluralidade religiosa: "Encontramo-nos reconhecendo a necessidade de ir além de uma teologia que confina a salvação ao explícito compromisso pessoal com Jesus Cristo" ("Religious Plurality", 419). "A presença salvífica da atividade de Deus em toda a criação e em toda a história humana chega a seu ponto focal no evento de Cristo" (ibid.). Como, no entanto, o mistério salvífico de Cristo é disponibilizado a pessoas que se encontram fora da esfera cristã, é algo que não compreendemos.

O Espírito e pluralidade religiosa: o Espírito de Deus está e tem estado em ação nas fés vivas de outros povos, de modo que podemos aprender a respeito de Deus em diálogo com as outras religiões ("Religious Plurality", 420).

O relatório conclui que o diálogo assumirá nova importância na igreja e "redundará no aprofundamento de nossa própria vida de fé" ("Religious Plurality", 420). Ele enriquece nosso conhecimento acerca da realidade última, transforma a maneira pela qual a teologia deve ser produzida e, de par com uma práxis de libertação, proporciona uma nova base e uma nova fonte para a teologia.

---

[36] O texto é produto de um processo de quatro anos de estudo. A conferência que produziu o documento incluiu participantes das Igrejas Ortodoxa, Protestante e Católica Romana. O documento é um marco de um novo nível de avaliação do pluralismo e de seu impacto sobre a autocompreensão cristã como igreja.

Concluindo: avaliado pelo movimento ecumênico e pela criação do Conselho Mundial das Igrejas, o desenvolvimento sobretudo da principal corrente da eclesiologia protestante ao longo do século XX foi notável. Hoje em dia é difícil imaginar quão separadas entre si estavam as igrejas na virada do século XX.[37] Grande parte dessa separação foi gradativamente superada pelo mútuo reconhecimento de cada uma delas pelas igrejas e por uma abertura comum ao mundo.

A eclesiologia do Concílio Vaticano II

O Concílio Vaticano II (1962-1965) foi um importante acontecimento na história da Igreja Católica Romana que não deixou de causar impacto sobre todos os cristãos. Karl Rahner comparou seu significado ao do concílio dos apóstolos em Jerusalém, porque assinalou um momento decisivo, uma transcendência da igreja gregoriana e até mesmo da igreja constantiniana por uma aceitação da responsabilidade de ser uma igreja mundial.[38] O Vaticano II provê a primeira eclesiologia oficial e compreensiva em um nível conciliar na história da Igreja Católica Romana. A lacônica sinopse dessa eclesiologia que a seguir se oferece é prefaciada por uma breve crônica dos eventos eclesiológicos que a ela conduziram; é seguida por uma exposição de suas consequências nas décadas finais do século XX.

A Igreja Católica anterior ao Concílio Vaticano II

A questão sobre o que levou à realização do Vaticano II não fornece uma clara resposta. As razões para a ambiguidade são muito óbvias. Por um lado, podem-se traçar nítidas linhas de continuidade entre a eclesiologia vigente antes do Vaticano II e o conteúdo do próprio concílio; é a mesma igreja. Por outro lado, as mudanças de sentido são estonteantes.

---

[37] Ehrenström, "Movements", HEM, p. 593.
[38] Karl Rahner. "Towards a Fundamental Theological Interpretation of Vatican II", *Theological Studies* 40, 1979, pp. 716-727.

De uma outra perspectiva, em que pese a brusquidão da mudança contida no Vaticano II quando comparada com a eclesiologia da primeira metade do século, ainda é possível detectar viçosos rebentos de promessa germinando em vários movimentos dentro da igreja durante esse período.

A eclesiologia estabelecida pode ser avaliada pelo conteúdo lecionado na Universidade Gregoriana até 1960.[39] As doutrinas da infalibilidade e da jurisdição universal do papa estiveram em vigor após 1870. A compreensão da igreja procedeu por duas grandes etapas: uma abordagem apologética estabeleceu a natureza divina da igreja através da razão histórica e filosófica; a partir dessa premissa, um método dogmático argumentou a partir da autoridade de Deus que se revela e da igreja que ensina, por meio de asserções magisteriais acerca de si mesma.[40] A estrutura hierárquica da igreja enquanto tal foi estabelecida por Deus através de Jesus, uma premissa histórica e teológica demonstrada por citação de textos do Novo Testamento. A pedra angular da hierarquia era Pedro e seus papas sucessores. Estabelecidos esses princípios teológicos, contudo, a análise tornou-se maciçamente sociológica ou política e jurídica. Teologicamente, o Espírito de Deus constituía a alma da igreja, e o poder do Espírito era mediado por um ministério hierárquico investido de autoridade divina. Essa autoridade jurídica manteve a igreja coesa enquanto instituição e pode "ser, com razão, chamada de alma da igreja."[41]

A crise modernista na Igreja Católica na virada do século fez crescer a preocupação institucional com a integridade da doutrina em toda forma de ensinamento. Depois dela, a rigorosa supervisão institucional dos teólogos dificultou o pensamento criativo. A resposta de Pio XI, em

---

[39] T. Howland Sanks, Inn *Authority in the Church: A Study in Changing Paradigms*. Missoula, Mont., Scholars Press, 1974, p. 102. Após seu estudo sobre os sucessivos eclesiólogos da Gregoriana no período compreendido entre o Vaticano I e o Vaticano II, diz que a eclesiologia permaneceu relativamente constante. Os teólogos gregorianos foram importantes porque estabeleceram a tendência para a eclesiologia lecionada em todo o mundo.

[40] Sanks, *Authority in the Church*, p. 92, n. 2, comentando Timotheus Zapelena, o eclesiólogo jesuíta da Gregoriana cuja obra *De Ecclesia Christi* foi republicada seis vezes até 1954-1955 e utilizada nos cursos até 1961. Ibid., p. 91.

[41] Sanks, *Authority in the Church*, p. 66, citando Domenico Palmieri, eclesiólogo jesuíta da escola romana no final do século XIX. Em outras palavras, tanto o Espírito Santo como a autoridade jurídica foram referidos como a alma da igreja.

1928, ao convite para participar do movimento ecumênico indica o grau de eclesiocentrismo que caracterizou a eclesiologia romana do começo do século XX.⁴² Essa encíclica aduz a justificativa eclesiológica para se manter à margem do movimento: só existe uma verdadeira igreja cristã, que é sinônima de Igreja Romana. A unidade cristã consiste na filiação à Igreja Romana e na submissão de todos os cristãos à autoridade do papa. Roma "não pode, sob quaisquer termos, tomar parte em suas assembleias, nem é de forma alguma lícito aos católicos apoiar ou trabalhar em prol dessas iniciativas; se o fizerem, estarão dando aprovação a um falso cristianismo, de todo estranho à única igreja de Cristo" (MA, 8). Em última análise, "a união dos cristãos só pode ser fomentada promovendo-se o retorno à verdadeira e única igreja de Cristo daqueles que dela se separam, pois no passado eles infelizmente a abandonaram" (MA, 10). Com relação à filiação, a encíclica afirma que "ninguém pode continuar nessa única igreja de Cristo sem aceitar, reconhecer e obedecer à autoridade e à supremacia de Pedro e de seus legítimos sucessores" (MA, 11).

O ensinamento eclesiológico mais autoritativo do século XX na Igreja Católica anterior ao Vaticano II foi *Mystici Corporis Christi*.⁴³ Essa carta encíclica originou-se de um extenso escrito sobre o conceito paulino que se destacou com a obra de Emile Mersh em 1933.⁴⁴ Yves Congar sumariza o conteúdo da encíclica nos seguintes termos: a igreja é o *corpo* de Cristo, o que significa a igreja enquanto organização visível que é una, visível, hierarquicamente organizada, formada por diferentes membros, inclusive pecadores; de *Cristo*, que é fundador e cabeça, e que sustenta a missão da igreja por seu comando e por seu Espírito, que é a alma da igreja; esse corpo é *místico*, o que quer dizer que a noção de corpo é mais

---

[42] Pio XI. *Mortalium Animos*. Encíclica sobre a unidade religiosa (6 de janeiro de 1928), in *The Papal Encyclicals 1903-1939*, ed. Claudia Carlen. Wilmington, N. C., McGrath Publishing Co., 1981, pp. 313-319. Citado como MA.

[43] Pio XII. *Mystici Corporis Christi*. Sobre o Corpo Místico de Cristo (29 de junho de 1943), in Carlen, *The Papal Encyclicals*, pp. 37-63. Citado como MCC.

[44] Emile Mersch. *The Theology of the Mystical Body*. St. Louis, B. Herder, 1951.

do que pura metáfora que alude a uma união moral, e não a uma união física, mas uma união mística constituída por Deus e pela graça de Deus.[45]

Embora a metáfora radical seja teológica, e todo o conceito recorra à piedade, quando inserida no quadro de referência do Vaticano I, seu resultado é estritamente eclesiocêntrico. O corpo de Cristo é identificado com a Igreja Católica Romana (MCC, 13), a estrutura de autoridade institucional torna-se divinizada (MCC, 65), a filiação é restrita aos católicos romanos (MCC, 41), e os batizados cristãos que não sejam católicos relacionam-se com a verdadeira igreja apenas por "um inconsciente desejo e aspiração" (MCC, 103).[46] O Vaticano II se afastará consideravelmente dessas posições.

Os recursos positivos para o renascimento aparecerão menos em forma doutrinária e mais em movimentos e programas que ocorreram na Europa.[47] O movimento litúrgico começou com uma revivescência beneditina da liturgia no século XIX; foi alimentado pela pesquisa bíblica e histórica e por um desejo de fazer da liturgia uma ponte viva entre a igreja institucional e a vida interior dos fiéis, o "hierárquico" e o "comunitário". A piedade eucarística estimulada por Pio X alimentou tanto o movimento litúrgico como a teologia do corpo místico. Na primeira metade do século XX, esse movimento encorajou a reforma litúrgica.[48] Um outro movimento, frequentemente referenciado como *ressuorcement*, consistiu no retorno às fontes da igreja na Escritura e nos Padres.[49] Isso proporcionou uma nova perspectiva da história da salvação para a compreensão da igreja, tanto

---

[45] Yves Congar. *L'Eglise: De saint Augustin à l'époque moderne*. Paris, Editions du Cerf, 1970, p. 470.
[46] Sobre a pertença à igreja, a encíclica remete a Bonifácio VIII e se apropria da doutrina da submissão ao papa contida em sua encíclica *Unam Sanctam* (MCC, 40). "Em erro perigoso, pois, estão aqueles que julgam poder unir-se a Cristo, cabeça da Igreja, sem aderir fielmente a seu vigário na terra" (MCC, 41).
[47] Congar, *L'Eglise*, pp. 461-469, analisa esses desenvolvimentos positivos. A história dos desenvolvimentos na eclesiologia católica até a época do Vaticano II, inclusive, com especial referência aos leigos, é narrada por Paul Lakeland. *The Liberation of the Laity: In Search of an Accountable Church*. New York, Continuum, 2003, caps. 1-3.
[48] Pio XII tratou cautelosamente da reforma litúrgica em sua encíclica *Mediator Dei*, sobre a liturgia sagrada (20 de novembro de 1947), conferindo, assim, proeminência ao movimento.
[49] Por exemplo, Henry De Lubac. *Catholicism: Christ and the Common Destiny of Man*. San Francisco, Ignatius Press, 1988, original 1937, é um diálogo com os Padres da Igreja.

quanto imagens e linguagem para descrevê-la que transcenderam o neo-escolasticismo. O movimento bíblico recebeu encorajamento autoritativo com a encíclica de Pio XII, *Divino Afflante Spiritu*, de 1943. Também um outro movimento que deu estímulo ao pensamento do Vaticano II foram as várias organizações laicas que surgiram sob o pálio da Ação Católica. Essas atividades puderam assumir muitas formas diferentes e engajar diferentes grupos ou classes de pessoas, tais como estudantes, trabalhadores, entre outros. Esse movimento foi apoiado por Pio XI. "A exemplo do que fizeram Leão XIII e Pio X antes dele, mas com nova força, Pio XI convidou os leigos a tomar parte na missão da igreja ou em seu apostolado".[50] Esse comprometimento e essa participação foram entendidos como fundados no batismo, na confirmação e nos carismas espirituais. Essa atividade dos leigos predominou e tornou-se um tópico de preocupação que requeria constante atenção. Por fim, o movimento ecumênico foi gerando grande interesse, a despeito da negligência oficial. Muitos teólogos estavam profundamente envolvidos e comprometidos com seus objetivos, de modo que, às vésperas do Vaticano II, o evidente sucesso na formação do Conselho Mundial das Igrejas significou que o movimento ecumênico já não podia ser ignorado.[51]

Esses movimentos, no entanto, não equivalem a uma explicação social da convocação do concílio. O início dos anos 1950, com a carta encíclica de Pio XII *Humani Generis* (1960) e a repressão contra diversos teólogos ligados a uma progressiva *nouvelle théologie*, inclusive Congar, não era promissor para um concílio reformador. Deve-se, portanto, em última análise, creditar ao novo papa, Angelo Giuseppe Roncalli ou João XXIII, a convocação do Concílio Vaticano II. Ele anunciou o concílio em 25 de janeiro de 1959, menos de três meses depois de ter sido eleito papa, e parece que a decisão de convocar um concílio foi inteiramente

---

[50] Congar, *L'Eglise*, p. 467.
[51] Nenhum teólogo católico foi mais comprometido com o movimento ecumênico do que Yves Congar. Para uma visão geral de seu envolvimento inicial, ver Alberic Stacpoole. "Early Ecumenism, Early Yves Congar, 1904-1940", I e II, *The Month* (janeiro e abril de 1988), pp. 502-510, 623-631.

dele.[52] Com efeito, a Igreja Católica preparou-se arduamente para esse concílio porque na esteira da repressão antimodernista o debate público das questões envolvidas nos movimentos vitais foi restrito.

Quais foram as razões de João XXIII para convocar o concílio? Por ocasião do anúncio do concílio, ele lhe atribuiu estes dois objetivos: em primeiro lugar, "a iluminação, a edificação e o júbilo de todo o povo cristão", e, em segundo, "um renovado convite cordial aos fiéis das igrejas separadas a participar conosco da festa da graça e da fraternidade, pela qual tantas almas anseiam em todas as partes do mundo".[53] Parece, então, que a questão ecumênica foi um primeiro motivo para o concílio, uma discussão acerca da unidade entre todos os cristãos. Mas esses objetivos não estavam de fato bem formulados em sua mente. "O esclarecimento e uma melhor concepção da forma e dos objetivos do concílio seriam realizados pelo papa João durante os meses e anos subsequentes e também serão afetados pelo debate mais amplo que se seguiu ao anúncio."[54]

Um resumo da eclesiologia do Concílio Vaticano II

Passamos a focalizar agora o conteúdo da eclesiologia do concílio. É importante ressaltar, de início, que o Concílio Vaticano II não deve ser visto apenas como um conjunto de documentos; ele foi também um evento, e a apreciação do evento como um todo afeta a interpretação dos documentos. Por exemplo, aproximadamente ao final da segunda

---

[52] "A convocação de um novo concílio foi, portanto, fruto de uma convicção pessoal do papa, que aos poucos tomou forma em seu pensamento, foi estimulada por outros e por fim tornou-se uma decisão autorizada e irrevogável durante o período de três meses que se seguiu à sua eleição para o pontificado." Giusepe Alberigo. "The Announcement of the Council: From Security of the Fortress to the Lure of the Quest", *History of Vatican II*, vols. I-III, ed. G. Alberigo e J. Komonchak. Maryknoll, N. Y., Orbis Books e Leuven. Peeters, 1995-2000, I, p. 13. Essa obra será citada doravante como HVII, por volume e número de página. Não se devem transcurar os muitos fatores sociais dos quais Roncalli, com sua vasta experiência, estava bem consciente: a crescente pressão da cultura intelectual sobre as posições da igreja, o isolamento da igreja em relação aos movimentos mundiais, incluindo o movimento ecumênico, os primórdios da globalização no período pós-Segunda Guerra Mundial, as interações das religiões mundiais.

[53] Alberigo, "The Announcement", HVII, I, p. 15, citando a redação papal de suas palavras enquanto distinta da versão oficial emendada.

[54] Ibid., p. 16; também 34.

sessão conciliar, os teólogos perceberam que o concílio representava um entrechoque genuinamente livre e dinâmico de ideias e de opiniões, prevaleceu o espírito de João XXIII de que o concílio deveria ser um verdadeiro *aggiornamento*, e uma verdadeira dialética da liderança papal e da autonomia conciliar definiu os procedimentos do conclave.[55] Além disso, todo o mundo católico estava acompanhando a realização do evento através de uma agressiva cobertura dos meios de comunicação. Dito isso, essa interpretação sintética tem de abordar o concílio como um conjunto de textos. Ao fazê-lo, ela segue o arcabouço formal utilizado no decorrer de todo este trabalho. Por contraste, os documentos do concílio não são sistematicamente dispostos, muito embora tratem em larga medida de várias facetas da igreja. A "Constituição Dogmática sobre a Igreja" proporciona o padrão de toda a tessitura, mas também não é inconsútil. Esse esboço de uma outra interpretação dessa intrincada e ainda contestada eclesiologia pretende servir ao propósito dessa eclesiologia comparada, qual seja, dispor distintas eclesiologias em esboço esquemático, lado a lado, para fins de implícita comparação e contraste, e para demonstrar como toda eclesiologia muda em resposta aos tempos. Em outras palavras, o objetivo aqui não é retratar essa eclesiologia católica romana na magnificente complexidade de suas trajetórias equilibradas.[56]

A natureza e a organização da igreja. Um bom ponto de partida é o centro. A "Constituição Dogmática sobre a Igreja", *Lumen Gentium*,

---

[55] Giuseppe Alberigo. "The Conciliar Experience: 'Learning on the Their Own'", HVII, II, p. 583; "Conclusion: The New Shape of the Council", HVII, III, pp. 491-496.

[56] As referências e citações do Vaticano II são extraídas de *The Documents of Vatican II*, ed. Walter M. Abbott. New York, Herder & Herder Association Press, 1966. Os documentos são citados por abreviaturas de seus títulos latinos, como se segue: "Constituição Dogmática sobre a Igreja" (*Lumen Gentium*, LG), "Constituição sobre a Sagrada Liturgia" (*Sacrosanctum Concilium*, SC), "Constituição Pastoral sobre a Igreja no Mundo Moderno" (*Gaudium et Spes*, GS), "Decreto sobre o Ecumenismo" (*Unitatis Redintegratio*, UR), "Decreto sobre as Igrejas Católicas Orientais" (*Orientalium Ecclesiarum*, OE), "Decreto sobre o Múnus Pastoral dos Bispos na Igreja" (*Christus Dominus*, CD), "Decreto sobre a Conveniente Renovação da Vida Religiosa" (*Perfectae Caritatis*, PC), "Decreto sobre o Apostolado dos Leigos" (*Apostolicam Actuositatem*, AA), "Decreto sobre o Ministério e a Vida dos Sacerdotes" (*Presbyterorum Ordinis*, PO), "Decreto sobre a Atividade Missionária da Igreja" (*Ad Gentes*, AG), "Declaração sobre a Relação da Igreja com as Religiões não Cristãs" (*Nostra Aetate*, NA), "Declaração sobre a Liberdade Religiosa" (*Dignitatis Humanae*, DH).

define a igreja, teologicamente, em termos de sua metáfora determinante e, organizacionalmente, em termos de suas ordens de ministério. Todos os demais tópicos após esses dois agregam maior nuance e complexidade a essas concepções basilares.

Autocompreensão teológica. A imagem teológica do "povo de Deus" dispõe de lugar privilegiado nessa eclesiologia. O concílio não abandona por completo outras imagens, como as do "corpo de Cristo" ou do "templo do Espírito Santo", mas dedica um capítulo de *Lumen Gentium* ao "povo de Deus" (LG, 9-17). Esse capítulo utiliza o gênero da história da salvação ou da economia do diálogo salvífico de Deus com os seres humanos na história, o que transmite à imagem uma maleável abertura. A igreja é una, e o referente dessa eclesiologia é a Igreja Católica Romana, embora o povo de Deus seja com frequência definido em termos bem abrangentes: "Deus constituiu como Igreja a reunião de todos os que na fé reconhecem Jesus como autor da salvação, princípio de unidade e de paz" (LG, 9).[57] A imagem do povo de Deus, que poderia ser interpretada em consonância com a ideia da *congregatio fidelium* dos canonistas medievais, também reconhece e reforça o lugar dos leigos na igreja. Mas essa restauração do sacerdócio dos fiéis não deve ser entendida em termos competitivos; a igreja também continua sendo uma estrutura hierárquica (LG, 10-11). A igreja como um todo, o conjunto do povo de Deus, está repleta do Espírito Santo e compartilha o ofício profético de Cristo (LG, 12). Essa linguagem dota os leigos de responsabilidade em um novo sentido.

---

[57] As pessoas pertencem ao "povo de Deus" de várias formas: para além dos limites da Igreja romana estão todos aqueles que creem em Cristo, e para além deles o conjunto da humanidade são criaturas de Deus e chamadas à salvação pela graça (LG, 13). O Vaticano II ensina que a única igreja de Cristo não pode ser simplesmente subsumida ou identificada com a Igreja Romana. Pelo contrário, a verdadeira igreja ou a igreja global "subsiste na Igreja Católica", e "muitos elementos de santificação e de verdade podem ser encontrados fora de sua estrutura visível" (LG, 8). O concílio enumera ainda os elementos fundacionais substantivos, constitutivos da igreja que todos os cristãos compartilham: a fé, a adesão a Cristo, simbolizada e efetuada no batismo, e uma comunidade animada por Deus enquanto Espírito (LG, 15; também UR, 13-23). Para uma discussão da expressão contestada *subsist in*, de LG, 8, ver Edward Schillebeeckx. *The Human Story of God*. New York, Crossroad, 1990, pp. 189-195; Francis A. Sullivan. "The Significance of the Vatican II Declaration That the Church of Christ 'Subsist in' the Roman Catholic Church", in *Vatican II: Assessment and Perspectives. Twenty-five Years after (1962-1987)*, ed. René Latourelle. New York, Paulist Press, 1989, II, pp. 272-287.

O concílio utilizou uma outra imagem teológica efetiva para a igreja: a igreja "é uma espécie de sacramento ou sinal da íntima união com Deus e da unidade de toda a humanidade" (LG, 1). Quando essa linguagem, que aparece em diversos textos e contextos (LG, 48; AG, 1, 5; GS, 42), alia a perspectiva historicista do "povo de Deus", cria um dinâmico imperativo e apelo para que a igreja se torne um sinal histórico concreto dos valores do reino de Deus e do reino de Deus manifestado no ministério de Jesus.

Organização do ministério. Poder-se-ia distinguir a igreja enquanto comunidade de fé de sua estrutura institucional, mas não se podem segregar essas duas dimensões constitutivas de uma única igreja (LG, 8). Consequentemente, o povo de Deus também é uma instituição hierárquica estruturada. Os ofícios do papa, dos bispos, dos sacerdotes e dos leigos, além da vida religiosa dos conselhos evangélicos, compõem a estrutura hierárquica de autoridade e a organização de seus ministérios.

1. O papa. "Nessa igreja de Cristo, o romano pontífice é o sucessor de Pedro, a quem Cristo confiou o apascentamento de seu rebanho. Por conseguinte, por instituição divina, ele desfruta de autoridade suprema, plena, imediata e universal sobre a solicitude pelas almas. Como é o pastor de todos os fiéis, sua missão é zelar pelo bem comum da igreja universal e pelo bem das igrejas individuais. Ele detém, portanto, uma primazia de poder ordinário sobre todas as igrejas" (CD, 2).[58]

2. Os bispos (LG, 18-29; CD). O ensinamento do Vaticano II acerca do episcopado é extenso e matizado. Em primeiro lugar, por ordenação e

---

[58] A eclesiologia do Vaticano II enfatiza o lugar e o papel dos bispos na igreja, ao mesmo tempo em que subsume em si mesma o ensinamento do Vaticano I sobre o papado, que diz: "Ensinamos, pois, e declaramos que a Igreja Romana, por disposição divina, tem o primado do poder ordinário sobre as outras Igrejas, e que este poder de jurisdição do Romano Pontífice, poder verdadeiramente episcopal, é imediato. E a ela [à Igreja Romana] devem-se sujeitar, por dever de subordinação hierárquica e verdadeira obediência, os pastores e os fiéis de qualquer rito e dignidade, tanto cada um em particular como todos em conjunto, não só nas coisas referentes à fé e aos costumes, mas também nas que dizem respeito à disciplina e ao regime da Igreja, espalhada por todo o mundo". Vaticano I, "Primeira Constituição Dogmática sobre a Igreja de Cristo" (*Pastor Aeternus*), 3, in Norman P. Tanner (ed.). *Decrees of the Ecumenical Councils: II, Trent to Vatican II*. Kansas City, Sheed & Ward, Washington, D. C., Georgetown University Press, 1990, pp. 813-814. Essa doutrina, bem mais que a infalibilidade, apartou a igreja romana de todas as outras.

subsequentemente por nomeação administrativa, um bispo é "princípio e fundamento visível da unidade em sua igreja particular", a diocese (LG, 23). Simbólica e juridicamente, o ofício episcopal incorpora o papel crístico de profeta, sacerdote e rei. O ministério do bispo é pregar e ensinar; conduzir o culto, administrar os sacramentos e, especialmente, presidir a liturgia; e governar, administrar e gerir a igreja local.

Em segundo lugar, o bispo também pertence ao colégio ou grupo de bispos.[59] Enquanto membro desse grupo, mas não enquanto indivíduo, o bispo compartilha a supervisão e o governo da igreja universal. A cabeça do colégio é o bispo de Roma, e o colégio não age à margem de sua cabeça. Por conseguinte, o ofício e o ministério do bispo encerram uma dupla relação tensiva. Por um lado, o bispo é autônomo em relação à igreja local, mas sob a jurisdição do papa; por outro lado, em relação ao conjunto da igreja, o bispo é membro de um colégio que compartilha uma responsabilidade universal, mas enquanto corpo que tem o papa como sua cabeça.

Em terceiro lugar, o concílio estatuiu que os bispos de uma nação ou região devem compor-se em conferências episcopais que poderiam oferecer apoio e ação cooperativa para fazer face às necessidades da igreja em um território particular (CD, 37-38).[60]

3. Os sacerdotes (LG, 28; PO). Os sacerdotes derivam seu sacerdócio da plenitude do poder sacerdotal do bispo.[61] São, portanto, cooperadores dos bispos, espécie de extensão de seus bispos, constituindo, porém, um único sacerdócio com eles. O sacerdote prega a palavra de Deus (PO, 4); administra os sacramentos, e especialmente preside a eucaristia (PO, 5). O sacerdote recita o ofício divino da igreja a bem do povo e de todo o mundo (PO, 5). Em nome do bispo, o sacerdote exerce liderança e autoridade na comunidade paroquial, é responsável pela educação cristã na paróquia

---

[59] O concílio emprega a linguagem de uma eclesiologia comum, ao referir-se às igrejas particulares, "das quais e pelas quais existe a Igreja Católica, una e única" (LG, 23).
[60] Uma conferência episcopal é "uma espécie de assembleia na qual os bispos de determinada nação ou região exercem conjuntamente seu ofício pastoral" (CD, 38).
[61] Os bispos "transmitiram o múnus do seu ministério em grau diverso e a diversos sujeitos" (LG, 28).

e ministra a grupos na comunidade secular mais ampla, especialmente os pobres (PO, 6).[62]

4. Os leigos. O Vaticano II atribuiu considerável atenção aos leigos precisamente como uma ordem de *status* distinto na igreja, com responsabilidades específicas, mas menos poder ou autoridade correlata. O laicato será discutido no tópico que trata dos membros da igreja.

5. Os religiosos (LG, 43-47; PC). A discussão do Vaticano II acerca da vida religiosa na igreja ocidental enfatiza que "não se trata de um estado intermediário entre o estado dos clérigos e o estado dos leigos" (43). Pelo contrário, tanto os sacerdotes como os leigos devem viver a vida dos conselhos evangélicos de pobreza, castidade e obediência, que, de uma maneira geral, definem a vida religiosa. *Perfectae Caritatis* trata menos da natureza da vida religiosa do que seria necessário, e estabelece algumas diretrizes para sua renovação. Deve-se compreender a espantosa variedade nas diferentes formas da vida religiosa que permeiam as estruturas diocesanas para animar a vida da igreja. O Vaticano II preconizou, primeiramente, um retorno às fontes da vida cristã em geral e à "original inspiração que se encontra por trás de uma dada comunidade" e, subsequentemente, um ajuste e uma adaptação ao tempo presente e às necessidades do apostolado (PC, 2). Um dos mais eloquentes apelos do concílio no sentido da adequação ao mundo moderno foi dirigido aos religiosos.

Unidade da igreja. As posições do Vaticano II sobre a unidade da igreja são também eivadas de tensões. A unidade da igreja é abordada em dois diferentes contextos: o primeiro tem a ver com o reconhecido pluralismo de vida dentro da estrutura institucional católico-romana; o segundo tem a ver com a unidade entre as igrejas, no nível ecumênico. A questão do ecumenismo surge no contexto da relação da igreja com seu ambiente.

O decreto *Orientalium Ecclesiarum*, contudo, constitui um estudo de caso que permite compreender quão significativos a diversidade e o

---

[62] PO, na prática, descreve o ministério do sacerdote diocesano ao tratar da comunidade paroquial. Leva menos em consideração os sacerdotes de ordens religiosas ou aqueles engajados em outros ministérios. Dessa forma, em grande parte, mas não exclusivamente, descreve o sacerdote como ministro cúltico.

pluralismo podem ser no contexto da única Igreja Romana. O concílio, em princípio, endossa o pluralismo: "Pois é a intenção da Igreja Católica que permaneçam salvas e íntegras as tradições de cada igreja ou rito particular [católico oriental], ajustando, porém, seu estilo de vida às várias necessidades de tempo e de lugar" (OE, 2).[63] A ideia de um "rito" transcende as rubricas litúrgicas: enquanto categoria social, ele compreende a peculiaridade "na liturgia, na disciplina eclesiástica e no patrimônio espiritual" (OE, 3). Essas tradições eclesiais são subsumidas na autoridade de governo do romano pontífice, mas isso é entendido como exemplo de que o ministério petrino assegura e protege a autonomia e a igualdade dessas tradições em relação a injunções laterais (OE, 3; LG, 13). Essas igrejas, reitera o concílio, "gozam do direito e têm o dever de governar-se, [e] cada qual o faz em conformidade com seus próprios procedimentos específicos" (OE, 5). Em princípio e em larga medida de fato, portanto, a Igreja Romana, de acordo com o Vaticano II, é pluralista.

Os membros da igreja (LG, 30-38; AA; GS, passim). O Vaticano II proferiu um extenso e progressivo ensinamento acerca do laicato. Os documentos frequente e vigorosamente asseveram que tudo o que diz respeito ao "povo de Deus" aplica-se aos leigos. Todos os membros da igreja "cooperam na tarefa comum" de sua missão salvífica com seus carismáticos dons e serviço (LG, 30). "Mas os leigos também compartilham do ofício sacerdotal, profético e real de Cristo e, portanto, têm seu próprio papel a desempenhar na missão do conjunto do povo de Deus na igreja e no mundo" (AA, 2). O concílio enfatiza a participação responsável, ativa, no desempenho da missão da igreja, e os fundamentos de autoridade desse compromisso encontram-se no batismo, na confirmação e na participação na eucaristia (LG, 11). Alguns dos termos são bastante contundentes e surpreendentes: "Pois, por sua própria natureza, a vocação cristã é também uma vocação ao apostolado.[64] Do mesmo modo que em

---

[63] Em termos mais enfáticos, os membros das igrejas católicas orientais devem saber que "sempre podem e devem observar os seus legítimos ritos litúrgicos e a sua disciplina; e que não serão introduzidas modificações a não ser em razão de um progresso próprio e orgânico" (OE, 6).

[64] O termo "apostolado" refere-se à atividade promovida na e pela igreja de diferentes maneiras por intermédio de seus membros para a consecução de sua missão de "difundir o reino de

um corpo vivo nenhum membro tem um papel meramente passivo, mas antes, juntamente com a vida do corpo, também participa de sua atividade, assim também no Corpo de Cristo, que é a Igreja, todo o corpo 'cresce segundo a operação própria de cada um dos seus membros' [...]. Não aproveita nem à Igreja nem a si mesmo aquele membro que não trabalha para o crescimento do corpo, segundo sua própria capacidade" (AA, 2).

Essa é provavelmente a declaração oficial mais contundente já feita pela Igreja Romana acerca do ativo papel ministerial dos leigos. Por um lado, a igreja ensina que esses ministros são autônomos: "Os leigos derivam seu direito e seu dever com relação ao apostolado de sua união com Cristo cabeça" (AA, 3). Por outro lado, é claro que esses ministros estão sob a supervisão dos clérigos (AA, 24). Por um lado, a competência específica dos leigos é a de testemunhar os valores cristãos na esfera secular (AA, 2, 5, 7, 13). Essa premissa é proeminente no ensinamento do concílio sobre a relação da igreja com o mundo. Por outro lado, é claramente afirmado que a competência do ministério laico estende-se "à igreja e ao mundo, tanto na ordem espiritual como na ordem temporal" (AA, 5). Os leigos têm o direito e por vezes a obrigação de expressar opinião quanto ao bem da totalidade da igreja. Isso deve ser facilitado "pelas agências instituídas pela igreja para esse propósito" (LG, 37). Isso se refere às várias associações de leigos remanescentes das irmandades e aos conselhos paroquiais e diocesanos pastorais que devem ser instalados, de forma a dar voz aos membros da igreja em geral na governança da igreja (CD, 27). O concílio também preconizou a instalação de centros de treinamento para formação dos leigos no apostolado (AA, 28-32).

O objetivo ou missão da igreja. O Vaticano II constantemente se refere à missão e ao objetivo da igreja. Isso se torna explícito na consideração da atividade missionária. A igreja tem como objetivo e propósito a perpetuação da obra de Jesus Cristo na história. Isso implica a pregação do evangelho e o estabelecimento de comunidades em que Deus seja

---

Cristo por toda a parte para a glória de Deus Pai". Após o concílio, em diversas partes, o termo "ministério" substituiu o termo "apostolado".

glorificado e os valores do evangelho concretizados (AG, 1). Em vez de ser realizada de uma vez por todas, essa missão representa uma contínua tarefa que comporta duplo aspecto: *ad intra*, a pregação e animação da vida da comunidade, e *ad extra*, a amplitude da igreja estende-se além de suas fronteiras àqueles que não são cristãos (AG, 6). *Ad Gentes* trata da atividade missionária tradicional *ad extra*, mas não sem relevância para a compreensão da atividade pastoral *ad intra*. Relativamente à atividade missionária, o concílio considera-a em termos de implantação de igrejas nativas e autóctones (AD, 6). Não houve nenhum avanço importante nesse aspecto.

Ad Gentes, porém, comporta alguns ensinamentos peculiares no que tange à natureza da própria igreja. Em primeiro lugar, o documento afirma claramente que "a igreja peregrina é missionária por sua própria natureza" (AG, 2). Isso implica a visão de que a igreja tem um caráter missionário sempre e onde quer que esteja.[65] Significa também que todos os membros da igreja internalizam esse mesmo caráter missionário: todos os cristãos são missionários (AG, 4). A ativa responsabilidade ligada à filiação predicada de todos os leigos torna-se mais focada com o símbolo da missão.

Um segundo desenvolvimento concernente à missão da igreja torna-se mais evidente em *Gaudium et Spes*, mas deve ser mencionado aqui. Na discussão acerca da relação da igreja com o mundo moderno, o termo "mundo" assume um significado cultural. O mundo da modernidade, em relação ao qual a igreja também tem uma missão, não existe para além de suas fronteiras em lugares remotos; trata-se do mundo no qual a igreja existe no Ocidente. Quando a igreja é reconhecida como intrinsecamente missionária e o mundo é considerado como alteridade da igreja, esse mundo é concebido então como o próprio contexto no qual a igreja existe, o caráter missionário dinâmico da igreja volta-se igualmente para a sociedade secular. Esse tema é apresentado em *Gaudium et Spes* e será

---

[65] Assim, por exemplo, mesmo uma igreja "estabilizada" em sua própria vida interior é missionária.

considerado mais detalhadamente quanto à relação da igreja com seu ambiente.

Em terceiro lugar, os temas missionários clássicos atinentes ao contexto histórico e à diferença cultural passam a ser internalizados na consciência geral da igreja. O Vaticano II revela uma nova consciência das implicações de ser igreja mundial. A missão da igreja desdobra-se de maneira diferente em diferentes partes do mundo, em diferentes circunstâncias, condições e situações do povo a que ela se dirige. A palavra "inculturação" não aparece no Vaticano II, mas o processo de adaptação à cultura e, com ele, um novo nível de consciência histórica adquirem importância explícita (AG, 6, 22, 26).

Em suma, a afirmação do caráter missionário encerra uma compreensão dinâmica e até mesmo ativista do papel da igreja no mundo e na história humana.[66]

Atividades da igreja. As atividades da igreja são múltiplas, direcionadas para dentro e para fora da igreja, e vão do comportamento pessoal e social de seus membros (ética) a uma ampla variedade de tarefas específicas. Nessa consideração, o foco recai na atividade *ad intra*, especificamente o culto, tal como representado na "Constituição sobre a Sagrada Liturgia" (SC), um dos mais importantes documentos de todo o concílio.[67]

A obra de redenção desenvolve-se principalmente na e através da celebração da eucaristia, que na liturgia católica inclui a leitura da Escritura e a pregação da palavra. "A liturgia, portanto, é o destacado recurso pelo qual os fiéis podem expressar em suas vidas e manifestar aos outros o mistério de Cristo e a real natureza da verdadeira igreja" (SC, 2). Essa

---

[66] Várias razões dão conta disso: o reconhecimento de que a igreja deveria ter sido mais influente na prevenção das duas guerras mundiais, a secularização na Europa e o desejo de reconquistar influência na sociedade, o exemplo do movimento Vida e Trabalho e, posteriormente, o Conselho Mundial das Igrejas, a crescente disseminação do desenvolvimento histórico em todo o mundo após a Segunda Guerra Mundial.

[67] Pode ser importante simplesmente observar que a igreja romana transformou-se em uma vasta organização cujas atividades no período moderno tornaram-se diversas e complexas no nível paroquial, diocesano, nacional ou regional, e nos âmbitos internacionais. O que a igreja efetivamente realiza varia em todo o mundo. O foco na atividade litúrgica representa um recorte radical em relação ao núcleo da atividade eclesial.

eclesiologia retrata, de maneira realista, a presença de Cristo na igreja nos sacramentos, "especialmente sob as espécies eucarísticas" (SC, 7) e também na administração e na celebração dos outros sacramentos: em sua palavra lida na Escritura, no poder da pessoa do ministro. A liturgia, portanto, "é uma ação sagrada que excede todas as demais. Nenhuma outra ação da igreja pode equiparar-se à sua pretensão à eficácia [sacramental], nem lhe é equivalente em grau" (SC, 7).

A liturgia "é o ápice para o qual se dirige a atividade da igreja; ao mesmo tempo, é a fonte da qual promana toda a sua força. Pois o objetivo do trabalho apostólico [ministério] é que todos os que se tornaram filhos de Deus pela fé e mediante o batismo se reúnam em assembleia para louvar a Deus no meio da igreja, participem do sacrifício e comam a Ceia do Senhor" (SC, 10). A pretensão é claramente supina: a eucaristia é a realização do duplo objetivo de toda atividade apostólica – "a santificação dos homens em Cristo e a glorificação de Deus" (SC, 10).

O próprio concílio não realizou a reforma litúrgica. Em vez disso, determinou a realização da reforma e ofereceu algumas diretrizes gerais para sua execução, envolvendo a eucaristia, os outros seis sacramentos, as devoções, o ofício divino, as práticas litúrgicas, o ano litúrgico, o canto litúrgico e a arte sacra.[68] A reforma deveria ser global e implementada com seriedade: os bispos deveriam instituir suas próprias comissões e institutos litúrgicos para instrução (SC, 44). Foram estabelecidas sólidas diretrizes para que o treinamento na liturgia fosse disponibilizado a todos os segmentos da igreja, da perspectiva histórica, espiritual, pastoral e legal (SC, 14-20).

Mudanças na prática litúrgica são questões extremamente sensíveis. O significado desse aspecto do concílio é a própria decisão de levar a cabo uma reforma cabal da liturgia. Com efeito, isso resultou em duas

---

[68] As normas e as diretrizes para a reforma litúrgica são extensivas. Exigem cuidadosa pesquisa histórica nos textos e ritos (SC, 25), estudo das Escrituras como a fonte para o significado simbólico e a oração (24), cuidado para que a participação dos leigos seja promovida (30-31), atenção para com o caráter educativo da liturgia (33) e para com a pregação (35.2), encorajamento dos serviços públicos (35.4), maior uso do vernáculo (36.2), adaptação a diferentes regiões, povos e culturas (37-38), estipulação de períodos para experimentação (40.2).

importantes mudanças que impactaram significativamente a consciência da igreja: a tradução da liturgia do latim para o vernáculo e a mudança de posição do sacerdote no altar durante a eucaristia: em vez de ficar de costas para a assembleia, de frente para o altar, ele agora ficaria de costas para o altar e de frente para o público. O impacto dessas duas mudanças nas paróquias foi dramático.

Relação da igreja com o mundo. Talvez a iniciativa mais surpreendente do concílio tenha sido a de redefinir a relação da igreja com o mundo, nesse caso, especificamente o mundo moderno. O decreto *Gaudium et Spes* é tão rico e influente que continua a encorajar novas interpretações e suscita debates. Ao tratar da relação da igreja com o mundo exterior a ela, a discussão se desloca para uma interpretação de como a igreja se redefiniu a si mesma em relação à modernidade, e considera então em ordem sua nova relação enquanto religião com a sociedade, com as igrejas cristãs congêneres e com outras religiões.

A relação da igreja com o mundo especificamente moderno. O "mundo" refere-se à esfera da história e da sociedade e cultura. O mundo, nesse sentido, é a criação dos seres humanos e uma expressão do espírito humano (GS, 53-55). O mundo possui uma autonomia relativa em face da igreja que decorre da própria criatividade de Deus; "as coisas criadas e as próprias sociedades dispõem de suas próprias leis e valores" (GS, 36, 34-36). Em princípio, a igreja e o mundo não estão em relação de competição ou de adversidade, exceto quando prevalece o pecado. Muito embora Cristo e o Espírito Santo encontrem-se geralmente em ação no mundo, o pecado também distorce o mundo como ele deveria ser (GS, 37-38). Igreja e mundo, portanto, são mutuamente relacionados e imbricados: a igreja existe no mundo, e, como seus membros provêm do mundo, o mundo impacta a igreja; inversamente, da mesma maneira como a igreja existe para o mundo e para o projeto humano, assim também sua vocação é ser fermento, alma ou princípio espiritual para a existência humana. Dessarte, "a cidade terrena e a cidade celeste interpenetram-se mutuamente", de sorte que deve haver "intercâmbio e assistência recíproca" (GS, 40). O mundo comporta recursos para a igreja (GS, 44).

A contribuição à eclesiologia advém a essa altura, e é cabalmente moderna. A igreja existe para o mundo. A missão ou objetivo da igreja é tornar a mensagem evangélica, os valores e a graça de Deus revelada em Jesus Cristo relevantes para o projeto humano. A mensagem da igreja não se vincula a nenhuma época, lugar ou cultura específica, mas "pode entrar em comunhão com diversos modos culturais, para seu próprio enriquecimento e também para o dos seus" (GS, 58). Mas isso significa que a igreja tem de entender cada cultura e cada geração para poder responder às perenes questões, em linguagem que lhes seja inteligível (GS, 4). Essa nova relação afeta a espiritualidade elementar implícita na vida cristã: é vedada a privatização, o estilo cristão implica engajamento com o mundo.[69] Isso afeta também a autocompreensão da igreja cristã. A igreja e sua doutrina devem ser constantemente reinterpretadas mediante uma correlação com o mundo e suas várias culturas. Consequentemente, o concílio convida os teólogos "a buscar continuamente meios mais adequados de comunicar a doutrina aos homens de seu tempo. Pois o depósito da fé ou as verdades reveladas são uma única coisa; a maneira pela qual são formuladas, sem ofensa a seu sentido e significado, é uma outra" (GS, 62). Isso equivale a uma admirável reconcepção da igreja em relação ao mundo contemporâneo, enquanto distinto do medieval (*devotio moderna*) e do início do período moderno até o século XIX (*Sílabo de Erros*, 1864) e começo do século XX. Promulgado ao final do concílio, esse decreto formou um novo contexto para compreensão da constituição dogmática básica sobre a igreja. Nesse sentido, pelo menos em um nível simbólico e afetivo amplo, distinto do jurídico, *Gaudium et Spes* tornou-se o documento príncipe do Vaticano II.[70]

---

[69] O concílio rejeitou a visão daqueles "que pensam que a vida religiosa consiste apenas no cumprimento dos atos de culto e de certos deveres morais e que imaginam poder entregar-se às ocupações terrenas, como se estas fossem inteiramente alheias à vida religiosa. Este divórcio entre a fé que professam e o comportamento quotidiano de muitos deve ser contado entre os mais graves erros do nosso tempo [...]. O cristão que descuida os seus deveres temporais falta aos seus deveres para com o próximo e até para com o próprio Deus e põe em risco sua salvação eterna" (GS, 43).

[70] Essa é uma interpretação controversa. Mas poucas interpretações acerca do significado mais profundo e mais amplo do Vaticano II não o são. É interessante sublinhar que o Vaticano II (GS, 62) endossa a distinção entre fé e sua expressão estabelecida pelo CMI em Nova Délhi em 1961.

A *relação da igreja com o governo civil, com as outras igrejas e com as demais religiões*. O concílio tratou de outras três relações cruciais da igreja com o mundo exterior a ela. É importante observar o ensinamento essencial em cada caso, ainda que não se possa tratá-lo extensamente.

Em primeiro lugar, a doutrina da liberdade religiosa do Vaticano II deve ser entendida contra o pano de fundo da história europeia moderna e da persistente ideia de "nações católicas". O objeto, religião, refere-se àqueles "atos internos, voluntários e livres pelos quais o indivíduo se ordena diretamente para Deus" (DH, 3). E a liberdade religiosa é entendida como "imunidade contra a coerção na sociedade civil" (DH, 1). "Esse Sínodo Vaticano declara que a pessoa humana tem direito à liberdade religiosa" (DH, 2). Em outras palavras, ninguém pode ser obrigado a agir a contrapelo de suas crenças ou a deixar de agir em consonância com elas. Na opinião de muitos, para quem a separação entre igreja e Estado define um estilo de vida, isso pode parecer óbvio. Mas essa doutrina comporta muitas consequências sociais de grande relevância em algumas sociedades e também para a igreja como um todo.[71]

Em segundo lugar, com o Vaticano II, a Igreja Romana aderiu ao movimento ecumênico. "Este sagrado concílio, portanto, exorta todos os católicos fiéis a que, reconhecendo os sinais dos tempos, solicitamente participem do trabalho ecumênico" (UR, 4). O concílio reconheceu o movimento ecumênico como obra de Deus e augurou que a Igreja Romana, de par com outras igrejas, "prossiga sem obstruir os caminhos da divina Providência nem prejudicar os futuros impulsos do Espírito Santo" (UR, 24). No tocante à efetiva unidade e à possível comunhão que hoje se pode desfrutar com as outras igrejas, o concílio definiu as relações diferentemente, segundo os graus de abertura na teologia, na organização, nas ordens e nos sacramentos, e isso foi simbolizado por distinções de designações de outras igrejas precisamente como "igrejas", "comunhões" ou "comunidades". As relações foram consideradas mais próximas com

---

[71] Hermínio Rico. *John Paul II and the Legacy of Dignitatis Humanae*. Washington, D. C., Georgetown University Press, 2002, explora o significado desse ensinamento e de que maneira ele se deu durante o pontificado de João Paulo II.

as igrejas ortodoxas orientais, com as quais a Igreja Romana desejava desfrutar de plena comunhão com base na situação em que as coisas se encontravam antes de 1054 (UR, 14-18; OE, 26-27). As relações com as igrejas ocidentais foram radicadas mais fundamentalmente no substrato de uma fé comum, do compromisso com Cristo, do batismo como vínculo sacramental de unidade, mas com diferenças importantes quanto à autoridade, aos sacramentos e às ordens do ministério.

Todavia, o principal significado desse compromisso com o movimento ecumênico reside na mudança de atitude e de ações que ele representa, por exemplo, o entabulamento de conversações formais, a cooperação em projetos eclesiais, a oração *em conjunto* e, de uma maneira geral, a abertura à valorização do outro (UR, 4). Isso compreendeu também mudanças na forma como a teologia era aprendida e ensinada, ou seja, ecumenicamente, envolvendo a busca de linguagens mutuamente mais acomodadoras e reconhecendo uma hierarquia de verdades em que questões substantivas não se confundem com questões acidentais (UR, 5-12). Talvez o fator mais importante de todos tenha sido o reconhecimento de um pluralismo legítimo, mencionado anteriormente com respeito às igrejas católicas orientais, mas também extensivo às igrejas ortodoxas orientais; o princípio preservado nessa defesa do pluralismo tem uma relevância que ainda precisa ser inteiramente explorada (UR, 14-18).

Em terceiro lugar, o texto do Vaticano II sobre a relação da igreja com as religiões do mundo pode parecer pouco desenvolvido à luz do debate que se trava no início do século XXI (NA, 1-5). O documento limita-se a sublinhar o caráter espontaneamente religioso da existência humana e faz um eloquente apelo em prol do respeito às outras religiões. O texto avalia também a proximidade maior entre o cristianismo e o islamismo do que entre o cristianismo e as outras religiões mundiais, bem como a íntima relação com o judaísmo. Reitera a unidade e a solidariedade da família humana como o contexto para a cooperação e o intercâmbio entre as religiões. Como tal, reflete novamente sobre a abertura da igreja em relação ao mundo da história humana.

As consequências do Concílio Vaticano II

Ao final da Segunda Guerra Mundial, a Igreja Romana começou a expandir-se rapidamente, e, na esteira do processo de descolonização, o desenvolvimento da igreja no perímetro relativo ao centro romano tornou-se mais autoconsciente. O Vaticano II deu um significativo estímulo a essa expansão. Os documentos do Vaticano II e a história a ele conducente produziram uma síntese bastante coerente da eclesiologia da Igreja Romana.[72] Seria mais difícil, contudo, sintetizar os desenvolvimentos no interior da igreja como um todo após o concílio por causa das variações regionais. Entretanto, a Igreja Católica também experimentou algumas mudanças que afetaram a comunhão como um todo. Por exemplo, desde o concílio, ocorreu um *quantum* de mudança por causa da diminuição da igreja no Ocidente desenvolvido e do célere crescimento da igreja entre as nações em desenvolvimento. Talvez mais importante tenha sido a autoconsciência que acompanhou essa expansão. Em uma era de rápidas comunicações, a Igreja Católica tornou-se mais reconhecidamente pluralista do que jamais fora anteriormente. Enquanto o papel da igreja se mantinha coeso como unidade por papas visíveis, muito viajados, e pelo exercício da autoridade jurídica e disciplinar pelo Vaticano, as forças da diferença se fizeram sentir agudamente. Por causa desse pluralismo regional, uma descrição da igreja nas décadas que se seguiram ao Vaticano II deve manter-se em um nível um tanto quanto abstrato e formal. A exposição que se segue descreve-a em termos de sua organização, objetivos, membros e relação com o mundo.[73]

---

[72] Semelhante síntese comportaria algumas tensões entre diferentes facções no interior da igreja que deixaram suas marcas nos documentos.

[73] Alberigo observa que o cristianismo pós-conciliar foi capaz de reconhecer um "poder ou energia [no concílio] e de distinguir a substância viva dos acidentes sem vida". Giusepe Alberigo. "The Christian Catholic University of America Situation after Vatican II", in *The Reception of Vatican II*, ed. G. Alberigo et al. Washington, D. C., Catholic University of America Press, 1987, 13. Alberigo é claro acerca do contexto de julgamento do concílio: ele deve ser lido em termos epocais, e não meramente em resposta a uma burocracia vaticana contemporânea entrincheirada, ao século XX ou ao Vaticano I. A visão de João XXIII levou a igreja a se abrir a uma nova era. Ibid., pp. 15-16. Nesse caso, então, os efeitos do Vaticano II não se manifestarão nos poucos anos ou décadas posteriores à sua realização, mas se farão sentir quando passado o impulso restauracionista.

Colegialidade

A principal iniciativa eclesiológica formal do Vaticano II em termos organizacionais consistiu em definir a natureza e a função do episcopado de uma forma que o integrou ao poder papal definido no Vaticano I. "Colegialidade" é o termo que melhor sintetiza a forma como o episcopado foi concebido: os bispos enquanto *collegium* exercem responsabilidade coletiva pelo conjunto da igreja, juntamente com sua cabeça, o papa. Duas estruturas, os sínodos episcopais e as conferências episcopais, representam os principais veículos institucionais para o exercício dessa autoridade e responsabilidade colegial, episcopal. Das duas estruturas, as conferências episcopais demonstraram ser as mais efetivas. Diversos sínodos foram convocados após o Vaticano II com vários graus de preparação e de importância. Eles não ensinam diretamente, e sim por intermédio e com sua cabeça, o papa, e os papas exerciam controle sobre seus resultados divulgados.

As conferências episcopais são explícitos agrupamentos de bispos nacionais ou regionais que trabalham em conjunto para dar tratamento a questões específicas de suas regiões. A um só tempo, descentralizam uma igreja altamente centralizada e dão sustentação a bispos que se acham isolados em suas regiões e se carecem de recursos como bispos singulares. Por esse motivo, também podem dar a impressão de que solapam a autoridade formal do centro e a autonomia dos bispos individuais, razão pela qual sempre houve certa tensão entre essas conferências e o Vaticano, tanto em teoria como na prática, com relação à abordagem de questões locais específicas. Todavia, essas tensões entre o centro e a periferia, e entre o cristianismo ocidental e o cristianismo em culturas não ocidentais, podem ser salutares. Certo grau de poder institucional em ambos os extremos pode funcionar para o bem da igreja como um todo.

Outros desenvolvimentos no governo ou na autocompreensão da igreja incluíram a adesão oficial ao movimento ecumênico. Isso conduziu a muitas conversações oficiais, das quais a igreja participou em nível local, regional e universal. Um segundo desenvolvimento relaciona-se com o centro de gravidade da autocompreensão da igreja. O concílio como um todo, em vários decretos, enfatizou o significado da igreja local e, portanto, promoveu uma certa autoconsciência a seu respeito.[74] A ideia da totalidade da igreja foi diferenciada em uma nova consciência da peculiaridade de cada paróquia, diocese e especialmente da igreja regional ou nacional. Um outro desenvolvimento significativo consistiu em uma exigência cada vez maior, por parte das igrejas locais, de uma reforma da cúria ou da burocracia vaticana, percebida como instância que obstrui o livre fluxo de intercâmbio entre o papado e os bispos.[75]

Prioridade da missão

A concepção da missão da igreja comporta profundas convicções acerca do lugar da igreja na história e no além-história, ou seja, na dimensão escatológica. Essa compreensão evoluiu consideravelmente após o Vaticano II, começando com novas convicções expressas no concílio de que a graça e a salvação são comuns fora da igreja. A reflexão levou a alguns pontos de reversão das concepções anteriores. Para que serve a igreja? Para a realização do reino de Deus. A quem a igreja se dirige? Ao mundo como um todo, em todas as suas dimensões. Quem são seus agentes? Deus, pois ela é missão de Deus; mas, sob a liderança da hierarquia, todos os leigos são solicitados a participar dessa missão. Além disso, são chamados a fazê-lo em colaboração com outras igrejas e com as demais religiões. Qual é a principal estratégia? Não é simplesmente a proclamação, mas também e talvez mais primordialmente o testemunho e o diálogo com todos quantos desejem ouvir.[76]

---

[74] Sobre o significado da "igreja local" para o ministério e a inculturação, ver Joseph A. Komonchak. "Ministry and the Local Church", *Proceedings of the Catholic Theological Society of America* 36, 1981, pp. 56-82; "The Local Realization of fhe Church", *The Reception of Vatican II*, pp. 77-90.

[75] John R. Quinn. *The Reform of the Papacy: The Costly Call to Christian Unity*. New York, Crossroad, 1999.

[76] Peter C. Phan. "Proclamation of the Reign of God as Mission of the Church: What for, to Whom, by Whom, with Whom, and How?" *In Our Own Tongues: Perspectives from Asia on Mission and Inculturation*. Maryknoll, N. Y., Orbis Books, 2003, pp. 32-44.

Esses desenvolvimentos na teologia da missão da igreja e de sua atividade missionária representam uma profunda reorientação da compreensão da igreja que prevalecera anteriormente ao concílio. Por uma espécie de inversão, a igreja é reconstituída "de dentro para fora": em lugar de um certo eclesiocentrismo, a igreja é entendida como sendo para o mundo.[77] Enquanto símbolo religioso, "missão" designa um profundo senso de que a igreja é enviada por Deus e pretende refletir o projeto de Deus no mundo. Isso se realiza historicamente, neste mundo, a serviço dos valores de Deus na medida em que são revelados no ministério de Jesus e leva à convicção de que a evangelização e o trabalho de humanização não podem ser dissociados. O esforço em prol do bem-estar material dos povos pobres não é simplesmente uma pré-evangelização, e sim uma espécie de evangelização em si mesma, uma evangelização pela práxis. A construção da vida humana sob qualquer forma, quando calcada na motivação cristã, é parte do ministério da evangelização. E a própria evangelização pode ser considerada também como uma forma de humanização. Em síntese, pode-se distinguir, mas não se pode separar a comunicação do evangelho de uma preocupação geral com a humanização das pessoas em todas as suas dimensões. Todos os autores que enfatizam a importância do símbolo da missão para a compreensão da igreja hoje em dia compartilham essa concepção de base. A igreja continua o ministério de Jesus no mundo hodierno; essa missão provém de Deus; e essa missão deve ser interpretada em termos históricos, assim como a identidade de Jesus foi revelada na e através da sua vida pública e de seu ministério.[78] Esse tema da "missão" será ilustrado mais pormenorizadamente quando abordarmos a eclesiologia da libertação descrita na seção seguinte.

---

[77] Johannes C. Hoekendijk, em seu influente *The Church Inside Out* (Philadelphia, Westminster Press, 1966), defende vigorosamente essa tese missiológica. Na atmosfera ecumênica pós--Vaticano II, seu pensamento teve impacto na teoria da missão católica.

[78] José Comblin. *The Meaning of Mission: Jesus, Christians, and the Wayfaring Church*. Maryknoll, N. Y., Orbis Books, 1972, pp. 1-23; Roger Haight. "'Mission' as the Symbol for Understanding the Church Today", *Theological Studies* 37, 1976, pp. 620-649; "The 'Established' Church as Mission: The Relation of the Church to the Modern World", *The Jurist* 39, 1979, pp. 4-39; Jon Sobrino. *The True Church and the Poor*. Maryknoll, N. Y., Orbis Book, 1984, pp. 253-301.

Membros

Após o Vaticano II, importantes desenvolvimentos eclesiológicos afetaram as duas principais categorias de pertença à Igreja Romana, o clero e o laicato. Esses desenvolvimentos devem ser entendidos contra o amplo pano de fundo do expressivo crescimento da igreja fora do Ocidente e da redução de filiações na Europa e na América do Norte.[79]

Por um lado, com relação ao clero, os quantitativos de clérigos estão aumentando onde a igreja se encontra em curva de crescimento, como, por exemplo, na África. A África vem avançando na direção do objetivo de um clero inteiramente africano. Muito embora novos seminários estejam sendo abertos, os números mal podem continuar sendo comensurados com o crescimento da igreja. Por outro lado, o Ocidente desenvolvido tem experimentado uma clara perda no número de sacerdotes entre o clero diocesano e as ordens religiosas, e a retração do número de mulheres nas congregações apostólicas tem levado os sociólogos da religião a predizer que elas estarão virtualmente extintas em futuro previsível.[80]

Em um movimento paralelo à perda de ministros profissionais que eram clérigos ou religiosos, as igrejas ocidentais assistiram a um crescimento igualmente notável dos leigos, uma virtual inundação de ministros leigos que assumiram os lugares de sacerdotes e irmãs em paróquias e capelanias, como conselheiros espirituais, instrutores, organizadores e administradores.[81] Aqui se pode discernir vagamente um padrão que se desloca em

---

[79] Em 25 de maio de 2004, Sean O'Malley, arcebispo de Boston, anunciou o fechamento de 65 das 357 paróquias da arquidiocese, aproximadamente 18%, em geral devido à existência de paróquias deficitárias, de construções que precisavam de reparos, de mudanças demográficas e do envelhecimento do quadro de sacerdotes (*New York Times*, 26 de maio de 2004, A14). Enquanto o catolicismo da América do Norte, alimentado pela imigração, vem crescendo desde o Vaticano II, os padrões de plena participação na igreja, em termos de frequência semanal à igreja, modificaram-se significativamente. A interpretação desses desenvolvimentos em termos simplesmente quantitativos seria, portanto, bastante decepcionante.

[80] Ver, por exemplo, Helen Rose Ebaugh. *Women in the Vanishing Cloister: Organizational Decline in Catholic Religious Orders in the United States*. New Brunswick, Rutgers University Press, 1993.

[81] No tocante à igreja nos Estados Unidos, Thomas F. O'Meara, *Theology of Ministry*. New York, Paulist Press, 1999, desenvolve a teologia do ministério com especial referência ao ministério dos leigos; William V. D'Antonio et all., *Laity, American and Catholic: Transforming the Church*. Kansas City, Mo., Sheed & Ward, 1996, estudam os leigos em termos sociológicos;

direção oposta àquela pela qual os ofícios originais do ministério foram desenvolvidos na igreja primitiva. Os ministros então deixaram de ser definidos em larga medida pela inspiração carismática e pelo talento para tornar-se mais rotinizados em ofícios e mais profissionalizados enquanto ordens ministeriais. Hoje em dia, nas igrejas do Ocidente desenvolvido, o ministério está deixando de ser um múnus exclusivo dos clérigos ou dos ministros profissionais para voltar a difundir-se na comunidade, nas mãos de múltiplos ministros leigos, dotados de uma gama de talentos e de competências.

Liturgia

As atividades da igreja e das congregações são múltiplas. O centro de vitalidade da verdadeira igreja é a paróquia. A qualidade da vida paroquial varia por causa dos muitos fatores envolvidos. Na América do Norte, onde as várias reformas iniciadas pelo Vaticano II foram conscientemente implementadas e onde aumentou a participação dos leigos no ministério corporativo das paróquias, a qualidade da vida religiosa tornou-se mais intencional e uma maior quantidade de serviços passou a ser oferecida.

Tem-se chamado a atenção para o considerável impacto sobre os católicos da inversão de posição do sacerdote no altar, que passou a ficar de frente para o público, e da tradução da liturgia latina do rito romano para o vernáculo de cada localidade ou grupo linguístico. Também se permitiu certo número de experimentações litúrgicas por todo o mundo. Ao longo do tempo, no entanto, como no caso do Livro de Oração Comum elisabetano, mais e mais católicos foram socializados em uma liturgia que era ao mesmo tempo controlada, na medida em que se restringiam as experimentações, mas também nativamente adaptada a cada região.

Philip J. Murnion e David DeLambo. *Parishes and Parish Ministers*. New York, National Parish Life Center, 1999, fornece um perfil dos leigos que trabalham nas paróquias.

Relação com o mundo

A mensagem mais influente do Vaticano II foi veiculada em termos mais explícitos na constituição pastoral sobre a igreja no mundo moderno: ela definiu a igreja em relação ao mundo e simbolizou uma franca atitude de diálogo e serviço para com a família humana. Veiculou ainda um panorama concreto, histórico, que obrigou a prestar atenção ao que efetivamente acontecia ao derredor do mundo. Três importantes movimentos sociais e teológicos surgiram após o Vaticano II, os quais podem ser remontados diretamente às linhas de força liberadas por *Gaudium et Spes*: um diz respeito a uma nova preocupação com a justiça social que subjaz às teologias da libertação; um segundo movimento é uma assoladora preocupação com a inculturação; e o terceiro existe na comunidade em geral como a questão da relação da igreja com as outras religiões e se expressa eclesialmente em várias formas de diálogo inter-religioso.

A seção seguinte discutirá as teologias da libertação, que aportaram novas dimensões à eclesiologia e à estrutura da igreja. Deve-se observar aqui, entretanto, que a teologia da libertação ajudou a mediar uma profunda mudança na consciência da igreja. Desde o século XIX, a Igreja Romana vinha desenvolvendo um explícito ensinamento social, e a preocupação com a sociedade consumiu parte considerável da energia e da atividade da igreja. Todavia, através do Vaticano II e especialmente como mediada pela teologia da libertação que se desenvolveu primeiramente na América Latina durante os anos 1960, a igreja adquiriu uma nova consciência de que essa preocupação com a justiça não constituía um adendo necessário à fé, e sim uma dimensão intrínseca e essencial da própria fé cristã.[82]

---

[82] Os textos seguintes do Sínodo dos Bispos, Segunda Assembleia Geral (30 de novembro de 1971), tiveram considerável influência sobre a Igreja Católica em geral: "A ação em nome da justiça e da participação na transformação do mundo afigura-se-nos plenamente como uma dimensão constitutiva da pregação do evangelho". "Pois, a menos que a mensagem cristã de amor e de justiça demonstre sua efetividade por intermédio da ação na causa da justiça no mundo, só dificilmente ela granjeará credibilidade junto aos homens de nosso tempo". *Justice in the World*, # 6 e # 35, in Joseph Gremillion. *The Gospel of Peace and Justice: Catholic Social Teaching since Pope John*. Maryknoll, N. Y., Orbis Books, 1976, pp. 514 e 521. J. Bryan Hehir. "Church-State and Church-World: The Ecclesiological Implications", *Proceedings of the Catholic Theological Society of America* 41, 1986, pp. 54-74, mostra como o Vaticano II e

Para muitos, essa preocupação com a justiça se expressou através das Comunidades Eclesiais de Base.

Em segundo lugar, o panorama historicista de *Gaudium et Spes* e a preocupação geral com as igrejas locais ao redor do mundo revelada no concílio levaram a uma consciência cada vez mais profunda de que a igreja enquanto tal encontrava-se intrinsecamente vinculada não a uma cultura isolada, mas tinha de renascer em cada cultura distinta em que esperasse sobreviver e ser efetiva em sua missão. Essa concepção profundamente historicista foi acompanhada de uma exigente experiência: tanto no nível teórico como no nível prático, a igreja em cada região ou cultura deve ser reconstruída a fim de tornar-se autenticamente apropriada. Esse projeto que atualmente se desenvolve em todo o mundo católico-romano suscita novos temas e dimensões nas tensões entre o centro e a periferia da igreja, em termos políticos e teológicos.

Em terceiro lugar, o mundo com o qual a igreja se relaciona é religiosamente pluralista, e com frequência a religião impregna de tal forma a cultura a que a igreja cristã deve dirigir-se em linguagem compreensível que o diálogo com as religiões do mundo tornou-se inescapável. Além disso, essa coabitação tem levado cada vez mais à experiência cristã do valor positivo das outras religiões para a salvação de seus fiéis. Tal experiência tornou-se consistentemente mais disseminada desde o Vaticano II. Em várias regiões não ocidentais, e através da imigração para o Ocidente, os cristãos vivem ombro a ombro e casam-se com pessoas de outras crenças religiosas. Esse fenômeno está pressionando as formulações do magistério anterior e convidando a novas iniciativas eclesiais.

A ideia do diálogo inter-religioso configura um novo pano de fundo para a compreensão da igreja e coalesce com as ideias da missão da igreja ora esboçadas. No passado, o cristianismo soía ser transmitido com o concurso da espada. Hoje em dia, é praticamente consensual que a força não pode ser qualificada como modo cristão de evangelização, e

---

seu sínodo levaram o ensinamento social católico a deixar de ser inseparável mas extrínseco à natureza da igreja para tornar-se algo interno e intrínseco à essência da mensagem evangélica e, portanto, ao ministério eclesial.

que qualquer imposição do cristianismo à liberdade humana contradiz a própria verdade que ele procura comunicar. O diálogo, então, busca assegurar uma forma de comunicação do evangelho que respeite e preserve a liberdade das outras pessoas. Da mesma forma, com base no respeito às experiências das outras religiões, essa estratégia envolve a escuta. A política do diálogo não exclui a conversão em nenhuma das direções. O sentimento, contudo, é que, de acordo com a doutrina da graça, a conversão, em última instância, está nas mãos de Deus e não é o objetivo explícito do cristão que participa do diálogo. Quando isso não é estipulado ou manifesto, a situação fica conspurcada pela desconfiança, e o próprio diálogo é prejudicado ou torna-se impossível. O objetivo imediato é comunicar, dar testemunho fiel, ser sinal e sacramento do teor da verdade cristã e ouvir aquilo que Deus está operando em outras religiões.

A eclesiologia da libertação e as Comunidades Eclesiais de Base (CEB's)

O crescimento das teologias da libertação exemplifica muitos dos temas retratados abstratamente na seção anterior. No decorrer do último terço do século XX, a teologia da libertação explodiu na cena mundial e exerceu impacto considerável sobre a autocompreensão e a organização da igreja. A teologia da libertação interpreta a mensagem e a igreja cristãs a partir da perspectiva daqueles que sofrem opressão social, política e cultural sistêmica, em razão sobretudo do racismo, do sexismo e da exploração socioeconômica. A profundidade e a amplitude da preocupação libertacionista entre as igrejas em todos os continentes não podem ser adequadamente retratadas em uma exposição lacônica. A apresentação que se segue, portanto, utiliza a estratégia de retratar o movimento por um exemplo seu, nesse caso a teologia da libertação que surgiu na América Latina nos anos 1960. Essa descrição analítica procura caracterizar essa teologia e essa eclesiologia em traços amplos o bastante para representar analogamente a teologia da libertação negra e feminista e também a teologia da libertação.[83] O estabelecimento das Comunidades Eclesiais de Base acompanhou o surgimento da teologia da libertação na América Latina, e seria difícil definir claramente se um fenômeno antecedeu o outro no desenvolvimento lógico ou histórico. Essas CEB's comportavam analogias acentuadas com os fenômenos externos ao contexto latino-americano e católico em que são apresentadas.

Essa condensada exposição da eclesiologia da libertação, após uma breve análise de sua gênese histórica na América Latina, gira em torno de dois focos. O primeiro diz respeito à própria lógica da teologia da libertação e como essa teologia, quando aplicada à igreja, transformou a autocompreensão da verdadeira natureza e missão dessa instituição. O segundo foco recai sobre a estrutura organizacional, e como as Comunidades Eclesiais de Base representam para algumas igrejas – como a Igreja Católica Romana, cujas comunidades paroquiais podem ser excessivamente amplas – uma unidade organizacional mais efetiva para tornar a palavra e o sacramento de Deus mais relevantes para a vida cotidiana concreta.

O desenvolvimento da teologia da libertação

O período pós-Vaticano II testemunhou um grande realinhamento entre as nações ao redor do mundo. Embora muitas nações na América Latina fossem independentes desde o século XIX, a descolonização do pós-guerra criou um sentimento nacionalista e de progressiva construção da nação. A Ação Católica, em grupos análogos àqueles entre a juventude, estudantes universitários e trabalhadores da Europa, incitou

---

[83] Duas obras clássicas aqui são James H. Cone. *Black Theology and Black Power*. New York, Seabury Press, 1969, e Elisabeth Schüssler Fiorenza. *In Memory of Her: A Feminist Theological Reconstruction of Christian Origins*. New York, Crossroad, 1983. A teologia negra da libertação, a teologia womanista e a teologia feminista da libertação geralmente não são associadas à nova organização eclesiológica, mas têm exercido influência significativa sobre a reforma das estruturas existentes. Há exceções notáveis a essa regra, como Rosemary Radford Ruether. *Women-Church: Theology and Practice of Feminist Liturgical Communities*. San Francisco, Harper & Row, 1985. Evidenciar-se-á mais adiante, neste e no capítulo seguinte, que as Comunidades Eclesiais de Base, pequenas comunidades cristãs e mais geralmente o pentencostalismo fortaleceram o papel das mulheres nas igrejas.

o engajamento nas questões e nos movimentos sociais. Entretanto, o Concílio Vaticano II proporcionou o mais importante impulso que levou à teologia da libertação. A expressão "teologia da libertação" não aparece nos documentos do concílio. Não obstante, o principal tema da teologia da libertação pode ser encontrado implícita ou explicitamente no ensinamento geral do concílio.[84] Em termos mais específicos, o Decreto sobre a Atividade Missionária da Igreja e a Constituição Pastoral sobre a Igreja no Mundo Moderno propiciaram a teoria e a determinação de que a igreja se volte para o mundo concreto das sociedades particulares e aplique a mensagem de Cristo a cada contexto e situação específicos. Os primeiros teólogos da libertação estudaram na Europa, mas retornaram à América Latina para elaborar uma teologia que fosse responsiva às condições de pobreza e de opressão vigentes em suas sociedades e à energia criativa de suas culturas.[85] Todavia, um marco importante da expansão do movimento da libertação entre as igrejas foi a II Conferência Geral dos Bispos da América Latina (CELAM), realizada na cidade de Medellín, na Colômbia, em 1968.[86] Os documentos dessa conferência confiam à Igreja Latino-Americana os pobres institucionalmente violados do continente. Após esse encontro, os escritos elaborados sob o título explícito de teologia da libertação começaram a aparecer na América Latina. O movimento e sua teologia floresceram no decorrer dos anos 1970 e 1980 e se propagaram por todo o mundo.

---

[84] Segundo Galilea. "Latin America in the Medellín and Puebla Conferences: An Example of Selective and Criative Reception of Vatican II", *The Reception of Vatican II*, pp. 59-73; Gustavo Gutiérrez. "The Church and the Poor: A Latin American Perspective", *The Reception of Vatican II*, pp. 171-193.

[85] Dois importantes iniciadores da teologia da libertação, que sempre trabalharam em conjunto, foram Juan Luis Segundo, cujo livro *A Theology of a New Humanity*, 5 vols. Maryknoll, N. Y., Orbis Books, 1973-1975, foi publicado primeiramente em 1968, e Gustavo Gutiérrez, cujo livro *A Theology of Liberation: History, Politics and Salvation*, Maryknoll, N. Y., Orbis Books, 1973, foi publicado pela primeira vez em 1971. Gutiérrez é considerado o pai da teologia da libertação latino-americana.

[86] Conferência Geral do Episcopado Latino-Americano II, 1968, Bogotá e Medellín, Colômbia. *The Church in the Present-Day Transformation of Latin America in the Light of the Council / Second General Conference of Latin American Bishops*. Washington, D. C., Secretariat for Latin America, National Conference of Catholic Bishops, 1970.

A lógica profunda e os princípios basilares da Teologia da Libertação

No intuito de diferenciar elementos na teologia da libertação que tenham influência sobre sua eclesiologia, convém distinguir entre uma lógica profunda que subjaz a essa teologia e alguns de seus mais importantes princípios que continuamente operam como axiomas e critérios de julgamento. A teologia da libertação, evidentemente, é teologia, ou seja, uma compreensão da fé e da realidade à luz da fé. Entretanto, essa teologia mantém tal relação simbiótica com um movimento de fé e de práxis cristã que busca a justiça social que se torna ininteligível sem o reconhecimento deste como sua fonte.[87]

A lógica profunda da teologia da libertação. Uma série de ideias e de convicções fundamentais, quer do Iluminismo, quer da consciência histórica, geradas no século XIX, pode ser vista operando na teologia da libertação. Três delas em particular ajudam a explicar o que se passa em seu interior e como ela promove os temas suscitados pelo Vaticano II.

A estrutura formal de uma experiência humana comum que Edward Schillebeeckx chama de experiência negativa de contraste aplica-se à teologia da libertação e esclarece suas dinâmicas.[88] Essa experiência negativa de contraste é negativa por reagir contra uma situação ou evento que é percebido como negativo ou errado: essa experiência pode ser bastante poderosa e próxima do ultraje ou do escândalo: "Isso não pode ser!". Entretanto, essa experiência significa muito mais do que ser passivamente afetado pela negatividade. Enquanto experiência complexa, dialética,

---

[87] Os trabalhos a seguir relacionados foram úteis para a elaboração deste esboço da teologia da libertação: José Comblin. *The Meaning of Mission*; Ignácio Ellacuría. *Freedom Made Flesh: The Mission of Christ and His Church*. Maryknoll, N. Y., Orbis Books, 1976; Ignacio Ellacuría e Jon Sobrino (eds.). *Mysterium Liberationis: Fundamental Concepts of Liberation Theology*. Maryknoll, N. Y., Orbis Books, 1993; Gustavo Gutiérrez. *A Theology of Liberation*; Roger Haight. *An Alternative Vision: An Interpretation of Liberation Theology*. New York, Paulist Press, 1985; Alfred T. Hennelly. *Liberation Theology: A Documentary History*. New York, Orbis Books, 1990; Juan Luis Segundo. *The Community Called Church*. Maryknoll, N. Y., Orbis Books, 1973; *The Sacraments Today*. Maryknoll, N. Y., Orbis Books, 1974; Jon Sobrino. *The True Church and the Poor*.

[88] Schillebeeckx, *Church*, pp. 5-6; Roger Haight. "The Logic of the Christian Response to Social Suffering", *The Future of Liberation Theology: Essays in Honor of Gustavo Gutiérrez*, ed. Marc H. Ellis e Otto Maduro. Maryknoll, N. Y., Orbis Books, 1989, pp. 139-153.

uma experiência negativa de contraste contém um implícito reconhecimento do que é positivo e deve ser, pois não se pode realmente avaliar a negatividade enquanto negatividade sem um horizonte de avaliação daquilo que deve ser. Além do mais, um implícito desejo de corrigir o que é errado, de negar a negatividade, acompanha a afetiva dissonância dessa intuição moral e desse ultraje. Embora essa lógica esteja implícita em muitas avaliações morais cotidianas acerca de acontecimentos comuns, as experiências de contraste podem ser profundas e subjacentes a conversões humanas fundamentais. Quando a situação envolvida é de grande alcance e de natureza social, como no caso do holocausto, e quando um grande percentual da população compartilha essa experiência, ela pode desencadear uma poderosa energia social. Foi o que ocorreu em relação à consciência cada vez maior da pobreza na América Latina. A população já não podia considerar a privação humana como fruto da vontade da divina providência, nem tolerá-la simplesmente porque "as coisas são como são"; pelo contrário, a pobreza passou a ser reconhecida como uma prática de violência sistêmica ou socialmente institucionalizada, que possui causas históricas e é de responsabilidade humana. Decerto, a mensagem cristã tem algo a dizer acerca dessa situação.[89]

Uma outra lógica profunda que informa a teologia da libertação expande o elemento do desejo de mudança e o impulso à ação contidos em uma experiência negativa de contraste. A igreja deve enfrentar a degradação humana social; a reação contra a desumanização tem de ser parte de sua missão fundamental. Essas reflexões levam ao reconhecimento de que a missão da igreja na história tem de ser pensada em categorias mais intencionais e dinâmicas: a igreja é um projeto na história.[90] Ser cristão

---

[89] Essa lógica profunda encontra-se no decorrer de toda a história da igreja. Por exemplo, a teologia e a eclesiologia da libertação compartilham uma estreita analogia com a teologia do Evangelho Social, apesar de algumas diferenças significativas em termos de contexto histórico. Ver T. Howland Sanks. "Liberation Theology and the Social Gospel: Variations on a Theme", *Theological Studies* 41, 1980, pp. 668-682, para uma comparação entre os textos constitutivos de Gustavo Gutiérrez e Walter Rauschenbusch. Essa experiência subjaz ao texto da Conferência dos Bispos da América Latina realizada em Medellín, em 1968.

[90] Essa convicção fundacional estriba a teologia de Juan Luis Segundo; ela encontra sua afirmação mais explícita em obras de espiritualidade como *The Sacraments Today* e *The Christ of the Ignatian Exercises*. Maryknoll, N. Y., Orbis Books, 1987.

significa ser parte do projeto de Deus na história. A missão da igreja ainda continua sendo primordialmente a de evangelizar, que, no entanto, é subsumida em um contexto mais amplo de ser agente dos valores e das intenções de Deus para com a humanidade na história. A igreja, portanto, existe sob um divino mandato de parteira do reino de Deus na história, não apenas da história eclesial, mas da história humana comum. Essa interpretação não opera contra a liberdade religiosa de todos, mas deve ser avaliada contra o pano de fundo do individualismo, engajando todos os cristãos na responsabilidade coletiva de solicitude para com a sociedade e suas estruturas, contra um cristianismo inerme, envolvendo um impulso e um imperativo ético-social, e contra a privatização como uma visão de cristianismo que não legitima estruturas sociais opressoras. A igreja, por representar os valores do reino de Deus, subverte as instituições que aprisionam a liberdade e a dignidade humanas; a igreja se empenha em favor da libertação nos lugares e na exata medida em que as instituições sociais cerceiam o florescimento da liberdade humana. A missão da igreja é a missão de Deus tal como se revela na práxis de Jesus para desvencilhar a liberdade dos grilhões interiores do pecado e das consequências exteriores do pecado em estruturas sociais vitimizadoras.

Uma terceira lógica profunda da teologia da libertação explicita-se nessa noção do projeto de Deus na história e consiste em sua adesão e adaptação de uma consciência histórica. A igreja e sua missão se imbricam porque se acham imersas na história: a igreja é uma realidade histórica dotada de um projeto histórico. Isso significa que ela não pode ser compreendida independentemente, porque não existe independentemente de seu tempo e de seu lugar específicos. A igreja refere-se primordialmente ou em primeira instância à organização concreta de pessoas que vivenciam sua fé cristã na história em resposta ao lugar e à situação que ocupam na história.[91] Na interação com o tempo e com o espaço, a igreja não pretende

---

[91] Evidentemente, o que se chama de lógica profunda da teologia da libertação é a premissa de todo este trabalho. Mas nem sempre foi assim na eclesiologia católica romana, e é interessante verificar como esse senso de historicidade abriu caminho na consciência histórica através do Vaticano II e de sua aplicação a diferentes situações históricas como a da América Latina.

simplesmente revestir os elementos da cultura hospedeira, mas renascer e reencarnar-se na trama dessa cultura. As implicações ulteriores dessa experiência e intuição paradigmáticas para a exigência da inculturação serão discutidas melhor em seguida.

Alguns princípios da eclesiologia da libertação. Uma série de princípios teológicos e eclesiológicos tem seu substrato na lógica fundamental que acabamos de delinear e representa os marcos da teologia da libertação. A enumeração de vários desses princípios ajudará a formar o contexto teológico das Comunidades Eclesiais de Base.

O primeiro e talvez o mais bem conhecido desses princípios enuncia uma opção preferencial pelos pobres por parte da igreja. Embora a designação não tenha sido utilizada em Medellín, em 1968, foi expressa pela Conferência quando os bispos do continente latino-americano confiaram à igreja as preocupações das massas de pobres oprimidos pelas estruturas da sociedade e da economia.[92] A parcialidade da igreja em relação a um segmento da sociedade é a parcialidade do verdadeiro próximo, tal como ilustrado na parábola jesuânica do bom samaritano e do homem que foi vitimado na estrada de Jericó (Lc 10,28-37); é, peculiarmente, a opção dos ricos, não contra eles, a menos que tirem proveito do sofrimento alheio. Como na América Latina a grande maioria dos povos eram "os pobres", essa opção constituiu um mandado para a inculturação.

As implicações de longo alcance de uma teologia "do povo" e "para o povo" são explicitadas por Gustavo Gutiérrez nos termos das premissas do método teológico. Com base na pressuposição de que a teologia moderna tem sua base na experiência e na práxis de fé de uma comunidade, quando essa base são proeminentemente os pobres, a questão teológica fundamental se altera. A questão básica não gira em torno do problema de Deus, como nas apologéticas, enquanto objeto da disciplina. A problemática fundamental é a "não pessoa", a negação da vida humana, e a questão de como tantos podem ser sistematicamente desconsiderados

---

[92] Uma exposição completa desse princípio que pervade a teologia da libertação encontra-se em Gustavo Gutiérrez. *The Power of the Poor in History*. Maryknoll, N. Y., Orbis Books, 1983.

enquanto pessoas naquele que é um continente ostensivamente cristão. O teólogo cristão na América Latina deve explanar o que a salvação significa para os pobres, tarefa que requer considerável reinterpretação do que normalmente se pregava. A mesma coisa pode ser dita da teologia da libertação em geral, independentemente de quem constitua sua audiência primordial. Essa explanação não tenciona possibilitar a aceitação de uma situação intolerável, e sim energizar os sujeitos com o criativo poder do Espírito de Cristo para combater o sofrimento humano.

O esforço por tornar relevante e digna de crédito a ideia da salvação aos pobres e àqueles que padecem requer que ela seja reapropriada em termos históricos. A imaginação teológica precisa desvencilhar-se das narrativas míticas ou teóricas da redenção e de sua mediação ao indivíduo através do culto e do sacramento para negar-se ou subsumir-se em um contexto histórico no qual a palavra e o sacramento conferem o poder da vida. Na teologia de Ignacio Ellacuría, isso não implica apenas uma concepção dos efeitos históricos da salvação de indivíduos que experienciam de tal forma a conversão que se tornam responsivos aos pobres. Ela significa a historicização da própria salvação, ainda que sem a esperança escatológica. A salvação inclui a salvação da história, a redenção dos padrões de comportamento nas instituições que vitimizam e a criação de instituições que libertem os seres humanos.[93]

A mudança da consciência imaginativa para uma salvação que consiste na própria história requer, por seu turno, uma tradução do evangelho, da própria mensagem de Jesus Cristo, em termos históricos. Essa nova consciência envolve uma consciência histórica em um sentido que é um tanto diferente do marco teórico de um princípio geral. "Consciência histórica" aqui se refere à necessidade de compreender e de explanar o evangelho às pessoas utilizando linguagem e referentes concretos e existenciais. A linguagem conceitual da teologia deve ser demonstrada para

---

[93] A tese é vigorosamente defendida por Ellacuría ao longo de todo o seu livro *Freedom Made Flesh*; ver também seu ensaio "The Historicity of Christian Salvation", *Mysterium Liberationis: Fundamental Concepts of Liberation Theology*, ed. I. Ellacuría e J. Sobrino. Maryknoll, N. Y., Orbis Books, 1993, pp. 251-289, e Kevin F. Burke. *The Ground Beneath the Cross: The Theology of Ignacio Ellacuría*. Washington, Georgetown University Press, 2000.

ser aplicável, para referir-se a coisas que possam ser experienciadas na vida pessoal, mas especialmente na vida social da comunidade. "Historicidade" aqui se correlaciona com certo pragmatismo, no sentido de ser capaz de dirigir-se a alguém que reinterprete a vida de maneira que o que é dito possa funcionar como guia. A teologia, não importa quão teórica e crítica seja, torna-se intrinsecamente imbricada com a ética e, portanto, prática.

Por fim, o princípio da funcionalidade pode ser desenvolvido aqui para sintetizar a lógica e os princípios da teologia da libertação e para demonstrar como eles se relacionam com a eclesiologia. O princípio da funcionalidade entende as estruturas eclesiais como uma função da missão da igreja: elas surgem para organizar e canalizar a finalidade intrínseca da igreja; sua validade e viabilidade consistem no fato de capacitarem a igreja a levar adiante a missão de Jesus Cristo. As exigências da missão da igreja percebidas de uma nova forma demandarão novas estruturas ou adaptações das antigas. Quando estabelecido no contexto da lógica e dos princípios da teologia da libertação, esse princípio ajuda a explicar o papel e a função que as Comunidades Eclesiais de Base passaram a desempenhar na eclesiologia da libertação.

Natureza e qualidades das Comunidades Eclesiais de Base (CEBs)[94]

O movimento das Comunidades Eclesiais de Base nas igrejas da América Latina e em outras partes do mundo pode ter sido um fenômeno de transformação da igreja. Ele consiste na criação de uma nova subestrutura política ou organizacional na igreja abaixo da paróquia e sob a proteção

---

[94] As fontes consultadas para a elaboração desta exposição são as seguintes: Marcello C. de Azevedo. *Basic Ecclesial Communities in Brazil: The Challenge of a New Way of Being Church*. Washington, D. C. Georgetown University Press, 1987; Leonardo Boff. "The Base Ecclesial Community: A Brief Sketch", *Church: Charism and Power*. New York, Crossroad, 1985, pp. 125-130; *Ecclesiogenesis: The Base Communities Reinvent the Church*. Maryknoll, N. Y., Orbis, 1986; Pablo Galdámez. *Faith of a People: The Life of a Basic Christian Community in El Salvador, 1970-1980*. Maryknoll, N. Y., Orbis Books, 1986; Sérgio Torres e John Eagleson (eds.). *The Challenge of Basic Christian Communities*. Maryknoll, N. Y., Orbis Books, 1981.

da paróquia. Uma Comunidade Eclesial De Base é uma comunidade intencional, uma comunidade cujo tamanho permite que os membros se conheçam uns aos outros. A descrição que a seguir se faz dessas comunidades baseia-se na experiência do Brasil, onde elas são um importante fenômeno ligado ao movimento que se correlaciona com a teologia da libertação. Deve ser observado, contudo, que, enquanto fenômeno, as CEB's assumiram ampla variedade de tipos ou de estilos.

Uma descrição generalizada das CEB's que se correlacione com a teologia da libertação incluiria alguns dos seguintes traços. A "base" dessas comunidades de base refere-se não apenas a seu pequeno tamanho, que faz delas uma espécie de unidade primeva, mas também "à base" como o nível popular de sociedade onde as CEB's florescem em meio aos pobres, no interior ou na periferia das cidades. As CEB's são proativas, e não passivas; incluem espontaneamente um extenso ministério dos leigos. Em razão da escassez de clérigos, as CEB's podem ser bons exemplos de como uma igreja particular deveria ser quando o conceito de ministério se amplia para abrigar os leigos, segundo a instrução do Vaticano II. Elas vivem da liderança laica, e ainda mantêm linhas de comunicação com a igreja mais ampla, quer verticalmente, por meio da estrutura paroquial-diocesana, quer horizontalmente, com as outras CEB's, formando uma espécie de movimento. Essas comunidades podem ser análogas às comunidades cristãs primitivas onde as funções ministeriais de base estão ressurgindo das comunidades enquanto tais antes da absorção do ministério em ofícios de controle. Mas elas estão em solidariedade com a paróquia e com a diocese, e, em florescendo, gozam do apoio da hierarquia.

De maneira geral, as CEB's operam a partir da missão, e muitas são organizadas em torno de uma consciência de fé que engloba preocupações comuns com a vida do dia a dia e com as questões sociais. Por conseguinte, a ideia de missão, no sentido de dirigir-se ao mundo, dota muitas das CEB's de uma direção unificadora para suas energias, talvez com um foco bem específico sobre a ação social. A Escritura desempenha papel importante na espiritualidade e na assembleia dessas comunidades. Muitas comunidades erigiram-se a partir da reflexão prática comum sobre a Escritura e sua aplicação à vida diária, tornando-a, portanto, um elemento formal de sua existência. Nas CEB's socialmente conscientes, a Escritura nutre uma consciência crítica, profética, que desmistifica, à luz de Jesus e dos valores do reino de Deus, estruturas que de outra forma pareceriam "naturais" ou a forma como as coisas têm de ser. Nesse sentido, as CEB's internalizam as ideias teológicas de que a igreja deve ser sinal e agente do reino de Deus e a da relevância da salvação para a existência histórica. Isso significa que essas pequenas "igrejas" potencializam a existência cristã em sujeitos ativos, cristãos, o que se manifesta de formas concretas. Galdámez, pseudônimo de um pastor cuja vida corria risco à época de seus escritos, atesta que, em suas CEB's, isso significou criar cooperativas para apoiar pequenos negócios na comunidade, ou grupos de apoio a famílias vitimadas pelo alcoolismo ou por abuso familiar. Em uma concepção libertacionista, a existência humana dessas atividades pode constituir manifestações da graça e da salvação; elas são agentes de humanização que ajudam a resgatar a liberdade do cativeiro para a criatividade.

Pequenas comunidades cristãs na África. A ideia de uma comunidade eclesial de base é análoga. O que se descreveu aqui são CEB's que se tornaram parte e ajudaram a estruturar o mesmo movimento que deu origem à teologia da libertação e nela se reflete. Entretanto, uma CEB também deve ser centrada na oração reflexiva, baseada na Escritura, ou ser essencialmente uma comunidade litúrgica. Em algumas regiões da África, onde a preocupação predominante das comunidades eclesiais da segunda geração é a inculturação, a linguagem da libertação pode ser menos prevalente, mas o equivalente das CEB's tornou-se uma estratégia pastoral oficial da igreja sob a designação de "pequenas comunidades cristãs".

Em 1973, os bispos da África Oriental encarregaram suas igrejas de fazer da formação de pequenas comunidades cristãs a pedra angular de sua liderança pastoral. Isso exigiu uma nova concepção da igreja: as estruturas paroquiais vigentes eram grandes demais; novas estruturas tinham de ser adotadas "a fim de que a vida da igreja se encarne na vida das pessoas, construindo um povo que dá testemunho".[95] O objetivo dessas comunidades é tornar o cristianismo operante na vida cotidiana da população. Ele exige ajustes como uma nova ênfase na formação dos leigos e uma reorientação dos clérigos no sentido da colaboração (Lwaminda, 96-99).

De uma maneira geral, as Pequenas Comunidades Cristãs (PCA's) enquadram-se na estratégia pastoral da paróquia na África Oriental. O crescimento das PCA's constitui "em parte uma resposta católica à proliferação das igrejas nativas e também uma resposta àqueles católicos que estavam abandonando a igreja para aderir a igrejas autóctones" (Nasimiyu, 183). Healey examinou doze PCA's no Quênia, na Tanzânia, em Uganda e em Zâmbia, com as quais tem familiaridade. O engajamento pastoral dessas PCA's varia consideravelmente, da preocupação com as questões sociais ao provimento de ministros no âmbito da comunidade ou da paróquia. Os ministros das PCA's em duas dioceses quenianas examinadas por Nasimiyu lidam com catequéticos, mães gestantes, sepultamento, alcoolismo, estudo bíblico, pobres, saúde pública, cura, questões de meio ambiente e conscientização (188-196). A avaliação dessas estruturas organizacionais da igreja é positiva: "A PCA é o lugar onde a igreja pode expressar-se em uma comunhão cristã significativa, e é também o lugar da evangelização pastoral e do desenvolvimento dos ministros leigos. Na África Oriental, as PCA's são verdadeiramente um novo estilo moderno de ser igreja a partir de baixo. Elas são um *kayros* para a Igreja Católica na África Oriental" (Healey, 96). Ecumenicamente, oferecem uma das melhores possibilidades de encontrar outras igrejas cristãs em um nível

---

[95] Peter Lwaminda. "A Theological Analysis of the AMECEA Documents on the Local Church with Special Emphasis on the Pastoral Option for Small Christian Communities", *The Local Church with a Human Face*, ed. Agatah Radoli. Eldoret, Kenya. AMECEA Gaba Publications, 1996, p. 91. AMECEA é o grupo geral dos bispos católicos da África Oriental: Association of Member Episcopal Conference in Eastern Africa. Outras obras sobre pequenas comunidades cristãs são: Joseph G. Healey. "Twelve Case Studies of Small Christian Communities in Eastern Africa", in *How Local is the Local Church? Small Christian Communities and Church in Eastern Africa*, ed. Agatha Radoli. Eldoret, Kenya, AMECEA Gaba Publications, 1993, pp. 59-103; John Mutiso-Mbinda. "Ecumenical Challenges of Small Christian Communities and the African Synod of Bishops", ibid., pp. 120-135; Anne Nasimiyu-Wasike. "The Role of Women in Small Christian Communities", Ibid., pp. 181-182. Esses autores são citados por nome e página.

local, aldeão. Segundo Mutiso-Mbinda, muito embora sejam a maneira ideal de renovar a paróquia tornando-a "uma comunidade de comunidades" (133), as PCA's são vulneráveis a tornar-se fundamentalistas ou pentecostais, na ausência de uma liderança bem treinada (129, 133).

Nasimiyu escreve a partir da perspectiva das mulheres na igreja da África. Sua pesquisa a partir da base leva-a à conclusão de que as PCA's capacitam as mulheres a ter voz em uma cultura patriarcal. Em termos numéricos, as mulheres superam os homens nas PCA's, na média de três para um. Mas o ofício de dirigente quase que inevitavelmente será atribuído a um homem, se houver algum disponível (186). Apesar disso, o quantitativo e o trabalho das mulheres gradativamente adquirem autoridade em relação a eles. Em suma, as PCA's são um braço central da paróquia para o enfrentamento de questões que fortalecem a vida humana na África, e, a despeito de uma cultura patriarcal realmente forte, "as mulheres africanas estão se tornando proeminentes na igreja, sobretudo nas PCA's" (Nasimiyu, 200).[96]

O ecumenismo, a formação do Conselho Mundial das Igrejas, o Concílio Vaticano II e a energia que ele liberou nas eclesiologias da libertação, bem como a busca de padrões novos, menores, de organização da igreja, foram os principais movimentos ocorridos no interior da comunidade eclesial no século XX. Voltamo-nos agora para uma tentativa de formular alguns desses eventos importantes em enunciados práticos, reflexivos, para a autocompreensão da igreja.

---

[96] Na Igreja Católica dos Estados Unidos, as estruturas eclesiais análogas às CEB's também são chamadas pequenas comunidades cristãs e têm gerado considerável energia ministerial e reflexão escrita. Uma sucinta bibliografia sobre as pequenas comunidades cristãs incluiria: Bernard J. Lee et al. *The Catholic Experience of Small Christian Communities*. New York, Paulist Press, 2000; Thomaz A. Kleissler et al. *Small Christian Communities: A Vision of Hope for the Twenty-First Century*. New York, Paulist Press, 1997; James O'Halloran. *Signs of Hope: Developing Small Christian Communities*. Maryknoll, N. Y., Orbis Books, 1991; Robert S. Pelton (ed.). *Small Christian Communities: Imagining Future Church*. Notre Dame, Ind., University of Notre Dame Press, 1997; John Paul Vandenakker. *Small Christian Communities and the Parish: An Ecclesiological Analysis of the North American Experience*. Kansas City, Mo., Sheed & Ward, 1994.

Princípios para uma eclesiologia histórica

Duas grandes características da consciência cristã foram nutridas no decorrer do século XX: a consciência histórica e a consciência social. A consciência histórica refere-se a uma apropriação autoconsciente das consequências da historicidade. Todo mundo compartilha uma consciência em algum grau, mas em diferentes profundidades de apreciação. Para muitos, ao final do século XX, viver na história significa que tudo, toda pessoa, toda instituição, ideia e valor, tem uma existência particular, e seu significado é intrinsecamente influenciado por seu tempo, lugar e circunstâncias. Em si mesma, essa consciência não precisa implicar relativismo; ela pode ainda possibilitar convicções de verdades atemporais e a continuidade de valores intrinsecamente humanos. Mas não de uma maneira que a verdade e o valor ainda subsistam. É bem mais difícil, se não impossível, pretender que instituições particulares do passado sejam imutáveis ou desejadas por Deus em suas formas pretéritas, que as instituições da igreja não possam ou não mudem a exemplo de todas as outras instituições humanas finitas. Mudança e diferença, tal como se manifestam na simples comparação entre a igreja de hoje e a igreja em qualquer período pré-moderno, constituem a natureza intrínseca da existência temporal finita. Nossa experiência mais primitiva, aquela que mais se aproxima da base, possui o caráter de uma narrativa: não existe nada nem pode ocorrer percepção alguma que não provenha de algum ponto específico nem se dirija ao futuro. A consciência histórica que aflorou na igreja através dos movimentos missionários e ecumênicos, e que caracteriza nossa nova experiência de nós mesmos como uma única humanidade em um só mundo, obrigou ao estabelecimento de distinções entre o que é essencial e o que é periférico na existência eclesial.[97] Uma eclesiologia historicamente consciente hoje em dia deve ser modesta, não pode ser absolutista, deve ser aberta ao mundo e a outras igrejas.[98]

---

[97] A categoria da "adiáfora" da eclesiologia da Igreja da Inglaterra no século XVI tornou-se, na eclesiologia do Vaticano II, uma "hierarquia de verdades". Ambas refletem uma consciência histórica.

[98] Existem algumas igrejas que absolutamente não compartilham essas características. Mas ainda se depende de uma eclesiologia integral que dê conta dessas igrejas em sua própria autocompreensão.

A consciência social refere-se a um reconhecimento do grau em que as condições sociais influenciam opiniões, atitudes, conhecimentos e convicções de qualquer grupo de pessoas. Exatamente na época em que o movimento ecumênico estava decolando, no final dos anos 20 do século XX, H. Richard Niebuhr escreveu seu *The Social Sources of Denominationalism*, mostrando como pouca doutrina e como muitos elementos concretos do etos das igrejas foram responsáveis pela identidade e pela divisão.[99] O próprio Conselho Mundial das Igrejas dá um grande testemunho das diferenças que radicam profundamente no sistema social e na tradição. Evidentemente, quando essas ideias e convicções vivas são destacadas de suas matrizes sociais, manipuladas, escamoteadas e mescladas com outras, como parece ser o caso em várias asserções ecumênicas, o resultado pode ser retratado como um compromisso superficial. Cada qual tende a dizer: "Nenhuma verdade e nenhuma eclesiologia pode aproximar-se da integridade e da autenticidade de minha comunidade". É apenas em um horizonte expandido de relações recíprocas que se pode começar a internalizar a construção social da realidade e a relatividade social e cultural de todo conhecimento.[100] O processo de reconhecimento e de enfrentamento dessa questão esteve em curso no seio da igreja ao longo de todo o século XX. Esse processo está longe de ter chegado ao fim: ele jamais estará completo. Mas a profundidade do que se acha envolvido aqui entrou em uma nova fase na terça parte do século XX à medida que as igrejas passaram a tratar de seu *status* na família das religiões mundiais.

Contra o pano de fundo de como a consciência cristã se desenvolveu no decurso do século XX, a atenção se volta agora para a formulação de alguns ensinamentos e princípios que foram mediados ou representados no movimento ecumênico, na formação do Conselho Mundial das Igrejas,

---

[99] H. Richard Niebuhr *The Social Sources of Denominationalism*. New York, World Publishing, 1972, originalmente 1929.

[100] Karl Mannheim. *Ideology and Utopia: An Introduction to the Sociology of Knowledge*. New York, Harcourt Brace, 1985, originalmente 1936, explica esses conceitos básicos de uma maneira objetiva que rejeita o relativismo.

no grande evento do Concílio Vaticano II e na emergência das teologias da libertação.

A unidade da igreja como um todo é uma qualidade essencial. Hoje, apenas uma unidade na diferença é exequível, e essa unidade é mais de valor do que de uniformidade. Talvez a lição mais importante para a eclesiologia internalizada no transcurso do século XX tenha concernido ao valor e à qualidade da unidade da igreja. O aprendizado dessa lição se deu por meio de uma experiência de contraste. As divisões entre as igrejas cristãs não são simplesmente escandalosas: também comprometem seriamente a missão da igreja perante o mundo, tanto o mundo daqueles que não são cristãos, e aos quais a igreja se dirige por intermédio de seus missionários, como o mundo da Europa cristã, no qual a igreja teve pouca influência na prevenção de duas guerras mundiais. A reação contra essa divisão na enorme escala do movimento ecumênico ao longo de todo o século afirmou dramaticamente a intrínseca necessidade de tornar visível, tangível, organizacional, real, a unidade em Cristo e no Espírito. Ele já não podia manter-se no nível nocional de um nome comum ou de um conjunto comum de doutrinas; ele precisava ser atualizado em alguma forma organizacional. Mas essa unidade só podia se realizar no contexto da consciência histórica e social recentemente internalizada. Esse moderno quadro de referência, por sua vez, a um só tempo permitiu que a unidade tomasse forma e alterou o caráter da unidade que era possível e dessa forma foi buscada: ela tinha de ser uma unidade em meio a diferenças. O que unia as igrejas devia transcendê-las, permitindo assim reais diferenças entre elas. A unidade tem de ser pluralista. Muito embora possa parecer um clichê hoje em dia, ela é, como a consciência histórica, apreciada em diferentes níveis e com vários delimitações. É surpreendente, de fato, quão pouco o clichê se reflete no comportamento da igreja.

A comunidade existencial em Cristo tem prioridade sobre o consenso doutrinário. Essa é uma afirmação da relativa importância dos diferentes níveis de comunidade e de vínculos comunitários. Ela não declara uma tese contenciosa, como em um jogo competitivo, de soma zero, em que a atribuição de prioridade a um fator minimiza a importância de um outro fator, nesse caso, a expressão doutrinária. Com efeito, a confraternidade em Cristo transcende por completo o consenso doutrinário, e todo cristão que tem amigos em outras igrejas sabe que isso é verdade. Todavia, embora ninguém que participe do movimento ecumênico possa deixar de reconhecê-la, a asserção de forma alguma afasta a ambiguidade envolvida. O pluralismo requer justamente conceitos nuançados de fé e de crença em que uma fé comum possa romper reais diferenças de expressão ou de prática, e em que se façam distinções entre o que é essencial e o que não é. Cada comunidade, no entanto, tem seus próprios patamares de tolerância e um centro de gravidade que será atingido pelos desvios de suas normas particulares pelo que é essencialmente cristão. Cada comunidade terá suas próprias tradições que configuram uma efetiva parte de sua genuína identidade. Apesar disso, cada uma delas é capaz de perceber ou de admitir que outras igrejas participem da verdadeira fé cristã. No decurso do século XX, portanto, a igreja, no sentido de cada igreja que participou do movimento ecumênico, reavaliou a qualidade e o caráter de sua própria fé, de sorte a apreender o cerne ou núcleo da fé cristã, distinguiu-a de seus acidentes, do material periférico e das formas contingentes de expressão, teve uma inclinação natural a preservar aqueles elementos de sua tradição que eram definidores de identidade, ainda que não essenciais à fé cristã, e desejou, em alguma medida, viver com outras que não possuíam esses elementos particulares, a bem de uma unidade maior. Se essa é uma acurada descrição de um corpo substancial dos cristãos e das igrejas cristãs, ela representa um importante desenvolvimento eclesiológico. À luz desses princípios fundamentais, a futura vida da igreja como um todo pode revestir um novo caráter aberto.

A chave desse princípio encontra-se profundamente incorporada em uma compreensão da estrutura epistemológica da fé cristã e em uma apropriação interna de uma estratégia que se baseia nela. A estrutura epistemológica foi estabelecida pelo CMI em "Nova Délhi" (1961) e no Vaticano II (1965): o conteúdo da fé excede o que a doutrina formula em palavras.[101] Isso possibilita um reconhecimento e um aprendizado do ensinamento e das práticas de outras igrejas. A estratégia consiste em focar explicitamente aquilo que une as igrejas, ou seja, a substância comum da fé. Não se pode fazê-lo ignorando as diferenças; mas deve-se fazê-lo às vezes a despeito das diferenças, e outras vezes regozijando-se nas diferenças.

A expressão deliberadamente vaga 'eclesiologia da comunhão' desvela uma imaginação criativa para a eclesiologia em nossa época. A eclesiologia da comunhão é uma categoria que contém ou ressalta diversas potencialidades que amadureceram na busca da unidade, bem como outros eventos do século. Diversos impulsos verificados no decorrer do século XX alimentaram uma tendência no sentido da eclesiologia da comunhão.[102] O termo "comunhão", quando aplicado à igreja e à eclesiologia, pode significar uma série de coisas bem diferentes. Essas reflexões se limitam a enxertar a categoria com alguns dos desenvolvimentos e ideias mediados pela natureza do CMI e pelas dinâmicas do Vaticano II. O desenvolvimento do Conselho Mundial das Igrejas requereu considerável autotranscendência e confiança em Deus enquanto Espírito em ação na igreja em geral por parte das igrejas-membro; implicou franca confiança em uma fé comum e nas outras igrejas. O resultado é uma forma de comunhão ratificada pela pertença a uma instituição comum. O CMI não é uma igreja, mas representa uma forma de efetiva comunhão. Vários níveis e significados de comunhão permearam o Vaticano II: uma nova ênfase na igreja local permite que se perceba a totalidade da igreja enquanto comunhão de igrejas sob uma única cabeça; a ideia de um *collegium* de bispos, cada qual com sua responsabilidade local por sua própria igreja e, enquanto

---

[101] Ver, supra, pp. 430-432 e 451-452.
[102] Dennis Doyle. *Communion Ecclesiology: Visions and Versions*. Maryknoll, N. Y., Orbis Books, 2000, examina o campo das eclesiologias de comunhão de uma perspectiva católico-romana no século XX, retroagindo, contudo, tanto a Schleiermacher como a Möhler. São tantas eclesiologias diferentes colocadas sob esse manto que se pode perder de vista a relevância da categoria. Essa relevância, sugiro, reside em uma criativa imaginação teológica: a expressão permite que se imagine uma gama de possibilidades eclesiológicas que relacionam unidade e organização. A eclesiologia de comunhão, em termos mais típicos, caracteriza as igrejas orientais, e sua eclesiologia será considerada no capítulo que se segue.

membro do colégio, uma responsabilidade pela igreja em geral, estriba a noção de que a totalidade da igreja é uma comunhão. Comumente expressa tanto no CMI como no Vaticano II, a despeito de grandes diferenças, é um senso do todo e do ser em comunhão com o todo, em uma confraternidade ou comunidade de uma única fé. Isso é possibilitado por alguma forma de instituição que encoraja e dá sustentação à comunhão. O papel da jurisdição, contudo, difere em larga medida nesses dois exemplos e distingue essas formas de comunhão. A novidade em tudo isso, porém, é o próprio senso de comunhão que pode absorver as tensões dialéticas que ela envolve: a autoidentidade corporativa e a autonomia local que ela presume, a aceitação de um senso de ser responsável pelas outras igrejas de uma forma que reconhece uma medida de autoridade das outras com as quais cada igreja particular partilha a comunhão e a disposição de conferir alguma forma institucional à unidade maior.

O tamanho da unidade básica das igrejas tem de ser ajustado para acomodar as necessidades religiosas das pessoas. A eclesiologia da comunhão, que entre outras coisas sugere que a igreja maior é uma comunhão de unidades eclesiais básicas, abriu espaço para que se dispense nova atenção à igreja local. Isso se aplica menos às igrejas já congregacionais em sua estruturação e mais às igrejas definidas como unidades maiores, como, por exemplo, a Igreja Católica Romana, as igrejas ortodoxas ou a Comunhão Anglicana. Em termos empíricos e sociológicos, o lugar em que os cristãos enquanto indivíduos efetivamente encontram a igreja é a comunidade local, sobretudo ou mais explicitamente em sua assembleia cúltica. Os cristãos podem pertencer a uma grande igreja, mas em sua maioria vivem em uma paróquia ou comunidade, de sorte que esse lugar de reunião constitui-se em um primeiro referente existencial para o significado de igreja. Um novo centramento da imaginação no nível paroquial ou comunitário, ao se abordar a eclesiologia, não necessita de forma alguma minar o *status* e a importância das unidades eclesiológicas mais amplas. Pelo contrário, a eclesiologia da comunhão é intrinsecamente relacional e interativa; a relação entre comunhões inferiores e superiores, em termos organizacionais, pretende, primordialmente, sustentar e fortalecer a existência das inferiores com o apoio e os recursos das superiores. O propósito primaz não é o controle. Essa linha de pensamento pode abrir outras linhas mais de continuidade e de comunicação entre as comunhões ou igrejas principais e as igrejas comunitárias ou livres.

A eclesiologia, hoje, deve considerar explicitamente a relação da igreja com o mundo que constitui seu ambiente: a inculturação. Todas as organizações devem adaptar-se a seu ambiente ou deixar de existir. Todas as igrejas cristãs são inculturadas em alguma cultura. Mais cedo ou mais tarde, as igrejas cristãs sempre se acomodam às culturas e sociedades em que existem. Essas asserções são todas mais ou menos verdadeiras porque refletem as leis da história. A questão hoje consiste em apropriar autoconscientemente esses princípios e torná-los operativos na vida da igreja. Pois inculturação é questão de grau, e isso por vezes envolve escolhas dolorosas por parte das congregações ou da liderança das igrejas maiores. Por vezes uma igreja missionária em um lugar ainda está efetivamente inculturada em uma outra cultura estranha àquela em que existe. O princípio da necessidade de inculturação está se tornando mais patente nas igrejas, o que não tornará sua implementação mais fácil. Como a inculturação remete a um processo radical de repensar a identidade e a prática em categorias e símbolos autóctones que não são ocidentais, esse processo pode ser difícil, lento, política e culturalmente custoso. Mais e mais cristãos, no entanto, estão se conscientizando de sua necessidade. Trata-se de uma questão que, na prática, afeta todas as igrejas cristãs.

Nenhuma eclesiologia adequada pode, hoje em dia, ignorar as questões de justiça que prevaleçem na sociedade. Um outro tema consistente no desenvolvimento da eclesiologia do século XX retoma o problema da relação da igreja com o mundo. Essa problemática generalizada assume muitas formas diferentes. Uma delas consiste no modo como a igreja exerce influência pública sobre a sociedade e o governo em matéria de justiça social. Desde a legitimação e o apoio de Constantino, passando pela Idade Média, a igreja exerce influência direta sobre as sociedades e os governos. Por contraste, o período moderno revelou uma crescente autonomia dos Estados-nações e das instituições civis que filtraram em vários graus a influência das igrejas. Podem-se interpretar os movimentos sociais cristãos da Europa, no século XIX, o Evangelho Social nos Estados Unidos, o movimento Vida e Trabalho, o magistério social católico, juntamente com *Gaudium et Spes*, como representativos de um desejo de que a fé e os valores cristãos impactem a vida social nacional e global. Essa influência deve expressar-se e atuar-se a partir de novos princípios sociais e culturais. As questões são as mesmas: que significa a linguagem da salvação, da reconciliação, da justiça e da paz quando as nações cristãs europeias continuamente guerreiam entre si? Ou contra seus pobres cidadãos? Essa exigência de relevância para o mundo engendrou uma nova teologia política ou da libertação que não parte da premissa de uma competição entre autoridade civil e autoridade religiosa em sua própria esfera. Deve-se admitir que essas duas autoridades possam, com efeito, encarar as coisas a partir de diferentes ângulos ou divergir em relação a questões sociais concretas. Mas essa nova teologia política reconhece a autonomia do governo secular e procura remeter-se a uma liberdade que civilmente assegure os valores transcendentais do *humanum*, tal como religiosamente percebidos a partir do prisma da revelação cristã. Um tema dominante nas eclesiologias do CMI e do Vaticano II e seus desdobramentos afirma que a fé cristã é relevante para a vida neste mundo e que a igreja existe para mediar aqueles valores para a sociedade em geral.[103] Os movimentos de libertação e suas teologias colocaram em prática essas profundas convicções cristãs e eclesiológicas.

Como corolário da preocupação com a justiça social, a eclesiologia funcional de todas as igrejas cristãs é desafiada pela igualdade fundamental entre homens e mulheres. A teologia feminista da libertação suscitou essa questão como uma preocupação irreversível, universal; ela se fará sentir como um desafio por todas as igrejas, de várias maneiras e em diferentes graus. Isso se deve em parte ao caráter patriarcal das origens da igreja,

---

[103] Em uma Europa cristã do século XVI, era difícil para muitos cristãos identificar-se com uma eclesiologia anabatista, que via a igreja apartada e severamente crítica daquilo que então era uma sociedade cristã. Hoje, contudo, no contexto de um cristianismo ocidental crescentemente secularizado e pluralista, a eclesiologia anabatista adquire nova relevância.

incluindo suas Escrituras constitucionais, e em parte às atuais culturas patriarcais e arranjos sociais. Dado o fenômeno da globalização, poucas sociedades patriarcais no futuro serão capazes, em última análise, de escamotear-se. Obviamente, essa questão, de uma maneira geral, domina a bibliografia nessa área e continuará a ocupar as igrejas no futuro. Essas questões, no entanto, podem ser formuladas claramente. Por um lado, as igrejas cristãs são construídas a partir de valores religiosos que têm relação direta com a discriminação contra qualquer grupo. Com base na dignidade fundamental de todas as pessoas humanas criadas por um Deus pessoal no amor, pode-se esperar que as igrejas cristãs venham a ser uma voz de liderança na promoção da igualdade das mulheres na sociedade. Por outro lado, essa problemática define uma área na qual está em xeque a credibilidade da igreja como testemunha de sua própria mensagem perante o mundo. Algumas igrejas estão enfrentando esse desafio a partir do evangelho melhor do que outras.

Em um mundo cada vez mais globalizado de interdependência de povos e de identidade aguçada, consciente de si, a missão cristã deve tornar-se formalmente dialógica. Os conceitos de contextualização e de inculturação são modernos ou pós-modernos, dependendo da radicalidade com que são entendidos. Esses processos foram anunciados como premissas do método eclesiológico subjacente a este trabalho. Em toda a extensão da vida da igreja, portanto, é possível percebê-la encetando diálogo com o mundo social, político e cultural em que se estabelece e revestindo atributos, estilos e modos de atuação autóctones. Isso pode muito bem ter acontecido imperceptivelmente. Todavia, em um mundo globalizado e pluralista, as diferenças são notadas. Especialmente a partir do período do movimento missionário, no século XIX, a diferenciação cultural tornou-se mais evidente à consciência geral, à proporção que as ciências sociais passaram a documentá-la e a epistemologia começou a explicá-la. Nos desenvolvimentos pós-coloniais que se verificaram após a Segunda Guerra Mundial, o nacionalismo e a autodefinição avançaram de mãos dadas, e isso se estendeu à definição da identidade cristã. No decorrer do século XIX, a igreja tornou-se uma igreja mundial, de maneira qualitativamente nova. A maioria dos cristãos no mundo de hoje já não vive no Ocidente desenvolvido, ou seja, na Europa e na América do Norte. Igrejas outrora missionárias, dependentes sobretudo do Ocidente, tornaram-se dinamicamente igrejas em desenvolvimento, e em futuro previsível exercerão impacto muito maior sobre a vida de todo o corpo. Os princípios do pluralismo, da unidade em meio à diferença, serão continuamente testados de novas maneiras.

A igreja global no século XXI está gradativamente internalizando duas qualidades genuinamente novas. A primeira é a necessidade autoconsciente de inculturação. No mundo cristão hodierno, onde a comunidade intelectual reside na fronteira entre a modernidade e a pós-modernidade, todas as igrejas expressam uma demanda de que a doutrina e a teologia cristãs, o culto e os ideais morais sejam integrados em linhas sociais e culturais que definam os padrões de vida de um povo específico. A segunda qualidade diz respeito ao reconhecimento, em vários graus, no âmbito das igrejas, da validade das outras religiões e da forma como se acham incrustadas nas culturas que as acolhem. A extensão da igreja a essas culturas e religiões não pode ser imperial; só pode se dar mediante diálogo, em uma conversão atrelada, em um primeiro nível, à compreensão mútua. As igrejas gradativamente estão se despojando de muitos aspectos de um antigo absolutismo e aprendendo a humildade diante de um Deus atuante fora da esfera cristã.

Para concluir: dois princípios contêm uma profundidade e um alcance que podem sintetizar o que se passou no decorrer do movimento ecumênico que levou à formação do Conselho Mundial das Igrejas, ao evento do Vaticano II e a suas consequências, incluindo a teologia da libertação. O primeiro princípio foi a percepção profunda, coletiva, de que a igreja dividida precisava absolutamente de alguma forma de unidade institucional, a fim de poder realizar adequadamente sua divina missão no seio da história. Essa convicção foi gestada na densa experiência de contraste do escândalo representado pela divisão e pela competição entre as igrejas ao derredor do mundo e pela impotência das igrejas à vista de cristãos dizimados em duas guerras mundiais. Isso não foi uma simples intuição política, e sim uma experiência religiosa da infidelidade ao desígnio de Deus para com a igreja. O segundo princípio foi o reconhecimento moderno ou pós-moderno de que a única unidade que se poderia alcançar é aquela que envolve as diferenças. No transcorrer do movimento ecumênico e a contrapelo das divergências sobre sua capacidade de ser bem-sucedido em alguma medida, essa convicção aperfeiçoou-se em uma convicção positiva ou construtiva, e não como mera concessão à finitude e ao pecado. A pluralidade e as diferenças na unidade que buscamos são uma graça para gáudio e regozijo nosso. Esse princípio, no entanto, jamais será apreendido de uma vez por todas, razão pela qual haverá de ser internalizado reiteradas vezes.

política, e sua dupla experiência relativas da infidelidade, ao desapego de Deus para com a graça. O segundo princípio fol o reconhecimento moderno ou pós-moderno de que a única unidade que se poderia usar para a noela que envolve as diferenças. Não transcorrer do movimento contrário e a compelo das divergências sobre sua capacidade desse hamsocadio em alguma medida, essa convicção se refecou-se em uma causa, ao política ou construtiva, e não como mera concessão a fintade e ao pecado. A pluralidade e as diferenças na unidade que busca-mos uma graça para efudio negozia nosso. Esse princípio, ao menos ou mais será apreendido de uma ver por todas, senão pela qual havera se reintertribulas lorietta alas veces.

7. A ECLESIOLOGIA DO SÉCULO XX: AS ECLESIOLOGIAS ORTODOXA E PENTECOSTAL E O BATISMO, EUCARISTIA E MINISTÉRIO

Decerto, o movimento ecumênico, a formação do Conselho Mundial das Igrejas e o Concílio Vaticano II dominaram a arena do desenvolvimento eclesiológico durante as duas primeiras terças partes do século XX. De maneira alguma, no entanto, eles exauriram esse período fenomenal; outros movimentos tomaram impulso e serão fatores importantes para a igreja mundial no futuro. O contexto no qual esses desenvolvimentos se processaram compreendeu muitos eventos de caráter social e geopolítico, de alcance mundial. Sob sua égide, por incremento firme e lento, o "tamanho" do planeta continuou a diminuir, e a interdependência dos povos cresceu gradativamente, de par com a consciência de se fazer parte de um único gênero humano. As novas tecnologias aproximaram aqueles que possuem instrução e *status* de todos os seres humanos. A nova mobilidade de contingentes cada vez maiores de pessoas tornou o mundo cosmopolita e mais complexo, enquanto a população do planeta continua a crescer.

Nesse contexto, voltamo-nos novamente para a Igreja Ortodoxa, que representa uma eclesiologia distinta daquelas que foram esboçadas até agora nesta eclesiologia comparada, porquanto rica no resgate que efetua da teologia patrística primitiva. Com relação ao espectro de eclesiologias apresentadas no Capítulo IV, a eclesiologia ortodoxa compartilha uma posição à direita do eixo, juntamente com a Igreja Romana. E se algumas igrejas, na tradição anabatista e da igreja livre, estabeleceram posições eclesiológicas mais próximas ao centro, uma nova esquerda pertence ao pentecostalismo. Ela será analisada como representando uma forma distinta, livre, de eclesiologia. Por fim, o capítulo expõe uma sinopse interpretativa da eclesiologia ecumênica apresentada no documento Fé e Ordem do Conselho Mundial das Igrejas: "Batismo, Eucaristia e Ministério".

O cristianismo ortodoxo: a eclesiologia icônica de João Zizioulas

A eclesiologia da Igreja Ortodoxa é intimamente ligada às doutrinas fundamentais do cristianismo que foram formuladas no período patrístico. Essas doutrinas, por seu turno, moldam diretamente uma espiritualidade, de sorte que a vida eclesial, o culto e a eclesiologia reforçam-se mutuamente como um todo inextrincável. Essa interconectividade holística sugere uma abordagem dessa eclesiologia que a integre na espiritualidade mais ampla dessa igreja e transmita, assim, sua abrangência teológica. Começamos, portanto, com uma simples indicação histórica das muitas igrejas ortodoxas independentes e dependentes que compõem a comunhão. A seção seguinte esquematiza a espiritualidade da ortodoxia nos termos mais abrangentes da doutrina trinitária, mostrando como essas doutrinas formam uma espécie de moldura para a eclesiologia. Essas grandes pinceladas têm por objetivo propiciar um pano de fundo aperceptivo para a análise da eclesiologia de um célebre teólogo ortodoxo. Isso constitui um claro contraponto da generalidade doutrinária e uma exemplificação específica dela. A ortodoxia oriental não realizou um concílio geral no período moderno, e de uma maneira geral não existe nenhuma eclesiologia formulada. Há, contudo, amplo consenso no nível fundamental que é representado aqui, e a eclesiologia de Zizioulas tem sido interpretada e aceita em larga medida como representativa da ortodoxia.

A Igreja Ortodoxa no século XX

A Igreja Ortodoxa consiste hoje em uma gama de diferentes igrejas que compartilham as linhas gerais de uma eclesiologia comum e da tradição canônica e que estão, em sua maior parte, em comunhão recíproca. A comunhão entre as igrejas é da essência dessa eclesiologia. O reconhecimento de como muitas igrejas autônomas compõem a Igreja Ortodoxa possibilita uma apreciação dessa unidade e pluralidade através da nação e da cultura.[1] Podem-se conceber essas igrejas, em termos bastante arbitrários, como existindo em três grandes grupos: aquele ligado ao mediterrâneo oriental, aos territórios árabes e à religião muçulmana; aquele que se reuniu na União Soviética durante o século XX; e as igrejas relativamente novas que são o produto da recente atividade missionária ou imigração.[2]

Entre o primeiro grupo, a igreja mais vetusta e a mais prestigiosa é o Patriarcado de Constantinopla. Entre as igrejas ortodoxas, ela desfruta de primazia perante Roma desde o primeiro período conciliar patrístico. Em 1923, porém, a maioria dos cristãos ortodoxos gregos foi expulsa da Turquia, de sorte que o público-alvo do patriarcado foi grandemente reduzido. Mas sua posição de primazia, na Igreja Ortodoxa, é da maior relevância. A mais importante, em termos quantitativos e de poder, dentro desse grupo é bem diferente do mundo muçulmano: a Igreja da Grécia. Essa igreja identifica-se intimamente com a nação grega e com sua identidade cultural, mas sua jurisdição desborda a nação ao norte,

---

[1] Os dados históricos e a ampla caracterização da teologia e da eclesiologia ortodoxas que se seguem são pinçados principalmente de John Binns. *An Introduction to the Christian Orthodox Churches*. Cambridge, Cambridge University Press, 2002 (JB); John Meyendorff. *The Orthodox Church: Its Past and Its Role in the World Today*. 4. ed. rev. Crestwood, N. Y., St. Vladimir's Seminary Press, 1996 (JM); *Living Tradition: Orthodox Witness in the Contemporary World*. Crestwood, N. Y., St. Vladimir's Seminary Press, 1978 (JM2); Ronald Roberson. *The Eastern Churches: A Brief Survey*. Rome, Edizioni Orientalia Christiana, 1999 (RR); Timothy Ware. *The Orthodox Church*. London, Penguin Books, 1997 (TM); Hugh Wybrew. *The Orthodox Liturgy: The Development of the Eucharistic Liturgy in the Byzantine Rite*. Crestwood, N. Y., St. Vladmir's Seminary, 1996 (HW).

[2] As igrejas descritas aqui são calcedonianas. Em termos cristológicos, do lado antioqueno e alexandrino do compromisso calcedoniano estão, respectivamente, a Igreja Assíria do Oriente, que preservou a terminologia das "duas naturezas" associada à teologia antioquena, e seis igrejas ortodoxas orientais, que compartilham a linguagem ciriliana na cristologia ("a única natureza encarnada do Verbo de Deus") e estão em comunhão recíproca. São a Igreja Apostólica Armênia, a Igreja Ortodoxa Copta, a Igreja Ortodoxa Etíope, a Igreja Ortodoxa Siríaca, a Igreja Siríaca Ortodoxa de Malankara e a Igreja Ortodoxa Eritreia. Essas igrejas rejeitam as respectivas designações "nestoriana" e "monofisista", e suas posições cristológicas são cada vez mais reconhecidas como "ortodoxas", de sorte que as diferenças em relação à crença calcedoniana são consideradas mais como questão de terminologia do que de fé (RR, pp. 15-41).

em direção dos Bálcãs. Trata-se de uma igreja bem desenvolvida, dotada de escolas e de seminários para seus clérigos.

Outras igrejas desse grupo são o Patriarcado de Alexandria, que é relativamente pequeno, já que a maioria dos cristãos egípcios é não ortodoxa porque não aceitaram o Concílio de Calcedônia. O antigo Patriarcado de Antioquia recobre o território de Beirute e da Síria, e o patriarca reside em Damasco. O Patriarcado de Jerusalém tem responsabilidade pelos cristãos ortodoxos em Israel e na Jordânia, mas são poucos. A responsabilidade específica dessa igreja é zelar pelos lugares sagrados. A igreja de Chipre é autocéfala desde o ano de 431, quando o Concílio de Éfeso assim a declarou. A Igreja do Sinai também é considerada uma igreja independente, embora "compunha-se basicamente apenas de um único monastério, o de Santa Catarina, ao pé da Montanha de Moisés, na Península do Sinai (Egito)" (TW, 135).

O segundo grupo de igrejas ortodoxas é constituído por aquelas que existiam quer na União Soviética, quer sob outros regimes comunistas. Muitas dessas igrejas recordar-se-ão do século XX como século de perseguição. Isso é mais verdadeiro em relação ao Patriarcado de Moscou ou à Igreja Ortodoxa Russa, de longe a maior de todas as igrejas ortodoxas. A repressão a essa igreja por parte do Estado teve várias fases, a mais severa das quais foi o período que se estendeu da Revolução Bolchevique até 1943. Naquele ano, com o avanço da Alemanha pelo território da Rússia, Stálin permitiu certa revivescência da vida eclesial de maneira controlada, mas isso foi seguido de perseguição sob o regime de Nikita Krushcheve, entre 1959 e 1964. Desde o esboroamento da União Soviética, a Igreja russa tem sido relativamente livre para desenvolver novamente sua infraestrutura eclesial. Um dos mais graves problemas envolve a classificação das igrejas na Ucrânia, Estado que se tornou independente recentemente, em que há distinções entre a Igreja Ortodoxa católica, uma Igreja Ortodoxa autocéfala dividida em duas e a Igreja Ortodoxa que se mantém sob a jurisdição de Moscou.

As muitas outras igrejas da Europa Oriental têm cada qual sua própria história sob diferentes regimes no decorrer do século XX. Cada governo controlou ou reprimiu a igreja em vários graus, ou em alguns casos suprimiu a vida eclesial. Um rol dessas igrejas ajuda a dar uma ideia da complexidade da ortodoxia e do grau em que o século XX foi um século de grave perseguição para grandes parcelas desses cristãos: a Igreja da Albânia, a Igreja da Bulgária, a Igreja Ortodoxa da República Tcheca e da Eslováquia, a Igreja da Finlândia, que se encontra sob a jurisdição do Patriarcado Ecumênico, a Igreja da Geórgia, a Igreja da Macedônia, a Igreja da Polônia, a Igreja da Romênia, a Igreja da Sérvia.

O terceiro grupo de igrejas ortodoxas não é de forma alguma um grupo, e sim todo o restante. "No passado, a ortodoxia parecia, do ponto de vista cultural e geográfico, quase que exclusivamente uma igreja 'oriental'. Hoje em dia, já não é assim. Fora das fronteiras dos países ortodoxos tradicionais, existe agora uma grande 'dispersão' ortodoxa, com seu principal centro na América do Norte, mas com ramificações em todas as partes do mundo" (TW, 172). A Igreja Ortodoxa nos Estados Unidos tem crescido consideravelmente com a imigração, mas isso acarretou divisões entre as igrejas ao longo das linhas étnicas e nacionais. Por conseguinte, a Igreja Ortodoxa na América não é a única igreja unida de toda a nação sob seu metropolita, porque outras igrejas ortodoxas coexistem com ela. As igrejas ortodoxas têm se estabelecido também na África, principalmente em Uganda e no Quênia, cujas igrejas são ligadas ao Patriarcado de Alexandria, na Europa Ocidental e no Extremo Oriente, onde as igrejas ortodoxas existem na China, no Japão e na Coreia. A Igreja Ortodoxa é agora uma igreja mundial.

Doutrina, espiritualidade e contexto da eclesiologia

Em meio às grandes variações canônicas, organizacionais e culturais entre essas igrejas, elas compartilham uma espiritualidade comum que transcende as diferenças e as mantém em comunhão.[3] A eclesiologia orto-

---

[3] "Independentemente da idade ou do próprio *status* de vida, quando um cristão ortodoxo entra em uma igreja (edificação) ele sente instintivamente que se encontra na presença do céu, que o reino de Deus já está aqui; sabe que Cristo está na comunhão espiritual de seu corpo e de seu sangue, no evangelho lido pelo sacerdote e nas preces da igreja" (JM, p. 182).

doxa é ininteligível à margem das doutrinas cristãs clássicas formuladas no período patrístico. Uma tentativa de caracterizar essa espiritualidade nos termos objetivos das doutrinas básicas, portanto, configurará o cenário para essa peculiar eclesiologia. A exposição que se segue conduz ao específico contexto religioso necessário para a apreciação da eclesiologia de Zizioulas.

Um elemento central para a autocompreensão de toda a ortodoxia é a doutrina da Trindade. Essa doutrina, que funciona como um nome para Deus, caracteriza a vida imanente de Deus, mas mais significativamente representa a narrativa cósmica de como Deus agiu e ainda age na história. Deus Santo é absolutamente transcendente e inacessível ao conhecimento humano, a menos que Deus entabule relação com os seres humanos. A doutrina da Trindade continua sendo central porque caracteriza a própria natureza do Deus transcendente enquanto ser divino que adentra a história para operar a salvação humana. Tudo o que é religioso se manifesta nesse marco da economia trinitária da salvação.

A encarnação da Palavra de Deus, o Filho, constitui a comunicação salvífica de Deus ao mundo e aos seres humanos que nele habitam. A encarnação do Filho implica duas verdades que possuem caráter fundacional, ontológico. A primeira dessas verdades afirma que o próprio Deus assumiu como sua uma natureza humana e, por consequência, a natureza humana como tal; ao apropriar-se assim da natureza humana, Deus lhe conferiu o atributo da divindade; Deus não só ratificou a humanidade com um amor divino, como também a tornou "de Deus" ou detentora do atributo da divindade. Esse é o sentido do texto paulino sobre a descensão em Fl 2 (JM, 177). A natureza humana, e com ela a própria materialidade, foi alçada pela esfera do divino por uma pessoal autocomunicação de Deus, e esse amplexo transformou sua qualidade de alteridade de Deus, para não mencionar o pecado e a imperfeição. A segunda verdade sustenta que a Encarnação do Filho altera, portanto, a situação da humanidade no que diz respeito à transcendência e à incognoscibilidade de Deus: Deus tornou-se ele próprio disponível em Jesus Cristo, franqueando-se, assim, uma via de acesso a um conhecimento que é, por assim dizer, "direto" no Filho e através do Filho.[4]

O Espírito Santo desempenha papel sobressalente na espiritualidade e na eclesiologia ortodoxas, pois o Espírito atualiza o que foi realizado por Jesus Cristo em cada pessoa e na comunidade de fiéis. O Espírito opera no restante dos seres humanos aquilo que ocorreu em Jesus Cristo, inspirando e produzindo em cada caso identificação com e participação na encarnação. Salvação é santificação e até mesmo deificação. "Essa deificação se realiza quando nos tornamos membros do Corpo de Cristo, mas também, e especialmente, pela unção do Espírito quando este último toca cada um de nós: a 'economia do Espírito Santo' significa precisamente isso, que nós somos capazes de desfrutar de comunhão com a humanidade única e verdadeiramente deificada de Jesus Cristo ao longo da história, da época da Ascensão até a Parusia definitiva" (JM, 177).

A teologia ortodoxa assume essa narrativa do que Deus realizou em prol da salvação humana e concebe-a como a contínua atividade de Deus. Essa iniciativa de Deus na história, embora tenha ocorrido definitivamente ou escatologicamente no evento de Jesus Cristo, prossegue na história atual. A igreja deve ser entendida como parte dessa história em termos dinâmicos. Desde a época da Ascensão e de Pentecostes, a igreja tornou-se o meio histórico de incorporação de Cristo, através de quem a deificação em Jesus Cristo torna-se publicamente acessível na história. Os seres humanos podem participar da obra redentora de Cristo por meio dos sacramentos: "Morrendo e ressuscitando novamente com Cristo no batismo, recebendo a marca do Espírito na confirmação, tornando-se membros do verdadeiro corpo de Cristo na eucaristia, e por fim fazendo progressos cada vez maiores no conhecimento".[5] A compreensão da

---

[4] "Direto" mas não imediato, pois Jesus Cristo, tal como abordado pelos seres humanos, é precisamente o sacramento ou ícone de Deus que medeia Deus à história e responde à indagação humana por Deus. Em todo esse contexto, a discussão acerca da reação final da ortodoxia contra o iconoclasmo é significativa.

[5] JM, pp. 174-175. "Essa 'deificação' em Jesus Cristo se nos torna acessível mediante o batismo e a eucaristia: o Verbo encarnado infunde-nos a vida divina e transforma todo o nosso ser a partir do interior." Ibid., p. 186.

igreja, portanto, desde os primórdios, encontra seu lugar na teologia onicompreensiva da história. O papel da igreja na história é tornar Deus presente e conhecido no mundo, não apenas nos sacramentos e na Palavra, mas também por intermédio do Espírito na vida dos membros da igreja.

Quando passamos a considerar a natureza da igreja, ainda no contexto mais amplo possível, torna-se evidente que, no contraste entre eclesiologia de cima e eclesiologia de baixo, isso é eclesiologia de cima.[6] Tende ao místico e ao teológico, no sentido de que a imaginação teológica sempre apreende a dimensão histórica da igreja nas doutrinas de Cristo e do Espírito Santo: a igreja é considerada como a imagem da Trindade, o corpo de Cristo é um contínuo Pentecostes. A igreja é ícone da Trindade; a igreja é "extensão da Encarnação, o lugar onde a Encarnação se perpetua": a igreja é o lugar, na história, da inabitação do Espírito Santo".[7]

Caracteristicamente, esse profundo modo teológico de compreender a igreja confere-lhe um certo caráter objetivo que possibilita uma linguagem dotada de um sentido que transcende a observação empírica e por vezes a contradiz. Considerações acerca da unidade da igreja, de sua catolicidade, de sua organização, de sua santidade, são inteiramente compartilhadas nesse ponto de vista teocêntrico ou místico. A igreja transcende seus membros; ela é essencialmente constituída por Deus a partir dos seres humanos, e não de uma comunidade humana intencional. A igreja é una, com uma unicidade que transcende as divisões entre os cristãos e as igrejas.[8] "Não devemos dizer que, porque os cristãos na terra pecam e

---

[6] Pela expressão "de cima" refiro-me especialmente a uma estrutura da imaginação teológica que, a partir do princípio metodológico, não ascende a Deus através do finito e do intramundano, mas se desloca na direção oposta para iluminar e interpretar a realidade finita por um constructo da presença e da atividade de Deus no bojo do finito que transforma a realidade empírica em uma forma de realidade divina tal como simbolizada pelas doutrinas. (Ver a discussão em *A comunidade cristã na história*, v. 1, 17-55, esp. 18-25). Um exemplo dessa forma de pensar é ilustrado nessa observação de Meyendorff quanto à unidade da igreja: "Se [...] entendermos a unidade da igreja basicamente como uma realidade eucarística e portanto escatológica, nossa atitude será diferente daquela que considera a igreja como imanente ao mundo, de modo que seu destino é determinado pelos objetivos seculares da humanidade". JM2, p. 139.

[7] TW, pp. 239-245, citação à p. 241.

[8] "A unidade cristã é uma unidade com Cristo no Espírito Santo, e não uma unidade entre homens que se perdeu em algum momento no passado. Essa unidade é inerente à Única Igreja, que não pode ser dividida por controvérsias humanas. Os homens não podem dividir Deus e sua Verdade e depois restaurá-los na unidade". JM, p. 201.

são imperfeitos, então a igreja peca e é imperfeita; pois a igreja, mesmo na terra, é algo celeste, e não pode pecar".[9]

Monasticismo. O monasticismo continua a desempenhar papel de destaque na Igreja Ortodoxa. "Sem os monastérios, é difícil perceber como a vida da igreja poderia subsistir" (JB, 107). Essas instituições existem sob uma miríade de formas em povoados, cidades, ou lugares bastante afastados da sociedade, como no Monte Atos, na Grécia, o centro espiritual da ortodoxia. Os monastérios assumiram uma relação simbiótica com a igreja em geral através de uma gama de funções. Os monges, em plenitude e zelo, celebram a liturgia nessas comunidades e dão exemplo às igrejas. Os mosteiros são lugares de oração, de estudo e de instrução básica no campo da teologia e da espiritualidade. Têm "papel no suprimento dos futuros líderes da igreja, especialmente porque só monges podem ser consagrados como bispos" (JB, 108).[10] Os mosteiros também constituem lugares de peregrinação e centros de hospitalidade, nutrindo, assim, a fé popular.

Liturgia eucarística. A liturgia da Igreja Ortodoxa é produto do desenvolvimento histórico. Como no Ocidente ocorreu um importante desenvolvimento por volta do final do século IV, quando o costume de receber comunhão em cada liturgia cessou e a celebração eucarística mudou seu caráter: o ritual adquiriu vida própria como drama simbólico, alegórico, do evento crístico, conduzido pelos clérigos, do qual os leigos participavam, porém mais passivamente. Isso é exemplificado nas liturgias e nos sermões de Crisóstomo (HW, 60-66). O desenvolvimento foi profundamente afetado pela crise iconoclasta e sua solução.[11] No decorrer do século

---

[9] TW, p. 244. O mistério da igreja é que os pecadores são transformados em algo diferente deles próprios, o Corpo de Cristo. Ibid.

[10] "De acordo com a tradição ortodoxa, os clérigos são divididos em dois tipos: clérigos casados e monges. A decisão é tomada por ocasião da ordenação, e, como monge não pode casar-se; a consequência é que o casamento tem de preceder a ordenação". JB, p. 108.

[11] Como as pessoas recebiam comunhão menos frequentemente e o serviço tornou-se menos uma refeição e mais uma ação dramática sujeita a diversas interpretações simbólicas, uma abordagem mistagógica consentânea com Dionísio Areopagita interpretou os ritos como algo que eleva as pessoas à esfera celeste, da mesma maneira como Cristo é o encarnado que desce. Uma abordagem recomendada pelas palavras de Deus "Fazei isto em memória de mim" refere-se a todo o rito como um drama e encontra nas ações diversos paralelos com a vida de Jesus. Essas

XIV, o desenvolvimento atingiu certo termo. Embora as construções da igreja variassem, elas frequentemente seguiam o padrão básico da cruz e da basílica gregas: o "santuário chegou a ser completamente excluído da visão da comunidade por uma espessa tela", e a ordem da liturgia foi estabilizada (HW, 145-147).

Wybrew contrasta as liturgias das igrejas ocidental e oriental de tal maneira que as das igrejas católica romana, anglicana e protestante parecem excluídas do mesmo padrão simples, transparente e participativo exemplificado na *Primeira Apologia* de Justino Mártir. Contra esse pano de fundo, a liturgia ortodoxa parece opaca e carregada de formalidade e de simbolismo coreografado. A própria construção da igreja é icônica, uma imagem do céu na terra: "A parte inferior da nave significa o mundo visível, [e] o domo, e mais ainda o santuário, são imagens do céu, em que o Deus trino é cultuado por anjos e arcanjos e por toda a corte celestial" (HW, 4). A igreja compreende o altar e a cerimônia com o domo do céu e circunda os adoradores com representações icônicas da companhia dos santos (JB, 57-59). A própria liturgia tem duas faces: uma é a interação pública entre o clérigo e o coro, a outra é atividade invisível e inaudível do clérigo no santuário, que é separado da nave pela tela. Posto que o serviço como um todo retrata o ministério terreno de Jesus, sua morte, ressurreição e ascensão, ainda que poucos participem recebendo comunhão, "todos podem fazê-lo contemplando o mistério salvífico da encarnação, paixão e glorificação do Senhor" (HW, 10-11).

A liturgia "é o encontro de Deus e da humanidade, e nela a natureza da igreja é mais claramente vista e experienciada" (JB, 40). Assim o é porque a igreja é uma comunhão que se realiza por uma partilha da vida de Deus comunicada em Cristo e por meio do Espírito. Essa realidade da igreja "torna-se um evento quando se celebra a liturgia", de modo que a igreja "é criada, sustentada e visivelmente presente na eucaristia, na liturgia ou na comunhão" (JB, 40). Apontar-se-á na eclesiologia de

---

vias simbólicas exploram vários aspectos e camadas de significado no mistério fundamental do encontro humano com o divino no serviço. JB, pp. 51-54.

Zizioulas como a relação constitutiva da eucaristia com a igreja explica alguns pontos de sua organização, por exemplo, por que os bispos são autônomos e iguais, por que toda a igreja está presente em qualquer igreja local, por que o tamanho das congregações tende a ser pequeno (uma celebração em determinado dia), por que a organização mais ampla da igreja é menos essencial, por que, a despeito das divisões nas estruturas organizacionais, pode haver comunhão (JB, 41-43).

Dois princípios fundamentais podem ser invocados para sintetizar o quadro geral da eclesiologia ortodoxa: o primeiro estipula a unidade, a catolicidade e a autonomia da igreja local; o segundo é a comunhão entre as igrejas. Uma vez mais, o caráter teológico desses fundamentos da organização eclesiástica é digno de nota. No âmago da eclesiologia ortodoxa, tanto quanto na concepção da vida cristã, encontra-se a eucaristia. Na celebração da eucaristia, a realidade de Cristo que se faz presente e constitui o Corpo de Cristo é atualizada de maneira única e privilegiada. Isso embasa a ideia de que o conjunto da igreja ou a igreja em sua globalidade, a *plenitude* da realidade da presença na Palavra e no Espírito, encontra-se presente em cada comunidade local onde as pessoas se reúnam em torno de um bispo e da eucaristia.[12] "As igrejas locais, porém, não são meras unidades isoladas, que vivem apartadas umas das outras: elas são unidas pela *identidade* de sua fé e pelo testemunho da verdade" (JM, 193). Essa identidade se expressa nas consagrações episcopais, quando diversos bispos de igrejas circunjacentes comparecem, em encontros como os sínodos ou concílios e na comunhão entre as igrejas. Mas a comunhão entre as igrejas que constituem sua unidade não deve ser pensada em termos organizacionais e administrativos, e sim em termos teológicos da fé e do poder do Espírito. A comunhão também é contrabalançada pelo fato de que, em última análise, uma igreja local não está sujeita à autoridade externa a ela própria. "Na Igreja Ortodoxa [...] nenhum poder pode existir por direito divino fora e acima da comunidade eucarística local, que corresponde atualmente ao que chamamos

---

[12] JM, p. 193; JM2, p. 84. O referente do termo "igreja local" desenvolveu-se a partir da única comunidade de uma cidade para a diocese.

de diocese" (JM, 193). O único critério visível da verdade, portanto, não reside em um ofício externo, e sim em um consenso interno que encontra expressão no sínodo, no concílio ou, de maneira mais geral, na comunhão. Todavia, esse consenso não se encontra fora da igreja local ou acima dela, mas representa uma expressão do acordo comum entre as igrejas. Esses temas adquirem especificidade e são mais bem detalhados na eclesiologia ortodoxa desenvolvida por João Zizioulas.

Algumas categorias fundacionais na eclesiologia de João Zizioulas

João Zizioulas nasceu na Grécia, em 1931. Seu doutorado em teologia foi completado na Universidade de Atenas. Ele foi professor de teologia e trabalhou com a Comissão sobre Fé e Ordem do Conselho Mundial das Igrejas antes de tornar-se metropolita de Pergamon, representando o Patriarcado Ecumênico. A análise de sua eclesiologia que a seguir se oferece baseia-se em larga medida em seu *Ser como comunhão*, coletânea de seus principais ensaios, porque combina concisamente um resgate histórico dos Padres primitivos, uma construção sistemática e uma sensibilidade ecumênica dentro de uma representação holística, fundacional, da igreja.[13]

A eclesiologia de Zizioulas difere da tradição ocidental quanto ao método e ao conteúdo. A fim de respeitar essa diferença, com risco de alguma repetição, essa eclesiologia é apresentada em duas etapas. A primeira etapa oferece um panorama ou uma descrição sistemática dessa eclesiologia, nos termos das categorias essenciais que Zizioulas utiliza para caracterizá-la. Isso servirá como glossário dos termos de seu método e linguagem teológicos peculiares. A segunda etapa expõe essa eclesiologia segundo o padrão utilizado ao longo de todo esse ensaio.

Uma compreensão da teologia de Zizioulas pode começar com uma consideração acerca de sua epistemologia. Diversos termos poderiam ser

---

[13] John D. Zizioulas. *Being as Communion: Studies in Personhood and the Church*. Crestwood, N. Y., St. Vladimir's Seminary Press, 1997, originalmente 1985. Esse livro é referido como BC no texto.

utilizados para caracterizar a abordagem ou o método da teologia de Zizioulas: sacramental, teofânico, meta-histórico, simbólico, mistagógico, icônico.[14] Ele se dirige a cristãos, pressupõe crenças básicas e apela à experiência transcendente nelas implicada. Em contraste com uma imaginação historicista que leva em conta a causalidade e a continuidade históricas, Zizioulas descobre a realidade transcendente como uma presença na história e na finitude. Uma sensibilidade litúrgica e uma imaginação icônica possibilitam uma avaliação da presença de Deus no mundo físico.

A verdadeira base da compreensão zizioulasiana do universo é a Trindade. A "Trindade" representa menos uma doutrina acerca de Deus do que uma substância que remete à realidade de Deus. "Seria inconcebível falar do 'Deus uno' antes de falar do Deus que é 'comunhão', vale dizer, da Trindade Santa. A Trindade Santa é um conceito ontológico *primordial*, e não uma noção apensada à divina substância" (BC, 17).

A Trindade revela-se na economia da salvação, e a eclesiologia erige-se a partir dessa divina economia trinitária. "O fato de o homem ser na igreja a 'imagem de Deus' deve-se à *economia* da Trindade Santa, ou seja, à obra de Cristo e do Espírito Santo na *história*. Essa economia é a *base* da eclesiologia, sem ser seu *objetivo*" (BC, 19).

A eclesiologia de Zizioula, portanto, desenvolve-se dentro do amplo contexto cósmico-histórico da criação e da redenção em que tanto Cristo como o Espírito Santo possuem papéis essenciais. Contra uma compreensão cristocêntrica ou cristomonística da igreja, Zizioulas confere uma função essencial ao Espírito enquanto constitutivo da igreja. "O que entendo por 'constitutivo'", diz ele, "é que esses aspectos da pneumatologia devem qualificar a verdadeira ontologia da igreja. O Espírito não é algo que 'anima' uma igreja que de alguma forma já existe. O Espírito faz a igreja *ser*. A pneumatologia não se refere ao bem-estar, e sim ao verdadeiro

---

[14] Zizioulas caracteriza sua eclesiologia como "teofânica" e "meta-histórica". Cita também Yves Congar, ao tratar da eclesiologia oriental, em geral ao dizer que se assemelha à teologia dos padres, e da liturgia, ao incorporar a ideia de "uma 'revelação' ou uma manifestação de realidades celestiais invisíveis na terra. O resultado é uma concepção da igreja que é sobretudo sacramental ou iconológica". BC, p. 171, n. 1.

ser da igreja" (BC, 131-32). Zizioulas postula então distintos papéis reciprocamente relacionados e coordenados de Cristo e do Espírito, no tocante ao substrato ontológico da igreja: se a pneumatologia é constitutiva, a instituição da igreja se altera: ela é instituída por Cristo e constituída pelo Espírito. "Cristo *ins-titui* e o Espírito *cons-titui*" (BC, 140).

Talvez no centro mesmo da eclesiologia de Zizioulas encontre-se a eucaristia: a igreja tem um fundamento e uma estrutura eucarística. Mas isso implica uma série de concepções e de qualidades da igreja que também precisam ser observadas. Primeiramente em importância deve ser o caráter icônico primordial da própria eucaristia. A igreja oriental "vive e ensina sua teologia liturgicamente; ela contempla o ser de Deus e o ser da igreja com os olhos do culto, principalmente do culto eucarístico, imagem dos *'eschata' par excellence*" (BC, 19). Duas coisas se verificam nessa fórmula: por um lado, uma avaliação icônica surge a partir da atitude de culto; e a eucaristia é o ato central do culto cristão simbólico ou sacramental que envolve essa abertura à transcendência.[15] Por outro lado, o real escatológico ou último a que se refere Zizioulas não é simplesmente o "ainda não" que será realizado no futuro, ao final de um processo histórico, mas sim "um estado de existência [que] confronta a história já agora com *uma presença a partir do além-história*. No último caso, uma abordagem 'icônica' e litúrgica da escatologia é mais necessária do que no primeiro. É a compreensão da escatologia como essa espécie de *presença* do Reino aqui e agora" que é intrínseca à assembleia eucarística (BC, 174, n. 11).

Quando se encara a igreja primariamente como uma comunidade eucarística, outras características decorrem dessa visada. As cinco seguintes têm relevância permanente. Em primeiro lugar, o referente primário da igreja é a igreja local, no sentido de a igreja episcopal. Isso deriva do período primitivo, quando a igreja foi primeiramente constituída como comunidade eucarística e a igreja global de uma dada localidade se reunia

---

[15] No decorrer da exposição, Zizioulas recorda a seus leitores que a eucaristia mesma deve ser "propriamente entendida como uma comunidade e não como um 'coisa'" (BC, p. 13). É Cristo comunicando-se pessoalmente a uma comunidade concreta.

enquanto tal.[16] Em segundo lugar, a igreja, constituída pelo Espírito, tem caráter epiclético. Isso significa que a presença do Espírito não pode ser simplesmente presumida, mas deve ser sempre suplicada por meio de oração. A igreja é o corpo de Cristo como evento do Espírito Santo, e não simplesmente como estrutura organizacional. Como na eucaristia, o Espírito é sempre peticionado em oração. Isso quer dizer que "a igreja *pede para receber de Deus aquilo que ela já recebeu historicamente em Cristo como se não houvesse absolutamente recebido*, i.e., como se a história em si mesma não contasse" (BC, 185). Em terceiro lugar, a catolicidade se realiza na igreja *local*. Zizioulas reitera veementemente que a localidade geográfica define uma comunidade eucarística e, portanto, a igreja basilar. Para ter catolicidade ou inclusividade, é preciso ter uma comunidade em um sítio local onde as pessoas se reúnam. Essa é a Igreja Católica que se reúne (BC, 256-257). Catolicidade significa que "cada assembleia eucarística deve incluir *todos* os membros da igreja de um lugar específico, sem distinção de nenhuma espécie" (BC, 247). Em quarto lugar, a universalidade enquanto distinta da catolicidade refere-se à abertura às outras igrejas. As igrejas locais devem estar em comunhão com as outras igrejas. As estruturas possibilitam essa universalidade, mas "deve-se tomar o máximo cuidado para que as estruturas de ministérios que têm por objetivo facilitar a comunhão entre as igrejas locais não se tornem uma superestrutura acima da igreja local" (BC, 258).[17]

---

[16] O fundamento teológico da igreja local episcopal enquanto unidade básica da eclesiologia é a eucaristia, na qual a comunidade está em contato com a realidade última, os *eschata*. "A *anamnese* de Cristo é realizada não como mera reatualização de um evento pretérito, mas sim como uma *anamnese do futuro*, como um evento escatológico. Na eucaristia, a igreja torna-se um reflexo da comunidade escatológica de Cristo, o Messias, uma imagem da vida trinitária de Deus" (BC, p. 254). No decorrer da exposição, discorrer-se-á mais sobre esse tópico a fim de justificar a unidade diocesana sobre a paroquial.

[17] Pode-se ter uma ideia do estilo argumentativo icônico de Zizioulas nesse ponto. "A *natureza de Deus é comunhão*" (BC, p. 134). Isso envolve a não prioridade de pessoas sobre a unicidade de Deus, mas "a substância única de Deus coincide com a comunhão das três pessoas" (BC, p. 134). "Na eclesiologia, tudo isso pode ser aplicado à relação entre igreja local e igreja universal. Existe uma única igreja, da mesma maneira como existe um único Deus. Mas a expressão dessa única igreja é a comunhão das diversas igrejas locais. A comunhão e a unicidade coincidem na eclesiologia." BC, pp. 134-135.

Em quinto lugar, institucionalmente, o bispo ocupa a posição central na organização e no ministério da igreja. "No caso da igreja local, o 'uno' é representado pelo ministério do bispo, ao passo que o 'múltiplo' é representado pelos outros ministros e pelos leigos" (BC, 136). Entre as muitas funções dos bispos sobressaem duas. Por um lado, o bispo coloca-se à cabeça da comunidade eucarística. A igreja como "a comunidade eucarística deve ser sempre *local* e há de ter sempre prioridade contra uma unidade universal em nosso pensamento eclesiológico" (BC, 237). Por outro lado, o bispo, como o centro visível da unidade da igreja local enquanto comunidade eucarística, é o elo vital de unidade com as outras igrejas (BC, 238).

Esses métodos, pressuposições e categorias compartilham uma consistência fundamental; em conjunto, configuram a gramática e a lógica da eclesiologia de Zizioulas. A discussão agora se volta para uma representação dessa eclesiologia segundo o padrão adotado neste livro.

A eclesiologia de João Zizioulas

A eclesiologia de Zizioulas não se encaixa, tão claramente quanto outras, no modelo agora padrão de exposição. Entretanto, a utilização desse formato permitirá um tratamento mais ampliado de alguns temas já observados e proporcionará um esquema que possibilitará uma comparação implícita com as eclesiologias ocidentais.

Compreensão teológica da natureza e do objetivo da igreja. Zizioulas entende a igreja à luz da economia da Trindade. Nessa teologia, a doutrina da Trindade não é adaptada a uma concepção do mundo e do cosmo. Pelo contrário, a Trindade é o marco que contém e molda a compreensão zizioulasiana de toda a realidade. Em sua teologia da Trindade, "a contribuição de cada uma das pessoas divinas à economia tem suas próprias características distintivas que são diretamente relevantes para a eclesiologia em que elas devem ser refletidas" (BC, 129-130). Nessa perspectiva trinitária, Zizioulas propõe o Corpo de Cristo como a imagem primordial e predominante da igreja. Para ele, contudo, isso requer certa ênfase no Espírito Santo para estabelecer as proporções corretas. Não pode haver nenhuma cristologia sem pneumatologia. "O Espírito Santo, ao tornar real o evento crístico na história, torna real, *ao mesmo tempo*, a existência pessoal de Cristo como um corpo da comunidade. Cristo não existe *primeiramente* como verdade e só *então* como comunhão; ele é ambas as coisas a um só tempo. Toda segregação entre cristologia e eclesiologia se esvanece no Espírito" (BC, 111).

De que maneira Cristo e o Espírito Santo se relacionam na constituição do fundamento teológico da igreja? O papel do Filho na economia da Trindade é tornar-se encarnado, tornar-se história. Por conseguinte, o próprio princípio da economia pertence ao Filho e é cristológico (BC, 130). O papel do Espírito, e de nenhum outro, é emancipar Cristo da particularidade da história, do judaísmo, da Palestina, do século I, e fazer de Jesus o Cristo de toda a história e do além-história. Isso implica, em primeiro lugar, agregar escatologia ou finalidade transcendente à encarnação: "O Espírito faz de Cristo um ser escatológico, o 'primeiro Adão'" (BC, 130). Em segundo lugar, o Espírito faz de Cristo uma personalidade coletiva, a base da comunhão humana. "A pneumatologia aporta à cristologia essa dimensão de comunhão" (BC, 131) "A igreja é *constituída* na e através da escatologia e da comunhão. A pneumatologia é uma categoria ontológica na eclesiologia" (BC, 132).[18]

A eclesiologia pneumatológica de Zizioulas leva-o a destacar a comunidade e a comunhão. Muitas das rígidas arestas da instituição e da organização, como na autoridade e na jurisdição, são aparadas e flexibilizadas quando a comunidade e a comunhão norteiam a imaginação.

Organização e estruturação. Será instrutivo começar essa esquemática descrição da organização e da estruturação da igreja com um notável parágrafo de Zizioulas que ilustra a um só tempo sua imaginação teológica

---

[18] "Dessa forma, o mistério da igreja tem sua origem na totalidade da economia da Trindade e em uma cristologia pneumatologicamente constituída [...]. Por essa razão o mistério da igreja, essencialmente, não é outro senão o do 'Uno', que é simultaneamente 'múltiplo' – não 'Uno' que existe primordialmente como 'Uno' e *depois* como 'múltiplo', mas 'Uno' e 'múltiplo' a um só tempo". BC, p. 112.

icônica, sua dependência em relação aos Padres, especialmente Inácio de Antioquia, e o caráter eucarístico de sua eclesiologia; ele define também as quatro ordens de ministério e, portanto, a organização da igreja. A estrutura da assembleia eucarística é a estrutura da igreja. Remetendo sua imaginação a uma assembleia eucarística primitiva, Zizioulas escreve: "Podemos perceber que no centro da *synaxis* de 'toda a igreja' e por trás do 'único altar' havia o trono do 'único bispo' sentado 'no lugar de Deus' ou concebido como a viva 'imagem de Cristo'. Em volta de seu trono estavam sentados os presbíteros, enquanto os diáconos ficavam perto dele ajudando-o na celebração, e em frente dele o 'povo de Deus', essa *ordem* da igreja que foi constituída em virtude do rito de iniciação (batismo-crisma) e considerada a condição *sine qua non* para a comunidade eucarística existir e expressar a unidade da igreja" (BC, 152-153). Isso não é um argumento para uma igreja estruturada pelas quatro ordens de pertença; é uma "demonstração" de como a igreja pretende ser ao longo da história na economia da salvação.

Cada uma das quatro ordens de ministério tem um papel: "Dessa forma, os ministérios particulares (a) dos leigos, (b) dos diáconos, (c) dos presbíteros e (d) dos bispos, claramente evidenciados com santo Inácio, tornaram-se os ministérios indispensáveis da igreja em sua relação *ad intra*" (BC, 221). Zizioulas explica o papel de cada qual, bem como sua indispensabilidade, por serem relações que estruturam o todo.

Bispo. O bispo articula o uno e o múltiplo no nível mais fundamental. O bispo é muito mais proeminente do que o "primeiro" em qualquer nível mais amplo de organização. A jurisdição do bispo na igreja local é de amplitude geral. "No caso da igreja local, o 'uno' é representado pelo ministério do bispo, ao passo que o 'múltiplo' é representado pelos outros ministros e pelos leigos. Existe um princípio fundamental na eclesiologia ortodoxa que remete aos primeiros séculos e reflete a própria síntese entre cristologia e pneumatologia [...]. Esse princípio é o de que o 'uno' – o bispo – não pode existir sem o 'múltiplo' – a comunidade – e o 'múltiplo' não pode existir sem o 'uno'" (BC, 136-137). Esses princípios ontológicos são implementados canonicamente pela prescrição de que não pode haver ordenação episcopal sem comunidade ou fora da comunidade; nenhum episcopado sem correlata comunidade (BC, 137). Tampouco pode o múltiplo existir sem o uno: não há batismo, que é ato da comunidade, sem bispo, nem ordenação sem bispo (BC, 137).[19]

Presbítero e sacerdote. Os presbíteros, no esquema inaciano, eram os conselheiros da comunidade e do bispo, que era a cabeça. Eles permanecem como tais na igreja local episcopal. Mas Zizioulas também descreve o sacerdócio tal como desenvolvido nos primeiros séculos e que se correlacionava com a comunidade paroquial. A ideia de sacerdote é a de mediador.[20] Dessa forma, o termo "sacerdote" simboliza o seguinte: "Enquanto Cristo (o único sacerdote) torna-se, no Espírito Santo, uma comunidade (seu corpo, a igreja), seu sacerdócio é realizado e retratado na existência histórica aqui e agora como comunidade eucarística na qual sua 'imagem' é a cabeça dessa comunidade, oferecendo *com e em nome da* comunidade os dons eucarísticos. Por conseguinte, a própria comunidade torna-se sacerdotal" (BC, 231).

A ordem sacerdotal é portanto relacional; designa um "lugar" na comunidade que é específico e pessoal. Não existe comunidade sem essa ordem particular, e essa ordem é distinta das demais ordens. Em suma, o sacerdócio é um lugar na comunidade (BC, 231-232).[21] Como a ordenação

---

[19] "A Igreja Ortodoxa [...] optou por uma visão de que o conceito da igreja local é assegurado *pelo bispo*, e não pelo presbítero: a igreja local como entidade dotada de pleno *status* eclesiológico é a *diocese episcopal* e não a paróquia. Ao fazê-lo, a Igreja Ortodoxa inconscientemente efetuou uma ruptura em sua própria teologia eucarística" (BC, 251). A solução para esse problema seria a criação de pequenas dioceses episcopais que mais exatamente correspondessem às comunidades eucarísticas. BC, p. 251, n. 6.

[20] "Dessarte, a pessoa ordenada torna-se 'mediadora' entre o homem e Deus, não pela pressuposição ou pelo estabelecimento de uma distância entre esses dois, mas se *relacionando* com ambos no contexto da comunidade da qual ela própria é parte. Foi dessa forma que a gradativa aplicação do termo *sacerdote* se estendeu da pessoa de Cristo, em relação a quem é exclusivamente utilizado no Novo Testamento, ao bispo, em relação a quem foi utilizado, exclusivamente de novo, até o século IV." BC, p. 230.

[21] A categoria de "lugar" é icônica. Zizioulas extrai-a de Ignácio, em que ele fala do bispo como aquele que está "no lugar de Deus" (Letter to the Magnesians, 6, 1; 3, 1-2; Letter to the Trallians, 3, 1; BC, pp. 152-153). Esse "lugar" na comunidade é atribuído pela ordenação, e enquanto tal é icônica da ordem transcendente que ela reflete quando vista no contexto da eucaristia. BC, pp. 229-230.

e a ordem são relacionais, se alguém abandona a comunidade, "deixa de ser ordenado" (BC, 233).[22]

Diáconos. Os diáconos portam as oferendas do mundo para a eucaristia, a fim de trazê-las de volta para o mundo (comunhão) como nova criação (BC, 222).

Leigos. Os leigos também constituem uma ordem na igreja, e outras considerações pertinentes a seu estado serão feitas no tópico que discorre acerca dos membros da igreja.

Vimos que, na concepção Zizioulas, a igreja é um ícone de Deus, da Trindade. Ela é, portanto, uma comunidade estruturada, relacional. O ministério é relacional; a autoridade é relacional; a comunidade é uma entidade relacional, no sentido de ser constituída pelas ordens divinamente designadas que colocam as pessoas em relação recíproca. Esse é um movimento fundamental: a ordenação e o ministério saem da esfera do poder conferido a um indivíduo para tornarem-se descritíveis apenas como feixe de relações. "Se a ordenação é entendida como constitutiva da comunidade e se a comunidade, sendo a *koinonia* do Espírito, é por sua natureza uma *entidade relacional*, o ministério *como um todo* pode ser descrito como um complexo de relações no interior da igreja e em sua relação com o mundo" (BC, 220). O problema da autoridade no ministério é "resolvido" porque é por definição relacional, i.e., não um poder de uma pessoa ou um ofício que se exerce sobre muitos. Enquanto relacional, "a autoridade se estabelece como exigência da própria relação. Dessa maneira, a igreja torna-se *hierárquica* no sentido de que a própria Trindade Santa é hierárquica: em razão da *especificidade da relação*" (BC, 223). Hierarquia e autoridade consistem em relação, e não em poder (BC, 224).[23]

---

[22] Mas Zizioulas também explica um retorno que não requer uma nova ordenação porque a comunidade reconhece o que fez anteriormente (BC, pp. 234-236). Na igreja primitiva, a paróquia gradativamente surgiu como comunidade eucarística. Por que esta não é uma igreja? Zizioulas responde que ela não é uma igreja porque está centrada em um presbítero que preside a eucaristia, e não em um bispo. E isso "destruiu a imagem da igreja enquanto comunidade na qual *todas* as ordens são necessariamente como elementos *constitutivos*" (BC, p. 250). Em outras palavras, em uma comunidade eucarística centrada no sacerdote, não estavam presentes todas as ordens, porque o conselho de presbíteros e o bispo não estavam incluídos.

[23] O ministério enquanto relações constitutivas da comunidade responde ao clássico dilema de compreender o ministério a partir das perspectivas católica e protestante: o ministério é um

O que se disse até esse ponto refere-se à igreja local-episcopal. Mas essa igreja também existe em comunhão com outras igrejas. Que se deve dizer a respeito das instituições que em alguma medida refletem e estruturam essa comunhão? Zizioulas espontaneamente recorre à Trindade: Deus é uma comunhão de pessoas. "A *natureza* de Deus é comunhão" (BC, 134). Isso significa que "a substância única de Deus coincide com a comunhão das três pessoas" (BC, 134). "Na eclesiologia, tudo isso pode ser aplicado à relação entre a igreja local e a igreja universal. Existe uma única igreja, da mesma forma como existe um único Deus. Mas a expressão dessa única igreja é a comunhão das muitas igrejas locais. Comunhão e unicidade coincidem na eclesiologia" (BC, 134-135). A comunhão é constituída com a própria igreja; o Espírito constitui cada igreja e a igreja como uma comunhão, um ser em comunhão com as outras comunidades. Não pode haver instituição alguma que constitua essa comunhão previamente à existência da própria igreja local. Não existe instituição alguma "que derive sua existência ou sua autoridade de algo que preceda o evento da comunhão". A comunhão "não pode ser autossuficiente, autoexplicável ou anterior ao evento da comunhão; é dependente dela" (BC, 135).

Como esses princípios se aplicam à questão das estruturas políticas mais amplas na igreja oriental, aos ofícios do metropolita e do patriarca? Na visão de Zizioulas, essas são estruturas organizacionais. Em outras palavras, as estruturas metropolitas não constituem unidades eclesiais mais amplas em sentido próprio. "Como o princípio da *igualdade essencial de todos os bispos* tornou-se aspecto basilar no direito canônico ortodoxo, nem os metropolitas, nem os patriarcas jamais chegaram à posição de cabeças de *unidades eclesiais particulares*, representando estruturas *superiores* ou *laterais* da diocese episcopal" (BC, 252). Alguns problemas foram criados quando a igreja autocéfala surgiu no século XIX. Isso se refere à "Igreja Ortodoxa em cada nação [...] governada por seu próprio sínodo sem interferência de nenhuma outra igreja" que "tem sua própria

---

poder ou graça de um indivíduo que se transmite com a ordenação ou é uma propriedade da comunidade que é delegada ao indivíduo ordenado? Zizioulas combina ambas as perspectivas em uma comunidade estruturada, relacional.

cabeça (patriarca, arcebispo ou metropolita)" (BC, 253). Esses por vezes absorvem a autonomia ou a autoridade do bispo diocesano individual. Eclesiologicamente, porém, o fundamental é que "deve-se tomar o máximo cuidado para que as estruturas de ministérios que têm por objetivo facilitar a comunhão entre as igrejas locais não se tornem uma superestrutura acima da igreja local" (BC, 258). "Em uma perspectiva eucarística, isso significa que a igreja local [...] é a única forma de existência eclesial que pode ser propriamente denominada igreja. Todas as estruturas que têm por objetivo facilitar a universalidade da igreja criam uma *rede de comunhão de igrejas, e não uma nova forma de igreja*" (BC, 258). "Isso não pretende negar que existe apenas *uma* igreja no mundo. Mas a unicidade da igreja no mundo não constitui uma estrutura lateral ou *superior* às igrejas locais" (BC, 258, n. 15).[24]

No que tange ao ecumenismo, às confissões mundiais e ao reconhecimento das demais igrejas, Zizioulas simplesmente expressa a difusa hostilidade da Igreja Ortodoxa à intercomunhão com outras igrejas não orientais. Ademais, como uma igreja deve efetivamente assegurar a coesão das pessoas, e isso só pode ocorrer em uma localidade física, Zizioulas não reconhece unidades confessionais como igrejas. Federações mundiais ou sínodos de igrejas confessionalmente similares não são realmente igrejas, mas se incluem no conceito de redes eclesiais que podem, de fato, ser muito úteis (BC, 259-260).

Os membros da igreja e sua relação com o mundo. A apresentação que se segue sintetiza, em uma concisa formulação, ideias que em outras eclesiologias foram delineadas de maneira bastante pormenorizada: as atividades dos membros da igreja, especialmente sua postura sacramental e ética, a concepção da relação com o mundo e sua implicação para a vida cristã que é promovida em uma eclesiologia particular.

Na eclesiologia de Zizioulas, exceto uma teologia sacramental desenvolvida que não é considerada aqui, os sacramentos do batismo e da eucaristia têm relação direta com a natureza da comunidade e a instituição

---

[24] Portanto, ele implicitamente exclui, em princípio, a unidade da Igreja Católica Romana e a rede do CMI, tanto quanto os sínodos e concílios: essas instâncias têm importância eclesial, mas não podem ser consideradas como formas de *igreja* propriamente ditas. BC, p. 259.

igreja. Para Zizioulas, o batismo é a atribuição de um "lugar" a um indivíduo no âmbito da comunidade. O batismo e a confirmação são, portanto, uma forma de ordenação que torna alguém membro de uma ordem particular, nesse caso da comunidade eucarística, um leigo (BC, 216). Um leigo não é uma ordem negativa, como um "não ordenado". Pelo contrário, os ritos do batismo e da confirmação constituem um ato de atribuição a alguém de uma ordem particular na comunidade pelo qual se cria a própria comunidade. A ordenação, no caso do batismo, "é o ato que *cria comunidade*, que dessa forma passa a ser entendida como *o 'locus' existencial da convergência dos charismata* (1Cor 12)" (BC, 217).

A eucaristia medeia um outro aspecto da estrutura fundacional da igreja. Já vimos como a assembleia de pessoas para a eucaristia também é um ato constituinte da igreja, não em sentido causativo-eficiente, mas no sentido de participação icônica. "Na eucaristia, portanto, a igreja encontrou *a estrutura do Reino*, e foi essa estrutura que ela transferiu para sua própria estrutura" (BC, 206). Os elementos dessa estrutura giram em volta de Jesus, de sua morte e da vitória sobre a morte, e de seu tornar-se o Cristo cujo corpo é conformado pelo povo, em que o múltiplo se torna uno, e no qual eles são reunidos em torno de Cristo como os apóstolos. O Espírito está presente e em ação em tudo isso, de sorte que a igreja oferece comunhão na vida da Trindade e torna-se o corpo de Cristo (BC, 209). A eucaristia continua a estruturar a igreja. A eucaristia "dotou a igreja primitiva, desde os primórdios, (a) do conceito básico e do contexto de sua estrutura e (b) do contexto para a perpetuação de sua estrutura na história. Isso conduz a uma verdadeira síntese entre as dimensões histórica e escatológica da existência da igreja, sem o risco de 'institucionalização'. Pois a eucaristia talvez só seja realidade na igreja, que é *ao mesmo tempo uma instituição e um evento*; ela é o momento unicamente privilegiado da existência da igreja em que o Reino chega epicleticamente, i.e., *sem emergir como expressão do processo histórico, ainda que se manifeste por meio de formas históricas*" (BC, 206).[25]

---

[25] A imaginação icônica de Zizioulas permite, portanto, uma síntese entre o histórico e o teológico que não elimina a tensão entre a história e os *eschata*, entre o concreto, mundano e finito e o eterno, definitivo e efetivamente real. Essa síntese é uma possibilidade prática porque "o

Por fim, no tocante à relação da igreja com o mundo, Zizioulas considera como "o mundo é *assumido* pela comunidade e referido ao criador" (BC, 224). "A igreja relaciona-se com o mundo através de seu ministério e em seu ministério ao se envolver existencialmente no mundo. A natureza da missão não deve ser encontrada na *abordagem* da igreja ao mundo, mas em seu ser plenamente em *com-paixão* com ele" (BC, 224). O essencial é o caráter eucarístico do ministério: esses ministérios são canalizados através da cabeça da comunidade, o bispo ou cabeça da comunidade eucarística, e eles são sempre variados, segundo o tempo, o lugar, a necessidade: "A igreja deve sempre ter uma variedade desses ministérios *ad extra*, conforme as necessidades do tempo e do lugar em que ela existe" (BC, 225).

Em suma, Zizioulas representa a eclesiologia ortodoxa oriental de um modo icônico que sintetiza o histórico e o teológico em uma visão sacramental da igreja como o corpo de Cristo investido do Espírito Santo. Ela é uma eclesiologia de comunhão, que tem a comunidade eucarística episcopal como sua unidade fundacional. Sua missão é mediar a salvação trinitária de Deus na história, agora e no futuro escatológico.

Eclesiologia pentecostal

"Segundo o célebre estatístico do cristianismo David Barrett, havia estimados 74 milhões de 'pentecostais/carismáticos' ou 6% da população cristã mundial em 1970. Em 1997, ele calculava que essa cifra houvesse chegado a 407 milhões de pessoas ou 27% da população cristã, mais do que o número total de 'protestantes' e 'anglicanos' combinados, e apenas vinte e sete anos depois. Barrett projeta que, de acordo com as

---

reino de Deus está sempre presente *com uma estrutura*" (BC, p. 205). Deve haver uma tensão entre instituição e evento, sem colapso de nenhuma das vertentes. O Espírito está presente na comunidade, mas não pode haver comunidade sem estrutura. Além disso, o reino de Deus está sempre "centrado em Cristo circundado pelos apóstolos. E isso implica novamente uma estrutura, uma *especificidade de relações*, uma situação na qual as relações no interior da comunidade são *definíveis*, e são definíveis não arbitrariamente, mas *em consonância com a natureza escatológica da comunidade*". BC, p. 205.

tendências atuais, é provável que no futuro esse número chegue a 1,140 bilhão ou 44% do número total de cristãos mais ou menos em 2025. O pentecostalismo, portanto, está se tornando, a passos rápidos, a expressão dominante do cristianismo e um dos fenômenos mais extraordinários do mundo de todos os tempos".[26]

Essa impressionante afirmação significa, no mínimo, que o pentecostalismo não pode ser ignorado como forma de igreja e, portanto, como eclesiologia. Não obstante, a eclesiologia do movimento assombrosamente dinâmico não se revela de pronto. O pentecostalismo é intrinsecamente uma forma difusa e embrionária de igreja que tende a se transformar até certo ponto quando reveste estruturas estáveis, institucionais. Boa parte do que se tem escrito acerca dos pentecostais é de natureza científico--social: histórico, sociológico, psicológico e antropológico. Análises narrativas e descritivas, e não teológicas, constituem o padrão comum nas introduções ao pentecostalismo. A interpretação tripartite que a seguir se propõe adota uma perspectiva teológica elaborada a partir do social; primeiramente, ela definirá e descreverá suas origens; em seguida, apontará sua espetacular expansão por todo o mundo e algumas das razões desse incremento; por último, apresentará estruturas pentecostais típicas

---

[26] Allen H. Anderson. "Introduction: World Pentecostalism at a Crossroads", *Pentecostals after a Century: Global Perspectives on a Movement in Transition., Journal of Pentecostal Theology*, Supplement Series 15, ed. Anderson & Walter Hollenweger. Sheffield, U. K., Sheffield Academic Press, 1999, p. 19. Esse trabalho será citado no texto como AA. Outras obras utilizadas nessa interpretação da eclesiologia pentecostal são as seguintes: R. Andrew Chestnut. *Born Again in Brazil: The Pentecostal Boom and the Pathogens of Poverty*. New Brunswick, N. J., Rutgers University Press, 1997 (RAC); André Corten. *Pentecostalism in Brazil: Emotion of the Poor and Theological Romanticism*. New York, St. Martin's Press, 1999 (AC); Harvey Cox. *Fire from Heaven: The Rise of Pentecostal Spirituality and the Reshaping of Religion in the Twenty-first Century*. Reading, Mass., Addison-Westley Publishing, 1995 (HC); Walter J. Hollenweger. *The Pentecostals: The Charismatic Movement in the Churches*. Minneapolis, Minn., Augsburg, 1972 (WH); Philip Jenkins. *The New Christendom*. Oxford, University Press, 2002 (PJ); "The Next Christianity", *The Atlantic Monthly* 290 (outubro 2002), pp. 53-68 (PJ2); David Lehmann. *Struggle for the Spirit: Religious Transformation and Popular Culture in Brazil and Latin America*. Cambridge, Polity Press, 1996 (DL); Cecília Loreto Mariz. *Coping with Poverty: Pentecostals and Christian Base Communities in Brazil*. Philadelphia, Temple University Press, 1994 (CLM); David Martin. *Pentecostalism: The World Their Parish*. Oxford, Blackwell, 2002 (DM); Karla Poewe, ed. *Charismatic Christianity as a Global Culture*. Columbia, University of South Carolina Press, 1994 (KP); Vinson Synan. *The Holiness-Pentecostal Tradition: Charismatic Movements in the Twentieth Century*, 2. ed. Grand Rapids, Eerdmans, 1997 (VS).

ou padrões de existência social que se encontram em formas análogas em muitas igrejas pentecostais.[27]

As origens do pentecostalismo

Os analistas não definem o pentecostalismo com uma fórmula clara. Mas a inteligibilidade de estatísticas como as que foram apresentadas no início desta discussão exige referência a um fenômeno mais ou menos específico. Por um lado, não estamos discutindo aqui as influências e as práticas pentecostais, como o falar em línguas, que influenciaram as igrejas da corrente principal, como, por exemplo, o movimento carismático católico. Por outro lado, algumas igrejas podem situar-se na fronteira entre uma igreja denominacional da corrente principal e uma igreja pentecostal. Incluídas entre as pentecostais estão as igrejas africanas independentes ou iniciadas. Uma definição deve ser específica o bastante para captar uma verdadeira similaridade de tipo e aberta o suficiente para abarcar grandes diferenças. Uma definição operativa é a seguinte: "O movimento pentecostal é [...] um movimento preocupado primordialmente com a *experiência* da atuação do Espírito Santo e com a *prática* dos dons espirituais" (Anderson, AA, 20). Aqueles que estudam o pentecostalismo constantemente ressaltam esses contrapontos: diversidade em torno do mundo, mas uma identidade comum similar, identificável, analogamente incorporada.[28]

---

[27] Quero sublinhar que as igrejas pentecostais não se prestam ao estilo de análise adotado neste volume de trabalho. A razão primordial é que uma igreja pentecostal repousa no princípio basilar da efetiva experiência religiosa, o que leva Harvey Cox a afirmar claramente que "o movimento parece e sente-se bem mais diferente em relação a quem está de fora do que àqueles que se encontram em seu âmbito" (Cox, AA, p. 10). A própria interpretação que Cox faz do cristianismo pentecostal (HC) adota um gênero narrativo e um estilo anedótico que se coaduna com o objeto de estudo, e ele desenvolve a interpretação analítica, teológica, no decorrer de seu trabalho. A estratégia aqui deve ser mais abstrata e é adotada com a expectativa de que o nível generalizado da análise não seja entendido em termos estritos ou restritivos. Esta máxima parece aplicável ao caso: independentemente do que se diga acerca do pentecostalismo, o oposto também pode ser verdadeiro.

[28] "As igrejas pentecostais em todo o mundo, nas mais diversas culturas e sociedades, revelam padrões de crescimento surpreendentemente semelhantes, utilizam técnicas similares de oratória e de proselitismo, bem como formas semelhantes de organização e de liderança, e também se parecem profundamente entre si no que diz respeito a suas práticas rituais" (DL,

Algumas das qualidades do pentecostalismo ajudarão a agregar alguma substância a essa designação abstrata geral de identidade comum. Para começar, de que maneira o pentecostalismo se relaciona com o fundamentalismo? Muito embora os pentecostais adiram a muitos dos princípios fundamentais do fundamentalismo, eles são muito diferentes, e não existe reciprocidade.[29] Conquanto ambos possam ser reações a desenvolvimentos ocorridos no protestantismo no século XIX, têm origens históricas separadas. Embora compartilhem visões similares acerca do *status* da Escritura, o fundamentalismo rejeita o falar em línguas e expectativas de cura física. A divergência mais clara, no entanto, pode estar situada em um estilo de espiritualidade cognitiva. Os fundamentalistas "destacam-se" nas doutrinas; os pentecostais, nas afecções religiosas (HC, 14). Os cristãos fundamentalistas argumentam teologicamente em defesa dos credos. "Os pentecostais dão testemunhos. Os primeiros buscam precisão teológica, os segundos, júbilo experiencial. Existe uma profunda diferença entre o fundamentalista cognitivo e o pentecostal experiencial" (KP,108). Os pentecostais são menos ligados à política conservadora do que os fundamentalistas. "No balanço, os pentecostais revelam-se mais restauracionistas, menos conscientes do curso da tradição cristã, menos polêmicos, coletivamente menos antimodernistas, mais orientados à experiência carismática pessoal, menos politicamente envolvidos, ou muito ou mais socialmente envolvidos [...], mais ecumênicos e menos dispensacionais, e perenemente menos sofisticados em termos teológicos" (KP, 113-114).

André Corten analisa o pentecostalismo como uma espécie de emocionalismo; ele integra de tal forma as emoções à religião e à experiência religiosa que a emoção constitui sua base. "Milhões de brasileiros têm sido arrebatados nesse fervor religioso nos últimos dez ou vinte anos.

---

p. 8, também p. 222). Karla Poewe designa o pentecostalismo, ou cristianismo carismático, como uma cultura global que transcende as fronteiras nacionais, étnicas, raciais e classistas (KP, p. xii).

[29] Em 1928, a Associação Mundial dos Fundamentos Cristãos chegou a condenar em sua convenção o movimento pentecostal como fanático e não escriturístico e indeferiu toda filiação (VS, p. 208). A comparação que se segue é extraída de Russell P. Spittler. "Are Pentecostals and Charimatics Fundamentalists? A Review of American Uses of These Categories", in KP, pp. 103-116.

Eles não vão a encontros em que as pessoas trocam palavras (como nas CEB's); eles comparecem a reuniões em que as pessoas entoam louvor ao Senhor e 'falam em línguas'" (AC, 26). Especialmente os pobres, os que são espezinhados pelo sofrimento, são resgatados para uma experiência coletiva de júbilo, de entusiasmo e de exaltação. Os elementos e as práticas que definem o pentecostalismo, o falar em línguas, o louvor, a cura, o repousar no Espírito, tudo isso se funda na emoção.[30]

Hollenweger atribui o crescimento do pentecostalismo no mundo em desenvolvimento e sua capacidade de superar as barreiras raciais, sociais e linguísticas a seu caráter oral. Ele sintetiza essa oralidade da seguinte forma: "A oralidade do pentecostalismo consiste no seguinte: oralidade da liturgia; teologia e testemunho narrativo; máxima participação nos níveis de reflexão, oração e tomada de decisão, e portanto uma forma reconciliadora da comunidade; inclusão dos sonhos e visões em formas pessoais e públicas de adoração que funcionam como uma espécie de 'ícone oral' para o indivíduo e a comunidade; uma compreensão da relação corpo-mente que é informada pelas experiências de correspondência entre corpo e mente, como, por exemplo, na dança litúrgica na oração pelos enfermos".[31]

A narrativa da origem do reavivamento pentecostal moderno produziu um caráter parabólico que serve como referência comum para trazer à lume algumas de suas qualidades clássicas. O crescimento do pentecostalismo americano está ligado a dois pregadores e a um lugar: Charles Parham, William H. Seymour e a Missão da Rua Azusa, em Los Angeles.[32]

---

[30] As análises psicossociológicas de André seriam bons exemplos de reducionismo se fossem tomadas como adequadas em si mesmas. O cientista social, escrevendo *sobre* o pentecostalismo como fenômeno objetificado, diferentemente de uma descrição teológica interna, corre sério risco de mal-entendido quando o relato é construído como uma explanação. A reserva é extensiva ao conjunto desta seção histórico-social. A apresentação do método desse trabalho em *A comunidade cristã na história*, v. 1, pp. 17-66, é particularmente relevante nesse ponto.

[31] Walter J Hollenweger. "The Pentecostal Elites and the Pentecostal Poor: A Missed Dialogue?" KP, p. 201.

[32] A história da Rua Azuza é contada por Synan, SV, pp. 84-106, e por Cox, HC, pp. 45-65. Os acontecimentos que conduziram à Rua Azusa têm uma pré-história. Synan faz uma retrospectiva dos reavivamentos do século XIX e das várias igrejas de santidade que fazem parte de um difuso estilo de espiritualidade cristã e do pano de fundo do que veio a ser conhecido no século XX como o movimento pentecostal (VS, pp. 1-83). David Martin sublinha o nexo

Parham foi pregador e instrutor bíblico que se convenceu de que falar em línguas era o único sinal definitivo de batismo pelo Espírito, o que deveria tornar-se parte do culto cristão. Seymour foi um pregador negro que frequentou as preleções de Parham em uma nova escola bíblica em Houston, 1905. Seymour aprendeu com Parham que o batismo no Espírito era uma nova potencialização, para além do perdão da santificação (WH, 23-25). Em 1906, foi convidado a pregar em Los Angeles pelo pastor de uma igreja sagrada negra, e admitiu a doutrina parhamiana do falar em línguas como evidência do batismo pelo Espírito. Quando seu primeiro sermão, baseado em At 2,4: "E todos ficaram repletos do Espírito Santo e começaram a falar em outras línguas, conforme o Espírito lhes concedia se exprimissem", não foi aceito pela igreja, Seymour passou a pregar na casa de um membro da comunidade. Durante encontro ocorrido na noite de 9 de abril de 1906, "Seymour e sete outros prostraram-se em êxtase religioso, falando em línguas" (VS, 96). Os comentários em torno desse episódio se espalharam rapidamente pelos círculos evangélicos locais, despertaram grande curiosidade, de maneira que se adquiriu um novo espaço em uma construção abandonada de dois pavimentos e fundou-se uma igreja no número 312 da Rua Azusa. O interesse cresceu ainda mais quando o jornal *Los Angeles Times* escreveu, em artigo de capa da edição de 18 de abril de 1906: "Bizarra babel de línguas, nova seita de fanáticos se propaga, cena esdrúxula, noite passada, na Rua Azusa, palavreado desconexo de uma Irmã" (VS, 84). Aproximadamente no verão de 1906, "pessoas de todas as raças e nacionalidades na região de Los Angeles misturaram-se às multidões que se acotovelavam à entrada da missão" (VS, 99).[33] O reavivamento da Rua Azusa "continuou inquebrantável,

---

existente entre pentecostalismo e metodismo e os reavivamentos ou "despertares" evangélicos que levaram ao século XX. DM, pp. 7-11; ver também WH, p. 21.

[33] Parham foi convidado a Los Angeles e ali chegou no verão de 1906, mas rejeitou o reavivamento da Rua Azusa, segundo alguns por questões raciais. "Em retrospecto, o caráter inter-racial da crescente comunidade da Rua Azusa foi, efetivamente, uma espécie de milagre. Afinal, foi em 1906, época de escalada e não de refluxo da segregação racial em todo o mundo" (HC, p. 58). Em reação a grande parte das críticas de seu ministério em bases raciais, Seymour começou a pensar que "era o desmantelamento das barreiras raciais, e não o falar em línguas, o sinal mais seguro da presença pentecostal do Espírito e da aproximação da Nova Jerusalém". Ibid., p. 63.

dia e noite, por mais três anos" (VS, 102), e Seymour publicou um jornal de quatro páginas intitulado *The Apostolic Faith* para ampliar sua influência; em 1908, a publicação chegou a cinquenta mil assinantes (HC, 101). No decorrer daqueles anos, o lugar foi visitado por muitos pregadores que mais tarde difundiriam a espiritualidade pentecostal e fundariam igrejas, denominações ou missões estrangeiras. Muito embora as práticas pentecostais já estivessem estabelecidas, o reavivamento da Rua Azusa "geralmente é considerado o início do moderno movimento pentecostal" (VS, 104), porque focou a atenção dos pregadores e serviu como catalisador para geração de nova energia.[34]

A expansão do pentecostalismo

É notável a extensão em que a experiência da Rua Azusa, direta ou indiretamente, teve impacto em todo o mundo.[35] Gaston Barnabas Cashwell, da Carolina do Norte, viajou à Rua Azusa, foi batizado no Espírito e tornou-se apóstolo do pentecostalismo na América do Sul. Thomas Barratt, da Noruega, vivenciou uma experiência pentecostal em Nova York em 1906, antes de ter a oportunidade de viajar para Los Angeles; de volta a Oslo, em dezembro, celebrou o primeiro encontro pentecostal moderno na Europa. William H. Durham, de Chicago, discípulo de Seymour, assumiu a liderança do movimento após 1910 e foi responsável pelo envio de missionários ao Canadá, à Itália e à América

---

[34] Quem é o pai do moderno reavivamento pentecostal? Enquanto muitos dizem ser Seymour, alguns o identificam com Parham. Por exemplo, no *site* da Assembleia de Deus dos Estados Unidos lê-se: "Os primórdios do moderno reavivamento pentecostal geralmente remontam a um encontro de oração realizado no Colégio Bíblico Betel (fundado por Parham) em Topeka, Kansas, em 1º de janeiro de 1901. Embora muitos outros hajam falado anteriormente em línguas durante quase todo o período de reavivamento espiritual, a maioria dos pesquisadores concorda que foi aqui que os receptores da experiência, mediante o estudo das Escrituras, passaram a acreditar que falar em línguas é a evidência bíblica do batismo no Espírito Santo" (http://ag.org/top/about/history. cfm). Atualmente, no entanto, Parham é reconhecido como tendo sido racista, e seu papel na fundação do movimento está sendo minimizado. Ver Walter J. Hollenweger. "The Black Roots of Pentecostalism", in AA, pp. 33-44.

[35] A lista que se segue sintetiza a compilação mais abrangente que Synan faz de alguns dos conhecidos exemplos do impacto internacional do reavivamento da Rua Azusa em VS, pp. 129-142.

do Sul.[36] Luigi Francescon tornou-se pentecostal na igreja de Durham, em Chicago, e abriu igrejas na Argentina e no Brasil, em 1909-1910. Daniel Berg e Gunnar Vingren, imigrantes suecos nos Estados Unidos, tornaram-se pentecostais em South Bend, em 1909, e se encarregaram de um ministério missionário no Brasil, fundando as Assembleias de Deus no país. Willis C. Hoover, missionário metodista no Chile, leu um relato da experiência pentecostal em 1907 e tornou-se o pai do pentecostalismo chileno. O pentecostalismo na África do Sul foi iniciado por John G. Lake, que recebeu o batismo no Espírito por intermédio do ministério de Charles Parham e iniciou sua missão em 1908. O pentecostalismo chegou à Rússia pelo ministério de Ivan Voronaev, que foi batizado no Espírito em Nova York, em 1919, e imediatamente voltou à Rússia com sua família. A Rua Azusa tinha ligação direta com a Coreia, na pessoa de Mary Rumsey, que recebera o dom das línguas ali, em 1907, e, após trabalhar em Nova York, chegou à Coreia como missionária pentecostal em 1928. Uma ramificação da Rua Azusa encontra-se indiretamente por trás de algumas igrejas pentecostais na Nigéria.

"Em anos recentes, o maior crescimento quantitativo do pentecostalismo tem ocorrido na África Subsaariana, no Sudeste da Ásia, na Coreia do Sul e especialmente na América Latina" (Anderson, AA, 25). A disseminação do pentecostalismo na América Latina tem sido extraordinária: alguns analistas preveem que, "mantidas as atuais taxas de crescimento, cinco ou seis países latino-americanos terão maiorias não católicas – principalmente pentecostais – em 2010. Em diversas outras nações, a porcentagem não católica da população terá atingido de 30% a 40%" (HC, 168). Na África, o movimento pentecostal desenvolve-se nas igrejas independentes que estão se alastrando pelo continente. "Além dos vários milhares de denominações, que variam, em termos de tamanho, de alguns milhares a milhões de membros, existem também inúmeras congregações

---

[36] Durham, contudo, rompeu com Seymour em uma questão teológica que parecia suplantar o batismo no Espírito ao defender que nenhuma santificação era necessária após a "obra consumada de Cristo". Essa controvérsia cindiu o pentecostalismo em cerca de duas linhas de santidade: a calvinista e a wesleyana. Ver HC, pp. 62-63; VS, pp. 149-152.

filiadas. Mantidas as atuais taxas de crescimento, aproximadamente no ano 2000 essas igrejas terão incluído mais membros na África do que a Igreja Católica Romana ou todas as denominações protestantes juntas" (HC, 246). A celeridade do crescimento do pentecostalismo na Coreia é simbolizada por um pequeno número de comunidades isoladas de serviço integral. "Há muitos anos, a maior comunidade cristão do mundo, com estimados 800 mil membros em 1995, é uma comunidade pentecostal, a Yoida Full Gospel Church, em Seul, na Coreia" (Anderson, AA, 27).

Muitos fatores, mais do que qualquer motivo específico, contribuem para explicar esse fenômeno histórico e religioso. De um prisma teológico, é difícil duvidar que o poder de Deus enquanto Espírito não esteja atuando nesse fenômeno de grandes proporções. Os efeitos do Espírito Santo correlacionam-se com os afetos das igrejas pentecostais. De uma perspectiva social, os mais importantes podem ser situados nas dimensões do religioso e do psicológico (potencialização), do cultural (inculturação) e do organizacional (estrutura eclesial).

Em primeiro lugar, na dimensão dos indivíduos, o pentecostalismo adapta-se facilmente aos elementos das religiões autóctones, como o extático envolvimento com o mundo dos espíritos, o recurso ao miraculoso e a disciplina social. Todos esses fatores contribuem para colocá-lo em linha com o público a que se dirige e para potencializar seus adeptos. Um exemplo frequentemente citado consiste na potencialização da família, em que marido e mulher são fortalecidos a título próprio e nos respectivos papéis. Eles adquirem novo prestígio: "O pentecostalismo [...] fomenta essa reconciliação doméstica situando o mal fora do indivíduo, nos poderes demoníacos, alegando dispor dos meios espirituais para enfrentar esses poderes" (David Martin, KP, 86).

Em segundo lugar, o pentecostalismo tem o condão de inculturar-se onde quer que se insira. "Em vários graus, os pentecostais, em suas muitas e variadas formas, e precisamente por causa de sua inerente flexibilidade, adquire caráter autenticamente autóctone que lhes permite responder a algumas questões fundamentais suscitadas pela população nativa. Uma abordagem simpática da vida e da cultura local e a preservação de certas práticas religiosas nativas são indubitavelmente as principais razões dessa sedução, especialmente para aqueles que são oprimidos pela urbanização, com sua transição de uma sociedade rural pessoal para uma sociedade urbana impessoal" (Anderson, AA, 217).

A maneira como a cura pentecostal assumiu feição xamanista autóctone na cultura coreana é um exemplo que ilustra bem a questão. Se o "'xamã' é o indivíduo cujos poderes derivam diretamente do mundo sobrenatural, e não de um ritual tradicional ou de um corpo de conhecimento esotérico", então certas práticas pentecostais de cura na Coreia envolvem "uma maciça importação da prática xamânica ao ritual cristão" (HC, 224-225).[37] A questão também é particularmente sensível com relação às igrejas independentes na África e é intrínseca à própria problemática da inculturação. Pode um xamanismo cristão ser explicado em termos teológicos?[38] O pentecostalismo suscitou para todo o mundo cristão questões que dizem respeito aos limites e fronteiras da inculturação, e essas são questões perenes.

A África oferece um outro exemplo crítico de inculturação. A igreja Legião de Maria, na África, combina elementos conservadores do catolicismo, como a missa e os rituais latinos, e experiências carismáticas de cura, exorcismo, profecia, glossolalia, interpretação de sonhos e visões. Ela começou entre os luos, no oeste do Quênia, e esses traços, juntamente

---

[37] "Na tradicional sociedade coreana, o xamã (*mudang*) funcionava como elo entre as pessoas comuns e o mundo espiritual, que era habitado por numerosos deuses, ancestrais e espíritos. Por meio de rituais e de oferendas, os xamãs podem controlar o mundo espiritual, transformando espíritos maléficos em espíritos protetores, operando curas e exorcismos e acarretando benefícios para os indivíduos neste mundo". Mark R. Mullins, "The Empire Strikes Back: Korean Pentecostal Mission to Japan", in KP, p. 92. Mullins acrescenta que o xamanismo tem sido um componente importante no crescimento do pentecostalismo na Coreia e ilustra essa observação com pastores de igrejas específicas e suas igrejas.

[38] Cox responde afirmativamente em termos de espiritualidade primitiva: "O pentecostalismo na Coreia, e em qualquer outra parte, na medida em que se insere em uma antiquíssima cosmologia espiritual, encontra-se, paradoxalmente, no limiar da reflexão teológica cristã e da pesquisa médica ocidental. Ao fazê-lo, evidentemente está satisfazendo a primeira condição para o sucesso de um novo movimento religioso: está auxiliando as pessoas a resgatar elementos vitais de sua cultura que se acham ameaçados pela modernização" (HC, p. 228). A ideia de espiritualidade primitiva será invocada novamente mais adiante.

com sua abertura à poligenia, dão conta de sua capacidade de cooptar sequazes. Ela é a maior igreja independente da África Subsaariana.[39]

Um terceiro fator que permite ao pentecostalismo expandir-se rapidamente tem a ver com sua mobilidade congregacional. A identidade única, geral, do pentecostalismo, definido por suas semelhanças doutrinárias, estilo de culto e estrutura ministerial, é fluida e aberta. Por exemplo, ele abarca igrejas ou congregações independentes de vários tamanhos e denominações ou unidades às quais diferentes congregações ou igrejas são filiadas. Filiação significa fidelidade a um pastor superior ou estrutura de autoridade que legitima o pastor que ao mesmo tempo preserva sua própria comunidade. As congregações, contudo, podem mudar de filiação ou romper suas próprias sem que sejam consideradas cismáticas porque continuam membros da família pentecostal (DL, 126-127). Ela também oferece acesso relativamente fácil à liderança da igreja baseada não na formação educacional, e sim na efetividade carismática. "É com esse amplo leque de promessas e de serviços, e esse reduzido conjunto de exigências formais e profissionais, que os pentecostais arrebataram amplos setores da sociedade latino-americana" (Martin, KP, 81).[40] Se se levar em conta as igrejas independentes, ou seja, pequenas capelas e grupos de oração que não são filiados, as igrejas pentecostais são inumeráveis.

Facilitando a expansão do pentecostalismo, também está a formação de denominações. Hollenweger detectou etapas no processo pelo qual um movimento ou comunidade pentecostal livre, independente, gradativamente evolui para uma igreja denominacional. Ele monitora esse desenvolvimento desdobrando-o em quatro etapas de incrementada

---

[39] Essa igreja é analisada por Nancy Schwartz, "Christianity and the Construction of Global History: The Example of Legio Maria", KP, pp. 134-174.

[40] "As igrejas evangélicas são retratadas como um movimento singular no qual a ordenação é, por assim dizer, transferível, e a partida de um pastor para constituir um estabelecimento rival não é sinal de desacordo fundamental" (DL, p. 123). Embora haja frequentes conexões diretas entre o pentecostalismo na América do Norte e várias partes do mundo, seus recursos na América Latina "não são primordialmente dólares ou mesmo evangelizadores itinerantes de TV, e sim vastos contingentes de pastores latino-americanos, alguns em tempo integral, muitos em período parcial e não remunerados. O verdadeiro recurso é o comprometimento local em estruturas tão fissíparas que qualquer controle externo está fora de questão". Martin, KP, pp. 77.

organização de aproximadamente vinte e cinco anos cada uma. Na condição de denominação estabelecida, a igreja tem a possibilidade de tornar-se membro do Conselho Mundial das Igrejas. Em seguida, por um reavivamento do espírito pentecostal, um grupo pode cindir-se para transformar-se em uma nova igreja pentecostal independente.[41] O processo tem algum interesse para a eclesiologia.

As Assembleias de Deus nos Estados Unidos são um caso pontual. Em 1914, aproximadamente trezentos pastores e leigos pentecostais de vinte Estados e também de alguns outros países reuniram-se para um "conselho geral" em Hot Springs, no Arcansas. Eles elencaram cinco razões para sua reunião: a necessidade de unidade doutrinária, a preservação da obra, o interesse pelas missões estrangeiras, a possibilidade de licenciar igrejas sob um nome comum e a necessidade de fundar uma escola de formação bíblica. "Uma confraternidade cooperativa surgiu do encontro e foi incorporada sob o nome de 'Conselho Geral das Assembleias de Deus'. Muitos dos delegados estavam pouco desejosos de formar uma nova denominação ou seita, e estruturaram sua organização para unificar as assembleias em termos de ministério e de identidade jurídica, enquanto deixavam cada comunidade autogovernar-se e autossustentar-se".[42] As Assembleias de Deus chegaram a tornar-se a maior igreja pentecostal dos Estados Unidos. "O tipo de governo adotado pela nova igreja era essencialmente congregacional, ao passo que os primeiros grupos sulistas haviam desenvolvido formas marcadamente episcopais. Em geral, as Assembleias de Deus representaram o tipo 'batista' de igreja pentecostal, ao passo que os mais antigos configuraram o tipo 'metodista'".[43] As Assembleias de Deus desenvolveram um credo ou declaração de fé e, com efeito, explicitamente rejeitaram o Conselho Mundial das Igrejas (WH, 514-517).

---

[41] Walter J. Hollenweger, "Crucial Issues for Pentecostals", AA, pp. 186-188.
[42] Em: <http://ag.org/top/about/history.cfm>.
[43] VS, p. 155. Também a formação das Assembleias de Deus encerrou definitivamente o caráter inter-racial do movimento pentecostal. Com algumas exceções, as denominações das igrejas pentecostais tornaram-se largamente segregadas. Ibid.

A Assembleia de Deus da cidade de Belém do Pará, no Brasil, deixou de ser um grupo de igrejas carismáticas para tornar-se uma igreja denominacional. Durante um período de vinte e cinco anos, o pastor-presidente "transformou uma igreja carismática que era então pouco organizada em uma instituição religiosa burocrática. Em seus programas de formação teológica e musical, na divisão burocrática do trabalho e na profunda preocupação com o *status* civil, a Assembleia de Deus se assemelha agora mais a suas principais irmãs do que as denominações pentecostais independentes das regiões pobres" (RAC, 129-130). Essa igreja constituirá um exemplo da organização de uma denominação pentecostal.

A eclesiologia do pentecostalismo

Como movimento arrebatador, pluralista, pouco definido, o pentecostalismo não constitui uma teologia sistemática desenvolvida com um *locus* na eclesiologia. Esse esforço por construir uma eclesiologia, portanto, assemelha-se à estratégia do volume 1 deste trabalho: elabora, a partir de seus diversos elementos, um tipo de igreja que, quando formalizado nas categorias de um modelo agora familiar, revela uma eclesiologia abstrata.[44] Esse esforço altamente interpretativo revelará pelo menos que o pentecostalismo provê uma nova forma distintiva de "ser igreja" para um número cada vez maior de cristãos no século XXI.

---

[44] Os trabalhos teológicos arrolados na sequência ajudaram a nortear a dimensão teológica dessa eclesiologia; Simon Chan. "Mother Church: Toward a Pentecostal Ecclesiology", in *Pneuma: The Journal of the Society for Pentecostal Studies* 22, 2, (2000), pp. 177-208 (SC); Donald W. Dayton. *Theological Roots of Pentecostalism*. Metuchen, N. J., e London. The Scarecrow Press, 1987 (DD); Veli-Matti Kärkkäinen. *An Introduction to Ecclesiology: Ecumenical, Historical and Global Perspectives*. Downers Grove, Ill., InterVarsity Press, 2002 (VMK); Steven J. Land. *Pentecostal Spirituality: A Passion for the Kingdom*. Sheffield, U. K., Sheffield Academic Press, 1993 (SL). Kärkkäinen comenta "a escassez de escritos no campo da eclesiologia" no pentecostalismo e credita o Diálogo Católico-Romano/Pentecostal por estimulá-la. "A eclesiologia pentecostal é de uma natureza *ad hoc* que deixa muita margem à improvisação. Como a maioria dos pentecostais enfatiza a natureza espiritual, e portanto invisível, da igreja, boa parte de seus escritos gira em torno da organização eclesiástica, caracterizada pelo desejo restauracionista de remontar aos tempos apostólicos" (VMK, p. 73). Uma eclesiologia escrita plenamente desenvolvida na tradição pentecostal é Miroslav Volf. *After Our Likeness: The Church as the Image of the Trinity*. Grand Rapids, William B. Eerdmans, 1998.

Autocompreensão e missão. "A Igreja é o corpo de Cristo, a habitação de Deus através do Espírito, com divinas atribuições para o cumprimento de sua excelsa missão. Cada crente, nascido no Espírito, é parte integrante da Assembleia Geral e da Igreja do Primogênito que estão inscritas no céu (Ef 1,22-23; 2,22; Hb 12,23)".[45] A comunidade pentecostal é o lugar em que se encontra Jesus Cristo no Espírito e, portanto, a salvação. É também a agência por concurso da qual a mensagem e o encontro se propagam no exterior por intermédio dos missionários. Na base da comunidade encontram-se certas doutrinas, quer transmitidas e formalmente enunciadas, quer incorporadas na linguagem e na prática, que são semelhantes às de outras igrejas, mas que reúnem e adquirem sentido peculiar pelo costume pentecostal.

A doutrina da Escritura é um bom exemplo. "Os pentecostais vivem com a Bíblia. Leem-na diariamente e conhecem muitas passagens de cor. As palavras da Bíblia são entretecidas com suas orações e em seus escritos" (WH, 321-322). A expressão "a Bíblia diz" sela convicções e estilos de vida. "Para os pentecostais, a mera existência de um versículo no texto bíblico confere-lhe validade em si mesmo, com relevância direta para sua vida cotidiana. Em vez de um elaborado aparato teórico aplicado ao texto e a seu contexto, encontramos um conjunto aberto de prescrições morais baseadas em um repertório de citações descontextualizadas e prontas" (DL, 181-182).

Quatro doutrinas básicas podem ser consideradas como definindo de maneira inclusiva o caráter da experiência pentecostal e suas raízes teológicas. A primeira é a doutrina segundo a qual Jesus Cristo é salvador, tal como se acha enunciado em Jo 2,16; a segunda é a de que ele batiza no Espírito, tal como se testemunha em At 2,4; a terceira é a de que Cristo cura, conforme se professa em Tg 5,14-15; e a quarta diz respeito à segunda vinda, tal como se consigna em 1Ts 4,16-17. Esse quádruplo padrão expressa "de maneira clara e explícita a lógica da teologia pentecostal" (DD, 21). Esses quatro elementos se articulam para conformar

---

[45] Declaração das Verdades Fundamentais (1916) das Assembleias de Deus, EUA, em WH, p. 515.

uma estrutura peculiar de experiência que se aplica de maneira geral ao grande leque de variedades do pentecostalismo (DD, 22). Esses quatro temas cristológicos representam, portanto, a *"gestalt* básica do pensamento e do etos pentecostal: Cristo como salvador, como aquele que batiza com o Espírito Santo, como aquele que cura e como o rei por vir" (DD, 173).

A escatologia desempenha papel de relevo na visão pentecostal da realidade. O movimento pentecostal começou em uma atmosfera de expectativa da parusia e da segunda vinda de Jesus. O movimento como um todo utiliza a linguagem da iminente expectativa que pode ser interpretada nos títulos típicos dos jornais ou revistas pentecostais: *The Bridal Call, I Come Quickly, Maranatha, The End-Time Messenger*. Um difuso cenário do fim dos tempos encontra expressão em categorias como as seguintes: arrebatamento, tribulação sob o anticristo, o retorno de Cristo e o reino milenar, a ressurreição dos mortos para o juízo final, a destruição da terra e uma nova criação do céu e da terra, quando Deus será tudo em todos (WH, 415). Os hinos falam da iminência do fim dos tempos; os sermões olham para os fatos atuais a fim de descobrir os sinais dos tempos. O céu e o inferno são lugares reais e praticamente disponíveis a todos. Quando a experiência pentecostal é atualizada como em um culto, é uma participação no reino transcendente de Deus, no sentido de Zizioulas, uma participação na realidade do reino que se encontra para além da história, os *eschata*, uma experiência de transcendência; algo que se acha para além do eu (SL, 98).[46]

---

[46] Cox faz da escatologia um dos três principais ingredientes da espiritualidade primitiva e mostra como a profecia e o milenarismo apelam à esperança fundamental ou primal (HC, pp. 82-83, 111-122). O pentecostalismo enquanto religião ou igreja repousa em uma disposição elementar, "aquilo que pode ser chamado de 'sensibilidade milenarista', uma sensação visceral de que uma mudança muito grande está a caminho" (HC, p. 116). Isso tem a ver com a experiência negativa de contraste explicada no último capítulo, com referência à teologia da libertação, pois o pentecostalismo dirige-se ao mesmo público: é a religião dos pobres e dos sofredores, ainda que não exclusivamente. "O pentecostalismo tornou-se um veículo global para a restauração da esperança primal. O movimento começou de baixo. Um homem parcialmente cego, pobre, negro, com pouco ou nenhum conhecimento fora da Bíblia, recebeu um chamado" (HC, p. 119). "As coisas precisam mudar." "As coisas estão mudando." "As coisas serão diferentes." De maneira semelhante à fé fundamental, a esperança primal volta-se para o futuro com expectativa: tem de fazê-lo.

Por fim, no entanto, a doutrina do Espírito Santo provê o foco central da fé pentecostal; a experiência do Espírito, tal como registrada em At 2,1-4, situa-se no começo da experiência cristã paradigmática, de modo que o batismo do Espírito Santo é uma experiência análoga àquela experiência cristã primaz (WH, 351-352). A doutrina do Espírito, tal como incorporada em uma espiritualidade, constitui o fundamento para uma compreensão teológica da igreja. O pentecostalismo oferece "um tipo dinâmico e entusiástico de espiritualidade à igreja moderna" (VMK, 70). Mais especificamente, o Espírito, da forma como experienciado no culto, via de regra proporciona o referente implícito para a eclesiologia. Em outras palavras, a própria igreja atualiza-se plenamente na assembleia cúltica. Da mesma maneira como a "categoria da experiência é essencial para a compreensão da espiritualidade dos pentecostais, e portanto para seu culto" (VMK), assim também a assembleia para o culto é a chave para o entendimento teológico da igreja. As assembleias dos pentecostais para o culto "têm por objetivo estabelecer o contexto para um *encontro místico*, para uma experiência com o divino. Esse encontro é mediado pelo senso da imediata presença divina [...]; os gestos, as ações rituais e os símbolos funcionam todos dentro desse contexto para falar da presença manifesta".[47] Essa base da assembleia repleta do Espírito dá surgimento a vários constructos teológicos fundacionais para a caracterização do entendimento teológico da igreja. Dois desses constructos são a "confraternidade carismática" e a comunidade repleta do Espírito.

A ideia de confraternidade carismática proporciona a Kärkkäinen aquilo que ele considera o modelo básico da igreja. A confraternidade é constituída pelo Espírito Santo; é formada por uma experiência comum do Espírito que integra as pessoas no corpo de Cristo. Enquanto distinta de uma eclesiologia da palavra (protestante), da eucaristia ou da atividade

---

[47] Daniel E. Albrecht. "Pentecostal Spirituality: Looking through the Lens of Ritual", *Pneuma* 14, 2 (1996), p. 21. Citado por VMK, pp. 70-71. Kärkkäinen comenta o "emocionalismo" como a forma pela qual essa experiência de contato com Deus se manifesta àqueles que estão de fora. Ela faz parte de uma tradição de religião experiencial. "Esse tipo de culto é frequentemente acompanhado por cânticos em línguas, por aplausos ao Senhor, pelo levantamento de mãos e por gritos de 'amém' e 'aleluia'". VMK, p. 71.

cúltica (católica), uma eclesiologia tipicamente pentecostal gira em torno de uma comunidade reunida no Espírito. Por ser uma comunidade reunida pelo Espírito, ela é essencialmente dinâmica e carismática, com um laicato ativo, participativo. Mas os *charismata* não são ressaltados a expensas da estrutura e da instituição.[48] Essa compreensão da igreja envolve a potencialização dos indivíduos por parte do Espírito, ativa participação das pessoas no culto, participação dos leigos no ministério da igreja e no mundo, experiência de ações carismáticas de Deus, restauração dos sinais apostólicos: cura, milagres, profecia, o falar em línguas e inculturação nos valores e significados de um povo (VMK, 77-78).

A imagem da comunidade repleta do Espírito, não muito distante da imagem dos primórdios, erige-se a partir do conceito de "pneumatologia eclesial", ou seja, a ideia de que somos unidos a Cristo e a Deus pelo Espírito. Mas o Espírito não é simplesmente encontrado pelo indivíduo: "O batismo no Espírito é primeiramente um evento da igreja anterior à sua atualização no batismo no Espírito personalizado" (SC, 180). O encontro com o Espírito é um encontro eclesial, que faz da igreja o lugar em que o Espírito é encontrado. Isso não nega que o Espírito esteja presente de maneira mais geral na criação e na história. A igreja, contudo, é o lugar privilegiado em que o Espírito pode ser encontrado (SC, 198). A doutrina que ressalta esse aspecto é a da ascensão: "Cristo já não se encontra corporalmente presente, e a única presença 'corporal' de Cristo no mundo é a igreja, seu corpo [...]. O Espírito assume o lugar da ausência física de Cristo na igreja, fazendo da igreja, portanto, o 'templo do Espírito', o *locus* especial da presença do Espírito" (SC, 199).

Essa pneumatologia eclesial que resulta em uma eclesiologia do Espírito é acompanhada de quatro qualidades características que são tipicamente pentecostais. Em primeiro lugar, a igreja é uma comunidade inclusiva dinâmica, não estritamente homogênea, mas, a exemplo da comunidade

---

[48] VMK, pp. 74-76. Kärkkäinen inspira-se aqui em Peter Kuzmic e Miroslav Volf. "Communio Sanctorum: toward a Theology of the Church as a Fellowship of Persons", trabalho inédito lido perante o International Roman Catholic-Pentencostal Dialogue, Riano, Itália, de 21 a 26 de maio de 1985.

de Seymour, unifica as pessoas em meio às barreiras. Em segundo lugar, ela é uma comunidade de cura, onde o poder de Deus em Cristo chega ao corpo: "A oração de cura do corpo, da mente e do espírito deve ser uma parte regular da vida *litúrgica* da igreja" (SC, 188). Além disso, é sobretudo "no evento eucarístico que a ação do Espírito é particularizada. Em suma, a comunidade santa deve ser a melhor ocasião para que ocorram as orações de reconciliação e de cura" (SC, 189). Em terceiro lugar, o Espírito atualiza a verdade de Cristo na comunidade, de maneira que as pessoas efetivamente encontram a verdade transcendente e ela se torna um caráter dinâmico da própria comunidade. Em quarto lugar, isso faz da comunidade uma comunidade escatológica na medida em que vive na presença da realidade transcendente, escatológica. Em seus membros, a igreja encontra aquilo que se situa além da história, e isso se realiza na história (SC, 184-196).

Organização. As igrejas pentecostais variam de pequenas assembleias congregacionais informais a denominações altamente estruturadas. As igrejas das Assembleias de Deus em Belém, no Brasil, representam um exemplo de igreja altamente estruturada. Chestnut descreve a igreja holisticamente nos seguintes termos: "No vértice da pirâmide administrativa, o poder decisório concentra-se nas mãos do pastor-presidente. Na ampla base, os membros comuns participam das atividades diárias da igreja através de um grande espectro de ofícios e de posições de nível inferior [...]. [Essa] massa crítica de membros sente-se como se fosse parte integrante da igreja através do ativo engajamento na pletora de atividades e organizações da igreja" (RAC, 130).

A hierarquia segundo o ofício em um estado ou em um nível regional de organização tem um pastor-presidente que preside a Convenção Estadual das Assembleias e é responsável pelos assuntos administrativos e financeiros. Ela é constituída por mais de duzentos líderes eclesiais de várias categorias e é controlada pelo pastor-presidente. "Os pastores e os evangelistas baseados no Templo Central e em seu anexo [o seminário] constituem a elite pastoral. Os clérigos assalariados, pastores e evangelistas administram os assuntos da igreja-mãe, dirigindo, por exemplo, os departamentos administrativos, lecionando no seminário, visitando congregações no interior do estado e realizando os ritos eclesiásticos da comunhão, do matrimônio, do batismo e dos sepultamentos" (RAC, 131-132). A igreja tem onze departamentos que coordenam as atividades: Administração, Evangelização, Finanças, Aconselhamento Pastoral, Aconselhamento Espiritual em Hospitais, Obras, Assistência Social, Mídia e Cultura, Planejamento e Suporte Técnico e Música" (RAC, 134). Abaixo do pastor-presidente estão os pastores, os evangelistas e os presbíteros, os diáconos, os auxiliares e os obreiros. Outras congregações específicas possuem ofícios semelhantes, mas as designações e as funções podem variar (DL, 120).

A medula espinhal da igreja regional é um núcleo de ministros e administradores em tempo integral que dirigem a igreja. Liderando cada comunidade encontram-se pastores remunerados, copastores e pastores assistentes. O *status* social do ministro talvez esteja mais ou menos no mesmo nível dos membros da comunidade, diferentemente dos instruídos sacerdotes católicos entre os pobres no Brasil. A estrutura, contudo, é absolutista, e o ministro estabelece sua autoridade e prega didaticamente (DL, 190). Abaixo dos pastores acha-se um imenso corpo de voluntários. Acima dos trabalhadores não remunerados estão os diáconos, que "têm por encargo organizar a vida cotidiana da igreja: a comunhão, as edificações da igreja, a disciplina, a prática coral, grupos de jovens e visitas a hospitais. Mesmo não remunerado, o *diácono* parece ser figura crucial entre neófitos, *pastores* assalariados e outros graus" (DL, 124). O primeiro escalão abaixo dos diáconos é composto de um amplo espectro de membros plenos da igreja que são ativos colaboradores do ministério da igreja; um segundo escalão é formado por aqueles que comparecem com regularidade e frequência aos cultos da igreja; e um terceiro escalão é constituído pelo público externo que vai à igreja de vez em quando. A igreja enquanto organização comunica-se com seus membros por intermédio de obreiros voluntários, anciãos e missionários que diligentemente saem em busca dos que se encontram fora da igreja para cooptá-los. Em uma reunião da igreja, os obreiros colocam-se ostensivamente à disposição para coordenar as atividades de toda a assembleia, enquanto o evangelista ou o pastor conduz o grupo. De maneira geral, grandes contingentes, perto de 80%, participam das organizações da igreja no nível congregacional (RAC, 135). Tanto os que ocupam alguma função na estrutura da igreja como os que simplesmente participam de suas atividades encontram nelas um novo senso de dignidade para suas vidas (RAC, 140-141).

A educação dos ministros nas igrejas pentecostais varia do mínimo ao máximo. Há maior probabilidade de que seja elevada em denominações que instituíram seminários porque contemplam diversos graus de instrução de seus ministros na gestão da igreja, no estudo da Bíblia e na pregação, ou uma formação mais geral, incluindo teologia cristã. Existe uma boa gama de oportunidades em nível universitário para a formação de pentecostais na América do Norte e vários graus de treinamento em países em desenvolvimento (DL, 129-131).

Membros. "Em geral se concorda que o crescimento pentecostal na América Latina está concentrado entre os pobres. Dados disponíveis no Brasil e em outras regiões confirmam amplamente essa asserção" (DL, 21).[49] Martin descreve o que o pentecostalismo realiza em favor dos pobres na América Latina: "O pentecostalismo acolhe os deserdados da sorte neste mundo e lhes oferece um ambiente protegido onde possam

---

[49] Cecília Loreto Mariz compara e contrasta a maneira como as Comunidades Eclesiais de Base e os pentecostais se relacionam com a cultura e o contexto dos pobres no Brasil. Utilizando essa relação com os pobres como ponto de referência comum, ela estabelece um interessante contraste entre as pressuposições, as cosmovisões e os objetivos e estratégias pastorais dessas duas eclesiologias. Muito embora pareçam ter em comum pelo menos o pequeno tamanho de suas unidades de base, sua abordagem e o sucesso que fazem entre os pobres e suas manifestações culturais populares são bastante diferentes (CLM, pp. 61-80). David Lehmann contrasta as CEB's e os pentecostais da seguinte forma: "As CEB's se preocupam mais com a teologia, ao passo que os pentecostais se preocupam menos com ela; as CEB's preocupam-se menos em estabelecer fronteiras em torno de seus membros, ao passo que os pentecostais se preocupam bastante com isso, como se estabelecessem a fronteira de um grupo étnico; as CEB's ressaltam que o acesso à fé se dá pela análise racional, ao passo que os pentecostais rejeitam tal ideia e aceitam tão somente a fulminante descida do Espírito Santo; as CEB's minimizam o ritual em favor da fé, a forma em prol do conteúdo, ao passo que os pentecostais recriam continuamente o ritual e equiparam a fé a um estado emocional e a um arco de prescrições práticas para vida cotidiana; as CEB's frisam o nexo indissolúvel entre fé religiosa e compromisso político, ao passo que os pentecostais rechaçam absolutamente tal conexão [...]. É difícil acreditar que ambos estejam apelando ou respondendo às mesmas necessidades, desejos, frustrações e alienações das massas de pobres cuja adesão buscam" (DL, p. 6).

trabalhar os dons do Espírito, como a perseverança, a paz de espírito, a disciplina, a honradez e a aceitação mútua entre os irmãos na fé e no seio da própria família. Fraternidades reais ou virtuais se ajudam mutuamente. Os crentes, aproximadamente dois terços deles mulheres, conectam-se em redes de encorajamento recíproco. Cantam e oram horas a fio porque esse tempo sagrado fala de sua própria descoberta como valor infinito, não aos olhos da lei, mas aos olhos do autor de toda lei" (DM, 71). Os ministros pentecostais podem não ter plataforma política, mas perseguem "um tipo específico de transformação pessoal, e o discurso que utilizam baseia-se em relatos e imagens pessoais, e não em proposições abstratas" (DM, 167). Isso, no entanto, não é intrínseco ao pentecostalismo, e os ministros estão vendo as causas do sofrimento humano com outros olhos.

Quanto ao Brasil, mas isso também é relevante para outros países, o pentecostalismo exerce certa sedução junto às mulheres, já que elas constituem o segmento majoritário nessas igrejas. As igrejas pentecostais pregam a estabilidade do lar e fortalecem a reputação pública e a identidade das mulheres. Muito embora as igrejas pentecostais professem a doutrina paulina da sujeição das esposas aos maridos, sublinhem excessivamente a propriedade sexual e defendam a subordinação da mulher na esfera pública, "a diligente atenção dispensada à família, sobretudo o núcleo familiar, tem o condão de fortalecer a autoimagem das mulheres enquanto mães, visto que muitas delas são mães solteiras que exercem o papel de chefe de família" (DL, 133).

Por último, o contingente de igrejas pentecostais de classe média está em crescimento tanto no mundo desenvolvido como no mundo em desenvolvimento. Essas igrejas tendem a se apartar das igrejas dos pobres e por vezes esposam o evangelho da prosperidade (Hollenweger, AA, 188-190).

Atividades. As igrejas pentecostais podem se envolver em uma série de atividades dentro da comunidade. As igrejas oferecem aconselhamento e uma gama de outros serviços, pelo que se pôde observar nos departamentos da Assembleia de Deus de Belém, no Brasil. A discussão agora contempla o ritual e a liturgia, as cerimônias da assembleia. Esse aspecto é descrito nos termos de uma série de práticas pentecostais padrão dispostas item a item e de acordo com o estilo do pastor ou do pregador. Sem entrar no mérito de que se trata ou não de uma liturgia formal, a expectativa é que se encontre toda uma gama de elementos reconhecidamente pentecostais que são mais ritualizados do que possa parecer.[50] Os elementos peculiares dos cultos das congregações têm por função demarcar as fronteiras dessa igreja particular e criar um senso de identidade em seus membros. As novas igrejas pentecostais parecem refletir o processo de formação ritual das comunidades cristãs primitivas dos primórdios; envolve inculturação criativa (DL, 136-139). Com efeito, o termo "eclesiogênese", cunhado por Boff, aplica-se mais convincentemente às novas igrejas pentecostais do que às CEB's.

Pregação. Cox descreve o discurso pentecostal em termos críticos e simbólicos como um discurso de entusiasmo religioso; sobretudo no período pós-Rua Azusa, é repleto de testemunhos maravilhosos e de narrativas milagrosas. Para o observador externo, as ocorrências relatadas são inacreditáveis à primeira vista e parecem colocar os depoimentos sob suspeita. Havey Cox recomenda que se fique com a prosa e se aprecie o gênero a partir da experiência concreta que ela articula. A pregação pentecostalista geralmente não consiste em uma representação crítica, analítica; o discurso não se constrói em bases argumentativas e sim narrativas. A hipérbole por vezes aparentemente fantástica traduz a profundidade e a veemência emocional das lembranças. Em todo caso, o discurso religioso é simbólico; na escrita e na pregação pentecostal, o simbolismo opera de maneira característica: a linguagem evoca acontecimentos maravilhosos, e os acontecimentos maravilhosos simbolizam a presença difusa e dinâmica do Espírito, que se encontra no coração da matéria. O que se propagou a partir da Rua Azusa e continua a seduzir

---

[50] "O pregador conduz o serviço por iniciativa própria: se existe uma sequência litúrgica, ela decerto não é precisamente codificada como a da missa católica ou como um serviço anglicano" (DL, p. 136). Observador participante, Cox escreve: "Em cada uma das igrejas o culto seguia o padrão que eu agora havia aprendido a esperar nas igrejas pentecostais: música em alto volume, louvores em abundância, movimentos corporais, compreendo palmas e meneios, depoimentos pessoais, por vezes preces 'no Espírito', um sermão repleto de casos e curiosidades, avisos, muitos ditos espirituosos, período de fervorosas orações em intenção de curas e um intervalo musical." HC, p. 6.

as pessoas não é uma doutrina, e sim uma experiência (HC, 67-72). O estilo de pregação tem por objetivo a transmissão direta de uma mensagem espiritual e moral edificante. O discurso não veicula uma exegese histórico-crítica da Bíblia; pelo contrário, utiliza a livre associação de ideias e aplicações à situação atual. Os personagens da narrativa bíblica fornecem modelos a serem imitados, metáforas ou metonímias suscetíveis de aplicação imediata ao que se passa no mundo de hoje. A mensagem toda é um conjunto livre e criativo de testemunhos e casos práticos (DL, 179). Um outro estilo de pregação, típico das igrejas pentecostais negras, reveste a forma de diálogo emocionado, reiterativo, cadenciado, com a comunidade. A construção do discurso frequentemente vai na direção da experiência religiosa congregacional coletiva.

Línguas. Falar em línguas, ou glossolalia, é dom do Espírito Santo e manifestação do batismo do Espírito. Por mais ritualizado que seja, o fenômeno consiste em um estado de possessão arrebatadora em que, pelo poder do Espírito, a pessoa verbaliza algo confuso ou que parece línguas estranhas que ela não aprendeu. Um texto clássico que autoriza a prática integra a descrição da experiência pentecostal arquetípica: "E todos ficaram repletos do Espírito Santo e começaram a falar em outras línguas, conforme o Espírito lhes concedia que se exprimissem" (At 2,4). Cox analisa o que se passa nesse fenômeno como uma outra manifestação da espiritualidade primordial que lhe confere sentido válido, notório: pensemos a glossolalia, os sonhos e os transes, a profecia e o milenarismo "na perspectiva mais ampla da história religiosa, como a redescoberta do discurso primordial (expressão extática), da piedade primordial (experiência mística, transe e cura) e da esperança primordial (expectativa inabalável de um futuro melhor), e então sua ressurgência contemporânea torna-se um pouco menos desconcertante" (HC, 83).[51]

---

[51] O pentecostalismo "faz sucesso porque fala ao vazio espiritual de nossa época, superando os níveis do credo e da cerimônia para chegar ao âmago da religiosidade humana, àquilo que se poderia chamar de 'espiritualidade primal, o núcleo altamente não processado da psique humana em que se lavra a intérmina luta por um senso de propósito e de sentido" (HC, p. 81). A abordagem que Cox faz da lógica desses encontros aparentemente diretos com Deus enquanto Espírito e dos dons é particularmente esclarecedora. HC, pp. 81-138.

Esses transcendentais que subjazem e estruturam o caráter religioso da existência humana são diretamente canalizados pelo que, à primeira vista, pode parecer práticas bizarras. Isso se aplica especificamente ao fenômeno do falar em línguas. Os pentecostais hoje em dia entendem que falar em línguas é um discurso básico, apofático, "uma forma de os indivíduos, no interior de uma comunidade de fé, orarem sem as limitações do discurso verbal. Eles veem a glossolalia como mecanismo de coesão, que congraça as pessoas em uma comunidade de amor. Veem-na como uma prática radicalmente democrática, que capacita até mesmo as pessoas menos instruídas, e não apenas o pregador tarimbado, a falar" (HC, 95).

Música. Nenhuma outra sensação é capaz de falar tão diretamente aos sentimentos do que a música; o que se vê requer interpretação, ao passo que a música via de regra se interpreta a si mesma. Não é de surpreender, portanto, que "a música não seja parte acessória do culto, mas constitua sua substância".[52] Comparando o próprio pentecostalismo com a "lógica" do jazz, Cox observa como "a mensagem da Bíblia é ensinada, cantada e celebrada com arrebatado entusiasmo. Os acordes básicos, por assim dizer, estão aí. Entretanto, a mensagem é transmitida com o que pode ser chamado de *riffs*, improviso de forma e performance inspirado pelo Espírito" (HC, 147). As análises da inspiração e da participação demonstram quão íntima e reveladora a analogia é. A música também ajuda a explicar melhor como o pentecostalismo, revestindo a música de cada cultura, pode ser como que incorporado nela, como o é o pentecostalismo americano na cultura negra.[53] Corten, em seu estilo secularizante, relaciona o uso da música às emoções: "O cântico produz, especialmente quando prolongado, a exacerbação do clima emocional. Sua repetitividade torna-se hipnotizante [...]; o cântico contribui para fazer do culto um 'acontecimento';

---

[52] Cox, HC, p. 148. O tratamento que Cox faz da função da música baseia-se em uma extensa analogia entre jazz e pentecostalismo que nos ajuda a chegar ao cerne do culto dessa igreja. Esses comentários inspiram-se em seu "Music Brought Me to Jesus", HC, pp. 139-157.

[53] A analogia com o jazz também ilustra a diferença entre o pentecostalismo "clássico" e as versões domesticadas criadas por várias adaptações ou apropriações de seus aspectos por outras igrejas. Os movimentos carismáticos nas igrejas principais devem ser distinguidos desse "tipo" de igreja. Ver Cox, HC, pp. 150-153; Spittler, KP, p. 104.

às vezes, é meramente decorativo; outras vezes polariza a emoção" (AC, 41). "Os crentes que comparecem a um culto saem como que repletos de 'um evento', da mesma maneira como o espectador que deixa o teatro. Não saem com a mera satisfação de uma obrigação cumprida, mas com a impressão de que compareceram/participaram de um evento" (AC, 43).

Satã e demonologia. As igrejas pentecostalistas geralmente acreditam em um princípio do mal, o demônio. A vida cristã não é simplesmente um duelo contra a carne ou contra o mal que se infesta em suas entranhas, mas também contra as forças externas que pairam em volta. "Acreditamos na pessoalidade do Demônio, que por sua influência e poder acarretou a queda do homem e agora procura destruir a fé de cada crente no Senhor Jesus Cristo".[54] A linguagem da pregação dos pentecostais pode tornar-se aqui bastante literal, de maneira que é difícil determinar em vários casos o exato conteúdo das crenças (WH, 377-384). Cox considera certos escritos sobre os espíritos malignos e os poderes das trevas obsessivos e ameaçadores (HC, 281-287).

A presença do demônio permeia o pentecostalismo e pode ser vista no âmbito da doutrina, da filiação prática e do ritual da igreja. A crença explícita em um mal pessoal é frequentemente uma doutrina no credo pentecostalista. Em virtude da generalidade prática do mal em todas as decisões da vida, é preciso que o crente esteja sempre alerta, e as igrejas proporcionam essa proteção. Muitas igrejas disponibilizam rituais regulares ou semanais de exorcismo (DL, 139). O dualismo oral de Robert é claro e distinto: "Deus é um bom Deus, e o demônio é um mau demônio. O que Deus quer para você é bom (saúde, riqueza, felicidade); o que o demônio quer para você é mau (enfermidade, pobreza, depressões). Portanto, escolha o que é bom, escolha Deus!" (WH, 363).

Exorcismo, cura e milagre. "A atitude de grupos pentecostais específicos em relação à cura dos enfermos pela oração em geral, e em relação aos evangelistas que praticam curas em particular, varia bastante. De maneira geral, pode-se dizer que os grupos mais recentes e avivados são

---

[54] WH, p. 377, citando a "Base Doutrinal" das Assembleias de Deus da Austrália.

mais condescendentes com os evangelistas que praticam curas. Por um lado, os grupos pentecostais mais antigos tiveram alguma dificuldade para manter afastados os evangelistas que praticam curas" (WH). O discurso dos exorcismos e das curas espera milagres explícitos, operados pelo poder de Deus, derrotando os espíritos do mal. "Qualquer que seja a doença que o acometeu, qualquer que seja a causa dessa doença, esteja certo de que ela é opressão de Satanás, é obra do mal. Confie em Jesus Cristo, que veio destruir as obras do demônio e libertar os oprimidos, que você será curado" (WH, 358). De maneira geral, se a cura não acontece, é por falta de fé, e não da vontade de Deus. A teologia dessa prática relaciona a imediata presença e importância de Jesus Cristo, da forma como retratado nos evangelhos, com a situação atual. Do mesmo modo como Jesus curava no Novo Testamento, ele cura também hoje pelo mesmo poder, tal como invocado pelo pastor e mediante a fé dos que creem (WH, 368).[55]

Uma vez mais, Cox explica as práticas de cura e a expectativa de milagres segundo a lógica da "piedade primordial" (HC, 82, 99-110). A piedade primordial subjaz à crença e à prática como desejo fundamental de uma completude que se dá a partir de fora do sujeito e que só pode ser satisfeita por um poder transcendente ao próprio indivíduo. Reflete aquilo que os teólogos, de Agostinho a Tillich, reconheceram como desejo de ser, de não deixar de ser, mas de ser absoluto. O símbolo da salvação adquire seu significado a partir desse desejo fundamental. Essa exigência de completude explica por que religião e cura, especialmente a cura miraculosa, podem fundir-se. A piedade primordial ou desejo de salvação supera o credo, o mandamento e a forma litúrgica. Fundada em um nível pré-racional do humano, a cura ritual, por mais caótica que possa parecer, é sacramental: coloca o indivíduo em contato "direto" com esse poder salvífico do Espírito, e em todas as épocas as pessoas se remetem a essa piedade, funcione ela ou não.

---

[55] Hollenweger chama a atenção para a crítica generalizada aos "evangelistas curandeiros espalhafatosos" e à divisão que fazem do mundo entre a esfera de Deus e o reino dos demônios, ao mesmo tempo em que reconhecem a necessidade de "um sóbrio ministério de cura" pelo qual a igreja manifesta a solicitude cristã para com o corpo e a saúde. Walter J. Hollenweger, "Crucial Issues for Pentecostals", AA, pp. 178-183.

Sacramentos. No que se refere ao batismo, a concepção que dele tem a maioria dos pentecostais é próxima da dos batistas. A doutrina das Assembleias de Deus é formulada nos seguintes termos: "A ordenança do batismo por um sepultamento com Cristo deve ser observada tal como determinam as Escrituras, por todos aqueles que realmente se arrependem e em seus corações verdadeiramente acreditam em Cristo como Salvador e Senhor. Ao fazê-lo, seus corpos são lavados em água pura como símbolo exterior de purificação, ao mesmo tempo em que seus corações já foram aspergidos com o sangue de Cristo como purificação interior. Declaram assim ao mundo que morreram com Jesus, mas também ressuscitaram com ele para uma vida nova".[56] Muito embora a maioria dos pentecostais aceite essa formulação paulina, pode haver significativas diferenças na sistemática dos batismos, desde as cerimônias internas até as cerimônias externas realizadas em rios ou lagos.

"Não existe uma doutrina eucarística plenamente desenvolvida no movimento pentecostal. Quando se fazem afirmações acerca da Ceia do Senhor, isso é interpretado em linhas zwinglianas, como memorial da morte de Jesus. Existe, contudo, um padrão nítido e bem desenvolvido de *devoção e prática* eucarística" (WH, 385). O artigo de fé das Assembleias de Deus dos Estados Unidos acerca da Ceia do Senhor tem a seguinte formulação: "A Ceia do Senhor, que consiste nos elementos pão e fruto da vinha, é o símbolo que expressa nossa partilha da natureza divina de nosso Senhor Jesus Cristo; um memorial de seu sofrimento e morte e uma profecia de seu segundo advento; e dela participam todos os crentes 'até que ele venha'" (WH, 515). Todavia, o padrão de comemoração da Ceia do Senhor pode variar consideravelmente em termos de frequência e de arranjo físico do ritual. Geralmente ele não competiria com as mediações ou expressões do poder do Espírito na comunidade e na assembleia. Alguns pentecostais também seguem literalmente o mandamento do lava-pés no Novo Testamento e o tomam como sacramento, ao passo que outros não o fazem (WH, 395-396).

---

[56] Declaração das Verdades Fundamentais (1916), Assembleias de Deus, Estados Unidos. WH, p. 514.

Ética. As comunidades pentecostais, quando absolutamente estruturadas, enfatizam uma gama de práticas disciplinares. As que são mencionadas na sequência são exemplos, e não prescrições universais. As igrejas esperam alguma forma de observância de uma reverência reflexiva ou menos ativa do dia do Senhor. As igrejas pentecostais podem proibir o serviço militar, advertir contra os vícios e instar uma rigorosa ética sexual. O rigorismo ético varia de acordo com as igrejas e as culturas específicas (WH, 399-412). No Brasil, todas as igrejas pentecostais "impõem absoluta proibição do álcool e do tabaco, bem como uma série de controles sobre o comportamento sexual [...]. Trata-se de elementos constitutivos da liminaridade que demarca a comunidade, mas os *evangélicos* também encaram as regras como elementos que os apartam do mundo da irreligião ou simplesmente do que consideram 'o mundo', estabelecendo fronteiras entre o mundo das trevas e o reino da luz e entre os que creem e os que não creem" (DL, 201).

O dízimo, ou a entrega de 10% dos próprios rendimentos à igreja, é recomendado por alguns ou pode até mesmo ser exigido: em algumas denominações, é condição para a plena pertença à igreja. No Brasil, todas as igrejas pentecostais praticam o dízimo: "Espera-se que os membros ofereçam regularmente 10% de seus rendimentos" (DL, 203). Algumas igrejas pentecostais também pregam o evangelho da prosperidade, em que a conversão a Cristo acarreta bem-estar material ou riqueza (DL, 208).

Relação com o mundo. A característica pentecostalista de menor consciência ou engajamento político está mudando rapidamente. Pentecostais politicamente conservadores têm se organizado nos Estados Unidos, ao passo que outros elaboram o que se aproxima de uma teologia da libertação pentecostal (HC, 295-296). Os pentecostais têm se engajado profundamente nos processos políticos na América Latina, da extrema-direita à esquerda do espectro ideológico. O maior exemplo da direita é o general Efrain Ríos Montt, ex-professor de escola dominical pentecostal que chegou ao poder político na Guatemala em 1982. "Ríos Montt relançou a batalha contra os rebeldes esquerdistas como uma guerra santa, açulando seus soldados cristãos contra as forças ateístas do mal" (RAC,

145). À esquerda, no Brasil, a carioca Benedita da Silva, curada de um câncer de mama pelo Espírito Santo, é uma pentecostal que chegou ao Congresso Nacional em 1986. "Tanto como congressista como senadora do Partido dos Trabalhadores, Benedita da Silva patrocinou a causa dos despossuídos afro-brasileiros, operários, mulheres e favelados" (RAC, 146-147). Uma ampla variedade de testemunhos de uma preocupação social e da necessidade de ação política está surgindo entre várias igrejas pentecostalistas em diversas regiões do mundo. Elas se engajam em programas políticos não apenas para ajudar vítimas, mas também para mudar as estruturas sociais. Essa postura por vezes assume a linguagem da teologia da libertação. E também expande a ideia de cura para incluir a libertação da opressão (Anderson, AA, 210-216).[57] Chestnut estima que a grande maioria dos pentecostais esteja situada em algum ponto do centro, mas tendendo politicamente à direita.

Em suma, o pentecostalismo constitui um novo movimento igreja livre na eclesiologia. Aqui o caráter dinâmico da igreja como evento é quase pré-eclesiológico em qualquer sentido acadêmico. A instituição é intimamente alinhada com o carisma. Assembleias congregadas independentes e igrejas individuais sob superestruturas denominacionais parecem incorporar anacronicamente uma forma de igreja embrionária do século I em processo de formação. O pentecostalismo, portanto, forma a nova ala esquerda da eclesiologia, ala que incita as outras igrejas a serem mais responsivas às exigências de seu público.

---

[57] O pentecostalismo e a teologia da libertação compartilham a ideia de que a salvação acarreta consequências para a vida material neste mundo. Na linguagem da libertação, isso corresponde à libertação social, econômica e política da existência histórica, e no pentecostalismo isso se aplica à cura. Alguns teólogos pentecostais, no entanto, também estão estendendo a ideia de cura à condição social da existência. Volf Miroslav. "Materiality of Salvation: An Investigation in the Soteriologies of Liberation and Pentecostal Theologies", *Journal of Ecumenical Studies* 26 (1989), 448, pp. 454-457, 460-64. Um exemplo é Eldin Villafañe. *The Liberating Spirit*. Grand Rapids, Eerdmans, 1993, que escreve a partir de uma perspectiva hispânica. Considere-se também a proposta de uma teologia da libertação negra britânica, a partir de uma base pentecostalista, formulada por Robert Beckford. "Black Pentecostals and Black Politics", in AA, pp. 48-59. Lee Hong Jung explica a necessidade e a razoabilidade de "dexamanizar" o pentecostalismo coreano e de criar uma teologia da libertação *minjung* a partir de uma perspectiva pentecostal in "*Minjung* and Pentecostal Movements in Korea", AA, pp. 138-160.

Batismo, Eucaristia e Ministério

Batismo, Eucaristia e Ministério é uma declaração ecumênica elaborada pela Comissão Fé e Ordem do Conselho Mundial das Igrejas e publicada em 1982.[58] Dadas as representações das eclesiologias ortodoxas e pentecostais, esse documento marca uma posição intermediária no espectro das eclesiologias. BEM é igualmente conhecido como Documento de Lima, já que o encontro da comissão que finalmente o ratificou foi realizado em Lima, no Peru. A Comissão Fé e Ordem promove o objetivo da unidade visível entre as igrejas cristãs. Essa meta pode ser alcançada pelo compartilhamento das coisas em comum e, portanto, a partir de algum consenso fundamental em torno do batismo, da eucaristia e do ministério (Pref, viii).

Esse documento evoluiu ao longo de um período de cinquenta anos, começando com a primeira Conferência Fé e Ordem, realizada em Lausane, em 1927. "O texto foi discutido e revisado pela Comissão Fé e Ordem em Acra (1974), Bangalore (1978) e em Lima (1982)" (Pref, viii). Um esboço da declaração circulou após a quinta assembleia do CMI, em Nairóbi, em 1975. Os católicos romanos estiveram envolvidos na produção do texto; as igrejas ortodoxas revisaram o documento; a declaração também se baseou na experiência de conversações bilaterais e multilaterais entre as igrejas e entre algumas uniões de igrejas em linhas confessionais (Pref, viii).

A doutrina do documento é ecumênica. Tem por objetivo, ao mesmo tempo, superar as controvérsias e as divisões históricas e abordar questões contextuais da atualidade. É alimentado praticamente por todas as tradições confessionais. Não propõe, no entanto, um completo desenvolvimento teológico dessas três áreas da vida eclesial. Em vez disso, enfoca aqueles aspectos relacionados com os problemas do mútuo reconhecimento que levam à unidade. O texto principal apresenta as principais áreas de convergência teológica; os comentários que acompanham o texto tratam das diferenças que foram ou ainda estão por ser superadas (Pref, ix).

---

[58] *Baptism, Eucharist and Ministry.* Faith and Order Paper n. 111. Geneva. World Council of Churches, 1982, é citado no texto como B ou M, com referência ao número de parágrafo da seção específica.

O espírito subjacente ao documento foi um senso da possibilidade de uma ruptura nas relações ecumênicas, e seu texto foi encaminhado a todas as igrejas para manifestação e resposta oficial e autorizada.[59] O documento tem seus críticos, evidentemente. Entretanto, mesmo um dos mais acerbos, que de uma perspectiva peculiar considera-o fundamentalmente contumaz, também se refere a ele como "trabalho consolidado, impressionante, talvez clássico".[60] A ordem em que o documento apresenta os três tópicos foi alterada nesta exposição.

Ministério

Esse é o mais complexo dos três tópicos, pois envolve áreas significativas de divisão. A estrutura ou esboço da apresentação assume grande importância. O tratado tem seis partes. A primeira caracteriza ou define a igreja holisticamente como a totalidade do movimento do povo de Deus, que são os seguidores de Jesus Cristo, em uma comunidade animada por Deus enquanto Espírito, cuja missão é evangelizar ou pregar o evangelho ao mundo. O Espírito engendra um pluralismo de dons e um pluralismo de igrejas com diferentes ordens de ministério. As cinco seções seguintes enfocam a natureza do ministério ordenado e as várias formas de ordens de ministério. Significativamente, esse documento centra-se na tríplice ordem do ministério (bispos, presbíteros e diáconos) como o padrão dominante que todos deveriam considerar como historicamente central, sem torná-lo absolutamente normativo. Ele trata da apostolicidade e, subsequentemente, do ato de ordenação. Encerra-se com a questão do mútuo reconhecimento dos ministros ordenados nas denominações.[61]

---

[59] As respostas foram coligidas por Max Thurian, ed., *Churches Respond to BEM*, vols. 1-6, Faith and Order Paper nn. 129, 132, 135, 137, 143, 144. Geneva, World Council of Churches, 1986-1988. Foram seguidas por um relatório final, *Baptism, Eucharist and Ministry (1982-1988)*, Faith and Order Paper n. 149. Geneva, WCC Publications, 1990. A análise dessas respostas extrapola os limites deste trabalho.

[60] Markus Barth. "BEM: Questions and Considerations", *Theology Today* 42, 1986, 490-498, às pp. 95 e 98.

[61] A exemplo de Calvino, o tratado aborda três questões básicas: (1) a natureza do ministério ordenado (sem uma extensa discussão sobre a autoridade e as competências jurisdicionais), (2) os ofícios de ministério, (3) o significado, ato e condições da ordenação. Ver especialmente a exposição de Calvino "Ecclesiastical Ordinances", supra.

A declaração combina uma perspectiva histórica com uma perspectiva teológica em sua definição da igreja. A igreja é (a) o movimento global do povo de Deus que (b) são os seguidores de Jesus Cristo, (c) em uma comunidade animada por Deus enquanto Espírito, (d) cuja missão é evangelizar ou pregar o evangelho ao mundo. (e) O Espírito engendra um pluralismo de dons e um pluralismo de igrejas com diferentes ordens de ministério. (f) As diferenças entre as ordens de ministério das igrejas levam a indagar se se pode determinar alguma compreensão comum da ordem da igreja (M, 1-6).

Reconhecendo a necessidade de uma linguagem comum entre as igrejas, BEM, a essa altura, estabelece algumas definições sobre carisma, ministério, ministério ordenado e a denominação de sacerdote. São definições objetivas. O documento se mantém próximo da linguagem escriturística e, consistentemente, remete às origens. Os ministros são aqueles publicamente responsáveis na igreja; a igreja nunca existiu sem eles. O documento examina o conceito e o papel histórico dos doze e dos apóstolos. É sensível à possível divisão entre ministros ordenados e leigos: os ministros são funções e estão a serviço da comunidade (M, 12). Sua principal responsabilidade consiste em reunir e construir a comunidade pela palavra e pelo sacramento, bem como guiar e liderar sua missão. "Como o ministério ordenado e a comunidade são inextrincavelmente imbricados, todos os membros participam das realizações dessas funções" (Commentary on M, 13).

O documento tem uma visão matizada da autoridade do ministro ordenado. Isso não é retratado como propriedade, e sim como dom que envolve responsabilidade para com a comunidade e não pode ser exercido sem a cooperação da comunidade. Por conseguinte, a recepção e a relação se dão no dom. O apelo é ao Novo Testamento e ao exemplo de Jesus (M, 15-16).

Quanto ao ministério ordenado e ao sacerdócio (M, 17), o documento afirma Jesus como o sacerdote único, a igreja como sacerdócio, e o sacerdócio dos crentes nessa igreja, mas diz também que um ministro ordenado pode ser chamado sacerdote porque realiza ações sacerdotais.

Esse parágrafo, importante para o reconhecimento dos sacerdotes por algumas igrejas protestantes, é acompanhado de comentário prático. No que se refere às mulheres na igreja, o documento diz simplesmente que todas as igrejas precisam refletir sobre a inclusão na igreja. À medida que mais e mais igrejas promovem a ordenação de ministros mulheres, essa questão precisa ser avaliada pelas igrejas (M, 18).

"Ministério" considera cuidadosamente a estrutura da igreja, as ordens do ministério, a ordenação e o exercício desses encargos. Fundamenta os diferentes ministérios de bispos, presbíteros e diáconos (M, 19-25). O Novo Testamento dá testemunho de um pluralismo de estruturas ou de organizações eclesiais: "Ele não descreve um padrão único de ministério que possa servir como esquema ou norma contínua para todo futuro ministério na igreja" (M, 19). Mas a estrutura tripartite tornou-se o padrão universal do ministério ordenado nos séculos II e III. Reconhece-se também que essa estrutura, quando mantida, passou por mudança; e introduziu-se uma outra alternativa de ministros ordenados "abençoada com os dons do Espírito Santo"; "não obstante, o ministério tripartite de bispo, presbítero e diácono pode servir hoje como expressão da unidade que buscamos e também como meio de alcançá-la" (M, 22). Toda igreja necessita de alguma forma de *episcopé* para expressar unidade e ordem eclesial. A tríplice ordem requer várias reformas em diferentes igrejas. Mas desafia aquelas igrejas que não possuem essas ordens ao questionar se o valor da unidade pode assegurar sua aceitação dela. Por fim, três princípios diretores para o exercício do ministério ordenado são sublinhados em linhas gerais: o ministério ordenado deve ser *pessoal* para mediar Deus enquanto pessoal, *colegial*, de modo que o ministério continue sendo uma tarefa comum representando as preocupações da comunidade, e *comunal*, para que seja radicada na comunidade (M, 26-27).

"Ministério" também esboça as funções de cada um dos três ofícios do ministério. Os bispos pregam, administram os sacramentos, exercem a supervisão, representam a unidade, lideram a missão da igreja, relacionam a igreja com sua área e com o mundo em sentido mais amplo e são responsáveis pela transferência da autoridade ministerial, i.e., a ordenação.

Os presbíteros servem como ministros da palavra e do sacramento na comunidade eucarística local, instrutores, pregadores e ministros da solicitude pastoral, e exercem responsabilidade para com a disciplina e a ordem na comunidade. Os diáconos representam o ministério da igreja perante o mundo, cuidam dos encargos administrativos dentro da igreja, e podem ser eleitos para a governança (M, 28-31). O documento também reconhece outros carismas na igreja, tanto os de tipo estável como os dos profetas e líderes em tempos de crises (M, 32-33).

Voltando à apostolicidade e à sucessão no ministério apostólico, "Ministério" rompe a identidade e a necessária dependência desses conceitos com a simples sucessão episcopal, ao mesmo tempo em que não elimina a enfática recomendação de que se adote o episcopado (M, 34). "A manifestação primária da sucessão apostólica deve ser encontrada na tradição apostólica da igreja como um todo" (M, 35). A apostolicidade, portanto, é predicado da igreja, e se realiza por meio de diversos mecanismos: "transmissão regular do ministério ordenado" expressa essa continuidade, e aquelas igrejas que não dispõem de transmissão regular devem examiná-la. A sucessão dos bispos é outra expressão do caráter apostólico das igrejas. Mas as igrejas desprovidas de episcopado dispõem de outros meios para manter a apostolicidade, através de ordenações e da pregação geral do evangelho (M, 37-38).

A própria ordenação recebe considerável parcela de atenção (M, 39-50). A ordenação "denota uma ação de Deus e da comunidade pela qual os ordenados são fortalecidos pelo Espírito para a tarefa e são sustentados pelo reconhecimento e pelas orações da comunidade" (M, 40). Suas origens residem na imposição de mãos do período neotestamentário. O ato de ordenação é descrito em termos rituais e teológicos, tendo o padrão da igreja primitiva como pano de fundo: a ordenação ocorre em um contexto de culto, talvez de culto eucarístico, e envolve invocação do Espírito, imposição de mãos, e atividade comunitária que liga a ordenação à concessão do Espírito.

O documento também considera as condições para ordenação. A ordenação segue um chamado ou vocação, discernida em oração e reconhecida pela comunidade. Os ministros ordenados podem ser ministros profissionais assalariados pela igreja ou pelo povo com outras ocupações. Devem ser formados no estudo da Escritura, da teologia, da espiritualidade e na oração, e, durante esse período, o chamado pode ser posto à prova. O documento toma posição contra a reordenação, na hipótese de o ministro incorrer em alguma forma de abandono ou ausência (M, 48). As disciplinas que regem as condições de ordenação podem diferir de igreja para igreja e não constituem causa para a divisão. Tampouco há fundamento para a discriminação entre postulantes à ordenação (M, 45-50).

Podem as igrejas reconhecer os ministros ordenados de outras igrejas? Todas as igrejas deveriam dispor-se a examinar suas formas de ministério ordenado e estar preparadas para renovar sua concepção e suas práticas. Crucial, nesse sentido, é a ideia da sucessão apostólica dos bispos: aquelas que não dispõem de episcopado são instadas a considerá-lo como poderosa expressão da apostolicidade; aquelas que possuem episcopado devem reconhecer outras expressões e meios de apostolicidade que fundamentam autênticos ministérios. A ordenação de homens e de mulheres tem de ser exercitada. "O reconhecimento mútuo das igrejas e de seus ministérios implica decisão por parte das autoridades competentes e um constitui ato litúrgico a partir do qual a unidade seria publicamente manifesta" (M, 55). "A celebração comum da eucaristia certamente seria o lugar para esse ato" (M, 55).

Batismo

BEM descreve a origem do batismo cristão como elemento radicado no ministério de Jesus, tanto histórica como teologicamente. Faz então uma caracterização do significado do sacramento, utilizando, em larga medida, a linguagem escriturística e teológica. Uma terceira seção descreve como o batismo deve ser entendido em íntima conjunção com a fé cristã, e a quarta seção contém uma declaração sobre três importantes problemas práticos concernentes à prática batismal entre as igrejas: primeiro; o batismo infantil e o batismo dos fiéis; segundo, os rituais relacionados do batismo, da crisma e da confirmação, e, terceiro, o reconhecimento do batismo através de linhas denominacionais. A declaração conclui com algumas considerações acerca da celebração do batismo.

"O batismo cristão radica no ministério de Jesus de Nazaré, em sua morte e sua ressurreição" (B, 1). O tratamento do batismo e dos outros tópicos é histórico-teológico, ou seja, combina uma imaginação teológica com uma abordagem histórica genética das origens e do desenvolvimento das instituições. Cinco significados ou funções do sacramento tipificam uma teologia do batismo. O batismo medeia uma participação na morte e ressurreição em Cristo. Isso implica uma teologia do pecado e da graça, envolvendo conversão, perdão dos pecados e purificação, o que, por sua vez, remete a dimensões éticas do sacramento. O batismo medeia o dom de Deus como Espírito e, ao unir o fiel a Cristo, opera sua incorporação ao corpo de Cristo, a igreja. O batismo, portanto, ajuda a explicar a unidade da igreja. Por fim, o sacramento do batismo constitui sinal do reino de Deus neste mundo e promessa dele no próximo (B, 2-7). "Batismo" ressalta a íntima conexão entre o sacramento e a fé, não se tratando apenas de um ato de profissão de fé, mas também da duradoura atitude da fé cristã que representa uma graça constante. "A vida dos cristãos é necessariamente uma vida de contínua luta, embora também de contínua experiência da graça" (B, 9). O contínuo crescimento na fé também conjuga os efeitos do batismo com a santificação pessoal e a responsabilidade ética.

O documento considera três áreas práticas de conflito entre as igrejas que reclamam algum tipo de solução (B, 11-16). Sobre o batismo de crianças e o batismo de fiéis, o texto sugere que ambos os sistemas possuem lógica coerente e ambos podem ser tolerados por todas as igrejas. Propõe algumas normas, contudo: o batismo deve ser celebrado publicamente no contexto da comunidade; o rebatismo é desautorizado (B, 11-13). Sobre as distinções entre o batismo, a crisma e a confirmação, todos os cristãos concordam que o batismo envolve água e o dom do Espírito, e esse dom do Espírito pode ser ritualmente significado de diferentes maneiras em diferentes igrejas. Sobre o reconhecimento mútuo do batismo entre as linhas denominacionais, o documento afirma: "O mútuo reconhecimento do batismo é reconhecido como importante sinal e meio de expressar a unidade batismal dada em Cristo. Onde quer que seja possível, o reconhecimento mútuo deve ser expresso explicitamente pelas igrejas" (B, 15).

Quando trata da celebração do batismo, o documento dá conselhos práticos sobre a administração do batismo, ao mesmo tempo em que reconhece o pluralismo. Por exemplo, enquanto celebração comunitária pública, o batismo, via de regra, deve ser realizado por ministro ordenado. Os elementos básicos do rito são listados: "A proclamação das Escrituras, no que se refere ao batismo; a invocação do Espírito Santo; a renúncia ao mal; a profissão de fé em Cristo e no Espírito Santo; a utilização da água; a declaração de que os batizados adquirem nova identidade como filhos e filhas de Deus e como membros da igreja, chamados a ser testemunhas do evangelho" (B, 20). Em suma, BEM apresenta um conciso tratado teológico sobre o batismo que leva em conta problemas ecumênicos. É objetivo, conquanto comedido e nuançado.

Eucaristia

BEM começa sua teologia da eucaristia com uma descrição da origem histórica e teológica do sacramento no testemunho de Paulo à tradição e na reconstituição teológica de sua vinculação a Jesus antes de sua paixão. Caracteriza, então, o sentido da eucaristia, descritivamente, como dom de Cristo a nós pelo poder do Espírito que possui as seguintes características definidoras: trata-se de um ritual de ação de graças a Deus, de um memorial ou anamnese de Jesus, que se constitui por uma invocação do Espírito (epiclese), representando a comunhão dos fiéis entre si, sendo uma refeição que simboliza o reino de Deus. A terceira parte é uma concisa indicação dos principais elementos de uma celebração eucarística e de alguns pontos de consenso entre as igrejas ou teólogos, concernente ao que ocorre teológica e praticamente na cerimônia: celebrante ou presidente, presença real, frequência, variações em torno de certas concepções dos elementos.

Tipicamente, o método de "eucaristia" parte "de baixo". Seu parágrafo de abertura remete a eucaristia às refeições de Jesus com seus discípulos.

Na igreja primitiva, a prática transformou-se "no ato central do culto da igreja" (E, 1).

A tentativa de expressar o significado da eucaristia em curto espaço desenrola-se em três etapas. A eucaristia é definida nos seguintes termos: "A eucaristia é essencialmente o sacramento do dom que Deus nos faz em Cristo pelo poder do Espírito Santo. Todo cristão recebe esse dom de salvação por intermédio da comunidade, no corpo e no sangue de Cristo. Na refeição eucarística, ao comer o pão e ao beber o vinho, Cristo nos concede comunhão consigo mesmo. O próprio Deus age, infundindo vida ao corpo de Cristo e renovando cada membro" (E, 2).

Essa definição é completada com quatro características essenciais. A eucaristia é um rito de ação de graças como na oração de bênção às refeições. "Por conseguinte, a eucaristia é a bênção (*berakah*) pela qual a igreja expressa sua gratidão por todos os benefícios de Deus" (E, 3). A eucaristia também é anamnese ou memorial de Cristo, "o memorial do Cristo crucificado e ressurrecto" (E, 5). Essa anamnese de Cristo corresponde ao conteúdo da leitura da Escritura e à palavra pregada na eucaristia (E, 12). A doutrina da real presença é recordada sem nenhum endosso de um constructo teológico específico correspondente: "A refeição eucarística é o sacramento do corpo e do sangue de Cristo, o sacramento de sua real presença" (E, 13).

A teologia da eucaristia do BEM é pneumatológica. A invocação do Espírito ou epiclese é ressaltada nesse tratamento porque "o Espírito torna o Cristo crucificado e ressurrecto realmente presente a nós na refeição eucarística" (E, 14). "É em virtude da palavra viva de Cristo e pelo poder do Espírito Santo que o pão e o vinho tornam-se sinais sacramentais do corpo e do sangue de Cristo" (E, 15).

A eucaristia constitui uma comunhão dos fiéis (E, 19-21). Representa um dos fatores de coesão da igreja. Na eucaristia encontram-se os fundamentos teológicos da concepção da igreja como um todo na assembleia local. A eucaristia envolve reconciliação e, portanto, responsabilidade socioética. "Como participantes da eucaristia, portanto, sentimo-nos incoerentes se não participamos ativamente dessa contínua restauração da situação do mundo e da condição humana" (E, 20).

Por fim, a eucaristia é descrita como refeição do reino (E, 22-26). Simboliza o banquete definitivo. Encerra imperativos éticos como a inclusividade: da mesma maneira como Jesus dirigiu-se aos publicanos e aos pecadores e sentou-se à mesa com eles durante seu ministério terreno, assim também os cristãos são chamados à solidariedade com os marginalizados (E, 24).

BEM aborda ainda questões práticas na celebração da eucaristia. Mescla reflexão teológica e sugestão prática em uma tentativa de preencher as lacunas na prática e de reconhecer as diferenças nas formas de celebrar a eucaristia. O documento preconiza encontros eucarísticos frequentes, ou seja, semanais. Mas também evita muitos pontos de atrito. Por exemplo, não se utiliza a palavra "missa"; o ritual não é chamado de sacrifício; nem são utilizados termos como "transubstanciação" ou "consubstanciação".[62] Os sacerdotes são mencionados, mas pela única designação de ministro ordenado.

BEM, em síntese, representa um esforço de afirmação de consenso. Como tal, foi e continua sendo um documento de trabalho. Por um lado, não se pode esperar que todas as igrejas cristãs aceitem a universalidade de suas estipulações. Por outro lado, quando encarado dentro dos marcos de um imperativo cristão de busca da unidade, deve ser útil e desafiador.

Princípios para uma eclesiologia histórica

As três eclesiologias esboçadas neste último capítulo podem ser encaradas como representando dois extremos de um espectro de eclesiologias que vai da direita à esquerda e inclui uma posição centrista negociada. Embora imaginá-las assim surta pouco resultado, pelo menos ilustra algo

---

[62] Em seu comentário sobre a doutrina da real presença, "Eucharist" reconhece um histórico de várias tentativas de explicação teológica (E, Commentary n. 15). O efeito é a sugestão de que nenhuma explicação isolada pode ser considerada essencial para a doutrina da presença real.

que veio a lume no decorrer deste trabalho: não existe nenhuma norma central ou absoluta de como a igreja deva ser organizada. Enquanto realidade histórica, a igreja não corresponde a nenhuma forma platônica. Apesar disso, nenhuma igreja sustenta que a igreja exista fora de quaisquer normas ou critérios de autenticidade. Que critérios possam ser esses, é algo que extrapola os limites deste trabalho. Tentativamente, no entanto, a disposição dos ensinamentos da história sob a forma de alguns princípios para uma eclesiologia construtiva contribui para a discussão dessas normas. O que se apresenta na sequência são teses que sugerem alguns dos ensinamentos e princípios derivados das eclesiologias ortodoxa e pentecostal, bem como o esforço do Conselho Mundial das Igrejas para esquematizar certos aspectos comuns da igreja.

Uma imaginação icônica permite que a eclesiologia reconheça e construtivamente integre as tensões dinâmicas no interior da igreja. A eclesiologia ortodoxa, tal como representada por Zizioulas, incorpora uma série de tensões que ajudam a definir um método de eclesiologia de baixo e cuja relevância a história da eclesiologia tem demonstrado. Ele postula uma tensiva relação entre um marco cristológico e um marco pneumatológico de compreensão da igreja. O primeiro tende a frisar a autonomia da forma institucional como derivativa de Jesus; o segundo propende a conjugar um entendimento ontológico e um entendimento funcional da instituição que decorre de uma comunidade repleta do Espírito. Zizioulas ensina-nos que ontologia e funcionalidade não precisam ser antitéticas: elas constituem dois aspectos da igreja histórica. Zizioulas pede reiteradamente que se preste atenção explícita à tensão entre história e escatologia, que pode ser traduzida aproximadamente em uma dúplice apreciação da igreja como comunidade histórica dotada de realidade iconicamente transcendente. Segundo a máxima de Edward Schillebeeckx: uma realidade em duas linguagens.[63] Essa igreja, portanto, deve ser abordada simultaneamente com uma imaginação simbólica ou icônica e com uma crítica histórica. A dimensão dogmática, contudo, não é extrinsecamente autoritária ou

---

[63] Edward Schillebeeckx. *Church: The Human Story of God*. New York, Crossroad, 1990, pp. 210-213.

literal, mas opera a partir do interior do compromisso de fé com uma perspectiva mistagógica ou transcendente: a fé encontra a transcendência consignada nas doutrinas. A realidade transcendente mediada pela igreja, portanto, não nos cega à finitude ou à corrupção histórica, mas as critica. A igreja tem aspectos que orientam a atenção *ad intra* e um impulso que relaciona a igreja *ad extra*: esses aspectos devem ser coordenados e equilibrados. Por fim, o caráter icônico da igreja também reflete o que foi disposto como premissa deste trabalho, que a igreja é essencialmente constituída por duas relações, com Deus e com o mundo. A questão é que essas duas relações intersectam e continuamente qualificam cada uma delas como em um processo histórico dialético. A própria relação dúplice define essencialmente o caráter icônico da igreja. A própria construção eclesiológica de Zizioulas incorpora uma síntese do centro de gravidade sacramental e litúrgico e um historicismo ocidental. A eclesiologia de baixo pretende preservar essa tensão.

A Igreja Ortodoxa constitui um exemplo de eclesiologia de comunhão que funciona desde o período primitivo da igreja. No domínio da estruturação e da organização da igreja, de certa perspectiva a eclesiologia ortodoxa oriental é a mais antiga na tradição cristã. A igreja primeiramente tomou forma na região mediterrânea oriental e na Ásia Menor. Essa eclesiologia recupera a linguagem de Inácio de Antioquia e também de Cipriano, que apresentam o bispo e a igreja local como a unidade básica da eclesiologia. A eclesiologia da comunhão em Zizioulas pode ser interpretada como resgate da eclesiologia desses padres e como reinterpretação dela para uma igreja mundial. O bispo e a igreja local representam a unidade básica, e essas unidades se mantêm coesas primariamente por uma unidade de fé mediante a comunicação. A comunicação é descensional para as comunidades eucarísticas paroquiais, lateral com outras igrejas episcopais, e ascensional, com líderes de igrejas nacionais ou patriarcas, e mundial, através de comunhões de comunhões.

A combinação das imaginações icônica e histórica que se encontra na ortodoxia tal como representada por Zizioulas imprime nova profundidade à expressão da dialética todo-parte que surgiu mais claramente no século XVI. Ali a tensão tendia a encontrar seu sentido em um senso histórico e espacial da totalidade da igreja disseminada pelo exterior e a igreja local do distrito, do território ou da nação. Mas a igreja local é também a totalidade da igreja, em termos teológicos; a unidade, a santidade, a catolicidade e a apostolicidade podem ser predicados da igreja local, de modo que a comunidade eucarística local, que sociologicamente está onde os cristãos se reúnem, também pode ser entendida como a unidade básica da igreja, em termos teológicos. Isso abre muitas linhas de comunicação entre as igrejas, incluindo especialmente as igrejas congregacionais livres.

As igrejas pentecostais exemplificam a necessidade de a própria atender às necessidades religiosas (espiritualidade primordial) e as culturas de povos específicos. Todas as eclesiologias recorrem ao Novo Testamento para a autoridade da estruturação e para a validade de diversas práticas. Mas a igreja no Novo Testamento é pluralista e dinâmica; dá testemunho das práticas primitivas, mas não provê textos probatórios para instituições específicas. Não representa uma estruturação eclesial "acabada", e sim uma igreja que é institucionalmente fluida, aberta, precisamente no processo de formação. Nenhuma eclesiologia examinada neste livro aborda a igreja neotestamentária em termos institucionais tão intimamente quanto o pentecostalismo. As igrejas pentecostais exemplificam o caráter de "evento" da igreja; elas fazem a igreja acontecer.[64] A igreja é mais plenamente igreja quando seus membros efetivamente se reúnem e funcionam como igreja. A eclesiologia pentecostal, quando considerada em termos abstratos, favorece a comunidade sobre a estrutura:[65] na medida em que se torna mais institucionalizada, essa igreja tende a ser menos ela própria. Muito embora não negligencie as estruturas, devem promover o carisma. Provavelmente seja verdade que as igrejas pentecostais inevitavelmente se tornam mais institucionalizadas à medida que o tempo passa; ou podem ter experimentado uma constante rotatividade

---

[64] Isso não quer dizer que outras igrejas sejam desprovidas desse atributo. Mas o realce do pentecostalismo na experiência interior do Espírito é congruente em larga medida com a linguagem da experiência do Espírito que se encontra no Novo Testamento.

[65] A distinção e a tensão entre "communitas" e estrutura são descritas em *A comunidade cristã na história*, v. 1.

em seu público. Quando, porém, existem ao lado de igrejas mais estruturadas, imprimem lições domésticas que já são conhecidas, mas têm de ser continuamente recuperadas: a comunidade reunida é a igreja-em-ato existencial, histórica e fiel.

Alguns dos princípios envolvidos nesse truísmo são evidentes. A igreja tem de inculturar-se se quiser se comunicar e expressar os anseios religiosos dos povos a que se dirige e serve. A igreja só é fiel à palavra de Deus quando consegue tornar essa palavra acessível às pessoas. Uma igreja só impactará a comunidade quando se tornar parte da cultura desse povo. Sempre haverá debates na teoria e na prática sobre Cristo e cultura: qual é a caracterização própria dessa relação? Quando essa prática específica compromete a palavra reveladora do evangelho? Mas a dificuldade de resolver essas questões não pode obnubilar a absoluta necessidade de que o evangelho se encarne na espiritualidade dos indivíduos e das culturas dos povos.

As línguas de Pentecostes podem funcionar como símbolo do pluralismo: a unidade expressa em diversas linguagens. Frank Macchia utiliza o símbolo das línguas pentecostais do Espírito para aludir à unidade no Espírito e à diversidade testemunhal que caracterizam o Novo Testamento e a igreja no período de sua formação. Ele cita Karl Rahner como o principal proponente da ideia: "Todos nós 'conhecemos' no Espírito de Deus alguma coisa mais simples, mais verdadeira e mais real do que o que somos capazes de conhecer e de expressar na dimensão de nossos conceitos teológicos".[66] Com base nisso, Macchia diz que "só quando a linguagem, a cultura e a tradição teológica são relativizadas pelo mistério onicompreensivo do Espírito de Deus é que elas podem ser afirmadas em toda a sua diversidade como veículos para expressar a comunhão de uma humanidade livre com um Deus livre e autoconcedente" (FM, 14). As línguas, portanto, possuem função iconoclástica porque simbolizam uma experiência de Deus

---

[66] Karl Rahner. "On the Theology of the Ecumenical Discussion", *Theological Investigations* 11, *Confrontations I*. New York, Seabury Press, 1974, p. 38, citado por Frank D. Macchia. "The Tongues of Pentecost: A Pentecostal Perspective on the Promise and Challenge of Pentecostal/Roman Catholic Dialogue", *Journal of Ecumenical Studies* 35, 1998, 12. Citado no texto como FM.

enquanto Espírito que espontaneamente "reconhece o valor e a beleza relativa de toda linguagem de fé representada, mas democratiza-as todas situando sua absoluta significação em seu papel como testemunhas da graça inefável de Deus" (FM, 14). As línguas pentecostais "não abolem a diversidade de expressão, mas as une em um testemunho polifônico do único evangelho" (FM, 15). Macchia sublinha que o movimento cristão primitivo era pluralista e que isso se tornou constitutivo da igreja por sua incorporação ao cânon neotestamentário das Escrituras. O símbolo das línguas, portanto, encontra sua inserção no contexto da pluralidade das comunidades representadas pelas Escrituras. "As línguas enquanto signo escatológico simbolizam uma tentativa de operar a unidade em meio a uma diversidade sempre em expansão" (FM, 16).

BEM tem apenas uma autoridade que, teologicamente, reflete a iniciativa de Deus que se encontra nas origens cristãs e, praticamente, na medida em que as diversas igrejas o reconhecem. Que se tem em BEM? Trata-se de uma eclesiologia de "mínimo denominador comum" que, enquanto tal, seria a eclesiologia de igreja alguma? Será uma aglutinação de elementos e de estipulações a que se chegou por negociação? Nesse caso, como cada elemento seria tomado de empréstimo de uma tradição ou igreja, mas não de outra, o resultado não refletiria a tradição definidora de nenhuma igreja específica. Será BEM uma síntese do século XX, elaborada por líderes eclesiais, que articula princípios fundacionais de eclesiologia extraídos das fontes comuns da Escritura e as tradições das igrejas, capaz de suscitar acordo de muitos, mas não de todos, porque no limite é uma construção arbitrária?[67] Todas essas caracterizações de BEM minimizam a autoridade desse documento. Existe uma maneira de caracterizar BEM mais positivamente como exemplo de eclesiologia construtiva, dotada de autoridade intrínseca e, portanto, de algum valor normativo? Pode esse documento ser descrito de forma que revele um caráter mais do que simplesmente utilitário?

---

[67] Barth, "BEM: Questions and Considerations", p. 496.

Nenhuma resposta a essa questão é factível fora do contexto da consciência histórica e social. Estabelecidas essas premissas, uma forma de abordar essa questão consiste em retomar as razões e os motivos que deflagraram e subsequentemente nortearam o longo processo de produção de BEM. O que motivou o processo de busca de definição da unidade eclesial que os cristãos compartilham e que objetivos se teve em vista? Esse processo surgiu a partir de uma experiência negativa de contraste compartilhada por muitos cristãos para estimular um movimento mundial. A unidade que professamos não é manifestada historicamente na igreja, de sorte que, em conjunto, as igrejas dão demonstração contrária à mensagem cristã. Em última análise, a cooperação missionária tropeçará sem tratar das diferenças; as conferências Fé e Ordem e subsequentemente a comissão interna do CMI não podem reunir os cristãos sem tratar as diferenças. Essas percepções iniciais foram acompanhadas pelo princípio estratégico de que a maneira de abordar construtivamente as diferenças consiste em definir o que as igrejas cristãs partilham em comum. O objetivo nunca foi a unidade de uma única igreja, mas a unidade da fé de que as muitas igrejas, enquanto permanecessem múltiplas, deviam dar testemunho comum.

A unidade, contudo, tem suas exigências. A tendência de todas as igrejas, durante conversação, é dizer: "Nós temos a fórmula da unidade". Cada parte quer dizer que a unidade do testemunho de fé da igreja se encontra na [minha interpretação] da palavra de Deus, ou em [minha compreensão] do testemunho apostólico. Mas essas fórmulas da igreja não podem ser impostas; todas as igrejas têm de tomar parte na conversação. O Novo Testamento e a experiência cristã do século XX são acordes na premissa de que a fé apela à liberdade, de que a própria fé e a unidade que ela promove não podem ser determinadas pela autoridade humana, de que a autocompreensão e a organização comuns devem ser função da conversação.[68] Essa conversação produziu o documento BEM. O fato

---

[68] O caráter contingente e arbitrário das organizações eclesiais não pode ser superado; essa é a natureza intrínseca da realidade histórica. Mas essa experiência pode ser compensada ou mitigada pela força do imperativo da unidade cristã que o Novo Testamento e a tradição

de a conversação ter evoluído desde os preparativos pró-Lausane (1927) confere seriedade, mas não finalidade a esse documento. A autoridade desse documento reside na constante preocupação com o processo, e no fato de que ele constitui uma ponte temporária para comunicação e intercâmbio. BEM articula as igrejas em discussão. O caráter normativo de BEM não se refere a sua capacidade de impor-se a qualquer igreja, pois não pode. Mas as igrejas podem descobrir uma normatividade no documento à medida que o reconheçam como veículo para uma constante conversação e para a busca de unidade histórica determinada por Deus.

BEM, enquanto esboço de uma eclesiologia transdenominacional, desempenha função positiva para todas as igrejas. Pode-se conceber uma eclesiologia transdenominacional que, conquanto não seja a eclesiologia de nenhuma igreja específica, tenha função normativa para todas as igrejas cristãs? Uma resposta positiva a essa questão requer pelo menos alguma indicação de por que um constructo como esse pode ser necessário e como desempenharia tal função.

Os fatores que indicam a necessidade de tal eclesiologia incluem boa parte da energia positiva que fluiu para o movimento ecumênico. Em diversos aspectos os cristãos estão ingressando em uma "era transdenominacional". A expressão tenta captar os desenvolvimentos dentro da igreja cristã que são semelhantes àqueles que se acham operativos no processo de globalização. A unificação gradual do planeta e a crescente interdependência dos povos relativizam as estruturas locais de existência, ao mesmo tempo em que geram insistência autoconsciente sobre a diferença e a manutenção da identidade. Essas forças histórico-sociais proveem vívida existência corporativa com uma estrutura dialética na qual esses três elementos – interdependência, relativização e reavaliação da identidade – reforçam-se e intensificam-se mutuamente. Da mesma maneira, a igreja cristã agora existe em um mundo que se contrai, em

---

primitiva enfatizam tão veementemente. Em outras palavras, os cristãos *devem* escrever esses documentos, *devem* criar instituições unificadoras e *devem* reconhecer o ministério de outras igrejas. As questões que cada igreja deve formular têm a ver não com o que as separa enquanto distintas, o que é um dado, mas com o modo como podem encontrar um meio de participar desse testemunho público de uma única fé.

cujo bojo se encontram múltiplas tradições religiosas, uma das quais é o movimento cristão. Nesse nível do pluralismo das religiões, pode-se discernir uma necessidade de diálogo que se reflete sobre a natureza da comunidade cristã como um todo, enquanto diferenciada de outras religiões. Reciprocamente, dentro da própria comunidade cristã, uma identidade cristã comum aparece mais distintivamente ou em relevo mais claro contra o pano de fundo do pluralismo religioso do que quando vista como movimento ecumênico autocontido. Tanto a multiplicidade de religiões como a multiplicidade de igrejas cristãs e suas divisões têm, em alguma medida, identidade denominacional relativizada e correspondem a uma nova facilidade relativa com a qual as pessoas podem mudar de filiação ou de pertença eclesial. Mais e mais cristãos são capazes de distinguir suas igrejas e comunhões particulares da natureza interna do próprio cristianismo: elas não são idênticas nem redutíveis umas às outras. Como ocorre no processo de globalização, isso não significa que as denominações são alijadas ou abandonadas; com efeito, elas podem tornar-se significativamente mais importantes porque menos convencionais e mais cordialmente apreciadas pela identidade que proporcionam. Mas são desabsolutizadas, reconhecidas como questão de liberdade e de escolha religiosa, de modo que a transição de uma tradição eclesial para outra é não apenas concebível, mas também por vezes atrativa. Em suma, a fluidez e o pluralismo dentro da grande igreja cristã, que só podem crescer à proporção que o centro de gravidade da igreja se desloca para o mundo em desenvolvimento, sugerem a necessidade de constante definição daquilo que os cristãos compartilham.[69]

---

[69] Concordo com a crítica negativa que Sykes faz ao esforço por estabelecer uma "essência do cristianismo", na medida em que essa busca foi ou é concebida como redutora da vida plena das igrejas. Ver seu *The Identity of Christianity: Theologians and the Essence of Christianity from Schleiermacher to Barth*. Philadelphia, Fortress Press, 1984. Embora os esforços do BEM possam ser vistos, de uma perspectiva limitada, como análogos, as premissas e os objetivos diferem em grande medida. BEM é, como um tipo, precisamente não uma eclesiologia de alguma igreja, mas sim uma abstração; o processo de sua construção está permeado de tensões dialéticas entre o que é e o que pode ser. Sua autoridade reside na mediação que faz da palavra de Deus que relativiza as instituições humanas e a "religião", de modo que a pessoa humana possa ser livre para reconhecer a palavra de Deus nas outras igrejas.

A eclesiologia transdenominacional assinala a tarefa de todas as igrejas cristãs de considerar a natureza da igreja cristã como um todo. Essa reflexão eclesiológica inclui, mas transcende os limites da igreja ou tradição particular de qualquer dada comunidade ou teólogo. As premissas dessa reflexão consistem em muitos dos princípios de que a história da eclesiologia dá constante testemunho: que a unidade real teológica e histórica caracteriza todo o movimento cristão; que a igreja atribui elevado valor, a partir de um testemunho eclesial público, a essa unidade; que nenhuma igreja cristã exaure ou contém exatamente a autocompreensão ou testemunho eclesiais; que a unidade deve ser pluralista, de forma que as tradições que infundem vida ou identidades denominacionais sejam preservadas; que a estrutura organizacional eclesial e a relação com o mundo estão mudando constantemente; que a definição da natureza comum da igreja, portanto, escapará ao escopo de qualquer ensaio porque é tarefa constante e compartilhada que se encontra sempre em processo. Com base nessas premissas, e à vista dessas condições e cláusulas, uma eclesiologia transdenominacional pode servir como função positiva similar ao próprio Conselho Mundial das Igrejas, que não é uma igreja, e sim uma instituição eclesial dotada de valiosa função eclesiológica. Uma dedicação consciente à construção de uma eclesiologia transdenominacional ajudará a modelar um marco e uma linguagem comuns para o diálogo ecumênico, para a interação com a sociedade e com o mundo e para o diálogo inter-religioso. Tal eclesiologia, como contínua disciplina, também ajuda a preservar a unidade e a identidade cristãs de maneira inclusiva e indivisa. Enquanto disciplina, continua sendo uma função das igrejas e a serviço delas, prestando testemunho ao mundo em sentido amplo.

Em suma, BEM desafia a igreja cristã como um todo a tentar entender a igreja enquanto universalidade, de uma maneira que segue um método integral que transcende uma eclesiologia formada por comitê, que preserva o pluralismo das tradições e representa, dessarte, o todo de que cada igreja específica pode reconhecer sua autoridade interna.

Conclusão
A eclesiologia no século XXI

Um trabalho como este não admite nenhuma conclusão efetiva. A pesquisa histórica simplesmente traz a discussão para o presente, e o futuro preme-a. Pode ser útil, contudo, formular em palavras as questões evidentes que devem ocupar a igreja e as igrejas de imediato e talvez a longo prazo. Três questões dentre muitas podem afigurar-se a um só tempo abrangentes e duradouras.

A situação histórica atual estabelece o cenário para essas questões. A igreja cristã, em seus ramos oriental e ocidental, está ingressando em um período caracteristicamente diferente de sua história, à medida que as igrejas no mundo em desenvolvimento crescem em termos quantitativos e de poder. A África está se tornando um continente largamente cristão; a igreja está se expandindo em uma série de segmentos na Ásia; a América Latina, durante muito tempo uma esfera cristã, passa por significativas mudanças em sua forma eclesial. A Igreja Ortodoxa revestirá novos contornos na América do Norte, na África e no Leste da Ásia. O processo de globalização está afetando profundamente a igreja. Novas teologias da missão estão se desenhando e novas agendas para as igrejas estão surgindo ou assumindo configurações mais radicais. Não carece predizer mudanças políticas específicas no âmbito das igrejas nessas regiões ou como elas se relacionarão com as igrejas mais estabelecidas da Grécia e as sucessões latinas. Pode-se, contudo, indicar essas três questões que irão concentrar a atenção porque efetivamente já o fazem.

Em primeiro lugar, novas exigências de inculturação estão se fazendo ouvir de todas as partes do mundo. O que é novo nessas exigências é a insatisfação com o que se fez até agora; não foi suficiente. Nas comunhões mundiais, como o catolicismo romano e um pouco menos a comunhão

anglicana, essa exigência de inculturação estabelece uma tensão centro-
-periferia. Por vezes a Europa e/ou a América do Norte representam o polo
da tensão *vis-à-vis* os demais continentes, o que se faz sentir com nova
força nesse período pós-colonial. Ela afeta todas as igrejas que mantêm
relações ao longo das fronteiras nacionais e culturais. Questões que antes
poderiam ter sido rotuladas simplesmente como "sincretistas" não são facilmente equacionadas. Parece que um novo nível de consciência histórica
e cultural está surgindo espontaneamente e não será obstruído por uma
autoridade oriunda menos do evangelho do que de uma cultura diferente.

Em segundo lugar, as exigências de inculturação trazem consigo o
imperativo de que a consciência cristã e sua teologia revejam as atitudes
da igreja para com as outras religiões. As culturas externas ao Ocidente
em sentido amplo são frequentemente moldadas por religiões que íntima
e profundamente definem os sistemas interconexos de valores e de sentidos. As igrejas devem refletir e avaliar de que maneira se relacionam com
essas novas e profundas tradições vitais. Não se trata de tarefa fácil, visto
que o problema atinge o cerne da autocompreensão cristã, e diferentes
igrejas, como diferentes teólogos, têm diferentes perspectivas em relação
a essas problemáticas. Não é este o lugar para abordar, com certo grau
de detalhamento, essa questão cristológica e eclesiológica de grande envergadura, mas tampouco pode ela ser minimizada em qualquer projeção
da agenda da igreja para o futuro. Essa problemática é tão fulcral que
tacitamente influencia todas as demais questões.

Em terceiro lugar, a igreja precisa desenvolver algumas fórmulas geralmente aceitas de como implementar a convicção cada vez maior de que
as igrejas devem, consciente e formalmente, aceitar o pluralismo como
característica do ser no mundo. É indubitável o princípio segundo o qual
a unidade só pode ser mantida através das sociedades, das nações e das
culturas mediante a guarida das diferenças. As diferenças, no entanto,
geralmente são admitidas em questões periféricas, e não centrais, quando
se trata de verdades ou práticas acessórias, e não substanciais. Emoção e
confusão campeiam aqui. Como as diferenças relativas ao comportamento sexual, por exemplo, podem levar as pessoas a esquecer ou a superar

o profundo elo de unidade que o Espírito forja na adesão de fé a Jesus Cristo? Evidentemente, o que é importante para alguns pode ser trivial para outros em questões de autoridade, de doutrina, de normativos éticos e de práticas morais. Não obstante, para que as igrejas se mantenham em comunhão recíproca, ou mesmo em contato umas com as outras, as atitudes, os marcos de referência conceitual e a lei da igreja precisam ser configurados de uma maneira tal que permita às igrejas perceber nas outras o que compartilham de uma fé transcendental comum, apesar das profundas diferenças.

BEM modela um desejo, um feixe de premissas e uma estratégia de engajamento nessas questões. Uma conclusão adequada a este trabalho seria uma eclesiologia mais plenamente desenvolvida que recorra às linhas da tradição da igreja que se mantêm em comum, que seja informada pelos princípios e axiomas da eclesiologia histórica comparada e que se funde na fé comum em Jesus o Cristo e em Deus enquanto Espírito.

Sumário

Apresentação 7

Prefácio 13

Introdução 17

PARTE I
A IGREJA NO SÉCULO XVI

1. A eclesiologia de Lutero 29
   A Europa e a igreja ocidental no começo do século XVI 30
   O desenvolvimento histórico da eclesiologia de Lutero 41
   Uma exposição analítica da eclesiologia de Lutero 57
   Reflexões sobre a eclesiologia de Lutero 91
   Princípios para uma eclesiologia histórica 98

2. A eclesiologia de Calvino 105
   O desenvolvimento da eclesiologia de Calvino 106
   Uma exposição analítica da eclesiologia de Calvino 126
   Reflexões sobre a eclesiologia de Calvino 159
   Princípios para uma eclesiologia histórica 171

3. A Igreja da Inglaterra 179
   O desenvolvimento da Igreja da Inglaterra 181
   Síntese eclesiológica de Richard Hooker 200
   Reflexões sobre a eclesiologia de Hooker 238
   Princípios para uma eclesiologia histórica 247

4. Eclesiologias anabatista, batista e romana 255
   Eclesiologia anabatista 256
   Eclesiologia batista 284

Eclesiologia romana tridentina 302
Princípios para uma eclesiologia histórica 318

PARTE II
A IGREJA NO PERÍODO MODERNO

5. A eclesiologia moderna 335
    A igreja ocidental do século XIX 336
    A eclesiologia de Schleiermacher 356
    A primeira eclesiologia de Möhler 383
    Princípios para uma eclesiologia histórica 405

6. A eclesiologia do século XX: O Conselho Mundial das Igrejas,
o Vaticano II e a eclesiologia da libertação 417
    O movimento ecumênico e o Conselho Mundial das Igrejas 419
    A eclesiologia do Concílio Vaticano II 434
    As consequências do Concílio Vaticano II 454
    A eclesiologia da libertação e as Comunidades Eclesiais
    de Base (CEB's) 462
    Princípios para uma eclesiologia histórica 475

7. A eclesiologia do século XX: As eclesiologias ortodoxa
e pentecostal e o Batismo, Eucaristia e Ministério 487
    O cristianismo ortodoxo: a eclesiologia icônica
    de João Zizioulas 488
    Eclesiologia pentecostal 510
    Batismo, Eucaristia e Ministério 539
    Princípios para uma eclesiologia histórica 548

Conclusão: A eclesiologia no século XXI 559

Impresso na gráfica da
Pia Sociedade Filhas de São Paulo
Via Raposo Tavares, km 19,145
05577-300 - São Paulo, SP - Brasil - 2015